Princípios e Práticas de
PROGRAMAÇÃO
com C++

S919p Stroustrup, Bjarne.
Princípios e práticas de programação com C++ / Bjarne Stroustrup ; tradução: Eveline Vieira Machado; revisão técnica : Daniel Antonio Callegari. – 3. ed. – [São Paulo]: Pearson ; Porto Alegre : Bookman, 2025.
xiii, 639 p. ; 25 cm.

ISBN 978-85-8260-668-1

1. Ciência da computação. 2. Linguagem de programação – C++. I. Título.

CDU 004.438C++

Catalogação na publicação: Karin Lorien Menoncin – CRB 10/2147

Princípios e Práticas de PROGRAMAÇÃO
com C++

3ª EDIÇÃO

BJARNE STROUSTRUP

Tradução
Eveline Vieira Machado

Revisão técnica
Daniel Antonio Callegari
Doutor em Ciência da Computação pela Pontifícia Universidade
Católica do Rio Grande do Sul (PUCRS)
Professor da PUCRS

Porto Alegre
2025

Obra originalmente publicada sob o título *Programming: Principles and Practice Using C++*, 3rd Edition
ISBN 9780138308681

Copyright © 2024

Authorized translation from the English language edition entitled Programming: Principles and Practice Using C++, 3rd Edition, by Bjarne Stroustrup published by Pearson Education, Inc., publishing as Pearson.

All rights reserved. No part of this book may be reproduced or transmitted in any form or by any means, electronic, or mechanical, including photocopying, recording, or by any storage retrieval system, without permission from Pearson Education, Inc.

Portuguese language translation copyright © 2024, by GA Educação LTDA., publishing as Bookman.

Tradução publicada sob contrato com a editora original Pearson Education, Inc., Todos os direitos reservados. O conteúdo desta obra não poderá ser reproduzida sob qualquer formato existente ou a ser desenvolvido, sem permissão da editora original Pearson Education, Inc.

Gerente editorial: *Alberto Schwanke*

Editora: *Arysinha Jacques Affonso*

Preparação de originais: *Mariana Belloli Cunha*

Arte sobre capa original: *Márcio Monticelli*

Editoração: *Matriz Visual*

Reservados todos os direitos de publicação, em língua portuguesa, ao
GA EDUCAÇÃO LTDA.
(Bookman é um selo editorial do GA EDUCAÇÃO LTDA.)
Rua Ernesto Alves, 150 – Bairro Floresta
90220-190 – Porto Alegre – RS
Fone: (51) 3027-7000

SAC 0800 703 3444 – www.grupoa.com.br

É proibida a duplicação ou reprodução deste volume, no todo ou em parte, sob quaisquer formas ou por quaisquer meios (eletrônico, mecânico, gravação, fotocópia, distribuição na Web e outros), sem permissão expressa da Editora.

IMPRESSO NO BRASIL
PRINTED IN BRAZIL

Prefácio

*Danem-se os torpedos!
Avante a toda velocidade.
– Almirante Farragut*

Programar é a arte de expressar soluções para problemas de modo que um computador possa executá-las. Grande parte do esforço de programação é colocado na busca e no refinamento das soluções. Muitas vezes, um problema só é totalmente compreendido durante o processo de programação de uma solução para ele.

Este livro é para quem nunca programou antes, mas está disposto a trabalhar duro para aprender. Ele ajuda você a entender os princípios e adquirir as habilidades práticas de programação usando a linguagem de programação C++. Também pode ser usado por alguém com algum conhecimento de programação que busca uma base mais sólida nos princípios de programação e na linguagem C++ contemporânea.

Por que programar? Nossa civilização é movida a *software*. Sem compreender o *software*, você fica limitado a acreditar em "mágica" e ficará de fora de muitas das mais interessantes, rentáveis e socialmente úteis áreas de trabalho técnico. Quando falo em programação, penso em todo o espectro de programas, desde aplicações para computador pessoal com GUIs (interfaces gráficas de usuário), passando por cálculos de engenharia e aplicações de controle de sistemas embarcados (como câmeras digitais, carros e telefones celulares) até aplicações de manipulação de texto, como as encontradas em muitos programas usados nas áreas de ciências humanas e administração. Como a matemática, a programação – quando bem feita – é um exercício intelectual valioso, que aguça nossa capacidade de pensar. No entanto, graças ao *feedback* do computador, a programação é mais concreta do que a maioria das formas de matemática e, assim, acessível a mais pessoas. É uma maneira de alcançar e mudar o mundo, de preferência para melhor. Por fim, programar pode ser muito divertido.

Existem muitos tipos de programação. Este livro é para as pessoas que querem escrever programas importantes para serem usados por outras pessoas e fazê-lo de forma responsável, proporcionando um nível decente de qualidade do sistema – ou seja, presumo que você deseja alcançar certo nível de profissionalismo. Como consequência, escolhi os tópicos deste livro pensando em abordar o que é necessário para começar com a programação real, não apenas o que é fácil de ensinar e aprender. Se você precisa de alguma técnica para fazer o trabalho básico direito, eu a descrevo, demonstro os conceitos e os recursos linguísticos necessários para dar suporte à técnica e forneço exercícios para isso. Se você só quer entender os programas pequenos e simples ou escrever programas que apenas requerem um código fornecido por terceiros, pode se dar bem com muito menos do que apresento. Em tais casos, provavelmente você também será mais bem atendido com uma linguagem mais simples do que C++. Por outro lado, não irei desperdiçar seu tempo com um material de importância prática secundária. Se uma ideia é explicada aqui, é porque você certamente precisará dela.

Aprendemos programação escrevendo programas. Nesse caso, programar é semelhante a outras empreitadas que têm um componente prático. Você não consegue aprender a nadar, tocar um instrumento musical ou dirigir um carro apenas lendo um livro – você deve praticar. Nem é possível se tornar um bom programador sem ler e escrever muito código. Este livro foca exemplos de código intimamente ligados a texto e diagramas explicativos. Você precisa deles para entender os ideais, os conceitos e os princípios da programação, e para dominar as construções da linguagem usadas para expressá-los. Isso é essencial, mas, em si, não lhe dará as habilidades práticas de programação. Para tanto, é preciso fazer os exercícios e se acostumar com as ferramentas para escrever, compilar e executar os programas. Você precisa cometer seus próprios erros e aprender a corrigi-los. Nada substitui o trabalho de escrever código. Além disso, é aí que está a diversão!

Programar é mais – muito mais – do que seguir algumas regras e ler o manual. Este livro não foca "a sintaxe de C++". A linguagem C++ é usada para ilustrar os conceitos fundamentais. Compreender os ideais, os princípios e as técnicas fundamentais é a essência de um bom programador. Além disso, "os fundamentos" são o que resta no final: eles ainda serão essenciais muito depois de as linguagens de programação e as ferramentas de hoje evoluírem ou serem substituídas.

Um código pode ser bonito e útil. Este livro é escrito para ajudá-lo a entender o que significa um código ser bonito, para ajudá-lo a dominar os princípios da criação desse código e desenvolver as habilidades práticas para criá-lo. Boa sorte com a programação!

Edições anteriores

A 3ª edição do livro *Princípios e práticas de programação com C++* tem cerca da metade do tamanho da 2ª edição. Os alunos que precisam carregar o livro para lá e para cá agradecerão pela redução do peso. Isso se deve porque muitas informações sobre C++ e sua biblioteca-padrão estão disponíveis na *web*. A essência do livro, que é geralmente usado em cursos de programação, está nesta 3ª edição ("PPP3"), atualizada para C++20 e um pouco de C++23. A quarta parte da edição anterior ("PPP2") foi escrita para apresentar informações extras para os alunos pesquisarem quando necessário e está disponível na *web* (em inglês):

- Capítulo 1: Computadores, pessoas e programação
- Capítulo 11: Customizando a entrada e saída
- Capítulo 22: Ideais e história
- Capítulo 23 Manipulação de texto
- Capítulo 24: Números
- Capítulo 25: Programação de sistemas embarcados
- Capítulo 26: Testes
- Capítulo 27: A linguagem de programação C
- Glossário

Onde achei útil fazer referência a esses capítulos, as referências aparecem assim: PPP2. Ch22 ou PPP2.§27.1.

Agradecimentos

Agradecimentos especiais às pessoas que revisaram os originais deste livro e sugeriram muitas melhorias: Clovis L. Tondo, Jose Daniel Garcia Sanchez, J. C. van Winkel e Ville Voutilainen. Ville Voutilainen também fez o importante mapeamento da biblioteca de interface GUI/gráfica para o Qt, possibilitando a portabilidade para uma incrível variedade de sistemas.

E mais, obrigado às muitas pessoas que contribuíram para a 1ª e a 2ª edições deste livro. Muitos dos seus comentários estão refletidos nesta 3ª edição.

Sumário

0 Notas para o leitor   **1**
    0.1   A estrutura deste livro 2
    0.2   Uma filosofia de ensino e aprendizado 5
    0.3   Norma ISO de C++ 9
    0.4   Suporte a PPP 11
    0.5   Biografia do autor 13
    0.6   Referências 14

Parte I   Fundamentos

1 Hello, World!   **17**
    1.1   Programas 18
    1.2   O primeiro programa clássico 18
    1.3   Compilação 21
    1.4   Vinculação 23
    1.5   Ambientes de programação 24

2 Objetos, tipos e valores   **29**
    2.1   Entrada 30
    2.2   Variáveis 32
    2.3   Entrada e tipo 33
    2.4   Operações e operadores 34
    2.5   Atribuição e inicialização 36
    2.6   Nomes 40
    2.7   Tipos e objetos 42
    2.8   Segurança de tipos 43
    2.9   Conversões 44
    2.10   Dedução de tipos: **auto** 46

3 Computação   **51**
    3.1   Computação 52
    3.2   Objetivos e ferramentas 53
    3.3   Expressões 55
    3.4   Instruções 58
    3.5   Funções 68
    3.6   **vector** 71
    3.7   Recursos da linguagem 77

4 Erros! 83
- 4.1 Introdução 84
- 4.2 Fontes de erros 85
- 4.3 Erros de compilação 86
- 4.4 Erros de vinculação 88
- 4.5 Erros de execução 89
- 4.6 Exceções 94
- 4.7 Evitando e encontrando erros 99

5 Escrevendo um programa 115
- 5.1 Um problema 116
- 5.2 Pensando no problema 116
- 5.3 De volta à calculadora! 119
- 5.4 De volta à prancheta 126
- 5.5 Transformando uma gramática em código 130
- 5.6 Executando a primeira versão 136
- 5.7 Executando a segunda versão 140
- 5.8 Fluxos de *tokens* 142
- 5.9 Estrutura do programa 146

6 Concluindo um programa 151
- 6.1 Introdução 152
- 6.2 Entrada e saída 152
- 6.3 Tratamento de erros 154
- 6.4 Números negativos 156
- 6.5 Resto: % 157
- 6.6 Limpando o código 158
- 6.7 Recuperando-se dos erros 164
- 6.8 Variáveis 167

7 Detalhes técnicos: funções etc. 179
- 7.1 Detalhes técnicos 180
- 7.2 Declarações e definições 181
- 7.3 Escopo 186
- 7.4 Chamada de função e retorno 190
- 7.5 Ordem de avaliação 206
- 7.6 *Namespaces* 209
- 7.7 Módulos e cabeçalhos 211

8 Detalhes técnicos: classes etc. 221

- 8.1 Tipos definidos pelo usuário 222
- 8.2 Classes e membros 223
- 8.3 Interface e implementação 223
- 8.4 Desenvolvendo uma classe: **Date** 225
- 8.5 Enumerações 233
- 8.6 Sobrecarga de operadores 236
- 8.7 Interfaces de uma classe 237

Parte II Entrada e saída

9 Fluxos de entrada e saída 251

- 9.1 Entrada e saída 252
- 9.2 Modelo de fluxo de E/S 253
- 9.3 Arquivos 254
- 9.4 Tratamento de erros de E/S 258
- 9.5 Lendo um único valor 261
- 9.6 Operadores de saída definidos pelo usuário 266
- 9.7 Operadores de entrada definidos pelo usuário 266
- 9.8 Um *loop* de entrada padrão 267
- 9.9 Lendo um arquivo estruturado 269
- 9.10 Formatação 276
- 9.11 Fluxos de *strings* 283

10 Um modelo de exibição 289

- 10.2 Um modelo de exibição 290
- 10.3 Um primeiro exemplo 292
- 10.4 Usando uma biblioteca GUI 295
- 10.5 Coordenadas 296
- 10.6 **Shape** 297
- 10.7 Usando os primitivos de **Shape** 297
- 10.8 Rodando o primeiro exemplo 309

11 Classes Gráficas 315

- 11.1 Visão geral das classes gráficas 316
- 11.2 **Point** e **Line** 317
- 11.3 **Lines** 320
- 11.4 **Color** 323
- 11.5 **Line_style** 325
- 11.6 Polilinhas 328
- 11.7 Formas fechadas 333
- 11.8 **Text** 346
- 11.9 **Mark** 348
- 11.10 **Image** 350

12 Projeto de classes — 355

- 12.1 Princípios de projeto 356
- 12.2 **Shape** 360
- 12.3 Classe-base e classes derivadas 367
- 12.4 Outras funções de **Shape** 375
- 12.5 Vantagens da programação orientada a objetos 376

13 Representação gráfica de funções e dados — 381

- 13.1 Introdução 382
- 13.2 Gráficos de funções simples 382
- 13.3 **Function** 386
- 13.4 **Axis** 390
- 13.5 Aproximação 392
- 13.6 Representação gráfica dos dados 397

14 Interfaces gráficas do usuário — 409

- 14.1 Alternativas de interface do usuário 410
- 14.2 O botão "Next" 411
- 14.3 Uma janela simples 412
- 14.4 **Button** e outros **Widgets** 414
- 14.5 Um exemplo: desenhando linhas 419
- 14.6 Animação simples 426
- 14.7 Depurando o código GUI 427

Parte III Dados e algoritmos

15 Vector e armazenamento livre — 435

- 15.1 Introdução 436
- 15.2 Noções básicas de **vector** 437
- 15.3 Memória, endereços e ponteiros 439
- 15.4 Armazenamento livre e ponteiros 442
- 15.5 Destrutores 447
- 15.6 Acesso a elementos 451
- 15.7 Um exemplo: listas 452
- 15.8 O ponteiro **this** 456

16 *Arrays*, ponteiros e referências — 463

- 16.1 *Arrays* 464
- 16.2 Ponteiros e referências 468
- 16.3 *Strings* no estilo C 471
- 16.4 Alternativas ao uso de ponteiros 472
- 16.5 Um exemplo: palíndromos 475

17 Operações essenciais — 483

- 17.1 Introdução 484
- 17.2 Acesso aos elementos 484
- 17.3 Inicialização de lista 486
- 17.4 Copiar e mover 488
- 17.5 Operações essenciais 495
- 17.6 Outras operações úteis 500
- 17.7 Problemas restantes em **Vector** 502
- 17.8 Mudando o tamanho 504
- 17.9 Nosso **Vector** até agora 509

18 *Templates* e exceções — 513

- 18.1 *Templates* 514
- 18.2 Generalizando **Vector** 522
- 18.3 Verificação de intervalo e exceções 525
- 18.4 Recursos e exceções 529
- 18.5 Ponteiros no gerenciamento de recursos 537

19 Contêineres e iteradores — 545

- 19.1 Armazenamento e processamento de dados 546
- 19.2 Sequências e iteradores 552
- 19.3 Listas encadeadas 555
- 19.4 Generalizando **Vector** mais uma vez 560
- 19.5 Exemplo: um editor de texto simples 566
- 19.6 **vector**, **list** e **string** 572

20 Mapas e conjuntos — 577

- 20.1 Contêineres associativos 578
- 20.2 **map** 578
- 20.3 **unordered_map** 585
- 20.4 Medição de tempo 586
- 20.5 **set** 589
- 20.6 Visão geral de contêineres 591
- 20.7 Intervalos e iteradores 597

21 Algoritmos — 603

- 21.1 Algoritmos da biblioteca-padrão 604
- 21.2 Objetos de função 610
- 21.3 Algoritmos numéricos 614
- 21.4 Cópia 619
- 21.5 Ordenação e pesquisa 620

Índice — 625

0
Notas para o leitor

$$e^{i\pi} + 1$$
— *Leonhard Euler*

Este capítulo está repleto de informações; ele visa a dar uma ideia do que esperar deste livro. Vá folheando e lendo o que achar interessante. Antes de escrever qualquer código, leia "Suporte a PPP" (§0.4). Professores acharão quase tudo interessante. Se você está lendo este livro como um novato, não tente entender tudo. Você pode voltar e reler este capítulo quando se sentir confortável ao escrever e executar pequenos programas.

▶ 0.1 A estrutura deste livro
 Abordagem geral; Práticas, exercícios etc.; O que vem depois deste livro?
▶ 0.2 Uma filosofia de ensino e aprendizado
 Uma nota para os alunos; Uma nota para os professores
▶ 0.3 Norma ISO de C++
 Portabilidade; Garantias; Uma breve história de C++
▶ 0.4 Suporte a PPP
 Recursos da *web*
▶ 0.5 Biografia do autor
▶ 0.6 Referências

0.1 A estrutura deste livro

Este livro é composto por três partes:

- A Parte I (do Capítulo 1 ao Capítulo 8) apresenta os conceitos e as técnicas fundamentais de programação, junto com a linguagem C++ e os recursos da biblioteca necessários para começar a escrever código. Isso inclui sistema de tipos, operações aritméticas, estruturas de controle, tratamento de erros, projeto, implementação e uso de funções, e tipos definidos pelo usuário.
- A Parte II (do Capítulo 9 ao Capítulo 14) primeiramente descreve como obter dados numéricos e de texto do teclado e de arquivos, e como produzir uma saída correspondente para a tela e para arquivos. Em seguida, mostra como apresentar dados numéricos, texto e formas geométricas como uma saída gráfica, e como obter a entrada em um programa a partir de uma interface gráfica do usuário (GUI). Como parte disso, são introduzidos os princípios e as técnicas fundamentais da programação orientada a objetos.
- A Parte III (do Capítulo 15 ao Capítulo 21) foca os contêineres da biblioteca-padrão de C++ e o *framework* dos algoritmos (geralmente chamado de STL). Mostramos como os contêineres (p. ex., vector, list e map) são implementados e usados. Ao fazer isso, introduzimos recursos de baixo nível, como ponteiros, *arrays* e memória dinâmica. Também mostramos como lidar com os erros usando exceções e como parametrizar nossas classes e funções usando *templates*. Como parte disso, introduzimos os princípios e as técnicas fundamentais de programação genérica. Também demonstramos o projeto e o uso dos algoritmos da biblioteca-padrão (como sort, find e inner_product).

A ordem dos tópicos é determinada pelas técnicas de programação, em vez de pelos recursos da linguagem de programação.

CC Para facilitar a revisão e ajudá-lo, se você perder um ponto-chave na primeira leitura, quando ainda tem que descobrir que tipo de informação é essencial, colocamos três "marcadores de alerta" na margem:

- CC: conceitos e técnicas (este parágrafo é um exemplo disso)
- AA: aviso
- XX: alerta

0.1.1 Abordagem geral

Neste livro, nós nos dirigimos diretamente a você. Isso é mais simples e claro do que a forma indireta convencional e "profissional", como na maioria dos artigos científicos. "Você" significa "você, o leitor" e "nós" significa "o autor e os professores", trabalhando juntos no problema, como seria feito se estivéssemos na mesma sala. Uso "eu" quando me refiro ao meu próprio trabalho ou opiniões pessoais.

AA Este livro foi pensado para ser lido capítulo por capítulo, do começo ao fim. Muitas vezes, você desejará voltar e ver algo uma segunda ou terceira vez. Na verdade, essa é uma abordagem sensata, pois você sempre passará por alguns detalhes cuja razão ainda não entendeu. Em tais casos, acabará voltando. Apesar do índice e das referências cruzadas, este não é um livro que você pode abrir em qualquer página e começar a ler com alguma expectativa de sucesso. Cada seção e capítulo presume a compreensão do que veio antes.

Cada capítulo é uma unidade um tanto independente, feito para ser lido "de uma só vez" (logicamente, isso nem sempre é viável com a agenda apertada de um aluno). Esse é um critério importante para separar o texto em capítulos. Outros critérios incluem que um capítulo é uma unidade adequada para práticas e exercícios, e cada capítulo apresenta algum conceito, ideia ou técnica específica. Essa pluralidade de critérios deixou alguns capítulos bem longos, portanto não interprete a expressão "de uma só vez" muito literalmente. Em particular, depois de ter pensado sobre as questões de revisão, feito a prática e trabalhado em alguns exercícios, muitas vezes você perceberá que precisa voltar para reler algumas seções.

Um elogio comum para um livro é "Ele respondeu todas as minhas perguntas como achei que seria!". Esse é o ideal para as questões técnicas menores, e os primeiros leitores observaram o fenômeno neste livro. No entanto esse não pode ser o ideal geral. Levantamos questões que um novato provavelmente não pensaria. Nosso objetivo é fazer e responder perguntas sobre as quais você precise considerar ao escrever um *software* de qualidade para ser usado por terceiros. Aprender a fazer as perguntas certas (muitas vezes difíceis) é uma parte essencial de aprender a pensar como programador. Fazer apenas as perguntas fáceis e óbvias faria você se sentir bem, mas não ajudaria a torná-lo um programador.

Tentamos respeitar sua inteligência e ser atenciosos com seu tempo. Em nossa apresentação, visamos ao profissionalismo no lugar da beleza e preferimos subestimar um ponto a exagerar. Tentamos não exagerar a importância de uma técnica de programação ou um recurso da linguagem, mas não subestime uma afirmação simples como "Muitas vezes é útil". Se enfatizamos que algo é importante, queremos dizer que você, cedo ou tarde, perderá dias se não tiver domínio sobre esse algo.

O uso do humor por nós é mais limitado do que gostaríamos, mas a experiência mostra que as ideias do que é engraçado diferem muitíssimo e que uma tentativa fracassada de humor pode ser confusa.

Não fingimos que as ideias ou as ferramentas oferecidas são perfeitas. Nenhuma ferramenta, biblioteca, linguagem ou técnica é "a solução" para os muitos desafios que um programador enfrenta. Na melhor das hipóteses, uma linguagem pode ajudá-lo a desenvolver e expressar sua solução. Tentamos evitar as "mentiras inofensivas", isto é, nós nos abstemos das explicações simplificadas, que são claras e fáceis de entender, mas não são verdadeiras no contexto das linguagens e dos problemas reais.

Na edição brasileira deste livro, optamos por manter a maioria dos exemplos de código em inglês (para corresponder ao material do livro disponível *on-line*), com algumas poucas exceções, em que a tradução dos identificadores ou textos facilita a compreensão.

0.1.2 Práticas, exercícios etc.

Programar não é apenas uma atividade intelectual, portanto é necessário escrever programas para dominar as habilidades de programação. Oferecemos três níveis de prática de programação:

- *Práticas*: uma prática é um exercício muito simples, concebido para desenvolver habilidades práticas, quase mecânicas. Uma prática geralmente consiste em uma sequência de modificações de um único programa. Você deve fazer todas as práticas. Elas não requerem uma compreensão profunda, inteligência ou iniciativa. Consideramos as práticas parte da composição básica do livro. Se você não fez as práticas, não "fez" o livro.
- *Exercícios*: alguns exercícios são simples, outros são muito difíceis, mas a maioria tem a intenção de deixar algum espaço para iniciativa e imaginação. Se você for aplicado, fará muitos exercícios. Faça pelo menos o suficiente para saber quais são difíceis para você. Então, faça mais alguns. É assim que você aprenderá mais. Os exercícios podem ser resolvidos sem habilidades excepcionais; eles não são um quebra-cabeças complicado. No entanto esperamos ter fornecido exercícios que são difíceis o suficiente para desafiar qualquer um e em quantidade suficiente para dar trabalho mesmo ao melhor aluno com muito tempo disponível. Não esperamos que você faça todos, mas sinta-se à vontade para tentar.

- *Tente isto*: algumas pessoas gostam de colocar o livro de lado e experimentar com alguns exemplos antes de ler até o final de um capítulo; outras preferem ler até o final antes de tentar executar o código. Para os leitores com a primeira preferência, fazemos sugestões simples para o trabalho prático intituladas *Tente isto*, nas quebras de texto naturais. Os *Tente isto* costumam ser parecidos com as práticas, mas muito focados no tópico que os precedem. Se você passar por um *Tente isto* sem fazê-lo, talvez porque não está perto de um computador ou porque está achando o texto interessante, retorne a ele quando fizer a prática do capítulo; um *Tente isto* complementa a prática do capítulo ou é parte dela.

Além disso, no final de cada capítulo, oferecemos ajuda para consolidar o que foi aprendido:

- *Revisão*: no final de cada capítulo, você encontrará algumas questões de revisão. Elas são destinadas a apontar as principais ideias explicadas no capítulo. Uma forma de ver as questões de revisão é como um complemento aos exercícios: os exercícios focam os aspectos práticos da programação, enquanto as questões de revisão tentam ajudá-lo a articular as ideias e os conceitos. Nesse sentido, lembram as boas perguntas de uma entrevista.
- *Termos*: uma seção no final de cada capítulo apresenta o vocabulário básico de programação e de C++. Se quiser entender o que as pessoas dizem sobre os tópicos de programação e para articular suas próprias ideias, você deve saber o que cada termo significa.
- *Posfácio*: um parágrafo destinado a apresentar alguma perspectiva sobre o material apresentado.

Além disso, recomendamos que você participe de um pequeno projeto (ou mais de um, se o tempo permitir). Com um projeto pretende-se produzir um programa útil completo. O ideal é um projeto ser feito por um grupo pequeno (p. ex., três pessoas) trabalhando junto (enquanto progride nos últimos capítulos do livro). A maioria das pessoas acha esses projetos mais divertidos e sente que eles amarram tudo.

CC O aprendizado envolve repetição. Nosso ideal é apresentar cada ponto importante pelo menos duas vezes e reforçá-lo com exercícios.

0.1.3 O que vem depois deste livro?

AA Ao final da leitura deste livro, você será especialista em programação e em C++? Claro que não! Quando bem-feita, a programação é uma arte sutil, profunda e altamente qualificada, baseada em inúmeras habilidades técnicas. Você não deve esperar se tornar especialista em programação em 4 meses mais do que esperaria se tornar especialista em biologia, matemática, idiomas (como chinês, inglês ou dinamarquês), nem tocar violino em 4 meses, 6 meses ou 1 ano. O que deve esperar, e o que pode esperar se você levar este livro a sério, é ter um bom começo, que lhe permita escrever programas úteis e relativamente simples, ser capaz de ler programas mais complexos e ter uma boa base conceitual e prática para os futuros trabalhos.

A melhor continuação para este curso inicial é trabalhar no código de desenvolvimento de um projeto que será usado por outra pessoa; de preferência orientado por um desenvolvedor experiente. Depois disso, ou (melhor ainda) em paralelo a um projeto, leia um livro de nível profissional geral, um livro mais especializado relacionado às necessidades do seu projeto, ou um livro focado em certo aspecto de C++ (como algoritmos, gráficos, computação científica, finanças ou jogos); veja §0.6.

AA Mais adiante, você deve aprender outra linguagem de programação. Não consideramos possível ser um profissional na área de *software*, mesmo que você não atue principalmente como programador, sem saber mais de uma linguagem. Por quê? Nenhum programa grande é escrito em uma única linguagem. E mais, diferentes linguagens costumam diferir na forma como o código é pensado e os programas são construídos. Técnicas de projeto, disponibilidade de bibliotecas e o modo como os programas são criados diferem, às vezes radicalmente. Mesmo quando as sintaxes de duas linguagens são semelhantes, a semelhança normalmente é apenas superficial. Desempenho, detecção de erros e restrições sobre o que pode ser expresso geralmente diferem. Isto é semelhante às diferenças entre as línguas e as culturas. Conhecer apenas uma língua e uma cultura implica o perigo de pensar que "a maneira como fazemos as coisas" é a única ou maneira a única maneira boa. Nesse sentido, oportunidades são perdidas e programas são produzidos abaixo do ideal. Uma das melhores formas de evitar tais problemas é conhecer várias linguagens (linguagens de programação e línguas naturais).

0.2 Uma filosofia de ensino e aprendizado

O que tentamos ajudá-lo a aprender? E como abordamos o processo de ensino? Tentamos apresentar os conceitos, as técnicas e as ferramentas mínimos para você fazer programas práticos e eficazes, inclusive:

- Organização do programa
- Depuração e teste
- Projeto de classes
- Computação
- Projeto de funções e algoritmos
- Gráficos (apenas bidimensionais)
- Interfaces gráficas do usuário (GUIs)
- Arquivos e fluxos de entrada e saída (E/S)
- Gerenciamento de memória
- Ideias de projeto e de programação
- Biblioteca-padrão de C++
- Estratégias de desenvolvimento de *software*

Para manter o livro mais leve do que o pequeno *laptop* em que ele está escrito, alguns tópicos complementares da segunda edição foram colocados na *web* (§0.4.1) (em inglês):

- Computadores, pessoas e programação (PPP2.Ch1)
- Ideais e história (PPP2.Ch22)
- Manipulação de texto (inclusive expressões regulares) (PPP2.Ch23)
- Números (PPP2.Ch24)
- Programação de sistemas embarcados (PPP2.Ch25)
- Técnicas de programação em linguagem C (PPP2.Ch27)

Trabalhando nos capítulos, cobrimos as técnicas de programação chamadas de programação procedural (como na linguagem de programação C), abstração de dados, programação orientada a objetos e programação genérica. O tema principal deste livro é a *programação*, ou seja, os ideais, as técnicas e as ferramentas para expressar as ideias em código. A linguagem de programação C++ é nossa principal ferramenta, então detalhamos muitos recursos de C++. Mas lembre-se de que C++ é apenas uma ferramenta, não o tópico principal deste livro, que é "programar usando C++", não "C++ com um pouco de teoria de programação".

Cada tópico abordado tem pelo menos dois propósitos: apresentar uma técnica, um conceito ou um princípio e também uma linguagem prática ou um recurso da biblioteca. Por exemplo, usamos a interface para um sistema gráfico bidimensional para ilustrar o uso de classes e herança. Isso nos permite economizar espaço (e seu tempo) e também enfatizar que a programação é mais do que simplesmente juntar o código para obter um resultado o mais rápido possível. A biblioteca-padrão C++ é uma fonte importante de tais exemplos com "dupla função" – muitas até com tripla função. Por exemplo, introduzimos **vector** da biblioteca-padrão, que usamos para ilustrar técnicas de projeto muito úteis, e mostramos muitas técnicas de programação utilizadas para implementá-lo. Um dos nossos objetivos é mostrar como os recursos da biblioteca principal são implementados e como eles mapeiam o *hardware*. Insistimos que os profissionais devem entender suas ferramentas, não apenas considerá-las "mágicas".

Alguns tópicos serão de maior interesse para alguns programadores do que para outros. No entanto queremos que você não julgue previamente suas necessidades (como saberia do que precisará no futuro?) e pelo menos dê uma olhada em todos os capítulos. Se você ler este livro como parte de um curso, seu professor orientará sua seleção.

CC   Caracterizamos nossa abordagem como "profunda em primeiro lugar". É também "concreta em primeiro lugar" e "baseada em conceitos". Primeiro, montamos rapidamente (bem, relativamente rápido, do Capítulo 1 ao Capítulo 9) as habilidades necessárias para escrever programas pequenos e práticos. Ao fazê-lo, apresentamos muitas ferramentas e técnicas nos mínimos detalhes. Focamos exemplos de código concretos e simples, porque as pessoas entendem o concreto mais rápido do que o abstrato. É assim que a maioria das pessoas aprende. Nesse estágio inicial, você não deve esperar entender cada pequeno detalhe. Em particular, descobrirá que experimentar algo um pouco diferente do que acabou de funcionar pode ter efeitos "misteriosos". Mas experimente! Faça as práticas e os exercícios dados. Apenas lembre-se de que, no início, você não tem os conceitos e as habilidades para estimar com precisão o que é simples e o que é complicado; espere surpresas e aprenda com elas.

AA   Avançamos rapidamente nessa fase inicial – queremos levá-lo ao ponto onde você possa escrever programas interessantes o quanto antes. Alguém argumentará, "Devemos ir devagar e com cuidado; devemos andar antes de correr!", mas você já viu um bebê aprender a andar? Bebês, na verdade, correm antes de aprenderem as habilidades motoras mais finas para andar devagar e com controle. Da mesma forma, você correrá, às vezes tropeçando, para ter uma ideia da programação antes de desacelerar, tendo o controle e a compreensão mais finos necessários. Você deve correr antes de andar!

XX   É essencial que você não fique preso na tentativa de aprender "tudo" sobre algum detalhe ou técnica da linguagem. Por exemplo, você poderia memorizar todos os tipos predefinidos de C++ e todas as regras de seu uso. Claro que poderia, e isso pode fazer com que se sinta bem informado. Isso, no entanto, não o tornaria um programador. Às vezes pular os detalhes o deixará "ansioso" por falta de conhecimento, mas é a forma mais rápida de ganhar a perspectiva necessária para escrever bons programas. Note que a nossa abordagem é, basicamente, a utilizada pelas crianças que aprendem sua língua nativa e também a abordagem mais eficaz usada para aprender uma língua estrangeira. Incentivamos você a procurar ajuda de professores, amigos, colegas, mentores etc. nas ocasiões inevitáveis em que não conseguir sair do lugar. Saiba que nada, nos primeiros capítulos, é fundamentalmente difícil. No entanto muito será desconhecido e pode, portanto, parecer difícil no início.

Mais adiante, desenvolvemos suas habilidades iniciais para ampliar sua base de conhecimento. Usamos exemplos e exercícios para consolidar sua compreensão e fornecer uma base conceitual para a programação.

AA   Enfatizamos muito os ideais e as razões. Você precisa de ideais para guiá-lo quando buscar soluções práticas, ou seja, saber quando uma solução é boa e baseada em princípios. Você precisa entender as razões por trás desses ideais para entender por que eles devem ser os seus ideais, por que almejá-los ajudará você e os usuários do seu código. Ninguém deve ficar satisfeito com um "porque é assim"' como explicação. Mais importante, uma compreensão dos ideais e das razões permite que você generalize a partir do que sabe para novas situações, combinando ideias e ferramentas de novas formas para resolver novos problemas. Saber "por que" é uma parte essencial da aquisição das habilidades de programação. Por outro lado, apenas memorizar muitas regras mal compreendidas é limitante, uma fonte de erros e uma enorme perda de tempo. Consideramos seu tempo precioso e tentamos não desperdiçá-lo.

Muitos detalhes técnicos da linguagem C++ estão disponíveis em outras fontes, principalmente na *web* (§0.4.1). Presumimos que você tem a iniciativa de procurar informação quando necessário. Use o índice e o sumário. Não se esqueça dos recursos de ajuda *on-line* do seu compilador. Lembre-se, no entanto, de considerar qualquer recurso na *web* altamente suspeito até ter razões para acreditar mais nele. Muitos *sites* aparentemente oficiais são criados por um novato em programação ou alguém com algo para vender. Outros estão simplesmente desatualizados. Fornecemos uma lista de *links* e informações no nosso *site* de suporte (em inglês): **www.stroustrup.com/programming.html.**

Não fique muito impaciente com os exemplos "realistas". Nosso exemplo ideal é o código mais curto e simples, que ilustra diretamente um recurso da linguagem, um conceito ou uma técnica. A maioria dos exemplos reais é muito mais confusa do que os nossos, mas consiste apenas em uma combinação do que nós demonstramos. Os programas comerciais de sucesso, com centenas de milhares de linhas de código, são baseados nas técnicas que ilustramos em uma dúzia de programas com 50 linhas. A maneira mais rápida de entender um código real é com uma boa compreensão dos fundamentos.

Não usamos "exemplos bonitos com animais fofinhos" para ilustrar nossos pontos. Presumimos que seu objetivo é escrever programas reais para serem usados por pessoas reais, então todos os exemplos que não são apresentados especificamente como linguagem técnica são tirados de um uso real. Nosso tom básico é de profissionais se dirigindo a (futuros) profissionais.

C++ repousa sobre dois pilares:

- *Acesso direto eficiente aos recursos da máquina*: tornando C++ eficiente para uma programação de baixo nível, quase de máquina, como é essencial em muitos domínios de aplicação.
- *Poderosos mecanismos de abstração (overhead zero)*: possibilitando escapar da programação de baixo nível com tendência a erros, fornecendo recursos elegantes, flexíveis e seguros para o tipo e o recurso, além de eficientes e necessários para uma programação de alto nível.

Este livro ensina ambos os níveis. Usamos a implementação das abstrações de alto nível como nossos principais exemplos para introduzir os recursos da linguagem de baixo nível e as técnicas de programação. O objetivo é sempre escrever código no mais alto nível possível, mas isso muitas vezes requer uma base construída usando recursos e técnicas de baixo nível. Nosso objetivo é que você domine ambos os níveis.

0.2.1 Uma nota para os alunos

Milhares de estudantes universitários do primeiro ano aprenderam usando as duas primeiras edições deste livro e nunca antes tinham visto uma linha de código na vida. A maioria teve sucesso, então você também pode ter.

Você não precisa ler este livro como parte de um curso. O livro é muito utilizado por autodidatas. No entanto, esteja você estudando em um curso ou de forma independente, tente trabalhar com outras pessoas. A programação tem a reputação – injusta – de ser uma atividade solitária. A maioria das pessoas trabalha melhor e aprende mais rápido quando faz parte de um grupo com um objetivo comum. Aprender junto e discutir os problemas com amigos não é trapacear! É a maneira mais eficiente – e mais agradável – de fazer progresso. Se nada mais, trabalhar com amigos força você a articular suas ideias, que é a forma mais eficiente de testar sua compreensão e garantir que você se lembrará do conteúdo. Você não precisa descobrir pessoalmente a resposta para cada problema obscuro da linguagem e do ambiente de programação. No entanto não engane a si mesmo não fazendo as práticas e alguns exercícios (mesmo que nenhum professor o force a isso). Lembre-se: programar é (entre outras coisas) uma habilidade prática que você deve exercitar para dominar.

A maioria dos estudantes – especialmente os bons e cuidadosos – tem momentos em que se perguntam se seu trabalho duro vale a pena. Quando (não se) isso acontecer com você, faça uma pausa, releia o capítulo, veja os capítulos "Computadores, pessoas e programação" e "Ideais e história" postados na *web* (§0.4.1). Lá, tento articular o que acho interessante na programação e por que a considero uma ferramenta essencial para fazer uma contribuição positiva para o mundo.

Tenha paciência. Aprender qualquer habilidade grande, nova e valiosa leva tempo.

O objetivo principal deste livro é ajudá-lo a expressar suas ideias em código, não ensiná-lo a ter essas ideias. Ao longo do caminho, apresentaremos muitos exemplos de como podemos resolver um problema, geralmente com uma análise do problema seguida do refinamento gradual de uma solução. Consideramos a programação em si uma forma de solução de problemas: somente com uma compreensão completa do problema e de sua solução é possível expressar um programa correto para ele, e somente com construção e teste de um programa você pode ter certeza de que sua compreensão é completa. Assim, programar é uma parte inerente do esforço para compreender. No entanto pretendemos demonstrar isso com exemplos, em vez de "catequizar" ou apresentar prescrições detalhadas para a solução do problema.

0.2.2 Uma nota para os professores

CC Não. Este não é um curso tradicional de ciência da computação do primeiro ano. É um livro sobre como criar *software* funcional. Como tal, ele deixa de fora muito do que um estudante de ciência da computação vê tradicionalmente (completude de Turing, máquinas de estado, matemática discreta, gramática etc.). Até mesmo o *hardware* é ignorado, na suposição de que os alunos têm usado os computadores de várias maneiras desde o jardim de infância. Este livro nem sequer tenta mencionar os tópicos mais importantes da ciência da computação. Trata-se de programar (ou, de modo mais geral, desenvolver *software*) e, como tal, entra em muitos detalhes sobre menos tópicos do que vários cursos tradicionais. Ele tenta fazer apenas uma coisa bem, e ciência da computação não é um tópico de apenas um curso. Se este livro/curso for usado como parte da ciência da computação, da engenharia elétrica (muitos dos nossos primeiros alunos eram especializados em EE), ciência da informação ou seja qual for o programa, esperamos que seja ministrado junto com outros cursos como parte de uma introdução completa.

Muitos alunos gostam de saber por que as matérias são ensinadas e por que são ensinadas de tal forma. Tente transmitir minha filosofia de ensino, abordagem geral etc. para seus alunos. Além disso, para motivá-los, dê pequenos exemplos das áreas e das aplicações em que C++ é usado extensivamente, como nas áreas aeroespacial, medicina, jogos, animação, carros, finanças e computação científica.

0.3 Norma ISO de C++

C++ é definida por uma norma ISO. A primeira norma ISO de C++ foi ratificada em 1998, de modo que aquela versão de C++ é conhecida como C++98. O código para esta edição do livro usa C++ contemporânea, C++20 (e um pouco de C++23). Se seu compilador não suportar C++20 [C++20], troque para um novo compilador. Os compiladores C++ bons e modernos podem ser baixados de vários fornecedores; veja www.stroustrup.com/compilers.html. Aprender a programar usando uma versão anterior e com menos suporte da linguagem pode ser desnecessariamente difícil.

Por outro lado, você pode estar em um ambiente em que consegue usar apenas o C++14 ou o C++17. Grande parte do conteúdo deste livro ainda se aplicará, mas você terá problemas com os recursos introduzidos em C++20:

- module (§7.7.1). Em vez de módulos, use arquivos de cabeçalho (§7.7.2). Em particular, use #include "PPPheaders.h" para compilar nossos exemplos e seus exercícios, em vez de #include "PPPh" (§0.4).
- range (§20.7). Use iteradores explícitos, em vez de intervalos (*ranges*). Por exemplo, sort(v.begin(),v.end()) em vez de ranges::sort(v). Se/quando isso ficar chato, escreva as versões de seus algoritmos favoritos para seus próprios intervalos (§21.1).
- span (§16.4.1). Recorra à antiga técnica de "ponteiro e tamanho". Por exemplo, void f(int*p, int n); em vez de void f(span<int> s); e faça sua própria verificação do intervalo, quando necessário.
- concept (§18.1.3). Use um template<typename T> simples e torça pelo melhor. As mensagens de erro disso para os erros simples podem ser horríveis.

0.3.1 Portabilidade

É comum escrever em C++ para rodar em várias máquinas. As principais aplicações de C++ rodam em máquinas que nunca ouvimos falar antes! Consideramos o uso de C++ em inúmeras arquiteturas de máquinas e sistemas operacionais mais importantes. Basicamente, todos os exemplos neste livro não apenas seguem a norma ISO de C++, mas também têm portabilidade. Por *portabilidade* queremos dizer que não fizemos suposições sobre o computador, o sistema operacional e o compilador para além do fato de que um padrão de conformidade atualizado na implementação de C++ está disponível. A menos que seja especificamente indicado, o código apresentado deve funcionar em toda implementação de C++ e foi testado em várias máquinas e sistemas operacionais.

Os detalhes de como compilar, vincular e executar um programa C++ diferem entre os sistemas. E mais, a maioria dos sistemas permite escolher compiladores e ferramentas. Explicar os muitos conjuntos de ferramentas modificados está além do escopo do livro. Poderemos adicionar algumas dessas informações ao *site* de suporte PPP (§0.4).

Se você tiver problemas com um dos IDEs (ambientes de desenvolvimento integrado) populares, mas bastante elaborados, sugerimos trabalhar a partir da linha de comando; é bem simples. Por exemplo, veja o conjunto completo de comandos necessários para compilar, vincular e executar um programa simples, que consiste em dois arquivos-fonte, my_file1.cpp e my_file2.cpp, usando o compilador GNU de C++ em um sistema Linux:

```
c++ -o my_program my_file1.cpp my_file2.cpp
./my_program
```

Sim, é só isso.

Outra maneira de começar é usar um sistema de compilação, como o Cmake (§0.4). No entanto esse caminho é melhor quando há alguém experiente, que possa orientar os primeiros passos.

0.3.2 Garantias

Exceto ao ilustrar os erros, o código neste livro é seguro para tipos (*type-safe*), ou seja, um objeto é usado somente de acordo com sua definição. Seguimos as regras do livro *The C++ Core Guidelines* para simplificar a programação e eliminar os erros comuns. Você pode encontrar as *Principais Diretrizes*, *Core Guidelines* [CG], na *web*, e verificadores de regras estão disponíveis para quando você precisar de uma conformidade garantida.

Não recomendamos se aprofundar enquanto você ainda é um novato, mas fique tranquilo, os estilos e as técnicas recomendados e mostrados neste livro têm suporte do setor. Quando você ficar confortável com C++ e entender os possíveis erros (digamos após o Capítulo 16), sugerimos ler a introdução ao CG e experimentar um dos verificadores de CG para ver como eles podem eliminar os erros antes que apareçam no código em execução.

0.3.3 Uma breve história de C++

Iniciei o projeto e a implementação de C++ no final de 1979 e dei suporte ao meu primeiro usuário cerca de 6 meses depois. Os recursos iniciais incluíam classes com construtores e destrutores (§8.4.2, §15.5), e declarações de argumento de função (§3.5.2). Inicialmente, a linguagem foi chamada de *C com Classes*, mas para evitar confusão com C, foi renomeada como C++, em 1984.

A ideia básica de C++ era combinar a capacidade de C para utilizar o *hardware* de forma eficiente (p. ex., *drivers* de dispositivo, gerenciadores de memória e escalonadores de processos) [K&R] com os recursos da linguagem Simula para organizar o código (a saber, classes e classes derivadas) [Simula]. Eu precisava disso para um projeto no qual queria construir um Unix distribuído. Se eu tivesse conseguido, ele poderia ter se tornado o primeiro *cluster* Unix, mas o desenvolvimento de C++ "me distraiu".

Em 1985, a primeira implementação de um compilador C++ e uma biblioteca fundamental foram disponibilizadas comercialmente. Escrevi a maior parte disso e de sua documentação. O primeiro livro sobre C++, *The C++ Programming Language* [TC++PL], foi publicado simultaneamente. Então, a linguagem suportava o que era chamado de abstração de dados e programação orientada a objetos (§12.3, §12.5). Além disso, tinha pouco suporte para a programação genérica (§21.1.2).

No final da década de 1980, trabalhei no projeto de exceções (§4.6) e *templates* (Capítulo 18). Os *templates* tinham o objetivo de dar suporte à *programação genérica* nos moldes do trabalho de Alex Stepanov [AS, 2009].

Em 1989, várias corporações de grande porte decidiram que precisávamos de uma norma ISO para o C++. Junto com Margaret Ellis, escrevi o livro que se tornou o documento básico para a padronização de C++, "The ARM" [ARM]. A primeira norma ISO foi aprovada por 20 nações em 1998 e é conhecida como C++98. Por uma década, C++98 deu suporte a um crescimento em massa no uso de C++ e deu um *feedback* muito valioso para sua evolução. Além da linguagem, a norma especifica uma extensa biblioteca-padrão. Em C++98, o componente da biblioteca-padrão mais significativo foi o STL, fornecendo iteradores (§19.3.2), contêineres (como **vector** [§3.6] e **map** [§20.2]) e algoritmos (§21).

C++11 foi uma atualização significativa, que adicionou recursos melhores para a computação durante a compilação (§3.3.1), lambdas (§13.3.3, §21.2.3) e formalizou o suporte para a execução concorrente. A execução concorrente foi usada em C++ desde o início, mas esse tópico interessante e importante está além do escopo deste livro. Futuramente, veja [AW, 2019]. A biblioteca-padrão do C++11 adicionou muitos componentes úteis, sobretudo a geração de números aleatórios (§4.7.5) e os ponteiros de gerenciamento de recursos (**unique_ptr** [§18.5.2] e **shared_ptr**; §18.5.3).

C++14 e C++17 adicionaram muitos recursos úteis sem acrescentar suporte para os estilos de programação muito novos.

C++20 [C++20] foi uma grande melhoria de C++, tão significativa quanto C++11, quase chegando aos ideais de C++ articulados no livro *The Design and Evolution of C++*, de 1994 [DnE]. Entre muitas extensões, adicionou módulos (§7.7.1), conceitos (§18.1.3), corrotinas (além do escopo deste livro) e intervalos (*ranges*) (§20.7).

Essas mudanças ao longo das décadas evoluíram, tendo grande preocupação com a compatibilidade com as versões anteriores. Tenho pequenos programas dos anos 1980 que ainda rodam hoje. Quando o antigo código não compila nem funciona corretamente, geralmente o motivo são as alterações nos sistemas operacionais ou nas bibliotecas de terceiros. Isso dá certa estabilidade, que é considerada uma característica importante pelas organizações que mantêm o *software* que está em uso há décadas.

Para uma discussão mais aprofundada sobre o projeto e a evolução de C++, consulte o livro *The Design and Evolution of C++* [DnE] e meus três artigos *History of Programming* [HOPL-2] [HOPL-3] [HOPL-4]. Mas eles não foram escritos para os novatos.

0.4 Suporte a PPP

Todo código neste livro segue a norma ISO de C++. Para começar a compilar e executar os exemplos, adicione duas linhas no início do código:

```
import std;
using namespace std;
```

Isso torna a biblioteca-padrão disponível.

Infelizmente, a norma não garante a verificação de intervalos (*ranges*) dos contêineres, como o **vector** padrão, e a maioria das implementações a garante também. Normalmente, a verificação deve ser habilitada por opções que diferem entre compiladores. Consideramos a verificação de intervalos essencial para simplificar o aprendizado e minimizar a frustração. Então, fornecemos um módulo **PPP_support**, que disponibiliza uma versão da biblioteca-padrão C++ com a verificação de intervalo garantida (ver **www.stroustrup.com/programming.html**). Assim, em vez de usar diretamente o módulo **std**, use:

```
#include "PPP.h"
```

Também fornecemos "**PPPheaders.h**" como uma versão parecida com "**PPP.h**" para pessoas que não têm acesso a um compilador com um bom suporte a módulos. Isso fornece menos da biblioteca-padrão de C++ do que "**PPP.h**" e compilará mais devagar.

Além da verificação de intervalo, **PPP_support** fornece uma função **error()** conveniente e uma interface simplificada para os recursos de número aleatório padrão que muitos alunos acharam úteis no passado. Recomendamos fortemente usar **PPP.h** com consistência.

Algumas pessoas comentaram sobre nosso uso de um cabeçalho de suporte para PPP1 e PPP2, dizendo que "usar um cabeçalho não padronizado não é C++". Bem, é porque o conteúdo desses cabeçalhos é 100% ISO C++ e não altera o significado dos programas corretos. Consideramos importante que o nosso suporte PPP faça um trabalho decente em ajudá-lo a evitar um código sem portabilidade e um comportamento surpreendente. Além disso, escrever bibliotecas que facilitem o suporte de código bom e eficiente é um dos principais usos de C++. **PPP_support** é só um exemplo simples disso.

Se você não conseguir baixar os arquivos que suportam o PPP ou tiver problemas para fazer com que eles compilem, use a biblioteca-padrão diretamente, mas tente descobrir como habilitar a verificação de intervalo. Todas as principais implementações de C++ têm uma opção para isso, mas nem sempre é fácil encontrá-la e ativá-la. Para todos os problemas ao iniciar, é melhor ter conselhos de alguém experiente.

Além disso, quando chegar ao Capítulo 10 e precisar executar o código de gráficos e da GUI, você precisará instalar o sistema gráfico/GUI do Qt e uma biblioteca de interface projetada especificamente para este livro. Veja _display.system_ e www.stroustrup.com/programming.html.

0.4.1 Recursos da *web*

Há muito material sobre C++, em texto e vídeo, na *web*. Infelizmente, a qualidade varia, grande parte se destina a usuários avançados e muito está desatualizado. Então use com cuidado e com uma boa dose de ceticismo.

AA   O *site* de suporte deste livro é www.stroustrup.com/programming.html. Lá, você pode encontrar o seguinte:

- O código-fonte do módulo **PPP_support** (§0.4).
- Os cabeçalhos **PPP.h** e **PPPheaders.h** (§0.4).
- Algumas orientações de instalação para o suporte a PPP.
- Alguns exemplos de código.
- Errata.
- Capítulos do PPP2 (a segunda edição do livro *princípios e práticas de programação com C++*) [PPP2] que foram eliminados da versão impressa para ela ficar mais leve e porque fontes alternativas ficaram disponíveis. Esses capítulos estão disponíveis em www.stroustrup.com/programming.html e são referidos no texto de PPP3 assim: PPP2.Ch22 ou PPP2.§ 22.1.2.

Outros recursos da *web*:

- Meu *site*, www.stroustrup.com, contém muito material relacionado a C++.
- O *site* da C++ Foundation, www.isocpp.org, tem várias informações úteis e interessantes, muito sobre padronização, mas também artigos e notícias.
- Recomendo cppreference.com como uma referência *on-line*. Eu o uso diariamente para pesquisar detalhes obscuros da linguagem e da biblioteca-padrão. Não recomendo usá--lo como um tutorial.
- Os principais implementadores de C++, como Clang, GCC e Microsoft, oferecem *downloads* gratuitos de boas versões dos seus produtos (www.stroustrup.com/compilers.html). Todos têm opções para aplicar a verificação de intervalos de índices.
- Existem vários *sites* que oferecem compilação C++ *on-line* (gratuita), por exemplo, o *compiler explorer* https://godbolt.org. São fáceis de usar e muito úteis para testar pequenos exemplos e ver como os diferentes compiladores e as diferentes versões de compiladores lidam com o código-fonte.
- Para obter orientações sobre como usar C++ contemporâneo, veja *The C++ Core Guidelines*: as principais diretrizes de C++ (https://github.com/isocpp/CppCoreGuidelines) [CG] e sua pequena biblioteca de suporte (https://github.com/microsoft/GSL). Exceto ao ilustrar os erros, CG é utilizada neste livro.
- Do Capítulo 10 ao Capítulo 14, usamos o Qt como base do nosso código de gráficos e da GUI: www.qt.io.

0.5 Biografia do autor

Você pode perguntar, com razão, "Quem é você para pensar que pode me ajudar a aprender a programar?". Eis uma biografia pronta:

> Bjarne Stroustrup é o projetista e o implementador original de C++, bem como o autor dos livros *The C++ Programming Language* (4ª edição), *A Tour of C++* (3ª edição), *Princípios e práticas de programação com C++* (3ª edição) e muitas publicações acadêmicas conhecidas. É professor de ciência da computação na Columbia University, na cidade de Nova York. Dr. Stroustrup é membro da U.S. National Academy of Engeneering e membro de IEEE, ACM e CHM. Ele recebeu o prêmio Charles Stark Draper, em 2018, o Prêmio Pioneiro em Computação da IEEE Computer Society, em 2018, e a Medalha IET Faraday, em 2017. Antes de ingressar na Columbia University, foi professor ilustre na Texas A&M University, membro técnico e diretor administrativo da Morgan Stanley. Realizou muito de seu trabalho mais importante no Bell Labs. Seus interesses em pesquisa incluem sistemas distribuídos, projeto, técnicas de programação, ferramentas de desenvolvimento de *software* e linguagens de programação. Para tornar C++ uma base estável e atualizada para o desenvolvimento de *software* real, ele liderou o esforço das normas ISO C++ por mais de 30 anos. Tem mestrado em matemática pela Aarhus University, onde é professor honorário no Departamento de Ciência da Computação, e tem doutorado em ciência da computação pela Cambridge University, onde é membro honorário da Churchill College. É doutor honorário pela Universidad Carlos III de Madrid. www.stroustrup.com.

Em outras palavras, tenho grande experiência acadêmica e no setor.

Usei as versões anteriores deste livro para ensinar milhares de estudantes universitários do primeiro ano, muitos dos quais nunca tinham escrito uma linha de código na vida. Além disso, ensinei pessoas de todos os níveis, desde alunos de graduação até desenvolvedores e cientistas experientes. Atualmente dou aula no último ano de graduação e ensino para estudantes da pós--graduação na Columbia University.

Tenho uma vida fora do trabalho. Sou casado, tenho dois filhos e cinco netos. Li muito, incluindo história, ficção científica, crime e assuntos atuais. Gosto da maioria das músicas, incluindo clássica, *rock* clássico, *blues* e *country*. Boa comida com amigos é essencial, e gosto de visitar lugares interessantes em todo o mundo. Para desfrutar da boa comida, eu corro.

Para ter mais informações biográficas, veja www.stroustrup.com/bio.html.

0.6 Referências

Junto com a listagem das publicações mencionadas neste capítulo, esta seção também inclui publicações que você pode achar úteis.

[ARM]	M. Ellis e B. Stroustrup: *The Annotated C++ Reference Manual*, Addison Wesley. 1990. ISBN 0-201-51459-1.
[AS, 2009]	Alexander Stepanov e Paul McJones: *Elements of Programming*. Addison-Wesley. 2009. ISBN 978-0-321-63537-2.
[AW, 2019]	Anthony Williams: *C++ Concurrency in Action: Practical Multithreading* (*Second edition*). Manning Publishing. 2019. ISBN 978-1617294693.
[BS, 2022]	B. Stroustrup: *A Tour of C++* (*3rd edition*). Addison-Wesley, 2022. ISBN 978-0136816485.

[CG]	B. Stroustrup e H. Sutter: *C++ Core Guidelines*. https://github.com/isocpp/CppCoreGuidelines/blob/master/CppCoreGuidelines.md.
[C++20]	Richard Smith (editor): *The C++ Standard*. ISO/IEC 14882:2020.
[DnE]	B. Stroustrup: *The Design and Evolution of C++*. Addison-Wesley, 1994. ISBN 0201543303.
[HOPL-2]	B. Stroustrup: *A History of C++: 1979–1991*. Proc. ACM History of Programming Languages Conference (HOPL-2). ACM Sigplan Notices. Vol 28, N° 3. 1993.
[HOPL-3]	B. Stroustrup: *Evolving a language in and for the real world: C++ 1991-2006*. ACM HOPL-III. Junho de 2007.
[HOPL-4]	B. Stroustrup: *Thriving in a crowded and changing world: C++ 2006-2020*. ACM/SIGPLAN History of Programming Languages conference, HOPL-IV. Junho de 2021.
[K&R]	Brian W. Kernighan e Dennis M. Ritchie: *The C Programming Language*. Prentice-Hall. 1978. ISBN 978-0131101630.
[Simula]	Graham Birtwistle, Ole-Johan Dahl, Bjorn Myhrhaug e Kristen Nygaard: *SIMULA BEGIN*. Studentlitteratur. 1979. ISBN 91-44-06212-5.
[TC++PL]	B. Stroustrup: *The C++ Programming Language (Fourth Edition)*. Addison-Wesley, 2013. ISBN 0321563840.

Posfácio

Cada capítulo traz um pequeno "posfácio", que tenta dar alguma perspectiva sobre a informação apresentada nele. Fazemos isso com a percepção de que a informação pode ser, e muitas vezes é, assustadora e só será totalmente compreendida depois de fazer exercícios, ler mais capítulos (que aplicam as ideias do capítulo) e fazer uma revisão posterior. *Nada de pânico!* Relaxe; isso é natural e esperado. Você não se tornará um especialista em um dia, mas pode se tornar um programador bem competente conforme avança neste livro. No caminho, encontrará muita informação, muitos exemplos e muitas técnicas que milhares de programadores acharam estimulantes e divertidas.

PARTE I
Fundamentos

A Parte I apresenta os conceitos e as técnicas fundamentais de programação junto com os recursos da linguagem e da biblioteca C++ necessários para começar a escrever código. Isso inclui sistema de tipos, operações aritméticas, estruturas de controle, tratamento de erros, assim como projeto, implementação e uso de funções e tipos definidos pelo usuário.

CAPÍTULO 1: Hello, World!
CAPÍTULO 2: Objetos, tipos e valores
CAPÍTULO 3: Computação
CAPÍTULO 4: Erros!
CAPÍTULO 5: Escrevendo um programa
CAPÍTULO 6: Concluindo um programa
CAPÍTULO 7: Detalhes técnicos: funções etc.
CAPÍTULO 8: Detalhes técnicos: classes etc.

1

Hello, World!

*Aprende-se programação
escrevendo programas.
— Brian Kernighan*

Aqui, apresentamos o programa C++ mais simples que, de verdade, faz algo. O propósito de escrever esse programa é

- experimentar o ambiente de programação;
- ter uma primeira ideia de como fazer um computador realizar coisas para você.

Assim, apresentamos a noção de programa, ou seja, a ideia de traduzir um programa da forma legível por seres humanos para instruções de máquina usando um compilador e, por fim, executar essas instruções de máquina.

▶ 1.1 Programas
▶ 1.2 O primeiro programa clássico
▶ 1.3 Compilação
▶ 1.4 Vinculação
▶ 1.5 Ambientes de programação

1.1 Programas

Para um computador fazer algo, você (ou outra pessoa) tem que dizer exatamente – com muitos detalhes – o que fazer. Tal descrição de "o que fazer", é chamada de *programa*, e *programar* é a atividade de escrever e testar esses programas.

Em certo sentido, todos já programamos antes. Afinal, demos descrições de tarefas a serem feitas, por exemplo, "como dirigir até o cinema mais próximo", "como encontrar o banheiro no andar de cima"' e "como aquecer uma refeição no micro-ondas". A diferença entre tais descrições e programas é o grau de precisão: os seres humanos tendem a compensar as más instruções usando o bom senso, mas os computadores não. Por exemplo, "vire à direita no corredor, suba a escada, à esquerda" é provavelmente uma boa descrição de como chegar ao banheiro no andar de cima. No entanto, quando examina essas instruções simples, você percebe que a gramática é descuidada e que as instruções são incompletas. Uma pessoa compensa esse problema com facilidade. Por exemplo, suponha que você esteja sentado à mesa e peça instruções para ir ao banheiro. Não precisa ser dito que você deve se levantar da cadeira para chegar ao corredor, contornar a mesa (e não passar por cima ou por baixo dela), não pisar no gato etc. Não precisa ser dito que não deve levar a faca e o garfo nem que deve acender a luz para que possa ver a escada. Abrir a porta do banheiro antes de entrar é provavelmente algo que também não precisa ser dito.

Os computadores, por sua vez, são *muito* burros. Eles necessitam que tudo seja descrito com precisão e em detalhes. Considere novamente "vire à direita no corredor, suba a escada, à esquerda". Onde está o corredor? O que é um corredor? O que é "vire à direita"? Qual escada? Como eu subo a escada? (Uma passo de cada vez? Dois passos? Deslizo no corrimão?) O que está à minha esquerda? Quando estará à esquerda? Para conseguir descrever as "coisas" com precisão para um computador, precisamos de uma linguagem definida com precisão e uma gramática específica (uma linguagem humana tem uma estrutura muito vaga para isso) e um vocabulário bem definido para as ações que queremos realizar. Tal linguagem é chamada de linguagem de programação, e C++ é uma linguagem de programação criada para uma ampla seleção de tarefas de programação. Quando um computador consegue executar uma tarefa complexa com instruções simples é porque alguém o ensinou a fazer isso, disponibilizando um programa.

Para mais detalhes filosóficos sobre computadores, programas e programação, ver PPP2.Ch1 e PPP2.Ch22. Aqui, começamos com um programa muito simples, as ferramentas e as técnicas necessárias para fazê-lo funcionar.

1.2 O primeiro programa clássico

Esta é uma versão do primeiro programa clássico. Ele exibe "Hello, World!" na tela do seu monitor:

```
// Este programa exibe a mensagem "Hello, World!" no monitor

import std;         // acessar a biblioteca padrão do C++

int main()          // os programas C++ começam executando a função main
{
    std::cout << "Hello, World!\n";    // exibir "Hello, World
    return 0;
}
```

Pense nesse texto como um conjunto de instruções que damos ao computador para executar, da mesma forma que um cozinheiro segue uma receita para fazer um bolo ou que lemos um manual de instruções para montar um novo brinquedo. Examinaremos o que cada linha do programa faz, começando com

```
std::cout << "Hello, World!\n";         // exibir "Hello, World!"
```

Essa é a linha que efetivamente produz a saída. Ela imprime os caracteres Hello, World! seguidos por um marcador de nova linha, isto é, depois de escrever Hello, World!, o cursor será colocado no início da próxima linha. *Cursor* é um pequeno caractere ou linha piscando que mostra onde você pode digitar o próximo caractere.

Em C++, *strings* literais são delimitadas com aspas duplas ("), isto é, "Hello, World!\n" é uma *string* de caracteres. O \n é um caractere especial que indica uma nova linha. O nome cout se refere a um fluxo de saída padrão (*stream*). Os caracteres "colocados em cout" usando o operador de saída << aparecerão na tela. O nome cout é pronunciado como "c-aut" e é uma abreviação de "*character output stream*" ou "fluxo de saída de caracteres". Você verá que abreviações são muito comuns em programação. Naturalmente, uma abreviação pode ser um pouco incômoda na primeira vez que você a vê e precisa lembrar dela, mas, uma vez que começa a usá-la repetidas vezes, você se acostuma e percebe que abreviações são essenciais para manter o texto do programa curto e gerenciável.

A parte std:: em std::cout diz que cout deve ser encontrado na biblioteca-padrão que tornamos acessível com import std;

O final dessa linha

```
// exibir "Hello, World!"
```

é um comentário. Qualquer coisa escrita depois do símbolo // (isto é, o caractere /, chamado de "barra", digitado duas vezes) em uma linha é um comentário. Os comentários são ignorados pelo compilador e são escritos para os programadores que leem o código. Aqui, usamos o comentário para dizer o que o início dessa linha realmente fez.

Os comentários são escritos para descrever o que o programa pretende fazer e, em geral, fornecem informações úteis para os seres humanos que não podem ser expressas diretamente no código. A pessoa que mais se beneficia dos comentários em seu código é você – quando voltar ao código uma semana depois ou um ano depois e tiver esquecido exatamente por que escreveu o código da forma como fez. Então, comente bem. Em §4.7.2.1 e §6.6.4, examinaremos o que torna um comentário bom.

Um programa é escrito para dois públicos. Naturalmente, escrevemos código para os computadores o executarem. No entanto, passamos longas horas lendo e modificando o código. Assim, os programadores são o outro público dos programas. Portanto escrever código também é uma forma de comunicação entre as pessoas. De fato, faz sentido considerar os leitores humanos do nosso código como nosso principal público: se eles (nós) não acham o código razoavelmente fácil de entender, é improvável que o código se torne correto. Então, não se esqueça: o código é para ser lido – faça tudo o que puder para torná-lo legível.

A primeira linha do programa é um comentário típico; ela simplesmente diz ao leitor humano o que o programa deve fazer:

```
// Este programa exibe a mensagem "Hello, World!" no monitor
```

Tais comentários são úteis porque o código em si diz o que o programa faz, não o que queremos que ele faça. Além disso, geralmente podemos explicar (mais ou menos) para um ser humano o que um programa deve fazer de forma muito mais concisa do que podemos expressá-lo (em detalhes) no código para um computador. Muitas vezes, tal comentário é a primeira parte do programa que escrevemos. No mínimo, ele nos lembra o que estamos tentando fazer.

A próxima linha

```
import std;
```

é uma instrução de importação de módulo. Ela instrui o computador a disponibilizar ("importar") os recursos de um módulo chamado std. É um módulo-padrão que disponibiliza todos os recursos da biblioteca-padrão do C++. Explicaremos seu conteúdo à medida que avançamos. Para este programa, a importância de std é que disponibilizamos os recursos de fluxos de E/S do C++ padrão. Aqui, apenas usamos o fluxo de saída padrão, cout, e seu operador de saída, <<.

Como um computador sabe por onde começar a executar um programa? Ele procura uma função chamada main e começa a executar as instruções que encontra nela. Eis a função main do nosso programa "Hello, World!":

```
int main()      // Os programas C++ começam executando a função main
{
    std::cout << "Hello, World!\n";      // exibir "Hello, World!"
    return 0;
}
```

CC Todo programa C++ deve ter uma função chamada main para dizer por onde começar a execução. Uma função é basicamente uma sequência nomeada de instruções para o computador executar na ordem em que estão escritas. Uma função tem quatro partes:

- Um *tipo de retorno*, aqui int (que significa "inteiro"), que especifica o tipo de resultado, se houver, que a função retornará para quem pediu sua execução. A palavra int é uma palavra reservada em C++ (uma *palavra-chave*), então int não pode ser usada como o nome de outra coisa.
- Um *nome*, aqui main.
- Uma *lista de parâmetros* entre parênteses (ver §7.2 e §7.4), aqui ( ); nesse caso, a lista de parâmetros está vazia.
- Um *corpo da função* entre "chaves", { }, que lista as ações (chamadas *instruções*) que a função deve executar.

Veja a seguir que o programa C++ mínimo é simplesmente

```
int main() { }
```

Mas ele não é muito útil, porque não faz nada. A parte main() ("a função principal") do nosso programa "Hello, World!" tem duas instruções em seu corpo:

```
std::cout << "Hello, World!\n";      // exibir "Hello, World!"
return 0;
```

Primeiro, ela escreverá Hello, World! na tela, então retornará um valor 0 (zero) para quem a chamou. Como main() é chamada pelo "sistema", não usaremos esse valor de retorno. Contudo, em alguns sistemas (a saber, Unix/Linux), ela pode ser usada para verificar se o programa foi bem-sucedido. Um zero (0) retornado por main() indica que o programa terminou com sucesso.

Uma parte do programa C++ que especifica uma ação é chamada de *instrução*.

1.3 Compilação

C++ é uma linguagem compilada. Isso significa que, para fazer um programa rodar, primeiro você deve traduzi-lo da forma legível por humanos para algo que uma máquina possa "entender". Essa tradução é feita por um programa chamado *compilador*. O que você lê e escreve é chamado de *código-fonte* ou *texto do programa*, e o que o computador executa é chamado de *código-objeto* ou *código de máquina*. Normalmente, os arquivos de código-fonte em C++ recebem o sufixo .cpp (p. ex., hello_world.cpp) e os arquivos do código-objeto recebem o sufixo .obj (no Windows) ou .o (no Linux). A palavra *código* sozinha é, portanto, ambígua e pode causar confusão; use-a com cuidado e somente quando seu significado é óbvio. A menos que seja especificado de outra forma, usamos a palavra *código* para indicar o "código-fonte" ou mesmo "o código-fonte exceto os comentários", porque os comentários existem de fato apenas para nós humanos e não são vistos pelo compilador para gerar o código-objeto.

CC

Código-fonte em C++ → compilador → Código-objeto

O compilador lê o seu código-fonte e tenta entender o que você escreveu. Ele procura ver se seu programa é gramaticalmente correto, se cada palavra tem um significado definido e se há algo obviamente errado, que possa ser detectado sem tentar realmente executar o programa. Você verá que os compiladores são bem exigentes quanto à sintaxe. Deixar de fora qualquer detalhe do nosso programa, como um ponto e vírgula ou uma chave, ou então importar com import um arquivo de módulo, causará erros. Da mesma forma, o compilador tem tolerância absolutamente zero para os erros de ortografia. Vejamos isso com uma série de exemplos, cada um com apenas um erro pequeno. Cada erro é um exemplo do tipo de erro que cometemos com frequência:

```
int main()
{
    std::cout << "Hello, World!\n";
    return 0;
}
```

Não fornecemos ao compilador nada que explique o que é std::cout, então ele reclama. Para corrigir isso, adicionamos import:

```
import std;
int main()
{
    cout << "Hello, World!\n";
    return 0;
}
```

O compilador reclama novamente: importamos a biblioteca-padrão, mas esquecemos de informar ao compilador para procurar cout em std. O compilador também rejeita isto:

```
import std;
int main()
{
    std::cout << "Hello, World!\n;
    return 0;
}
```

Não terminamos a *string* com um caractere ". O compilador também se opõe a isto:

```
import std;
integer main()
{
    std::cout << "Hello, World!\n";
    return 0;
}
```

C++ utiliza a abreviação int em vez de a palavra integer. O compilador não gosta disto:

```
import std;
int main()
{
    std::cout < "Hello, World!\n";
    return 0;
}
```

Usamos < (operador menor que) em vez de << (o operador de saída). Outro erro:

```
import std;
int main()
{
    std::cout << 'Hello, World!\n';
    return 0;
}
```

Usamos aspas simples no lugar de aspas duplas para delimitar a *string*. Por fim, o compilador mostra um erro para isto:

```
import std;
int main()
{
    std::cout << "Hello, World!\n"
    return 0;
}
```

Esquecemos de terminar a instrução de saída com ponto e vírgula. Note que muitas instruções em C++ são terminadas com um ponto e vírgula (;). O compilador precisa desses pontos e vírgulas para saber onde uma instrução termina e a próxima começa. Não há uma maneira realmente curta, totalmente correta e não técnica de resumir onde os pontos e vírgulas são necessários. Por enquanto, basta copiar nosso padrão de uso, que pode ser resumido como: "Coloque um ponto e vírgula após cada expressão que não termina com uma chave à direita (})".

Por fim, testemos algo que, curiosamente, funciona:

```
import std;
int main()
{
    std::cout << "Hello, World!\n";
}
```

Por razões históricas, podemos deixar de fora a instrução de retorno em main (e apenas em main), e é como se tivéssemos escrito return 0; no fim do corpo de main para indicar a conclusão bem-sucedida.

Por que gastamos duas páginas e minutos do seu precioso tempo mostrando exemplos de erros comuns em um programa comum? Para deixar claro que você, como todos os programadores, passará muito tempo procurando erros no texto-fonte do programa. Na maioria das vezes, os textos têm erros. Afinal, se estivéssemos convencidos de que certo código está correto, estaríamos trabalhando em algum outro código ou tirando uma folga. Foi uma grande surpresa para os brilhantes pioneiros da computação que eles cometiam erros e tinham que dedicar grande parte de seu tempo para encontrá-los. Ainda é uma surpresa para a maioria dos novatos em programação.

Quando você programa, é comum ficar bastante irritado com o compilador. Às vezes, parece que ele reclama de detalhes sem importância (como a falta de um ponto e vírgula) ou de coisas que você considera "obviamente certas". Entretanto o compilador geralmente está certo: quando ele mostra uma mensagem de erro e se recusa a produzir um código-objeto a partir de seu código-fonte, algo não está bem certo em seu programa, isto é, o significado do que você escreveu não está definido com precisão de acordo com os padrões de C++. **AA**

O compilador não tem bom senso (ele não é humano) e é muito exigente com os detalhes. **XX**
Como ele não tem bom senso, você não gostaria que ele tentasse adivinhar o que você quis dizer com algo que "parecia ok", mas que não estava em conformidade com a definição estabelecida em C++. Se ele tentasse e o palpite dele fosse diferente do seu, você acabaria gastando muito tempo tentando descobrir por que o programa não fez o que você pensou ter dito para ele fazer. No final das contas, o compilador nos livra de muitos problemas causados por nós mesmos. Ele evita mais problemas do que causa. Então, lembre-se: o compilador é seu amigo; possivelmente, o compilador é seu melhor amigo na programação. **AA**

1.4 Vinculação

Um programa geralmente consiste em várias partes separadas, muitas vezes desenvolvidas por **CC**
pessoas diferentes. Por exemplo, o programa "Hello, World!" consiste na parte que escrevemos mais as partes da biblioteca-padrão de C++. Essas partes separadas (às vezes chamadas de *módulos* ou *unidades de tradução*) devem ser compiladas, e os arquivos de código-objeto resultantes devem ser vinculados entre si para formar um programa executável. O programa que vincula essas partes é (sem surpresa) chamado de *linker*:

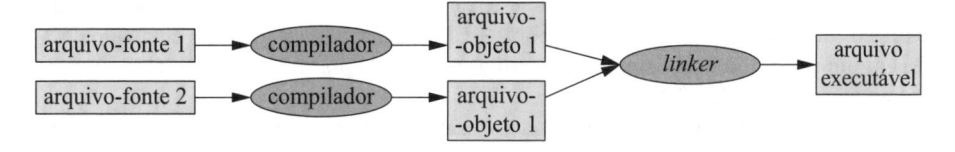

```
arquivo-fonte 1  →  compilador  →  arquivo-objeto 1  ↘
                                                       linker  →  arquivo executável
arquivo-fonte 2  →  compilador  →  arquivo-objeto 1  ↗
```

A saída de um *linker* é chamada de *arquivo executável* e, no Windows, seu nome costuma ter o prefixo **.exe**. Observe que o código-objeto e os executáveis *não* têm portabilidade entre os sistemas. Por exemplo, quando você compila para uma máquina Windows, obtém um código-objeto para Windows que não será executado em uma máquina Linux.

Biblioteca é, simplesmente, um código, em geral escrito por terceiros, que acessamos usando as declarações encontradas em um **módulo** importado com **import**. Por exemplo:

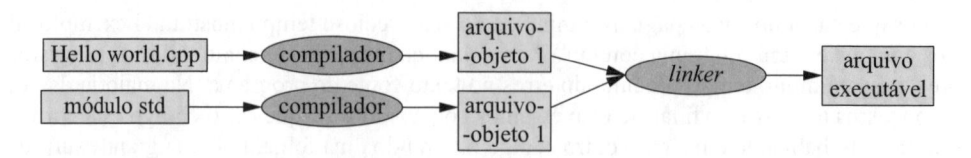

```
Hello world.cpp → compilador → arquivo-objeto 1 ↘
                                                  linker → arquivo executável
módulo std    → compilador → arquivo-objeto 1 ↗
```

Declaração é uma instrução do programa que especifica como uma parte do código pode ser usada; examinaremos as declarações em detalhes mais tarde (§3.5.2, §7.2).

Os erros encontrados pelo compilador são chamados de *erros de compilação*, os erros encontrados pelo *linker* são chamados de *erros de vinculação* e os erros não encontrados até o programa ser executado são chamados de *erros de execução* ou *erros lógicos*. Geralmente, os erros de compilação são mais fáceis de entender e corrigir do que os erros de vinculação, e os erros de vinculação são muitas vezes mais fáceis de encontrar e corrigir do que os erros de execução. Em §4, detalhamos mais os erros e as formas de lidar com eles.

1.5 Ambientes de programação

Para programar, usamos uma linguagem de programação. Também usamos um compilador para traduzir nosso código-fonte em código-objeto e um *linker* para vincular nosso código-objeto a um programa executável. Além disso, usamos algum programa para introduzir o texto do nosso código-fonte no computador e editá-lo. Estas são apenas as primeiras ferramentas essenciais que compõem a caixa de ferramentas do nosso programador ou o "ambiente de desenvolvimento de programas".

Se costuma trabalhar a partir de uma janela da linha de comando, como muitos programadores profissionais fazem, você mesmo terá que digitar os comandos de compilação e vinculação (§0.3.1). Se, em vez disso, você usar um ambiente de desenvolvimento integrado (IDE, *integrated development environment*), como muitos programadores profissionais também fazem, um simples clique no botão correto fará o trabalho.

Os IDEs geralmente incluem um editor com recursos úteis, como a codificação por cores, para ajudar a diferenciar os comentários, as palavras-chave e outras partes do código-fonte do seu programa, além de outros recursos para ajudá-lo a depurar seu código, compilá-lo e executá-lo. *Depurar* é a atividade de encontrar erros em um programa e removê-los; você ouvirá muito sobre isso ao longo do caminho. Um erro em um programa costuma ser chamado de *bug*, daí o termo "*debugging*" ou depurar, em português. A razão para um erro ser chamado de "*bug*" é que, em um dos primeiros sistemas, um programa falhou porque um inseto (*bug*, em inglês), entrou no computador PPP2.§ 22.2.2.)

Trabalhando com este livro, você poderá usar qualquer sistema que forneça uma implementação atualizada e em conformidade com os padrões de C++. A maior parte do que dizemos aqui vale para todas as implementações de C++, e o código será executado em todos os lugares. Em nosso trabalho, usamos muitas implementações diferentes.

Prática

Até agora, falamos sobre programação, código e ferramentas (como compiladores). Agora você tem que fazer um programa rodar. Este é um ponto essencial neste livro e um passo importante para aprender a programar. É aqui que você começa a desenvolver habilidades práticas e bons hábitos de programação. Os exercícios deste capítulo são para você se familiarizar com o ambiente de desenvolvimento de *software*. Depois de executar o programa "Hello, World!", você terá passado no primeiro grande marco como programador.

O objetivo de uma prática é estabelecer ou reforçar suas habilidades de programação e lhe dar experiência com as ferramentas do ambiente de programação. Normalmente, uma prática é uma sequência de modificações sobre um único programa, "crescendo" de algo bem básico para algo que poderia ser uma parte útil de um programa real. Os exercícios tradicionais são feitos para testar sua iniciativa, inteligência ou criatividade. Já uma prática requer pouca criatividade de sua parte. Em geral, seguir a sequência é fundamental, e cada passo individual deve ser fácil (ou mesmo banal). Não tente ser esperto e pular etapas; isso tende a atrasá-lo ou até mesmo confundi-lo.

Você pode pensar que entendeu tudo o que leu e o que seu professor ou instrutor disse, mas a repetição e a prática são necessárias para desenvolver as habilidades de programação. Nesse sentido, programar é como atletismo, música, dança ou qualquer ofício baseado em habilidades. Imagine pessoas tentando competir em qualquer um desses campos sem uma prática regular. Você sabe o desempenho que elas teriam. A prática constante – para os profissionais, isso significa prática constante ao longo da vida – é a única forma de desenvolver e manter uma habilidade prática de alto nível.

Então, nunca pule os treinos, por mais tentador que isso seja; eles são essenciais para o processo de aprendizado. Basta começar com o primeiro passo e prosseguir, testando cada etapa conforme avança para ter certeza de que está fazendo certo.

Não se assuste se não entender todos os detalhes da sintaxe que está usando e não tenha medo de pedir ajuda de instrutores ou amigos. Continue, faça todos os treinos e muitos dos exercícios, e tudo ficará claro no devido tempo.

Então, eis a sua primeira prática:

[1] Descubra como compilar e executar um programa em sua máquina. Este pode ser um bom momento para pedir ajuda a alguém que já tenha feito isso antes.

[2] Se utilizar um IDE, configure um projeto C++ de console vazio chamado hello_world. Caso contrário, se planeja usar a linha de comando, abra uma janela de comando, descubra como usar um editor para digitar seu código e veja §0.3.1.

[3] Digite hello_world.cpp, exatamente como especificado abaixo, salve em seu diretório de prática (pasta) e inclua-o em seu projeto hello_world.

```
import std;
int main()        // Os programas C++ começam executando a função main
{
    std::cout << "Hello, World!\n";    // exibir "Hello, World!"
}
```

E se você não tiver uma implementação C++ atualizada que suporte o módulo std? Então, use uma técnica menos elegante e eficiente, que funciona desde os primeiros dias de C: use #include para incluir um arquivo de cabeçalho, como explicado em §7.7.2:

```
#include<iostream>
int main()        // Os programas C++ começam executando a função main
{
    std::cout << "Hello, World!\n";    // exibir "Hello, World!"
}
```

[4] Compile e execute o programa "Hello, World!". Um IDE terá um botão de compilação e execução. Mesmo algo tão simples como "Hello, World!" raramente compila e roda na primeira tentativa de usar uma nova linguagem de programação ou um novo ambiente de programação. Encontre o problema e resolva-o! Este é um ponto em que

é sensato pedir ajuda a uma pessoa mais experiente, mas entenda o que você vê para que possa fazer tudo sozinho antes de prosseguir.

[5] Até o momento, provavelmente você já tenha encontrado alguns erros e teve de corrigi-los. Agora é hora de se familiarizar um pouco mais com os recursos de detecção de erros e relatórios de erros do seu compilador! Experimente os oito programas em §1.3 para ver como seu ambiente de programação reage. Pense em pelo menos mais cinco erros que você pode ter cometido ao digitar em seu programa (p. ex., deixar a tecla Caps Lock ativada enquanto digita uma palavra ou digitar uma vírgula em vez de ponto e vírgula) e teste cada um para ver o que acontece quando você tenta compilar e rodar essas versões.

Revisão

A ideia básica destas questões de revisão é dar a chance de você ver se notou e compreendeu os pontos-chave do capítulo. Talvez você tenha de voltar ao texto para responder alguma pergunta; isso é normal e esperado. Você pode ter que reler seções inteiras; isso também é normal e esperado. No entanto, se tiver que reler todo o capítulo ou tiver problemas com todas as questões de revisão, você deve considerar se seu método de estudo é eficaz. Você está lendo muito rápido? Seguiu as sugestões em "Experimente isto?" Você deveria estudar com um amigo para poder discutir os problemas com as explicações no texto?

[1] Qual é o propósito do programa "Hello, World!"?
[2] Nomeie as quatro partes de uma função.
[3] Nomeie uma função que deve aparecer em todos os programas C++.
[4] No programa "Hello, World!", qual é o propósito da linha return 0;?
[5] Qual é o propósito do compilador?
[6] Qual é o propósito da instrução import?
[7] Qual é o propósito da diretiva #include?
[8] O que significa um sufixo .cpp no final de um nome de arquivo em C++?
[9] Qual é a função do *linker* no programa?
[10] Qual é a diferença entre arquivo-fonte e arquivo-objeto?
[11] O que é um executável?
[12] O que é um IDE e o que ele faz por você?
[13] Como você faz um programa compilado rodar?
[14] O que é um comentário?
[15] Para que serve uma prática?
[16] Se você entende tudo no livro, por que é necessário praticar?

A maioria das questões de revisão tem uma resposta clara no capítulo no qual aparece. Contudo, às vezes incluímos perguntas para lembrá-lo das informações relevantes de outros capítulos e até mesmo relacionadas ao mundo fora deste livro. Consideramos isso justo; há mais para escrever um bom *software* e pensar sobre as implicações de fazê-lo do que cabe em um capítulo ou um livro.

Termos

Estes termos apresentam o vocabulário básico de programação e de C++. Se você quiser entender o que as pessoas dizem sobre os tópicos de programação e quiser articular suas próprias ideias, deve saber o que significa cada termo.

//	executável	main()	<<
função	código-objeto	C++	arquivo de cabeçalho
saída	comentário	IDE	programa
compilador	import	código-fonte	compilação
erro	biblioteca	instrução	cout
linker	módulo (module)	#include	std
linha de comando	*bug*	depuração	

Talvez você queira construir gradualmente um glossário escrito com suas próprias palavras. É possível fazer isso repetindo o exercício 5 a seguir em cada capítulo.

Exercícios

Listamos os treinos separadamente dos exercícios; sempre conclua a prática do capítulo antes de fazer um exercício. Isso economizará seu tempo.

[1] Altere o programa para exibir as duas linhas

> Hello, programming!
> Here we go!

[2] Expandindo o que você aprendeu, escreva um programa que liste as instruções para um computador encontrar o banheiro no andar de cima da casa, visto em §1.1. Você consegue pensar em mais etapas que uma pessoa presumiria sozinha, mas um computador não? Adicione-as à sua lista. É um bom começo para "pensar como um computador". Aviso: para a maioria das pessoas, "ir ao banheiro" é uma instrução perfeitamente adequada. Para alguém sem experiência com casas ou banheiros (imagine uma pessoa da idade da pedra, de alguma forma transportada para sua sala de jantar), a lista de instruções pode ser muito longa. Não use mais de uma página. Para ajudar o leitor, você pode adicionar uma breve descrição do *layout* da casa que está imaginando.

[3] Escreva uma descrição de como ir da porta da frente do seu dormitório, apartamento, casa, seja o que for, até a porta da sala de aula (supondo que você esteja frequentando alguma escola; se não estiver, escolha outro alvo). Peça a um amigo para seguir as instruções e anote-as com melhorias à medida que a pessoa continua. Para não perder a amizade, pode ser uma boa ideia você mesmo "testar em campo" essas instruções antes de passá-las a um amigo.

[4] Encontre um bom livro de receitas. Leia as instruções para assar *muffins* de mirtilo (se estiver em um país onde "*muffins* de mirtilo" é um prato estranho e exótico, use um prato mais familiar). Note que, com um pouco de ajuda e instrução, a maioria das pessoas no mundo consegue assar *muffins* de mirtilo deliciosos. Não é considerado um preparo avançado ou difícil. No entanto, para o autor, poucos exercícios neste livro são tão difíceis quanto este. É incrível o que você pode fazer com um pouco de prática.

- Reescreva as instruções para que cada ação fique em seu próprio parágrafo numerado. Cuide para listar todos os ingredientes e todos os utensílios de cozinha utilizados em

cada etapa. Tenha atenção com os detalhes essenciais, como a temperatura desejada do forno, o pré-aquecimento do forno, a preparação da assadeira de *muffin*, o tempo de cozimento e a necessidade de proteger as mãos ao tirar os *muffins* do forno.
- Considere essas instruções do ponto de vista de um novato em culinária (se você não for um, peça a ajuda de um amigo que não saiba cozinhar). Preencha as etapas que o autor do livro (quase certamente um cozinheiro experiente) deixou de fora por serem óbvias.
- Construa um glossário dos termos usados. (O que é uma assadeira de *muffin*? O que faz o pré-aquecimento? O que significa "forno"?)
- Agora asse alguns *muffins* e aproveite os resultados.

[5] Escreva uma definição para cada termo na lista de "Termos". Primeiro, tente ver se consegue fazer isso sem consultar o capítulo (improvável); em seguida, percorra o capítulo para encontrar as definições. Você pode achar interessante a diferença entre sua primeira tentativa e a versão do livro. Você pode consultar um glossário *on-line* adequado, como www.stroustrup.com/glossary.html. Escrevendo sua própria definição antes de procurar, você reforça o aprendizado obtido com a leitura. Se tiver que reler uma seção para formar uma definição, isso só ajuda a entender. Sinta-se à vontade para usar suas próprias palavras para as definições e tornar as definições o mais detalhadas quanto pensa ser razoável. Muitas vezes, um exemplo após a definição principal é útil. Você pode querer armazenar as definições em um arquivo para que possa adicioná-las a partir das seções "Termos" dos capítulos posteriores.

Posfácio

Qual a importância do programa "Hello, World!"? Seu objetivo é nos familiarizar com as ferramentas básicas de programação. Tendemos a usar um exemplo extremamente simples, como "Hello, World!", sempre que abordamos uma nova ferramenta. Dessa forma, separamos nosso aprendizado em duas partes: primeiro aprendemos o básico de nossas ferramentas com um programa comum, depois aprendemos sobre programas mais complicados sem nos distrair com nossas ferramentas. Aprender as ferramentas e a linguagem simultaneamente é bem mais difícil do que fazer primeiro um e depois o outro. Essa abordagem para simplificar o aprendizado de uma tarefa complexa, dividindo-a em uma série de etapas pequenas (e mais gerenciáveis), não se limita à programação e aos computadores. É comum e útil na maioria das áreas da vida, sobretudo naquelas que envolvem alguma habilidade prática.

2

Objetos, tipos e valores

A sorte favorece a mente preparada.
— *Louis Pasteur*

Este capítulo apresenta os conceitos básicos do armazenamento e do uso de dados em um programa. Para tanto, primeiro nos concentramos na entrada de dados a partir do teclado. Depois de estabelecer as noções fundamentais de objetos, tipos, valores e variáveis, introduzimos diversos operadores e damos muitos exemplos de uso de variáveis dos tipos char, int, double e string.

- ▶ 2.1 Entrada
- ▶ 2.2 Variáveis
- ▶ 2.3 Entrada e tipo
- ▶ 2.4 Operações e operadores
- ▶ 2.5 Atribuição e inicialização
    Um exemplo: detectar palavras repetidas; Operadores de atribuição compostos; Um exemplo: encontrar palavras repetidas
- ▶ 2.6 Nomes
- ▶ 2.7 Tipos e objetos
- ▶ 2.8 Segurança de tipos
- ▶ 2.9 Conversões
- ▶ 2.10 Dedução de tipos: auto

2.1 Entrada

O programa "Hello, World!" apenas escreve na tela. Ele produz uma saída. Ele não lê nada; ele não recebe entrada do usuário. Isso é bem chato. Os programas reais tendem a produzir resultados baseados em alguma entrada fornecida, em vez de apenas fazer exatamente a mesma coisa sempre que os executamos.

CC

Para ler algo, precisamos de algum lugar de onde ler, isto é, precisamos de algum lugar na memória do computador para colocar o que lemos. Chamamos tal "lugar" de objeto. Um *objeto* é uma região da memória com um *tipo*, que especifica qual informação pode ser colocada nele. Um objeto nomeado é chamado de *variável*. Por exemplo, as cadeias de caracteres são colocadas nas variáveis do tipo string, e os inteiros são colocados nas variáveis int. Você pode pensar em um objeto como uma caixa, na qual pode colocar um valor do tipo do objeto:

```
              int:
age:       |   42   |
```

Isso representaria um objeto do tipo int chamado age (idade), que contém o valor inteiro 42. Usando uma variável do tipo *string*, podemos ler uma *string* a partir da entrada e escrevê-la novamente assim:

```
// ler e escrever seu primeiro nome
#include "PPP.h"

int main()
{
    cout << "Please enter your first name (followed by "enter"):\n";
    string first_name;          // first_name é uma variável do tipo string
    cin >> first_name;          // armazenar os caracteres em first_name
    cout << "Hello, " << first_name << "!\n";
}
```

Já vimos os elementos #include e main() no Capítulo 1. Como #include ou o uso direto e equivalente de import é necessário para todos os nossos programas, iremos deixá-lo fora de nossa apresentação para evitar distrações. Da mesma forma, às vezes apresentaremos um código que funcionará apenas se colocado em main() ou alguma outra função, como esta:

```
cout << "Please enter your first name (followed by 'enter'):\n";
```

Presumimos que você consegue descobrir como colocar esse código em um programa completo para testar.

A primeira linha de main() simplesmente escreve uma mensagem de incentivo para o usuário digitar seu primeiro nome. Essa mensagem é normalmente chamada de *prompt*, porque solicita que o usuário execute uma ação. As próximas linhas definem uma variável do tipo string chamada first_name, lê a entrada do teclado para essa variável e escreve uma saudação. Vejamos as três linhas:

```
string first_name;    // first_name é uma variável do tipo string
```

Isso separa uma área da memória para uma cadeia de caracteres e lhe dá o nome first_name:

```
                          string:
          first_name: [░░░░░░░░░░░░]
```

Uma instrução que introduz um novo nome em um programa e reserva memória para uma variável é chamada de *definição*.

A linha seguinte lê os caracteres da entrada (o teclado) nessa variável:

```
cin >> first_name;   // armazenar os caracteres em first_name
```

O nome cin se refere ao fluxo de entrada padrão (pronunciado "ci-in", derivado de "*character input*") definido na biblioteca-padrão. O segundo operando do operador >> ("obter de") especifica onde fica essa entrada. Então, se digitarmos um primeiro nome, digamos Nicholas, seguido de um caractere de nova linha, a *string* "Nicholas" se tornará o valor de first_name:

```
                          string:
          first_name: [   Nicholas   ]
```

O caractere de nova linha é necessário para chamar a atenção da máquina. Até que uma nova linha seja inserida (isto é, a tecla Enter seja pressionada), o computador simplesmente acumula caracteres. Esse "atraso" dá a você a chance de mudar de ideia, apagar alguns caracteres e substituí-los por outros antes de pressionar Enter. O caractere de nova linha não fará parte da *string* armazenada na memória.

Tendo obtido a *string* de entrada em first_name, podemos usá-la:

```
cout << "Hello, " << first_name << "!\n";
```

Isso imprime Hello, seguido de Nicholas (o valor de first_name) seguido de ! e uma nova linha ('\n') na tela:

Hello, Nicholas!

Se preferíssemos repetição e digitação extra, poderíamos ter escrito três instruções separadas:

```
cout << "Hello, ";
cout << first_name;
cout << "!\n";
```

No entanto, não temos especial apreço pela digitação e, o mais importante, não gostamos de repetições desnecessárias (porque a repetição abre espaço para erros), então combinamos essas três operações de saída em uma única instrução.

Observe como usamos aspas em torno dos caracteres em "Hello", mas não em first_name. Usamos aspas quando queremos uma *string* literal. Quando não queremos, nos referimos ao valor de algo com um nome. Considere:

```
cout << "first_name" << " is " << first_name;
```

Aqui, "first_name" nos dá os dez caracteres first_name, e first_name simples nos dá o valor da variável first_name, nesse caso, Nicholas. Então, obtemos

first_name is Nicholas

2.2 Variáveis

CC Basicamente, não podemos fazer nada interessante com um computador sem armazenar dados na memória, como fizemos com a *string* de entrada no exemplo anterior. Os "lugares" nos quais armazenamos os dados são chamados de *objetos*. Para acessar um objeto, precisamos de um *nome*. Um objeto nomeado é chamado de *variável* e tem um *tipo* específico (como **int** ou **string**), que determina o que pode ser colocado nele (p. ex., **123** pode ficar em um **int** e **"Hello, World!/n"** pode ficar em uma **string**) e quais operações podem ser aplicadas (p. ex., podemos multiplicar os **ints** usando o operador * e comparar as **strings** usando o operador <=). Os itens de dados que colocamos nas variáveis são chamados de *valores*. Uma instrução que define uma variável é chamada (sem surpresa) de *definição*, e uma definição pode (e geralmente deve) fornecer um valor inicial. Considere:

```
string name = "Annemarie";
int number_of_steps = 39;
```

O valor após {=} é chamado de *inicializador*.

Você pode visualizar essas variáveis assim:

	int:	string:
number_of_steps:	39	name: Annemarie

Não é possível colocar valores do tipo errado em uma variável:

```
string name2 = 39;                       // erro: 39 não é uma string
int number_of_steps = "Annemarie";       // erro: "Annemarie" não é um int
```

O compilador lembra o tipo de cada variável e garante que você o use de acordo com seu tipo, conforme especificado na definição.

C++ tem inúmeros tipos. É possível encontrar listas completas na *web* (p. ex., **cppreference.com**). Entretanto, é possível escrever programas perfeitamente bons usando apenas cinco:

```
int number_of_steps = 39;        // int para inteiros
double flying_time = 3.5;        // double para números de ponto flutuante
char decimal_point = '.';        // char para caracteres individuais
string name = "Annemarie";       // string para strings de caracteres
bool tap_on = true;              // bool para variáveis lógicas
```

A razão para o uso do nome **double** é histórica: **double** é a abreviação de "ponto flutuante com dupla (*double*) precisão". Ponto flutuante é a aproximação do computador para o conceito matemático de um número real.

Observe que cada tipo tem seu próprio estilo característico de literais:

```
39                // int: um inteiro
3.5               // double: um número de ponto flutuante
'.'               // char: um caractere individual com aspas simples
"Annemarie"       // string: uma sequência de caracteres com aspas duplas
true              // bool: true (verdadeiro) ou false (falso)
```

Em outras palavras, uma sequência de dígitos (como **1234**, **2** ou **976**) indica um número inteiro, um único caractere com aspas simples (como '1', '@' ou 'x') indica um caractere, uma sequência de dígitos com um ponto decimal (como **1.234**, **0.12** ou **.98**) indica um valor de ponto flutuante e uma sequência de caracteres com aspas duplas (como **"1234"**, **"Howdy!"** ou **"Annemarie"**) indica uma *string*.

2.3 Entrada e tipo

A operação de entrada >> ("obter de") é sensível ao tipo, isto é, lê de acordo com o tipo da variável lida. Por exemplo:

```
int main()      // ler nome e idade
{
    cout << "Please enter your first name and age\n";
    string first_name = "???";   // variável de string ("???" indica "não sabemos o nome")
    int age = -1;                // variável inteira (-1 significa "não sabemos a idade")
    cin >> first_name >> age;    // ler uma string seguida de um inteiro
    cout << "Hello, " << first_name << " (age " << age << ")\n";
}
```

Então, se você digitar **Carlos 22**, o operador >> lerá Carlos em **first_name**, **22** em **age**, e produzirá esta saída:

Hello, Carlos (age 22)

Por que ele não lerá **Carlos 22** por inteiro em **first_name**? Por convenção, a leitura de **strings** é terminada pelo que é chamado de *espaço em branco*, isto é, os caracteres de espaço, nova linha e tabulação. Em outras palavras, o espaço em branco por padrão é ignorado por >>. Por exemplo, você pode adicionar quantos espaços quiser antes de um número a ser lido; >> irá ignorá-los e ler o número.

Assim como podemos escrever diversos valores em uma única instrução de saída, podemos ler diversos valores em uma única instrução de entrada. Note que << é sensível ao tipo, assim como >> também é, portanto podemos exibir a variável **age** de **int**, além da variável **first_name** de **string** e os literais de *string* "Hello", "(age" e ")\n".

Se você digitar **22 Carlos**, verá algo que pode parecer surpreendente de início. A entrada (equivocada) **22 Carlos** produzirá

Hello, 22 (age -1)

A entrada **22** será lida e armazenada em **first_name** porque, afinal, **22** é uma sequência de caracteres e termina com espaços em branco. Por outro lado, **Carlos** não é um número inteiro, por isso não será lido. A saída será **22** e o valor inicial de **age** será -1. Por quê? Você não conseguiu ler um valor, então o valor inicial foi mantido.

Uma **string** lida usando >> é (por padrão) terminada com espaço em branco, isto é, lê uma única palavra. Mas, às vezes, queremos ler mais de uma palavra. Claro que há muitas formas de fazer isso. Por exemplo, podemos ler um nome que consiste em duas palavras:

```
int main()
{
    cout << "Please enter your first and second names\n";
    string first;
    string second;
    cin >> first >> second;              // ler duas strings
    cout << "Hello, " << first << " " << second << '\n';
}
```

Simplesmente usamos >> duas vezes, uma para cada nome. Quando quisermos escrever os nomes na saída, devemos inserir um espaço entre eles.

Observe a ausência dos inicializadores para as duas **strings** usadas como destinos para a entrada (**first** e **second**). Por padrão, uma **string** é inicializada com a *string* vazia, que é "".

> **TENTE ISTO**
>
> Rode o exemplo "nome e idade". Em seguida, modifique-o para escrever a idade em meses: leia a entrada em anos e multiplique (usando o operador *) por 12. Leia a idade em um **double** para que as crianças possam expressar seu orgulho de ter 5 anos e meio em vez de apenas 5.

2.4 Operações e operadores

Além de especificar quais valores podem ser armazenados em uma variável, o tipo de uma variável determina quais operações podemos aplicar nela e o que significam. Por exemplo:

```
int age = -1;
cin >> age;              // >> lê um inteiro em age

string name;
cin >> name;             // >> lê uma string em name

int a2 = age+2;          // + soma números inteiros
string n2 = name + " Jr. ";   // + concatena as strings

int a3 = age-2;          // - subtrai números inteiros
string n3 = name - " Jr. ";   // erro: - não é definido para strings
```

"Erro" significa que o compilador rejeitará um programa que tente subtrair *strings*. O compilador sabe exatamente quais operações podem ser aplicadas a cada variável e, portanto, pode evitar muitos erros. No entanto, o compilador não sabe quais operações fazem sentido para quais valores, por isso aceitará sem problemas as operações permitidas que produzem resultados que podem parecer absurdos para você. Por exemplo:

```
age = -100;
```

Pode ser óbvio para você que não é possível ter uma idade negativa (por que não?), mas ninguém disse isso ao compilador, então ele realmente produzirá código para essa definição.

Veja uma tabela dos operadores úteis para alguns tipos comuns e úteis:

operação	bool	char	int	double	string
atribuição	=	=	=	=	=
adição			+	+	
concatenação					+
subtração			−	−	
multiplicação			*	*	
divisão			/	/	
resto (módulo)			%		

operação	bool	char	int	double	string
incremento de 1			++	++	
decremento de 1			--	--	
incremento de n			+=n	+=n	
adicionar ao fim					+=
decremento de n			-=n	-=n	
multiplicar e atribuir			*=	*=	
dividir e atribuir			/=	/=	
calcular resto e atribuir			%=		
ler a partir de s em x	s >> x	s >> x	s >> x	s >> x	s >> x
escrever x em s	s << x	s << x	s << x	s << x	s << x
igual a	==	==	==	==	==
diferente de	!=	!=	!=	!=	!=
maior que	>	>	>	>	>
maior ou igual a	>=	>=	>=	>=	>=
menor que	<	<	<	<	<
menor ou igual a	<=	<=	<=	<=	<=

Um quadrado em branco indica que uma operação não está diretamente disponível para um tipo (embora possa haver formas indiretas de utilização dessa operação; ver §2.9).

Explicaremos essas operações, e muitas mais, à medida que avançarmos. Os pontos principais aqui são que existem muitos operadores úteis, e seu significado tende a ser igual para os tipos semelhantes.

Vejamos um exemplo com números de ponto flutuante, o qual solicita ao usuário um valor de ponto flutuante e realiza algumas operações matemáticas:

```
int main()      // programa simples para exercitar os operadores
{
    cout << "Please enter a floating-point value: ";
    double n = 0;
    cin >> n;
    cout << "n == " << n                         // exibe n
         << "\nn+1 == " << n+1                   // n mais 1
         << "\nthree times n == " << 3*n         // n vezes 3
         << "\ntwice n == " << n+n               // n duas vezes
         << "\nn squared == " << n*n             // n ao quadrado
         << "\nhalf of n == " << n/2             // metade de n
         << "\nsquare root of n == " << sqrt(n)  // raiz quadrada de n
         << '\n';
}
```

Obviamente, as operações aritméticas usuais têm sua notação e significado usuais, que conhecemos desde o ensino fundamental. A exceção é que a notação para igual é ==, em vez de apenas =. Um = simples é usado para a atribuição. É claro que nem tudo o que queremos fazer com um número de ponto flutuante, como calcular sua raiz quadrada, está disponível como um operador. Muitas operações são representadas como funções nomeadas. Nesse caso, usamos sqrt() da biblioteca-padrão para calcular a raiz quadrada de n: sqrt(n). Conhecemos a da matemática. Usaremos as funções ao longo do caminho e iremos detalhá-las em §3.5 e §7.4.

> **TENTE ISTO**
>
> Execute este pequeno programa. Depois, modifique-o para ler um int em vez de um double. Além disso, "exercite'" algumas outras operações, como o operador módulo, %. Note que, para os ints, / é uma divisão inteira e % é o resto (módulo), de modo que 5/2 é 2 (e não 2.5 ou 3) e 5%2 é 1. As definições de *, / e % para inteiros garantem que, para dois ints positivos a e b, temos a/b * b + a%b == a.

As *strings* têm menos operadores, mas muitas operações nomeadas (PPP2.Ch23). No entanto seus operadores podem ser utilizados de forma convencional. Por exemplo:

```
int main()        // ler o primeiro nome e o sobrenome
{
    cout << "Please enter your first and second names\n";
    string first;
    string second;
    cin >> first >> second;              // ler as duas strings

    string name = first + ' ' + second;   // concatenar strings
    cout << "Hello, " << name << '\n';
}
```

Para as *strings*, + significa concatenação, isto é, quando s1 e s2 são *strings*, s1+s2 é uma *string* cujos caracteres de s1 são seguidos pelos caracteres de s2. Por exemplo, se s1 tiver o valor "Hello" e s2 o valor "World", então s1+s2 terá o valor "HelloWorld". A comparação de strings é particularmente útil:

```
int main()        // ler e comparar os nomes
{
    cout << "Please enter two names\n";
    string first;
    string second;
    cin >> first >> second;    // ler as duas strings

    if (first == second)
        cout << "that's the same name twice\n";   // são iguais
    if (first < second)    // a primeira vem antes da segunda alfabeticamente?
        cout << first << " is alphabetically before " << second <<'\n';
    if (first > second)    // a primeira vem depois da segunda?
        cout << first << " is alphabetically after " << second <<'\n';
}
```

Aqui, usamos uma instrução if, que será explicada em detalhes em §3.4.1.1, para selecionar as ações baseadas em condições.

2.5 Atribuição e inicialização

De muitas maneiras, o operador mais interessante é a atribuição, representado como =. Ele dá a uma variável um novo valor. Por exemplo:

```
int a = 3;      // a inicia com o valor 3
```
a: | 3 |

```
a = 4;          // a recebe o valor 4 (se torna 4)
```
a: | 4 |

```
int b = a;      // b inicia com uma cópia do valor de a (ou seja, 4)
```
a: | 4 |
b: | 4 |

```
b = a+5;        // b recebe o valor a+5 (ou seja, 9)
```
a: | 4 |
b: | 9 |

```
a = a+7;        // a recebe o valor a+7 (ou seja, 11)
```
a: | 11 |
b: | 9 |

Esta última atribuição merece atenção. Em primeiro lugar, ela mostra que = não significa igual – claramente, a não é igual a a+7. Ela significa atribuição, isto é, colocar um novo valor em uma variável. O que é feito para a=a+7 é o seguinte:

[1] Primeiro, obtenha o valor de a; é o número inteiro 4.
[2] Em seguida, some 7 a esse 4, produzindo o número inteiro 11.
[3] Por fim, coloque esse 11 em a.

Podemos também ilustrar as atribuições usando *strings*:

```
string a = "alpha";   // a inicia com o valor "alfa"
```
a: | alfa |

```
a = "beta";           // a recebe o valor "beta" (se torna "beta")
```
a: | beta |

```
string b = a;         // b inicia com uma cópia do valor de a (ou seja, "beta")
```
a: | beta |
b: | beta |

```
b = a+"gamma";        // b obtém o valor a+"gama" (ou seja, "betagama")
```
a: | beta |
b: | betagama |

```
a = a+"delta";        // a obtém o valor a+"delta" (ou seja, "betadelta")
```
a: | betadelta |
b: | betagama |

Usamos "inicia com" e "recebe" para diferenciar duas operações semelhantes, mas logicamente distintas:

- *Inicialização*: dar a uma variável seu valor inicial.
- *Atribuição*: dar a uma variável um novo valor.

Logicamente, atribuição e inicialização são diferentes. A princípio, uma inicialização sempre encontra a variável vazia. Por outro lado, uma atribuição (a princípio) deve limpar o antigo valor da variável antes de colocar o novo. É possível pensar na variável como uma espécie de caixinha e no valor como algo concreto, como uma moeda, que você coloca nela. Antes da inicialização, a caixa está vazia, mas, após a inicialização, ela sempre tem uma moeda, de modo que, para colocar uma nova moeda, você (ou seja, o operador da atribuição) primeiro tem que remover a moeda antiga ("destruir o antigo valor"). As coisas não são tão literais assim na memória do computador, mas essa não é uma maneira ruim de pensar no que está acontecendo.

2.5.1 Um exemplo: detectar palavras repetidas

A atribuição é necessária quando queremos colocar um novo valor em um objeto. Quando pensamos nisso, fica óbvio que a atribuição é mais útil quando você faz coisas muitas vezes. Precisamos de uma atribuição quando queremos fazer algo novamente com um valor diferente. Vejamos um pequeno programa, que detecta palavras repetidas adjacentes em uma sequência de palavras. Tal código faz parte da maior parte dos corretores ortográficos:

```
int main()
{
    string previous;                    // palavra anterior; inicializada com ""
    string current;                     // palavra atual
    while (cin>>current) {              // ler um fluxo de palavras
        if (previous == current)        // verificar se a palavra é igual à última
            cout << "repeated word: " << current << '\n';
        previous = current;
    }
}
```

Esse programa não é dos mais úteis, pois não informa onde a palavra repetida ocorreu no texto, mas ele servirá por agora. Vejamos o programa linha por linha, começando com

    string current;   *// palavra atual*

Por padrão, uma **string** é inicializada com a *string* vazia, por isso não precisamos inicializá-la explicitamente. Lemos uma palavra em **current** usando

    while (cin>>current)

AA Essa construção, chamada de instrução **while**, é interessante por si só, e iremos examiná-la mais adiante em §3.4.2.1. O que **while** diz é que a instrução após **(cin>>current)** deve ser repetida se a operação de entrada **cin>>current** tiver êxito, e **cin>>current** terá êxito se houver caracteres a serem lidos na entrada-padrão. Lembre-se de que, para uma **string**, >> lê as palavras separadas por espaços em branco. Você termina esse *loop* dando ao programa um caractere de fim de entrada (geralmente chamado de *fim de arquivo*). Em uma máquina Windows, ele é Ctrl+Z (as teclas Control e Z pressionadas juntas) seguido de um Enter (retorno). Em uma máquina Linux, é Ctrl+D (Control e D pressionadas juntas).

Então, o que fazemos é ler uma palavra em **current** e depois a comparamos com a palavra anterior (armazenada em **previous**). Se forem iguais, dizemos:

```
if (previous == current)      // verificar se a palavra é igual à última
    cout << "repeated word: " << current << '\n';
```

Depois temos de nos preparar para fazer isso novamente com a próxima palavra. Fazemos isso copiando a palavra current para previous:

```
previous = current;
```

Isso dá conta de todos os casos, desde que consigamos começar. O que devemos fazer com a primeira palavra quando não tivermos nenhuma palavra anterior para comparar? Esse problema é tratado pela definição de previous:

```
string previous;    // palavra anterior; inicializada com ""
```

A *string* vazia não é uma palavra. Portanto, pela primeira vez na instrução *while*, o teste

```
if (previous == current)
```

falha (como desejamos).

Uma maneira de entender o fluxo do programa é "fazer de conta que você é o computador", isto é, seguir o programa linha por linha, fazendo o que ele especifica. Basta desenhar caixas em um pedaço de papel e escrever seus valores. Altere os valores armazenados conforme especificado pelo programa.

> **TENTE ISTO**
>
> Execute este programa você mesmo usando um pedaço de papel. Use a entrada **O gato gato pulou**. Até os programadores experientes usam essa técnica para visualizar as ações das pequenas seções de código que, de alguma forma, não parecem muito claras.

> **TENTE ISTO**
>
> Rode o "programa de detecção de palavras repetidas". Teste com a frase **Ela ela riu "he he he!" porque o que ele fez fez ele não parecer muito muito bem bem.** Quantas palavras repetidas há? Por quê? Qual é a definição de *palavra* usada aqui? Qual é a definição de *palavra repetida*? (Por exemplo, **Ela ela** é uma repetição?)

2.5.2 Operadores de atribuição compostos

Incrementar uma variável (isto é, adicionar 1 a ela) é tão comum nos programas que C++ tem uma sintaxe especial para isso. Por exemplo:

```
++counter
```

significa

```
counter = counter + 1
```

Existem muitas outras formas comuns de mudar o valor de uma variável com base em seu valor atual. Por exemplo, podemos adicionar 7, subtrair 9 ou multiplicar por 2. Tais operações também têm suporte direto em C++. Por exemplo:

```
a += 7;     // significa a = a+7
b -= 9;     // significa b = b-9
c *= 2;     // significa c = c*2
```

Em geral, para qualquer operador binário oper, a oper= b significa a = a oper b. Para começar, essa regra nos dá os operadores +=, –=, *=, /= e %=. Isso fornece uma notação bem compacta, que reflete diretamente nossas ideias. Por exemplo, em muitos domínios de aplicação *= e /= são chamados de "escalonamento".

2.5.3 Um exemplo: encontrar palavras repetidas

Considere o exemplo anterior de detecção de palavras adjacentes repetidas. Poderíamos melhorá-lo dando uma ideia de onde a palavra repetida estava na sequência. Uma variação simples dessa ideia apenas conta as palavras e exibe a contagem da palavra repetida:

```
int main()
{
    int number_of_words = 0;
    string previous;                    // palavra anterior; iniciada com ""
    string current;
    while (cin>>current) {
        ++number_of_words;              // incrementar contagem de palavras
        if (previous == current)
            cout << "word number " << number_of_words << " repeated: " << current << '\n';
        previous = current;
    }
}
```

Começamos nosso contador de palavras em 0. Sempre que virmos uma palavra, aumentamos esse contador:

    ++number_of_words;

Dessa forma, a primeira palavra se torna o número 1, a próxima o número 2 etc. Poderíamos ter feito o mesmo com

    number_of_words += 1;

ou até

    number_of_words = number_of_words+1;

mas ++number_of_words é mais curto e expressa a ideia de incrementar diretamente.

AA   Perceba como esse programa é semelhante ao de §2.5.1. Obviamente, apenas pegamos o programa de §2.5.1 e o modificamos um pouco para servir ao nosso novo propósito. Essa é uma técnica muito comum: quando precisamos resolver um problema, procuramos um problema semelhante e usamos nossa solução para ele com uma modificação. Não comece do zero, a menos que realmente precise. Usar uma versão anterior de um programa como base para a modificação muitas vezes economiza tempo e nos poupa, em grande parte, do esforço usado no programa original.

2.6 Nomes

Nomeamos nossas variáveis para que possamos lembrar delas e possamos referenciá-las em outras partes de um programa. O que pode ser um nome em C++? Em um programa C++, um nome começa com uma letra e contém apenas letras, dígitos e sublinhados (*underscore* ou *underline*). Por exemplo:

```
x
number_of_elements
Fourier_transform
z2
Polygon
```

O exemplo a seguir não são nomes:

```
2x              // um nome deve iniciar com uma letra
time@to@market  // @ não é letra, dígito nem sublinhado
Start menu      // espaço não é letra, dígito nem sublinhado
```

Quando dizemos "não são nomes", queremos dizer que um compilador C++ não os aceitará como nomes.

Se você for ler código de sistema ou código gerado por máquina, talvez verá nomes começando com sublinhados, como _foo. Nunca escreva assim; tais nomes são reservados para a implementação e as entidades do sistema. Ao evitar sublinhados à esquerda, seus nomes nunca entrarão em conflito com algum nome gerado pela implementação.

Os nomes são sensíveis às letras maiúsculas e minúsculas, isto é, essas letras são tidas como distintas, então x e X são nomes diferentes. Este pequeno programa tem pelo menos quatro erros:

```
import std;

int Main()
{
    STRING s = "Goodbye, cruel world! ";
    cOut << S << '\n';
}
```

Geralmente, não é uma boa ideia definir nomes que se diferenciem apenas pela letra maiúscula/minúscula, como um e Um; isso não confundirá um compilador, mas é fácil de confundir um programador.

> **TENTE ISTO**
>
> Compile o programa "Goodbye, cruel world!" e examine as mensagens de erro. O compilador encontrou todos os erros? O que ele sugeriu como problema? O compilador ficou confuso e diagnosticou mais de quatro erros? Remova os erros, um por um, começando com o léxico primeiro, e veja como as mensagens de erro mudam (e melhoram).

A linguagem C++ reserva muitos nomes como *palavras-chave*, por exemplo, if, else, class, int e module. Há listas completas de palavras-chave disponíveis na *web* (p. ex., cppreference.com). Você não pode usá-las para nomear suas variáveis, tipos, funções etc. Por exemplo:

```
int if = 7;    // erro: if é uma palavra-chave
```

Você pode usar os nomes de recursos da biblioteca-padrão, como *string*, para suas próprias variáveis, mas não deveria. A reutilização de um nome tão comum causará problemas, se você quiser usar a biblioteca-padrão:

```
int string = 7;   // isso trará problemas
```

AA Quando você escolher nomes para suas variáveis, funções, tipos etc., escolha nomes com um significado claro, ou seja, nomes que ajudem as pessoas a entenderem seu programa. Até você terá dificuldade de entender o que seu programa deve fazer se o encher de variáveis com nomes "fáceis de digitar", como x1, x2, s3 e p7. Abreviações, siglas e acrônimos podem confundir as pessoas, então use-os com moderação. Estes acrônimos eram muito claros para a gente quando os escrevemos, mas achamos que você terá problemas com pelo menos um:

    mtbf   TLA   myw   NBV

Acreditamos que, em alguns meses, nós também teremos problemas com pelo menos um.

Nomes curtos, como x e i, têm um significado claro quando usados seguindo uma convenção, isto é, x deve ser uma variável local ou um parâmetro (ver §3.5 e §7.4) e i deve ser um índice de *loop* (§3.4.2.3).

Não use nomes muito longos; eles são difíceis de digitar, tornam as linhas tão longas que não cabem na tela e são difíceis de ler rapidamente. Estes provavelmente são bons:

    soma_parcial   contagem_elementos   particao_estavel

Estes provavelmente são longos demais:

    o_numero_de_elementos   slots_livres_disponiveis_na_tabela_de_simbolos

Nosso "estilo pessoal" é usar sublinhados para separar as palavras em um identificador, como contagem_elementos, em vez das outras opções, como contagemElementos e ContagemElementos. Nunca usamos nomes com todas as letras maiúsculas, como TODAS_LETRAS_MAIUSCULAS, porque isso é reservado, por convenção, para as macros (PPP2.§27.8), que evitamos. Usamos uma letra maiúscula inicial para os tipos que nós mesmos definimos, como Square e Graph. A linguagem C++ e a biblioteca-padrão não usam o estilo de letra maiúscula inicial, por isso int em vez de Int e string em vez de String. Assim, nossa convenção ajuda a minimizar a confusão entre nossos tipos e os padrões.

XX Evite nomes fáceis de escrever ou ler errado, ou confusos. Por exemplo:

    Nome   nomes   nomeS   foo   f00   fl   f1   fl   fi

Os caracteres 0 (zero), o (O minúsculo), O (o maiúsculo), 1 (um), I (i maiúsculo) e l (L minúsculo) são particularmente propensos a problemas.

2.7 Tipos e objetos

CC A noção de tipo é central em C++ e na maioria das outras linguagens de programação. Vejamos mais de perto e com um olhar um pouco mais técnico:

- Um *tipo* define um conjunto de valores possíveis e um conjunto de operações (para um objeto).
- Um *objeto* é alguma memória que mantém um valor de determinado tipo.
- Um *valor* é um conjunto de *bits* na memória interpretados de acordo com um tipo.
- Uma *variável* é um objeto nomeado.
- Uma *declaração* é uma instrução que dá um nome e um tipo a um objeto.
- Uma *definição* é uma declaração que reserva memória para um objeto.

Informalmente, consideramos um objeto como uma caixa, na qual podemos colocar valores de determinado tipo. Uma caixa do tipo int pode conter números inteiros, como 7, 42 e

–399. Uma caixa do tipo **string** pode conter valores de uma cadeia de caracteres, tais como "Interoperabilidade", "operadores: +-/%" e "Seu Lobato tinha um sítio". Graficamente, podemos pensar assim:

int a = 7;	a:	7	
int b = 9;	b:	9	
char c = 'a';	c:	a	
double x = 1.2;	x:	1.2	
string s1 = "Hello, World!";	s1:	13	Hello, World!
string s2 = "1.2";	s2:	3	1.2

A representação de uma **string** é um pouco mais complicada do que a de um **int**, porque uma **string** controla o número de caracteres que ela mantém. Note que um **double** armazena um número, enquanto uma **string** armazena caracteres. Por exemplo, x armazena o número 1.2, já s2 armazena os três caracteres '1', '.' e '2'. As aspas para os caracteres e para as *strings* literais não são armazenadas.

Todo **int** tem o mesmo tamanho, isto é, o compilador reserva a mesma quantidade fixa de memória para cada **int**. Em um computador ou telefone típico, essa quantidade é de 4 *bytes* (32 *bits*). Do mesmo modo, **bools**, **chars** e **doubles** têm um tamanho fixo. Em geral, um computador usa 1 *byte* (8 *bits*) para um **bool** ou um **char** e 8 *bytes* para um **double**. Observe que diferentes tipos de objetos ocupam diferentes quantidades de espaço. Em particular, um **char** ocupa menos espaço que um **int**, e **string** difere de **double**, de **int** e de **char** no sentido de que diferentes *strings* podem ocupar diferentes quantidades de espaço.

O significado dos *bits* na memória é completamente dependente do tipo usado para acessá-la. Pense assim: a memória do computador não conhece nossos tipos; é apenas memória. Os *bits* de memória ganham significado apenas quando decidimos como essa memória deve ser interpretada. Isso é semelhante ao que fazemos todos os dias quando usamos números. O que significa 12,5? Não sabemos. Pode ser R$ 12,5, 12,5 cm ou 12,5 litros. Somente quando fornecemos a unidade é que a notação 12,5 significa algo.

Por exemplo, os mesmos *bits* de memória que representam o valor inteiro 120 quando considerado como um int seriam o caractere 'x' quando considerado como um char. Se víssemos como uma string, não faria sentido, e se tornaria um erro de execução se tentássemos usá-lo. Podemos ilustrar isso de forma gráfica, usando 1 e 0 para indicar o valor dos *bits* na memória:

```
00000000 00000000 00000000 01111000
```

Essa é a configuração dos *bits* de uma área de memória (uma palavra) que poderia ser lido como um **int** (120) ou um **char** ('x', vendo apenas os 8 *bits* mais à direita). Um *bit* é uma unidade de memória do computador que pode manter o valor 0 ou 1.

2.8 Segurança de tipos

Cada objeto recebe um tipo quando é definido, e esse tipo nunca muda. Um programa, ou uma parte do programa, é dito "seguro para tipos" (*type-safe*) quando todos os objetos são usados apenas de acordo com as regras para seu tipo. A segurança de tipos completa é o ideal e a regra geral para a linguagem. Infelizmente, sozinho um compilador C++ não consegue garantir a segurança de tipos completa para um código qualquer, por isso devemos evitar técnicas inseguras, isto é, devemos seguir algumas regras de codificação para alcançar a segurança de tipos. Existem formas de cumprir tais regras, mas, historicamente, elas têm sido consideradas excessivamente restritivas e não são aplicadas com consistência. Considerando as versões mais antigas de C++ (anteriores às recentes normas ISO de C++) e as técnicas adotadas da linguagem C, isso era inevitável e, portanto, não era um absurdo. No entanto, com C++ moderno e as ferramentas de análise atuais, a segurança de tipos pode ser verificada para a maioria dos usos de C++. O ideal é nunca usar os recursos da linguagem que não podem ter a segurança de tipos comprovada antes que o programa comece a rodar, isto é: *segurança de tipos estática*. Com a óbvia exceção do código usado para ilustrar as técnicas sem segurança (p. ex., §16.1.1), o código deste livro segue as Core Guidelines (CG), ou seja, as principais diretrizes, de C++ e foi verificado para ser seguro para tipos.

XX O ideal de segurança de tipos é incrivelmente importante na escrita de um código confiável. Por isso dedicamos um tempo a isso no início do livro. Identifique as armadilhas e evite-as. Do contrário, você terá muita frustração e seu código conterá muitos erros inexplicáveis.

AA Por exemplo, usar uma variável não inicializada não é seguro para tipos:

```
int main()
{
    double x;          // "esquecemos" de inicializar: o valor de x é indefinido
    double y = x;      // o valor de y é indefinido
    double z = 2.0+x;  // o significado de + e o valor de z são indefinidos
}
```

AA Sempre inicialize suas variáveis! As implementações podem facilmente aplicar essa regra, mas infelizmente não costumam fazer isso por padrão. Exceto, por sorte, para tipos como **string** e **vector**, cuja inicialização padrão é garantida (§2.5, §7.2.3, §8.4.2). Descubra como ativar os avisos (geralmente via opção de compilação –Wall) e siga-os. Isso poupará muito sofrimento.

CC As implementações modernas da linguagem C++ também vêm com boas ferramentas de análise estática, que nos permitem evitar problemas mais sutis. Os profissionais usam muito essas ferramentas, e você também usará se deseja se tornar um profissional, mas, nessa fase inicial do aprendizado, basta seguir as regras e os estilos usados neste livro.

2.9 Conversões

Em §2.4, vimos que não podemos adicionar diretamente os **chars** nem comparar um **double** com um **int**. Porém, C++ tem formas indiretas de fazer as duas coisas. Quando necessário em uma expressão, um **char** é convertido em um **int** e um **int** é convertido em um **double**. Por exemplo:

```
char c = 'x';
int i1 = c;         // i1 obtém o valor inteiro de c
int i2 = c+1000;    // i2 obtém o valor inteiro de c somado a 1000
double d = i2+7.3;  // d obtém o valor de ponto flutuante de i2 mais 7.3
```

Aqui, i1 obtém o valor **120**, que é o valor inteiro do caractere 'x' no popular conjunto de caracteres de 8 *bits*, ASCII. É uma forma simples de obter a representação numérica de um caractere. Para obter o valor i2, a soma é feita usando a aritmética de inteiros e fornece o valor **1120**. Dizemos que **char** é *promovido* a **int** antes da soma.

Da mesma forma, ao ter uma combinação de valores de ponto flutuante e valores inteiros, os inteiros são promovidos a ponto flutuante, dando resultados inesperados. Aqui, d obtém o valor 1127.3.

As conversões têm dois tipos

- *expansão*: conversões que preservam as informações, como char em int.
- *redução*: conversões que podem perder informações, como int em char.

Uma conversão de expansão (*widening*) converte um valor em um valor igual ou na melhor aproximação de um valor igual. Essas conversões geralmente são uma vantagem para o programador e simplificam a escrita do código.

Infelizmente, o C++ também permite conversões de redução (*narrowing*) implícitas. A palavra "redução" aqui significa dizer que um valor é transformado em um valor de outro tipo que não é igual ao valor original.

Considere int e char. As conversões de char em int não têm problemas com a redução. Contudo, um char pode conter apenas valores inteiros muito pequenos. Com frequência, um char é um *byte* de 8 *bits*, enquanto um int tem 4 *bytes*:

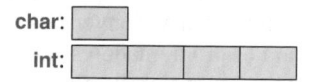

char: ▢
int: ▢▢▢▢

Não podemos colocar um número grande, como 1000, em um char. Tais conversões são chamadas de *redução* porque colocam um valor em um objeto que pode ser muito pequeno ("reduzido") para manter tudo. Infelizmente, conversões como double em int e int em char são, por padrão, aceitas pela maioria dos compiladores, mesmo que sejam redutoras. Por que isso pode ser um problema? Muitas vezes não suspeitamos que está em curso uma conversão que envolve redução, destruindo as informações. Considere:

```
double x = 2.7;
// ... muito código ...
int y = x;        // y se torna 2
```

No momento em que atribuímos x a y, podemos ter esquecido de que x era double ou que uma conversão de double em int *trunca* (sempre arredonda para baixo, em direção a zero) em vez de usar o arredondamento convencional de 4/5 (arredondar com o número inteiro mais próximo). O que acontece é bem definido, mas não há nada em y = x; para nos lembrar de que uma parte da informação (o .7, neste caso) é descartada.

Para ter uma ideia das conversões e entender por que as conversões de redução devem ser evitadas, faça experimentos. Considere este programa, que mostra como as conversões de double em int e as conversões de int em char são feitas em sua máquina:

```
int main()
{
    double d = 0;
    while (cin>>d) {    // repetir as instruções abaixo, contanto que números sejam digitados
        int i = d;      // tentar reduzir o valor de ponto flutuante em um valor inteiro
        char c = i;     // tentar reduzir um inteiro em um char
        cout << "d==" << d          // o double original
             << " i=="<< i          // double convertido em int
             << " c==" << c         // o valor int de char
             << " char(" << c << ")\n";  // char
    }
}
```

> **TENTE ISTO**
>
> Execute este programa com várias entradas:
>
> - Valores pequenos (por exemplo, 2 e 3).
> - Valores grandes (maiores que 127, maiores que 1000).
> - Valores negativos.
> - 56, 89 e 128.
> - Valores não inteiros (p. ex., 56,9 e 56,2).*
>
> Você verá que muitas entradas produzem resultados "absurdos" quando convertidas. Basicamente, estamos tentando colocar um balde inteiro de água dentro de um copo.

CC   Por que as pessoas aceitam o problema das conversões de redução? A principal razão é a história: C++ herdou as conversões de redução de sua linguagem anterior, C, portanto, desde o primeiro dia de C++, existia muito código que dependia das conversões de redução. Além disso, muitas dessas conversões realmente não causam problemas, porque os valores envolvidos ficam dentro da faixa, e muitos programadores se opõem aos "compiladores dizendo a eles o que fazer". Em particular, os problemas com as conversões de redução costumam ser gerenciáveis nos programas pequenos e para os programadores experientes. Mas podem ser uma fonte de erros nos programas maiores e uma causa significativa de problemas para os programadores novatos. Felizmente, os compiladores podem avisar sobre as conversões de redução, e muitos fazem isso. Siga esses avisos.

Quando realmente precisamos reduzir, podemos usar narrow<T>(x) para verificar se x pode ser reduzido para T sem perda de informação (§7.4.7). Quando quisermos arredondar, podemos usar round_to<int>(x). Ambos são fornecidos por **PPP_support**.

CC   Por razões históricas e práticas, C++ tem quatro notações para a inicialização. Por exemplo:

```
int x0 = 7.8;       // reduz, alguns compiladores avisam
int x1 {7.8};       // erro: {} não reduz
int x2 = {7.8};     // erro: ={} não reduz (o símbolo = redundante é permitido)
int x3 (7.8);       // reduz, alguns compiladores avisam
```

As notações = e ={} remontam aos primeiros dias do C. Usamos a notação = quando uma inicialização simplesmente copia seu inicializador, e as notações {} e ={} para as inicializações mais complexas e quando queremos evitar tal proteção contra a redução durante a compilação.

```
int x = 7;
double d = 7.7;
string s = "Hello, World\n";

vector v = {1, 2, 3, 5, 8 };      // ver §17.3
pair p {"Hello",17};              // ver §20.2.2
```

Reservamos a inicialização () para alguns casos muito especiais (§17.3).

2.10 Dedução de tipos: auto

Você pode ter notado um pouco de repetição nas definições. Considere:

---

*N. de R.T. Ao digitar valores de ponto flutuante, talvez seja necessário usar um ponto no lugar da vírgula, dependendo da configuração do seu sistema.

```
int x = 7;
double d = 7.7;
```

Sabemos que 7 é um número inteiro e que 7.7 é um número de ponto flutuante, e o compilador também sabe. Então por que temos que dizer int e double? Bem, não temos, a menos que queiramos; podemos deixar o compilador deduzir o tipo a partir do inicializador:

```
auto x = 7;     // x é um int (porque 7 é)
auto d = 7.7;   // d é um double (porque 7.7 é)
```

Essa versão que usa auto significa *exatamente* o mesmo com tipos explícitos. Usamos auto quando, e *somente* quando, o tipo é óbvio a partir do inicializador e não queremos nenhuma conversão.

Quando usamos nomes de tipo mais longos (§18.5.2, §20.2.1) e na programação genérica (§18.1.2), a conveniência de auto é importante. Por exemplo:

```
auto z = complex<double>{1.3,3.4};
auto p = make_unique<Pair<string,int>>{"Harlem",10027};  // unique_ptr<Pair<string,int>>
                                                          // (§18.5.2)
auto b = lst.begin();            // st.begin é um vector<int>::iterator (§19.3.2)
```

Até lá, resista à tentação de usar demais auto. Seu uso excessivo pode tornar o código obscuro, a ponto de termos surpresas desagradáveis.

Prática

Após cada etapa desta prática, rode seu programa para ter certeza de que ele está realmente fazendo o que você espera. Mantenha uma lista de quais erros você comete para que possa evitá-los no futuro.

[1] Escreva um programa que produza uma carta simples, baseada na entrada do usuário. Comece digitando o código de §2.1, solicitando que um usuário digite seu primeiro nome e escreva "Olá, first_name", em que first_name é o nome inserido pelo usuário. Em seguida, modifique seu código como a seguir: mude o *prompt* para "Insira o nome da pessoa para quem você deseja escrever" e mude a saída para "Caro(a) first_name,". Não se esqueça da vírgula.

[2] Adicione uma ou duas linhas introdutórias, por exemplo, "Como você está? Eu estou bem. Saudades de você." Coloque uma identação na primeira linha. Adicione mais algumas linhas à sua escolha – é a sua carta.

[3] Agora peça ao usuário o nome de outro amigo e armazene-o em friend_name. Adicione uma linha à sua carta: "Você tem visto friend_name ultimamente?"

[4] Peça ao usuário que digite a idade do destinatário e a atribua a uma variável age do tipo int. Faça o programa escrever, "Ouvi dizer que foi seu aniversário e que você fez age anos." Se age é 0 ou menos, 110 ou mais, chame simple_error("você está brincando!") usando simple_error(), disponível em PPP_support.

[5] Acrescente isto à sua carta:
Se seu amigo tiver menos de 12 anos, escreva "Ano que vem, você terá age+1." Se seu amigo tiver 17, escreva "Ano que vem, você terá que votar." Se seu amigo tiver mais de 70, escreva "Você está aposentado?"
Verifique seu programa para garantir que ele responde adequadamente a cada tipo de valor.

[6] Adicione "Atenciosamente", seguido de duas linhas em branco para uma assinatura, seguido de seu nome.

Revisão

[1] O que é *prompt*?
[2] Qual operador você usa para ler um valor e armazená-lo em uma variável?
[3] Quais notações você pode usar para inicializar um objeto?
[4] Se quiser que o usuário insira um valor inteiro no seu programa para uma variável denominada number, quais são as duas linhas de código que você poderia escrever para pedir a ele para fazer isso e inserir o valor em seu programa?
[5] Como \n chamado e para que serve?
[6] O que termina a entrada em uma *string*?
[7] O que termina a entrada em um número inteiro?
[8] Escreva o seguinte em uma única linha de código:

    cout << "Hello, ";
    cout << first_name;
    cout << "!\n";

[9] O que é um objeto?
[10] O que é um literal?
[11] Quais tipos de literais existem?
[12] O que é uma variável?
[13] Quais são os tamanhos típicos de um char, um int e um double?
[14] Que medidas usamos para o tamanho das pequenas entidades na memória, como ints e strings?
[15] Qual é a diferença entre = e ==?
[16] O que é uma definição?
[17] O que é uma inicialização e como ela difere de uma atribuição?
[18] O que é a concatenação de *strings* e como fazer com que funcione em C++?
[19] Quais operadores você pode aplicar em um int?
[20] Quais dos nomes a seguir são permitidos em C++? Se um nome não é permitido, qual o motivo?

This_little_pig	This_1_is fine	2_For_1_special	latest thing
George@home	_this_is_ok	MineMineMine	number
correct?	stroustrup.com	$PATH	

[21] Dê cinco exemplos de nomes permitidos que você não deve usar, porque provavelmente causarão confusão.
[22] Quais são as boas regras para escolher nomes?
[23] O que é segurança de tipos e por que é importante?
[24] Por que a conversão de double em int pode ser ruim?
[25] Defina uma regra para ajudar a decidir se uma conversão de um tipo em outro é segura ou não.
[26] Como evitar as conversões indesejáveis?
[27] Quais são os usos de auto?

Termos

atribuição	definição	operação	cin
incremento	operador	concatenação	inicialização
tipo	conversão	nome	segurança de tipos
declaração	redução	valor	decremento
objeto	variável	expansão	truncamento
int	double	string	auto
==	!=	=	++
<	<=	>	>=

Exercícios

[1] Se ainda não fez, faça os exercícios **TENTE ISTO** deste capítulo.

[2] Escreva um programa em C++ que converta de milhas para quilômetros. Seu programa deve ter um *prompt* adequado para o usuário inserir um número de milhas. Dica: uma milha corresponde a 1.609 quilômetros.

[3] Escreva um programa que não faz nada, mas declara um número de variáveis com nomes permitidos e não permitidos (como **int double = 0;**), para que você possa ver como o compilador reage.

[4] Escreva um programa que peça ao usuário para digitar dois valores inteiros. Guarde esses valores nas variáveis **int** denominadas **val1** e **val2**. Escreva seu programa para determinar o menor, o maior, a soma, a diferença, o produto e a razão desses valores, e informe ao usuário.

[5] Modifique o programa acima para pedir ao usuário para digitar valores de ponto flutuante e armazene-os em variáveis **double**. Compare as saídas dos dois programas para algumas entradas de sua escolha. Os resultados são iguais? Deveriam ser? Qual é a diferença?

[6] Escreva um programa que pede ao usuário para digitar três valores inteiros; em seguida, exiba os valores em sequência numérica separada por vírgulas. Então, se o usuário inserir os valores **10 4 6**, a saída deverá ser **4, 6, 10**. Se dois valores forem iguais, eles deverão ser ordenados juntos. Assim, a entrada **4 5 4** deve gerar **4, 4, 5**.

[7] Faça o exercício 6, mas com três valores do tipo **string**. Assim, se o usuário digitar os valores **Steinbeck, Hemingway, Fitzgerald**, a saída deverá ser **Fitzgerald, Hemingway, Steinbeck**.

[8] Escreva um programa para testar um valor inteiro e determinar se é ímpar ou par. Como sempre, deixe sua saída clara e completa. Em outras palavras, não apenas **sim** ou **não**. Sua saída deve ser independente, como **O valor 4 é um número par**. Dica: veja o operador de resto (módulo) em §2.4.

[9] Escreva um programa que converta os números por extenso, como "zero" e "dois" em dígitos, como 0 e 2. Quando o usuário inserir um número, o programa deverá imprimir o dígito correspondente. Faça com os valores 0, 1, 2, 3 e 4, e escreva **não é um número que eu conheça** se o usuário digitar algo que não corresponda essas entradas, como **computador burro!**.

[10] Escreva um programa que obtenha uma operação seguida de dois operandos e exiba o resultado. Por exemplo:

    + 100 3.14
    * 4 5

Leia a operação em uma *string* chamada operation e use uma instrução if para descobrir qual operação o usuário deseja, por exemplo, if (operation=="+"). Leia os operandos em variáveis do tipo double. Implemente isso para as operações chamadas +, –, *, /, mais, menos, mul e div, com seus significados óbvios.

[11] Escreva um programa que peça ao usuário para inserir algum número de *pennies* (moedas de 1 centavo de dólar), *nickels* (5 centavos), *dimes* (10 centavos), *quarters* (25 centavos), *half dollars* (50 centavos) e moedas de 1 dólar. Consulte o usuário separadamente quanto ao número de cada moeda, por exemplo, "Quantos centavos você tem?". Então seu programa deve imprimir algo assim:

> You have 23 pennies.
> You have 17 nickels.
> You have 14 dimes.
> You have 7 quarters.
> You have 3 half dollars.
> The value of all of your coins is 573 cents.

Faça algumas melhorias: se apenas uma moeda for informada, corrija a saída gramaticalmente, por exemplo, 14 cents e 1 cent (não 1 cents). Além disso, informe a soma em reais e centavos, ou seja, 0,73 em vez de 573 cents.

Posfácio

Não subestime a importância da noção de segurança de tipos. Os tipos são centrais na maioria dos programas corretos, e algumas técnicas mais eficazes para a construção de programas dependem do projeto e do uso dos tipos — como você verá nos Capítulos 5 e 8, e na maior parte do restante do livro.

3

Computação

Se os resultados não precisam estar corretos,
posso chegar a eles tão rápido quanto queira.
– Gerald M. Weinberg

Este capítulo apresenta os conceitos básicos da computação. Em particular, discutimos como calcular um valor a partir de um conjunto de operandos (*expressão*), como escolher entre ações alternativas (*seleção*) e como repetir um cálculo para uma série de valores (*iteração*). Também mostramos como uma computação secundária pode ser nomeada e especificada separadamente (uma *função*). Nosso principal objetivo é expressar os cálculos de maneiras que levem a programas corretos e bem organizados. Para ajudá-lo a fazer cálculos mais reais, introduzimos o tipo **vector** para armazenar as sequências de valores.

- ▶ 3.1 Computação
- ▶ 3.2 Objetivos e ferramentas
- ▶ 3.3 Expressões
    Expressões constantes; Operadores
- ▶ 3.4 Instruções
    Seleção; Iteração
- ▶ 3.5 Funções
    Por que usar funções?; Declarações de função
- ▶ 3.6 **vector**
    Percorrendo um **vector**; Aumentando a capacidade de um **vector**;
    Um exemplo numérico; Um exemplo textual
- ▶ 3.7 Recursos da linguagem

3.1 Computação

De certo ponto de vista, tudo o que um programa faz é computar ou calcular, isto é, ele pega algumas entradas e produz uma saída. Não à toa, chamamos o *hardware* no qual o programa roda de "computador". Essa visão faz sentido, desde que tenhamos uma ideia ampla do que constitui entrada e saída:

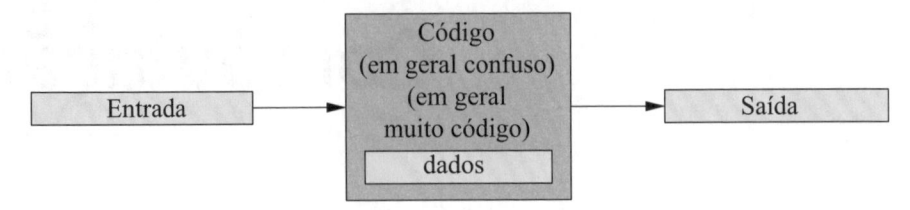

```
                    ┌─────────────────┐
                    │     Código      │
                    │ (em geral confuso) │
   ┌─────────┐      │   (em geral     │      ┌─────────┐
   │ Entrada │─────▶│  muito código)  │─────▶│  Saída  │
   └─────────┘      │─────────────────│      └─────────┘
                    │      dados      │
                    └─────────────────┘
```

A entrada pode vir de um teclado, um *mouse*, uma tela sensível ao toque, arquivos, outros dispositivos de entrada, outros programas, outras partes de um programa. "Outros dispositivos de entrada" é uma categoria que contém fontes de entrada realmente interessantes: teclados de música, gravadores de vídeo, conexões de rede, sensores de temperatura, sensores de imagem, fontes de alimentação etc.

Para lidar com a entrada, um programa costuma conter alguns dados, também chamados de *estruturas de dados* ou *estado*. Por exemplo, um programa de calendário pode conter listas dos feriados em vários países e uma lista de seus compromissos. Alguns desses dados fazem parte do programa desde o início; outros são criados conforme o programa lê a entrada e coleta informações úteis a partir dela. Por exemplo, o programa de calendário provavelmente construirá sua lista de compromissos a partir da entrada que você lhe dá. Para o calendário, as principais entradas são as solicitações para ver os meses e os dias que você faz (provavelmente usando cliques do *mouse*) e os compromissos que você fornece para acompanhar (provavelmente digitando informações no teclado). A saída é a exibição dos calendários e dos compromissos, além dos botões e dos *prompts* de entrada que o programa de calendário escreve na tela. Além disso, o calendário pode enviar lembretes e sincronizar com outras cópias dos programas de calendário.

A entrada vem de uma grande variedade de fontes. Da mesma forma, a saída pode ir para uma grande variedade de destinos. A saída pode ser para uma tela, arquivos, conexões de rede, outros dispositivos de saída, outros programas e outras partes de um programa. Os exemplos de dispositivos de saída incluem interfaces de rede, sintetizadores de música, motores elétricos, geradores de luz, aquecedores etc.

Do ponto de vista da programação, as categorias mais importantes e interessantes são "para/de outro programa" e "para/de outras partes de um programa". A maior parte do restante deste livro poderia ser vista como uma análise dessa última categoria: de que modo podemos expressar um programa como um conjunto de partes em cooperação e de que modo essas partes podem compartilhar e trocar dados? Essas são as principais questões da programação. Podemos ilustrar isso graficamente assim:

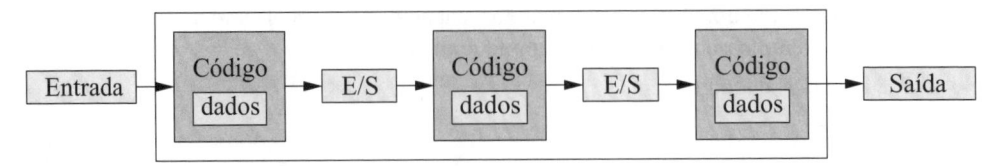

```
           ┌────────┐       ┌────────┐       ┌────────┐
┌───────┐  │ Código │       │ Código │       │ Código │       ┌───────┐
│Entrada│─▶│────────│─▶ E/S ─▶│────────│─▶ E/S ─▶│────────│─▶│ Saída │
└───────┘  │ dados  │       │ dados  │       │ dados  │       └───────┘
           └────────┘       └────────┘       └────────┘
```

A abreviação E/S significa "entrada/saída" (*input/output* em inglês). Nesse caso, a saída de uma parte do código é a entrada da próxima parte. O que as "partes de um programa" compartilham são os dados armazenados na memória principal, nos dispositivos de armazenamento persistentes (como discos) ou transmitidos via conexões de rede. Com "partes de um programa" queremos dizer entidades, como uma função que produz um resultado a partir de um conjunto de argumentos de entrada (p. ex., a raiz quadrada de um número de ponto flutuante), uma função que executa uma ação em um objeto físico (p. ex., uma função que desenha uma linha na tela) ou uma função que modifica alguma tabela dentro do programa (p. ex., uma função que adiciona um nome a uma tabela de clientes).

Quando dizemos "entrada" e "saída", isso geralmente significa informações entrando e saindo de um computador, mas, como se pode ver, também podemos usar os termos para as informações fornecidas ou produzidas por uma parte do programa. As entradas para uma parte do programa costumam ser chamadas de *argumentos*, e as saídas de uma parte dele muitas vezes são chamadas de *resultados*.

Com *computação*, queremos dizer o ato de produzir algumas saídas com base em algumas entradas, como produzir o resultado (saída) `49` a partir do argumento (entrada) `7` usando a computação (função) `square` (ver §3.5). Uma curiosidade possivelmente útil: até a década de 1950, um computador era definido como uma pessoa que fazia cálculos, como um contador, um navegador ou um físico; hoje delegamos a maioria dos cálculos a computadores em suas várias formas, como *smartphones*.

3.2 Objetivos e ferramentas

Nosso trabalho como programadores é expressar os cálculos de maneira **CC**

- correta
- simples
- eficiente

Observe a ordem desses ideais: não importa a rapidez de um programa se ele gera resultados errados. Da mesma forma, um programa correto e eficiente pode ser tão complicado que deve ser descartado ou completamente reescrito para produzir uma nova versão (lançamento). Lembre-se, programas úteis sempre serão modificados para atender novas necessidades, um novo *hardware* etc. Portanto um programa, e qualquer parte dele, deve ser o mais simples possível para executar sua tarefa. Por exemplo, suponha que você escreveu o programa perfeito para ensinar aritmética básica para crianças em sua escola local, mas que a estrutura interna dele seja uma bagunça. Qual linguagem você usou para se comunicar com as crianças? Inglês? Inglês e português? E se eu quisesse usá-lo na Finlândia? No Kuwait? De que forma você mudaria a linguagem (natural) usada para se comunicar com uma criança? Se a estrutura interna do programa é uma bagunça, a operação logicamente simples (mas, na prática, quase sempre muito difícil) de mudar a linguagem natural usada para se comunicar com os usuários se torna intransponível.

Preocupações sobre correção, simplicidade e eficiência se tornam nossas no minuto em que **AA**
começamos a escrever código para outras pessoas e aceitamos a responsabilidade de fazer isso bem, isto é, devemos aceitar essa responsabilidade quando decidimos nos tornar profissionais. Em termos práticos, isso significa que não podemos sair escrevendo código até que ele pareça funcionar; devemos nos preocupar com a estrutura dele. Paradoxalmente, as preocupações com a estrutura e a "qualidade do código" são muitas vezes as maneiras mais rápidas de fazer algo funcionar. Quando a programação é bem feita, tais preocupações minimizam a necessidade da parte mais frustrante da programação: a depuração; isto é, uma boa estrutura de programa durante o desenvolvimento pode minimizar os erros cometidos e o tempo necessário para procurar tais erros e removê-los.

Nossa principal ferramenta para organizar um programa – e organizar nossos pensamentos conforme programamos – é dividir um cálculo grande em muitos cálculos menores. Essa técnica tem duas variações:

- *Abstração*: oculte os detalhes que não precisamos conhecer para usar um recurso ("detalhes da implementação") atrás de uma interface conveniente e geral. Por exemplo, em vez de considerar os detalhes de como colocar em ordem uma lista telefônica (livros grandes foram escritos sobre ordenação), apenas chamamos o algoritmo sort da biblioteca-padrão de C++. Tudo o que precisamos saber para ordenar é como invocar (chamar) esse algoritmo, portanto podemos escrever sort(b), onde b se refere à lista telefônica; sort() é uma versão do algoritmo sort da biblioteca-padrão (§21.5). Outro exemplo é a forma como usamos a memória do computador. O uso direto da memória pode ser confuso, então a acessamos por meio de variáveis digitadas e nomeadas (§2.2), vectors da biblioteca-padrão (§3.6), maps (§20.2) etc.
- *Dividir e conquistar*: aqui pegamos um grande problema e o dividimos em vários problemas menores. Por exemplo, se precisarmos construir um dicionário, podemos separar esse trabalho em três: ler os dados, ordenar os dados e produzir a saída dos dados. Cada um dos problemas resultantes é bem menor do que o original.

Por que isso ajuda? Afinal, um programa construído a partir de partes provavelmente será um pouco maior do que um programa no qual tudo é feito junto de forma adequada. A razão é que não somos muito bons em lidar com problemas grandes. A forma como realmente lidamos com eles, na programação e em outros lugares, é dividi-los em problemas menores, e seguimos dividindo em partes ainda menores até que tenhamos algo simples o suficiente para entender e resolver. Em termos de programação, você verá que uma primeira tentativa de um programa de 1.000 linhas tem muito mais que dez vezes mais erros do que um programa de 100 linhas, então tentamos compor o programa de 1.000 linhas a partir de partes menores com menos de 100 linhas. Para programas grandes, digamos 10.000.000 de linhas, aplicar a abstração, dividir e conquistar não é apenas uma opção, é essencial. Simplesmente não conseguimos escrever e manter programas grandes e monolíticos. Uma maneira de ver o restante deste livro é como uma longa série de exemplos de problemas que precisam ser divididos em partes menores, junto com as ferramentas e as técnicas necessárias para tanto.

Quando pensamos dividir um programa, devemos sempre considerar quais ferramentas temos disponíveis para expressar as partes e suas comunicações. Uma boa biblioteca, que forneça recursos úteis para expressar as ideias, pode afetar radicalmente o modo como distribuímos a funcionalidade nas diferentes partes de um programa. Não podemos simplesmente sentar e "imaginar" a melhor forma de particionar um programa; devemos considerar quais bibliotecas temos disponíveis para expressar as partes e sua comunicação. É cedo ainda, mas não muito para destacar que, se você pode usar uma biblioteca que já existe, como a biblioteca-padrão de C ++, pode economizar muito trabalho, não apenas em programação, mas também em testes e documentação. A iostreams nos libera de ter que lidar diretamente com as portas de entrada/saída do *hardware*. Esse é um primeiro exemplo de particionamento de um programa usando abstração. Cada novo capítulo fornecerá mais exemplos.

Note a ênfase na estrutura e na organização: você não obtém um bom código apenas escrevendo muitas instruções. Por que mencionamos isso agora? Neste estágio, você (ou pelo menos muitos leitores) tem pouca ideia sobre o que é código e levará meses até que esteja pronto para escrever um código do qual outras pessoas poderiam depender em suas vidas. Mencionamos isso para ajudá-lo a dar a ênfase certa em seu aprendizado. É muito tentador avançar às pressas, focando nas partes da programação que, como descrito neste capítulo, são concretas e imediatamente úteis, e ignorar as partes mais "sutis" e conceituais da arte do desenvolvimento de *software*. No entanto bons programadores e projetistas de sistemas sabem (muitas vezes aprenderam da maneira mais difícil) que o cuidado com a estrutura é central em um bom *software*, e ignorar a estrutura sai caro.

Sem estrutura, você está (metaforicamente falando) construindo com tijolos de barro. Pode ser feito, mas você nunca chegará ao décimo andar (os tijolos de barro clássicos não têm força estrutural para tanto). Se você tem a ambição de construir algo razoavelmente permanente ou grande, preste atenção nas questões da estrutura do código e na organização ao longo do caminho, em vez de ter que voltar após ter aprendido com os erros.

3.3 Expressões

O componente mais elementar dos programas é a expressão. Uma expressão calcula um valor a partir de um número de operandos. A expressão mais simples é apenas um valor literal, como 10, 'a', 3.14 ou "Norah".

Os nomes das variáveis também são expressões. Uma variável representa o objeto que ela nomeia. Considere:

```
int length = 20;        // um inteiro literal (usado para inicializar uma variável)
int width = 40;
int area = length*width;   // uma multiplicação (comprimento vezes largura)
```

Aqui os literais 20 e 40 são usados para inicializar as variáveis length e width (comprimento e largura, respectivamente). Então, length e width são multiplicadas, isto é, multiplicamos os valores encontrados em length e width. Aqui, length é simplesmente a abreviação de "o valor encontrado no objeto denominado length". Considere também

```
length = 99;   // atribuir 99 a length
```

Aqui, na posição de operando esquerdo da atribuição, length significa "o objeto denominado length", de modo que a expressão de atribuição é lida como "Colocar 99 no objeto denominado length". Diferenciamos entre length usado no lado esquerdo (*left*) de uma atribuição ou inicialização (*lvalue* de length: "o objeto denominado length") e length usado no lado direito (*right*) de uma atribuição ou inicialização (*rvalue* de length: "o valor do objeto denominado length" ou apenas "o valor de length"). Nesse contexto, achamos útil visualizar uma variável como uma caixa rotulada por seu nome (§2.2, §2.5):

```
              int:
length: [    99    ]
```

Quer dizer, length é o nome de um objeto do tipo int, que contém o valor 99. Às vezes (como um lvalue), length se refere à caixa (objeto) e, outras vezes, (como um rvalue) length se refere ao valor nessa caixa.

Podemos construir expressões mais complicadas usando operadores, como + e *, do jeito que estamos habituados. Quando necessário, podemos usar parênteses para agrupar expressões:

```
int perimeter = (length+width)*2;   // primeiro somar, depois multiplicar
```

Sem parênteses, teríamos que escrever

```
int perimeter = length*2+width*2;
```

que é desajeitado, e podemos até cometer este erro:

```
int perimeter = length+width*2;        // somar width*2 a length
```

Este último erro é um erro lógico e não é encontrado pelo compilador. Tudo o que o compilador vê é uma variável denominada perimeter inicializada por uma expressão válida. Se o resultado dessa expressão for absurdo, problema seu. Você conhece a definição matemática de um perímetro, mas o compilador não.

As regras matemáticas usuais de prioridade de operadores se aplicam, então length+width*2 significa length+(width*2). Do mesmo modo, a*b+c/d significa (a*b)+(c/d), e não a*(b+c)/d. Consulte cppreference (§0.4.1) para ver uma tabela de prioridades dos operadores.

A primeira regra para o uso de parênteses é, simplesmente, "Em caso de dúvida, coloque parênteses", mas aprenda o suficiente sobre expressões para não ter dúvidas sobre a*b+c/d. O uso excessivo de parênteses, como em (a*b)+(c/d), reduz a legibilidade.

Por que se preocupar com a legibilidade? Você, e possivelmente outras pessoas lerá seu código. Um código feio atrasa a leitura e a compreensão. Um código feio não é apenas difícil de ler, é também muito mais difícil de corrigir. Um código feio muitas vezes esconde erros lógicos. Não escreva expressões complicadas ao extremo, como

```
a*b+c/d*(e/-f/g)/h+7        // complicado demais
```

e sempre tente escolher nomes que expressem significado.

3.3.1 Expressões constantes

Programas normalmente usam muitas constantes. Por exemplo, um programa de geometria pode usar pi, e um programa de conversão de polegada para centímetro usará um fator de conversão como 2,54. Obviamente, queremos usar nomes que expressem significado para essas constantes (como fizemos para pi; não usamos 3,14159). Da mesma forma, não queremos alterar essas constantes por acidente. Como consequência, C++ traz a noção de constante simbólica, ou seja, um objeto nomeado para o qual você não pode dar um novo valor depois de ele ter sido inicializado. Por exemplo:

```
constexpr double pi = 3.14159;
pi = 7;                  // erro: atribuição para constante
double c = 2*pi*r;       // OK: só lemos pi; não tentamos alterá-lo
```

Essas constantes são úteis para manter o código legível. Você pode ter reconhecido 3,14159 como uma aproximação para pi se viu esse valor em algum trecho de código, mas teria reconhecido 299792458? E mais, se alguém pediu para mudar algum código para usar pi com a precisão de 12 dígitos para seu cálculo, você poderia pesquisar 3,14 em seu código, mas, se por descuido, alguém usou 22/7, você provavelmente não encontraria. Seria muito melhor apenas mudar a definição de pi para usar o valor mais adequado:

```
constexpr double pi = 3.14159265359;
```

AA Por isso preferimos não usar literais (exceto as muito óbvias, como 0 e 1) na maioria dos lugares em nosso código. Em vez disso, usamos constantes com nomes descritivos. As literais não óbvias no código (definições externas das constantes simbólicas) são ridiculamente chamadas de *constantes mágicas*. E, a propósito, 299792458 é uma das constantes fundamentais do universo: a velocidade da luz no vácuo medida em metros por segundo. Se você não reconheceu isso de imediato, por que esperaria não ser confundido e atrasado por outras literais incorporadas no código? Evite as constantes mágicas!

Uma constante simbólica **constexpr** deve receber um valor que é conhecido durante a compilação (uma *expressão constante*). Por exemplo:

```
constexpr int max = 100;
int n;
cin >> n;

constexpr int c1 = max+7;    // OK: c1 vale 107
constexpr int c2 = n+7;      // erro: não sabemos o valor de n
```

Para lidar com os casos cujo valor de uma constante inicializada com um valor é desconhecido durante a compilação, mas nunca muda após a inicialização, C++ oferece uma segunda forma de constante (**const**):

```
int n;
cin >> n;

const int c3 = n;    // OK
c3 = 7;              // erro: c3 é const
```

Essas "variáveis **const**" são muito comuns por duas razões:

- C++98 não tinha **constexpr**, então as pessoas usavam **const**.
- As "variáveis" que não são expressões constantes (seu valor não é conhecido na compilação), mas não mudam os valores após a inicialização, são muito úteis por si só.

3.3.2 Operadores

Acabamos de usar os operadores mais simples. No entanto, em breve você precisará de mais, quando quiser expressar operações mais complexas. A maioria dos operadores é convencional, então só iremos explicá-los mais tarde, quando necessário, e você pode pesquisar os detalhes se e quando achar necessário. Veja alguns operadores comuns:

Exemplo	Nome	Comentário
lval=a	atribuição	não deve ser confundido com ==
++lval	pré-incremento	incrementar e usar o valor incrementado
--lval	pré-decremento	decrementar e usar o valor decrementado
!a	não	o resultado é **bool**
-a	menos unário	
a*b	multiplicar	
a/b	dividir	
a%b	módulo (resto)	apenas para tipos inteiros
a+b	somar	
a-b	subtrair	
out<<b	escrever b em out	onde out é um ostream
in>>b	ler de in para b	onde in é um istream
lval*=a	atribuição composta	lval = lval*a; também para /, %, +, -
f(a)	chamada de função	passar a para f como argumento (§3.5)
f<T>(a)	chamada de modelo da função	passar a para f<T> como argumento (§21.2)
[](a){S}	expressão lambda	criar um objeto de função tendo a como argumento (§21.2.3)

Usamos lval (abreviação de lvalue, que é um valor que pode aparecer no lado esquerdo de uma atribuição) nos locais em que o operador modifica um operando.

Exemplo	Nome	Comentário
a<b	menor que	o resultado é bool
a<=b	menor ou igual a	o resultado é bool
a>b	maior que	o resultado é bool
a>=b	maior ou igual a	o resultado é bool
a==b	igual	não deve ser confundido com =
a!=b	diferente	o resultado é bool
a&&b	E lógico	o resultado é bool
a||b	OU lógico	o resultado é bool
T{a}	conversão de expansão	o resultado é o valor de a convertido no tipo T

Consulte cppreference (§0.4.1) para ver uma lista completa dos operadores. Para exemplos do uso dos operadores lógicos && (and), || (or) e ! (not), veja §4.5.1, §6.7 e §9.3.1.

XX Note que a<b<c significa (a<b)<c e que a<b é avaliado com um valor booleano: true ou false. Então, a<b<c será equivalente a true<c ou false<c. Em particular, a<b<c não significa "b está entre a e c?", como muitos presumiram por ingenuidade (e não por raciocínio incorreto). Assim, a<b<c é, basicamente, uma expressão inútil. Não escreva tais expressões com duas operações de comparação e suspeite muito se encontrar tal expressão no código de outra pessoa – é mais provável que seja um erro.

Um incremento pode ser expresso pelo menos de três formas:

```
++a
a+=1
a=a+1
```

AA Qual notação devemos usar? Por quê? Preferimos a primeira versão, ++a, porque expressa mais diretamente a ideia de incremento. Ela informa o que queremos fazer (incrementar a), em vez de como fazer (somar 1 e a, depois escrever o resultado em a). Em geral, uma forma de dizer algo em um programa é melhor do que outra quando ela expressa de maneira mais direta uma ideia. O resultado é mais conciso e fácil de entender. Se escrevêssemos a=a+1, um leitor poderia facilmente se perguntar se realmente queríamos incrementar em 1. Talvez tenhamos digitado errado a=b+1, a=a+2 ou mesmo a=a–1; com ++a há muito menos oportunidades para tais dúvidas. Note que é um argumento lógico sobre legibilidade e correção, não um argumento sobre eficiência. Ao contrário da crença popular, compiladores modernos tendem a gerar exatamente o mesmo código para a=a+1 e para ++a, quando a é um dos tipos predefinidos. Da mesma forma, preferimos a*=scale, e não a=a*scale.

3.4 Instruções

Uma expressão calcula um valor a partir de um conjunto de operandos usando operadores, como os mencionados em §3.3. O que fazemos quando queremos produzir diversos valores? Quando queremos fazer algo muitas vezes? Quando queremos escolher entre alternativas? Quando queremos obter uma entrada ou gerar uma saída? Em C++, como em muitas linguagens, você usa construções de linguagem chamadas *instruções* para expressar essas coisas.

Até agora, vimos dois tipos de instrução: instruções de expressão e declarações. Uma instrução de expressão é, simplesmente, uma expressão seguida de ponto e vírgula. Por exemplo:

```
a = b;
++c;
```

Essas são duas instruções de expressão. Repare que a atribuição = é um operador, de forma que a=b é uma expressão, e precisamos do ponto e vírgula final para tornar a=b; uma instrução. Por que precisamos de pontos e vírgulas? A razão é, em grande parte, técnica. Considere:

```
a = b
++c;     // erro de sintaxe: falta o símbolo de ponto e vírgula
```

Sem ponto e vírgula, o compilador não sabe se queremos dizer a=b++; c; ou a=b; ++c;. Tais problemas não estão restritos às linguagens de computador; considere a exclamação "Não queremos saber!" Por que não? A pontuação existe para eliminar tais problemas: "Não, queremos saber!"

Quando há uma instrução seguida da outra, o computador as executa na ordem em que estão escritas. Por exemplo:

```
int a = 7;
cout << a << '\n';
```

Aqui a declaração, com sua inicialização, é executada antes da instrução de expressão de saída.

Em geral, queremos que uma instrução tenha algum efeito. As instruções sem efeito costumam ser inúteis. Por exemplo:

```
1+2;     // fazer uma adição, mas não usar o valor da soma
a*b;     // fazer uma multiplicação, mas não usar o produto resultante
```

Tais instruções sem efeitos normalmente são erros lógicos, e os compiladores muitas vezes alertam sobre elas. Assim, as instruções de expressão são, em geral, atribuições, instruções de E/S ou chamadas de função.

Mencionaremos mais um tipo de instrução: a "instrução vazia". Considere o código:

```
if (x == 5);
    y = 3;
```

Parece um erro e é quase certo que seja. O símbolo ; na primeira linha não deveria existir. Mas, infelizmente, essa é uma construção aceita em C++. Ela é chamada de *instrução vazia*, uma instrução que não faz nada. Uma instrução vazia antes de um ponto e vírgula raramente é útil.

O que acontecerá se o código for executado? O compilador testará x para ver se ele tem o valor 5. Se essa condição for verdadeira, a instrução seguinte (a instrução vazia) será executada, sem efeito. Em seguida, o programa continuará na próxima linha, atribuindo o valor 3 a y (é o que você queria que acontecesse se x fosse igual a 5). Por outro lado, se x não tiver o valor 5, o compilador não executará a instrução vazia (ainda sem efeito) e continuará como antes, atribuindo o valor 3 a y (que não é o que você queria que acontecesse, a menos que x seja igual a 5). Em outras palavras, o resultado da instrução if não importa; y terá o valor 3 de qualquer jeito. Esse é um erro comum para os programadores novatos e pode ser difícil de detectar, então fique atento e espere que seu compilador avise.

A próxima seção é dedicada às instruções usadas para alterar a ordem de avaliação, permitindo expressar cálculos mais interessantes do que aqueles que obtemos apenas executando instruções na ordem em que foram escritas.

3.4.1 Seleção
Nos programas, como na vida, muitas vezes precisamos escolher entre alternativas. Em C++, isso é feito usando uma instrução if ou uma switch.

3.4.1.1 Instruções if
A forma mais simples de seleção é a instrução if, que seleciona entre duas alternativas. Por exemplo:

```
int a = 0;
int b = 0;
cout << "Please enter two integers\n";
cin >> a >> b;

if (a<b)      // condição
      cout << a << " is smaller than " << b << '\n';      // 1ª alternativa (se a condição for true)
else
      cout << a << " is larger than or equal to " << b << '\n';   // 2ª alternativa (se a condição for false)
```

CC Uma instrução if escolhe entre duas alternativas. Se a condição for verdadeira, a primeira instrução é executada; caso contrário, a segunda instrução é executada. Esse conceito é simples. Os recursos mais básicos das linguagens de programação são assim. Na verdade, a maioria dos recursos básicos em uma linguagem de programação é apenas uma notação nova para as coisas que você aprendeu no ensino fundamental ou até antes. Por exemplo, provavelmente você aprendeu na pré-escola que, para atravessar a rua em um semáforo, deve esperar a luz ficar verde: "Se o semáforo estiver verde, vá" e "Se o semáforo estiver vermelho, espere". Em C++ isso fica assim:

```
if (semaforo==verde)
      va();
```

e

```
if (semaforo==vermelho)
      espere();
```

Então, a noção básica é simples, mas também é fácil de usar as instruções if de uma maneira um tanto simplória. Considere o que há de errado nisto:

```
// converter de polegadas para centímetros ou de centímetros para polegadas
// o sufixo 'i' indica polegadas (inches) e 'c' indica centímetros

constexpr double cm_per_inch = 2.54;     // número de centímetros em uma polegada
double length = 1;                       // comprimento em polegadas ou centímetros
char unit = ' ';
cout<< "Please enter a length followed by a unit (c or i):\n";
cin >> length >> unit;
```

```
if (unit == 'i')
    cout << length << "in == " << length*cm_per_inch << "cm\n";
else
    cout << length << "cm == " << length/cm_per_inch << "in\n";
```

Na verdade, esse programa funciona mais ou menos como anunciado: digite 1i e você obterá 1in == 2.54cm; digite 2.54c e obterá 2.54cm == 1in. Experimente; é uma boa prática.

O problema é que não testamos para o caso de uma entrada incorreta. O programa presume que o usuário digita corretamente a entrada. A condição unit=='i' diferencia o caso em que a unidade é 'i' de todos os outros casos. Nunca procura um 'c'.

E se o usuário digitasse 15f (para pés [*feet*]) "só para ver o que acontece"? A condição (unit == 'i') falharia e o programa executaria a parte else (a segunda alternativa), convertendo de centímetros para polegadas. Imagina-se que esse não era o resultado que queríamos quando digitamos 'f'.

Sempre devemos testar nossos programas com uma entrada "ruim", porque alguém acabará inserindo uma entrada incorreta, com intenção ou não. Um programa deve se comportar de forma sensata, mesmo que seus usuários não o façam.

Veja uma versão melhorada da instrução if:

```
if (unit == 'i')
    cout << length << "in == " << length*cm_per_inch << "cm\n";
else if (unit == 'c')
    cout << length << "cm == " << length/cm_per_inch << "in\n";
else
    cout << "Sorry, I don't know a unit called '" << unit << "'\n";
```

Primeiro testamos se unit=='i', depois se unit=='c' e se (também) não for, dizemos "Desculpe, não conheço a unidade". Pode parecer que usamos uma "instrução else if", mas não existe tal coisa em C++. Em vez disso, combinamos duas instruções if. A forma geral de uma instrução if é

if (*expressão*)
    instrução
else
    instrução

Isto é, um if seguido de uma *expressão* entre parênteses, seguido de uma *instrução*, seguida de um else, seguido de uma *instrução*. Neste caso, usamos uma instrução if como a parte else de uma instrução if:

if (*expressão*)
    instrução
else if (*expressão*)
    instrução
else
    instrução

Para nosso programa, isso gera esta estrutura:

```
if (unit == 'i')
    ...                    // 1ª alternativa
else if (unit == 'c')
    ...                    // 2ª alternativa
else
    ...                    // 3ª alternativa
```

AA Dessa forma, podemos escrever testes arbitrariamente complexos e associar uma instrução a cada alternativa. No entanto, lembre-se de que um dos ideais da escrita de código é a simplicidade, não a complexidade. Você não demonstra sua inteligência escrevendo o programa mais complexo. Pelo contrário, demonstra competência escrevendo o código mais simples que faz o trabalho.

> **TENTE ISTO**
>
> Use o exemplo acima como modelo para um programa que converte iene ('y'), coroa ('k') e libras ('p') em dólares. Se você gosta de realismo, pode encontrar as taxas de conversão na *web*.

3.4.1.2 Instruções switch

Na verdade, a comparação de unit com 'i' e 'c' é um exemplo de uma das formas mais comuns de seleção: uma seleção baseada na comparação de um valor com várias constantes. Tal seleção é tão comum que C++ tem uma instrução especial para ela: a instrução switch. Podemos reescrever a parte da seleção do nosso exemplo de unidade como

```
switch (unit) {
case 'i':
    cout << length << "in == " << length*cm_per_inch << "cm\n";
    break;
case 'c':
    cout << length << "cm == " << length/cm_per_inch << "in\n";
    break;
default:
    cout << "Sorry, I don't know a unit called '" << unit << "'\n";
    break;
}
```

AA A sintaxe da instrução switch é arcaica, mas ainda mais clara do que instruções if aninhadas, especialmente quando comparamos com muitas constantes. O valor entre parênteses depois de switch é comparado com um conjunto de constantes. Cada constante é apresentada como parte de um rótulo case. Se o valor é igual à constante em determinado rótulo case, a instrução desse case é escolhida. Cada caso (*case*) é encerrado com um break. Se o valor não corresponde a nenhum dos rótulos case, a instrução identificada pelo rótulo default é escolhida. Você não precisa fornecer um caso padrão (ou seja, a parte *default* é opcional), mas é bom fazê-lo, a menos que esteja absolutamente certo de que listou todas as alternativas. Se ainda não sabe, o ato de programar o ensinará que é difícil ter certeza absoluta (e estar correto) sobre qualquer coisa.

3.4.1.3 Detalhes técnicos da instrução switch

Veja alguns detalhes técnicos sobre as instruções switch:

[1] O valor sobre o qual operamos deve ser de um inteiro, char ou uma enumeração (§8.5). Em particular, você não pode usar switch sobre uma string ou um valor de ponto flutuante.
[2] Os valores nos rótulos case devem ser expressões constantes (§3.3). Em particular, não é possível usar uma variável em um rótulo case.
[3] Não é possível utilizar o mesmo valor para dois rótulos case.

[4] É possível usar vários rótulos case para um único caso.
[5] Não se esqueça de terminar cada case com break. Infelizmente, o compilador provavelmente não irá avisá-lo se você esquecer.

Por exemplo:

// você pode operar apenas sobre inteiros etc.:

```
cout << "Do you like fish?\n";
string s;
cin >> s;

switch (s) {     // erro: o valor deve ser do tipo inteiro, char ou enum
case "no":
    // ...
    break;
case "yes":
    // ...
    break;
}
```

Para selecionar com base em uma string, você precisa usar uma instrução if ou um map (Capítulo 19).

Uma instrução switch gera um código otimizado para fazer comparações com um conjunto de constantes. Para os conjuntos maiores de constantes, isso normalmente produz um código mais eficiente do que uma coleção de instruções if. No entanto, isso significa que os valores dos rótulos case devem ser distintos e constantes. Por exemplo:

// os rótulos case devem ser distintos e constantes:

```
int y = 'y';        // isso causará problemas
constexpr char n = 'n';

cout << "Do you like fish?\n";
char a = 0;
cin >> a;

switch (a) {
case n:
    // ...
    break;
case y:             // erro: variável no rótulo case
    // ...
    break;
case 'n':           // erro: rótulo case duplicado (o valor de n é 'n')
    // ...
    break;
default:
    // ...
    break;
}
```

Muitas vezes você deseja realizar a mesma ação para um conjunto de valores em um switch. Seria chato repetir a ação; então você pode rotular uma única ação com um conjunto de rótulos case. Por exemplo:

```
// você pode rotular uma instrução com vários rótulos case:

cout << "Please enter a digit\n";
char a = 0;
cin >> a;

switch (a) {
case '0': case '2': case '4': case '6': case '8':
    cout << "is even\n";
    break;
case '1': case '3': case '5': case '7': case '9':
    cout << "is odd\n";
    break;
default:
    cout << "is not a digit\n";
    break;
}
```

XX O erro mais comum com uma instrução switch é esquecer de encerrar um case com break. Por exemplo:

```
switch (unit) {
case 'i':
    cout << length << "in == " << length*cm_per_inch << "cm\n";
case 'c':
    cout << length << "cm == " << length/cm_per_inch << "in\n";
}
```

Infelizmente, o compilador aceitará isso e, ao terminar o caso 'i', ele apenas "cascateará" (*fall through*) para o caso 'c', de modo que, se você digitar 2i, o programa produzirá

```
2in == 5.08cm
2cm == 0.787402in
```

Você foi avisado!

No caso raro em que você deliberadamente quer "cascatear" para o próximo caso, você pode e deve escrever:

```
switch (check) {
case checked:
    if (val<0)
        val = 0;
    [[fallthrough]];
case unchecked:
    // ... usar val ...
    break;
}
```

A parte [[fallthrough]] é um *atributo* que torna explícita a nossa intenção.

> **TENTE ISTO**
>
> Reescreva seu programa de conversão de moedas a partir do **TENTE ISTO** anterior para usar uma instrução switch. Adicione uma conversão de francos suíços. Qual versão do programa é mais fácil de escrever, entender e modificar? Por quê?

3.4.2 Iteração

Raramente fazemos algo apenas uma vez. Portanto as linguagens de programação oferecem maneiras convenientes de fazer algo várias vezes. Fazer a mesma coisa sobre uma série de objetos é chamado de *iteração*.

3.4.2.1 Instruções while

Como um exemplo de iteração, considere o primeiro programa que foi executado em um computador com programa armazenado (o EDSAC). Foi escrito e rodado por David J. Wheeler no laboratório de informática na Universidade de Cambridge, Inglaterra, em 6 de maio de 1949, para calcular e imprimir uma lista simples de quadrados como esta:

```
0    0
1    1
2    4
3    9
4    16
...
98   9604
99   9801
```

Cada linha é um número seguido por um caractere "tab" ('\t'), seguido do quadrado do número. Uma versão em C++ ficaria assim:

```
int main()
    // calcular e imprimir uma tabela de quadrados 0-99
{
    int i = 0;          // iniciar em 0
    while (i<100) {
        cout << i << '\t' << square(i) << '\n';
        ++i;            // incrementar i (ou seja, i se torna i+1)
    }
}
```

A notação **square(i)** significa simplesmente o quadrado de i. Mais adiante, explicaremos como fazer para que signifique isso (§3.5).

Não, esse primeiro programa moderno não foi escrito em C++, mas a lógica era a seguinte:

- Começamos com 0.
- Vemos se chegamos a 100 e, em caso afirmativo, terminamos.
- Caso contrário, imprimimos o número e seu quadrado, separados por uma tabulação ('\t'), incrementamos o número e tentamos novamente.

Claro, para fazer isso precisamos de:

- Uma maneira de repetir instruções (um *loop* ou laço).
- Uma variável para controlar quantas vezes passamos pelo *loop* (uma *variável de loop* ou uma *variável de controle*), aqui o **int** chamado i.

- Um inicializador para a variável de *loop*, aqui 0.
- Um critério de terminação; aqui queremos passar pelo *loop* 100 vezes.
- Algo para fazer sempre que passamos pelo *loop* (o *corpo* do *loop*).

A construção de linguagem que usamos é chamada de instrução while. Logo após sua palavra-chave distinta, while, ela tem uma condição "no topo", seguida de seu corpo:

```
while (i<100)      // condição do loop que testa a variável de loop i
{
    cout << i << '\t' << square(i) << '\n';
    ++i;           // incrementar a variável de loop i
}
```

O corpo do *loop* é um bloco (entre chaves) que escreve uma linha da tabela e incrementa a variável do *loop*, i. Começamos cada passagem no *loop* testando se i<100. Em caso afirmativo, não terminamos ainda e podemos executar o corpo do *loop*. Se chegamos ao fim, isto é, se i é 100, saímos da instrução while e executamos o que vem a seguir. Nesse programa, o fim do programa está logo a seguir, portanto ele termina.

A variável do *loop* para uma instrução while deve ser definida e inicializada fora (antes) da instrução while. Se não a definirmos, o compilador irá gerar um erro. Se a definirmos, mas não a inicializarmos, a maioria dos compiladores avisará, mostrando algo como "local variable i not set" ("variável local i não definida"), mas estaria disposta a nos deixar executar o programa se insistíssemos. Não insista! Os compiladores quase sempre estão certos quando alertam sobre variáveis não inicializadas. Essas variáveis são uma fonte comum de erros. Nesse caso, escrevemos

```
int i = 0;    // iniciar em 0
```

então tudo está bem.

Basicamente, escrever um *loop* é simples. Contudo fazer isso corretamente em problemas reais pode ser complicado. Em particular, pode ser difícil expressar a condição corretamente e inicializar todas as variáveis para que o *loop* comece da forma certa.

TENTE ISTO

O caractere 'b' é char('a'+1), 'c' é char('a'+2) etc. Use um *loop* para escrever uma tabela de caracteres com os respectivos valores inteiros correspondentes:

```
a    97
b    98
...
z    122
```

3.4.2.2 Blocos

Observe como agrupamos as duas instruções que while deveria executar:

```
while (i<100) {
    cout << i << '\t' << square(i) << '\n';
    ++i;        // incrementar i (ou seja, i se torna i+1)
}
```

Uma sequência de instruções entre chaves { e } é chamada de *instrução em bloco* ou *instrução composta*. Um bloco é um tipo de instrução. O bloco vazio { } às vezes é útil para expressar que nada deve ser feito. Por exemplo:

```
if (a<=b) {
     // não fazer nada
}
else {      // trocar os valores de a e b:
     int t = a;
     a = b;
     b = t;
}
```

3.4.2.3 Instruções for

Iterar sobre uma sequência de números é tão comum que C++, como a maioria das outras linguagens de programação, tem uma sintaxe especial para isso. Uma instrução for é como uma instrução while, exceto que o gerenciamento da variável de controle está concentrado no topo, onde é fácil de ver e entender. Poderíamos ter escrito aquele "primeiro programa" assim:

```
int main()
     // calcular e imprimir uma tabela de quadrados 0-99
{
     for (int i = 0; i<100; ++i)
          cout << i << '\t' << square(i) << '\n';
}
```

Isso significa "Executar o corpo com i começando em 0 e incrementando i após cada execução do corpo até chegarmos a 100". Uma instrução for é sempre equivalente a uma instrução while. Neste caso

```
for (int i = 0; i<100; ++i)
     cout << i << '\t' << square(i) << '\n';
```

significa

```
{
     int i = 0;                                    // inicializador da instrução for
     while (i<100) {                               // condição da instrução for
          cout << i << '\t' << square(i) << '\n';  // corpo da instrução for
          ++i;                                     // incremento da instrução for
     }
}
```

Alguns novatos preferem as instruções while e outros preferem as instruções for. No entanto, usar uma instrução for produz um código mais fácil de entender e manter sempre que um *loop* puder ser definido como uma instrução for com um inicializador simples, uma condição e uma operação de incremento. Use uma instrução while só quando esse não for o caso.

Nunca modifique a variável de *loop* dentro do corpo de uma instrução for. Isso violaria a suposição mais lógica do leitor sobre o que um *loop* está fazendo. Considere:

// código ruim

```
for (int i = 0; i<100; ++i) {      // para i no intervalo [0:100)
    cout << i << '\t' << square(i) << '\n';
    ++i;                           // o que está acontecendo aqui? Parece um erro!
}
```

Qualquer pessoa vendo esse *loop* presumiria, razoavelmente, que o corpo seria executado 100 vezes. No entanto não é assim. A parte ++i no corpo garante que i seja incrementado duas vezes a cada passagem pelo *loop*, de modo que obtemos uma saída apenas para os 50 valores pares de i. Se víssemos tal código, presumiríamos que deve ser um erro, provavelmente causado por uma conversão malfeita de uma instrução while. Se você quiser incrementar de 2 em 2, seja explícito:

// calcular e imprimir uma tabela dos quadrados dos números pares no intervalo [0:100):

```
for (int i = 0; i<100; i+=2)
    cout << i << '\t' << square(i) << '\n';
```

AA   Note que a versão mais limpa e explícita é mais curta do que a confusa. Isso é normal.

TENTE ISTO

Reescreva o exemplo dos valores dos caracteres na seção **TENTE ISTO** anterior para usar uma instrução for. Em seguida, modifique o programa para também escrever uma tabela dos valores inteiros para as letras maiúsculas e os dígitos.

Há também uma instrução mais simples de "*loop* for para intervalos" para percorrer coleções de dados, como vectors; veja §3.6.

3.5 Funções

No programa anterior, o que era square(i)? É a chamada de uma função. Em particular, é uma chamada da função denominada square com o argumento i. *Função* é uma sequência nomeada de instruções. Uma função pode retornar um resultado (também chamado de valor de retorno). A biblioteca-padrão tem muitas funções úteis, como a função raiz quadrada sqrt() que usamos em §2.4. No entanto, nós mesmos escrevemos muitas funções. Veja uma definição possível para square:

```
int square(int x)
    // retornar o quadrado de x
{
    return x*x;
}
```

A primeira linha dessa definição nos diz que essa é uma função (é o significado dos parênteses), que ela se chama square, tem um argumento int (aqui, chamado x) e retorna um int (o tipo do resultado vem primeiro em uma declaração da função), isto é, podemos usá-la assim:

```
cout << square(2) << ' ' < square(10) << '\n';      // imprimir 4 100
```

Não é necessário usar o resultado de uma chamada de função, mas temos que dar a uma função exatamente os argumentos requeridos. Considere:

```
square(2);              // provavelmente um erro: valor de retorno não usado
int v1 = square();      // erro: argumento ausente
int v2 = square;        // erro: parênteses ausentes
int v3 = square(1,2);   // erro: argumentos demais
int v4 = square("two"); // erro: tipo errado de argumento; espera-se int
```

Muitos compiladores avisam sobre os resultados não usados e todos geram erros como indicado. Pode-se pensar que um computador deve ser inteligente o bastante para descobrir que, com a *string* "two", você realmente quis dizer o número inteiro 2. Porém um compilador C++ não é tão inteligente assim. É tarefa do compilador fazer exatamente o que você lhe diz para fazer depois de verificar que seu código está bem formado de acordo com a definição de C++. Se o compilador adivinhasse o que você quis dizer, às vezes ele adivinharia errado, e você, ou os usuários do programa, ficaria muito irritado. Você verá que é difícil prever o que seu código fará sem a "ajuda" do compilador questionando você.

CC

O *corpo da função* é o bloco (§3.4.2.2) que realmente faz o trabalho.

```
{
    return x*x;   // retornar o quadrado de x
}
```

Para square, o trabalho é simples: produzimos o quadrado do argumento e retornamos isso como resultado. Dizer isso em C++ é mais fácil do que dizer em português. Isso é bem comum para as ideias simples – afinal, uma linguagem de programação é projetada para declarar tais ideias simples, com clareza e precisão.

A sintaxe de uma *definição de função* pode ser descrita assim:

definição_função:
    identificador_tipo identificador_função (*lista_parâmetros*) *corpo_função*

Isto é, um tipo (o tipo de retorno), seguido de um identificador (o nome da função), seguido de uma lista de parâmetros entre parênteses, seguido do corpo da função (as instruções a serem executadas). A lista de argumentos requerida pela função é chamada de *lista de parâmetros*, e seus elementos são chamados de *parâmetros* (ou *argumentos formais*). A lista de parâmetros pode estar vazia e, se não quisermos retornar um resultado, escrevemos void (que significa "nada") como o tipo de retorno. Por exemplo:

```
void write_sorry()
    // sem argumento; não retornar valor algum
{
    cout << "Sorry\n";
}
```

Os aspectos técnicos da linguagem sobre as funções serão mais bem examinados no Capítulo 7.

3.5.1 Por que usar funções?

Definimos uma função quando queremos uma computação separada com um nome, porque fazer isso

CC

- separa logicamente a computação;
- torna o texto do programa mais claro (nomeando a computação);
- possibilita usar a função em mais de um lugar em nosso programa;
- facilita os testes.

Veremos muitos exemplos de cada uma dessas razões à medida que avançarmos, e às vezes mencionaremos uma razão. Note que os programas reais usam milhares de funções, alguns até centenas de milhares. Obviamente, nunca conseguiríamos escrever ou entender tais programas se suas partes (p. ex., os cálculos) não fossem claramente separadas e nomeadas. Além disso, logo você descobrirá que muitas funções são usadas repetidamente e que você se cansaria de repetir códigos equivalentes. Por exemplo, você pode ficar satisfeito escrevendo x∗x, 7∗7, (x+7)∗(x+7) etc., em vez de square(x), square(7) e square(x+7) etc. Isso, no entanto, só acontece porque square é um cálculo muito simples. Considere a raiz quadrada (chamada sqrt em C++): é preferível escrever sqrt(x), sqrt(7) e sqrt(x+7) etc. a repetir o código (um pouco complicado e com muitas linhas longas) para calcular a raiz quadrada. Melhor ainda: não é sequer necessário olhar o cálculo da raiz quadrada, porque saber que sqrt(x) dá a raiz quadrada de x é suficiente.

Em §7.4, abordamos muitos aspectos técnicos sobre funções, mas, por enquanto, daremos outro exemplo.

Se quiséssemos realmente simplificar o *loop* em main() do "primeiro programa" (§3.4.2.3), poderíamos ter escrito

```
void print_square(int v)
{
    cout << v << '\t' << v∗v << '\n';
}

int main()
{
    for (int i = 0; i<100; ++i)
        print_square(i);
}
```

Por que não usamos a versão que utiliza print_square()? Essa versão não é muito mais simples do que a versão com square(), e note que

- print_square() é uma função bastante especializada, que não esperaríamos poder usar mais tarde, já square() é uma candidata óbvia para outros usos;
- square() dificilmente requer documentação, já print_square() precisa de explicação.

A razão subjacente para ambas é que print_square() executa duas ações logicamente separadas:

- Imprimir.
- Calcular um quadrado.

AA Os programas são geralmente mais fáceis de escrever e entender se cada função executar uma única ação lógica. Basicamente, a versão square() é a melhor escolha.

Enfim, por que usamos square(i) em vez de simplesmente i∗i na primeira versão do problema? Bem, um dos propósitos das funções é simplificar o código, separando os cálculos complicados como funções nomeadas, e, para a versão de 1949 do programa, não havia *hardware* que implementasse a "multiplicação" diretamente. Consequentemente, na versão de 1949 do programa, i∗i era, de fato, um cálculo bem complicado, semelhante ao que você faria à mão usando uma folha de papel. Além disso, o criador da versão original, David Wheeler, foi o inventor das funções (então chamadas de sub-rotinas) na computação moderna, por isso pareceu apropriado usá-la aqui.

> **TENTE ISTO**
>
> Implemente square() sem usar o operador de multiplicação, isto é, faça x*x com uma soma repetida (inicie uma variável com resultado valendo 0 e some x a ela x vezes). Em seguida, execute uma versão do "primeiro programa" usando square().

3.5.2 Declarações de função

Você percebeu que toda a informação necessária para chamar uma função estava na primeira linha de sua definição? Por exemplo:

```
int square(int x)
```

Diante disso, sabemos o suficiente para dizer

```
int x = square(44);
```

Na verdade, não precisamos ver o corpo da função. Nos programas reais, na maioria das vezes não queremos ver o corpo de uma função. Por que desejaríamos ver o corpo da função sqrt() da biblioteca-padrão? Sabemos que ela calcula a raiz quadrada de seu argumento. Por que desejaríamos ver o corpo da nossa função square()? Claro que podemos estar curiosos, mas, na maior parte do tempo, estamos apenas interessados em saber como chamar uma função – ver a definição seria uma distração. Por sorte, C++ tem uma maneira de fornecer essa informação separada da definição da função completa. Isso se chama *declaração de função*:

```
int square(int);        // declaração de square
double sqrt(double);    // declaração de sqrt
```

Repare nos pontos e vírgulas de terminação. Um símbolo de ponto e vírgula é usado em uma declaração de função em vez do corpo utilizado na definição da função correspondente:

```
int square(int x)       // declaração de square
{
    return x*x;
}
```

Então, se tudo que você quer é usar uma função, basta escrever – ou, mais comumente, importar ou incluir sua declaração (usando import ou #include). A definição da função pode estar em outro lugar. Examinaremos o "outro lugar" em §7.3–§7.7.1. Essa distinção entre declarações e definições é essencial em programas maiores, nos quais usamos declarações para manter a maior parte do código fora de vista e nos concentrar em uma parte do programa de cada vez (§3.2).

3.6 vector

Para fazer qualquer coisa interessante em um programa, precisamos de uma coleção de dados para trabalhar. Por exemplo, podemos precisar de uma lista de números de telefone, uma lista dos membros de um time de futebol, uma lista de cursos, uma lista de livros lidos no último ano, um catálogo de músicas para *download*, um conjunto das formas de pagamento para um carro, uma lista das previsões meteorológicas para a próxima semana, uma lista de preços para uma câmera em diferentes lojas da *web* etc. As possibilidades são infinitas, portanto, onipresentes nos programas. Veremos inúmeras maneiras de armazenar as coleções de dados (uma variedade de contêineres de dados; ver Capítulos 19 e 20). Aqui começaremos com a mais simples e, sem dúvidas, a forma mais útil de armazenar dados: um **vector**.

CC
Um **vector** é, simplesmente, uma sequência de elementos que você pode acessar por um índice. Por exemplo, veja um **vector** chamado v:

v:	6

Elementos de v:	v[0]	v[1]	v[2]	v[3]	v[4]	v[5]
	5	7	9	4	6	8

O primeiro elemento tem índice 0, o segundo tem índice 1 e assim por diante. Referimo-nos a um elemento de **vector** através do seu índice, então aqui o valor de v[0] é 5, o valor de v[1] é 7 etc. Os índices para **vector** sempre começam com 0 e aumentam de 1 em 1. Isso deve parecer familiar: **vector** da biblioteca-padrão é simplesmente a versão da biblioteca-padrão C++ de uma ideia antiga e conhecida. Desenhemos o vetor de modo a enfatizar que ele "sabe seu tamanho", isto é, **vector** não armazena apenas seus elementos, mas também armazena seu tamanho.

Poderíamos criar um **vector** assim:

```
vector<int> v = {5, 7, 9, 4, 6, 8};    // vector com 6 ints
```

Especificamos o tipo dos elementos e o conjunto inicial de elementos. O tipo do elemento vem depois de **vector** entre sinais de menor e maior (< >), aqui <int>. Veja outro exemplo:

```
vector<string> philosopher = {"Kant", "Plato", "Hume", "Kierkegaard"};    // vector com 4 strings
```

Claro, um **vector** aceitará somente elementos de seu tipo de elemento declarado:

```
philosopher[2] = 99;      // erro: tentando atribuir um int a uma string
v[2] = "Hume";            // erro: tentando atribuir um string a um int
```

Também podemos definir um **vector** de certo tamanho sem especificar os valores dos elementos. Nesse caso, usamos a notação **(n)**, em que n é o número de elementos e os elementos recebem um valor-padrão de acordo com o tipo de elemento. Por exemplo:

```
vector<int> vi(6);         // vector com 6 ints inicializados com 0
vector<string> vs(4);      // vector com 4 strings inicializadas com ""
```

A *string* sem caracteres "" é chamada de *string* vazia.

Observe que você não pode simplesmente se referir a um elemento inexistente de **vector**:

```
vi[20000] = 44;    // erro de execução
```

Veremos detalhes sobre erros de execução e índices no próximo capítulo.

3.6.1 Percorrendo um vector

Um **vector** "sabe" seu tamanho, portanto podemos imprimir os elementos dele assim:

```
vector<int> v = {5, 7, 9, 4, 6, 8};
for (int i = 0; i<v.size(); ++i)
    cout << v[i] << '\n';
```

A chamada de **v.size()** retorna o número de elementos do **vector** chamado **v**. Em geral, **v.size()** nos permite acessar os elementos de **vector** sem nos referirmos acidentalmente a um elemento fora do intervalo de **vector**. O intervalo para um **vector v** é [0:v. size()). Essa é a notação matemática para uma sequência semiaberta de elementos. O primeiro elemento de v é v[0] e o último é v[v.size()–1]. Se v.size()==0, v não tem elementos, isto é, v é um **vector** vazio. Essa noção de sequências semiabertas é usada em todo C++ e na biblioteca-padrão C++ (§19.2, §20.7).

A linguagem aproveita a noção de sequência semiaberta para fazer um *loop* simples em todos os elementos de uma sequência, como os elementos de um **vector**. Por exemplo:

```
vector<int> v = {5, 7, 9, 4, 6, 8};
for (int x : v)          // para cada x em v
    cout << x << '\n';
```

Isso é chamado de *loop* **for** de intervalo, porque a palavra *intervalo* (*range*) costuma ser usada para significar o mesmo que "sequência de elementos". Lemos **for** (int x : v) como "para cada int x em v", e o significado do *loop* é exatamente como o *loop* equivalente sobre os índices [0:v. size()). Usamos o *loop* **for** de intervalo para os *loops* simples sobre todos os elementos de uma sequência, acessando um elemento de cada vez. *Loops* mais complicados, por exemplo, para acessar cada terceiro elemento de **vector**, para acessar apenas a segunda metade de **vector** ou comparar os elementos de dois **vectors**, geralmente são mais bem escritos usando a instrução **for** mais complexa, geral e tradicional (§3.4.2.3).

3.6.2 Aumentando a capacidade de um vector

Muitas vezes, iniciamos um **vector** vazio e o aumentamos com o tamanho desejado à medida que lemos ou calculamos os dados desejados. A principal operação é **push_back()**, que adiciona um novo elemento ao **vector**. O novo elemento torna-se o último elemento do **vector**. Por exemplo:

```
vector<double> v;    // v inicia vazio, ou seja, v não tem elementos
                     v: [ 0 ]
v.push_back(2.7);    // adicionar um elemento 2.7 a v no final (atrás)
                     v: [ 1 ] → [ 2.7 ]
v.push_back(5.6);    // adicionar um elemento 5.6 a v no final (atrás)
                     v: [ 2 ] → [ 2.7 | 5.6 ]
```

Observe a sintaxe para uma chamada a **push_back()**. Ela é denominada de *chamada de função--membro*; **push_back()** é uma função-membro de **vector** e deve ser chamada usando esta notação de ponto:

chamada_função_membro:
    nome_objeto . nome_função_membro (lista_argumentos)

O tamanho de um **vector** pode ser obtido com uma chamada para outra função-membro de **vector**: **size()**. Inicialmente, **v.size()** era 0 e, após a segunda chamada a **push_back()**, **v.size()** tornou-se 2.

Se você já programou antes, notará que **vector** é semelhante a um *array* na linguagem C e em outras linguagens. No entanto, não é preciso especificar o tamanho (comprimento) de um **vector** com antecedência, e você pode adicionar quantos elementos quiser. À medida que avançarmos, você descobrirá que o **vector** padrão de C++ tem outras propriedades úteis.

3.6.3 Um exemplo numérico

Vejamos um exemplo mais realista. Muitas vezes, desejamos ler uma série de valores em nosso programa para fazer algo com eles. O "algo" pode ser produzir um gráfico dos valores, calcular a média e a mediana, encontrar o maior elemento, ordená-los, combiná-los com outros dados, pesquisar valores "interessantes", compará-los com outros dados etc. Não há limites para os cálculos que podemos executar com os dados, mas primeiro precisamos colocá-los na memória do nosso computador. Veja a técnica básica para colocar uma quantidade de dados desconhecida, possivelmente grande, em um computador. Como exemplo concreto, escolhemos ler números de ponto flutuante representando temperaturas:

```
int main()
    // ler algumas temperaturas para um vector
{
    vector<double> temps;              // temperaturas
    for (double temp; cin>>temp; )     // ler para temp
        temps.push_back(temp);         // colocar temp no vector
    // ... fazer algo ...
}
```

Então, o que está acontecendo aqui? Primeiro declaramos um **vector** para conter os dados:

```
vector<double> temps;    // temperaturas
```

Este é o local em que o tipo de entrada que esperamos é indicado. Lemos e armazenamos **doubles**.

A seguir vem o *loop* de leitura propriamente dito:

```
for (double temp; cin>>temp; )     // ler para temp
    temps.push_back(temp);         // colocar temp no vector
```

Definimos uma variável **temp** do tipo **double** para ler a entrada. A parte **cin>>temp** lê um **double**, e esse **double** é levado para **vector** (colocado na parte de trás – *back*, em inglês). Já vimos essas operações antes. A novidade aqui é que usamos a operação de entrada, **cin>>temp**, como a condição para uma instrução **for**. Basicamente, **cin>>temp** é verdadeira (*true*) se um valor for lido corretamente e falsa (*false*) em caso contrário, de modo que a instrução **for** lerá todos os valores **double** fornecidos e parará quando fornecermos outra coisa. Por exemplo, se você digitasse

```
1.2 3.4 5.6 7.8 9.0 |
```

então **temps** obteria os cinco elementos **1.2, 3.4, 5.6, 7.8, 9.0** (nessa ordem, p. ex., **temps[0]==1.2**). Usamos o caractere '|' para terminar a entrada – qualquer coisa que não seja um valor **double** pode ser usada. Em §9.4 examinamos como terminar a entrada e lidar com os erros nela.

Para limitar o escopo de nossa variável de entrada, **temp**, ao *loop*, usamos uma instrução **for** em vez de uma instrução **while**:

```
double temp;
while (cin>>temp)              // ler
    temps.push_back(temp);     // colocar no vector
// ... temp pode ser utilizada aqui ...
```

Como sempre, um *loop* **for** mostra o que está acontecendo "antes", para que o código seja mais fácil de entender e os erros acidentais sejam mais difíceis de cometer.

Assim que colocamos dados em um **vector**, podemos manipulá-los facilmente. Como exemplo, iremos calcular a temperatura média e a mediana:

```
int main()
    // calcular a temperatura média e a mediana
{
    vector<double> temps;                  // temperaturas
    for (double temp; cin>>temp; )         // ler para temp
        temps.push_back(temp);             // colocar temp no vector

    // calcular a temperatura média:
    double sum = 0;
    for (double x : temps)
        sum += x;
    cout << "Average temperature: " << sum/temps.size() << '\n';

    // calcular a mediana das temperaturas:
    ranges::sort(temps);                   // ordenar as temperaturas
    cout << "Median temperature: " << temps[temps.size()/2] << '\n';
}
```

Calculamos a média somando todos os elementos em **sum** e, em seguida, dividindo a soma pelo número de elementos (ou seja, **temps.size()**):

```
// calcular a temperatura média:
double sum = 0;
for (double x : temps)
    sum += x;
cout << "Average temperature: " << sum/temps.size() << '\n';
```

Observe como o operador **+=** é útil.

Para calcular uma mediana (um valor escolhido para que metade dos valores seja menor e a outra metade seja maior), precisamos colocar os elementos em ordem. Para isso, usamos uma variante do algoritmo **sort** da biblioteca-padrão, **sort()**:

```
// calcular a mediana das temperaturas:
ranges::sort(temps);                   // ordenar as temperaturas
cout << "Median temperature: " << temps[temps.size()/2] << '\n';
```

Explicaremos os algoritmos da biblioteca-padrão mais tarde (Capítulo 21). Assim que as temperaturas são ordenadas, é fácil encontrar a mediana: basta escolher o elemento do meio, aquele com índice **temps.size()/2**. Se você for exigente (e se for, está começando a pensar como um programador), talvez perceba que o valor encontrado pode não ser uma mediana de acordo com a definição dada acima. O Exercício 3, no final deste capítulo, foi elaborado para resolver esse problema.

Deixamos um problema potencialmente pior nesse código de propósito. Você o identificou? O que acontece se não inserirmos qualquer valor de temperatura? Nesse caso, tudo fica bem até tentarmos obter a temperatura mediana. Então, tentamos ler **temps[temps.size()/2]**, mas **temp.size()** é zero, portanto não há elemento para ler! Por sorte, se você usar uma implementação de **vector** que verifica o intervalo, o erro será detectado e relatado. Se você usar o nosso suporte PPP, é isso que acontecerá. Esquecer o caso de não existir um elemento é um problema comum na realização de iterações; sempre considere essa possibilidade.

3.6.4 Um exemplo textual

Não apresentamos o exemplo de temperaturas porque estávamos particularmente interessados em temperaturas. Muitas pessoas, como meteorologistas, agrônomos e oceanógrafos, estão interessadas nos dados de temperatura e nos valores baseados neles, como médias e medianas. Mas não é o nosso caso. Do ponto de vista do programador, o interessante daquele exemplo é a sua generalidade: vector e suas operações simples podem ser usados em uma enorme variedade de aplicações. É justo dizer que em qualquer coisa de seu interesse, se precisar analisar dados, utilizará um vector (ou uma estrutura de dados semelhante; ver Capítulo 15). Por exemplo, construiremos um dicionário simples:

```
int main()
     // dicionário simples: lista de palavras ordenadas
{
     vector<string> words;
     for(string temp; cin>>temp; )      // ler palavras separadas por espaços em branco
          words.push_back(temp);        // colocar em vector
     cout << "Number of words: " << words.size() << '\n';

     ranges::sort(words);               // ordenar as palavras

     for (int i = 0; i<words.size(); ++i)
          if (i==0 || words[i-1]!=words[i])   // esta é uma palavra nova?
               cout << words[i] << "\n";
}
```

Se alimentarmos algumas palavras nesse programa, ele irá escrevê-las em ordem sem repetir palavras. Por exemplo, dado

a man a plan a canal panama

ele escreverá

a
canal
man
panama
plan

Como paramos de ler a entrada de *string*? Em outras palavras, como terminamos o *loop* de entrada?

```
for (string temp; cin>>temp; )      // ler
     words.push_back(temp);         // colocar em vector
```

Quando lemos números (lá em §3.6.2), apenas fornecemos um caractere de entrada que não era um número, mas não podemos fazer isso aqui, porque todo caractere (comum) pode ser lido para uma string. Felizmente, existem caracteres que são "incomuns". Como mencionado em §2.5.1, Ctrl+Z termina um fluxo de entrada no Windows e Ctrl+D faz o mesmo no Linux.

A maior parte desse programa é bem semelhante ao que fizemos com as temperaturas. Na verdade, escrevemos o "programa de dicionário" copiando e colando do "programa de temperatura". A única novidade é o teste

```
if (i==0 || words[i-1]!=words[i])    // esta é uma palavra nova?
```
Se você excluísse esse teste, a saída seria

```
a
a
a
canal
man
panama
plan
```

Não gostamos dessa repetição, então a eliminamos usando esse teste. O que o teste faz? Ele vê se a palavra anterior que imprimimos é diferente da que iremos imprimir (words[i-1]!=words[i]) e, se for, imprimiremos a palavra; caso contrário, ela não será impressa. É óbvio que não podemos nos referir a uma palavra anterior quando iremos imprimir a primeira palavra (i==0), então primeiro testamos isso e combinamos esses dois testes usando o operador || (ou):

```
if (i==0 || words[i-1]!=words[i])    // esta é uma palavra nova?
```

Repare que podemos comparar *strings*. Usamos != (diferente de) aqui; == (igual), < (menor que), <= (menor ou igual a), > (maior que) e >= (maior ou igual a) também funcionam para *strings*. Os operadores <, > etc. usam a ordem lexicográfica usual, então "Abelha" vem antes de "Acácia" e "Casa".

TENTE ISTO

Escreva um programa que "apita por cima" das palavras que você não gosta, isto é, você insere as palavras usando cin e imprime-as novamente em cout. Se uma palavra está entre aquelas você definiu, você escreve "BIIIIIP" em vez da palavra. Comece com uma única palavra da qual "não gosta" como, por exemplo:

   string nao gosto = "brocolis";

Quando funcionar, adicione outras.

3.7 Recursos da linguagem

Os programas sobre temperaturas e o dicionário de palavras usaram a maioria dos recursos fundamentais da linguagem apresentados neste capítulo: iteração (instruções for e while), seleção (instrução if), aritmética simples (operadores ++ e +=), comparações e operadores lógicos (==, != e ||), variáveis e funções (p. ex., main(), sort() e size()). Além disso, usamos recursos da biblioteca-padrão, como vector (um contêiner de elementos), cout (um fluxo de saída) e sort () (um algoritmo).

Se você contar, verá que conseguimos fazer muito com poucos recursos. É o ideal! Cada recurso da linguagem de programação existe para expressar uma ideia fundamental, e podemos combiná-los de inúmeras (na verdade, infinitas) formas de escrever programas úteis. Essa é a principal informação: um computador não é um *gadget* com uma função fixa. Pelo contrário, é uma máquina que podemos programar para fazer qualquer cálculo imaginado e, como podemos conectar computadores a *gadgets* que interagem com o mundo fora do computador, em princípio podemos fazer com que ele realize qualquer coisa.

Prática

Faça esta prática passo a passo. Não tente acelerar pulando as etapas. Teste cada etapa inserindo pelo menos três pares de valores – mais valores seria melhor.

[1] Escreva um programa que consista em um *loop* while que (a cada vez no *loop*) lê dois ints e, em seguida, imprime-os. Saia do programa quando for inserida a terminação '|'.
[2] Mude o programa para escrever o menor valor é: seguido do menor número e o maior valor é: seguido do maior valor.
[3] Aumente o programa para que ele escreva a linha de texto os números são iguais (apenas) se forem iguais.
[4] Mude o programa de modo que ele use doubles em vez de ints.
[5] Mude o programa para que ele escreva os números são quase iguais depois de escrever qual é o maior e o menor, se os dois números diferirem em menos de 1.0/100.
[6] Agora, mude o corpo do *loop* de modo a ler apenas um double de cada vez. Defina duas variáveis para controlar qual é o menor e o maior valor visto até então. Em cada passagem pelo *loop*, escreva o valor inserido. Se for o menor até então, escreva o menor até então após o número. Se for o maior, escreva o maior até então depois do número.
[7] Adicione uma unidade de medida a cada double inserido, isto é, insira valores como 10cm, 2,5pol., 5ft (pés) ou 3,33m. Aceite as quatro unidades: cm, m, pol., pés. Presuma os fatores de conversão 1m==100cm, 1pol.==2,54cm, 1ft==12pol. Leia o indicador de unidade em uma *string*. Considere que 12 m (com espaço entre o número e a unidade) é equivalente a 12m (sem espaço).
[8] Rejeite os valores sem unidades ou com representações "ilegais" de unidades, como y, jarda, metro, km e galões.
[9] Controle a soma dos valores inseridos (bem como o menor e o maior) e o número de valores inseridos. Quando o *loop* terminar, imprima o menor, o maior, a quantidade de valores e a soma deles. Lembre-se de que, para manter a soma, você deve optar por uma unidade específica a usar nessa soma; use metros.
[10] Mantenha todos os valores inseridos (convertidos em metros) em um vector. No final, escreva os valores.
[11] Antes de escrever os valores do vector, realize a ordenação dos seus valores primeiro (para que sejam impressos em ordem crescente).

Revisão

[1] O que é um cálculo ou uma computação?
[2] O que entendemos por entradas e saídas para uma computação? Dê exemplos.
[3] Quais são os três requisitos que um programador deve ter em mente ao expressar cálculos ou computações?
[4] O que uma expressão faz?
[5] Qual é a diferença entre uma declaração e uma expressão, como descritas neste capítulo?
[6] O que é lvalue? Liste os operadores que precisam de um lvalue. Por que esses operadores, e não outros, precisam de um lvalue?
[7] O que é uma expressão constante?

[8] O que é um literal?
[9] O que é uma constante simbólica e por que a usamos?
[10] O que é uma constante mágica? Dê exemplos.
[11] Quais são os operadores que podemos usar para números inteiros e valores de ponto flutuante?
[12] Quais operadores podem ser usados nos números inteiros, mas não nos números de ponto flutuante?
[13] Quais são os operadores que podem ser usados para strings?
[14] Em que situação um programador preferiria uma instrução switch a uma instrução if?
[15] Quais são os problemas comuns com as instruções switch?
[16] Qual é a função de cada parte da linha de cabeçalho em um *loop* for e em qual sequência elas são executadas?
[17] Quando deve ser utilizado o *loop* for e quando deve ser utilizado o *loop* while?
[18] Descreva o que significa a linha char foo(int x) em uma definição de função.
[19] Quando você deve definir uma função separada para parte de um programa? Liste os motivos.
[20] O que você pode fazer com um int que não pode fazer com uma string?
[21] O que você pode fazer com uma string que não pode fazer com um int?
[22] Qual é o índice do terceiro elemento de um vector?
[23] Como pode escrever um *loop* for que imprima todos os elementos de um vector?
[24] O que vector<char>alphabet(26); faz?
[25] Descreva o que push_back() faz em um vector.
[26] O que o membro size() de vector faz?
[27] O que torna vector tão popular/útil?
[28] Como ordenar os elementos de um vector?

Termos

abstração	instrução for de intervalo	push_back()	instrução for
função	repetição	cálculo/computação	instrução if
rvalue	instrução condicional	incremento	seleção
declaração	entrada	size()	definição
iteração	sort()	dividir e conquistar	*loop*
instrução	else	lvalue	instrução
instrução while	função membro	vector	switch
saída			expressão

Exercícios

[1] Se ainda não o fez, faça os exercícios TENTE ISTO deste capítulo.
[2] Escreva um programa que lê uma *string* e, em seguida, para cada caractere lido, que imprime o caractere e seu valor inteiro em uma linha.
[3] Se definirmos a mediana de uma sequência como "um número que a quantidade de elementos que ocorrem antes e depois dele na sequência seja exatamente a mesma", corrija o programa em §3.6.3 para que ele sempre imprima uma mediana. Dica: uma mediana não precisa ser um elemento da sequência.

[4] Leia uma sequência de valores **double** em um **vector**. Pense em cada valor como a distância entre duas cidades em determinada rota. Calcule e imprima a distância total (a soma de todas as distâncias). Encontre e imprima a menor e a maior distâncias entre duas cidades vizinhas. Encontre e imprima a distância média entre duas cidades vizinhas.

[5] Escreva um programa para jogar um jogo de adivinhação de números. O usuário pensa em um número entre 1 e 100, e o programa faz perguntas para descobrir qual é o número (p. ex., "O número que você está pensando é menor que 50?"). Seu programa deve conseguir identificar o número depois de fazer até sete perguntas.

[6] Escreva um programa que funcione como uma calculadora muito simples. A calculadora deve realizar as quatro operações matemáticas básicas (somar, subtrair, multiplicar e dividir) sobre os dois valores de entrada. Seu programa deve pedir ao usuário para inserir três argumentos: dois valores **double** e um caractere para representar uma operação. Se os argumentos de entrada forem 35,6, 24,1 e '+', a saída do programa deve ser **A soma de 35,6 e 24,1 é 59,7**. Nos Capítulos 5 e 6, veremos uma calculadora simples muito mais sofisticada. (Observe que, dependendo da configuração do seu sistema, talvez seja necessário usar pontos nos lugares das vírgulas para valores de ponto flutuante.)

[7] Crie um **vector** contendo os dez valores de *string* "zero", "um", ... "nove". Use isso em um programa que converta um dígito em seu valor por extenso correspondente; por exemplo, a entrada 7 gera a saída **sete**. Faça o mesmo programa, usando o mesmo *loop* de entrada, converter os números por extenso em sua forma de dígito; por exemplo, a entrada **sete** gera a saída 7.

[8] Modifique a "minicalculadora" do exercício 6 para aceitar (apenas) números de um dígito escritos como dígitos ou por extenso.

[9] Conta uma antiga lenda que o imperador queria agradecer ao inventor do jogo de xadrez e pediu a ele para especificar sua recompensa. O inventor pediu 1 grão de arroz para a primeira casa, 2 para a segunda, 4 para a terceira, e assim por diante, dobrando para cada uma das 64 casas. Isso pode parecer modesto, mas a verdade é que não havia tanto arroz no império! Escreva um programa para calcular quantas casas são necessárias para dar ao inventor pelo menos 1.000 grãos de arroz, pelo menos 1.000.000 de grãos e pelo menos 1.000.000.000 de grãos. Você precisará de um *loop*, claro, e provavelmente um **int** para controlar em qual casa você está, um **int** para manter o número de grãos na casa atual e um **int** para controlar os grãos em todas as casas anteriores. Sugerimos que escreva na tela o valor de todas as variáveis para cada iteração do *loop*, para que possa ver o que está acontecendo.

[10] Tente calcular o número de grãos de arroz que o inventor pediu no exercício 9 acima. Você verá que o número é tão grande que não caberá em um **int** ou um **double**. Observe o que acontece quando o número fica muito grande para ser representado exatamente como um **int** e um **double**. Qual é o maior número de casas para as quais você pode calcular o número exato de grãos (usando um **int**)? Qual é o maior número de casas para as quais você pode calcular o número aproximado de grãos (usando um **double**)?

[11] Escreva um programa que jogue o jogo "Pedra, Papel, Tesoura". Se você não estiver familiarizado com o jogo, pesquise (p. ex., na *web* usando o Google). Pesquisar é uma tarefa comum para os programadores. Use uma instrução **switch** para resolver o exercício. Além disso, a máquina deve dar respostas aleatórias (ou seja, selecionar a próxima pedra, papel ou tesoura aleatoriamente). Gerar números verdadeiramente aleatórios é muito difícil de se fazer agora, então basta construir um **vector** diretamente com uma sequência de valores a ser usado como "o próximo valor". Se você construir o **vector** no programa, ele sempre jogará o mesmo jogo, então talvez você deva deixar o usuário inserir alguns valores. Teste variações para dificultar para o usuário adivinhar qual movimento a máquina fará em seguida.

[12] Crie um programa para encontrar todos os números primos entre 1 e 100. Uma forma de fazer isso é escrever uma função que verificará se um número é primo (ou seja, ver se o número pode ser dividido por um número primo menor que ele mesmo) usando um **vector** de números primos em ordem (de modo que, se o **vector** se chama **primos**, primos[0]==2, primos[1]==3, primos[2]==5 etc.). Em seguida, escreva um *loop* que vá de 1 a 100, verifique cada número para saber se é primo e armazene cada primo encontrado no **vector**. Escreva outro *loop* que liste os números primos encontrados. Você pode verificar o resultado comparando seu **vector** de números primos com **primos**. Considere 2 o primeiro primo.

[13] Crie um programa para encontrar todos os números primos entre 1 e 100. Existe um método clássico para fazer isso, chamado Crivo de Eratóstenes. Se você não conhece o método, pesquise na *web*. Escreva seu programa usando esse método.

[14] Escreva um programa que recebe um valor de entrada n e, em seguida, encontra os primeiros n primos.

[15] Na Prática, você escreveu um programa que, dada uma série de números, encontrou o máximo e o mínimo dessa série. O número que aparece mais vezes em uma sequência é chamado de *moda*. Crie um programa que encontra a moda de um conjunto de inteiros positivos.

[16] Escreva um programa que encontra o mínimo, o máximo e a moda de uma sequência de **strings**.

[17] Escreva um programa para resolver equações quadráticas. Uma equação quadrática tem a forma $ax^2 + bx + c = 0$. Se você não sabe a fórmula para resolver tal expressão, pesquise. Lembre-se, pesquisar como resolver um problema é muitas vezes necessário antes de o programador ensinar ao computador como resolvê-lo. Use **doubles** para as entradas do usuário de a, b e c. Como existem duas soluções para uma equação quadrática, exiba x1 e x2.

[18] Escreva um programa em que você primeiro insere um conjunto de pares de nome e valor, como **Joe 17** e **Barbara 22**. Para cada par, adicione o nome a um **vector** chamado **names** e o número a um **vector** chamado **scores** (nas posições correspondentes, de modo que se names[7]=="Joe", então scores[7]==17). Termine a entrada com **NoName 0**. Verifique se cada nome é único e termine com uma mensagem de erro se um nome for inserido duas vezes. Escreva todos os pares (*name*, *score*), um por linha.

[19] Modifique o programa a partir do exercício anterior para que, uma vez inseridos os pares de nome e valor, você peça os valores: em um *loop*, quando você digitar um nome, o programa irá exibir o *score* correspondente ou **name not found**.

[20] Modifique o programa a partir do exercício anterior para que, uma vez inseridos os pares de nome e valor, você peça os nomes: em um *loop*, quando você inserir um valor, o programa produzirá todos os nomes com esse *score* ou **score not found**.

Posfácio

Do ponto de vista filosófico, agora você pode fazer tudo o que é possível fazer usando um computador – o resto é detalhe! Entre outras coisas, isso mostra o valor dos "detalhes" e a importância das habilidades práticas, porque claramente você mal começou como programador. Mas estamos falando sério. As ferramentas apresentadas até agora permitem expressar qualquer cálculo ou computação: você tem tantas variáveis (incluindo **vectors** e **strings**) quanto deseja, você tem aritmética e comparações, e tem seleção e iteração. Cada cálculo ou computação pode ser expresso usando essas primitivas. Você tem entrada e saída textuais e numéricas, e cada entrada ou saída pode ser expressa como texto (até mesmo gráficos). É possível até organizar seus cálculos ou computações como conjuntos de funções nomeadas. O que resta a fazer é "apenas" aprender a escrever bons programas, isto é, escrever programas que são corretos, fáceis de manter e razoavelmente eficientes. Mas um ponto importante: esse aprendizado só vem com esforço considerável.

4

Erros!

*Constatei que, daquele momento em diante,
uma grande parte da minha vida seria gasta em
encontrar e corrigir meus próprios erros.*
— Maurice Wilkes, 1949

Neste capítulo, discutimos a correção de programas, erros e tratamento de erros. Se você é um genuíno novato, achará a discussão um pouco abstrata às vezes e dolorosamente detalhada em outros momentos. O tratamento de erros pode ser realmente importante? É, e você aprenderá que, de uma forma ou de outra, pode escrever programas que outras pessoas estão dispostas a usar. O que tentamos fazer é mostrar o que significa "pensar como um programador". É uma combinação de estratégia bem abstrata com análise meticulosa dos detalhes e das alternativas.

- ▶ 4.1 Introdução
- ▶ 4.2 Fontes de erros
- ▶ 4.3 Erros de compilação
    Erros de sintaxe; Erros de tipo
- ▶ 4.4 Erros de vinculação
- ▶ 4.5 Erros de execução
    A função chamadora lida com os erros; A função chamada lida com os erros; Relatório de erros
- ▶ 4.6 Exceções
    Argumentos incorretos; Erros de intervalo; Entrada incorreta
- ▶ 4.7 Evitando e encontrando erros
    Estimativas; Depuração; Asserções; Teste; Números aleatórios

4.1 Introdução

Falamos repetidamente de erros nos capítulos anteriores, e, tendo feito as práticas e alguns exercícios, você já deve ter uma ideia do motivo. Os erros são inevitáveis no desenvolvimento de um programa e, no entanto, o programa final não pode ter erros ou, pelo menos, não pode ter os erros que consideramos inaceitáveis.

CC   Existem muitas formas de classificar os erros. Por exemplo:

- *Erros de compilação*: encontrados pelo compilador. Podemos classificar os erros de compilação com base nas regras linguísticas que eles violam, por exemplo:
  - Erros de sintaxe.
  - Erros de tipo.
- *Erros de vinculação*: encontrados pelo *linker* quando ele está tentando combinar os arquivos-objeto em um programa executável.
- *Erros de execução*: encontrados pelas verificações em um programa em execução. Podemos classificar os erros de execução como:
  - Erros detectados pelo computador (*hardware* e/ou sistema operacional).
  - Erros detectados por uma biblioteca (p. ex., a biblioteca-padrão).
  - Erros detectados pelo código do usuário.

  Esses erros também são chamados de *Erros lógicos*.

Essa lista é um pouco otimista, na verdade. "Esquecemos" de mencionar dois dos erros mais desagradáveis:

- Erros lógicos não detectados, que levam a falhas ou resultados errados.
- Incompatibilidades entre o que o usuário precisa e o que o código oferece.

AA É tentador dizer que nosso trabalho como programadores é eliminar todos os erros. Claro, é o ideal, mas muitas vezes não é viável. Na verdade, para os programas reais, pode ser difícil saber exatamente o que significa "todos os erros". Se tropeçássemos no cabo de alimentação do computador enquanto ele executa seu programa, isso seria um erro que você deveria tratar? Em muitos casos, a resposta é "Obviamente não", mas e se estivéssemos falando de um programa de monitoramento médico ou um programa de controle para uma central telefônica? Nesses casos, um usuário poderia esperar que algo no sistema do qual seu programa fazia parte fará algo sensato, mesmo que seu computador tenha ficado sem energia ou um raio cósmico tenha danificado a memória que mantém o programa. A principal pergunta é:

Meu programa deveria detectar esse erro?

A menos que digamos especificamente o contrário, iremos presumir que seu programa

[1] Deve produzir os resultados desejados para todas as entradas permitidas.
[2] Deve fornecer mensagens de erro razoáveis para todas as entradas não permitidas.
[3] Não precisa se preocupar com o mau comportamento do *hardware*.
[4] Não precisa se preocupar com o mau comportamento do *software* do sistema.
[5] Pode terminar após encontrar um erro.

Basicamente, todos os programas para os quais as suposições 3, 4 ou 5 não são consideradas podem ser vistos como avançados e além do escopo deste livro. No entanto os pressupostos 1 e 2 estão incluídos na definição de profissionalismo básico, e profissionalismo é um dos nossos objetivos. Mesmo que não cumpramos esse ideal 100% das vezes, esse deve ser o ideal.

Quando escrevemos programas, os erros são naturais e inevitáveis; a questão é: como lidamos com eles? Nosso palpite é que evitar, encontrar e corrigir erros requer 90% ou mais do esforço de desenvolvimento de um *software* sério. Para os programas em que a segurança é crucial, o esforço pode ser ainda maior.

Você consegue fazer isso muito melhor para os pequenos programas; por outro lado, é fácil fazer muito pior se você for descuidado.

Basicamente, temos três abordagens para produzir um *software* aceitável: **AA**

- Organizar o *software* para minimizar os erros.
- Eliminar a maioria dos erros cometidos com depuração e teste.
- Assegurar que os erros restantes não sejam graves.

Nenhuma dessas abordagens consegue eliminar completamente os erros sozinha; temos que usar todas.

A experiência importa muitíssimo, quando se trata de produzir programas confiáveis, isto é, programas que podem ser confiáveis para fazer o que devem com uma taxa de erro aceitável. Não se esqueça de que o ideal é que nossos programas sempre façam a coisa certa. Em geral, conseguimos apenas nos aproximar desse ideal, mas isso não é desculpa para não se esforçar muito.

4.2 Fontes de erros

Eis algumas fontes de erros: **CC**

- *Especificação ruim*: se não somos específicos sobre o que um programa deve fazer, é improvável que consigamos fazer um exame adequado dos "cantos obscuros" e garantir que todos os casos sejam tratados (isto é, que toda entrada forneça uma resposta correta ou uma mensagem de erro adequada).
- *Programas incompletos*: durante o desenvolvimento, há obviamente casos que ainda não cuidamos. É inevitável. O que devemos buscar é saber quando tratamos todos os casos.
- *Argumentos inesperados*: as funções têm argumentos. Se uma função recebe um argumento que não tratamos, temos um problema. Um exemplo é chamar a função de raiz quadrada da biblioteca-padrão com −1.2: sqrt(−1.2). Como sqrt() de um double retorna um double, não há um valor de retorno correto. Em §4.5 e §4.7.3.1, esse tipo de problema é examinado.
- *Entrada inesperada*: os programas normalmente leem os dados (de um teclado, arquivos, GUIs, conexões de rede etc.). Um programa faz muitas suposições sobre tal entrada, por exemplo, que o usuário digitará um número. E se o usuário digitar "ah, calado!", em vez do número inteiro esperado? Em §4.5 e §9.4, esse tipo de problema é examinado.
- *Estado inesperado*: a maioria dos programas mantém muitos dados ("estado") para uso por diferentes partes do sistema. Exemplos são listas de endereço, diretórios de telefone e vectors de leituras da temperatura. E se esses dados estiverem incompletos ou errados? As várias partes do programa ainda devem lidar com isso. PPP2.26.3.5 examina esse tipo de problema.
- *Erros lógicos*: ou seja, um código que simplesmente não faz o que deveria; teremos apenas que encontrar e corrigir tais problemas. Em §5.6 e §5.7, há exemplos de como encontrar tais problemas.

Essa lista tem um uso prático. Podemos usá-la como um *checklist* enquanto consideramos até que ponto vamos com um programa. Nenhum programa está completo até que tenhamos considerado todas essas potenciais fontes de erros. Na verdade, é prudente tê-las em mente desde o início de um projeto, porque é muito improvável que um programa montado sem pensar nos erros possa ter seus erros encontrados e removidos sem uma reescrita séria.

4.3 Erros de compilação

Quando você escreve programas, seu compilador é sua primeira linha de defesa contra os erros. Antes gerar um código, o compilador o analisa para detectar os erros de sintaxe e de tipo. Somente quando ele considerar que o programa está em conformidade com a especificação da linguagem é que ele permitirá que você prossiga. Muitos erros que o compilador encontra são "erros bobos", causados por problemas de digitação ou edições incompletas do código-fonte. Outros resultam de falhas no nosso entendimento da forma como as partes do programa interagem. Para um iniciante, o compilador muitas vezes parece insignificante, mas, à medida que você aprende a usar os recursos da linguagem – e especialmente o sistema de tipos – para expressar diretamente suas ideias, começa a apreciar a capacidade do compilador de detectar problemas que teriam levado a horas de pesquisa entediante em busca de *bugs*.

Como exemplo, vejamos algumas chamadas desta função simples:

   int area(int length, int width);   // calcular a área de um retângulo

4.3.1 Erros de sintaxe

E se chamássemos area() assim:

   int s1 = area(7,2;   // erro: falta)
   int s2 = area(7,2)   // erro: falta ;
   Int s3 = area(7,2);   // erro: Int (com 'I' maiúsculo) não é um tipo
   int s4 = area('7,2);   // erro: caractere não terminado '; falta ' na terminação

AA Cada uma dessas linhas tem um erro de sintaxe, isto é, elas não estão bem formadas de acordo com a gramática de C++, então o compilador irá rejeitá-las. Infelizmente, os erros de sintaxe nem sempre são fáceis de reportar de uma maneira que você, o programador, ache fácil de entender. Isso acontece porque o compilador pode ter que ler um pouco mais do que o erro para ter a certeza de que existe realmente um erro. O efeito disso é que, mesmo que os erros de sintaxe tendam a ser bem comuns (muitas vezes, você achará difícil de acreditar que cometeu tal erro assim que o encontrar), a mensagem sobre o erro é, com frequência, enigmática e, por vezes, refere-se a uma linha mais adiante no programa. Então, para os erros de sintaxe, se você não vê nada de errado na linha que o compilador aponta, olhe também as linhas anteriores no programa.

Note que o compilador não tem ideia do que você está tentando fazer, então ele não pode relatar os erros segundo sua intenção, apenas em termos do que você fez. Por exemplo, dado o erro na declaração de s3 acima, é improvável que um compilador diga

   Você escreveu Int *errado, não coloque* I *com letra maiúscula.*

Em vez disso, ele dirá algo como

   Erro de sintaxe: falta ';' antes do identificador 's3'
   's3' sem identificadores da classe de armazenamento ou de tipo
   'Int' sem identificadores da classe de armazenamento ou de tipo

Essas mensagens tendem a ser enigmáticas, até que você se acostume com elas e use um vocabulário que pode ser difícil de transpor. Diferentes compiladores podem mostrar mensagens de erro muito diversas para o mesmo código. Felizmente, você logo se acostuma a ler essas coisas. Afinal, um rápido olhar nessas linhas enigmáticas pode ser lido como

   Havia um erro de sintaxe antes de s3 *e tinha algo a ver com o tipo* Int *ou* s3.

Dado isso, não é um bicho de sete cabeças encontrar o problema.

> **TENTE ISTO**
>
> Tente compilar os exemplos e veja como o compilador responde.

4.3.2 Erros de tipo

Depois de remover os erros de sintaxe, o compilador começará a relatar os erros de tipo, isto é, ele informará as incompatibilidades entre os tipos que você declarou (ou esqueceu de declarar) para suas variáveis, funções etc. e os tipos de valores ou expressões que lhes atribuiu, passou como argumentos da função e outros. Por exemplo:

```
int x0 = arena(7,2);          // erro: função não declarada
int x1 = area(7);             // erro: número errado de argumentos
int x2 = area("seven",2);     // erro: 1° argumento tem um tipo errado
```

Consideremos estes erros.

- Para arena(7,2), escrevemos arena no lugar de area, então o compilador acha que queremos chamar uma função denominada arena. (O que mais ele poderia "pensar"? É o que dissemos.) Presumindo que não há uma função chamada arena(), receberemos uma mensagem de erro reclamando de uma função não declarada. Se há uma função chamada arena, e se essa função aceita (7,2), temos um problema pior: o programa compilará, mas fará algo que não esperávamos (é um erro lógico; ver §4.5).
- Para area(7), o compilador detecta o número errado de argumentos. Em C++, as chamadas de função devem fornecer o número esperado de argumentos, dos tipos certos e na ordem correta. Quando o sistema de tipos é usado adequadamente, ele pode ser uma ferramenta poderosa para evitar os erros de execução (§12.1).
- Para area ("seven",2), talvez esperássemos que o computador veria "seven" e entenderia que queríamos dizer o número 7 inteiro. Ele não fará isso. Se uma função precisa de um número inteiro, não podemos passar uma *string*. C++ suporta algumas conversões de tipo implícitas (ver §2.9), mas não de string para int. O compilador não tenta adivinhar o que queríamos dizer. O que você esperaria para area("Hovel lane",2), area("7,2") e area("sieben","dos")?

Esses são apenas alguns exemplos, existem muitos outros erros que o compilador encontrará para você.

> **TENTE ISTO**
>
> Tente compilar esses exemplos e ver como o compilador responde. Pense em outros erros e experimente.

Ao trabalhar com o compilador, você desejará que ele seja inteligente o suficiente para saber a sua intenção, ou seja, você gostaria que alguns erros que ele relata não fossem erros. É natural. O mais surpreendente é que, conforme você ganhar experiência, começará a desejar que o compilador rejeite mais código, em vez de menos. Considere:

```
int x4 = area(10,-7);         // OK: mas o que é um retângulo com largura de menos 7?
int x5 = area(10.7,9.3);      // OK: mas chama area(10,9)
char x6 = area(100,9999);     // OK: mas trunca o resultado
```

Para x4, não recebemos uma mensagem de erro do compilador. Do ponto de vista do compilador, area(10,-7) está ok: area() pede dois números inteiros, e você forneceu isso; ninguém disse que esses argumentos tinham que ser positivos.

Para x5, um bom compilador avisará sobre o truncamento dos valores de ponto flutuante 10.7 e 9.3 para os números inteiros 10 e 9 (ver §2.9). No entanto as (antigas) regras da linguagem afirmam que você pode converter implicitamente um double em um int, de modo que o compilador não tem permissão para rejeitar a chamada area(10.7,9.3). Se você realmente quer fazer a conversão, faça isso explicitamente (§7.4.7).

À medida que ganhar experiência, você aprenderá a tirar o máximo proveito da capacidade do compilador de detectar erros e evitar seus pontos fracos conhecidos. No entanto não fique muito confiante: "meu programa compilou" não significa que ele será executado corretamente. Mesmo quando é executado, ele normalmente dá resultados errados no início, até você encontrar as falhas em sua lógica.

Além disso, existem muitas ferramentas que ajudarão a detectar e relatar as construções que não violam obviamente as regras da linguagem, mas que gostaríamos que fossem pegas. Muitas dessas ferramentas são específicas a cada domínio, porque o que é aceitável em um tipo de programa pode não ser em outro. Os programas que aplicam as Core Guidelines (CG) de C++ são exemplos dessas ferramentas.

4.4 Erros de vinculação

CC Um programa consiste em várias partes compiladas separadamente, chamadas de *unidades de tradução* ou *módulos*. Cada função em um programa deve ser declarada com exatamente o mesmo tipo em cada unidade de tradução na qual é usada. Cada função também deve ser definida exatamente uma vez em um programa. Se as regras forem violadas, o *linker* dará um erro. Discutimos como evitar os erros de vinculação em §7.6 e §7.7. Por agora, veja um exemplo de programa que poderá gerar um erro típico de vinculação:

```
int area(int length, int width);    // calcular a área de um retângulo

int main()
{
    int x = area(2,3);
}
```

A menos que tenhamos definido area() em outro arquivo-fonte e vinculado o código gerado desse arquivo-fonte e esse código, o *linker* reclamará que não encontrou uma definição de area().

A definição de area() deve ter exatamente os mesmos tipos (os tipos de retorno e de argumento) que usamos em nosso arquivo, isto é:

```
int area(int x, int y) { /* ... */ }    // "nossa" area()
```

Funções que tenham o mesmo nome, mas tipos diferentes, não correspondem e serão ignoradas:

```
double area(double x, double y) { /* ... */ }     // não é a "nossa" area()
int area(int x, int y, char unit) { /* ... */ }   // não é a "nossa" area()
```

Note que um nome de função mal escrito geralmente não dá um erro de *linker*. Pelo contrário, o compilador gera um erro imediatamente quando vê uma chamada para uma função não declarada. Isso é bom: os erros de compilação são encontrados mais cedo do que os erros de vinculação e são normalmente mais fáceis de corrigir.

As regras de vinculação das funções, como mencionado, também se aplicam a todas as outras entidades de um programa, como variáveis e tipos: deve haver exatamente uma definição de uma entidade com um nome dado, mas pode haver muitas declarações, e todas têm que concordar exatamente sobre seu tipo. Veja também §7.2 e §7.3.

4.5 Erros de execução

Assim que removemos os erros iniciais do compilador e do *linker*, o programa é executado. Normalmente, o que acontece em seguida é que nenhuma saída é produzida ou que a saída produzida pelo programa está errada. Isso pode ocorrer por vários motivos. Talvez não tenha compreendido muito bem a lógica subjacente do programa; talvez não tenha escrito o que pensou que escreveu; talvez tenha cometido um "erro bobo" em uma de suas declarações if ou qualquer outra coisa. Tais erros lógicos costumam ser os mais difíceis de encontrar e eliminar, porque, nessa fase, o computador faz exatamente o que você pediu. Seu trabalho agora é descobrir por que o que você escreveu não foi realmente o que quis dizer. Basicamente, um computador se torna burro muito rápido. Ele faz exatamente o que você diz para fazer, e isso pode ser muito humilhante. Quando escreve o programa, você é capaz de detectar os erros, mas nem sempre é fácil saber o que fazer com um erro quando o detecta durante a execução. Considere:

```
int area(int length, int width)
    // calcular a área de um retângulo
{
    return length*width;
}

int framed_area(int x, int y)
    // calcular a área dentro da estrutura
{
    return area(x-2,y-2);
}

void test(int x, int y, int z)
{
    int area1 = area(x,y);
    int area2 = framed_area(1,z);
    int area3 = framed_area(y,z);
    double ratio = double(area1)/area3;    // converter em double para obter uma
                                           // divisão de ponto flutuante
    // ...
}
```

Sabemos que dividir um número inteiro por outro dá um resultado inteiro (§2.4), então, em vez de simplesmente escrevermos area1/area3, convertemos area1 em um double para obter a proporção adequada.

Agora podemos testar:

```
int main()
{
    test(-1,2,3);
}
```

Separamos a definição dos valores –1, 2 e 3 de seu uso em test() para tornar os problemas menos óbvios para o leitor humano e mais difíceis para o compilador detectar. No entanto essas chamadas levam à atribuição de valores negativos representando as áreas a area1 e area2. Devemos aceitar tais resultados errados, que violam a maioria das noções de matemática e física? Se não, quem deve detectar os erros: a função chamadora de area() ou a própria função? E como esses erros devem ser informados?

Antes de responder essas perguntas, veja o cálculo da proporção (ratio) no código anterior. Parece bem inocente. Notou algo de errado? Se não, veja novamente: area3 será 0, de modo que double(area1)/area3 divide por zero. Isso leva a um erro detectado pelo *hardware* que termina o programa com alguma mensagem enigmática relativa ao *hardware*. É o tipo de erro com que você, ou seus usuários, terá que lidar se não detectar e tratar de forma sensata os erros de execução. A maioria das pessoas tem baixa tolerância a tais "violações de *hardware*", porque, para qualquer pessoa não muito familiarizada com o programa, tudo o que foi informado é que "Algo deu errado em algum lugar!". Isso é insuficiente para qualquer ação construtiva, então ficamos com raiva e desejamos poder gritar com quem forneceu o programa.

Portanto abordaremos o problema dos erros de argumento com area(). Temos duas alternativas óbvias:

- Deixar a função chamadora de area() tratar os argumentos incorretos.
- Deixar area() (a função chamada) tratar os argumentos incorretos.

4.5.1 A função chamadora trata os erros

Testemos a primeira alternativa ("O usuário que tome cuidado!"). É a que escolheríamos se area() fosse uma função em uma biblioteca em que não podemos modificá-la. Seja ela boa ou ruim, é a abordagem mais comum.

Proteger a chamada de area(x,y) em main() é relativamente fácil:

```
if (x<=0)
    error("non-positive x");
if (y<=0)
    error("non-positive y");
int area1 = area(x,y);
```

Realmente, a única questão é o que fazer se encontramos um erro. Aqui, chamamos uma função error(), que presumimos que fará algo sensato. Na verdade, em PPP_support fornecemos uma função error() que, por padrão, termina o programa com uma mensagem de erro do sistema mais a *string* que passamos como argumento para error(). Se você preferir escrever sua própria mensagem de erro ou tomar outras ações, você deve capturar runtime_error (§4.6.3, §6.3, §6.7). Essa abordagem é suficiente para a maioria dos programas de estudantes e é um exemplo de estilo que pode ser usado para um tratamento de erros mais sofisticado.

Se não precisássemos de mensagens de erro separadas sobre cada argumento, simplificaríamos:

```
if (x<=0 || y<=0)              // significa "ou"
    error("non-positive area() argument");
int area1 = area(x,y);
```

Para terminar de proteger area() contra argumentos incorretos, temos que lidar com as chamadas por meio de framed_area(). Poderíamos escrever

```
if (z<=2)
    error("non-positive 2nd area() argument called by framed_area()");
int area2 = framed_area(1,z);
// ...
if (y<=2 || z<=2)
    error("non-positive area() argument called by framed_area()");
int area3 = framed_area(y,z);
```

Isso não é só confuso, mas também inclui algo fundamentalmente errado. Só poderíamos escrever isso se soubéssemos exatamente como framed_area() usou area(). Teríamos que saber que framed_area() subtraiu 2 de cada argumento. Não deveríamos ter que saber tais detalhes! E se alguém modificou framed_area() para usar 1 em vez de 2? Alguém fazendo isso teria que ver cada chamada de framed_area() e modificar o código de verificação de erro de acordo. Esse código é chamado de "frágil", porque quebra facilmente. É também um exemplo de "constante mágica" (§3.3.1). Poderíamos tornar o código menos frágil fornecendo um nome ao valor subtraído por framed_area():

```
constexpr int frame_width = 2;

int framed_area(int x, int y)
    // calcular a área dentro da estrutura
{
    return area(x-frame_width,y-frame_width);
}
```

O nome poderia ser usado pelo código que chama framed_area():

```
if (1-frame_width<=0 || z-frame_width<=0)
    error("non-positive argument for area() called by framed_area()");
int area2 = framed_area(1,z);
if (y-frame_width<=0 || z-frame_width<=0)
    error("non-positive argument for area() called by framed_area()");
int area3 = framed_area(y,z);
```

Examine esse código! Você tem certeza de que está correto? Você o acha bonito? Ele é fácil de ler? Na verdade, achamos muito feio (portanto propenso a erros). Mais do que triplicamos o tamanho do código e expusemos um detalhe da implementação de framed_area(). Deve haver um jeito melhor!

Veja o código original:

```
int area2 = framed_area(1,z);
int area3 = framed_area(y,z);
```

Pode estar errado, mas pelo menos conseguimos ver o que deve ser feito. Podemos manter esse código se colocarmos a verificação dentro de framed_area().

4.5.2 A função chamada trata os erros

Verificar se os argumentos são válidos dentro de framed_area() é fácil, e error() ainda pode ser usada para relatar um problema:

```
int framed_area(int x, int y)
    // calcular a área dentro da estrutura
{
    constexpr int frame_width = 2;
    if (x-frame_width<=0 || y-frame_width<=0)
        error("non-positive area() argument called by framed_area()");
    return area(x-frame_width,y-frame_width);
}
```

Isso é bem melhor, e não precisamos mais escrever um teste para cada chamada de framed_area(). Para uma função útil que chamamos 500 vezes em um programa grande, isso pode ser uma enorme vantagem. E mais, se qualquer coisa relacionada ao tratamento de erros mudar, só teremos que modificar o código em um único lugar.

Note algo interessante: quase inconscientemente passamos da abordagem "a função chamadora deve verificar os argumentos" para "a função deve verificar seus próprios argumentos". Uma vantagem da última abordagem é que o código de verificação dos argumentos fica em um só lugar. Não precisamos pesquisar todo o programa para localizar as chamadas. Além disso, esse lugar é exatamente onde os argumentos devem ser usados, então todas as informações que precisamos estão facilmente disponíveis para fazermos a verificação.

Aplicaremos essa solução em area():

```
int area(int length, int width)
    // calcular a área de um retângulo
{
    if (length<=0 || width<=0)
        error("non-positive area() argument");
    return length*width;
}
```

Isso irá capturar todos os erros nas chamadas para area(), então não precisamos mais verificar dentro de framed_area(). Mas podemos querer obter uma mensagem de erro melhor e mais específica.

Verificar os argumentos na função parece muito simples, então por que as pessoas não fazem isso sempre? A desatenção no tratamento de erros é uma resposta, o desleixo é outra, mas há também boas razões:

- *Não podemos modificar a definição da função*: a função está em uma biblioteca que, por algum motivo, não pode ser alterada. Talvez seja usada por outras pessoas que não compartilham suas noções do que constitui um bom tratamento de erros. Talvez seja de outra pessoa e você não tem o código-fonte. Talvez esteja em uma biblioteca na qual novas versões são lançadas regularmente, de modo que se você alterasse em sua cópia, teria que repetir sua mudança novamente para cada nova versão da biblioteca.
- *A função chamada não sabe o que fazer em caso de erro*: normalmente é o caso das funções de bibliotecas. O criador da biblioteca pode detectar o erro, mas apenas você (quem chama) sabe o que deve ser feito quando ocorre um erro.
- *A função chamada não sabe de onde foi chamada*: quando você recebe uma mensagem de erro, ela informa que algo está errado, mas não como o programa em execução chegou nesse ponto. Às vezes, você quer que uma mensagem de erro seja mais específica.
- *Desempenho*: para uma função pequena, o custo de uma verificação pode ser superior ao custo de calcular o resultado. Por exemplo, esse é o caso com area(), em que a verificação também mais que duplica o tamanho da função (isto é, o número de instruções de máquina que precisam ser executadas, não apenas o comprimento do código-fonte). Para alguns programas, isso pode ser crítico, sobretudo se a mesma informação é verificada repetidas vezes conforme as funções chamam umas às outras, passando informações mais ou menos inalteradas.

Então o que fazer? Verifique seus argumentos em uma função, a menos que você tenha uma boa razão para não fazê-lo.

AA Depois de examinar alguns tópicos relacionados, voltaremos à questão de como tratar os argumentos incorretos, em §4.6.1.

4.5.3 Relatório de erros

Consideremos uma questão um pouco diferente: depois de ter verificado um conjunto de argumentos e encontrado um erro, o que fazer? Às vezes você pode retornar um "valor de erro". Por exemplo:

```
char ask_user(string question)
    // pedir ao usuário uma resposta do tipo sim ou não;
    // retornar 'x' para indicar uma resposta incorreta (ou seja, diferente de sim ou não)
{
    cout << question << "? (yes or no)\n";
    string answer;
    cin >> answer;
    if (answer =="y" || answer=="yes")
        return 'y';
    if (answer =="n" || answer=="no")
        return 'n';
    return 'x';           // 'x' para "resposta incorreta"
}

int area(int length, int width)
    // calcular a área de um retângulo;
    // retornar -1 para indicar um argumento incorreto
{
    if (length<=0 || width <=0)
        return –1;
    return length*width;
}
```

Dessa forma, podemos delegar à função chamada a verificação detalhada, deixando cada função chamadora lidar com o erro como desejado. Essa abordagem poderia funcionar, mas tem alguns problemas que a tornam inútil em muitos casos:

- Agora tanto a função chamada como todas as funções chamadoras devem realizar testes. A função chamadora tem apenas um teste simples a fazer, mas ainda deve escrever esse teste e decidir o que fazer se ele falhar.
- A função chamadora pode esquecer de testar. Isso pode levar a um comportamento imprevisível mais adiante no programa.
- Muitas funções não têm um valor de retorno "extra" que possam usar para indicar um erro. Por exemplo, uma função que lê um número inteiro na entrada (como operador >> de cin) pode, obviamente, retornar qualquer valor int, portanto não há um int que ela poderia retornar indicando a falha.

O segundo caso acima, a função chamadora esquecer de testar, pode facilmente levar a surpresas. Por exemplo:

```
int f(int x, int y, int z)
{
    int area1 = area(x,y);
    if (area1<=0)
        error("non-positive area");
    int area2 = framed_area(1,z);
    int area3 = framed_area(y,z);
    double ratio = double(area1)/area3;
    // ...
}
```

Você vê os erros? Esse tipo de erro é difícil de encontrar, porque não há um "código errado" óbvio: o erro é a ausência de um teste.

> **TENTE ISTO**
>
> Teste este programa com diversos valores. Imprima os valores de area1, area2, area3 e ratio. Insira mais testes até que todos os erros sejam detectados. Como você sabe que capturou todos os erros? Essa não é uma pergunta capciosa. Neste exemplo em particular, você pode dar uma explicação válida por ter capturado todos os erros.

Há outra solução que lida com esse problema: usar exceções.

4.6 Exceções

Como a maioria das linguagens de programação modernas, C++ tem um mecanismo que ajuda a tratar erros: as exceções. A ideia fundamental é separar a detecção de um erro (que deve ser feita em uma função chamada) do tratamento de um erro (que deve ser feito na função que chama), assegurando que um erro detectado não possa ser ignorado; isto é, as exceções fornecem um mecanismo que nos permite combinar o melhor das várias abordagens de tratamento de erros que exploramos até agora. Nada torna o tratamento de erros fácil, mas as exceções facilitam isso.

CC A ideia básica é que, se uma função encontra um erro que não consegue tratar e não pode esperar que sua função chamada imediata o trate, ela não deve retornar normalmente; em vez disso, ela deve lançar (throw) uma exceção que indique o que deu errado. A função chamadora direta ou indireta pode capturar (catch) a exceção, isto é, especificar o que fazer se o código chamado usou throw. Uma função expressa interesse em tratar exceções por meio de um bloco try (como descrito nas subseções seguintes) listando os tipos de exceções que deseja tratar nas partes catch do bloco try. Se nenhuma função chamadora capturar uma exceção, o programa termina.

AA Voltaremos às exceções bem mais adiante (§18.3, §18.4, §18.5) para ver como usá-las de formas mais avançadas. Por ora, basta usá-las para relatar os erros que não podem ser tratados localmente. Isto é, use exceções para os erros que são considerados "excepcionais". Isso não significa que deve usá-las em todos os problemas que uma função não consegue tratar. Por exemplo, quando tentamos abrir um arquivo, não é uma exceção que ele esteja indisponível ou que não seja útil da maneira solicitada. Então, a função que tenta abrir o arquivo deve estar pronta para lidar com tal erro; veja §9.3.

4.6.1 Argumentos incorretos

Eis uma versão de area() que usa exceções:

```
class Bad_area { };    // um tipo específico para relatar erros de area()

int area(int length, int width)
    // calcular a área de um retângulo;
    // gerar uma exceção Bad_area no caso de um argumento incorreto
{
    if (length<=0 || width<=0)
        throw Bad_area{};
    return length*width;
}
```

Isto é, se os argumentos estiverem OK, retornamos a área, como sempre; se não, saímos de area() usando throw, na esperança de que algum catch forneça uma resposta adequada. Bad_area é um novo tipo, que definimos com nenhum outro propósito além de fornecer algo único para lançar uma exceção a partir de area(), para que algum catch possa reconhecê-lo como o tipo de exceção específica gerada por area(). Os tipos definidos pelo usuário (classes e enumerações) serão analisados no Capítulo 9. A notação Bad_area{} significa "Criar um objeto do tipo Bad_area com o valor-padrão", portanto throw Bad_area{} significa "Criar um objeto do tipo Bad_area e lançá-lo com throw".

Agora podemos escrever

```
void test(int x, int y, int z)
{
    int area1 = area(x,y);
    int area2 = framed_area(1,z);
    int area3 = framed_area(y,z);
    double ratio = area1/area3;
}

int main()
try {
    test(-1,2,4);
}
catch (Bad_area) {
    cout << "Oops! bad arguments to area()\n";
}
```

Primeiro, observe que essa solução trata todas as chamadas para area(), seja aquela em main(), sejam as duas feitas em framed_area(). Segundo, observe como o tratamento do erro é claramente separado da detecção do erro: main() não sabe nada sobre qual função executou throw Bad_area{}, e area() não sabe nada sobre qual função (se houver) cuida de capturar com catch as exceções Bad_area lançadas. Essa separação é especialmente importante nos programas grandes, escritos usando muitas bibliotecas. Em tais programas, ninguém pode "lidar com um erro colocando código onde for necessário", porque ninguém desejaria modificar o código tanto na aplicação como em todas as bibliotecas.

4.6.2 Erros de intervalo

Grande parte do código do mundo real lida com coleções de dados, isto é, usa todos os tipos de tabelas, listas etc. dos elementos de dados para fazer um trabalho. No contexto de C++, referimo-nos frequentemente às "coleções de dados" como *contêineres*. O contêiner mais comum e útil da biblioteca-padrão é o vector, que introduzimos em §3.6. Um vector contém uma quantidade de elementos, e podemos determinar essa quantidade chamando a função-membro de vector, size(). A notação geral [low:high) significa índices desde low até high–1, ou seja, incluindo low, mas não high:

```
                                              v[size()-1]
                             v[0]  v[1]  v[2]  v[3]  v[4]  v[5]
        v:   6
                  Elementos de v:   5    7    9    4    6    8
```

O que acontece se tentamos usar um elemento com um índice (*subscript*, em inglês) fora do intervalo válido [0:v. size())? Antes de responder, devemos fazer outra pergunta:

Por que você faria isso?

Afinal, você sabe que um índice para v deve estar no intervalo [0,v. size()), então tenha certeza de que esteja sempre assim! Como acontece, isso é fácil de dizer, mas às vezes difícil de fazer. Considere este possível código:

```
vector<int> v;                      // um vector de ints
for (int i; cin>>i; )
    v.push_back(i);                 // obter valores
for (int i = 0; i<=v.size(); ++i)   // imprimir valores
    cout << "v[" << i <<"] == " << v[i] << '\n';
```

Viu o erro? Tente identificá-lo antes de continuar lendo. É um erro comum. Nós mesmos cometemos tais erros – especialmente tarde da noite, quando estamos cansados. Os erros são sempre mais comuns quando você está cansado ou apressado. Usamos 0 e size() para tentar assegurar que i esteja sempre no intervalo quando usamos v[i].

XX

Infelizmente, cometemos um erro. Veja o *loop* for: a condição de terminação é i<=v.size(), em vez de i<v.size(), que seria o correto. Isso tem a infeliz consequência de que, se lemos cinco números inteiros, tentaremos escrever seis. Tentamos ler v[5], que é uma unidade de índice além do fim desse vector. Esse tipo de erro é tão comum e "famoso" que tem vários nomes: é um exemplo de *erro off-by-one*, um *erro de intervalo*, porque o índice (*subscript*) não estava no intervalo exigido pelo vector, e um *erro de limites*, porque o índice não estava dentro dos limites (bordas) desse vector em particular.

Por que não usamos uma instrução for de intervalo (*range for*) para expressar esse *loop*? Com um for de intervalo, seria impossível errar o fim do *loop*. No entanto, para esse *loop*, queríamos não apenas o valor de cada elemento, mas também os seus índices. Um for de intervalo não faz isso sem um esforço extra.

Veja uma versão mais simples, que produz o mesmo erro de intervalo do *loop*:

```
vector<int> v(5);
int x = v[5];
```

No entanto, duvidamos que você tenha considerado isso realista e digno de atenção.

Então, o que realmente acontece quando cometemos esse erro de intervalo? A operação de indexação de vector sabe o tamanho dele, portanto pode fazer a verificação (e o vector que estamos usando é capaz de fazer isso; ver §3.6 e §18.3). Se essa verificação falha, a operação de indexação gera uma exceção do tipo out_of_range ("fora de intervalo"). Então, se o código do exemplo *off-by-one* acima fizesse parte de um programa que capturasse exceções, pelo menos teríamos visto uma mensagem de erro decente:

```
int main()
try {
    vector<int> v;                      // um vector de ints
    for (int x; cin>>x; )
        v.push_back(x);                 // definir valores
    for (int i = 0; i<=v.size(); ++i)   // imprimir valores
        cout << "v[" << i <<"] == " << v[i] << '\n';
}
```

```
catch (out_of_range) {
    cerr << "Oops! Range error\n";
    return 1;
}
catch (...) {                              // capturar todas as outras exceções
    cerr << "Exception: something went wrong\n";
    return 2;
}
```

Note que um erro de intervalo é realmente um caso especial dos erros de argumento vistos em §4.5.2. Não confiamos em nós mesmos para verificar o intervalo de índices de um vector, então pedimos que a operação de indexação de vector fizesse isso por nós. Pelas razões que descrevemos, a função de indexação de vector (chamada vector::operator[]) relata que encontrou um erro lançando uma exceção. O que mais ela poderia fazer? Ela não tem ideia do que gostaríamos que acontecesse no caso de um erro de intervalo. O criador de vector nem sabia de quais programas o código de vector faria parte.

4.6.3 Entrada incorreta

Iremos adiar a discussão detalhada do que fazer com entradas incorretas até §9.4. No entanto, assim que uma entrada incorreta é detectada, ela é tratada usando as mesmas técnicas e recursos da linguagem como acontece com os erros de argumento e de intervalo. Aqui, mostraremos como você pode saber se suas operações de entrada tiveram sucesso. Considere a leitura de um número de ponto flutuante:

```
double d = 0;
cin >> d;
```

Podemos testar se a última operação de entrada teve sucesso testando cin:

```
if (cin) {
    // ... tudo bem, então podemos tentar uma nova leitura ...
}
else {
    // ... a última leitura não teve sucesso, então tomamos outra ação ...
}
```

Existem várias razões possíveis para a falha dessa operação de entrada. A que deve preocupar você agora é que poderia não haver um double para >> ler.

Nos estágios iniciais do desenvolvimento, muitas vezes queremos indicar que encontramos um erro, mas que ainda não estamos prontos para fazer nada particularmente inteligente com ele; só queremos relatar o erro e terminar o programa. Mais tarde, talvez, voltaremos e faremos algo mais apropriado. Por exemplo:

```
double some_function()
{
    double d = 0;
    cin >> d;
    if (!cin)
        error("couldn't read a double in 'some_function()'");
    // ... usar d ...
}
```

A condição !cin ("não cin", isto é, cin não está em bom estado) significa que a operação anterior em cin falhou.

A *string* passada para error() pode ser impressa como uma ajuda para a depuração ou como uma mensagem para o usuário. Como podemos escrever a função error() para que seja útil em muitos programas? Ela não pode retornar um valor, porque não saberíamos o que fazer com esse valor; em vez disso, a função error() deve encerrar o programa depois de ter sua mensagem escrita. Além disso, talvez queiramos tomar alguma ação menor antes de sair, como manter uma janela ativa por tempo suficiente para conseguir ler a mensagem. Isso é um uso óbvio para uma exceção (ver §6.3).

XX A biblioteca-padrão define alguns tipos de exceções, como out_of_range gerada por vector. Também fornece runtime_error, que é ideal para as nossas necessidades, porque tem uma *string* que pode ser usada por um manipulador de erros. Por isso, podemos escrever nossa função error() simples assim:

```
void error(string s)
{
    throw runtime_error{s};
}
```

Quando queremos lidar com runtime_error simplesmente o capturamos. Para os programas simples, capturar runtime_error na função main() é o ideal:

```
int main()
try {
    // ... nosso programa ...
    return 0;      // 0 indica sucesso
}
catch (runtime_error& e) {
    cerr << "runtime error: " << e.what() << '\n';
    return 1;      // 1 indica falha
}
```

Chamar e.what() extrai a mensagem de erro de runtime_error. O & em

```
catch(runtime_error& e) {
```

é um indicador de que queremos "passar a exceção por referência". No momento, trate isso apenas como um detalhe técnico irrelevante. Em §7.4.5, explicamos o que significa passar algo por referência.

Observe que usamos cerr em vez de cout para nossa saída de erro: cerr é exatamente como cout, exceto que significa saída de erros. Por padrão, cerr e cout escrevem na tela, mas cerr não é otimizado, por isso é mais resistente a erros e, em alguns sistemas operacionais, pode ser desviado para um destino diferente, como um arquivo. Usar cerr também tem o efeito simples de documentar que o que escrevemos tem relação com erros. Consequentemente, usamos cerr para as mensagens de erro.

Acontece que out_of_range não é um runtime_error, então capturar runtime_error não lida com os erros out_of_range que podemos obter com o uso indevido de vectors e outros contêineres da biblioteca-padrão. No entanto out_of_range e runtime_error são "exceções", portanto podemos capturar exception para lidar com ambos:

```
int main()
try {
    // nosso programa
    return 0;        // 0 indica sucesso
}
catch (exception& e) {
    cerr << "error: " << e.what() << '\n';
    return 1;        // 1 indica falha
}
catch (...) {
    cerr << "Oops: unknown exception!\n";
    return 2;        // 2 indica falha
}
```

Adicionamos catch(...) para tratar as exceções de qualquer tipo.

Tratar exceções dos tipos out_of_range e runtime_error com um único tipo exception, dito ser uma base comum (supertipo) de ambos, é uma técnica útil e geral que veremos no Capítulo 12 e em outros momentos.

Note, novamente, que o valor de retorno de main() é passado para "o sistema" que chamou o programa. Alguns sistemas (como o Linux) costumam usar esse valor, já outros (como o Windows) normalmente o ignoram. Um zero indica um término bem-sucedido, e um valor de retorno diferente de zero a partir de main() indica algum tipo de falha.

Quando você usar error(), muitas vezes desejará passar duas informações para descrever o problema. Nesse caso, basta concatenar as *strings* que descrevem essas duas informações. Isso é tão comum que fornecemos uma segunda versão de error():

```
void error(string s1, string s2)
{
    throw runtime_error{s1+s2};
}
```

Esse simples tratamento de erros funcionará por enquanto, até que nossas necessidades aumentem bastante e nossa sofisticação como projetistas e programadores aumente de acordo. Note que podemos usar error() independentemente de quantas chamadas de função fizermos até o erro: error() encontrará seu caminho para a captura mais próxima de runtime_error, normalmente em main(). Para exemplos do uso das exceções e de error(), veja §6.3 e §6.7. Se você não capturar uma exceção, obterá um erro-padrão do sistema (um erro de "*uncaught exception*" – "exceção não capturada").

> **TENTE ISTO**
>
> Para ver como é um erro de exceção não capturada, execute um pequeno programa que use a função error() sem capturar qualquer exceção.

4.7 Evitando e encontrando erros

Sabemos que nossa primeira tentativa ao escrever um programa não será perfeita. Portanto devemos desenvolver nossas habilidades para encontrar os problemas e corrigi-los (§4.7.1, §4.7.2, §4.7.4). Uma parte importante disso é organizar nosso código para dificultar que *bugs* se escondam (§7.3, §4.7.3).

4.7.1 Estimativas

Imagine que você escreveu um programa que faz um cálculo simples, digamos, calcular a área de um hexágono. Você o executa e ele mostra a área –34,56. Você sabe que está errado. Por quê? Nenhuma forma tem área negativa. Então você corrige o erro (seja qual for) e obtém 21,65685. Está certo? Isso é mais difícil de dizer, porque geralmente não sabemos a fórmula da área de um hexágono de cabeça. O que devemos fazer antes de passar por bobos entregando um programa que produz resultados ridículos é verificar se a resposta é possível. Neste caso, é fácil. Um hexágono é muito parecido com um quadrado. Desenhamos nosso hexágono regular em um pedaço de papel e vemos se tem o tamanho de um quadrado de 3 por 3. Tal quadrado tem área 9. Que chato, nosso número 21,65685 não pode estar certo! Então trabalhamos no nosso programa novamente e obtemos 10,3923. Agora, sim, pode estar certo!

O ponto geral aqui nada tem a ver com hexágonos. A questão é que, a menos que tenhamos alguma ideia de qual deve ser a resposta correta – mesmo que aproximadamente –, não teremos uma pista para saber se o nosso resultado é razoável. Pergunte-se sempre:

- *A resposta para este problema em particular é plausível?*

Você também deve se fazer a pergunta mais geral (e muitas vezes muito mais difícil):

- *Como reconhecer um resultado plausível?*

Aqui, não estamos perguntando, "Qual é a resposta exata?" ou "Qual é a resposta correta?". É para saber isso que estamos escrevendo o programa. Tudo o que queremos é saber se a resposta não é ridícula. Somente quando sabemos que temos uma resposta plausível é que faz sentido prosseguir com mais trabalho.

A *estimativa* é uma arte nobre, que combina bom senso e aritmética muito simples aplicada a alguns fatos. Algumas pessoas são boas em fazer estimativas de cabeça, mas preferimos "rascunhar em papel de pão", porque sabemos que nos confundimos menos assim. O que chamamos de estimativa aqui é um conjunto informal de técnicas que, às vezes, são chamadas (jocosamente) de *adivinháculo* ou *guesstimation*, porque combinam um pouco de adivinhação (*guess*) com um pouco de cálculo (*estimation*).

> **TENTE ISTO**
>
> Nosso hexágono era regular com lados de 2 cm. Obtivemos a resposta certa? Apenas faça os cálculos "em papel de pão". Pegue um pedaço de papel e desenhe. Não se sinta diminuído. Muitos cientistas famosos foram muito admirados por sua capacidade de propor uma resposta aproximada usando lápis e papel (ou guardanapo). É uma habilidade – um hábito simples, de fato – que pode economizar muito tempo e evitar confusão.

Muitas vezes, fazer uma estimativa envolve propor estimativas de dados que são necessários para o devido cálculo, mas que ainda não temos. Imagine que você tenha que testar um programa que estima os tempos de viagem de carro entre cidades. Uma viagem de 15 horas e 33 minutos é possível de Nova York a Denver? De Londres a Nice? Por que sim ou não? Quais dados você tem que "adivinhar" para responder? Muitas vezes, uma pesquisa rápida na *web* pode ser mais útil. Por exemplo, 3.200 km não é um mau palpite sobre a distância de Nova York a Denver, e seria difícil (e ilegal) manter uma velocidade média de 200 km/h, então 15 horas não é possível (15∗200 é apenas um pouco menos de 3.200 km). Você pode verificar: superestimamos a distância e a velocidade média, mas, para uma verificação de possibilidade, não temos que estar exatamente certos; só temos que adivinhar bem o suficiente.

> **TENTE ISTO**
>
> Estime os tempos de viagem. Também, estime os tempos de voo correspondentes (usando viagens aéreas comerciais comuns). Em seguida, tente verificar suas estimativas usando fontes apropriadas, como mapas e horários. Usamos fontes *on-line*.

4.7.2 Depuração

Depois de escrever (rascunhar?) um programa, ele terá erros. Os programas pequenos às vezes compilam e rodam corretamente na primeira tentativa. Mas, se isso acontecer com algo que não seja um programa bastante simples, a princípio você deve ficar muito, muito desconfiado. Se ele de fato rodou corretamente na primeira vez, conte para os amigos e comemore – porque isso não acontecerá todos os anos.

Então, depois de escrever um código, você deve encontrar e remover os erros. Esse processo costuma ser chamado de *depuração* e os erros de *bugs*. A origem do termo *bug* é muitas vezes creditada a uma falha de *hardware* causada por insetos nos componentes eletrônicos, no tempo em que os computadores eram grandes estantes com válvulas e relés, que enchiam uma sala. Muitas foram as pessoas que receberam o mérito pela descoberta e aplicação da palavra *bug* a erros de *software*. A mais famosa é Grace Murray Hopper, a inventora da linguagem de programação COBOL (PPP2.§22.2.2.2). Quem quer que tenha inventado o termo há mais de 50 anos, *bug* é sugestivo e onipresente. A atividade de deliberadamente procurar erros e removê-los é chamada de *depuração* ou *debugging*.

A depuração funciona mais ou menos assim:

   [1]   Faça o programa compilar.
   [2]   Faça o programa vincular (usando um *linker*).
   [3]   Faça o programa realizar o que deve fazer.

Basicamente, passamos por essa sequência inúmeras vezes: centenas de vezes, milhares de vezes, repetidamente por anos e anos para os programas muito grandes. Sempre que algo não funciona, temos que descobrir o que causou o problema e corrigi-lo. Considero a depuração o aspecto mais tedioso e demorado da programação, e faço o possível, durante o projeto e a programação, para minimizar a quantidade de tempo gasto caçando *bugs*. Outras pessoas consideram essa atividade emocionante e a própria essência da programação – pode ser tão viciante quanto qualquer *videogame*, sendo capaz de manter um programador grudado ao computador por dias e noites (posso atestar isso por experiência própria também).

Veja como *não* depurar: **XX**

```
enquanto (o programa parece não funcionar){   //pseudocódigo
      Procurar aleatoriamente no programa por algo que "pareça estranho"
      Mudar para que aparentemente fique melhor
}
```

Por que mencionar isso? Esse é, obviamente, um algoritmo ruim, com pouca chance de sucesso. **AA** Infelizmente, essa descrição é apenas uma pequena caricatura do que muitas pessoas acabam fazendo tarde da noite, quando se sentem particularmente perdidas e sem noção, já tendo tentado "de tudo". A principal pergunta na depuração é

> *Como saber se o programa de fato funcionou corretamente?*

Se você não consegue responder essa pergunta, está prestes a entrar em uma sessão de depuração longa e tediosa, e muito provavelmente seus usuários ficarão frustrados. Continuamos voltando a esse ponto porque qualquer coisa que ajude a responder essa pergunta minimiza a depuração e ajuda a produzir programas corretos e de fácil manutenção. Basicamente, gostaríamos de projetar nossos programas para que os *bugs* não tenham onde se esconder. Isso também é pedir muito, mas pretendemos estruturar os programas para minimizar a chance de erro e maximizar a chance de encontrar os erros que surgirem.

4.7.2.1 Conselho prático de depuração

AA Comece a pensar em depurar antes de escrever a primeira linha de código. Quando tiver muito código escrito, será tarde demais para tentar simplificar a depuração.

Decida como relatar os erros: "Usar a função **error()** e capturar casos de **exception** na função **main()**" (§4.6) será sua resposta-padrão neste livro.

AA Torne o programa fácil de ler para que tenha uma chance de detectar os erros:

- Comente bem seu código. Isso não significa simplesmente "Adicionar muitos comentários". Você não diz em português o que é mais bem dito em código. Pelo contrário, você diz nos comentários, da forma mais clara e breve que puder, o que não pode ser dito claramente no código:
    - O nome do programa.
    - O propósito do programa.
    - Quem escreveu o código e quando.
    - Os números de versão.
    - O que os fragmentos de código complicados devem fazer.
    - Quais são as ideias gerais do projeto.
    - Como o código-fonte está organizado.
    - Quais suposições são feitas sobre as entradas.
    - Quais partes do código ainda faltam e quais casos ainda não foram tratados.
    - Referências para o material de suporte (p. ex., um livro que explique os algoritmos usados).
- Use nomes que tenham um significado claro.
    - Isso não significa simplesmente "Usar nomes longos".
- Use um *layout* de código que siga um padrão.
    - Seu IDE tenta ajudar, mas ele não pode fazer tudo, e você é o único responsável por isso.
    - O estilo usado neste livro é um ponto de partida razoável.
- Divida o código em pequenas funções, cada uma expressando uma ação lógica.
    - Tente evitar funções mais longas do que uma página ou duas; a maioria das funções será muito mais curta.
- Evite sequências de código complicadas.
    - Tente evitar *loops* aninhados, instruções if aninhadas, condições complicadas etc. Infelizmente, às vezes você precisa fazer isso, mas lembre-se de que os *bugs* se escondem mais facilmente nos códigos complicados.
- Use os recursos da biblioteca em vez de seu próprio código, quando puder.
    - É provável que uma biblioteca seja mais bem pensada e testada do que aquilo que você poderia produzir como uma alternativa enquanto se ocupa em resolver seu problema principal.

Tudo isso é bem abstrato agora, mas mostraremos inúmeros exemplos à medida que avanrçamos.

AA Faça o programa compilar. Obviamente, seu compilador é a melhor ajuda aqui. As mensagens de erro dele costumam ser úteis – mesmo que você deseje melhores – e, a menos que você seja um verdadeiro *expert*, parta do princípio de que o compilador está sempre certo; se é um verdadeiro *expert*, este livro não foi escrito para você. Por vezes, você achará que as regras que o compilador aplica são estúpidas e desnecessárias (elas raramente são), e que as coisas poderiam e deveriam ser mais simples (de fato, mas não são). No entanto, como dizem, "um artesão medíocre culpa suas ferramentas". Um bom artesão conhece os pontos fortes e fracos de suas ferramentas, e ajusta seu trabalho de acordo. Veja §4.3 para revisar os erros comuns de compilação e §4.4 para ler sobre alguns erros de vinculação (erros de *linker*).

Depois que o programa compila e vincula, em seguida vem o que normalmente é a parte mais difícil: descobrir por que o programa não faz o que deveria. Você olha a saída e tenta descobrir como foi que seu código produziu aquilo. Na verdade, primeiro você olha muitas vezes para uma tela (ou janela) em branco, imaginando como o programa teria falhado em produzir uma saída.

Ao procurar um *bug*, leia cuidadosamente o código, instrução por instrução, a partir do último ponto que você tem a certeza que está correto. Finja que é o computador executando o programa. A saída corresponde às suas expectativas? Claro que não, ou você não estaria depurando.

Muitas vezes, quando não enxergamos o problema, a razão é que "vemos" o que esperamos ver, não o que foi escrito. Considere:

```
for (int i = 0; 0<=max; ++i) {       // opa!
    for (int j = 0; j<v.size(); ++i);    // imprimir os elementos de v
        cout << "v[" << j << "]==" << v[j] << '\n';
    // ...
}
```

Este último exemplo equivale ao código de um programa real escrito por um programador experiente. Esperamos que tenha sido escrito tarde da noite.

Muitas vezes, quando não vemos o problema, a razão é que há muito código sendo executado entre o ponto onde o programa produziu a última saída correta e a próxima saída (ou falta dela). A maioria dos ambientes de programação fornece uma maneira de executar (via opção "*step through*") as instruções de um programa uma por uma. Em algum momento, você aprenderá a usar tais recursos, mas, para os problemas e os programas simples, você pode colocar temporariamente algumas instruções de saída extras (usando o fluxo de saída do relatório de erros cerr) para ajudá-lo a ver o que se passa. Por exemplo:

```
int my_fct(int a, double d)
{
    cerr << "my_fct(" << a << "," << d << ")\n";
    int res = 0;
    // ... código com mau comportamento aqui ...
    cerr << "my_fct() returns " << res << '\n';
    return res;
}
```

Insira instruções que verifiquem as invariantes (isto é, as condições que sempre devem se manter; ver §4.7.3 e §8.4) nas seções de código suspeitas de conter os erros. Por exemplo:

```
int my_complicated_function(int a, int b, int c)
    // os argumentos são positivos e a < b < c
{
    if (!(0<a && a<b && b<c))        // ! significa "não" e && significa "e"
        error("bad arguments for mcf");
    // ...
}
```

Se isso não tiver efeito, insira verificações de invariantes nas seções de código não suspeitas de ter *bugs*; quando você não consegue encontrar um *bug*, é quase certo que está olhando no lugar errado.

4.7.3 Asserções

Uma instrução que afirma (exprime) uma invariante é chamada de *asserção* (ou apenas *assertiva*) e, às vezes, de *contrato*.

AA   Curiosamente, existem muitas formas eficazes de programar. Pessoas diferentes usam com sucesso técnicas bem diferentes. Muitas diferenças na técnica de depuração vêm das diferenças nos tipos de programas nos quais as pessoas trabalham; outras parecem ter relação com as diferenças nas maneiras de pensar. Até onde sabemos, não há uma melhor maneira de depurar. Mas uma coisa deve ser sempre lembrada: é fácil um código confuso ter *bugs*. Ao manter seu código o mais simples, lógico e bem formatado possível, você diminui seu tempo de depuração.

4.7.3.1 Precondições

CC   Agora, voltemos à questão de como lidar com os argumentos inválidos para uma função. A chamada de uma função é, basicamente, o melhor ponto para pensar sobre código correto e captura de erros: é onde uma computação logicamente separada começa (e termina na instrução **return**). Veja o que fizemos no conselho anterior:

```
int my_complicated_function(int a, int b, int c)
    // os argumentos são positivos e a < b < c
{
    if (!(0<a && a<b && b<c))        // ! significa "não" e && significa "e"
        error("bad arguments for mcf");
    // ...
}
```

Primeiro, declaramos (em um comentário) o que a função exigia de seus argumentos; em seguida, verificamos que esse requisito era válido (gerando uma exceção se não o fosse).

É uma boa estratégia básica. Um requisito de uma função sobre seus argumentos é muitas vezes chamado de *precondição*: ela deve ser verdadeira para a função executar sua ação corretamente. A questão é o que fazer se a precondição for violada (não se mantiver). Temos basicamente duas opções:

[1]   Ignorá-la (esperar/presumir que todas as funções chamadoras fornecem os argumentos corretos).
[2]   Verificar (e comunicar o erro de alguma forma).

Olhando dessa forma, os tipos dos argumentos são apenas uma maneira de fazer o compilador verificar as precondições mais simples para nós e comunicá-las durante a compilação. Por exemplo:

```
my_complicated_function(1, 2, "horsefeathers")
```

Aqui, o compilador irá capturar que o requisito (a precondição), de que o terceiro argumento deve ser um número inteiro, foi violado. Basicamente, o que estamos falando aqui é o que fazer com os requisitos/precondições que o compilador não pode verificar.

AA   Nossa sugestão é sempre documentar as precondições nos comentários (para que a função chamadora possa ver o que uma função espera). Uma função sem comentários será presumida como capaz de lidar com qualquer valor possível para o argumento. Mas devemos acreditar que quem a chama lê esses comentários e segue as regras? Às vezes temos que fazer isso, mas a regra "verificar os argumentos na função chamada" pode ser interpretada como "Deixar uma função verificar suas precondições". Devemos fazer isso sempre que não vemos uma razão para não fazê-lo. As razões mais frequentes indicadas para a não verificação são:

- Ninguém passaria argumentos inválidos.
- Isso tornaria meu código mais lento.
- É muito complicado verificar.

A primeira razão pode ser razoável somente quando sabemos "quem" chama uma função – e, em código real, isso pode ser muito difícil de saber.

A segunda razão é válida com muito menos frequência do que as pessoas pensam e deve ser ignorada como um exemplo de "otimização prematura". Você sempre pode remover as verificações se elas realmente forem um fardo. Não é fácil obter a correção que elas garantem nem recuperar o sono que você perdeu à procura de *bugs* que esses testes poderiam ter capturado.

A terceira razão é a mais séria. É fácil (uma vez que você se torna um programador experiente) encontrar exemplos em que a verificação de uma precondição exigiria muito mais trabalho do que a execução da função. Um exemplo é uma pesquisa em um dicionário: uma precondição é que as entradas do dicionário estejam ordenadas, e verificar se um dicionário está em ordem pode ser muito mais caro do que a própria pesquisa. Às vezes, também pode ser difícil expressar uma precondição no código e ter a certeza de que você a expressou corretamente. Porém, quando escrever uma função, sempre considere se você consegue escrever uma verificação rápida das precondições, e faça isso a menos que tenha uma boa razão para não fazê-lo.

4.7.3.2 expect()

Escrever precondições (mesmo como comentários) também tem uma vantagem importante para a qualidade dos seus programas: força você a pensar sobre os requisitos de uma função. Se você não consegue dizer isso de forma simples e precisa em algumas poucas linhas de comentário, provavelmente não pensou o suficiente sobre o que está fazendo. A experiência mostra que escrever esses comentários e testes de precondição ajuda a evitar muitos erros de projeto. Mencionamos que odiamos depurar; declarar explicitamente as precondições ajuda a evitar os erros de projeto, bem como a capturar cedo os erros de uso. Escrever

```
int my_complicated_function(int a, int b, int c)
    // os argumentos são positivos e a < b < c
{
    if (!(0<a && a<b && b<c))        // ! significa "não" e && significa "e"
        error("bad arguments for mcf");
    // ...
}
```

poupa tempo e sofrimento em comparação com o aparentemente mais simples

```
int my_complicated_function(int a, int b, int c)
{
    // ...
}
```

Seguir o conselho de verificar as precondições leva rapidamente a alguns problemas:

- Algumas precondições não podem ser verificadas de forma simples e barata. Nesse caso, fique com os comentários e apenas verifique o que pode ser feito de forma simples e barata.
- Não podemos ver se uma instrução if verifica uma invariante ou faz parte da lógica comum da função.

Para lidar com o segundo problema, introduzimos uma função chamada **expect** para fazer a verificação. Como argumentos, a função **expect()** recebe uma função para testar e uma *string* para reportar os erros:

```
bool ordered_positive(int a, int b, int c)
{
    return 0<a && a<b && b<c;
}

int my_complicated_function(int a, int b, int c)
    // os argumentos são positivos e a < b < c
{
    expect(ordered_positive(a,b,c), "bad arguments for mcf");
    // ...
}
```

Agora podemos ver o que **my_complicated_function()** espera de seus argumentos, mas, para os testes que não usamos muito em nosso código-fonte, é melhor expressá-los diretamente onde são usados. Podemos fazer isto:

```
int my_complicated_function(int a, int b, int c)
    // os argumentos são positivos e a < b < c
{
    expect([&]{ return 0<a && a<b && b<c; }, "bad arguments for mcf");
    // ...
}
```

A construção

```
[&]{ return 0<a && a<b && b<c; }
```

é chamada de expressão lambda e será explicada em §21.2.3. A sintaxe não é tão limpa quanto gostaríamos, mas constrói uma função que testa

```
0<a && a<b && b<c
```

para **expect()** chamar. Se o teste falha, a função

```
error("bad arguments for mcf")
```

é chamada exatamente da mesma forma que quando usamos a função denominada **ordered_positive()**.

4.7.3.3 Pós-condições

Declarar as precondições e inserir chamadas para **expect()** ajuda a melhorar nosso projeto e a capturar os erros de uso cedo. Essa ideia de declarar explicitamente os requisitos pode ser usada em outro lugar? Sim, e esse outro lugar imediatamente vem à mente: o valor de retorno! Afinal, normalmente temos que declarar o que uma função retorna, isto é, se retornamos um valor de uma função, estamos *sempre* prometendo o valor de retorno (de que outra forma a função chamadora saberia o que esperar?). Vejamos a nossa função de área (em §4.6.1) novamente:

```
int area(int length int width)
    // calcular a área de um retângulo
    // os argumentos são positivos
{
    expect([&]{ return 0<length && 0<width; }, "bad arguments to area()");
    return length*width;
}
```

Ela verifica a precondição, mas apenas presume que o cálculo está correto (está provavelmente certo para um cálculo tão comum). Uma verificação sobre a correção é chamada de *pós-condição*. Para area(), a pós-condição seria que o resultado realmente corresponde ao valor da área. Não podemos verificar a pós-condição completa, mas podemos verificar se o resultado é positivo:

```
int area(int length, int width)
    // os argumentos são positivos
{
    expect([&]{ return 0<length && 0<width; }, "bad arguments to area()");
    int a = length*width;
    expect([&]{ return 0<a; }, "bad area() result");
    return a;
}
```

Esse código parece bem maior em comparação com o simples

```
int area(int length, int width)
{
    return length*width;
}
```

mas ilustra uma técnica que pode ser muitíssimo útil na escrita de programas cujos resultados corretos são extremamente importantes.

> **TENTE ISTO**
>
> Encontre um par de valores para os quais a precondição dessa versão da área se confirme, mas a pós-condição não.

Pré e pós-condições são um meio de fazer uma verificação básica da integridade do código. Assim, estão muito ligadas à noção de invariantes (§8.4.3), correção (§3.2, §4.2) e teste (§4.7.4).

Note que error() e expect() não fazem parte da biblioteca-padrão ISO de C++, são apenas parte do módulo PPP_support. Há trabalho em andamento no comitê de padrões para dar suporte direto às precondições e às pós-condições, mas, no momento da escrita deste livro, esse trabalho não está completo.

4.7.4 Teste

Como sabemos quando parar de depurar? Bem, continuamos a depurar até ter encontrado todos os *bugs*, ou pelo menos tentamos. Como sabemos que encontramos o último *bug*? Não sabemos. "O último *bug*" é uma piada entre os programadores: não existe tal criatura; nunca encontramos "o último *bug*" em um programa grande. No momento em que poderíamos encontrar, estamos ocupados modificando o programa para algum novo uso.

Além de depurar, precisamos adotar uma forma sistemática de localizar erros. Isto é chamado de *teste*, e voltaremos ao assunto em §6.3 e nos exercícios do Capítulo 9. Basicamente, testar é executar um programa com um conjunto de entradas grande e selecionado sistematicamente e comparar os resultados com o que era esperado. Uma execução com determinado conjunto de entradas é chamada de *caso de teste*. Os programas reais podem exigir milhões de casos de teste, portanto o teste sistemático não pode ser feito por seres humanos digitando um teste após outro. Ferramentas necessárias para abordar adequadamente os testes estão disponíveis, mas ficam além do escopo deste livro. Por enquanto, aborde o teste com a atitude de que encontrar erros é bom. Considere:

- Atitude 1: *sou mais inteligente do que o programa! Vou quebrar esse código @#%!*
- Atitude 2: *refinei esse código por duas semanas. Está perfeito!*

AA Quem você acha que encontrará mais erros? Claro, o ideal é uma pessoa experiente com um pouco da "atitude 1" que, com frieza, calma, paciência e de forma sistemática, trabalha nas possíveis falhas do programa. Os bons testadores valem seu peso em ouro.

Tentamos ser sistemáticos na escolha de nossos casos de teste e sempre testamos as entradas corretas e incorretas. A seção §6.3 dá o primeiro exemplo disso.

Para o uso industrial, programas chamados *frameworks de teste* são integrados junto com outros tipos ao suporte de desenvolvimento e são usados quase universalmente. Exemplos são Boost.Test, Catch2, CTest, Google Test, Microsoft Unit Testing Framework for C++ e UnitTest++. Todos permitem escrever um conjunto de exemplos de código e, para cada um, dizer qual é o resultado esperado da sua execução – por exemplo, produzir um resultado específico ou gerar uma exceção específica. Assim que souber um pouco mais sobre programação e C++, é interessante que tente usar esses *frameworks*. Como acontece com todas as ferramentas, seria melhor se você tivesse um desenvolvedor experiente para ajudá-lo a começar.

4.7.5 Números aleatórios

Um número aleatório é um número de uma sequência de números em que, dados os números anteriores, é difícil (ou mesmo impossível) determinar o próximo. Algumas sequências aleatórias são realmente aleatórias, por exemplo, a leitura da radiação de fundo de um contador Geiger, mas a maioria é *pseudoaleatória*, isto é, gerada a partir de uma fórmula matemática.

Os números aleatórios são importantes em muitos campos da computação, como simulação, jogos, criptografia, segurança e testes, ou seja, onde queremos resultados ou entradas imprevisíveis. Por exemplo, ao testar uma função, pode ser útil chamá-la com uma série de entradas aleatórias para ver se ela responde adequadamente. A biblioteca-padrão de C++ fornece um sofisticado componente de números aleatórios, de que foi descrito como "o que toda biblioteca de números aleatórios quer ser quando crescer", mas aqui apenas descrevemos a ideia geral e alguns exemplos simples.

Começamos gerando uma série de valores aleatórios. Isso é feito com um gerador (*engine*):

```
default_random_engine engine;        // o gerador mais simples
```

O gerador `default_random_engine` é bom o bastante para a maioria dos usos e o único que usaremos aqui. A biblioteca-padrão oferece diversos geradores para usos profissionais.

Para serem úteis, os números aleatórios do gerador devem ser transformados na *distribuição* que precisamos, como números inteiros no intervalo [1:6] para modelar um dado (de jogo):

```
uniform_int_distribution<int> dist(1,6);   // a distribuição que queremos
for (int i=0; i<10; ++i)
    cout << dist(engine) << ' ';           // obter um valor a partir da distribuição
                                           // usando o gerador
```

Se todos os valores no intervalo aparecem na mesma frequência quando jogamos o dado muitas vezes – como acontecerá para um dado não viciado –, a distribuição é chamada de distribuição uniforme (uniform_int_distribution, no caso). A biblioteca-padrão oferece muitas distribuições úteis, incluindo a distribuição normal (normal_distribution), para modelar a variação em torno de uma média, e a distribuição exponencial (exponential_distribution), para modelar tempos de espera.

Normalmente, queremos escolher o gerador e a distribuição em um só lugar e usá-los com uma interface simples. Já o fizemos em PPP_support fornecendo algumas funções de acesso:

```
int random_int(int min, int max);      // obter um int no intervalo [min:max]
int random_int(int max);               // obter um int no intervalo [0:max]
```

Agora podemos dizer:

```
for (int i=0; i<10; ++i)
    cout << random_int(1,6) << ' ';    // obter um valor a partir da distribuição
                                       // usando o gerador
```

Em §20.4 mostraremos como isso é feito. É bem simples, mas requer vários recursos que ainda explicaremos.

Agora que temos números aleatórios, podemos gerar sequências aleatórias de valores de outros tipos. Por exemplo, isso gera *strings* aleatórias que podemos usar para testar algoritmos em contêineres de *strings*:

```
string random_letters(int n, int m)
    // gerar uma string com caracteres minúsculos aleatórios (tam. entre n e m)
{
    string s(random_int(n, m),'x');          // uma string com um tamanho
                                             // no intervalo [n:m]
    for (char& ch : s)
        ch = narrow<char>(random_int('a','z'));   // uma letra minúscula
    return s;
}
```

Ao construir uma string de determinado tamanho, seus caracteres devem ser inicializados com algo; aqui, escolhemos 'x'. Além disso, usamos narrow para ser explícitos sobre reduzir o int retornado por random_int() ao char que precisávamos (§7.4.7).

Assim como que random_int(), a função random_letters() pode ser encontrada em PPP_support. Podemos usá-la para gerar um vector de pares (nome,valor) para o teste:

```
vector<pair<string, int>> generate(int n)
    // gerar n pares aleatórios (nome,valor)
{
    vector <pair<string, int>> res;
    for (int i = 0; i < n; ++i)
        res.push_back({random_letters(4,24),random_int(1'000'000)});
    return res;
}
```

Um gerador de números aleatórios fornece a mesma sequência toda vez que é criado e usado. Isso é muito útil para depurar e testar quando queremos resultados repetidos, mas indesejado quando queremos resultados imprevisíveis. Por exemplo, em um jogo, não queremos que o monstro seja sempre um ogro que ataca no mesmo lugar, na mesma hora e da mesma forma sempre que jogamos.

Para obter sequências diferentes a partir de um gerador, devemos fornecer uma *semente*:

```
default_random_engine engine2(7777);    // usar 7777 no lugar do valor inicial padrão
// ...
engine2.seed(9876);                      // iniciar uma nova sequência a partir de 9876
```

Para tornar uma sequência imprevisível, semeie-a com algo imprevisível, como a hora da criação. Em **PPP_support**, fornecemos uma função seed() para semear o gerador usado por random_int():

```
void seed(int s);      // semear com s
void seed();           // semear com um valor realmente imprevisível
```

As funções random_int() e seed() expõem apenas uma pequena fração do sofisticado componente random da biblioteca-padrão, mas são simples e suficientes para inúmeros usos.

Prática

Abaixo estão 25 fragmentos de código. Cada um deve ser inserido nesta "estrutura":

```
#include "PPP.h"

int main()
try {
    <<seu código aqui>>
    return 0;
}
catch (exception& e) {
    cerr << "error: " << e.what() << '\n';
    return 1;
}
catch (...) {
    cerr << "Oops: unknown exception!\n";
    return 2;
}
```

Cada um tem zero ou mais erros. Sua tarefa é encontrar e remover todos os erros em cada programa. Quando tiver removido os *bugs*, o programa resultante irá compilar, executar e escrever "Success!" ("Sucesso!"). Mesmo que você pense que detectou um erro, ainda precisará digitar o fragmento de programa (original, não melhorado) e testá-lo; você pode ter se enganado sobre qual é o erro ou pode haver mais erros do que localizou em um fragmento. Além disso, um dos objetivos deste exercício é dar uma ideia de como seu compilador reage a diferentes erros. Não digite a estrutura fornecida 25 vezes – esse é um trabalho de copiar e colar, ou alguma técnica "mecânica" parecida. Não corrija os problemas simplesmente excluindo uma instrução; corrija alterando, adicionando ou excluindo alguns caracteres.

[1] Cout << "Success!\n";
[2] cout << "Success!\n;
[3] cout << "Success" << !\n"
[4] cout << success << '\n';
[5] string res = 7; vector<int> v(10); v[5] = res; cout << "Success!\n";
[6] vector<int> v(10); v(5) = 7; if (v(5)!=7) cout << "Success!\n";

[7]   if (cond) cout << "Success!\n"; else cout << "Fail!\n";
[8]   bool c = false; if (c) cout << "Success!\n"; else cout << "Fail!\n";
[9]   string s = "ape"; boo c = "fool"<s; if (c) cout << "Success!\n";
[10] string s = "ape"; if (s=="fool") cout << "Success!\n";
[11] string s = "ape"; if (s=="fool") cout < "Success!\n";
[12] string s = "ape"; if (s+"fool") cout < "Success!\n";
[13] vector<char> v(5); for (int i = 0; 0<v.size(); ++i) ; cout << "Success!\n";
[14] vector<char> v(5); for (int i = 0; i<=v.size(); ++i) ; cout << "Success!\n";
[15] string s = "Success!\n"; for (int i = 0; i<6; ++i) cout << s[i];
[16] if (true) then cout << "Success!\n"; else cout << "Fail!\n";
[17] int x = 2000; char c = x; if (c==2000) cout << "Success!\n";
[18] string s = "Success!\n"; for (int i = 0; i<10; ++i) cout << s[i];
[19] vector v(5); for (int i = 0; i<=v.size(); ++i) ; cout << "Success!\n";
[20] int i = 0; int j = 9; while (i<10) ++j; if (j<i) cout << "Success!\n";
[21] int x = 2; double d = 5/(x–2); if (d==2*x+0.5) cout << "Success!\n";
[22] string<char> s = "Success!\n"; for (int i = 0; i<=10; ++i) cout << s[i];
[23] int i = 0; while (i<10) ++j; if (j<i) cout << "Success!\n";
[24] int x = 4; double d = 5/(x–2); if (d=2*x+0.5) cout << "Success!\n";
[25] cin << "Success!\n";

Revisão

[1] Indique os quatro principais tipos de erros e defina brevemente cada um deles.
[2] Que tipos de erros podemos ignorar nos programas de estudantes?
[3] Quais garantias todo projeto concluído deve oferecer?
[4] Liste três abordagens que podemos adotar para eliminar os erros nos programas e produzir um *software* aceitável.
[5] Por que odiamos depurar?
[6] O que é erro de sintaxe? Dê cinco exemplos.
[7] O que é erro de tipo? Dê cinco exemplos.
[8] O que é erro de de vinculação (*linker*)? Dê três exemplos.
[9] O que é erro lógico? Dê três exemplos.
[10] Liste quatro fontes potenciais de erros de programa discutidas no texto.
[11] Como saber se um resultado é possível? Quais técnicas você tem disponíveis para responder essas perguntas?
[12] Como testar se uma operação de entrada foi bem-sucedida?
[13] Compare e aponte a diferença entre a função chamadora tratar um erro de execução e a função chamada tratar esse erro.
[14] Em que situação é preferível lançar (*throw*) uma exceção a retornar um "valor de erro"?
[15] Em que situação é preferível retornar um "valor de erro" a lançar uma exceção?
[16] Descreva o processo de lançar e capturar exceções.
[17] Por que, com um vector chamado v, v[v.size()] é um erro de intervalo? Qual seria o resultado de chamar isso?

[18] O que é uma asserção?
[19] Defina *precondição* e *pós-condição*; dê um exemplo (que não seja a função **area()** deste capítulo), de preferência um cálculo que requeira um *loop*.
[20] Em que situação você *não* testaria uma precondição?
[21] Em que situação você *não* testaria uma pós-condição?
[22] Quais são as etapas para depurar um programa?
[23] Por que os comentários ajudam na depuração?
[24] Qual é a diferença entre testar e depurar?
[25] O que é número aleatório?
[26] Como usamos **random_int()** e **seed()**?

Termos

erro de argumento	exceção	requisito	asserção
invariante	erro de execução	catch	erro de vinculação
erro de sintaxe	erro de compilação	erro lógico	testar
contêiner	pós-condição	throw	depurar
precondição	erro de tipo	erro	erro de intervalo
expect()	random_int()	seed()	distribuição

Exercícios

[1] Se ainda não fez, faça os exercícios **TENTE ISTO** deste capítulo.

[2] O programa a seguir pega um valor de temperatura em graus Celsius e converte-o em Kelvin. Este código contém muitos erros. Encontre os erros, liste-os e corrija o código.

```
double ctok(double c)       // converte Celsius em Kelvin
{
    int k = c + 273.25;
    return int
}

int main()
{
    double c = 0;            // declarar variável de entrada
    cin >> d;                // ler temperatura para a variável de entrada
    double k = ctok("c");    // converter temperatura
    Cout << k << '/n' ;      // imprimir temperatura
}
```

[3] O zero absoluto é a temperatura mais baixa que pode ser atingida; é –273,15 °C ou 0 K. O programa acima, mesmo quando corrigido, produzirá resultados errados quando for entrada uma temperatura abaixo disso. Coloque uma verificação no programa principal que produza um erro se uma temperatura dada for abaixo de –273,15 °C.

[4] Faça o exercício 3 novamente, mas, desta vez, trate o erro dentro de ctok().
[5] Modifique o programa para que também possa converter de Kelvin para Celsius.
[6] Escreva um programa que converta de Celsius para Fahrenheit e de Fahrenheit para Celsius. Use estimativas (§4.7.1) para ver se seus resultados são possíveis.
[7] As equações quadráticas têm a forma $a*x^2 + b*x + c = 0$. Para resolvê-las, utiliza-se a fórmula: $x = \dfrac{-b \pm \sqrt{b^2 - 4ac}}{2a}$. Mas há um problema: se $b^2 - 4ac$ for menor que zero, então ela falhará. Escreva um programa que possa calcular x para uma equação quadrática. Crie uma função que imprima as raízes de uma equação quadrática, dados a, b, c. Quando o programa detectar uma equação sem raízes reais, faça com que imprima uma mensagem. Como saber se seus resultados são possíveis? Você pode verificar se eles estão corretos?
[8] Escreva um programa que leia e armazene uma série de números inteiros e, em seguida, calcule a soma dos primeiros N inteiros. Primeiro peça N, depois leia os valores para um vector, depois calcule a soma dos primeiros N valores. Por exemplo:
Digite o número de valores que deseja somar: 3
Digite alguns números inteiros (pressione '|' para parar): 12 23 13 24 15 |
A soma dos primeiros 3 números (12 23 13) é 48
Trate todas as entradas. Por exemplo, mostre uma mensagem de erro se o usuário pedir uma soma de mais números do que há no vetor.
[9] Modifique o programa do exercício anterior para escrever um erro se o resultado não puder ser representado como um int.
[10] Modifique o programa do exercício anterior para usar double em vez de int. Além disso, crie um vector de doubles contendo $N-1$ diferenças entre os valores adjacentes e escreva esse vector de diferenças.
[11] Escreva um programa que mostre os primeiros N valores da sequência de Fibonacci, isto é, a série de números que começa com 1 1 2 3 5 8 13 21 34. O próximo número da sequência é a soma dos dois anteriores. Encontre o maior número de Fibonacci que cabe em um int.
[12] Implemente um pequeno jogo de adivinhação chamado (por alguma razão obscura) "Bulls and Cows" (Touros e Vacas). O programa tem um vector de quatro números inteiros diferentes no intervalo de 0 a 9 (p. ex., 1234, mas não 1122), e é tarefa do usuário descobrir esses números com palpites repetidos. Digamos que o número a ser adivinhado seja 1234 e o usuário tenta 1359; a resposta deve ser "1 touro e 1 vaca", porque o usuário obteve um dígito (1) certo na posição correta (um touro) e um dígito (3) certo na posição errada (uma vaca). As tentativas continuam até que o usuário tenha quatro touros, ou seja, tenha quatro dígitos corretos e na ordem certa.
[13] O programa está um pouco monótono porque a resposta está codificada nele (dizemos que está "*hard-coded*"). Faça uma versão em que o usuário possa jogar repetidamente (sem parar e reiniciar o programa) e em que cada jogo tenha um novo conjunto de quatro dígitos. Você pode obter quatro dígitos aleatórios chamando o gerador de números aleatórios random_int(0,9) em PPP_support (e §4.7.5) quatro vezes. Você notará que, se rodar esse programa repetidamente, ele escolherá a mesma sequência de quatro dígitos sempre que você iniciar o programa. Para evitar isso, peça ao usuário para digitar um número (qualquer número) e chamar seed(n), também em PPP_support, em que n é o número que o usuário inseriu antes de chamar random_int(0,10). Tal n é chamado de *seed* (semente), e diferentes sementes fornecem diferentes sequências de números aleatórios.

[14] Leia pares (dia_da_semana_em_ingles,valor) a partir da entrada normal. Por exemplo:

Tuesday 23 Friday 56 Tuesday -3 Thursday 99

Colete todos os valores para cada dia da semana em um vector<int>. Escreva os valores dos sete vectors para os dias da semana em inglês. Imprima a soma dos valores de cada vector. Ignore os dias da semana que não existem, como Funday, mas aceite os sinônimos comuns, como Mon e monday. Escreva o número de valores rejeitados.

Posfácio

XX Você acha que exageramos no conteúdo sobre erros? Como programadores novatos, teríamos pensado que sim. A reação óbvia e natural é "Não pode ser tão complicado assim!". Bem, é complicado sim. Muitos dos melhores cérebros do mundo foram surpreendidos e confundidos pela dificuldade de escrever programas corretos. Em nossa experiência, bons matemáticos são as pessoas mais propensas a subestimar o problema de *bugs*, mas todos nós excedemos rapidamente nossa capacidade natural de escrever programas que estão corretos na primeira vez. Esteja avisado! Por sorte, depois de 70 anos ou mais, temos muita experiência com organização de código para minimizar os problemas e com as técnicas para encontrar os *bugs* que – apesar dos nossos melhores esforços – inevitavelmente deixamos em nossos programas quando os escrevemos pela primeira vez. As técnicas e os exemplos neste capítulo são um bom começo.

5

Escrevendo um programa

Programação é compreensão.
– Kristen Nygaard

Escrever um programa envolve refinar aos poucos a ideia do que queremos fazer e como queremos expressá-la. Neste capítulo e no próximo, desenvolveremos um programa de uma primeira ideia vaga com os estágios de análise, projeto, implementação, teste, novo projeto e nova implementação. Nosso objetivo é dar uma ideia do raciocínio por trás do desenvolvimento de código. No processo, discutimos a organização do programa, os tipos definidos pelo usuário e o processamento da entrada.

- ▶ 5.1 Um problema
- ▶ 5.2 Pensando no problema
    Fases do desenvolvimento; Estratégia
- ▶ 5.3 De volta à calculadora!
    Primeira tentativa; *Tokens*; Implementando *tokens*; Usando *tokens*
- ▶ 5.4 De volta à prancheta
    Gramática; Escrevendo uma gramática
- ▶ 5.5 Transformando uma gramática em código
    Implementando regras gramaticais; Expressões; Termos; Expressões primárias
- ▶ 5.6 Executando a primeira versão
- ▶ 5.7 Executando a segunda versão
- ▶ 5.8 Fluxos de *tokens*
    Implementando Token_stream; Lendo *tokens*; Lendo números
- ▶ 5.9 Estrutura do programa

5.1 Um problema

AA Escrever um programa começa com um problema, isto é, você tem um problema que gostaria que um programa ajudasse a resolver. Entender esse problema é a chave para um bom programa. Afinal, um programa que resolve o problema errado provavelmente será de pouca utilidade, por mais elegante que seja. É claro que existem as felizes coincidências, quando um programa consegue ser útil para algo o qual nunca foi destinado, mas não confiemos em uma sorte tão rara. O que queremos é um programa que resolva de forma clara o problema que decidimos resolver.

Nesta fase, como seria um bom programa? Um programa que:

- Ilustre as técnicas de projeto e programação.
- Possibilite explorar as decisões que um programador deve tomar e as considerações que entram em tais decisões.
- Não requeira muitas construções novas da linguagem de programação.
- Seja complexo o suficiente para exigir que o projeto seja bem pensado.
- Permita muitas variações em sua solução.
- Resolva um problema facilmente compreendido.
- Resolva um problema que valha a pena resolver.
- Tenha uma solução que seja pequena o suficiente para apresentar e compreender por completo.

Escolhemos "Pedir para o computador realizar uma aritmética comum nas expressões digitadas", isto é, queremos escrever uma calculadora simples. Tais programas são claramente úteis; todo computador pessoal e telefone moderno vem com esse programa.

Por exemplo, se você digitar

```
2+3.1*4
```

o programa deverá responder com

```
14.4
```

Infelizmente, tal programa de calculadora não nos dá nada que já não tenhamos disponível em nosso computador, mas isso seria pedir demais de um primeiro programa.

5.2 Pensando no problema

Então, como começamos? Basicamente, pense um pouco sobre o problema e como resolvê-lo. Primeiro, pense sobre o que o programa deve fazer e como você gostaria de interagir com ele. Mais tarde, você pode pensar em como o programa poderia ser escrito para fazer isso. Tente escrever um pequeno esboço de uma ideia para a solução e ver o que há de errado nessa primeira ideia. Quem sabe, tente discutir o problema e como resolvê-lo com um amigo. Tentar explicar algo para um amigo é uma forma maravilhosa de descobrir o que há de errado nas ideias, ainda melhor do que escrever; o papel (ou o computador) não conversa com você nem desafia suas suposições. O ideal é que o projeto não seja uma atividade solitária.

Infelizmente, não há uma estratégia geral de solução de problemas que funcione para todas as pessoas e todos os problemas. Existem livros inteiros que afirmam poder ajudá-lo a se tornar melhor na solução de problema, e um enorme ramo da literatura aborda o projeto de programas. Não vamos por aí. Em vez disso, apresentaremos sugestões de estratégias para o tipo de problema menor que uma pessoa pode encontrar. Depois disso, passaremos rapidamente para o teste dessas sugestões em nosso pequeno problema de calculadora.

Ao ler nossa análise sobre o programa de calculadora, recomendamos que você adote uma atitude mais cética. Para sermos mais realistas, desenvolvemos nosso programa ao longo de uma série de versões, mostrando o raciocínio que conduz a cada nova versão. Obviamente, grande parte desse raciocínio está incompleta ou mesmo com problemas, ou não teríamos muito o que discutir no capítulo. Conforme avançarmos, daremos exemplos das preocupações e do raciocínio com os quais projetistas e programadores lidam o tempo todo. Chegaremos na versão do programa com a qual estamos felizes só no final do próximo capítulo.

Tenha em mente que, para este capítulo e o próximo, a maneira como chegamos à versão final do programa – a jornada por soluções parciais, ideias e erros – é pelo menos tão importante quanto a versão final e mais importante do que os detalhes técnicos da linguagem que encontramos ao longo do caminho (voltaremos a eles mais tarde).

5.2.1 Fases do desenvolvimento

Eis um pouco da terminologia para o desenvolvimento de programas. Conforme você trabalha em um problema, passa repetidas vezes por estas fases:

- *Análise*: descubrir o que deve ser feito e escrever uma descrição do seu entendimento (atual). Tal descrição se chama *conjunto de requisitos* ou *especificação*. Não entraremos em detalhes sobre como tais requisitos são desenvolvidos e escritos. Isso está além do escopo deste livro, mas fica cada vez mais importante à medida que o problema aumenta.
- *Projeto*: criar uma estrutura geral para o sistema, decidindo quais partes a implementação deve ter e como essas partes devem se comunicar. Como parte do projeto, considere quais ferramentas, como as bibliotecas, podem ajudá-lo a estruturar o programa.
- *Implementação*: escrever o código, depurá-lo e testá-lo para saber se ele faz o que deveria.

5.2.2 Estratégia

Seguem algumas sugestões que, quando aplicadas com cuidado e criatividade, ajudam em muitos projetos de programação:

[1] Qual é o problema a ser resolvido? A primeira coisa a fazer é tentar ser específico sobre o que você está tentando realizar. Isso normalmente envolve criar uma descrição do problema ou, se outra pessoa lhe deu a instrução, tentar descobrir o que ele realmente significa. Neste ponto, você deve adotar o ponto de vista do usuário (não do programador/implementador), isto é, deve fazer perguntas sobre o que o programa deve fazer, não sobre como fará. Pergunte: "O que esse programa pode fazer por mim?" e "Como eu gostaria de interagir com o programa?". Lembre-se, a maioria de nós tem muita experiência como usuário de computadores.
- A declaração do problema está clara? Para os problemas reais, ela nunca está. Mesmo para um exercício com fins de estudo, é difícil ser suficientemente preciso e específico. Por isso, tentamos esclarecê-la. Seria uma pena se resolvêssemos o problema errado. Outra armadilha é pedir demais. Quando tentamos descobrir o que queremos, é fácil ficarmos muito gananciosos/ambiciosos. É quase sempre melhor pedir menos para tornar um programa mais fácil de especificar, de entender, de usar e (espero) de implementar. Assim que funciona, podemos sempre construir uma "versão 2.0" mais sofisticada, com base em nossa experiência.

- O problema parece gerenciável, considerando o tempo, as habilidades e as ferramentas disponíveis? Não faz muito sentido iniciar um projeto que você possivelmente não conseguiria terminar. Se não houver tempo suficiente para implementar (incluindo testar) um programa que faz tudo o que é exigido, costuma ser mais inteligente nem começar. Em vez disso, adquira mais recursos (sobretudo mais tempo) ou (melhor) modifique os requisitos para simplificar sua tarefa.

[2] Tente dividir o programa em partes gerenciáveis. Até o menor programa para resolver um problema real é grande o suficiente para ser subdividido.

- Você conhece alguma ferramenta, biblioteca etc. que possa ajudar? A resposta é quase sempre sim. Mesmo no estágio inicial de aprender a programar, você tem partes da biblioteca-padrão de C++. Mais tarde, você conhecerá grande parte dessa biblioteca-padrão e saberá como encontrar mais. Você terá bibliotecas de gráficos e GUI, etc. Assim que tiver um pouco de experiência, conseguirá encontrar milhares de bibliotecas apenas pesquisando na *web*. Lembre-se: é de pouca valia reinventar a roda quando você está criando um *software* para uso real. Mas, quando você está aprendendo a programar, a história é outra; nesse caso, reinventar a roda para ver como criar um *software* é, muitas vezes, uma boa ideia. Qualquer tempo economizado usando uma boa biblioteca pode ser gasto em outras partes do seu problema ou em todo o resto. Como saber se uma biblioteca é apropriada para sua tarefa e tem qualidade suficiente? Esse é um problema difícil. Parte da solução é perguntar aos colegas, perguntar nos grupos de discussão e testar pequenos exemplos antes de se comprometer em usar uma biblioteca.

- Procure partes de uma solução que possam ser descritas separadamente (e possivelmente usadas em vários lugares em um programa ou mesmo em outros programas). Encontrar essas partes requer experiência, então damos muitos exemplos ao longo deste livro. Já usamos **vector**, **string** e **iostreams** (**cin** e **cout**). Este capítulo dá os primeiros exemplos completos de projeto, implementação e uso das partes do programa, fornecidas como tipos definidos pelo usuário (**Token** e **Token_stream**). O Capítulo 7 e os Capítulos 11 a 14 apresentam muito mais exemplos, junto com o raciocínio por trás do projeto. Por ora, considere uma analogia: se fôssemos projetar um carro, começaríamos identificando as peças, como rodas, motor, computadores, assentos, maçanetas etc., nas quais poderíamos trabalhar separadamente antes de montar o carro completo. Há dezenas de milhares de tais partes em um carro moderno. Um programa real não é diferente nesse aspecto, exceto, claro, que as partes são o código. Assim como não tentaríamos construir um carro a partir de suas matérias-primas, como ferro, plástico e madeira, também não tentaríamos construir um programa grande a partir de (apenas) expressões, instruções e tipos fornecidos pela linguagem. Planejar e a implementar tais partes é um tema importante deste livro e do desenvolvimento de *software* em geral; veja as discussões dos tipos definidos pelo usuário (Capítulo 8), as hierarquias de classe (Capítulo 12) e os tipos genéricos (Capítulo 19).

[3] Construa uma versão pequena e limitada do programa, que resolva uma parte fundamental do problema. Quando começamos, raramente conhecemos bem o problema. Muitas vezes pensamos que sim (não sabemos, todos nós, o que é um programa de calculadora?), mas a verdade é que não. Apenas uma combinação de pensar sobre o problema (análise) e experimentar (projeto e implementação) nos dá o sólido entendimento necessário para escrever um bom programa. Então, primeiro, construímos uma pequena versão limitada.

- Trazer os problemas para nossa compreensão, ideias e ferramentas.
- Ver se os detalhes da definição do problema precisam ser alterados para tornar o problema gerenciável. É raro conseguirmos antecipar tudo na análise do problema e no projeto inicial. Devemos aproveitar o *feedback* que a escrita do código e os testes nos dão.

Às vezes, tal versão inicial limitada, destinada à experimentação, é chamada de *protótipo*. Se (como é provável que ocorra) nossa primeira versão não funcionar ou for tão feia e estranha que não queiramos trabalhar com ela, vamos descartá-la e fazer outra versão limitada, com base em nossa experiência. Repetiremos até encontrar uma versão com a qual fiquemos felizes. Se as coisas estão bagunçadas, não prossiga com elas; a bagunça só aumenta com o tempo.

[4] Crie uma solução em escala real, idealmente utilizando partes da versão inicial. O ideal é aumentar o programa a partir das partes funcionais, em vez de escrever todo o código de uma só vez. A alternativa é esperar que, por algum milagre, uma ideia não testada funcione e faça o que queremos.

5.3 De volta à calculadora!

De que forma queremos interagir com a calculadora? É fácil: sabemos como usar cin e cout, mas as interfaces gráficas do usuário (GUIs) são explicadas apenas no Capítulo 14, então nos ateremos ao teclado e a uma janela de console. Com as expressões fornecidas como entrada pelo teclado, avaliamos e escrevemos o valor resultante na tela. Por exemplo:

```
Expression: 2+2
Result: 4
Expression: 2+2*3
Result: 8
Expression: 2+3-25/5
Result: 0
```

As expressões, por exemplo, 2+2 e 2+2*3, devem ser inseridas pelo usuário; o restante é produzido pelo programa. Escolhemos exibir Expression: como o *prompt* do usuário. Poderíamos ter escolhido Please enter an expression followed by a newline, mas pareceu extenso e sem sentido. Por outro lado, um *prompt* curto, como >, pareceu muito enigmático. Esboçar tais exemplos de uso desde o início é importante. Eles oferecem uma definição muito prática do que o programa deve, minimamente, fazer. Em projeto e análise, esses exemplos de uso são chamados de *casos de uso*.

Ao encarar o problema da calculadora pela primeira vez, a maioria das pessoas vem com uma ideia inicial assim para a lógica principal do programa:

```
ler_uma_linha
calcular     // fazer o trabalho
escrever_resultado
```

Esse tipo de "esboço" claramente não é código; é chamado de *pseudocódigo*. Tendemos a usá-lo nos estágios iniciais do projeto, quando ainda não temos certeza exatamente do que nossa notação significa. Por exemplo, "calcular" é uma chamada de função? Se sim, quais seriam seus argumentos? Ainda é muito cedo para responder a tais perguntas.

5.3.1 Primeira tentativa

Neste ponto, ainda não estamos prontos para escrever o programa de calculadora. Ainda não pensamos o bastante, mas pensar é um trabalho difícil e, como a maioria dos programadores, estamos ansiosos para escrever algum código. Então vamos arriscar, escrever uma calculadora simples e ver para onde ela vai. A primeira ideia é algo como

```
#include "PPP.h"

int main()
{
    cout << "Please enter expression (we can handle + and –): ";
    int lval = 0;
    int rval = 0;
    char op = 0;
    int res = 0;
    cin >> lval >> op >> rval;      // ler algo como 1 + 3

    if (op=='+')
        res = lval + rval;          // adição
    else if (op=='–')
        res = lval – rval;          // subtração
    cout << "Result: " << res << '\n';
}
```

Isto é, ler um par de valores separados por um operador, como 2+2, calcular o resultado (neste caso, 4) e imprimir o valor resultante. Escolhemos os nomes de variável lval para o valor à esquerda e rval para o valor à direita.

Ele funciona (mais ou menos)! E daí que o programa não está completo? É ótimo ter algo funcionando! Talvez essa coisa de programação e ciência da computação seja mais fácil do que dizem por aí. Bem, talvez, não nos deixemos levar por um sucesso inicial. Vamos

[1] Limpar um pouco o código.
[2] Adicionar a multiplicação e a divisão (p. ex., 2∗3).
[3] Acrescentar a capacidade de lidar com mais de um operando (p. ex., 1+2+3).

Em particular, sabemos que devemos sempre verificar se nossa entrada é razoável (na pressa, "esquecemos") e que, para testar um valor com muitas constantes, é melhor usar uma instrução switch do que uma instrução if.

Trataremos o "encadeamento" de operações, como 1+2+3+4, somando os valores conforme eles são lidos, ou seja, começamos com 1, vemos +2 e somamos 2 e 1 (obtendo um resultado intermediário 3), vemos +3 e somamos 3 ao nosso resultado intermediário (3), e assim por diante. Depois de alguns fracassos e de corrigir alguns erros de sintaxe e lógicos, obtemos

```
#include "PPP.h"

int main()
{
    cout << "Please enter expression (we can handle +, –, ∗, and /)\n";
    cout << "add an x to end expression (e.g., 1+2∗3x): ";
```

```
        int lval = 0;
        int rval = 0;
        cin>>lval;                  // ler o operando mais à esquerda
        if (!cin)
            error("no first operand");

        for (char op; cin>>op; ) {  // ler o operador e o operando mais à direita repetidas vezes
            if (op!='x')
                cin>>rval;
            if (!cin)
                error("no second operand");
            switch(op) {
            case '+':
                lval += rval;       // somar: lval = lval + rval
                break;
            case '-':
                lval -= rval;       // subtrair: lval = lval - rval
                break;
            case '*':
                lval *= rval;       // multiplicar: lval = lval * rval
                break;
            case '/':
                lval /= rval;       // dividir: lval = lval / rval
                break;
            default:                // nenhum outro operador: imprimir resultado
                cout << "Result: " << lval << '\n';
                return 0;
            }
        }
        error("bad expression");
}
```

Não está ruim, mas então tentamos 1+2*3 (na verdade, 1+2*3x, mas iremos ignorar a terminação x por enquanto) e vemos que o resultado dado é 9, e não o 7 que nosso professor de matemática disse que era a resposta certa. Da mesma forma, 1–2*3 resulta em –3, em vez de –5, como esperávamos. Estamos fazendo as operações na ordem errada: 1+2*3 está sendo calculado como (1+2)*3, em vez do 1+(2*3) convencional. Da mesma forma, 1–2*3 está sendo calculado como (1–2)*3, em vez do 1–(2*3) convencional. Que chato! Podemos achar que a convenção de que "a multiplicação tem precedência sobre a adição" é antiga e boba, mas centenas de anos de convenção não desaparecerão apenas para simplificar nossa programação.

5.3.2 *Tokens*

Então (de alguma forma), temos que "ver adiante" ("*look ahead*", em inglês) na linha para saber se há um * (ou uma /). Se houver, teremos que (de alguma forma) ajustar a ordem de avaliação, em vez de utilizar a ordem simples e óbvia da esquerda para a direita. Infelizmente, seguindo em frente aqui, encontramos de cara alguns obstáculos:

[1] Na verdade, não precisamos que uma expressão fique em uma só linha. Por exemplo:

1
+
2

funciona muito bem com nosso código até então.

[2] Como procuramos * (ou /) entre dígitos, sinais de adição e subtração, e parênteses em várias linhas de entrada?
[3] Como nos lembramos de onde estava *?
[4] Como tratamos uma avaliação que não é estritamente da esquerda para a direita (p. ex., 1+2*3)?

Decididos a ser superotimistas, resolveremos os problemas 1–3 primeiro e nos preocuparemos com o 4 só mais tarde.

Além disso, pediremos ajuda. Com certeza alguém conhecerá uma forma convencional de ler "coisas", como números e operadores, na entrada e armazená-las de um jeito que nos permita analisá-las de modo conveniente. A resposta convencional e muito útil é "tokenizar": os primeiros caracteres da entrada são lidos e montados em *tokens*, portanto, se você digitar

45+11.5/7

o programa deverá produzir uma lista de *tokens* representando

45
+
11.5
/
7

CC *Token* é uma sequência de caracteres que representa algo que consideramos uma unidade, como um número ou um operador. É o modo como um compilador C++ lida com código-fonte. Na verdade, de uma forma ou de outra, "tokenizar" é o modo como grande parte da análise de texto começa. Seguindo o exemplo da expressão de C++, percebemos a necessidade de haver três tipos de *tokens*:

- Literais de ponto flutuante: conforme definido por C++, por exemplo, 3.14, 0.274e2 (ou seja, $0.274*10^2$) e 42.
- Operadores: por exemplo, +, –, *, / e %.
- Parênteses: (e).

Os literais de ponto flutuante podem ser um problema: ler 12 parece muito mais fácil do que ler 12.3e–4 (ou seja, $12.3*10^{-4}$ ou 12.3/10000), mas as calculadoras tendem a fazer a aritmética de ponto flutuante. Da mesma forma, suspeitamos que teremos que aceitar os parênteses para nossa calculadora ser considerada útil.

Como representamos esses *tokens* em nosso programa? Poderíamos tentar acompanhar o ponto onde cada *token* começou (e terminou), mas isso fica confuso. Também, se mantivermos um número como uma *string* de caracteres, mais tarde teremos que descobrir qual é seu valor, isto é, se vemos 42 e armazenamos os caracteres 4 e 2 em algum lugar, depois teremos que descobrir que esses caracteres representam o valor numérico 42 (ou seja, 4*10+2). A solução óbvia, e convencional, é representar cada *token* como um par (*tipo,valor*). O *tipo* informa se um *token* é um número, um operador ou um parêntese. Para um número, e neste exemplo apenas para um número, usamos seu valor numérico como seu *valor*.

CC Então, como expressamos a ideia de um par (*tipo,valor*) no código? Definimos um tipo Token para representar os *tokens*. Por quê? Lembre-se de por que usamos tipos: eles armazenam os dados que precisamos e nos dão operações úteis sobre esses dados. Por exemplo, os **ints** armazenam inteiros e nos dão a adição, a subtração, a multiplicação, a divisão e o resto, já as **strings** armazenam sequências de caracteres e nos dão a concatenação e a indexação. A linguagem C++ e sua biblioteca-padrão têm muitos tipos, como **char**, **int**, **double**, **string**, **vector** e **ostream**, mas não um tipo **Token**. Na verdade, existe uma enorme variedade de tipos – milhares ou dezenas de milhares – que gostaríamos de ter, mas a linguagem e sua biblioteca-padrão não os fornecem. Entre nossos tipos favoritos que não são suportados estão **Matrix** (ver PPP2.Ch24), **Shape** (ver o Capítulo 10) e os números inteiros de precisão infinita (tente pesquisar **Bignum** na *web*). Se você pensar um pouco, perceberá que uma linguagem não pode fornecer dezenas de milhares de tipos: quem os definiria, quem os implementaria, como você os encontraria e qual seria o tamanho do manual? Como a maioria das linguagens modernas, C ++ evita esse problema permitindo-nos definir nossos próprios tipos (*tipos definidos pelo usuário*) quando precisamos deles.

5.3.3 Implementando *tokens*

Como deve ser um *token* em nosso programa? Em outras palavras, como gostaríamos que nosso tipo **Token** fosse? Um **Token** deve ser capaz de representar operadores, como + e –, e valores numéricos, como **42** e **3.14**. A implementação óbvia é algo que possa representar o "tipo" que um *token* é e armazenar o valor numérico para os *tokens* que tenham um:

	Token:		Token:
kind:	plus	kind:	number
value:		value:	3.14

Existem muitas formas de representar essa ideia em código C++. Veja a mais simples que consideramos útil:

```
class Token {          // um tipo muito simples definido pelo usuário
public:
    char kind;
    double value;
};
```

Token é um tipo (como **int** ou **char**), por isso pode ser usado para definir variáveis e armazenar valores. Ele tem duas partes (chamadas de *membros*): **kind** e **value**. A palavra-chave **class** significa "tipo definido pelo usuário"; indica que um tipo com zero ou mais membros está sendo definido. O primeiro membro, **kind**, é um caractere, **char**, para que ele possa armazenar '+' e '*' para representar + (adição) e * (multiplicação). Podemos usá-lo para criar tipos como:

```
Token t;              // t é um Token
t.kind = '+';         // t representa um +
Token t2;             // t2 é outro Token
t2.kind = '8';        // usamos o dígito 8 como o "tipo" para números
t2.value = 3.14;
```

Usamos a notação de acesso a membros para acessar um membro:

nome_objeto . nome_membro

Você pode ler **t.kind** como "o tipo (**kind**) de **t**" e **t2.value** como "o valor (**value**) de **t2**". Podemos copiar **Tokens** assim como copiamos **ints**:

```
Token tt = t;                    // inicialização da cópia
if (tt.kind != t.kind)
    error("impossible!");
t = t2;                          // atribuição
cout << t.value;                 // imprimirá 3.14
```

Podemos representar a expressão (1.5+4)*11 usando sete Tokens:

'('	'8'	'+'	'8'	')'	'*'	'8'
	1.5		4			11

Observe que, para os *tokens* simples, como +, não precisamos do valor, portanto não usamos seu membro value. Precisamos de um caractere para significar o "número" e escolhemos '8' só porque '8' obviamente não é um operador nem um caractere de pontuação. Usar '8' para significar um "número" é um pouco enigmático, mas por ora serve.

Token é o exemplo de tipo definido pelo usuário em C++. Tal tipo pode ter funções-membro (operações), bem como membros de dados. Aqui, fornecemos apenas duas funções para ficar mais conveniente inicializar um Token.

```
class Token {
public:
    char kind;                                    // o tipo do token
    double value;                                 // para números: um valor
    Token(char k) :kind{k}, value{0.0} {}         // construir a partir de um valor
    Token(char k, double v) :kind{k}, value{v} {} // construir a partir de dois valores
};
```

Agora podemos inicializar ("construir") os Tokens. Por exemplo:

```
Token t1 {'+'};          // inicializar t1 para que t1.kind = '+'
Token t2 {'8',11.5};     // inicializar t2 para que t2.kind = '8' e t2.value = 11.5
Token t3;                // erro: falta inicializador para t3
```

Para saber mais sobre como inicializar os objetos de classe, veja §8.4.2 e §8.7.

5.3.4 Usando *tokens*

Talvez agora possamos concluir nossa calculadora! No entanto um pouco de planejamento talvez valha a pena. Como usaríamos Tokens na calculadora? Podemos ler a entrada em um vector de Tokens:

```
Token get_token();        // função para ler um token a partir de cin

vector<Token> tok;        // colocaremos os tokens aqui
```

```
int main()
{
    // ...
    while (cin) {
        Token t = get_token();
        tok.push_back(t);
    }
    // ...
}
```

Agora podemos ler uma expressão primeiro e avaliar depois. Por exemplo, para 11*12, obtemos

'8'	'*'	'8'
11		12

Podemos examinar isso para encontrar a multiplicação e seus operandos. Depois, podemos facilmente fazer a multiplicação, porque os números 11 e 12 são armazenados como valores numéricos, e não como *strings*.

Agora vejamos as expressões mais complexas. Dado 1+2*3, tok conterá cinco Tokens:

'8'	'+'	'8'	'*'	'8'
1		2		3

Agora podemos encontrar a operação de multiplicação com um simples *loop*:

```
for (int i = 0; i<tok.size(); ++i) {
    if (tok[i].kind=='*') {          // encontramos uma multiplicação!
        double d = tok[i-1].value*tok[i+1].value;
        // e agora?
    }
}
```

Sim, mas e agora? O que fazemos com o produto d? Como decidimos em que ordem avaliar as expressões secundárias? Bem, + aparece antes de *, então não podemos apenas avaliar da esquerda para a direita. Podemos tentar a avaliação da direita para a esquerda! Isso resultaria em 1+2*3 corretamente, mas não 1*2+3. Pior ainda, considere 1+2*3+4. Este exemplo deve ser avaliado "de dentro para fora": 1+(2*3)+4. E como trataremos os parênteses? Como fazer? Parece que chegamos a um beco sem saída. Precisamos voltar, parar de programar por um tempo e pensar em como ler e entender uma *string* de entrada, e avaliá-la como uma expressão aritmética.

Assim, essa primeira tentativa entusiasmada de resolver o problema (escrever uma calculadora) perdeu o fôlego. Isso é comum nas primeiras tentativas e tem o papel importante de nos ajudar a entender o problema. Neste caso, até nos deu a noção útil de o que é um *token*, que, por sua vez, é um exemplo da noção de par (*nome,valor*) que encontraremos inúmeras vezes. No entanto devemos sempre tomar cuidado para que tal "codificação" relativamente impensada e não planejada não roube muito tempo. Não devemos fazer muita programação antes de termos feito pelo menos um pouco de análise (compreender o problema) e projeto (decidir sobre a estrutura geral de uma solução).

> **TENTE ISTO**
>
> Por outro lado, por que não poderíamos encontrar uma solução simples para esse problema? Não parece ser tão difícil assim. Na pior das hipóteses, experimentar nos permitiria entender melhor o problema e a possível solução. Reflita sobre o que você pode fazer de imediato. Por exemplo, veja a entrada 12.5+2. Poderíamos tokenizar isso, decidir que a expressão era simples e calcular a resposta. Isso pode ser um pouco confuso, mas direto, então talvez pudéssemos prosseguir nessa direção e encontrar algo bom o suficiente! Considere o que fazer se encontramos + e * na linha 2+3*4. Isso também pode ser tratado com "força bruta". Como lidaríamos com uma expressão complicada, como 1+2*3/4%5+(6−7*(8))? E como lidaríamos com os erros, como 2+*3 e 2&3? Pense nisso por um tempo, talvez rabiscando um pouco em um pedaço de papel tentando esboçar soluções possíveis e expressões de entrada interessantes ou importantes.

5.4 De volta à prancheta

Agora, examinaremos o problema novamente e tentaremos não avançar com outra solução incompleta. Uma coisa que descobrimos foi que fazer o programa (calculadora) avaliar apenas uma expressão simples era um tédio. Gostaríamos de poder calcular várias expressões em uma única chamada do nosso programa, isto é, nosso pseudocódigo aumenta com

```
enquanto (não_terminado) {
    ler_uma_linha
    calcular     // fazer o trabalho
    escrever_resultado
}
```

É claro que é complicado, mas, quando pensamos sobre como usamos as calculadoras, percebemos que fazer vários cálculos é muito comum. Poderíamos deixar o usuário chamar nosso programa várias vezes para fazer diversos cálculos? Sim, mas a inicialização do programa é infelizmente (e irracionalmente) lenta em muitos sistemas operacionais modernos, então é melhor não confiar nisso.

Quando examinamos esse pseudocódigo, nossas tentativas iniciais de encontrar soluções e nossos exemplos de uso, surgem várias perguntas – algumas com respostas provisórias:

[1] Se digitarmos 45+5/7, como encontraremos as partes individuais 45, +, 5, / e 7 na entrada? (Tokenize!)

[2] O que termina uma expressão de entrada? Uma nova linha, claro! (Sempre suspeite de "claro": "claro" não é um motivo.)

[3] Como representamos 45+5/7 como dados para que possamos avaliá-los? Antes de fazer a soma, devemos de alguma forma transformar os caracteres 4 e 5 no valor inteiro 45 (ou seja, 4*10+5). (Então tokenizar faz parte da solução.)

[4] Como garantir que 45+5/7 seja avaliado como 45+(5/7), e não como (45+5)/7?

[5] Qual é o valor de 5/7? Cerca de 0.71, mas esse não é um número inteiro. Segundo a experiência com calculadoras, sabemos que as pessoas esperariam um resultado de ponto flutuante. Também devemos permitir entradas de ponto flutuante? Claro!

[6] Podemos ter variáveis? Por exemplo, poderíamos escrever

```
v=7
m=9
v*m
```

Boa ideia, mas esperemos mais um pouco. Começaremos a trabalhar no básico. Possivelmente, a decisão mais importante aqui é a resposta para a pergunta 6. Em §6.8, você verá que, se tivéssemos dito sim, teríamos quase dobrado o tamanho do projeto inicial. Isso teria mais que dobrado o tempo necessário para fazer a versão inicial rodar. Nosso palpite é que, se você for realmente novato, teria pelo menos quadruplicado o esforço necessário e provavelmente teria ficado impaciente com o projeto. É mais importante evitar o "aumento de escopo" ("*scope creep*") no início de um projeto. Em vez disso, sempre comece construindo uma versão simples, implementando os recursos essenciais apenas. Uma vez que tivermos algo em execução, podemos ficar mais ambiciosos. É muito mais fácil construir um programa em etapas do que tudo de uma só vez. Dizer sim à pergunta 6 teria ainda outro efeito negativo: seria mais difícil resistir à tentação de adicionar outros "recursos legais" mais tarde. Que tal adicionar as funções matemáticas usuais? Que tal adicionar *loops*? Assim que começamos a adicionar "recursos legais", é difícil parar.

Do ponto de vista de um programador, as perguntas 1, 3 e 4 são as mais incômodas. Elas também estão relacionadas entre si, porque assim que encontramos um 45 ou um +, o que fazemos com eles? Isto é, como armazená-los em nosso programa? Obviamente, tokenizar é uma parte essencial da solução, mas apenas uma parte.

O que um programador experiente faria? Quando nos deparamos com uma questão técnica complicada, muitas vezes há uma resposta-padrão. Sabemos que as pessoas vêm escrevendo programas de calculadora desde que os computadores passaram a receber entrada simbólica a partir de um teclado. Isso ocorre pelo menos há 70 anos. Deve haver uma resposta-padrão! Em tal situação, o programador experiente consulta os colegas e/ou a literatura. Seria bobagem seguir em frente na esperança de superar 70 anos de experiência em uma manhã.

5.4.1 Gramática

Há uma resposta-padrão para a questão de como entender as expressões: os primeiros caracteres de entrada são lidos e montados em *tokens* (como descobrimos). Então, se você digita

```
45+11.5/7
```

o programa deve produzir uma lista de *tokens* representando

```
45
+
11.5
/
7
```

Token é uma sequência de caracteres que representa algo que consideramos uma unidade, como um número ou um operador.

Depois que os *tokens* foram produzidos, o programa deve garantir que as expressões completas sejam compreendidas corretamente. Por exemplo, sabemos que 45+11.5/7 significa 45+(11.5/7), e não (45+11.5)/7, mas como ensinamos ao programa tal regra útil (a divisão tem precedência sobre a adição)? A resposta-padrão é que escrevemos uma *gramática* que defina a sintaxe de nossa entrada, e então escrevemos um programa que implemente as regras dessa gramática. Por exemplo:

```
// uma gramática para expressões simples:
Expression:
    Term
    Expression "+" Term      // adição
    Expression "-" Term      // subtração
Term:
    Primary
    Term "*" Primary         // multiplicação
    Term "/" Primary         // divisão
    Term "%" Primary         // resto (módulo)
Primary:
    Number
    "(" Expression ")"       // agrupamento
Number:
    floating-point-literal
```

Esse é um conjunto de regras simples. A última regra é "um **Number** é um **floating-point-literal**". A penúltima regra diz, "um **Primary** é um **Number** ou um '(' seguido de uma **Expression** seguida de um ')'". As regras para **Expression** e **Term** são semelhantes; cada um é definido em termos de regras e *tokens*.

Como visto em §5.3.2, nossos *tokens* – emprestados da definição de C++ – são:

- **floating-point-literal** (como definido por C++, p. ex., **3.14**, **0.274e2** ou **42**).
- +, –, *, /, % (os operadores).
- (,) (os parênteses).

Desde nosso primeiro pseudocódigo provisório até esta abordagem, usar *tokens* e uma gramática é realmente um enorme salto conceitual. É o tipo de salto que esperamos, mas raramente conseguimos sem ajuda. É para isso que servem a experiência, a literatura e os mentores.

À primeira vista, uma gramática provavelmente parece um completo absurdo. A notação técnica muitas vezes é. No entanto tenha em mente que é uma notação geral e elegante (como você acabará percebendo) para algo que você consegue fazer desde a 5ª série (ou antes). Você não tem problemas para calcular **1–2+3** e **1+2–3** e **3*2+4/2**. Parece programado em sua cabeça. Mas você conseguiria explicar como faz isso? Conseguiria explicar isso bem o suficiente para alguém que nunca viu aritmética convencional entender? Conseguiria fazer isso para cada combinação de operadores e operandos? Para articular uma explicação com detalhamento e precisão suficientes para um computador entender, precisamos de uma notação, e uma gramática é a ferramenta mais poderosa e convencional para tanto.

Como podemos ler uma gramática? Basicamente, dada alguma entrada, começamos com a "regra principal", **Expression**, e pesquisamos as regras para encontrar uma correspondência para os *tokens* conforme eles são lidos. Essa estratégia é chamada de *top-down* (*de cima para baixo*). Como alternativa, podemos examinar um *token* e ver quais regras gramaticais podem fazer sentido, então examinar o próximo *token* e ver o que ainda faz sentido até encontrarmos uma resposta única. Essa estratégia é chamada de *bottom-up* (*de baixo para cima*).

Ler um fluxo de *tokens* de acordo com uma gramática é chamado de *análise sintática* (ou *parsing*, em inglês), e um programa que faz isso muitas vezes é chamado de *parser* ou *analisador de sintaxe*. Há livros grandes sobre como expressar gramáticas e escrever um *parser* para ela. Existem programas, *geradores de analisador*, para gerar análises sintáticas a partir de gramáticas. No entanto nosso tópico aqui é programar, e deliberadamente prosseguiremos sem uma compreensão profunda da teoria da análise sintática, explorando as técnicas de projeto e programação.

Nosso *parser* lê os *tokens* da esquerda para a direita, assim como os digitamos e lemos. Tentemos algo realmente simples: 2 é uma expressão?

2 é um floating-point-literal, que é um Number, que é um Primary, que é um Term, que é uma Expression.

Então, sim, de acordo com nossa gramática, 2 é uma expressão.

Tentemos agora algo um pouco mais complicado: 2+3 é uma Expression? Naturalmente, muito do raciocínio é igual ao para 2:

Em seguida, vejamos um +:

- O lado esquerdo é uma Expression? Sim, 2 é uma Expression.
- O lado direito de + é um Term? Sim, 3 é um Term.

A verdadeira razão pela qual estamos interessados em gramáticas é que elas podem resolver nosso problema de como analisar corretamente as expressões com + e ∗, então vamos tentar 45+11.5∗7. Entretanto, "fingir ser um computador" e seguir as regras em detalhes como fizemos acima é entediante, então pularemos algumas etapas intermediárias que já vimos para 2 e 2+3. Obviamente, 45, 11.5 e 7 são todos floating-point-literal, que são Numbers, que são Primarys, então podemos ignorar todas as regras abaixo de Primary. Então temos que:

[1] 45 é uma Expression seguida de um +, por isso procuramos um Term para terminar a regra Expression+Term.
[2] 11.5 é um Term seguido de ∗, então procuramos um Primary para terminar a regra Term∗Primary. Sim, 11.5∗7 é um Term.
[3] Agora podemos ver que 45+11.5∗7 é uma Expression de acordo com a regra Expression+Term. Em particular, é uma Expression que primeiro faz a multiplicação 11.5∗7, depois a adição 45+11.5∗7, como se tivéssemos escrito 45+(11.5∗7).

Você pode achar essa lógica difícil de seguir no início, mas as gramáticas simples não são muito difíceis de entender. No entanto não estamos tentando ensinar *você* a entender 2+3 ou 45+11.5∗7. É óbvio que você já sabe isso. Estamos tentando encontrar uma maneira de o *computador* "entender" 45+11.5∗7 e todas as outras expressões complicadas que você possa fornecer a ele para avaliar. Na verdade, as gramáticas complicadas não são feitas para os seres humanos lerem, mas os computadores são bons nisso. Eles seguem as regras gramaticais de forma rápida e correta com a maior facilidade. Os computadores são bons exatamente nisso: seguir regras precisas.

5.4.2 Escrevendo uma gramática

Como escolhemos as regras gramaticais para uma expressão? "Experiência" é a resposta mais honesta. A forma como fazemos isso é simplesmente a forma como as pessoas costumam escrever as gramáticas de expressão. No entanto escrever uma gramática simples é bem fácil: precisamos saber como:

[1] Diferenciar uma regra de um *token*.
[2] Colocar uma regra após a outra (*sequenciamento*).
[3] Expressar padrões alternativos (*alternância*).
[4] Expressar um padrão repetido (*repetição*).
[5] Reconhecer com qual regra gramatical começar.

Diferentes livros didáticos e diferentes sistemas de análise sintática usam diferentes convenções de notação e terminologia. Por exemplo, alguns chamam os *tokens* de *terminais* e as regras de *não terminais* ou *produções*. Apenas colocamos os *tokens* entre aspas (duplas) e começamos com a primeira regra. As alternativas são colocadas em linhas separadas. Por exemplo:

```
List:
    "{" Sequence "}"
Sequence:
    Element
    Element "," Sequence
Element:
    "A"
    "B"
```

Assim, uma Sequence é um Element ou um Element seguido de uma Sequence usando uma vírgula para a separação. Um Element é a letra A ou a letra B. Uma List é uma Sequence entre "chaves". Podemos gerar estas Lists (como?):

```
{ A }
{ B }
{ A,B }
{ A,A,A,A,B }
```

Porém estas não são Lists (por que não?):

```
{ }
A
{ A,A,A,A,B
{ A,A,C,A,B }
{ A B C }
{ A,A,A,A,B, }
```

Esta regra de sequência não é do tipo que você aprendeu no jardim de infância ou tem programada em seu cérebro, mas ainda não é um bicho de sete cabeças. Veja §6.4 e §6.8.1 para ter exemplos de como trabalhamos com uma gramática para expressar ideias sintáticas.

5.5 Transformando uma gramática em código

Há muitas formas de fazer um computador seguir uma gramática. Usaremos a mais simples: basta escrever uma função para cada regra gramatical e usar nosso tipo Token para representar os *tokens*. Um programa que implementa uma gramática é muitas vezes chamado de *parser*.

5.5.1 Implementando regras gramaticais

Para implementar nossa calculadora, precisamos de quatro funções: uma para ler os *tokens* mais uma para cada regra em nossa gramática:

get_token()	// ler caracteres e compor os tokens;	usa cin
expression()	// lidar com + e -;	chama term() e get_token()
term()	// lidar com *, / e %;	chama primary() e get_token()
primary()	// lidar com números e parênteses;	chama expression() e get_token()

AA Nota: cada função trata uma parte específica de uma expressão e deixa todo o resto para outras funções; isso simplifica muito as funções. É muito parecido com um grupo de pessoas que lida com problemas delegando cada parte do problema à pessoa especializada nela e passando todas as outras partes para os colegas.

O que essa função de análise sintática deve retornar? Que tal a resposta que realmente queremos? Por exemplo, para 2+3, expression() poderia retornar 5. Afinal, a informação está toda lá. É o que iremos experimentar! Isso evitará ter que responder a uma das perguntas mais difíceis da nossa lista: "Como represento 45+5/7 como dados para que eu possa avaliá-los?" Em vez de armazenar uma representação de 45+5/7 na memória, simplesmente avaliamos conforme o lemos a partir da entrada. Essa pequena ideia é realmente um grande avanço! Ela manterá o programa com um quarto do tamanho que ele teria se fizéssemos expression() retornar algo complicado para uma avaliação posterior. Acabamos de economizar cerca de 80% do trabalho.

A parte "estranha" é get_token(): como ela lida com *tokens*, não com expressões, não pode retornar o valor de uma expressão parcial. Por exemplo, + e (não são expressões. Por isso deve retornar um Token. Concluímos que queremos que as funções correspondam às regras gramaticais:

```
Token get_token();        // ler caracteres e tokens compostos
double expression();      // lidar com + e –
double term();            // lidar com *, / e %
double primary();         // lidar com números e parênteses
```

5.5.2 Expressões

Primeiros escreveremos expression(). A gramática fica assim:

Expression:
    Term
    Expression "+" Term
    Expression "–" Term

Como é nossa primeira tentativa de transformar um conjunto de regras gramaticais em código, prosseguiremos com eventuais fracassos. É assim que geralmente acontece com as novas técnicas, e aprendemos coisas úteis ao longo do caminho. Em particular, um programador novato pode aprender muito vendo o comportamento radicalmente diferente de partes semelhantes do código. Ler código é uma habilidade útil a cultivar.

5.5.2.1 Expressões: primeira tentativa

Vendo a regra Expressão "+" Termo, tentamos primeiro chamar expression(), depois procuramos + (e –), então term():

```
double expression()
{
    double left = expression();     // ler e avaliar uma Expression
    Token t = get_token();          // obter o próximo token
    switch (t.kind) {               // ver qual é o tipo do token
    case '+':
        return left + term();       // ler e avaliar um Term, então fazer uma adição
    case '–':
        return left – term();       // ler e avaliar um Term, então fazer uma subtração
    default:
        return left;                // retornar o valor da Expression
    }
}
```

Parece bom. É quase uma transcrição trivial da gramática. É realmente bem simples: primeiro ler Expression e depois ver se é seguida de + ou –, e, se for, ler Term.

Infelizmente, isso não faz muito sentido. Como sabemos onde a expressão termina para que possamos procurar um + ou um –? Lembre-se, nosso programa lê da esquerda para a direita e não pode espiar para ver se um + vem na sequência. Na verdade, expression() nunca irá além da sua primeira linha: expression() começa chamando expression(), que começa chamando expression() e assim vai "infinitamente". Isso se chama *recursão infinita* e, na verdade, terminará após um curto período de tempo, quando o computador ficar sem memória para manter a sequência "interminável" de chamadas de expression(). O termo *recursão* é usado para descrever o que acontece quando uma função chama a si mesma. Nem todas as recursões são infinitas, e a recursão é uma técnica de programação muito útil (ver §7.4.8).

5.5.2.2 Expressões: segunda tentativa

Então, o que fazer? Todo Term é uma Expression, mas nem toda Expression é um Term, isto é, poderíamos começar a procurar um Term e uma Expression completa apenas se encontrássemos um + ou um –. Por exemplo:

```
double expression()
{
    double left = term();          // ler e avaliar um Term
    Token t = get_token();         // obter o próximo token
    switch (t.kind) {              // ver qual é o tipo do token
    case '+':
        return left + expression();    // ler e avaliar uma Expression, então fazer uma adição
    case '-':
        return left - expression();    // ler e avaliar uma Expression, então fazer uma subtração
    default:
        return left;               // retornar o valor de Term
    }
}
```

Isso na verdade funciona – mais ou menos. Experimentamos no programa concluído e ele faz o *parsing* de todas as expressões corretas que fornecemos (e nenhuma não aceita). Ele até avalia corretamente a maioria das expressões. Por exemplo, 1+2 é lido como um Term (com o valor 1) seguido de +, seguido de uma Expression (com o valor 2) e dá a resposta 3. Da mesma forma, 1+2+3 dá 6.

Poderíamos continuar falando por muito tempo sobre o que funciona, mas para resumir: e 1–2–3? Essa expression() lerá 1 como Term, em seguida lerá 2–3 como uma Expression (consistindo no Term 2 seguido da Expression 3). Então irá subtrair o valor 2–3 de 1. Em outras palavras, ela avaliará 1–(2–3). O valor de (2–3) é 1, portanto o valor de 1–(2–3) é 0. No entanto aprendemos (no ensino fundamental ou até antes) que 1–2–3 significa (1–2)–3, portanto tem o valor –4 (quatro negativo).

Então temos um programa muito bom que apenas não fez a coisa certa. Isso é perigoso. É especialmente perigoso porque dá a resposta certa em muitos casos. Por exemplo, 1+2+3 dá a resposta correta (6) porque 1+(2+3) é igual a (1+2)+3.

Do ponto de vista da programação, o que fizemos de errado? Devemos sempre nos perguntar isso quando encontramos um erro. Dessa forma, evitamos o mesmo erro de novo, de novo e de novo.

Basicamente, apenas examinamos o código e imaginamos. Isso raramente é bom o suficiente! Temos que entender o que nosso código fará e temos que ser capazes de explicar por que ele faz a coisa certa.

Analisar os nossos erros é, muitas vezes, também a melhor forma de encontrar uma solução correta. O que fizemos aqui foi definir expression() para primeiro procurar um Term e, em seguida, se esse Term for seguido de um + ou um –, procurar uma Expression. Nosso código implementa uma gramática um pouco diferente:

```
Expression:
    Term
    Term "+" Expression      // adição
    Term "-" Expression      // subtração
```

A diferença para nossa gramática desejada é exatamente que queríamos que 1–2–3 fosse a Expression 1–2 seguida de –, seguida do Term 3, mas o que temos aqui foi o Term 1 seguido de –, seguido da Expression 2–3. Isto é, queríamos que 1–2–3 representasse (1–2)–3, mas obtivemos 1–(2–3).

Sim, depurar pode ser entediante, complicado e demorado, mas, neste caso, estamos realmente trabalhando dentro das regras que você aprendeu no ensino fundamental e aprendeu a aplicar sem muita dificuldade. O problema é que temos que ensinar as regras a um computador, e um computador é um aluno muito mais lento que você.

Poderíamos ter definido que 1–2–3 representasse 1–(2–3), em vez de (1–2)–3 e evitado esta discussão. Muitas vezes, os problemas de programação mais complicados surgem quando devemos corresponder às regras convencionais que foram estabelecidas por pessoas e para pessoas muito antes de começarmos a usar computadores.

5.5.2.3 Expressões: terceira tentativa da sorte

E agora? Examine novamente a gramática (a gramática correta em §5.5.2): qualquer Expression começa com um Term e tal Term pode ser seguido por um + ou um –. Então, temos que procurar um Term, ver se ele é seguido de um + ou um – e continuar fazendo isso até não haver mais sinais de mais ou menos. Por exemplo:

```
double expression()
{
    double left = term();              // ler e avaliar um Term
    Token t = get_token();             // obter o próximo token
    while (t.kind=='+' || t.kind=='-') {   // procurar + ou -
        if (t.kind == '+')
            left += term();            // avaliar Term e somar
        else
            left -= term();            // avaliar Term e subtrair
        t = get_token();
    }
    return left;                       // finalmente: sem outro + ou -; retornar a resposta
}
```

É um pouco mais confuso: tivemos que introduzir um *loop* para continuar procurando sinais de mais e menos. Também fomos um pouco repetitivos: testamos + e – duas vezes, e duas vezes chamamos get_token(). Como isso confunde a lógica do código, iremos nos livrar da duplicação do teste para + e –:

```
double expression()
{
    double left = term();          // ler e avaliar um Term
    Token t = get_token();         // obter o próximo token
    while (true) {
        switch (t.kind) {
        case '+':
            left += term();        // avaliar Term e somar
            t = get_token();
            break;
        case '-':
            left -= term();        // avaliar Term e subtrair
            t = get_token();
            break;
        default:
            return left;           // finalmente: sem outro + ou -; retornar a resposta
        }
    }
}
```

Exceto pelo *loop*, observe que isso é bem semelhante à nossa primeira tentativa (§5.6). O que fizemos foi remover a menção de **expression()** dentro de **expression()** e a substituímos por um *loop*. Em outras palavras, traduzimos Expression nas regras gramaticais de Expression em um *loop* que procura um Term seguido de um sinal de + ou –.

5.5.3 Termos

A regra gramatical para Term é muito parecida com a regra de Expression:

Term:
    Primary
    Term "*" Primary
    Term "/" Primary
    Term "%" Primary

Como consequência, o código também deve ser parecido. Veja a primeira tentativa:

```
double term()
{
    double left = primary();
    Token t = get_token();
    while (true) {
        switch (t.kind) {
        case '*':
            left *= primary();
            t = get_token();
            break;
```

```
            case '/':
                left /= primary();
                t = get_token();
                break;
            case '%':
                left %= primary();
                t = get_token();
                break;
            default:
                return left;
            }
        }
    }
```

Infelizmente, isso não compila: a operação de resto (%) não está definida para os números de ponto flutuante. O compilador gentilmente nos informa isso. Quando respondemos à pergunta 5 em §5.4 – "Também devemos permitir entradas de ponto flutuante?" – com um "Claro!" confiante, na verdade, não tínhamos pensado no problema e nos tornamos vítima do *aumento de escopo*. Isso *sempre* acontece! Então, o que fazer? Durante a execução, podemos verificar que ambos os operandos de % são inteiros e geram um erro se não forem. Ou podemos simplesmente tirar % da nossa calculadora. Ficaremos com a escolha mais simples por enquanto. Podemos sempre adicionar % mais tarde (§6.5). XX

Após eliminarmos o caso do %, a função funciona: os termos são corretamente analisados e avaliados. No entanto um programador experiente notará um detalhe indesejável, que torna term() inaceitável. O que aconteceria se você inserisse 2/0? Não é possível dividir por zero. Se você tentar, o *hardware* do computador irá detectar e terminar o programa com uma mensagem de erro um pouco inútil. Um programador inexperiente descobrirá isso da maneira mais difícil. Então, é melhor verificar e fornecer uma mensagem de erro decente:

```
double term()
{
    double left = primary();
    Token t = get_token();
    while (true) {
        switch (t.kind) {
        case '*':
            left *= primary();
            t = get_token();
            break;
        case '/':
        {   double d = primary();
            if (d == 0)
                error("divide by zero");
            left /= d;
            t = get_token();
            break;
        }
```

```
            default:
                return left;
        }
    }
}
```

Por que colocamos as instruções para lidar com / em um bloco? (§3.4.2.2, entre chaves '{' '}'). O compilador insiste. Se você quiser definir e inicializar variáveis dentro de um case de uma instrução switch, deverá colocá-las dentro de um bloco.

5.5.4 Expressões primárias

A regra gramatical para as expressões primárias também é simples:

```
Primary:
    Number
    "(" Expression ")"
```

O código que implementa isso é um pouco confuso, porque há mais oportunidades para os erros de sintaxe:

```
double primary()
{
    Token t = get_token();
    switch (t.kind) {
    case '(':                    // lidar com '(' expressão ')'
    {   double d = expression();
        t = get_token();
        if (t.kind != ')')
            error("')' expected");
        return d;
    }
    case '8':                    // usamos '8' para representar um número
        return t.value;          // retornar o valor do número
    default:
        error("primary expected");
    }
}
```

Basicamente, não há nada de novo em comparação com expression() e term(). Usamos os mesmos primitivos da linguagem, a mesma forma de lidar com Tokens e as mesmas técnicas de programação.

5.6 Executando a primeira versão

Para executar as funções da calculadora, precisamos implementar get_token() e fornecer uma função main(). A parte main() é simples: continuamos chamando expression() e imprimindo seu resultado:

```
int main()
try {
    while (cin)
        cout << expression() << '\n';
}
catch (exception& e) {
    cerr << e.what() << '\n';
    return 1;
}
catch (...) {
    cerr << "exception \n";
    return 2;
}
```

O tratamento de erros é o "clichê" de sempre (§4.6.3). Adiaremos a descrição da implementação de get_token() para §5.8 e testaremos essa primeira versão da calculadora.

> **TENTE ISTO**
>
> Esta primeira versão do programa de calculadora (incluindo get_token()) está disponível como o arquivo calculator00.cpp. Execute-o e faça testes.

Sem surpresa, essa primeira versão da calculadora não funciona como esperávamos. Então encolhemos os ombros e perguntamos, "Por que não?", ou melhor, "Por que funciona assim?" e "O que isso faz?" Digite 2 seguido de uma nova linha. Nenhuma resposta. Tente outra nova linha para ver se ainda está sem resposta. Ainda assim nenhuma resposta. Digite 3 seguido de uma nova linha. Nenhuma resposta! Digite 4 seguido de uma nova linha. Ele responde com 2! Agora a tela fica assim:

```
2
3
4
2
```

Continuamos e digitamos 5+6. O programa responde com 5 e a tela fica assim:

```
2
3
4
2
5+6
5
```

A menos que você já tenha programado antes, provavelmente está muito confuso! Na verdade, até um programador experiente ficaria confuso. O que está acontecendo aqui? Neste ponto, você tenta sair do programa. Como você faz isso? "Esquecemos" de programar um comando para sair, mas um erro fará o programa sair, então você digita um x, o programa imprime Bad token e sai. Finalmente, algo funcionou como o planejado!

No entanto esquecemos de diferenciar a entrada e a saída na tela. Antes de tentar resolver o quebra-cabeça principal, corrigiremos a saída para ver melhor o que estamos fazendo. Adicionar um = para indicar a saída funcionará por ora:

```
while (cin)
    cout << "="<< expression() << '\n';   // versão 2: '=' adicionado
```
Agora, inserindo a sequência exata de caracteres anterior, obtemos

```
2
3
4
=2
5+6
=5
x
Bad token
```

Estranho! Tente descobrir o que o programa fez. Testamos outros exemplos, mas analisemos este. Isto é um quebra-cabeças:

- Por que o programa não respondeu após os primeiros 2 e 3, e as novas linhas?
- Por que o programa respondeu com 2, em vez de 4, depois que digitamos 4?
- Por que o programa respondeu 5, em vez de 11, após 5+6?

Há muitas maneiras possíveis de proceder a partir de tais resultados misteriosos. Examinaremos algumas no próximo capítulo, mas aqui, pensemos. O programa estaria fazendo uma aritmética incorreta? É muito improvável; os computadores são bons em aritmética. Considere o que acontece quando digitamos

```
1 2 3 4+5 6+7 8+9 10 11 12
```

seguido de uma nova linha. Obtemos

```
1 2 3 4+5 6+7 8+9 10 11 12
=1
=4
=6
=8
=10
```

Hum? Nenhum 2 ou 3. Por que 4 e não 9 (isto é, 4+5)? Por que 6 e não 13 (isto é, 6+7)? Olhe com atenção: o programa está exibindo algo somente a cada três *tokens*! Talvez o programa "coma" algumas de nossas entradas sem avaliar? Pode ser. Considere **expression()**:

```
double expression()
{
    double left = term();        // ler e avaliar um Term
    Token t = get_token();       // obter o próximo token
    while (true) {
        switch (t.kind) {
        case '+':
            left += term();      // avaliar Term e somar
            t = get_token();
            break;
```

```
                case '-':
                    left -= term();        // avaliar Term e subtrair
                    t = get_token();
                    break;
                default:
                    return left;           // finalmente: sem outro + ou -; retornar a resposta
            }
        }
    }
```

Quando o Token retornado por get_token() não é + ou –, apenas retornamos. Não usamos esse *token* nem o armazenamos em outro lugar para qualquer outra função usar mais tarde. Isso não é inteligente. Descartar a entrada sem mesmo determinar o que ela é não pode ser uma boa ideia. Um olhar rápido mostra que term() tem exatamente o mesmo problema. Isso explica por que nossa calculadora comeu dois *tokens* para cada um que usou.

Modifiquemos expression() para que ela não "coma" os *tokens*. Onde colocaríamos o próximo *token* (t) quando o programa não precisar dele? Poderíamos pensar em muitos esquemas elaborados, mas pularemos para a resposta óbvia ("óbvia" assim que você a vê): esse *token* será usado por alguma outra função que está lendo os *tokens* na entrada, então colocaremos o *token* de volta no fluxo de entrada para que ele possa ser lido novamente por alguma outra função! Na verdade, você pode colocar os caracteres de volta em um istream, mas isso não é o que realmente queremos. Queremos tratar *tokens*, não mexer com caracteres. O que queremos é um fluxo de entrada que trata os *tokens* e que você possa colocar um *token* já lido de volta nele.

Então, suponha que temos um fluxo de *tokens*, um Token_stream, chamado ts. Suponha ainda que um Token_stream tenha uma função membro get(), que retorna o próximo *token* e uma função-membro putback(t), que coloca um *token* t de volta no fluxo (*stream*). Implementaremos esse Token_stream em §5.8, assim que soubermos como ele precisa ser usado. Dado Token_stream, podemos rescrever expression() de modo que coloque um *token* não usado de volta em Token_stream:

```
    double expression()
    {
        double left = term();              // ler e avaliar um Term
        Token t = ts.get();                // obter o próximo token do fluxo de Tokens
        while (true) {
            switch (t.kind) {
            case '+':
                left += term();            // avaliar Term e somar
                t = ts.get();
                break;
            case '-':
                left -= term();            // avaliar Term e subtrair
                t = ts.get();
                break;
```

```
                default:
                    ts.putback(t);          // devolver t para o fluxo de Tokens
                    return left;            // finalmente: sem outro + ou -; retornar a resposta
            }
        }
    }
```

E mais, devemos fazer a mesma mudança em term():

```
double term()
{
    double left = primary();
    Token t = ts.get();                    // obter o próximo token do fluxo de Tokens
    while (true) {
        switch (t.kind) {
        case '*':
            left *= primary();
            t = ts.get();
            break;
        case '/':
            {   double d = primary();
                if (d == 0)
                    error("divide by zero");
                left /= d;
                t = ts.get();
                break;
            }
        default:
            ts.putback(t);                  // devolver t para o fluxo de Tokens
            return left;
        }
    }
}
```

Para nossa última função do *parser*, primary(), só precisamos mudar get_token() para ts.get(); a função primary() usa cada *token* que lê.

O estilo de *parser* usado aqui é chamado de *descendente recursivo* e é bastante popular em escala industrial para produzir um código compacto e fornecer boas mensagens de erro.

5.7 Executando a segunda versão

Então, estamos prontos para testar nossa segunda versão. Essa segunda versão do programa da calculadora (incluindo Token_stream) está disponível como o arquivo calculator01.cpp. Execute a segunda versão e teste. Digite 2 seguido de uma nova linha. Nenhuma resposta. Tente outra nova linha para ver se ainda está sem resposta. Continua sem resposta. Digite 3 seguido de uma nova linha e ele responde 2. Tente 2+2 seguido de uma nova linha e ele responde 3. Agora sua tela fica assim:

2

3
=2
2+2
=3

Hmm. Talvez nossa introdução de putback() e seu uso em expression() e term() não tenham corrigido o problema. Façamos outro teste:

2 3 4 2+3 2∗3
=2
=3
=4
=5

Sim! São respostas corretas! Mas a última resposta (6) está faltando. Ainda temos um problema de *token* à frente. No entanto desta vez o problema não é que o nosso código "come" os caracteres, mas que ele não obtém saída para uma expressão até digitarmos a expressão seguinte. O resultado de uma expressão não é impresso de imediato; a saída é adiada até que o programa veja o primeiro *token* da próxima expressão. Infelizmente, o programa não vê esse *token* até pressionarmos a tecla Return depois da próxima expressão. O programa não está realmente errado; apenas responde um pouco devagar.

Como corrigimos isso? Uma solução óbvia é exigir um "comando para imprimir". Então aceitaremos um ponto e vírgula após uma expressão para terminá-la e disparar a saída. Enquanto estamos nela, adicionamos um "comando para sair" para produzir uma saída elegante. O caractere q (para "*quit*" – sair, em inglês) seria ótimo para um comando de saída. Em main(), temos

```
while (cin)
    cout << "=" << expression() << '\n';    // versão 2: '=' adicionado
```

Podemos mudar isso para algo mais confuso, porém mais útil:

```
double val = 0;                             // versão 3: 'q' e ';' adicionados
while (cin) {
    Token t = ts.get();
    if (t.kind == 'q')                      // 'q' para "sair"
        break;
    if (t.kind == ';')                      // ';' para "imprimir agora"
        cout << "=" << val << '\n';
    else
        ts.putback(t);
    val = expression();
}
```

Agora a calculadora está realmente útil. Por exemplo, obtemos

2;
=2
2+3;
=5
3+4*5;
=23
q

Neste ponto, temos uma boa versão inicial da calculadora. Não é bem o que dissemos que queríamos, mas temos um programa que podemos usar como base para fazer uma versão mais aceitável. O mais importante é que agora podemos corrigir os problemas e adicionar recursos um por um, mantendo um programa funcional à medida que avançamos.

5.8 Fluxos de *tokens*

Antes de melhorar ainda mais nossa calculadora, mostraremos a implementação de Token_stream. Afinal, nada, nada mesmo, funciona até obtermos a entrada correta. Implementamos Token_stream antes de tudo, mas não queríamos muita digressão em relação aos problemas de cálculo antes de termos mostrado uma solução mínima.

A entrada para nossa calculadora é uma sequência de *tokens*, como mostramos para (1.5+4)*11 acima (§5.3.3). O que precisamos é algo que leia os caracteres na entrada-padrão, cin, e apresente ao programa o próximo *token* quando ele o solicita. Além disso, vimos que nós, isto é, nosso programa de calculadora, muitas vezes lemos um *token* a mais, de modo que devemos conseguir devolvê-lo para uso posterior. É típico e fundamental; ao ver 1.5+4 sendo lido estritamente da esquerda para a direita, como saber que o número 1.5 foi completamente lido sem ler o +? Até vermos o +, podemos estar lendo 1.55555. Então, precisamos de um "fluxo" que produza um *token* quando pedimos um usando get() e onde possamos colocar um *token* de volta ao fluxo usando putback(). Tudo que usamos em C++ tem um tipo, então temos que começar definindo o tipo Token_stream.

Você deve ter notado a indicação public: na definição de Token em §5.3.3. Lá, ela não tinha um propósito aparente. Para Token_stream, precisamos dela e devemos explicar sua função. Um tipo definido pelo usuário C++ muitas vezes consiste em duas partes: a interface pública (rotulada como public:) e os detalhes da implementação (rotulados como private:). A ideia é separar o que o usuário de um tipo precisa para uso conveniente e os detalhes necessários para implementar o tipo, mas que preferimos que os usuários não mexam:

```
class Token_stream {
public:
    // interface do usuário
private:
    // detalhes da implementação
    // (não acessível diretamente pelos usuários de Token_stream)
};
```

CC Obviamente, os usuários e os implementadores são muitas vezes apenas nós mesmos "em diferentes papéis", mas fazer a distinção entre a interface (pública) destinada aos usuários e os detalhes da implementação (privados) usados somente pelo implementador é uma ferramenta poderosa para estruturar o código. A interface pública deve conter (somente) o que o usuário precisa, que costuma ser um conjunto de funções. A implementação privada contém o que é necessário para implementar essas funções públicas, normalmente dados e funções que lidam com os detalhes confusos que os usuários não precisam saber e não devem usar diretamente.

Iremos elaborar um pouco o tipo Token_stream. O que o usuário quer dele? Obviamente, queremos as funções get() e putback() – é por isso que inventamos a noção de um fluxo de *tokens*. A classe Token_stream serve para extrair Tokens a partir dos caracteres lidos na entrada, então precisamos definir um Token_stream que leia a partir de cin. Então, a versão mais simples de Token_stream fica assim:

```
class Token_stream {
public:
    Token get();                    // obter um Token
    void putback(Token t);          // retornar um Token
private:
    // ... detalhes da implementação ...
};
```

Isso é tudo que um usuário precisa para usar um Token_stream. Os programadores experientes se perguntarão por que cin é a única fonte de caracteres possível, mas decidimos obter nossa entrada com o teclado. Iremos rever essa decisão em um exercício do Capítulo 6.

Por que usamos o nome putback() "mais comprido" em vez de apenas put(), logicamente suficiente? Queríamos enfatizar a assimetria entre get() e putback(); este é um fluxo de entrada, não algo que você também possa usar para a saída geral. Além disso, istream tem uma função putback(): a padronização na escolha de nomes é uma propriedade útil de um sistema. Ela ajuda as pessoas a se lembrarem dos nomes e evita erros.

Agora podemos criar um Token_stream e usá-lo:

```
Token_stream ts;                // um Token_stream chamado ts
Token t = ts.get();             // obter o próximo Token de ts
// ...
ts.putback(t);                  // devolver o Token t para ts
```

Isso é tudo que precisamos para escrever o restante da calculadora.

5.8.1 Implementando Token_stream

Agora, precisamos implementar essas duas funções de Token_stream. Como representamos um Token_stream? Isto é, quais dados precisamos armazenar em um Token_stream para que ele faça o seu trabalho? Precisamos de espaço para qualquer *token* que retornamos em Token_stream. Para simplificar, digamos que podemos retornar no máximo um *token* de cada vez. Isso é suficiente para nosso programa (e para muitos, muitos programas semelhantes). Dessa forma, só precisamos de espaço para um Token e um indicador para mostrar se o espaço está cheio ou vazio:

```
class Token_stream {
public:
    Token get();                    // obter um Token (get() é definido em §5.8.2)
    void putback(Token t);          // retornar um Token
private:
    bool full = false;              // existe um Token no buffer?
    Token buffer;                   // putback() salva seu token aqui
};
```

Observe a forma como podemos inicializar um membro de dados dentro da própria classe. Isso é chamado de *inicialização padrão do membro* ou *inicialização na classe* (§8.4.2).

Agora, podemos definir as duas funções-membro. Escrever putback() é fácil, por isso a definiremos primeiro. A função-membro putback() coloca seu argumento de volta no *buffer* de Token_stream:

```
void Token_stream::putback(Token t)
{
    buffer = t;      // copiar t para o buffer
    full = true;     // agora o buffer está cheio
}
```

A palavra-chave void (que significa "nada") é usada para indicar que putback() não retorna um valor.

Quando definimos um membro de uma classe fora da própria definição de classe, temos que mencionar de qual classe queremos que o membro seja membro. Usamos a notação

  nome_classe :: *nome_membro*

para isso. Nesse caso, definimos o membro putback de Token_stream.

Por que definiríamos um membro fora de sua classe? A principal resposta é por motivos de clareza: a definição de classe (basicamente) indica o que a classe pode fazer. As definições das funções-membro são implementações que especificam como as coisas são feitas. Preferimos colocá-las "em outro lugar", onde elas não causam distrações. Nosso ideal é que todas as entidades lógicas em um programa caibam em uma tela. As definições de classe costumam caber se as definições das funções-membro são colocadas em outro lugar, mas não se são colocadas dentro da definição de classe ("*in-class*").

Se quiséssemos ter certeza de que não tentamos usar putback() duas vezes sem ler o que retornamos no meio (usando get()), poderíamos adicionar um teste:

```
void Token_stream::putback(Token t)
{
    if (full)
        error("putback() into a full buffer");
    buffer = t;      // copiar t para o buffer
    full = true;     // agora o buffer está cheio
}
```

O teste envolvendo full verifica a precondição (§4.7.3.1) "O *buffer* já está cheio?".

Obviamente, um Token_stream deve começar vazio, isto é, full deve ser false até depois da primeira chamada de get(). Conseguimos isso inicializando o membro full já na definição de Token_stream.

5.8.2 Lendo *tokens*

O trabalho mesmo é todo feito por get(). Se ainda não houver um Token em Token_stream::buffer, get() deverá ler caracteres de cin e combiná-los em Tokens:

```
Token Token_stream::get()
{
    if (full) {                    // já temos um Token pronto?
        full = false;              // remover Token do buffer
        return buffer;
    }
    char ch = 0;
    if !(cin >> ch)                // notar que >> pula espaços em branco (espaço, nova linha, tab etc.)
        error("no input");

    switch (ch) {
    case ';':                      // para "imprimir"
    case 'q':                      // para "sair"
    case '(': case ')': case '+': case '-': case '*': case '/':
        return Token{ch};          // deixar cada caractere se representar
    case '.':
    case '0': case '1': case '2': case '3': case '4':
    case '5': case '6': case '7': case '8': case '9':
        {   cin.putback(ch);       // devolver o dígito para o fluxo de entrada
            double val = 0;
            cin >> val;            // ler um número de ponto flutuante
            return Token{'8',val}; // deixar '8' representar "um número"
        }
    default:
        error("Bad token");
    }
}
```

Examinemos get() em detalhes. Primeiro verificamos se já temos um Token no *buffer*. Se assim for, podemos apenas retornar isto:

```
if (full) {                    // já temos um Token pronto?
    full = false;              // remover Token do buffer
    return buffer;
}
```

Somente se full for false (isto é, não há *token* no *buffer*) precisamos lidar com caracteres. Nesse caso, lemos um caractere e lidamos com ele de acordo. Procuramos parênteses, operadores e números. Qualquer outro caractere nos faz chamar error(), que termina o programa:

```
default:
    error("Bad token");
```

A função error() é descrita em §4.6.3, e a disponibilizamos em PPP_support.

Tivemos que decidir como representar os diferentes tipos de Tokens, isto é, tivemos que escolher valores para o membro kind. Para simplificar e facilitar a depuração, decidimos deixar o kind de um Token ser os próprios parênteses e os próprios operadores. Isso leva a um processamento extremamente simples dos parênteses e dos operadores:

```
case '(': case ')': case '+': case '-': case '*': case '/':
    return Token{ch};           // deixar cada caractere se representar
```

Para sermos honestos, esquecemos de ';' para "*print*" (imprimir) e 'q' para "*quit*" (sair) em nossa primeira versão. Não os adicionamos até precisarmos deles para nossa segunda solução.

5.8.3 Lendo números

Agora só temos que lidar com os números. Não é tão fácil assim. Como realmente achamos o valor de 123? Bem, isso é 100+20+3. Mas e 12.34? Devemos aceitar notação científica, como 12.34e5? Poderíamos passar horas ou dias para acertar isso, mas, por sorte, não precisamos. Os fluxos de entrada sabem como é um literal de ponto flutuante em C++ e como transformá-lo em um valor do tipo double. Tudo o que temos de fazer é descobrir como dizer a cin para fazer isso dentro de get():

```
case '.':
case '0': case '1': case '2': case '3': case '4':
case '5': case '6': case '7': case '8': case '9':
    {   cin.putback(ch);        // devolver o dígito para o fluxo de entrada
        double val = 0;
        cin >> val;             // ler um número de ponto flutuante
        return Token{'8',val};  // deixar '8' representar "um número"
    }
```

Arbitrariamente escolhemos '8' para representar "um número" em um Token.

Como sabemos que vem um número na sequência? Bem, se sabemos por experiência ou procuramos em uma referência de C++ (§0.4.1), descobrimos que um literal numérico deve começar com um dígito ou . (o ponto decimal). Então, testamos isso. Em seguida, queremos deixar cin ler o número, mas já lemos o primeiro caractere (um dígito ou um ponto), então deixar cin ler o resto dará um resultado errado. Poderíamos tentar combinar o valor do primeiro caractere com o valor "do resto" como lido por cin; por exemplo, se alguém digitasse 123, obteríamos 1, cin leria 23 e teríamos que somar 100 e 23. Eca! E esse é um caso comum. Felizmente (e não por acaso), cin opera de modo muito parecido com Token_stream no sentido de que você pode devolver um caractere para ele. Então, em vez de fazer qualquer aritmética confusa, apenas devolvemos o caractere inicial para cin e, em seguida, deixamos cin ler o número inteiro.

AA Perceba como estamos sempre evitando fazer um trabalho complicado e buscando soluções mais simples, muitas vezes contando com recursos da biblioteca. Essa é a essência da boa programação: a busca contínua pela simplicidade. Às vezes isso é expresso (ironicamente) como "Os bons programadores são preguiçosos". Nesse sentido (e apenas nesse sentido), devemos ser "preguiçosos"; por que escrever muito código se podemos encontrar uma forma de escrever bem menos?

5.9 Estrutura do programa

Como diz o ditado, às vezes é difícil ver a floresta focando nas árvores. Da mesma forma, é fácil perder de vista um programa ao olhar todas as suas funções, classes etc. Então, examinemos o programa com os detalhes omitidos:

```
#include "PPP.h"

class Token { /* ... */ };
class Token_stream { /* ... */ };

void Token_stream::putback(Token t) { /* ... */ }
Token Token_stream::get() { /* ... */ }

Token_stream ts;                       // fornece get() e putback()
double expression();                   // declaração para que primary() possa chamar expression()
double primary() { /* ... */ }         // lidar com números e parênteses
double term() { /* ... */ }            // lidar com * e /
double expression() { /* ... */ }      // lidar com + e –

int main() { /* ... */ }               // loop principal e lidar com os erros
```

A ordem das declarações é importante. Você não pode usar um nome antes de ele ser declarado, por isso ele deve ser declarado antes de **ts.get()** usá-lo, e a função **error()** de **PPP_support** deve ser declarada antes das funções do *parser* porque todas a utilizam.

Podemos representar isso graficamente (deixando de fora as chamadas para **error()** – todas chamam **error()**):

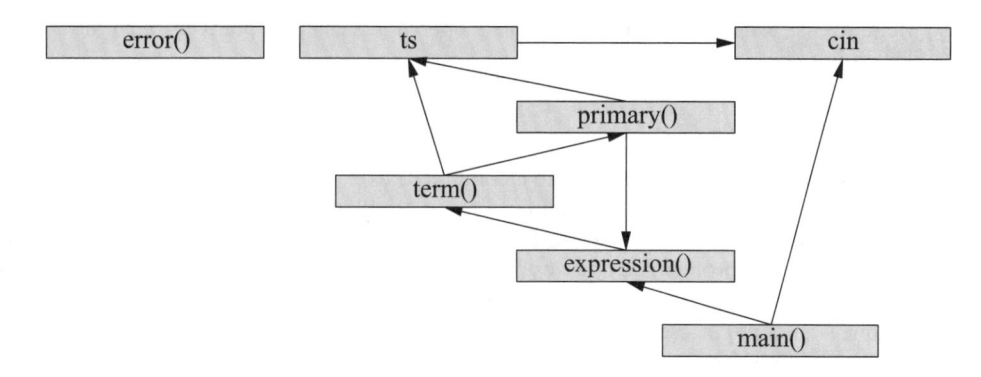

```
┌─────────┐      ┌────┐                          ┌─────┐
│ error() │      │ ts │ ───────────────────────► │ cin │
└─────────┘      └────┘                          └─────┘
                   ▲ ▲                              ▲
                   │ │     ┌───────────┐            │
                   │ └─────│ primary() │────────────┘
                   │       └───────────┘
                   │             ▲
                   │    ┌────────┐
                   └────│ term() │
                        └────────┘
                             │
                             ▼
                      ┌──────────────┐
                      │ expression() │◄──┐
                      └──────────────┘   │
                             ▲           │
                             │      ┌────────┐
                             └──────│ main() │
                                    └────────┘
```

Há um *loop* interessante no grafo de chamadas: **expression()** chama **term()**, que chama **primary()**, que chama **expression()**. Isso significa que não podemos apenas definir essas três funções: não há uma ordem que nos permita definir as funções antes de elas serem usadas. Precisamos de pelo menos uma declaração que não seja também uma definição. Escolhemos declarar ("declarar adiante") **expression()**.

Mas isso funciona? Funciona, para alguma definição de "funciona". Isso compila, executa, avalia corretamente as expressões e gera mensagens de erro decentes. Mas funciona como gostaríamos? A resposta previsível é "Nem tanto". Tentamos a primeira versão em §5.6 e removemos um *bug* grave. Esta segunda versão (§5.7) ainda tem problemas. Mas isso está OK (e é esperado). É bom o suficiente para seu principal objetivo, que é ser algo que podemos usar para verificar nossas ideias básicas e obter *feedback*. Nesse sentido, é um sucesso, mas faça o teste: ela (ainda) o deixará louco!

> **TENTE ISTO**
>
> Execute a calculadora como apresentado anteriormente. Veja o que ela faz e tente descobrir por que funciona desse modo.

Prática

Esta prática envolve uma série de modificações a um programa com erros para transformá-lo de algo inútil a algo razoavelmente útil.

[1] Pegue a calculadora do arquivo **calculator02buggy.cpp**. Compile. Você precisa encontrar e corrigir alguns *bugs*. Esses *bugs* não estão no texto do livro. Encontre os três erros lógicos inseridos maliciosamente em **calculator02buggy.cpp** e remova-os para que a calculadora produza resultados corretos.

[2] Altere o caractere utilizado como comando de saída de q para x.

[3] Altere o caractere utilizado como comando de impressão de ; para =.

[4] Acrescente uma linha de saudação em **main()**:

> "Welcome to our simple calculator.
> Please enter expressions using floating-point numbers."

[5] Melhore essa saudação mencionando quais operadores estão disponíveis, além de como imprimir e sair.

Revisão

[1] O que entendemos por "Programação é compreensão"?
[2] O capítulo detalha a criação de um programa de calculadora. Escreva uma breve análise do que a calculadora deve conseguir fazer.
[3] Como dividir um problema em partes menores gerenciáveis?
[4] Por que criar uma versão pequena e limitada de um programa é uma boa ideia?
[5] Por que o aumento de escopo (*scope creep*) é uma má ideia?
[6] Quais são as três fases principais do desenvolvimento de *software*?
[7] O que é um "caso de uso"?
[8] Qual é o objetivo dos testes?
[9] De acordo com a visão geral do capítulo, descreva a diferença entre **Term**, **Expression**, **Number** e **Primary**.
[10] No capítulo, uma entrada foi dividida em seus componentes: **Terms**, **Expressions**, **Primarys** e **Numbers**. Faça isso para **(17+4)/(5–1)**.
[11] Por que o programa não tem uma função chamada **number()**?
[12] O que é *token*?
[13] O que é gramática? Regra gramatical?
[14] O que é classe? Para que usamos as classes?
[15] Como podemos fornecer um valor predefinido para um membro de uma classe?
[16] Na função de expressão, por que é o padrão para a instrução **switch** "devolver" o *token*?

[17] O que é "ver adiante" (*look ahead*)?
[18] O que faz putback() e por que é útil?
[19] Por que a operação de resto (módulo),%, é difícil de implementar em term()?
[20] Para que usamos os dois membros de dados da classe Token?
[21] Por que (às vezes) dividimos os membros de uma classe em membros private e public?
[22] O que acontece na classe Token_stream quando há um *token* no *buffer* e a função get() é chamada?
[23] Por que os caracteres ';' e 'q' foram adicionados à instrução switch na função get() da classe Token_stream?
[24] Quando devemos começar a testar nosso programa?
[25] O que é um "tipo definido pelo usuário"? Por que queremos um?
[26] Qual é a interface para um "tipo definido pelo usuário" em C++?
[27] Por que é interessante nos basear em bibliotecas de código?

Termos

análise	gramática	protótipo	class
implementação	pseudocódigo	membro da classe	interface
public	membro de dados	função membro	analisador sintático
projeto	*parser*	*token*	dividir por zero
private	caso de uso	fluxo de *tokens*	ver adiante (*look ahead*)

Exercícios

[1] Se ainda não fez, faça os exercícios TENTE ISTO deste capítulo.
[2] Adicione a capacidade de usar {} e () ao programa, para que {(4+5)*6} / (3+4) seja uma expressão válida.
[3] Adicione o operador fatorial: use um operador de sufixo ! para representar o "fatorial". Por exemplo, a expressão 7! significa 7 * 6 * 5 * 4 * 3 * 2 * 1. Faça ! ter precedência sobre * e /, isto é, 7*8! significa 7*(8!) em vez de (7*8)!. Comece modificando a gramática para considerar um operador de nível mais alto. Para concordar com a definição matemática padrão de fatorial, faça 0! ser avaliado como 1. Dica: as funções da calculadora lidam com doubles, mas o fatorial é definido apenas para os ints, então apenas para x!, atribua o x a um int e calcule o fatorial desse int.
[4] Defina uma classe Name_value que contenha uma string e um valor. Refaça o exercício 20 no Capítulo 3 para usar um vector<Name_value> em vez de dois vectors.
[5] Escreva uma gramática para as expressões lógicas *bit* a *bit* (*bitwise*). Uma expressão lógica de *bit* a *bit* é muito semelhante a uma expressão aritmética, exceto que os operadores são ! (não), ~ (complemento), & (e), | (ou) e ^ (ou exclusivo). Cada operador faz sua operação sobre cada *bit* de seus operandos inteiros (ver PPP2.§ 25.5). ! e ~ são operadores unários de prefixo. Um ^ tem precedência sobre | (assim como * tem precedência sobre +), de modo que x|y^z significa x|(y^z) em vez de (x|y)^z. O operador & une mais que ^, de modo que x^y&z significa x^(y&z).
[6] Refaça o jogo "Bulls and Cows" (Touros e Vacas) do exercício 12 do Capítulo 4 para que use quatro letras em vez de quatro dígitos.

[7] Escreva um programa que leia os dígitos e os componha em números inteiros. Por exemplo, 123 é lido como os caracteres 1, 2 e 3. O programa deve produzir **123 é 1 centena, 2 dezenas e 3 unidades**. O número deve ser exibido como um valor inteiro. Trate números com um, dois, três ou quatro dígitos. Dica: para obter o valor inteiro **5** a partir do caractere '5' subtraia '0', isto é, **'5'–'0'==5**.

[8] Uma permutação é um subconjunto ordenado de um conjunto. Por exemplo, digamos que quiséssemos escolher uma combinação para um cofre. Existem 60 números possíveis, e você precisa de três números diferentes para a combinação. Existem $P(60, 3)$ permutações para a combinação, onde P é definido pela fórmula $P(a, b) = (a!)/((a-b)!)$, onde ! é usado como um operador fatorial de sufixo. Por exemplo, 4! é $4*3*2*1$.

As combinações são semelhantes às permutações, exceto que a ordem dos objetos não importa. Por exemplo, se você estivesse fazendo uma "banana *split*" e quisesse usar três sabores diferentes de sorvete entre os cinco disponíveis, provavelmente não se importaria se tivesse colocado uma bola de baunilha no início, no final ou no meio da travessa. A fórmula das combinações é $C(a, b) = (P(a, b))/(b!)$.

Faça um programa que peça aos usuários dois números, pergunte se eles querem calcular permutações ou combinações, e imprima o resultado. Ele terá várias partes. Faça uma análise desses requisitos. Escreva exatamente o que o programa terá que fazer. Depois, entre na fase de projeto. Escreva um pseudocódigo para o programa e divida-o em componentes secundários. Esse programa deve ter uma verificação de erros. Verifique se todas as entradas erradas irão gerar boas mensagens de erro.

Posfácio

Processar entradas é uma das atividades fundamentais da programação. Todo programa, de alguma forma, enfrenta esse problema. Entender algo produzido diretamente por uma pessoa está entre os problemas mais difíceis. Por exemplo, muitos aspectos do reconhecimento de voz ainda são problemas de pesquisa. Variações simples desse problema, como a nossa calculadora, lidam com isso usando uma gramática para definir a entrada.

6

Concluindo um programa

> *Busque a simplicidade:*
> *o mais simples possível,*
> *mas não simplista*
> *– Albert Einstein*

Escrever um programa envolve refinar aos poucos a ideia do que queremos fazer e como queremos expressá-la. No Capítulo 5, produzimos a versão inicial e funcional de um programa de calculadora. Aqui, iremos refiná-lo. Concluir o programa, isto é, torná-lo adequado para os usuários e os mantenedores, envolve melhorar a interface do usuário, fazer um trabalho sério no tratamento de erros, adicionar alguns recursos úteis e reestruturar o código para facilitar a compreensão e a modificação.

- ▶ 6.1 Introdução
- ▶ 6.2 Entrada e saída
- ▶ 6.3 Tratamento de erros
- ▶ 6.4 Números negativos
- ▶ 6.5 Resto: %
- ▶ 6.6 Limpando o código
  Constantes simbólicas; Uso de funções; *Layout* do código; Comentários
- ▶ 6.7 Recuperando-se dos erros
- ▶ 6.8 Variáveis
  Variáveis e definições; Introduzindo nomes; Nomes predefinidos; Já terminamos?

6.1 Introdução

AA Quando seu programa começa a rodar "razoavelmente", é provável que você esteja na metade do caminho. Para um programa grande ou que poderia causar prejuízos caso se comportasse mal, você não está nem perto da metade. Assim que o programa "funciona basicamente", começa a verdadeira diversão! É aí que temos código funcional suficiente para experimentar as ideias.

Neste capítulo, iremos guiá-lo pelas considerações que um programador profissional pode fazer ao tentar melhorar a calculadora do Capítulo 5. Note que as perguntas feitas sobre o programa e as questões consideradas aqui são muito mais interessantes do que a calculadora em si. O que fazemos é dar um exemplo de como os programas reais evoluem sob a pressão dos requisitos e das restrições, e como um programador pode melhorar aos poucos o código.

6.2 Entrada e saída

Se você olhar o início do Capítulo 5, verá que decidimos solicitar ao usuário uma entrada com

Expression:

e retornar as respostas com

Result:

No calor de fazer o programa rodar, esquecemos disso tudo. É bem comum. Não podemos pensar em tudo o tempo todo, então, quando paramos para refletir, descobrimos que esquecemos uma coisa ou outra.

Para algumas tarefas de programação, os requisitos iniciais não podem ser alterados. Em geral, é uma política rígida demais e leva a programas que são soluções desnecessariamente ruins para os problemas para os quais são escritos para resolver. Então, iremos considerar o que faríamos, presumindo que podemos mudar a especificação do que exatamente o programa deve fazer. Queremos realmente que o programa escreva **Expression:** e **Result:**? Como saber? Apenas "pensar" raramente ajuda. Temos que experimentar e ver o que funciona melhor.

2+3; 5*7; 2+9;

atualmente fornece

= 5
= 35
= 11

Se usássemos **Expression:** e **Result:**, obteríamos

Expression: 2+3; 5*7; 2+9;
Result : 5
Expression: Result: 35
Expression: Result: 11
Expression:

Temos certeza de que algumas pessoas gostarão mais de um estilo e outras gostarão mais de outro. Em tais casos, podemos considerar dar às pessoas uma opção, mas, para esta calculadora simples, isso seria um exagero, então devemos decidir. Achamos que escrever **Expression:** e **Result:** é um pouco "pesado" demais e uma distração. Usando eles, as expressões e os resultados reais são apenas uma pequena parte do que aparece na tela e, como as expressões e os resultados são o que importa, nada deve nos distrair deles. Por outro lado, a menos que separemos de alguma forma o que o usuário digita do que o computador produz, o resultado pode ser confuso. Durante a depuração inicial, adicionamos = como um indicador de resultado. Também gostaríamos de um *"prompt"* curto para indicar que o programa deseja dados de entrada. O caractere > muitas vezes é usado como um *prompt*:

```
> 2+3;
= 5
> 5*7;
= 35
>
```

Parece muito melhor, e podemos fazer isso com uma pequena mudança no *loop* principal de main():

```
double val = 0;
while (cin) {
    cout << "> ";           // imprimir prompt
    Token t = ts.get();
    if (t.kind == 'q') break;
    if (t.kind == ';')
        cout << "= " << val << '\n';   // imprimir resultado
    else
        ts.putback(t);
    val = expression();
}
```

Infelizmente, o resultado de colocar várias expressões em uma linha ainda é confuso:

```
> 2+3; 5*7; 2+9;
= 5
> = 35
> = 11
>
```

O problema básico é que não pensamos em várias expressões em uma linha quando começamos (pelo menos fingimos não pensar). O que queremos é

```
> 2+3; 5*7; 2+9;
= 5
= 35
= 11
>
```

Parece certo, mas infelizmente não há uma forma óbvia de realizar tal coisa. Primeiro examinamos main(). Existe uma forma de escrever > somente se não for imediatamente seguido de =? Não temos como saber! Precisamos escrever > antes de get(), mas não sabemos se get() realmente lê os novos caracteres ou se simplesmente nos dá um Token a partir dos caracteres já lidos no teclado. Em outras palavras, teríamos que mexer com Token_stream para fazer essa melhoria final.

Por enquanto, decidimos que o que temos é bom o suficiente. Se acharmos que temos que modificar Token_stream, iremos rever essa decisão. No entanto é imprudente fazer grandes mudanças estruturais para ter uma vantagem menor, e ainda não testamos por completo a calculadora.

6.3 Tratamento de erros

CC A primeira coisa a fazer assim que temos um programa que "funciona basicamente" é tentar "quebrá-lo", isto é, fornecemos uma entrada na esperança de descobrir um mau comportamento. Dizemos "esperança" porque o desafio aqui é encontrar o máximo de erros possível para que possamos corrigi-los antes que alguém os encontre.

Se você começar este exercício com a atitude de que "meu programa funciona e eu não cometo erros!", não encontrará muitos *bugs* e se sentirá mal quando encontrar um. Você estaria se iludindo! A atitude certa ao testar é "Eu vou quebrá-lo! Sou mais inteligente do que qualquer programa – mais que o meu próprio!" Então, alimentamos a calculadora com uma combinação de expressões corretas e incorretas. Por exemplo:

```
1+2+3+4+5+6+7+8
1-2-3-4
!+2
;;;
(1+3;
(1+);
1*2/3%4+5-6;
();
1+;
+1
1++;
1/0
1/0;
1++2;
-2;
-2;;;;
1234567890123456;
'a';
q
1+q
1+2; q
```

> **TENTE ISTO**
>
> Forneça algumas expressões "problemáticas" como entrada para a calculadora e tente descobrir de quantas maneiras você pode fazê-la se comportar mal. Você consegue fazer com que ela falhe, isto é, fazer com que passe no nosso tratamento de erros e gere um erro de máquina? Achamos que não consegue. Consegue fazer com que termine sem uma mensagem de erro útil? Consegue.

Tecnicamente, isso é conhecido como *teste* (§4.7.4). Há pessoas que fazem isso – encontram brechas em programas – como meio de vida. Testar é uma parte muito importante do desenvolvimento de *software* e pode realmente ser divertido. Uma ótima pergunta é: "Podemos testar o programa sistematicamente, de modo a encontrar todos os erros?". Não há uma resposta geral para essa pergunta, isto é, não há uma resposta para todos os programas. No entanto você pode ter bastante sucesso em muitos programas quando leva o teste a sério. Você tenta criar casos de teste sistematicamente e, no caso de sua estratégia para selecionar os testes não estar completa, fará alguns testes "pouco razoáveis", como

Mary had a little lamb
srtvrqtiewcbet7rewaewre–wqcntrretewru754389652743nvcqnwq;
!@#%ˆ&*()˜:;

Certa vez, ao testar compiladores, adquiri o hábito de enviar *e-mails* com dados de erros do compilador direto para o compilador – cabeçalhos de *e-mail*, explicação do usuário e tudo mais. Não era "razoável" porque "ninguém faria isso". Porém o ideal é que um programa pegue todos os erros, não apenas os razoáveis, e logo o compilador ficou muito resistente à "entrada estranha".

A calculadora recebe entrada do teclado. Isso torna o teste chato: sempre que fazemos uma melhoria, temos que digitar muitos casos de teste (mais uma vez!) para garantir que não quebramos nada. Seria muito melhor se pudéssemos armazenar nossos casos de teste em algum lugar e executá-los com um único comando. É comum que em alguns sistemas operacionais (a saber, o Unix) seja fácil fazer com que **cin** leia dados de um arquivo sem modificarmos o programa e, da mesma forma, desviem a saída de **cout** para um arquivo. Se isso não for conveniente, devemos modificar o programa para que use um arquivo (ver §9).

Agora considere:

1+2; q

e

1+2 q

Gostaríamos de imprimir o resultado (3), então terminar o programa. Muito curioso.

1+2 q

faz isso, mas a entrada aparentemente mais clara

1+2; q

gera um erro **Primary expected**. Onde procuraríamos esse erro? Em **main()**, onde ; e q são tratados, claro. Adicionamos os comandos "*print*" e "*quit*" rapidamente para fazer a calculadora funcionar (§5.7). Agora estamos pagando por essa pressa. Considere novamente:

```
double val = 0;
while (cin) {
    cout << "> ";
    Token t = ts.get();
    if (t.kind == 'q')
        break;
    if (t.kind == ';')
        cout << "= " << val << '\n';
    else
        ts.putback(t);
    val = expression();
}
```

Se encontramos um ponto e vírgula, imediatamente chamamos **expression()**, sem verificar a ocorrência de q. A primeira coisa que **expression()** faz é chamar **term()**, que primeiro chama **primary()**, que encontra q. A letra q não é um **Primary**, por isso obtemos nossa mensagem de erro. Portanto devemos testar se encontramos q após testar pela ocorrência de um ponto e vírgula. Fazendo isso, sentimos a necessidade de simplificar um pouco a lógica, então a função **main()** completa fica assim:

```
int main()
try
{
    while (cin) {
        cout << "> ";
        Token t = ts.get();
        while (t.kind == ';')
            t=ts.get();        // "engole" o
        if (t.kind == 'q')
            return 0;
        ts.putback(t);
        cout << "= " << expression() << '\n';
    }
    return 0;
}
catch (exception& e) {
    cerr << e.what() << '\n';
    return 1;
}
catch (...) {
    cerr << "exception \n";
    return 2;
}
```

Isso configura um tratamento de erros bem robusto. Então podemos começar a considerar o que mais podemos fazer para melhorar a calculadora.

6.4 Números negativos

Se você testou a calculadora, descobriu que ela não consegue lidar com números negativos de forma elegante. Por exemplo, isto é um erro:

−1/2

Temos que escrever

(0−1)/2

Isso não é aceitável.

É normal encontrar tais problemas durante a depuração e o teste tardios. Só agora temos a oportunidade de ver o que nosso projeto realmente faz e ter o *feedback* que nos permita refinar nossas ideias. Ao planejar um projeto, é aconselhável tentar preservar tempo e flexibilidade para tirar proveito das lições aprendidas aqui. Muitas vezes, a "versão 1.0" é liberada sem os refinamentos necessários, porque um cronograma apertado ou uma estratégia rígida de gestão do projeto impede as alterações "tardias" na especificação; o acréscimo "tardio" de "recursos" é especialmente temido. Na realidade, quando um programa é bom o suficiente para um uso simples por seus projetistas, mas ainda não está pronto para ser liberado, não é "tarde" na sequência de desenvolvimento; é o primeiro momento em que podemos tirar proveito da sólida experiência com o programa. Um cronograma realista leva isso em conta.

Nesse caso, precisamos, basicamente, modificar a gramática para aceitar o operador de menos unário. A mudança mais simples parece estar em **Primary**. Temos

> **Primary:**
> **Number**
> **"(" Expression ")"**

e precisamos de algo como

> **Primary:**
> **Number**
> **"(" Expression ")"**
> **"–" Primary**
> **"+" Primary**

Adicionamos o operador de mais unário porque é isso que o C++ faz. Quando temos um menos unário, alguém sempre tenta usar o mais unário, e é mais fácil implementá-lo do que explicar por que ele é inútil. O código que implementa **Primary** se torna

```
double primary()
{
    Token t = ts.get();
    switch (t.kind) {
    case '(':                        // tratar '(' expressão ')'
    {
        double d = expression();
        t = ts.get();
        if (t.kind != ')')
            error("')' expected");
        return d;
    }
    case '8':                        // usamos '8' para representar um número
        return t.value;              // retornar o valor do número
    case '-':
        return – primary();
    case '+':
        return primary();
    default:
        error("primary expected");
    }
}
```

É tão simples que acabou funcionando de primeira.

6.5 Resto: %

Quando analisamos pela primeira vez os recursos ideais de uma calculadora, queríamos incluir o operador de resto (módulo): %. No entanto % não é definido para os números de ponto flutuante, então recuamos. Agora podemos considerá-lo de novo. Deve ser simples:

[1] Adicionamos % como um Token.
[2] Definimos um significado para %.

Sabemos o significado de % para os operandos inteiros. Por exemplo:

```
> 2%3;
= 2
> 3%2;
= 1
> 5%3;
= 2
```

Mas como devemos tratar os operandos que não são inteiros? Considere:

```
> 6.7%3.3;
```

Qual deve ser o valor resultante? Não há uma resposta técnica perfeita. Contudo o módulo muitas vezes é definido para os operandos de ponto flutuante. Em particular, x%y pode ser definido como x%y==x-y*int(x/y), de modo que 6.7%3.3==6.7–3.3*int(6.7/3.3), que é 0.1. Podemos fazer isso facilmente usando a função da biblioteca-padrão fmod() (módulo de ponto flutuante) (PPP2.§24.8). Modificamos term() para incluir

```
case '%':
{    double d = primary();
     if (d == 0)
          error("%:divide by zero");
     left = fmod(left,d);
     t = ts.get();
     break;
}
```

Como alternativa, podemos proibir o uso de % em um argumento de ponto flutuante. Verificamos se os operandos de ponto flutuante têm partes fracionárias e geramos uma mensagem de erro em caso afirmativo. O problema de garantir operandos do tipo int para % é uma variante do problema de redução (§2.9), então podemos resolvê-lo usando narrow (§7.4.7):

```
case '%':
{    int i1 = narrow<int>(left);
     int i2 = narrow<int>(primary());
     if (i2 == 0)
          error("%: divide by zero");
     left = i1%i2;
     t = ts.get();
     break;
}
```

Para uma calculadora simples, qualquer uma dessas soluções servirá.

6.6 Limpando o código

AA Fizemos várias alterações no código. Acreditamos que sejam melhorias, mas o código está começando a parecer um pouco confuso. Agora é um bom momento para revisar o código e ver se podemos torná-lo mais claro e curto, adicionar e melhorar os comentários etc. Em outras palavras, o programa não está concluído até que o tenhamos em um estado adequado para outra pessoa assumir a manutenção. Exceto pela ausência quase total de comentários, o código da calculadora realmente não está tão ruim, mas limparemos um pouco mais.

6.6.1 Constantes simbólicas

Relembrando, achamos estranho o uso de '8' para indicar um Token contendo um valor numérico. Na verdade, não importa o valor usado para indicar um Token numérico, desde que o valor seja diferente de todos os outros valores que indicam os diferentes tipos de Tokens. No entanto o código parece um pouco estranho, e precisamos continuar nos lembrando disso nos comentários:

```
case '8':                // usamos '8' para representar um número
    return t.value;      // retornar o valor do número
case '-':
    return – primary();
```

Para sermos honestos, também cometemos alguns erros, digitando '0' em vez de '8', porque esquecemos qual valor escolhemos usar. Em outras palavras, usar '8' diretamente no código que manipula os Tokens foi uma escolha descuidada, difícil de lembrar e propensa a erros; '8' é uma daquelas "constantes mágicas" que alertamos em §3.3.1. O que deveríamos ter feito era introduzir um nome simbólico para a constante que usamos para representar um número:

```
constexpr char number = '8';   // t.kind==number significa que t é um Token para número
```

O modificador constexpr (§3.3.1) simplesmente diz ao compilador que estamos definindo um objeto que não deve mudar: por exemplo, uma atribuição number='0' faria com que o compilador gerasse uma mensagem de erro. Dada essa definição de number, não precisamos mais que usar '8' explicitamente. O fragmento de código de primary acima agora se torna

```
case number:
    return t.value;      // retornar o valor do número
case '-':
    return – primary();
```

Isso não requer comentários. Não devemos dizer em comentários aquilo que pode ser dito clara e diretamente em código. Comentários repetidos explicando algo são, muitas vezes, uma indicação de que o código deve ser melhorado.

Da mesma forma, o código em Token_stream::get() que reconhece os números se torna

```
case '.':
case '0': case '1': case '2': case '3': case '4':
case '5': case '6': case '7': case '8': case '9':
{   cin.putback(ch);            // devolver o dígito para o fluxo de entrada
    double val;
    cin >> val;                 // ler um número de ponto flutuante
        return Token{number,val};
}
```

Poderíamos considerar o uso de nomes simbólicos para todos os *tokens*, mas isso parece um exagero. Afinal, '(' e '+' são uma notação tão óbvia para (e + que qualquer pessoa conseguiria inferir. Examinando os *tokens*, apenas ';' para "*print*" (ou "terminar expressão") e 'q' para "*quit*" (sair) parecem arbitrários. Por que não 'p' (de "*print*" – "imprimir") e 'e' (de "*exit*" – "sair")? Em um programa maior, é apenas uma questão de tempo até que tal notação obscura e arbitrária se torne uma causa de problemas, por isso introduzimos

```
constexpr char quit = 'q';    // t.kind==quit significa que t é um Token para sair
constexpr char print = ';';   // t.kind==print significa que t é um Token para imprimir
```

Agora podemos escrever o *loop* de main() assim:

```
while (cin) {
    cout << "> ";
    Token t = ts.get();
    while (t.kind == print)
        t=ts.get();
    if (t.kind == quit)
        return 0;
    ts.putback(t);
    cout << "= " << expression() << '\n';
}
```

A introdução de nomes simbólicos para "*print*" e "*quit*" torna o código mais fácil de ler. Além disso, não incentiva que alguém que leia o código de main() faça suposições sobre como "*print*" e "*quit*" são representados. Por exemplo, não deve ser surpresa se decidirmos mudar a representação de "*quit*" para 'e'. Isso agora não exigiria nenhuma mudança em main().

Agora as *strings* ">" e "=" se destacam. Por que temos esses literais "mágicos" no código? Como um programador principiante lendo main() adivinharia sua finalidade? Talvez devêssemos adicionar um comentário? Adicionar um comentário pode ser uma boa ideia, mas introduzir um nome simbólico é mais eficiente:

```
constexpr string prompt = "> ";
constexpr string result = "= ";    // usado para indicar que o que vem a seguir é um resultado
```

Se quisermos mudar o *prompt* ou o indicador de resultado, podemos apenas modificar esses constexprs. Agora o *loop* fica assim:

```
while (cin) {
    cout << prompt;
    Token t = ts.get();
    while (t.kind ==print)
        t=ts.get();
    if (t.kind == quit)
        return 0;
    ts.putback(t);
    cout << result << expression() << '\n';
}
```

6.6.2 Uso de funções

As funções que usamos devem refletir a estrutura do nosso programa, e o nome das funções deve identificar as partes logicamente separadas do nosso código. Basicamente, nosso programa até agora é muito bom nesse sentido: expression(), term() e primary() refletem diretamente nossa compreensão da expressão da gramática, e get() trata o reconhecimento da entrada e dos *tokens*. Mas, vendo main(), notamos que ela faz duas coisas separadas logicamente:

[1] main() fornece uma "estrutura" (*scaffolding*) geral: inicia o programa, termina o programa e trata os erros "fatais".
[2] main() processa o *loop* de cálculo.

O ideal é que uma função execute uma só ação lógica (§3.5.1). Fazer main() executar ambas prejudica a estrutura do programa. A solução óbvia é fazer o *loop* de cálculo em uma função separada, calculate():

```
void calculate()
    // loop de avaliação da expressão
{
    while (cin) {
        cout << prompt;
        Token t = ts.get();
        while (t.kind == print)        // descartar primeiro todos os "prints"
            t=ts.get();
        if (t.kind == quit)
            return;
        ts.putback(t);
        cout << result << expression() << '\n';
    }
}

int main()
try {
    calculate();
    return 0;
}
catch (runtime_error& e) {
    cerr << e.what() << '\n';
    return 1;
}
catch (...) {
    cerr << "exception \n";
    return 2;
}
```

Isso reflete a estrutura muito mais diretamente, portanto é mais fácil de entender.

6.6.3 *Layout* do código

Procurando partes feias no código, encontramos:

```
switch (ch) {
case 'q': case ';': case '%': case '(': case ')': case '+': case '-': case '*': case '/':
    return Token{ch};        // deixar cada caractere se representar
```

Isso não estava tão ruim antes de adicionarmos 'q', ';' e '%', mas agora está começando a ficar complexo. Código difícil de ler é onde os erros podem se esconder com mais facilidade. Usar uma linha por caso e adicionar alguns comentários ajuda. Então, a função get() de Token_stream se torna

```cpp
Token Token_stream::get()
    // ler os caracteres em cin e compor um Token
{
    if (full) {           // verificar se já temos um Token pronto
        full = false;
        return buffer;
    }
    char ch;
    cin >> ch;            // notar que >> pula os espaços em branco (espaço, nova linha, tab etc.)
    switch (ch) {
    case quit:
    case print:
    case '(':
    case ')':
    case '+':
    case '-':
    case '*':
    case '/':
    case '%':
        return Token{ch};    // deixar cada caractere se representar
    case '.':                // um literal de ponto flutuante pode iniciar com ponto
    case '0': case '1': case '2': case '3': case '4':
    case '5': case '6': case '7': case '8': case '9':   // um literal numérico
    {   cin.putback(ch);     // devolver o dígito para o fluxo de entrada
        double val;
        cin >> val;          // ler um número de ponto flutuante
        return Token{number,val};
    }
    default:
        error("Bad token");
    }
}
```

Claro, poderíamos ter colocado cada caso de dígito em uma linha separada também, mas isso não parece trazer clareza. Além disso, impediria que get() fosse vista em sua totalidade em uma só tela. Nosso ideal é que cada função caiba inteira na tela; um lugar óbvio para um *bug* se esconder é no código que não podemos ver porque está fora da tela. O *layout* do código é importante.

Repare também que mudamos o 'q' simples para o nome simbólico quit. Isso melhora a legibilidade.

AA   Quando limpamos o código, podemos introduzir erros sem querer. Sempre teste de novo o programa após a limpeza. Melhor ainda, faça alguns testes após cada pequena melhoria, de forma que, se algo der errado, você ainda consiga lembrar exatamente o que fez. Lembre-se: teste o quanto antes e com frequência.

6.6.4 Comentários

AA   Adicionamos alguns comentários à medida que avançamos. Bons comentários são uma parte importante da escrita do código. Costumamos esquecer os comentários no calor da programação.

Quando você volta ao código para limpá-lo é um excelente momento para ver cada parte do programa e saber se os comentários escritos originalmente:

[1] Ainda são válidos (você pode ter alterado o código desde que escreveu o comentário).
[2] São adequados para um leitor (geralmente não são).
[3] Não são tão explicativos a ponto de tirarem a atenção do código.

Para enfatizar essa última preocupação: o que é mais bem dito em código deve ser dito no código. Evite comentários que expliquem algo que é perfeitamente claro para alguém que conhece a linguagem de programação. Por exemplo:

XX

```
x = b+c;    // somar b e c, atribuir o resultado a x
```

Você encontrará esses comentários neste livro, mas somente quando tentamos explicar o uso de um recurso da linguagem que ainda pode não ser familiar no seu caso.

Comentários são para coisas que o código expressa mal. Um exemplo é a intenção: o código diz o que faz, não o que pretendia fazer (§4.7.2). Veja o código da calculadora. Falta algo: as funções mostram como processamos as expressões e os *tokens*, mas não há indicação (exceto o código) do que queríamos dizer com expressões e *tokens*. A gramática é uma boa candidata para algo colocado nos comentários ou em alguma documentação da calculadora.

```
/*
    Simple calculator

    Revision history:

    Revised by Bjarne Stroustrup (bjarne@stroustrup.com) November 2023
    Revised by Bjarne Stroustrup November 2013
    Revised by Bjarne Stroustrup May 2007
    Revised by Bjarne Stroustrup August 2006
    Revised by Bjarne Stroustrup August 2004
    Originally written by Bjarne Stroustrup (bs@cs.tamu.edu) Spring 2004.

    This program implements a basic expression calculator.
    Input from cin; output to cout.
    The grammar for input is:

    Statement:
        Expression
        Print
        Quit
    Print:
        ";"
    Quit:
        "q"
    Expression:
        Term
        Expression "+" Term
        Expression "-" Term
```

```
Term:
    Primary
    Term "*" Primary
    Term "/" Primary
    Term "%" Primary
Primary:
    Number
    "(" Expression ")"
    "-" Primary
    "+" Primary
Number:
    floating-point-literal


Input comes from cin through the Token_stream called ts.
*/
```

Aqui usamos o comentário em bloco, que começa com /* e continua até */. Em um programa real, o histórico de revisões conteria indicações de quais correções e melhorias foram feitas.

Repare que os comentários não são o código. Na verdade, essa gramática simplifica um pouco: compare a regra para **Statement** com o que realmente acontece (p. ex., veja o código na seção a seguir). O comentário não explica o *loop* em **calculate()** que nos permite fazer vários cálculos em uma única execução do programa. Voltaremos a esse problema em §6.8.1.

6.7 Recuperando-se dos erros

Por que terminamos quando encontramos um erro? Pareceu simples e óbvio no momento, mas por quê? Não poderíamos apenas escrever uma mensagem de erro e continuar? Afinal, muitas vezes cometemos pequenos erros de digitação e tais erros não significam que decidimos não fazer um cálculo. Então tentaremos nos recuperar de um erro. Isso basicamente significa que temos que capturar as exceções e continuar depois de limpar qualquer bagunça deixada para trás.

Até agora, todos os erros foram representados como exceções e tratados por **main()**. Se quisermos nos recuperar dos erros, a função **calculate()** deve capturar as exceções e tentar limpar a bagunça antes de tentar avaliar a próxima expressão:

```
void calculate()
{
    while (cin)
    try {
        cout << prompt;
        Token t = ts.get();
        while (t.kind == print)
            t=ts.get();              // descartar primeiro todos os "prints"
        if (t.kind == quit)
            return;
        ts.putback(t);
        cout << result << expression() << '\n';
    }
```

```
        catch (exception& e) {
            cerr << e.what() << '\n';      // escrever a mensagem de erro
            clean_up_mess();
        }
    }
```

Simplesmente criamos o bloco do *loop* while dentro de um bloco try, que escreve uma mensagem de erro e limpa a bagunça. Feito isso, continuamos como sempre.

O que "limpar a bagunça" implicaria? Basicamente, ficar pronto para calcular novamente após um erro ter sido tratado significa garantir que todos os nossos dados estão em um estado bom e previsível. Na calculadora, os únicos dados que mantemos fora de uma função individual é Token_stream. Então o que precisamos fazer é garantir que não temos *tokens* relacionados ao cálculo abortado confundindo o próximo cálculo. Por exemplo,

1++2*3; 4+5;

causará um erro e o conteúdo 2*3; 4+5 ficará nos *buffers* de Token_stream e cin após o segundo + disparar uma exceção. Temos duas opções:

[1] Eliminar todos os *tokens* em Token_stream.
[2] Eliminar todos os *tokens* do cálculo atual de Token_stream.

A primeira escolha descarta tudo (inclusive 4+5;), já a segunda apenas descarta 2*3;, deixando 4+5 para ser avaliado. Qualquer uma pode ser uma escolha razoável e qualquer uma pode surpreender o usuário. Como acontece, ambas são igualmente simples de implementar. Escolhemos a segunda alternativa, porque simplifica o teste.

Então precisamos ler a entrada até encontrarmos um ponto e vírgula. Isso parece simples. Temos get() para fazer nossa leitura, de modo que podemos escrever uma função clean_up_mess() assim:

```
void clean_up_mess()                   // ingênuo
{
    while (true) {                     // pular até encontrar print
        Token t = ts.get();
        if (t.kind == print)
            return;
    }
}
```

Infelizmente, isso não funciona muito bem. Por que não? Considere esta entrada:

1@z; 1+3;

A parte @ nos coloca na cláusula catch do *loop* while. Então, chamamos clean_up_mess() para encontrar o próximo ponto e vírgula. Depois, clean_up_mess() chama get() e lê o z. Isso resulta em outro erro (porque z não é um *token*), e nos encontramos na sub-rotina catch(...) de main(), e o programa termina. Opa! Não tivemos a chance de avaliar 1+3. De volta à prancheta!

Poderíamos tentar usar trys e catchs mais elaborados, mas estaríamos nos metendo em uma bagunça ainda maior. Muitos blocos try são um sinal de projeto ruim; temos técnicas melhores (§18.4.1, §18.4.2). Erros são difíceis de tratar, e os erros durante o tratamento de erros são ainda piores do que os demais. Então, tentaremos inventar uma forma de eliminar os caracteres de um Token_stream de maneira que não gere uma exceção. A única maneira de obter a entrada em nossa calculadora é com get(), e isso pode – como descobrimos com dificuldade – gerar uma exceção. Portanto precisamos de uma nova operação. O lugar óbvio para colocar isso é em Token_stream:

```
class Token_stream {
public:
    Token get();                    // obter um Token
    void putback(Token t);          // retornar um Token
    void ignore(char c);            // descartar os caracteres até e inclusive c
private:
    bool full = false;              // existe um Token no buffer?
    Token buffer = 0;               // putback() salva seu token aqui
};
```

Essa função ignore() precisa ser um membro de Token_stream, porque precisa ver o *buffer* de Token_stream. Escolhemos tornar "a coisa a procurar" em um argumento para ignore() – afinal, Token_stream não tem que saber o que a calculadora considera um bom caractere para usar na recuperação de erro. Decidimos que o argumento deve ser um caractere porque não queremos correr riscos ao compor os Tokens – vimos o que aconteceu quando tentamos isso. Então temos

```
void Token_stream::ignore(char c)
    // c representa o tipo do Token
{
    if (full && c==buffer.kind) {   // ver primeiro no buffer
        full = false;
        return;
    }
    full = false;

    // agora pesquisar a entrada:
    char ch = 0;
    while (cin>>ch)
        if (ch==c)
            return;
}
```

Esse código examina primeiro o *buffer*. Se existe o caractere em c lá, terminamos depois de descartar esse c; caso contrário, precisamos ler os caracteres de cin até encontrarmos c.

Agora podemos escrever clean_up_mess() simplesmente assim:

```
void clean_up_mess()
{
    ts.ignore(print);
}
```

O tratamento de erros é sempre complicado. Requer muita experimentação e testes, porque é muito difícil imaginar todos os erros que podem ocorrer. Tentar tornar um programa infalível é sempre uma atividade muito técnica; os amadores normalmente não se importam. A qualidade no tratamento de erros é a marca de um profissional.

6.8 Variáveis

Tendo trabalhado no estilo e no tratamento de erros, podemos voltar a procurar melhorias na funcionalidade da calculadora. Agora temos um programa que funciona muito bem; como podemos melhorá-lo? A primeira lista de desejos para a calculadora incluía as variáveis. Ter variáveis proporciona maneiras melhores de expressar cálculos mais longos. Da mesma forma, para os cálculos científicos, gostaríamos de ter valores predefinidos associados a nomes, como pi e e, assim como temos nas calculadoras científicas.

Adicionar variáveis e constantes é uma extensão importante para a calculadora. Isso envolverá mexer na maioria das partes do código. É o tipo de extensão que não devemos iniciar sem uma boa razão e tempo suficiente. Aqui, adicionamos variáveis e constantes porque nos dá a chance de examinar o código novamente e experimentar mais algumas técnicas de programação.

6.8.1 Variáveis e definições

Obviamente, o segredo para as variáveis e as constantes predefinidas é o programa de calculadora manter pares (*nome,valor*) para que possamos acessar o valor com certo nome. Podemos definir Variable assim:

```
class Variable {
public:
    string name;
    double value;
};
```

Usaremos o membro name para identificar uma Variable e o membro value para armazenar o valor correspondente nesse name.

Como podemos armazenar Variables para que possamos pesquisar uma Variable com certa *string* name para encontrar seu valor ou lhe dar um novo valor? Examinando de novo as ferramentas de programação que encontramos até agora, temos apenas uma boa resposta: um vector de Variables:

```
vector<Variable> var_table;
```

Podemos colocar quantas Variables quisermos no vetor var_table e pesquisar certo nome acessando os elementos do vetor um após o outro. Podemos escrever uma função get_value() que pesquise certa *string* name e retorne seu valor correspondente:

```
double get_value(string s)
    // retornar o valor da Variable denominada s
{
    for (const Variable& v : var_table)
        if (v.name == s)
            return v.value;
    error("trying to read undefined variable ", s);
}
```

O código realmente é bem simples: passe por cada Variable em var_table (começando com o primeiro elemento e continuando até o último) e veja se name corresponde à *string* do argumento s. Em caso afirmativo, retorne o seu respectivo value.

Da mesma forma, podemos definir uma função set_value() para dar a uma Variable um novo valor em value:

```
void set_value(string s, double d)
    // definir o valor da Variable denominada s como d
{
    for (Variable& v : var_table)
        if (v.name == s) {
            v.value = d;
            return;
        }
    error("trying to write undefined variable ", s);
}
```

Você notou o & nas duas últimas funções? Ele significa que v é uma referência a uma Variable em var_table, em vez de uma cópia. Para set_value, isso é essencial, porque dar um novo valor a uma cópia, para algo que não está na tabela, seria inútil. As referências são essenciais para muitas técnicas de programação importantes. Elas serão detalhadas em §7.4 e §16.2.

Agora podemos ler e escrever as "variáveis" representadas como Variables em var_table. Como colocamos uma nova Variable em var_table? O que um usuário da nossa calculadora deve escrever para definir uma nova variável e mais tarde obter seu valor? Poderíamos considerar a notação de C++

```
double var = 7.2;
```

Isso funcionaria, mas todas as variáveis nessa calculadora possuem valores double, então dizer "double" seria redundante. Poderíamos fazer funcionar sem um "indicador de declaração" explícito? Por exemplo:

```
var = 7.2;
```

É possível, mas não conseguiríamos apontar a diferença entre a declaração de uma nova variável e um erro de digitação:

```
var1 = 7.2;    // definir uma nova variável chamada var1
var1 = 3.2;    // definir uma nova variável chamada var2
```

Opa! Obviamente, queríamos ter digitado var2 = 3.2;, mas não dissemos isso (exceto no comentário). Poderíamos conviver com isso, mas seguiremos a tradição das linguagens, como C++, que diferencia as declarações (com inicializações) e as atribuições. Poderíamos usar double, mas, para uma calculadora, gostaríamos de algo curto, por isso – com base em outra antiga tradição – escolhemos a palavra-chave let:

```
let var = 7.2;
```

A gramática seria esta:

```
Calculation:
    Statement
    Print
    Quit
    Calculation Statement

Statement:
    Declaration
    Expression
```

Declaration:
    "let" Name "=" Expression

Calculation é a nova (regra de) produção mais importante da gramática. Expressa o *loop* (em calculate()), que permite fazer vários cálculos em uma execução do programa de calculadora. Ele depende da produção Statement para tratar expressões e declarações. Podemos tratar uma instrução assim:

```
double statement()
{
    Token t = ts.get();
    switch (t.kind) {
    case let:
        return declaration();
    default:
        ts.putback(t);
        return expression();
    }
}
```

Agora podemos usar statement() em vez de expression() em calculate():

```
void calculate()
{
    while (cin)
        try {
            cout << prompt;
            Token t = ts.get();
            while (t.kind == print)        // descartar primeiro todos os "prints"
                t=ts.get();
            if (t.kind == quit)            // sair
                return;
            ts.putback(t);
            cout << result << statement() << '\n';
        }
        catch (exception& e) {
            cerr << e.what() << '\n';      // escrever mensagem de erro
            clean_up_mess();
        }
}
```

Agora temos que definir declaration(). O que ela deve fazer? Deve assegurar que o que vem depois de um let seja um Name, seguido de um =, seguido de Expression. É o que diz nossa gramática. O que ela deve fazer com name? Devemos adicionar uma Variable contendo a *string* name e o valor da expressão ao nosso vector<Variable>, denominado var_table. Depois, podemos recuperar o valor usando get_value() e alterá-lo usando set_value(). Contudo, antes de escrever isso, temos que decidir o que deve acontecer se definirmos uma variável duas vezes. Por exemplo:

    let v1 = 7;
    let v1 = 8;

Escolhemos considerar essa redefinição como um erro. Em geral, é simplesmente um erro de digitação. No lugar do que escrevemos, provavelmente queríamos dizer

```
let v1 = 7;
let v2 = 8;
```

A definição de uma Variable com o nome var e o valor val tem duas partes logicamente separadas:

[1] Verificar se já existe uma Variable denominada var em var_table.
[2] Adicionar (var,val) a var_table.

Não temos o que fazer com variáveis não inicializadas. Definimos as funções is_declared() e define_name() para representar essas duas operações logicamente separadas:

```
bool is_declared(string var)
    // var já existe em var_table?
{
    for (const Variable& v : var_table)
        if (v.name == var)
            return true;
    return false;
}

double define_name(string var, double val)
    // adicionar {var,val} a var_table
{
    if (is_declared(var))
        error(var," declared twice");
    var_table.push_back(Variable{var,val});
    return val;
}
```

Adicionar uma nova Variable a vector<Variable> é fácil; veja o que a função membro push_back() de vector faz:

```
var_table.push_back(Variable{var,val});
```

Variable{var,val} cria a devida Variable e push_back(), em seguida adiciona a Variable ao final de var_table. Com isso, e presumindo que podemos tratar os *tokens* let e name, declaration() é simples de escrever:

```
double declaration()
    // presumir que vimos "let"
    // tratar: name = expression
    // declarar uma variável denominada "name" com o valor inicial "expression"
{
    Token t = ts.get();
    if (t.kind != name)
        error ("name expected in declaration");

    Token t2 = ts.get();
    if (t2.kind != '=')
        error("= missing in declaration of ", t.name);
```

```
        double d = expression();
        define_name(t.name,d);
        return d;
}
```

Observe que retornamos o valor armazenado na nova variável. Isso é útil quando a inicialização da expressão não é trivial. Por exemplo:

```
let v = d/(t2-t1);
```

Essa declaração definirá v e também imprimirá seu valor. E mais, imprimir o valor de uma variável declarada simplifica o código em calculate(), porque cada statement() retorna um valor. Regras gerais tendem a manter o código simples, já os casos especiais tendem a gerar complicações.

Esse mecanismo para manter o controle de Variables muitas vezes é chamado de *tabela de símbolos* e poderia ser muitíssimo simplificado usando um map da biblioteca-padrão; veja PPP2.§21.6.1.

6.8.2 Introduzindo nomes

Tudo isso é muito bom, mas, infelizmente, não funciona. No momento, isso não deve ser surpresa. Nossa primeira abordagem nunca – bem, quase nunca – funciona. Aqui, nem terminamos o programa; ele ainda não compila. Não temos um *token* '=', mas isso é facilmente resolvido adicionando-se um caso a Token_stream::get() (§6.6.3). Mas como representamos let e name como *tokens*? Obviamente, precisamos modificar get() para reconhecer esses *tokens*. Como? Eis um jeito:

```
const char name = 'a';          // token do nome
const char let = 'L';           // token da declaração
const string declkey = "let";   // palavra-chave da declaração

Token Token_stream::get()
{
    if (full) {
        full = false;
        return buffer;
    }
    char ch;
    cin >> ch;
    switch (ch) {
        // ... como antes ...
    default:
        if (isalpha(ch)) {
            cin.putback(ch);
            string s;
            cin >> s;
            if (s == declkey)
                return Token{let};    // palavra-chave da declaração
            return Token{name,s};
        }
        error("Bad token");
    }
}
```

Repare primeiro na chamada isalpha(ch). Essa chamada responde à pergunta "ch é uma letra?"; isalpha() faz parte da biblioteca-padrão. Para ver mais funções de classificação de caracteres, consulte §9.10.4. A lógica para reconhecer os nomes é a mesma para reconhecer os números: encontre um primeiro caractere do tipo certo (aqui, uma letra), em seguida, devolva-o usando putback() e leia o nome inteiro usando >>.

Infelizmente, isso não compila; não temos um Token que possa manter uma string, então o compilador rejeita Token{name,s}. Para resolver isso, devemos modificar a definição de Token para que mantenha uma string ou um double e possa lidar com as três formas de inicializadores, por exemplo:

- Apenas um tipo; por exemplo, Token{'*'}.
- Um tipo e um número; por exemplo, Token{number,4.321}.
- Um tipo e um nome; por exemplo, Token{name,"pi"}.

Cuidamos disso introduzindo três funções de inicialização, conhecidas como construtores porque constroem objetos:

```
class Token {
public:
    char kind;
    double value;
    string name;
    Token() :kind{0} {}                                       // construtor-padrão
    Token(char ch) :kind{ch} { }                              // inicializar kind com ch
    Token(char ch, double val) :kind{ch}, value{val} { }      // inicializar kind e value
    Token(char ch, string n) :kind{ch}, name{n} { }           // inicializar kind e name
};
```

Os construtores adicionam um grau importante de controle e flexibilidade à inicialização. Detalharemos os construtores em §8.4.2 e §8.7.

Escolhemos 'L' como a representação do *token* let e a *string* let como nossa palavra-chave. Obviamente, seria simples mudar essa palavra-chave para double, var, # ou qualquer outra coisa alterando a *string* declkey que comparamos com s.

Agora testaremos o programa outra vez. Se você digitar isto, verá que funciona:

```
let x = 3.4;
let y = 2;
x + y * 2;
```

Contudo isto não funciona:

```
let x = 3.4;
let y = 2;
x+y*2;
```

Qual é a diferença entre os dois exemplos? Dê uma olhada para saber o que acontece.

O problema é que fomos descuidados com nossa definição de Name. Até mesmo "esquecemos" de definir nossa produção Name na gramática (§6.8.1). Quais caracteres podem fazer parte de um nome? Letras? Com certeza. Dígitos? Por certo, desde que não sejam o caractere inicial. Sublinhados? Hã? O caractere +? Bem? Hã? Examine o código novamente. Após a letra inicial, lemos a entrada para uma string usando >>. Isso aceita todos os caracteres até chegar nos espaços em branco. Por exemplo, x+y*2; é um único nome – até o ponto e vírgula à direita são lidos como parte do nome. Essa não é a intenção e é inaceitável.

O que devemos fazer? Primeiro devemos especificar exatamente o que queremos que seja um nome, então temos que modificar **get()** para fazer isso. Aqui está uma especificação viável de um nome: uma sequência de letras e dígitos começando com uma letra. Dada esta definição,

```
a
ab
a1
Z12
asdsddsfdfdasfdsa434RTHTD12345dfdsa8fsd888fadsf
```

são nomes e

```
1a
as_s
#
as*
a car
```

não são. Exceto por deixar de fora o sublinhado (o caractere "_"), essa é a regra de C++. Podemos implementar isso no caso padrão de **get()**:

```
default:
    if (isalpha(ch)) {
        string s;
        s += ch;
        while (cin.get(ch) && (isalpha(ch) || isdigit(ch)))
            s+=ch;
        cin.putback(ch);
        if (s == declkey)
            return Token{let};    // palavra-chave da declaração
        return Token{name,s};
    }
    error("Bad token");
```

Em vez de ler diretamente para a **string s**, lemos os caracteres e os colocamos em **s**, desde que sejam letras ou dígitos. A instrução **s+=ch** adiciona (anexa) o caractere **ch** ao fim da *string* **s**. A instrução curiosa

```
while (cin.get(ch) && (isalpha(ch) || isdigit(ch)))
    s+=ch;
```

lê um caractere em **ch** (usando a função-membro **get()** de **cin**) e verifica se é uma letra ou um dígito. Se for letra ou dígito, adiciona **ch** a **s** e lê novamente. A função-membro **get()** funciona da mesma forma que >>, exceto que não pula os espaços em branco por padrão.

6.8.3 Nomes predefinidos

Agora que temos nomes, podemos facilmente predefinir alguns nomes comuns. Por exemplo, se imaginarmos que nossa calculadora será usada para cálculos científicos, desejaríamos ter **pi** e **e**. Em que ponto do código definiríamos isso? Em **main()** antes da chamada de **calculate()** ou em **calculate()** antes do *loop*. Iremos colocá-los em **main()**, porque essas definições realmente não fazem parte de nenhum cálculo:

```
int main()
try {
    // predefinir nomes:
    define_name("pi",3.1415926535);
    define_name("e",2.7182818284);

    calculate();
    return 0;
}
catch (exception& e) {
    cerr << e.what() << '\n';
    return 1;
}
catch (...) {
    cerr << "exception \n";
    return 2;
}
```

6.8.4 Já terminamos?

Ainda não. Fizemos tantas mudanças que precisamos testar tudo de novo, limpar o código e revisar os comentários. Além disso, podemos definir operações mais úteis. Por exemplo, "esquecemos" de fornecer um operador de atribuição (ver Exercício 2) e, se tivermos uma atribuição, talvez queiramos diferenciar as variáveis das constantes (Exercício 3).

Inicialmente, evitamos ter variáveis nomeadas em nossa calculadora. Revendo o código que as implementa, podemos ter duas reações possíveis:

[1] A implementação de variáveis não foi tão ruim; foram necessárias apenas umas três dúzias de linhas de código.
[2] A implementação de variáveis foi uma extensão importante. Alterou praticamente todas as funções e adicionou um conceito completamente novo à calculadora. Aumentou o tamanho da calculadora em 45% e ainda nem implementamos a atribuição!

AA No contexto de um primeiro programa de complexidade significativa, a segunda reação é a correta. De modo geral, é a reação certa para qualquer sugestão que adicione algo em torno de 50% a um programa em termos de tamanho e complexidade. Quando isso precisa ser feito, é mais como escrever um novo programa baseado em um anterior do que qualquer outra coisa, e deve ser tratado dessa forma. Em particular, se você pode construir um programa em etapas, como fizemos com a calculadora, e testá-lo em cada etapa, é muito melhor fazer isso do que tentar criar todo o programa de uma só vez.

Prática

[1] A partir do arquivo **calculator08buggy.cpp**, compile a calculadora.
[2] Percorra todo o programa e adicione os comentários apropriados.
[3] Ao adicionar comentários, você encontrou erros (inseridos propositalmente para você encontrá-los). Corrija-os; eles não estão no texto do livro.
[4] Teste: prepare um conjunto de entradas e use-as para testar a calculadora. Sua lista está bastante completa? O que você deve procurar? Inclua valores negativos, 0, entradas muito pequenas, muito grandes e "bobas".

[5] Faça o teste e corrija os *bugs* que deixou passar quando escreveu os comentários.
[6] Adicione um nome predefinido k, que significa 1000.
[7] Dê ao usuário uma função raiz quadrada sqrt(), por exemplo, sqrt(2+6.7). Naturalmente, o valor de sqrt(x) é a raiz quadrada de x; por exemplo, sqrt(9) é 3. Use a função sqrt() da biblioteca-padrão para implementar essa calculadora sqrt(). Lembre-se de atualizar os comentários, inclusive a gramática.
[8] Capture as tentativas obter a raiz quadrada de um número negativo e imprima uma mensagem de erro apropriada.
[9] Permita que o usuário utilize pow(x,i) para significar "Multiplicar x por si mesmo i vezes"; por exemplo, pow(2.5,3) é 2.5*2.5*2.5. Exija que i seja um inteiro usando a técnica que utilizamos para % (§6.5).
[10] Mude a "palavra-chave da declaração" de let para #.
[11] Mude a "palavra-chave para sair" de quit para exit. Isso envolverá a definição de uma *string* para quit, como fizemos para let em §6.8.2.

Revisão

[1] Qual é o propósito de trabalhar no programa depois que a primeira versão funciona? Dê uma lista de razões.
[2] Por que 1+2; q digitado na calculadora não termina o programa depois de receber um erro?
[3] Por que escolhemos criar um caractere constante denominado number?
[4] Dividimos main() em duas funções separadas. O que a nova função faz e por que dividimos main()?
[5] Por que dividimos o código em múltiplas funções? Declare os princípios.
[6] Qual é o objetivo dos comentários?
[7] Para que servem as constantes simbólicas?
[8] Por que nos preocupamos com o *layout* do código?
[9] Como lidamos com % (resto) dos números de ponto flutuante?
[10] O que is_declared() faz e como funciona?
[11] A representação de entrada para let tem mais de um caractere. Como isso é aceito como um único *token* no código modificado?
[12] Quais são as regras para os nomes que podem ou não ser usados em um programa de calculadora?
[13] Por que é uma boa ideia construir um programa de forma incremental?
[14] Quando iniciar o teste?
[15] Quando testar novamente?
[16] Como você decide o que deve ser uma função separada?
[17] Como escolher os nomes para as variáveis e as funções? Liste as possíveis razões.
[18] O que deve ou não constar nos comentários?
[19] Quando consideramos um programa concluído?

Termos

layout do código	manutenção	estrutura (*scaffolding*)	comentários
recuperação	constante simbólica	tratamento de erros	histórico de revisões
teste	aumento de escopo	constante mágica	

Exercícios

[1] Permita o uso de sublinhados (caracteres "_") nos nomes das variáveis da calculadora.

[2] Forneça um operador de atribuição, =, para que possa mudar o valor de uma variável depois de introduzi-lo usando let. Discuta por que isso pode ser útil e como pode ser uma fonte de problemas.

[3] Forneça constantes nomeadas cujo valor você não pode alterar. Dica: você tem que adicionar um membro a Variable que diferencie constantes de variáveis e verificá-lo em set_value(). Se quiser deixar o usuário definir as constantes (em vez de ter apenas pi e e definidos como constantes), você terá que adicionar uma notação para permitir que o usuário expresse isso, por exemplo, const pi = 3.14;.

[4] Todas as funções get_value(), set_value(), is_declared() e define_name() operam sobre a variável var_table. Defina uma classe denominada Symbol_table com um membro var_table do tipo vector<Variable> e as funções-membro get(), set(), is_declared() e declare(). Reescreva a calculadora para usar uma variável do tipo Symbol_table.

[5] Modifique Token_stream::get() para que retorne Token(print) quando encontrar uma nova linha. Isso implica pesquisar os caracteres de espaço em branco e tratar a nova linha ('\n') de forma especial. Você pode achar útil a função isspace(ch) da biblioteca-padrão, que retorna true se ch for um caractere de espaço em branco.

[6] Parte do que todo programa deve fazer é oferecer alguma maneira de ajudar o usuário. Faça a calculadora imprimir algumas instruções sobre como usá-la se o usuário pressionar a tecla H (em letra maiúscula ou minúscula).

[7] Mude os comandos q e h para serem quit e help, respectivamente.

[8] A gramática em §6.6.4 está incompleta (avisamos sobre a dependência excessiva dos comentários); ela não define sequências de instruções, como 4+4; 5–6;, e não incorpora as mudanças gramaticais descritas em §6.8. Corrija essa gramática. Adicione também o que achar necessário para esse comentário como o primeiro comentário do programa de calculadora e seu comentário geral.

[9] Sugira três melhorias (não mencionadas neste capítulo) para a calculadora. Implemente uma delas.

[10] Modifique a calculadora para que funcione com ints (apenas); forneça erros para *overflow* e *underflow*. Dica: use narrow (§6.5).

[11] Reveja os dois programas que você escreveu para os exercícios em §3 ou no Capítulo 4. Limpe esse código de acordo com as regras descritas neste capítulo. Veja se encontra algum erro no processo.

[12] Modifique a calculadora para aceitar a entrada a partir de qualquer istream.

Posfácio

Agora já vimos um exemplo simples de como um compilador funciona. A calculadora analisa a entrada dividida em *tokens* e entendida de acordo com uma gramática. É exatamente o que um compilador faz. Depois de analisar sua entrada, um compilador produz uma representação (código-objeto), que podemos executar mais tarde. A calculadora executa imediatamente as expressões que analisou; os programas que fazem isso são chamados de interpretadores, não de compiladores.

7

Detalhes técnicos: funções etc.

Nenhuma genialidade pode se sobrepor à obsessão por detalhes.
– Dito popular

Neste capítulo e no próximo, mudamos nosso foco da programação para a ferramenta principal de programação: a linguagem de programação C++. Apresentamos os detalhes técnicos da linguagem para dar uma visão um pouco mais ampla dos recursos básicos de C++ e fornecer uma visão mais sistemática deles. Estes capítulos também atuam como uma revisão das muitas noções de programação apresentadas até agora e oferecem uma oportunidade para explorar nossa ferramenta sem adicionar novas técnicas ou conceitos de programação.

- ▶ 7.1 Detalhes técnicos
- ▶ 7.2 Declarações e definições
    Tipos de declarações; Declarações de variáveis e constantes; Inicialização padrão
- ▶ 7.3 Escopo
- ▶ 7.4 Chamada de função e retorno
    Declarando argumentos e o tipo de retorno; Retornando um valor; Passagem por valor; Passagem por referência const; Passagem por referência; Passagem por valor *versus* passagem por referência; Verificação e conversão de argumentos; Implementação de chamadas da função; Cálculo durante a compilação; Tipo de retorno como sufixo
- ▶ 7.5 Ordem de avaliação
    Avaliação de expressões; Inicialização global
- ▶ 7.6 *Namespaces*
    Declarações using e diretivas using
- ▶ 7.7 Módulos e cabeçalhos
    Módulos; Arquivos de cabeçalho

7.1 Detalhes técnicos

Se pudéssemos escolher, preferiríamos muito mais falar sobre programação a falar sobre os recursos da linguagem de programação, ou seja, consideramos a expressão de ideias em forma de código muito mais interessante do que os detalhes técnicos da linguagem de programação que usamos para expressar essas ideias. Fazendo uma analogia com as linguagens naturais: preferimos discutir as ideias de um bom livro e a maneira como essas ideias são expressas a estudar a gramática e o vocabulário da língua. O que importa são as ideias e como elas podem ser expressas em código, não os recursos individuais da linguagem.

No entanto nem sempre temos escolha. Quando você começa a programar, sua linguagem de programação é uma língua estrangeira para a qual precisa ver "a gramática e o vocabulário". É o que faremos neste capítulo e no próximo, mas não se esqueça:

- Nosso principal estudo é a programação.
- Nosso resultado são os programas/sistemas.
- Uma linguagem de programação é (apenas) uma ferramenta.

Ter isso em mente parece incrivelmente difícil. Muitos programadores se preocupam muitíssimo com detalhes aparentemente menores da sintaxe e da semântica da linguagem. Em particular, muitos têm a crença equivocada de que a forma como as coisas são feitas em sua primeira linguagem de programação é "a verdadeira". Não caia nessa armadilha. Em muitos aspectos, C++ é uma linguagem muito bonita, mas não é perfeita; nenhuma linguagem de programação é.

A maioria dos conceitos de projeto e programação é universal, e muitos desses conceitos são amplamente suportados por linguagens de programação populares. Isso significa que as ideias e as técnicas fundamentais que aprendemos em um bom curso de programação transitam entre as linguagens. Elas podem ser aplicadas, com diferentes graus de facilidade, em todas as linguagens. Mas os aspectos técnicos são específicos para determinada linguagem. Felizmente, as linguagens de programação não se desenvolvem no vazio, portanto muito do que você aprende aqui terá correspondências razoavelmente óbvias em outras linguagens. Em particular, C++ pertence a um grupo de linguagens que também inclui C (PPP2.Ch27), Java e C#, então alguns detalhes técnicos são compartilhados com essas linguagens.

Observe que, quando discutimos as questões técnicas da linguagem, usamos deliberadamente nomes não descritivos, como f, g, X e y. Fazemos isso para enfatizar a natureza técnica de tais exemplos, para mantê-los muito curtos e para evitar que você se confunda, misturando os aspectos técnicos da linguagem e a lógica genuína do programa. Quando você vir nomes não descritivos (que nunca deveriam ser usados em código real), concentre-se nos aspectos técnicos do código. Os exemplos técnicos costumam conter um código que simplesmente ilustra as regras da linguagem. Se você os compilasse e executasse, veria muitos avisos de "variável não usada", e poucos fragmentos de programas técnicos fariam qualquer coisa sensata.

Note que o que escrevemos aqui não é uma descrição completa da sintaxe e da semântica de C++, nem mesmo para os recursos que descrevemos. A norma ISO C++ 2023 tem cerca de 1.600 páginas cheias de uma densa linguagem técnica, destinada a programadores experientes (cerca de ¾ definem a biblioteca-padrão). Não tentamos competir com o padrão em completude e extensão; competimos em compreensão e valor pelo tempo despendido na leitura.

7.2 Declarações e definições

Declaração é uma instrução que introduz um nome em um escopo (§7.3):

- especificando um tipo para o que é nomeado (p. ex., uma variável ou uma função);
- opcionalmente, especificando um inicializador (p. ex., um valor de inicialização ou um corpo de função).

Por exemplo:

```
int a = 7;                  // uma variável int
const double cd = 8.7;      // uma constante de ponto flutuante de dupla precisão
double sqrt(double);        // uma função com um argumento double e que
                            // retorna um resultado double
vector<Token> v;            // uma variável do tipo vector de Tokens
```

Antes que um nome possa ser usado em um programa C++, ele deve ser declarado. Considere:

```
int main()
{
    std::cout << f(i) << '\n';
}
```

O compilador mostrará pelo menos quatro erros de "*undeclared identifier*" ("identificador não declarado"): std, cout, f e i não são declarados em nenhum lugar nesse fragmento de programa. Podemos ter cout declarado importando com (via import) o módulo da biblioteca padrão std, que contém sua declaração:

```
import std;        // encontramos a declaração de cout aqui

int main()
{
    std::cout << f(i) << '\n';
}
```

Agora, temos apenas dois erros "indefinidos". À medida que escrever programas reais, você descobrirá que a maioria das declarações se encontra em módulos ou cabeçalhos (§7.7). É onde definimos as interfaces para os recursos úteis definidos "em outro lugar". Basicamente, uma declaração define como algo pode ser usado; ela define a interface de uma função, uma variável ou uma classe. Observe uma vantagem óbvia, mas invisível, desse uso das declarações: não precisamos examinar os detalhes de como cout e seus operadores << foram definidos; apenas fizemos import importar suas declarações. Não precisamos sequer examinar as declarações deles; em livros-texto, em manuais, em exemplos de código ou em outras fontes, apenas sabemos como cout deve ser usado. O compilador lê as declarações no cabeçalho necessárias para "entender" nosso código.

No entanto ainda temos que declarar f e i. Poderíamos fazer isso assim:

```
import std;        // encontramos a declaração de cout aqui

int f(int);        // declaração de f

int main()
{
    int i = 7;     // declaração de i
    cout << f(i) << '\n';
}
```

Isso compilará porque cada nome foi declarado, mas não será montado pelo *linker* (§1.4) porque não definimos f(), isto é, em nenhum lugar especificamos o que f() realmente faz.

> **TENTE ISTO**
>
> Compile os três exemplos acima para ver como o compilador reclama. Em seguida, adicione uma definição para f() para obter uma versão que rode.

Uma declaração que (também) especifica totalmente a entidade declarada é chamada de *definição*. Por exemplo:

```
int a = 7;
vector<double> v;
double sqrt(double d) { /* ... */ }
```

Toda definição é (por padrão) também uma declaração, mas apenas algumas declarações também são definições. Veja alguns exemplos de declarações que não são definições; se a entidade referida for usada, cada uma deve ser acompanhada de uma definição em outro lugar no código:

```
double sqrt(double);    // nenhum corpo de função aqui
extern int a;           // "extern sem um inicializador" significa "sem definição"
```

Quando comparamos definições e declarações, seguimos as convenções e usamos as *declarações* querendo dizer "declarações que não são definições", mesmo que seja uma terminologia um pouco descuidada.

Uma definição especifica exatamente a que um nome se refere. Em particular, a definição de uma variável reserva memória para essa variável. Como consequência, não é possível definir algo duas vezes. Por exemplo:

```
double sqrt(double d) { /* ... */ }    // definição
double sqrt(double d) { /* ... */ }    // erro: definição duplicada

int a;    // definição
int a;    // erro: definição duplicada
```

Por outro lado, uma declaração que também não é uma definição simplesmente diz como você pode usar um nome; é apenas uma interface e não aloca memória nem especifica um corpo de função. Consequentemente, você pode declarar algo com a frequência desejada, desde que seja feito com consistência:

```
int x = 7;          // definição
extern int x;       // declaração
extern int x;       // outra declaração

double sqrt(double);                // declaração
double sqrt(double d) { /* ... */ } // definição
double sqrt(double);                // outra declaração de sqrt
double sqrt(double);                // mais outra declaração de sqrt

int sqrt(double);   // erro: declarações inconsistentes de sqrt
```

Por que essa última declaração é um erro? Porque não pode haver duas funções denominadas sqrt que tenham um argumento do tipo double e que retornem tipos diferentes (int e double).

A palavra-chave **extern** usada na segunda declaração de x simplesmente afirma que essa declaração de x não é uma definição. Isso raramente é útil. Recomendamos não usar, mas você verá isso no código de outras pessoas, especialmente um código que usa muitas variáveis globais (ver §7.3 e §7.5.2).

Podemos representar graficamente a diferença entre definições e declarações que não são definições:

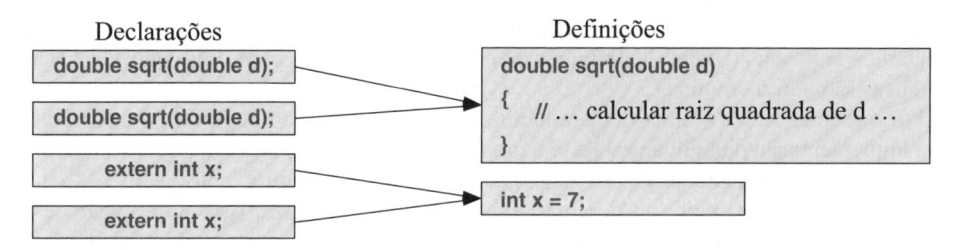

```
Declarações                          Definições
┌─────────────────────────┐          ┌──────────────────────────────────────┐
│ double sqrt(double d);  │─────┐    │ double sqrt(double d)                │
└─────────────────────────┘     │    │ {                                    │
┌─────────────────────────┐     ├───▶│   // ... calcular raiz quadrada de d │
│ double sqrt(double d);  │─────┘    │ }                                    │
└─────────────────────────┘          └──────────────────────────────────────┘
┌─────────────────────────┐
│ extern int x;           │─────┐
└─────────────────────────┘     │    ┌──────────────────────────────────────┐
┌─────────────────────────┐     ├───▶│ int x = 7;                           │
│ extern int x;           │─────┘    └──────────────────────────────────────┘
└─────────────────────────┘
```

Por que C++ oferece declarações e definições? A diferença entre declaração/definição reflete a distinção fundamental entre o que precisamos para usar algo (uma interface) e o que precisamos para esse algo fazer o que deveria (uma implementação). Para uma variável, uma declaração fornece o tipo, mas apenas a definição fornece o objeto (a memória). Para uma função, uma declaração novamente fornece o tipo (tipos de argumento mais tipo de retorno), mas apenas a definição fornece o corpo da função (as instruções executáveis). Note que os corpos das funções são armazenados na memória como parte do programa, por isso é justo dizer que as definições de função e variável consomem memória, já as declarações não.

CC

A diferença entre declaração/definição nos permite separar um programa em muitas partes, que podem ser compiladas isoladamente. As declarações permitem que cada parte de um programa mantenha uma visão do resto do programa sem se preocupar com as definições nas outras partes. Como todas as declarações (incluindo uma definição) devem ser consistentes, o uso de nomes em todo o programa será consistente. Examinaremos isso mais adiante, em §7.7. Aqui, vamos apenas lembrá-lo sobre a análise sintática (*parser*) de expressões no Capítulo 5: **expression()** chama **term()**, que chama **primary()**, que chama **expression()**. Como cada nome em um programa C++ deve ser declarado antes de usado, não é possível apenas definir essas três funções:

```
double expression();    // apenas uma declaração, não uma definição

double primary()
{
    // ...
    expression();
    // ...
}

double term()
{
    // ...
    primary();
    // ...
}
```

```
double expression()
{
    // ...
    term();
    // ...
}
```

Podemos ordenar essas quatro funções como quisermos; sempre haverá uma chamada para uma função definida abaixo. Em algum lugar, precisamos de uma declaração "anterior". Portanto declaramos **expression()** antes da definição de **primary()**, e tudo fica bem. Tais cadeias de chamada cíclicas são muito comuns.

Por que um nome deve ser declarado antes de ser usado? Não poderíamos apenas exigir que a implementação da linguagem lesse o programa (como fazemos) e encontrasse a definição para ver como uma função deve ser chamada? Sim, mas levaria a problemas técnicos "interessantes", sobretudo nos grandes programas, então decidimos não fazer isso. A definição de C++ requer uma declaração antes do uso (exceto para os membros da classe; ver §8.4.4). Além disso, é a convenção para a escrita normal (não de programas): quando você lê um livro, espera que o autor defina a terminologia antes de usá-la; caso contrário, você terá que adivinhar ou recorrer ao índice o tempo todo. Saber apenas as declarações do que usamos evita que nós (e o compilador) tenhamos que ler enormes quantidades de texto de programa.

7.2.1 Tipos de declarações

Existem muitos tipos de entidades que um programador pode definir em C++. As mais interessantes são

- Variáveis e constantes (§7.2.2)
- Funções (§7.4)
- *Namespaces* (§7.6)
- Módulos (§7.7)
- Tipos (classes e enumerações; Capítulo 8)
- *Templates* (Capítulo 18)
- Conceitos (§18.1.3)

7.2.2 Declarações de variáveis e constantes

A declaração de uma variável ou uma constante especifica um nome, um tipo e, opcionalmente, um inicializador:

```
int a;                        // nenhum inicializador
double d = 7;                 // inicializador usando a sintaxe =
vector<int> vi(10);           // inicializador usando a sintaxe ()
vector<int> vi2 {1,2,3,4};    // inicializador usando a sintaxe {}
```

As constantes têm a mesma sintaxe de declaração das variáveis. O que as difere é ter **const** ou **constexpr** como parte do seu tipo e requerer um inicializador (§3.3.1):

```
const int x = 7;     // inicializador usando a sintaxe =
const int x2 {9};    // inicializador usando a sintaxe {}
const int y;         // erro: nenhum inicializador
```

AA A razão para requerer um inicializador para **const** é óbvia: como **const** poderia ser uma constante se não contiver um valor? É quase sempre uma boa ideia inicializar as variáveis também; uma variável não inicializada é uma receita para erros obscuros. Por exemplo:

```
void f(int z)
{
    int x;          // não inicializada
    // ...
    x = 7;          // dar um valor a x
    // ...
}
```

Isso parece bem inocente, mas e se o primeiro ... incluísse um uso de x? Por exemplo:

```
void f(int z)
{
    int x;          // não inicializada
    // ... nenhuma atribuição para x aqui ...
    if (z>x) {
        // ...
    }
    x = 7;          // dar um valor a x
    // ...
}
```

Como x não é inicializado, o resultado de executar z>x seria indefinido. A comparação z>x poderia dar resultados diferentes em máquinas diferentes e resultados diferentes em execuções diferentes do programa na mesma máquina. A princípio, z>x pode fazer com que o programa termine com um erro de *hardware*, mas, na maioria das vezes, isso não acontece. Ao contrário, obtemos resultados imprevisíveis.

Naturalmente, não faríamos algo assim de propósito, mas, se não inicializarmos com consistência as variáveis, isso acabará acontecendo por engano. Lembre-se, a maioria dos "erros bobos" (como usar uma variável não inicializada antes de ela ser atribuída) acontece quando você está ocupado ou cansado. Os compiladores tentam avisar, mas, quando o código é complicado – situação em que tais erros são mais prováveis de ocorrer –, os compiladores não são inteligentes o suficiente para pegar todos os erros. Há pessoas que não têm o hábito de inicializar suas variáveis. Algumas se abstêm, porque aprenderam a programar em linguagens que não permitiam ou que dificultavam uma inicialização consistente. Outras estão acostumadas com linguagens em que cada variável é inicializada com um valor-padrão (que pode ou não ser apropriado em todos os casos). Portanto você verá exemplos de variáveis não inicializadas no código de outras pessoas. Não piore o problema esquecendo de inicializar as variáveis que você mesmo define.

Temos uma preferência pela sintaxe = para as inicializações que apenas copiam um valor e pela sintaxe do inicializador {} para as inicializações que fazem uma construção mais complexa.

7.2.3 Inicialização padrão

Você pode ter reparado que, muitas vezes, não fornecemos um inicializador para strings e vectors. Por exemplo:

```
vector<string> v;
string s;
while (cin>>s)
    v.push_back(s);
```

Não é uma exceção à regra de que as variáveis devem ser inicializadas antes de usadas. O que acontece aqui é que string e vector são definidos para que as variáveis desses tipos sejam inicializadas com um valor-padrão sempre que não fornecemos um explicitamente. Assim, v está vazio (não tem elementos) e s é a *string* vazia ("") antes de chegarmos ao *loop*. O mecanismo para garantir a inicialização padrão é chamado de *construtor padrão* (§8.4.2).

Infelizmente, a linguagem não nos permite dar tais garantias para os tipos predefinidos (*built-in*). Porém as variáveis não inicializadas são uma importante fonte de *bugs* e as *Core Guidelines* [CG: ES.20] as proíbem. Você foi avisado!

7.3 Escopo

CC *Escopo* é uma região de texto do programa. Um nome é declarado em um escopo e é válido (está "no escopo") desde o ponto da sua declaração até o fim do escopo em que foi declarado. Por exemplo:

```
void f()
{
    g();        // erro: g() não está (ainda) no escopo
}

void g()
{
    f();        // OK: f() está no escopo
}

void h()
{
    int x = y;  // erro: y não está (ainda) no escopo
    int y = x;  // OK: x está no escopo
    g();        // OK: g() está no escopo
}
```

Os nomes em um escopo podem ser vistos dentro dos escopos aninhados nele. Por exemplo, a chamada de f() está dentro do escopo de g(), que está "aninhado" no escopo global. O escopo global é o escopo que não está aninhado em nenhum outro. A regra de que um nome deve ser declarado antes de ser usado continua, portanto f() não pode chamar g().

Existem vários tipos de escopos que usamos para controlar onde nossos nomes podem ser usados:

- *Escopo global*: a área de texto fora de qualquer outro escopo.
- *Escopo do módulo*: a área de texto dentro de um módulo (§7.7.1).
- *Escopo do namespace*: um escopo nomeado e aninhado no escopo global ou em outro namespace (§7.6).
- *Escopo da classe*: a área de texto dentro de uma classe (§8.2).
- *Escopo local*: entre as chaves { ... } de um bloco ou em uma lista de argumentos de função.
- *Escopo da instrução*: por exemplo, em uma instrução for.

O objetivo principal de um escopo é manter os nomes locais, para que não interfiram nos nomes declarados em outro lugar. Por exemplo:

```
int max(int a, int b)      // max é global; a e b são locais
{
    int m;                 // m é local
    if (a>=b)
        m = a;
    else
        m = b;
    return m;
}

int abs(int a)             // abs é global; a é local
{
    return (a>=0) ? a : -a;
}
```

Ou graficamente:

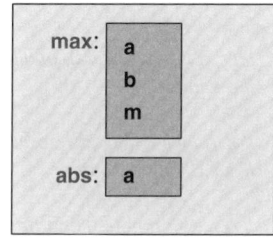

Escopo global:

```
max: a
     b
     m

abs: a
```

O a em max() é diferente do a em abs(). Eles não "colidem' porque estão em escopos diferentes. Duas declarações incompatíveis no mesmo escopo são muitas vezes chamadas de *colisão* (*clash*).

O constructo ?: usado em abs() é chamado de *if aritmético* ou *expressão condicional*. O valor de (a>=0)?a:-a é a se a>=0 e -a caso contrário. Em muitos casos, uma expressão condicional evita a necessidade de escrever um código longo usando if, como aquele em max(). Também evita a tentação de ter uma variável não inicializada porque "estamos prestes a atribuir a ela". As funções max() e abs() estão na biblioteca-padrão para que você mesmo não tenha que escrevê-las.

Assim, com a notável exceção do escopo global, um escopo mantém nomes locais. Para a maioria das finalidades, estar em escopo local é bom, então mantenha os nomes o mais locais possível. Quando eu declaro minhas variáveis, funções etc. dentro de funções, classes, *namespaces* e outros, eles não interferirão nos seus. Lembre-se: os programas reais têm *milhares* de entidades nomeadas. Para que tais programas permaneçam gerenciáveis, a maioria dos nomes deve ser local.

Veja um exemplo técnico maior que ilustra como os nomes saem de escopo no final das instruções e dos blocos (incluindo os corpos da função):

```
// nenhum r, i ou v aqui
class My_vector {
    vector<int> v;              // v está no escopo da classe
```

```
public:
    int largest()
    {
        int r = 0;                              // r é local
        for (int i = 0; i<v.size(); ++i)
            r = max(r,abs(v[i]));               // i está no escopo da instrução for
        // ... nenhum i aqui ...
        return r;
    }
    // ... nenhum i aqui ...
};
// nenhum v aqui

int x = 0;              // uma variável global — evitar isso sempre que puder
int y = 0;

int f()
{
    int x = 0;          // uma variável local, oculta o x global
    x = 7;              // o x local
    {
        int x = y;      // x local inicializado por y global, oculta o x local anterior
        ++x;            // o x da linha anterior
    }
    ++x;                // o x da primeira linha de f()
    return x;
}
```

Sempre que puder, evite aninhamentos e ocultações complicados. Lembre-se: "Busque a simplicidade!"

Quanto maior o escopo de um nome, mais longo e descritivo seu nome deve ser: x, y e f são terríveis como nomes globais. A principal razão para você não querer variáveis globais em seu programa é que é difícil saber quais funções as modificam. Nos programas grandes, é basicamente impossível saber quais funções modificam uma variável global. Imagine você tentando depurar um programa e descobrir que uma variável global tem um valor inesperado. Quem lhe deu esse valor? Por quê? Quais funções escrevem nesse valor? Como saber? A função que escreveu um valor inválido para essa variável pode estar em um arquivo-fonte que você nunca viu! Um bom programa terá muito poucas variáveis globais (digamos, uma ou duas), se tiver. Por exemplo, a calculadora nos Capítulos 5 e 6 tem duas variáveis globais: o fluxo de *token*, ts, e a tabela de símbolos, names.

Repare que a maioria das construções C++ que definem o escopo aninha:

- Funções dentro de classes: funções membro (ver §8.4.2)

```
class C {
public:
    void f();
    void g() { /* ... */ }    // uma função membro pode ser definida em sua classe
    // ...
};
```

```
void C::f()        // uma definição de membro pode ficar fora de sua classe
{
    // ...
}
```

É o caso mais comum e útil.

- Classes dentro de classes: classes-membro (também chamadas de classes aninhadas)

```
class C {
public:
    class M {
        // ...
    };
    // ...
};
```

Isso tende a ser útil apenas em classes complicadas; lembre-se de que o ideal é manter as classes pequenas e simples.

- Classes dentro de funções: classes locais

```
void f()
{
    class L {
        // ...
    };
    // ...
}
```

- Funções dentro de funções: funções locais (também chamadas de funções aninhadas)

```
void f()
{
    void g() { /* ... */ }    // erro: função aninhada
    // ...
}
```

O aninhamento de funções não é permitido em C++. Em vez disso, use funções lambda (§13.3.3, §21.2.3).

- Blocos dentro de funções e outros blocos: blocos aninhados

```
void f(int x, int y)
{
    if (x>y) {
        // ...
    }
    else {
        // ...
        {
            // ...
        }
        // ...
    }
}
```

XX Blocos aninhados são inevitáveis, mas desconfie de aninhamentos complicados: eles podem facilmente esconder erros. Da mesma forma, se você sente a necessidade de usar uma classe local, provavelmente sua função é muito longa.

AA Usamos indentação para indicar aninhamento. Sem um recuo consistente, as construções aninhadas ficam ilegíveis. Considere:

```
// um código perigosamente feio
struct X {
void f(int x) {
struct Y {
int f() { return 1; } int m; };
int m;
m=x; Y m2;
return f(m2.f()); }
int m; void g(int m) {
if (0<m) f(m+2); else {
g(m+2.3); }}
X() { } int m3() {
}

void main() {
X a; a.f(2);}
};
```

Um código difícil de ler geralmente esconde *bugs*. Quando você usa um IDE, ele tenta deixar seu código devidamente indentado (de acordo com alguma definição de "devidamente"), e existem "embelezadores de código", que reformatarão um arquivo de código-fonte para você (muitas vezes com opções de formatos). Contudo a responsabilidade final para seu código ser legível é sua.

> **TENTE ISTO**
>
> Digite o exemplo acima e aplique os devidos recuos. Quais construções e *bugs* suspeitos você consegue encontrar agora?

7.4 Chamada de função e retorno

CC As funções são a forma como representamos ações e cálculos. Sempre que queremos fazer algo que é digno de um nome, escrevemos uma função. A linguagem C++ nos dá operadores (como + e *), com os quais podemos produzir novos valores a partir dos operandos nas expressões, e instruções (como for e if), com as quais podemos controlar a ordem da execução. Para organizar o código feito a partir desses primitivos, temos as funções.

Para fazer seu trabalho, uma função geralmente precisa de argumentos, e muitas funções retornam um resultado. Esta seção trata de como os argumentos são especificados e passados.

7.4.1 Declarando argumentos e o tipo de retorno

Funções são o que usamos em C++ para nomear e representar cálculos e ações. Uma declaração de função consiste em um tipo de retorno, seguido pelo nome da função, seguido por uma lista de parâmetros entre parênteses. Por exemplo:

```
double fct(int a, double d);        // declaração de fct (sem corpo)

double fct(int a, double d)         // definição de fct
{
    return a*d;
}
```

Uma definição contém o corpo da função (as instruções a serem executadas por uma chamada); já uma declaração que não é uma definição tem apenas um ponto e vírgula. Os parâmetros costumam ser chamados de *argumentos formais*. Se você não quer que uma função tenha argumentos, apenas não especifique os argumentos formais. Por exemplo:

```
int current_power();                // current_power não tem argumentos
```

Se você não quer retornar um valor de uma função, forneça void como seu tipo de retorno. Por exemplo:

```
void increase_power_to(int level);  // increase_power_to(int level) não retorna um valor
```

Aqui, void significa "não retorna um valor" ou "não retorna nada".

É possível nomear um parâmetro ou não nas declarações e nas definições. Por exemplo:

```
int my_find(vector<string> vs, string s, int hint);  // nomeando argumentos: pesquisa
                                                     // começa a partir de hint
int my_find(vector<string>, string, int);            // sem nomear os argumentos
```

Nas declarações, os nomes dos argumentos formais não são logicamente necessários, são apenas muito úteis para escrever bons comentários. Do ponto de vista de um compilador, a segunda declaração de my_find() é tão boa quanto a primeira: ela tem todas as informações necessárias para chamar my_find().

CC

Normalmente, nomeamos todos os argumentos na definição. Por exemplo:

```
int my_find(vector<string> vs, string s, int hint)
    // pesquisar s em vs começando em hint
{
    if (hint<0 || vs.size()<=hint)
        hint = 0;
    for (int i = hint; i<vs.size(); ++i)    // pesquisar começando a partir de hint
        if (vs[i]==s)
            return i;
    for (int i = 0; i<hint; ++i)            // se não encontramos s, pesquisar antes de hint
        if (vs[i]==s)
            return i;
    return –1;
}
```

A parte da pesquisa que envolve uma dica (hint) complica bastante o código, mas a dica hint foi fornecida supondo que os usuários poderiam usá-la como uma vantagem, sabendo mais ou menos onde, em vector, uma string será encontrada. No entanto imagine que tenhamos usado my_find() por um tempo e depois descobrimos que as funções chamadoras raramente usavam bem a dica, na verdade prejudicando o desempenho. Agora não precisamos mais do argumento hint, mas há muito código "por aí" que chama my_find() com um valor para hint. Não queremos rescrever esse código (ou não podemos, porque é o código de outra pessoa), então não queremos alterar a(s) declaração(ões) de my_find(). Em vez disso, podemos ignorar o último argumento. Como não o usaremos, podemos deixá-lo sem nome:

```
int my_find(vector<string> vs, string s, int)    // 3° argumento não usado
{
    for (int i = 0; i<vs.size(); ++i)
        if (vs[i]==s) return i;
    return –1;
}
```

7.4.2 Retornando um valor

Retornamos um valor de uma função usando uma instrução **return**:

```
T f()      // f() retorna T
{
    V v;
    // ...
    return v;
}
```

Aqui, o valor retornado é exatamente o valor que teríamos obtido inicializando uma variável do tipo T com um valor do tipo V:

```
V v;
// ...
T t(v);    // inicializar t com v
```

Isto é, o retorno do valor é uma forma de inicialização. Infelizmente, é uma forma potencialmente reduzida de inicialização (§2.9), mas os compiladores costumam avisar e as Core Guidelines irão capturar a redução (uma ocorrência de "*narrowing*").

Uma função que tenha sido declarada para retornar um valor deve retornar um valor. Em particular, é um erro "chegar no final da função":

```
double my_abs(int x)    // aviso: código com erro
{
    if (x < 0)
        return –x;
    else if (x > 0)
        return x;
}    // erro: nenhum valor retornado se x é 0
```

Na verdade, o compilador provavelmente não notará que "esquecemos" o caso de x==0. Em princípio poderia, mas poucos compiladores são tão inteligentes. Para as funções complexas, pode ser impossível para um compilador saber se você retorna ou não um valor, então tenha cuidado. Aqui, "ter cuidado" significa realmente assegurar que você tenha uma instrução **return** ou **error()** para todas as saídas possíveis da função.

Por razões históricas, main() é um caso especial. Chegar até o final de main() equivale a retornar o valor 0, significando o "término bem-sucedido" do programa.

Em uma função que não retorna um valor, podemos usar **return** sem um valor para provocar um retorno da função. Por exemplo:

```
void print_until(vector<string> v, string quit)
    // imprimir até a string chamada "quit" ser encontrada
{
    for (string s : v) {
        if (s==quit)
            return;
        cout << s << '\n';
    }
}
```

Como você pode ver, é aceitável "rolar até o final" de uma função void. Isso equivale a um return;.

7.4.3 Passagem por valor

A maneira mais simples de passar um argumento para uma função é dar à função uma cópia do valor usado como argumento. Um argumento de uma função f() é uma variável local em f() que é inicializada a cada vez que f() é chamada. Por exemplo:

```
// passar por valor (dar à função uma cópia do valor passado)
int f(int x)
{
    x = x+1;        // dar à variável local x um novo valor
    return x;
}

int xx = 0;
cout << f(xx) << '\n';     // escrever: 1
cout << xx << '\n';        // escrever: 0; f() não muda xx

int yy = 7;
cout << f(yy) << '\n';     // escrever: 8
cout << yy << '\n';        // escrever: 7; f() não muda yy
```

Como uma cópia é passada, a instrução x=x+1 em f() não muda os valores xx e yy passados nas duas chamadas. Podemos ilustrar a passagem de um argumento por valor assim:

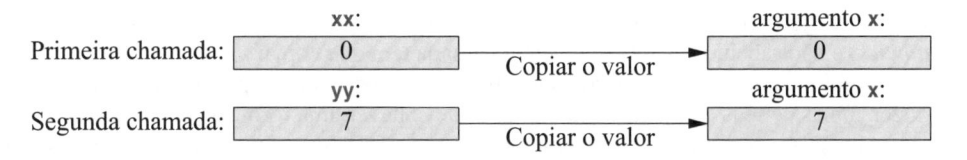

	xx:		argumento x:
Primeira chamada:	0	Copiar o valor →	0
	yy:		argumento x:
Segunda chamada:	7	Copiar o valor →	7

A passagem por valor é bem simples e seu custo é o custo de copiar o valor.

7.4.4 Passagem por referência const

A passagem por valor é simples, direto e eficiente quando passamos valores pequenos, como um int, um double ou um Token (§5.3.2). Mas e se um valor for grande, como uma imagem (muitas vezes com vários milhões de *bits*), uma grande tabela de valores (digamos, milhares de inteiros) ou uma *string* longa (digamos, centenas de caracteres)?

Então, copiar pode custar caro. Não devemos ficar obcecados com custos, mas fazer um trabalho desnecessário pode ser embaraçoso, porque é uma indicação de que não expressamos diretamente a ideia do que queríamos. Por exemplo, poderíamos escrever uma função para imprimir um vector de números de ponto flutuante assim:

```
void print(vector<double> v)          // passar por valor; adequado?
{
    cout << "{ ";
    for (int i = 0; i<v.size(); ++i) {
        cout << v[i];
        if (i!=v.size()-1)
            cout << ", ";
    }
    cout << " }\n";
}
```

Poderíamos usar esta função print() para todos os tamanhos de vectors. Por exemplo:

```
void f(int x)
{
    vector<double> vd1(10);           // vector pequeno
    vector<double> vd2(1000000);      // vector grande
    vector<double> vd3(x);            // vector de tamanho desconhecido

    // ... preencher vd1, vd2, vd3 com valores ...

    print(vd1);
    print(vd2);
    print(vd3);
}
```

CC Esse código funciona, mas a primeira chamada de print() tem que copiar dez doubles (provavelmente 80 *bytes*), a segunda chamada tem que copiar um milhão de doubles (provavelmente 8 *megabytes*) e não sabemos quanto a terceira chamada tem que copiar. A pergunta que devemos nos fazer aqui é: "Por que estamos copiando algo?". Só queríamos imprimir valores de vectors, não fazer cópias de seus elementos. Obviamente, deve haver uma forma de passar uma variável para uma função sem copiá-la. Como analogia, se sua tarefa fosse fazer uma lista de livros em uma biblioteca, os bibliotecários não lhe enviariam uma cópia do edifício da biblioteca e todo o seu conteúdo; eles enviariam o endereço da biblioteca para que você pudesse ir até lá e ver os livros. Então, precisamos achar de uma maneira de dar à nossa função print() "o endereço" do vector a ser impresso com print(), em vez da cópia do vector. Tal "endereço" é chamado de *referência* e é usado assim:

```
void print(const vector<double>& v)        // passar por referência const
{
    cout << "{ ";
    for (int i = 0; i<v.size(); ++i) {
        cout << v[i];
        if (i!=v.size()-1)
            cout << ", ";
    }
    cout << " }\n";
}
```

O **&** significa "referência", e **const** está lá para impedir que **print()** modifique o argumento dele sem querer. Exceto pela mudança na declaração do argumento, tudo fica como antes; a única mudança é que, em vez de operar em uma cópia, **print()** agora se refere ao argumento por meio da referência. Atenção para o "se refere"; tais argumentos são chamados de referências porque "referenciam" os objetos definidos em outro lugar. Podemos chamar essa função **print()** exatamente como antes:

```
void f(int x)
{
    vector<double> vd1(10);            // vector pequeno
    vector<double> vd2(1000000);       // vector grande
    vector<double> vd3(x);             // vector de tamanho desconhecido

    // ... preencher vd1, vd2, vd3 com valores ...
    print(vd1);
    print(vd2);
    print(vd3);
}
```

Podemos ilustrar graficamente assim:

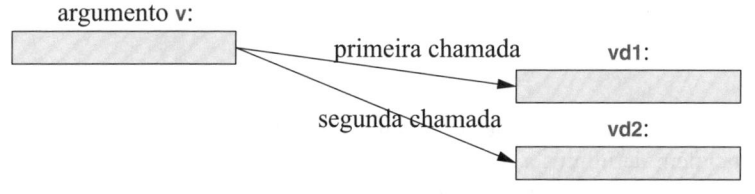

argumento v:

primeira chamada → vd1:

segunda chamada → vd2:

Compare com o exemplo da passagem por valor em §7.4.3.

Uma referência **const** tem a propriedade útil de não nos deixar modificar acidentalmente o objeto passado. Por exemplo, se cometemos um erro bobo e tentamos atribuir a um elemento de dentro de **print()**, o compilador detectaria isso:

```
void print(const vector<double>& v)        // passar por referência const
{
    // ...
    v[i] = 7;            // erro: v é const (é imutável)
    // ...
}
```

A passagem por referência const é um mecanismo útil e popular. Considere novamente a função my_find() (§7.4.1) que busca uma string dentro de um vector de strings. Passar por valor poderia ter um custo desnecessário:

```
int my_find(vector<string> vs, string s);   // passar por valor: copiar
```

Se o vector contivesse muitas milhares de strings, você poderia ter notado o tempo gasto mesmo em um computador rápido. Então, podemos melhorar my_find() fazendo com que receba seus argumentos por referências const:

```
int my_find(const vector<string>& vs, const string& s);   // passar por referência const:
                                                          // sem cópia, apenas leitura
```

7.4.5 Passagem por referência

Mas e se quiséssemos que uma função modificasse seus argumentos? Às vezes, isso é perfeitamente razoável. Por exemplo, podemos querer que uma função init() atribua valores aos elementos de um vector:

```
void init(vector<double>& v)        // passar por referência
{
    for (int i = 0; i<v.size(); ++i)
        v[i] = i;
}

void g(int x)
{
    vector<double> vd1(10);         // vector pequeno
    vector<double> vd2(1000000);    // vector grande
    vector<double> vd3(x);          // vector de tamanho desconhecido

    init(vd1);
    init(vd2);
    init(vd3);
}
```

Aqui, queríamos que init() modificasse o vetor de argumentos, então não copiamos (não usamos a passagem por valor) nem definimos a referência como const (não usamos a passagem por referência const), mas só passamos uma "referência direta" ao vector.

Consideremos as referências de um ponto de vista mais técnico. Referência é um constructo da linguagem que nos permite declarar um novo nome para um objeto. Por exemplo, int& é uma referência para um int, então podemos escrever

```
int x = 7;
int& r = x;
```

Ou graficamente:

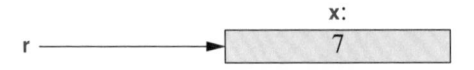

```
              x:
              ┌─────┐
r ──────────▶ │  7  │
              └─────┘
```

Isto é, qualquer uso de r é, na verdade, um uso de x.

As referências podem ser úteis como um atalho. Por exemplo, podemos ter um

vector< vector<double> > v;   // vetor de vetores de doubles

e precisamos referenciar algum elemento v[f(x)][g(y)] várias vezes. Claramente, v[f(x)][g(y)] é uma expressão complicada, que não queremos repetir com mais frequência do que precisamos. Se apenas precisamos do seu valor, podemos escrever

double val = v[f(x)][g(y)];   // val recebe valor de v[f(x)][g(y)]

e usar val repetidamente. Entretanto, e se precisássemos tanto ler de v[f(x)][g(y)] quanto escrever em v[f(x)][g(y)]? Nesse caso, uma referência se tornaria conveniente:

double& var = v[f(x)][g(y)];   // var é uma referência para v[f(x)][g(y)]

Agora podemos ler e escrever em v[f(x)][g(y)] por meio de var. Por exemplo:

var = var/2+sqrt(var);

Essa propriedade principal das referências, que uma referência pode ser um atalho conveniente para algum objeto, é o que as torna úteis como argumentos, como mostrado para print() em §7.4.4.

A passagem por referência é claramente um mecanismo muito poderoso: podemos fazer uma função operar diretamente sobre qualquer objeto para o qual passamos uma referência. Por exemplo, trocar dois valores (*swap*) é uma operação muitíssimo importante em muitos algoritmos, como os de ordenação. Usando referências, podemos escrever uma função que troca valores double assim:

```
void swap(double& d1, double& d2)
{
    double temp = d1;      // copiar o valor de d1 para temp
    d1 = d2;               // copiar o valor de d2 para d1
    d2 = temp;             // copiar o antigo valor de d1 para d2
}

int main()
{
    double x = 1;
    double y = 2;
    cout << "x == " << x << " y== " << y << '\n';   // escrever: x==1 y==2
    swap(x,y);
    cout << "x == " << x << " y== " << y << '\n';   // escrever: x==2 y==1
}
```

A biblioteca-padrão fornece uma função swap() para todos os tipos que é possível copiar, para que não precise escrever, você mesmo, swap() para cada tipo.

7.4.6 Passagem por valor *versus* passagem por referência

Quando usar passagem por valor, por referência e por referência const? Considere primeiro um exemplo técnico:

```
void f(int a, int& r, const int& cr)
{
    ++a;    // mudar a variável local a
    ++r;    // mudar o objeto referenciado por r
    ++cr;   // erro: cr é const
}
```

Se você quiser mudar o valor do objeto passado, deve usar uma referência não **const**: a passagem por valor fornece uma cópia e a passagem por referência **const** impede que você mude o valor do objeto passado. Então podemos tentar

```
void g(int a, int& r, const int& cr)
{
    ++a;         // mudar a variável local a
    ++r;         // mudar o objeto referenciado por r
    int x = cr;  // ler o objeto referenciado por cr
}

int main()
{
    int x = 0;
    int y = 0;
    int z = 0;

    g(x,y,z);   // x==0; y==1; z==0
    g(1,2,3);   // erro: argumento de referência r precisa de uma variável para referenciar
    g(1,y,3);   // OK: como cr é const, podemos passar um literal
}
```

Então, se você quer mudar o valor de um objeto passado por referência, deve passar um objeto. Tecnicamente, o literal inteiro 2 é apenas um valor (um rvalue), não um objeto que mantém um valor. O que você precisa para o argumento r de g() é um lvalue, isto é, algo que poderia aparecer à esquerda de uma atribuição.

Repare que uma referência **const** não necessita de um lvalue. Ela pode fazer as conversões exatamente como a inicialização ou a passagem por valor. Basicamente, o que acontece nessa última chamada, g(1,y,3), é que o compilador reserva um **int** para o argumento cr de g() referenciar:

g(1,y,3);   // significa: int gerado_pelo_compilador = 3; g(1,y, gerado_pelo_compilador)

Tal objeto gerado pelo compilador é chamado de *objeto temporário* ou apenas *temporário*.

AA   A nossa regra de ouro é:

[1] Use a passagem por valor para passar objetos muito pequenos.
[2] Use a passagem por referência **const** para passar objetos grandes que você não precisa modificar.
[3] Retorne um resultado em vez de modificar um objeto com um argumento de referência.
[4] Use a passagem por referência apenas quando necessário.

Essas regras levam a um código mais simples, menos propenso a erros e mais eficiente. "Muito pequeno" significa um ou dois **int**s, um ou dois **double**s, ou algo assim.

A terceira regra indica que você tem uma escolha quando deseja usar uma função para mudar o valor de uma variável. Considere:

```
int incr1(int a) { return a+1; }    // retornar o novo valor como o resultado
void incr2(int& a) { ++a; }         // modificar o objeto retornado como referência

int x = 7;
x = incr1(x);      // bastante óbvio
incr2(x);          // bastante vago
```

Por que usamos argumentos de referência não **const**? Por vezes, eles são essenciais

- para manipular contêineres (p. ex., um **vector**) e outros objetos grandes;
- para as funções que mudam vários objetos.

Por exemplo:

```
void larger(vector<int>& v1, vector<int>& v2)
    // tornar cada elemento de v1 o maior dos elementos correspondentes em v1 e v2;
    // da mesma forma, tornar cada elemento de v2 o menor
{
    if (v1.size()!=v2.size())
        error("larger(): different sizes");
    for (int i=0; i<v1.size(); ++i)
        if (v1[i]<v2[i])
            swap(v1[i],v2[i]);
}
```

Passar por referência os argumentos (ou os equivalentes lógicos; §19.3.2) é a única escolha razoável para uma função como **larger()**.

Se usamos uma referência apenas para evitar a cópia, usamos uma referência **const**. Como consequência, quando vemos um argumento de referência não **const**, presumimos que a função muda o valor do seu argumento, isto é, quando vemos uma passagem por referência não **const**, imaginamos que não só essa função pode modificar o argumento passado, como ela de fato o modificará, de modo que precisamos examinar com mais cuidado a chamada, para termos certeza de que ela fará o que esperamos.

7.4.7 Verificação e conversão de argumentos

A passagem de um argumento é a inicialização do argumento formal da função com o argumento real especificado na chamada. Considere:

```
void f(T x);
f(y);
T x = y;           // inicializar x com y (ver §7.7.2)
```

A chamada **f(y)** é permitida sempre que a inicialização **T x = y;** for; e quando for permitida, os dois xs recebem o mesmo valor. Por exemplo:

```
void f(double x);

void g(int y)
{
    f(y);
    double x = y;    // inicializar x com y (ver §7.7.2)
}
```

Repare que, para inicializar x com y, temos que converter um int em um double. O mesmo acontece na chamada de f(). O valor double recebido por f() é o mesmo armazenado em x.

As conversões são muitas vezes úteis, mas ocasionalmente dão resultados surpreendentes (ver §2.9). Assim, temos que ter cuidado com elas e esperar os avisos do compilador. Por exemplo:

```
g(7.8);        // truncar 7.8 para 7; você realmente queria isso?
int x = 7.8;   // truncar 7.8 para 7; você realmente queria isso?
```

Se você realmente quer truncar um valor double para um int, diga isso explicitamente [CG: ES.46]. Podemos usar as operações de redução da biblioteca de suporte Core Guidelines, fornecida como parte do PPP_support: narrow<T>(x): verifica x e produz um narrowing_error se houver perda de informação após converter x em T. Por exemplo:

```
void conv1(double y)
{
    int x = narrow<int>(y);     // conversão verificada
}
```

Dessa forma, o próximo programador a examinar o código poderá ver que você pensou sobre o possível problema e haverá um erro se a informação for perdida. Por outro lado, quando queremos arredondar, podemos usar round_to() de PPP_support. Por exemplo:

```
void conv2(double y)
{
    int x = round_to<int>(y);    // arredondar 4/5
}
```

Nos cálculos científicos, muitas vezes temos que converter de números inteiros para valores de ponto flutuante e vice-versa. Você pode encontrar exemplos em nossa biblioteca gráfica (§11.7.5 e §13.3). Para as conversões de int em double, usamos a notação double(i). Por exemplo:

```
void conv3(int x, int y)
{
    double z = double(x)/y;      // x/y teria sido truncado
}
```

> **TENTE ISTO**
>
> Experimente exemplos como os acima convertendo todas as combinações de int, double e char. Use os valores 1001, 7.7 e 'x'. Experimente a conversão implícita e a redução com narrow. Escreva os resultados para os casos em que o programa compila. Quais erros e avisos você recebeu?

7.4.8 Implementação de chamadas da função

Mas como um computador realmente faz uma chamada de função? As funções expression(), term() e primary() dos Capítulos 5 e 6 são perfeitas para ilustrar isso, exceto por um detalhe: elas não têm argumentos, então não podemos usá-las para explicar como os argumentos são passados. Mas espere! Elas *devem* ter alguma entrada; se não tivessem, não fariam nada de útil. Elas têm um argumento implícito: usam um Token_stream chamado ts para obter sua entrada; ts é uma variável global. Isso é um pouco sorrateiro. Podemos melhorar essas funções deixando-as ter um argumento Token_stream&. Aqui elas estão com um parâmetro Token_stream& adicionado, e tudo o que não diz respeito à implementação da chamada da função é removido.

Primeiro, expression() é bem simples; tem um argumento (ts) e duas variáveis locais (left e t):

```
double expression(Token_stream& ts)
{
    double left = term(ts);
    Token t = ts.get();
    // ...
}
```

Segundo, term() é muito parecido com expression(), exceto que tem uma variável local adicional (d), que usa para manter o resultado de um divisor para '/':

```
double term(Token_stream& ts)
{
    double left = primary(ts);
    Token t = ts.get();
    // ...
        case '/':
        {
            double d = primary(ts);
            // ...
        }
    // ...
}
```

Terceiro, a função primary() é muito parecida com term(), exceto que não tem uma variável local left:

```
double primary(Token_stream& ts)
{
    Token t = ts.get();
    switch (t.kind) {
    case '(':
        {   double d = expression(ts);
            // ...
        }
        // ...
    }
}
```

Agora elas não usam uma "variável global sorrateira" e são perfeitas para nossa ilustração: elas têm um argumento, têm variáveis locais e chamam umas às outras. Você pode aproveitar a oportunidade para refrescar sua memória sobre como ficam expression(), term() e primary(), mas os recursos de destaque no que diz respeito à chamada da função são apresentados aqui.

Quando uma função é chamada, a implementação da linguagem separa uma estrutura de dados, chamada de *registro de ativação da função*, contendo uma cópia de todos os seus parâmetros e variáveis locais. Por exemplo, quando expression() é chamada pela primeira vez, o compilador assegura que uma estrutura como esta seja criada:

Chamada de expression():

ts
left
t
a parte da implementação

A "parte da implementação" varia entre as implementações, mas basicamente são as informações que a função precisa retornar para sua função chamadora e retornar um valor para ela. Cada função tem seu próprio *layout* detalhado do registro de ativação. Note que, do ponto de vista da implementação, um parâmetro é apenas outra variável local.

Até agora tudo bem e, no momento, expression() chama term(), então o compilador garante que um registro de ativação para a chamada de term() seja gerado:

Chamada de term():

ts
left
t
a parte da implementação

Chamada de expression():

ts
left
t
d
a parte da implementação

direção do crescimento da pilha

Note que term() tem uma variável extra d que precisa ser armazenada, então reservamos espaço para isso na chamada, mesmo que o código possa nunca chegar a usá-lo. Tudo bem. Para as funções razoáveis (como todas as funções que usamos direta ou indiretamente neste livro), o custo de execução de estabelecer um registro de ativação da função não depende do seu tamanho. A variável local d será inicializada somente se executarmos case '/'. Em seguida, term() chama primary() e obtemos

Chamada de term():

ts
left
t
a parte da implementação

Chamada de expression():

ts
left
t
d
a parte da implementação

Chamada de primary():

ts
left
t
d
a parte da implementação

direção do crescimento da pilha

Está começando a ficar um pouco repetitivo, mas agora primary() chama expression():

Chamada de term():	ts
	left
	t
	a parte da implementação
Chamada de expression():	ts
	left
	t
	d
	a parte da implementação
Chamada de primary():	ts
	left
	t
	d
	a parte da implementação
Chamada de expression():	ts
	left
	t
	a parte da implementação

direção do crescimento da pilha

Então essa chamada de expression() tem seu próprio registro de ativação, diferente da primeira chamada de expression(). Isso é bom ou teríamos uma bagunça terrível, já que left e t serão diferentes nas duas chamadas. Uma função que chama a si mesma direta ou indiretamente (como aqui) é denominada *recursiva*.

Então, sempre que chamamos uma função, a *pilha de registros de ativação*, geralmente apenas denominada de *pilha*, aumenta em um registro. Por outro lado, quando a função retorna, seu registro não é mais usado. Por exemplo, quando a última chamada de expression() retornar para primary(), a pilha reverterá para isto:

Chamada de term():	ts
	left
	t
	a parte da implementação
Chamada de expression():	ts
	left
	t
	d
	a parte da implementação
Chamada de primary():	ts
	left
	t
	d
	a parte da implementação

direção do crescimento da pilha

E quando essa chamada de primary() retorna para term(), voltamos para

Chamada de term():	ts
	left
	t
	a parte da implementação
Chamada de expression():	ts
	left
	t
	d
	a parte da implementação

direção do crescimento da pilha

E assim vai. A pilha, também denominada *pilha de chamadas*, é uma estrutura de dados que aumenta e diminui em uma extremidade de acordo com a regra "Último a entrar, primeiro a sair".

Lembre-se de que os detalhes de como uma pilha de chamadas é implementada e usada variam entre as implementações de C++, mas o básico é como descrito aqui. É preciso saber como as chamadas de função são implementadas para usá-las? Claro que não! Você se saiu muito bem antes desta subseção de implementação, mas muitos programadores gostam de saber e muitos usam termos como "registro de ativação" e "pilha de chamadas", por isso é melhor saber o que significam.

7.4.9 Cálculo durante a compilação

Uma função representa um cálculo ou computação, e às vezes queremos fazer isso durante a compilação. A razão para querer que um cálculo seja avaliado pelo compilador é, geralmente, para não ter o mesmo cálculo feito milhões de vezes durante a execução. Usamos funções para tornar nossos cálculos compreensíveis, então, claro, às vezes queremos usar uma função em uma expressão constante. Passamos nossa intenção de ter uma função avaliada pelo compilador declarando a função constexpr (§3.3.1). Uma função constexpr pode ser avaliada pelo compilador se forem dadas expressões constantes como argumentos. Por exemplo:

```
constexpr double xscale = 10;    // fatores de escala
constexpr double yscale = 0.8;

constexpr Point scale(Point p) { return {xscale*p.x,yscale*p.y}; }
```

Suponha que Point seja uma struct simples, com os membros x e y representando as coordenadas em 2D. Agora, quando passamos para scale() um argumento Point, ela retorna um Point com as coordenadas dimensionadas de acordo com os fatores xscale e yscale. Por exemplo:

```
void user(int x, int y)
{
    Point p1 {x,y};                      // na compilação, não sabemos o valor de p1
    constexpr Point p2 {10,10};

    Point p3 = scale(p1);                // OK: p3 == {100,8}; a avaliação durante a
                                         // execução está ok
    constexpr Point p4 = scale(p2);      // OK: p4 == {100,8}; scale(p2) é uma constante
```

```
    constexpr Point p5 = scale(p1);    // erro: scale(p1) não é uma expressão constante
    // ...
}
```

Uma função **constexpr** se comporta como uma função comum até você usá-la onde uma constante for necessária. Então, ela é calculada durante a compilação, e seus argumentos devem ser expressões constantes (p. ex., **p2**), gerando um erro se não forem (p. ex., **p1**). Para possibilitar isso, uma função **constexpr** deve ser tão simples que o compilador (todo compilador em conformidade com o padrão) possa avaliá-la. Isso inclui *loops* simples e variáveis locais. Por exemplo:

```
constexpr int sum(const vector<int>& v)
{
    int s = 0;
    for (int x : v)
        s += x;
    return s;
}
```

Quando chamada em uma expressão constante, uma função **constexpr** não pode ter efeitos colaterais, isto é, não pode mudar o valor dos objetos fora do seu próprio corpo. Durante a compilação, esses objetos não existem.

Se você quiser que uma função possa ser avaliada apenas durante a compilação, declare-a como **consteval**, não como **constexpr**. Por exemplo:

```
consteval half(double d) { return d/2; }

double x1 = half(7);      // OK: 7 é uma constante
double x2 = half(x1);     // erro: x1 é uma variável não const
```

7.4.10 Tipo de retorno como sufixo

A sintaxe tradicional de declaração de funções que usamos até agora é:
    identificador_tipo identificador_função (lista_parâmetros)
Por exemplo:

```
double expression(Token_stream& ts);    // double é resultado de chamar expression(ts)
```

Porém há outra notação que coloca o tipo de retorno no final, onde talvez ele pertença:
    auto *identificador_função (lista_parâmetros) -> identificador_tipo*
Por exemplo:

```
auto expression(Token_stream& ts) -> double;    // chamar expression(ts) e obter double
```

Isso é chamado de notação *tipo de retorno como sufixo* (*suffix return type*) ou notação *retorno à direita*. Às vezes ela é essencial, quando o tipo de retorno é expresso em termos dos tipos de argumento, e tem a bela propriedade de ter os nomes alinhados. Por exemplo:

```
auto Token_stream::get() -> Token;
auto statement() -> double;
auto find_all(string s) -> vector<Variable>;
```

em oposição a

```
Token Token_stream::get();
double statement();
vector<Variable> find_all(string s);
```

A diferença fica mais perceptível quando os nomes de retorno ficam mais longos e elaborados.

Ao usar **auto** para introduzir uma definição de função, o tipo de retorno pode ser deduzido pela instrução return:

```
auto expression(Token_stream& ts)    // deduz o tipo de retorno pela definição
{
    double left = term(ts);
    // ...
    return left;
}
```

Como nas definições dos objetos **auto** (§2.10), o tipo de retorno é deduzido pelo inicializador (aqui, o corpo da função). Esse mecanismo de dedução não deve ser usado em excesso, como **auto** em geral não deve, porque poderia gerar um código mais difícil de ler. Pior, o tipo de uma função poderia ser mudado sem intenção como resultado de uma mudança de sua implementação.

7.5 Ordem de avaliação

A avaliação de um programa – também chamada de execução de um programa – procede com as instruções de acordo com as regras da linguagem. Quando essa "sequência de execução" atinge a definição de uma variável, a variável é construída, isto é, a memória é reservada para o objeto e o objeto é inicializado. Quando a variável sai do escopo, a variável é destruída ou o objeto a que se refere é, em princípio, removido, e o compilador pode usar sua memória para outra coisa. Por exemplo:

```
string program_name = "silly";
vector<string> v;                    // v é global

void f()
{
    string s;                        // s é local para f
    while (cin>>s && s!="quit") {
        string stripped;             // stripped é local para o loop
        string not_letters;
        for (char x : s)             // x tem o escopo da instrução
            if (isalpha(x))
                stripped += x;
            else
                not_letters += x;
        v.push_back(stripped);
    }
    // ... ainda podemos usar s aqui ...
}
```

As variáveis globais, como **program_name** e **v**, são inicializadas antes que a primeira instrução de **main()** seja executada. Elas "vivem" até o programa terminar, então são destruídas. Elas são construídas na ordem em que são definidas (isto é, program_name antes de v) e destruídas na ordem inversa (isto é, v antes de program_name).

Quando alguém chama f(), primeiro s é construída, isto é, s é inicializada como uma *string* vazia. Ela viverá até retornarmos de f().

Sempre que entramos no bloco que é o corpo da instrução while, stripped e not_letters são construídas. Como stripped é definida antes de not_letters, stripped é construída antes de not_letters. Elas vivem até o final do *loop*, onde são destruídas na ordem inversa da construção (not_letters antes de stripped) antes de a condição ser reavaliada. Então, se dez *strings* forem vistas antes de encontrarmos a *string* quit, stripped e not_letters serão construídas e destruídas dez vezes.

Sempre que alcançamos a instrução for, x é construída. Sempre que saímos da instrução for, x é destruída antes de chegarmos à instrução v.push_back(stripped);.

Note que os compiladores (e os *linkers*) são criaturas inteligentes e eles podem, e devem, otimizar o código, desde que os resultados sejam equivalentes ao que descrevemos aqui. Em particular, os compiladores são inteligentes em não alocar e desalocar memória com mais frequência do que é realmente necessário. Por exemplo, apenas uma variável stripped é usada em qualquer momento, então a estrutura da pilha para f() conterá espaço para apenas uma variável stripped, que será reutilizada repetidas vezes.

7.5.1 Avaliação de expressões

A ordem de avaliação das expressões secundárias (subexpressões) é regida por regras destinadas a agradar um otimizador em vez de simplificar a vida do programador. Isso é lamentável, mas, de um jeito ou de outro, é importante evitar as expressões complexas, e há uma regra simples, que pode mantê-lo longe de problemas: se você muda o valor de uma variável em uma expressão, não a leia nem a escreva duas vezes nessa mesma expressão. Por exemplo:

```
f(++i,++i);          // não fazer: ordem indefinida de avaliação
x = ++i + i;         // não fazer: ordem indefinida de avaliação
z = f(x)+g(y)        // não fazer se a ordem entre f(x) e g(y) for importante
h(f(x),g(y))         // não fazer se a ordem entre f(x) e g(y) for importante
```

Infelizmente, nem todos os compiladores avisam se você escreve um código ruim como esse; ele é ruim porque não é possível confiar que os resultados serão os mesmos se você mover seu código para outro computador, usar um compilador diferente ou uma configuração de otimização diferente. Os compiladores realmente divergem com códigos como esse; apenas não faça isso.

Por sorte, alguma ordem foi imposta. A ordem de avaliação é da esquerda para a direita para x.y, x->y, x(y), x[y], x<<y, x>>y, x,y, x&&y e x||y. Para as atribuições (p. ex., x=y e x+=y), a ordem é da direita para a esquerda. Isso faz com que a maioria dos constructos sensatos se comportem como o esperado. Por exemplo:

```
if (0<=x && v[x]!=0) ...    // v[x] nunca será executado para x<0
v[i] = ++i;                  // i será incrementado antes de ser usado como um índice
cout << ++i << ' ' << ++i;  // imprimirá "2 3" se chamado com i==1
```

Para &&, o segundo operando (à direita) não é executado a menos que o primeiro operando (à esquerda) seja true. Da mesma forma, para ||, o segundo operando não é executado a menos que o primeiro seja false. Por vezes isso é chamado de *avaliação em curto-circuito*.

7.5.2 Inicialização global

XX Usar uma variável global em outras situações além das circunstâncias mais limitadas não costuma ser uma boa ideia. O programador não dispõe de um método eficaz para saber quais partes de um programa grande leem e/ou escrevem em uma variável global (§7.3). Infelizmente, as variáveis globais são comuns nos códigos mais antigos.

As variáveis globais (e as variáveis de *namespace*; ver §7.6) em uma única unidade de tradução (§7.7.1) são inicializadas na ordem em que aparecem. Por exemplo:

```
// arquivo f1.cpp
int x1 = 1;
int y1 = x1+2;      // y1 se torna 3
```

Essa inicialização ocorre logicamente "antes que o código em main() seja executado". Entretanto a ordem de inicialização das variáveis globais nas diferentes unidades de tradução não é definida. Por exemplo:

```
// arquivo f2.cpp
extern int y1;
int y2 =y1+2;       // y2 se torna 2 ou 5
```

Tal código deve ser evitado por várias razões: ele usa variáveis globais, ele dá às variáveis globais nomes curtos e usa uma inicialização complicada para as variáveis globais. Se as globais no arquivo **f1.cpp** forem inicializadas antes das globais em **f2.cpp**, **y2** será inicializada como **5** (como um programador poderia, ingenuamente e com toda a razão, esperar). No entanto, se as globais no arquivo **f2.cpp** forem inicializadas antes das globais em **f1.cpp**, **y2** será inicializada como **2** (porque a memória usada para as variáveis globais é inicializada como **0** antes da inicialização complicada ser tentada). Evite tal código e suspeite quando vir variáveis globais com inicializadores incomuns. Para as variáveis globais, considere como complicado qualquer inicializador que não seja uma expressão constante.

Mas o que podemos fazer quando realmente precisamos de uma variável global (ou uma constante) com um inicializador complicado? Um exemplo possível seria **Date** inicializada para a data de hoje na inicialização do programa toda manhã.

```
const Date today = get_date_from_clock();      // definição suspeita
```

Como sabemos que **today** nunca foi usada antes de ser inicializada? Basicamente, não tem como saber, então não devemos escrever essa definição. A técnica que usamos com mais frequência é chamar uma função que retorna o valor. Por exemplo:

```
const Date today()
{
    return get_date_from_clock();     // retornar a data de hoje
}
```

AA Isso constrói uma instância de **Date** sempre que chamamos **today()**. Se **today()** é chamada com frequência, e se uma chamada para **get_date_from_clock()** é cara, gostaríamos de construir **Date** apenas uma vez. Podemos fazer isso usando uma variável local **static**:

```
const Date& today()
{
    static const Date today = get_date_from_clock();   // inicializar today na primeira
                                                       // vez em que chegamos aqui
    return today;
}
```

Essa instância de Date é inicializada (construída) na primeira vez em que a função é chamada (apenas). Note que retornamos uma referência para eliminar as cópias desnecessárias. Em particular, retornamos uma referência const para evitar que a função chamada mude sem querer o valor. Os argumentos sobre como passar um argumento (§7.4.6) também se aplicam aos valores de retorno.

7.6 Namespaces

Usamos blocos para organizar o código dentro de uma função (§7.3). Usamos classes para organizar as funções, os dados e os tipos em um tipo (Capítulo 8). Uma função e uma classe fazem duas coisas:

- Elas permitem definir diversas "entidades" sem nos preocupar que seus nomes entrem em conflito com outros nomes em nosso programa.
- Elas nos dão um nome para referenciar o que definimos.

O que nos falta até agora é algo para organizar as classes, as funções, os dados e os tipos em uma parte identificável e nomeada de um programa sem definir um tipo. O mecanismo da linguagem para tal agrupamento de declarações é um *namespace*. Por exemplo, queremos fornecer uma biblioteca gráfica com classes denominadas Color, Shape, Line, Function e Text (ver Capítulo 11):

```
namespace Graph_lib {
    struct Color { /* ... */ };
    struct Shape { /* ... */ };
    struct Line : Shape { /* ... */ };
    struct Function : Shape { /* ... */ };
    struct Text : Shape { /* ... */ };
    // ...
    int gui_main() { /* ... */ }
}
```

É bem provável que outra pessoa no mundo já tenha usado esses nomes, mas agora isso não importa. Você pode definir algo chamado Text, mas nosso Text não interfere. Graph_lib::Text é uma de nossas classes e seu Text não é. Teremos um problema apenas se você tiver uma classe ou um *namespace* chamado Graph_lib com Text como seu membro. Graph_lib é um nome um pouco feio; escolhemos ele porque o nome "bonito e óbvio" Graphics tinha uma chance maior de já ser usado em algum lugar.

Digamos que seu Text fosse parte de uma biblioteca de manipulação de texto. A mesma lógica que nos fez colocar nossos recursos gráficos no *namespace* Graph_lib deve fazer você colocar seus recursos de manipulação de texto em um *namespace* chamado TextLib:

```
namespace TextLib {
    class Text { /* ... */ };
    class Glyph { /* ... */ };
    class Line { /* ... */ };
    // ...
}
```

Se tivéssemos usado o *namespace* global, poderíamos estar em apuros. Alguém tentando usar nossas bibliotecas teria tido conflitos de nome para Text e Line. Pior, se tivéssemos usuários para nossas bibliotecas, não teríamos conseguido mudar nossos nomes, como Line e Text, para evitar conflitos. Evitamos esse problema usando *namespaces*, isto é, nosso Text é Graph_lib::Text e o seu é TextLib::Text. Um nome composto por um nome do *namespace* (ou um nome da classe) e um nome do membro combinados com :: é chamado de *nome totalmente qualificado* (*fully qualified name*).

7.6.1 Declarações using e diretivas using

Escrever nomes totalmente qualificados pode ser chato. Por exemplo, os recursos da biblioteca-padrão de C++ são definidos no *namespace* std e podem ser utilizados assim:

```
import std;           // importar a biblioteca-padrão ISO de C++

int main()
{
    std::string name;
    std::cout << "Please enter your first name\n";
    std::cin >> name;
    std::cout << "Hello, " << name << '\n';
}
```

Tendo visto string e cout da biblioteca-padrão milhares de vezes, não queremos ter que referenciá-las por seus "devidos" nomes totalmente qualificados std::string e std::cout o tempo todo. Uma solução é informar que "por string, quero dizer std::string", "por cout, quero dizer std::cout" etc.:

```
using std::string;    // a partir daqui, string significa std::string
using std::cout;      // a partir daqui, cout significa std::cout
// ...
```

Esse constructo é chamado de declaração using; é o equivalente em programação a usar um simples "Greg" para se referir a Greg Hansen, quando não há outros Gregs na sala.

Por vezes, preferimos um "atalho" ainda maior para o uso de nomes de um *namespace*: "Se você não encontrar uma declaração para um nome neste escopo, pesquise std." Uma forma de dizer isso é usar uma diretiva using:

```
using namespace std;  // tornar acessíveis diretamente os nomes de std
```

Então, temos este estilo comum:

```
import std;           // importar a biblioteca-padrão ISO de C++
using namespace std;  // tornar acessíveis diretamente os nomes de std

int main()
{
    string name;
    cout << "Please enter your first name\n";
    cin >> name;
    cout << "Hello, " << name << '\n';
}
```

A parte cin é std::cin, string é std::string etc. Desde que você use **PPP_support**, não precisa se preocupar com os cabeçalhos-padrão e o *namespace* std.

XX Geralmente é uma boa ideia evitar as diretivas using para qualquer *namespace*, exceto para um *namespace* como o std, que é muito conhecido em uma área de aplicação. O problema com o uso excessivo das diretivas using é que você perde o controle de quais nomes vêm de onde, de modo que começa novamente a ter conflitos de nome. Uma qualificação explícita com os nomes de *namespace* e as declarações using não tem esse problema. Então, colocar uma diretiva using em um arquivo de cabeçalho (para que os usuários não possam evitá-la) é um hábito muito ruim. No entanto, para simplificar nosso código inicial, colocamos uma diretiva using para std em PPP_support. Isso nos permite escrever

```
import PPP_import;

int main()
{
    string name;
    cout << "Please enter your first name\n";
    cin >> name;
    cout << "Hello, " << name << '\n';
}
```

7.7 Módulos e cabeçalhos

Como gerenciamos nossas declarações e definições? Afinal, elas devem ser consistentes e, em programas reais, pode haver dezenas de milhares de declarações; os programas com centenas de milhares de declarações não são raros. Normalmente, quando escrevemos um programa, a maioria das definições que usamos não é escrita por nós. Por exemplo, as implementações de cout e sqrt() foram escritas por outra pessoa há anos. Apenas as usamos.

As chaves para gerenciar as declarações dos recursos definidos "em outro lugar" em C++ são o módulo e o cabeçalho.

- *Cabeçalho*: um mecanismo antigo e estabelecido para compor programas a partir de arquivos.
- *Módulo*: um mecanismo moderno da linguagem para expressar diretamente a modularidade.

O módulo é, de longe, o mecanismo superior para garantir a modularidade, agilizando a compilação. No entanto os arquivos de cabeçalho foram usados por mais de 50 anos, e existem bilhões de linhas de código usando-os, então devemos saber como usá-los bem.

7.7.1 Módulos

Imagine que queremos montar a abstração Token_stream como um recurso separado, que as pessoas podem importar por inteiro, com classes, funções e tudo mais, em seu programa. Poderíamos permitir isso definindo um módulo chamado Tokenstream:

```
module Tokenstream;      // estamos definindo um módulo chamado "Tokenstream"

import std;              // "detalhes" da implementação
using namespace std;     // acessando implicitamente std - apenas em Tokenstream
```

```cpp
export class Token {
public:
    char kind;              // que tipo de token
    double value;           // para números: um valor
    Token(char k) :kind{k}, value{0.0} {}        // construir a partir de um valor
    Token(char k, double v) :kind{k}, value{v} {} // construir a partir de dois valores
};

export class Token_stream {
public:
    Token get();                    // obter um Token (get() é definida em §5.8.2)
    void putback(Token t);          // devolver um Token
private:
    bool full = false;              // existe um Token no buffer?
    Token buffer;                   // putback() salva seu token aqui
};

void Token_stream::putback(Token t)
{
    if (full)
        error("Token_stream::putpack() into a full buffer");
    buffer = t;         // copiar t para o buffer
    full = true;        // o buffer agora está cheio
}

Token Token_stream::get()
{
    if (full) {                     // já temos um Token pronto?
        full = false;               // remover Token do buffer
        return buffer;
    }

    // ... usar iostream e criar um Token ...
}
```

Claro, é um módulo muito pequeno. Módulos como std e PPP_support têm vantagens muito mais interessantes, mas Tokenstream serve como um exemplo gerenciável.

As definições marcadas com export são disponibilizadas para os usuários que importam o módulo com import. Um módulo pode, ele próprio, importar outros módulos necessários, como é feito aqui com std. O importante é que apenas as declarações export ficam disponíveis para uso, portanto, nesse caso, o usuário de Tokenstream não fica implicitamente sobrecarregado com toda a biblioteca-padrão do módulo importado std.

Podemos representar graficamente um uso de Tokenstream assim:

Interface gerada por Tokenstream:

```
// declarações:
export class Token { /* ... */ };
export class Token_stream { /* ... */ };
// ... as definições são disponibilizadas implicitamente ...
```

Definição do
módulo Tokenstream:

```
module Tokenstream;
// suporte da implementação:
import std;
using namespace std;
// definições:
export class Token { /* ... */ };
export class Token_stream { /* ... */ };
void Token_stream::putback(Token t) { /* ... */ }
void Token_stream::get() { /* ... */
```

calculator.cpp

```
import Tokenstream;
// usos:
// ...
Token_stream ts;
// ...
Token t = ts.get();
// ...
ts.putback(t);
// ...
```

Infelizmente, não há um sufixo padronizado para a definição de módulo (a Microsoft usa .ixx, o GCC usa .cxx e o Clang usa .cppm). Para compilar e usar módulos, você precisa saber como sua implementação de C++ específica lida com isso; cppreference.com e www.stroustrup.com/programming.html podem dar alguma ajuda (§0.4.1).

A interface gerada pelo módulo não deve ser vista por programadores, apenas ser importada com import.

Os módulos têm muitas vantagens, incluindo compilação rápida (muito mais rápida do que as alternativas) e melhor isolamento das preocupações, ou seja, os "detalhes da implementação", como o uso da biblioteca iostream dentro de Tokenstream não são visíveis ao código que realiza a importação. Isso tem implicações importantes, como a possibilidade de os módulos serem importados em qualquer ordem:

```
import m1;
import m2;
```

é o mesmo que

```
import m2;
import m1;
```

Isso é de grande ajuda para os compiladores e os leitores humanos.

7.7.2 Arquivos de cabeçalho

No momento da escrita deste livro, os módulos ainda eram bem novos em C ++. Antes disso, por 50 anos, a modularidade era "simulada" por meio da manipulação de arquivos usando a noção de *arquivo de cabeçalho*. Como bilhões de linhas de código usam arquivos de cabeçalho e milhões de programadores estão familiarizados com eles, seu uso está garantido por muitos anos ainda.

Basicamente, *cabeçalho* é uma coleção de declarações, normalmente definidas em um arquivo, então um cabeçalho também é chamado de *arquivo de cabeçalho*. Esses cabeçalhos são então incluídos com #include em nossos arquivos-fontes. Por exemplo, podemos decidir melhorar a organização do código-fonte para nossa calculadora (Capítulos 5 e 6) separando o gerenciamento dos *tokens*. Poderíamos definir um arquivo de cabeçalho token.h, que contém as declarações necessárias para usar Token e Token_stream:

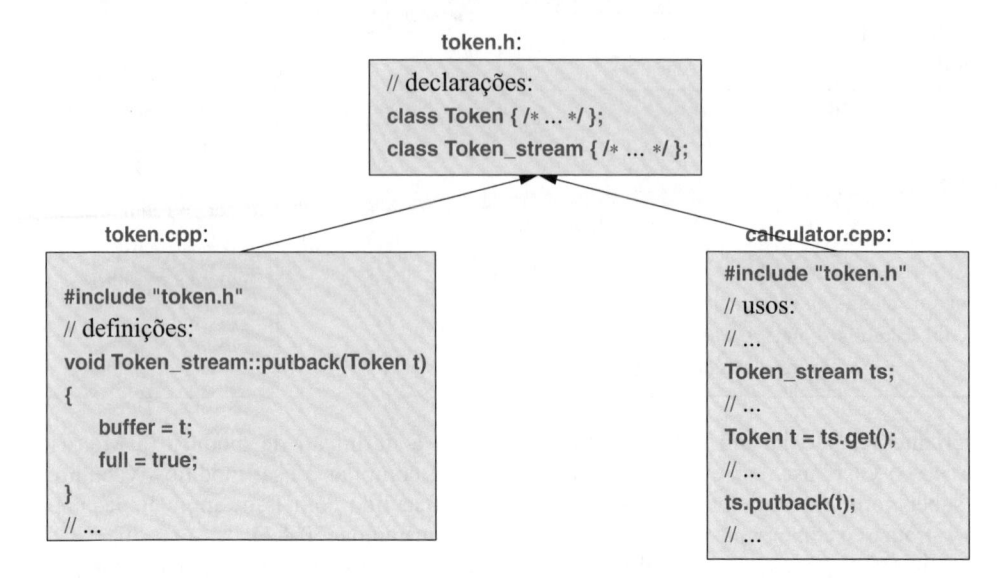

```
token.h:
   // declarações:
   class Token { /* ... */ };
   class Token_stream { /* ... */ };
```

```
token.cpp:
   #include "token.h"
   // definições:
   void Token_stream::putback(Token t)
   {
       buffer = t;
       full = true;
   }
   // ...
```

```
calculator.cpp:
   #include "token.h"
   // usos:
   // ...
   Token_stream ts;
   // ...
   Token t = ts.get();
   // ...
   ts.putback(t);
   // ...
```

As declarações de Token e Token_stream estão no cabeçalho token.h. Suas definições estão em token.cpp. O sufixo .h é o mais comum para os cabeçalhos em C++, e o sufixo .cpp é o mais comum para os arquivos-fontes em C++. Na verdade, a linguagem C++ não se importa com os sufixos do arquivo, mas alguns compiladores e a maioria dos ambientes de desenvolvimento de programas sim, então use essa convenção para seu código-fonte.

Em princípio, a diretiva #include "file.h" simplesmente copia as declarações de dentro de file.h para seu arquivo na exata linha do #include. Por exemplo, poderíamos escrever um cabeçalho f.h:

```
// f.h
int f(int);
```

e incluí-lo em nosso arquivo user.cpp:

```
// user.cpp
#include "f.h"

int g(int i)
{
    return f(i);
}
```

Ao compilar user.cpp, o compilador faria o #include e compilaria

```
int f(int);

int g(int i)
{
    return f(i);
}
```

Como os #includes logicamente acontecem antes de qualquer outra coisa que um compilador faça, lidar com #includes é parte do que é chamado de *pré-processamento* (PPP2.§27.8).

Para facilitar a verificação da consistência, incluímos com #include um cabeçalho nos arquivos-fontes – tanto nos que usam suas declarações quanto nos que fornecem definições para essas declarações. Dessa forma, o compilador captura os erros assim que possível. Por exemplo, imagine que o implementador de Token_stream::putback() tenha cometido erros:

XX

```
Token Token_stream::putback(Token t)
{
    buffer.push_back(t);
    return t;
}
```

Isso parece bem inocente. Por sorte, o compilador pegaria os erros, porque veria a declaração de Token_stream::putback() (via #include). Comparando essa declaração com nossa definição, o compilador descobriria que putback() não deveria retornar um Token e que buffer seria um Token, em vez de vector<Token>, então não poderíamos usar push_back(). Tais erros ocorrem quando trabalhamos em nosso código para melhorá-lo, mas não fazemos uma mudança padronizada ao longo do programa.

Do mesmo modo, considere estes erros:

```
Token t = ts.gett();    // erro: nenhum membro obtido
// ...
ts.putback();           // erro: argumento ausente
```

O compilador geraria erros de imediato; o cabeçalho token.h fornece todas as informações necessárias para verificação.

Um cabeçalho será normalmente incluído em muitos arquivos-fontes. Isso significa que um cabeçalho só deve conter declarações que possam ser duplicadas em vários arquivos (como declarações de função, definições de classe e definições de constantes numéricas).

AA

Em §10.8.1, damos um exemplo um pouco mais realista de uso de cabeçalhos.

Prática

[1] Escreva três funções swap_v(int,int), swap_r(int&,int&) e swap_cr(const int&, const int&). Cada uma deve ter o corpo

{ int temp; temp = a, a=b; b=temp; }

onde a e b são os nomes dos argumentos.

Tente chamar cada troca (*swap*) assim

```
int x = 7;
int y = 9;
swap_?(x,y);        // substituir ? por v, r ou cr
swap_?(7,9);
const int cx = 7;
const int cy = 9;
swap_?(cx,cy);
swap_?(7.7,9.9);
double dx = 7.7;
double dy = 9.9;
swap_?(dx,dy);
swap_?(7.7,9.9);
```

Quais funções e chamadas são compiladas e por quê? Depois de cada troca que compilou, imprima o valor dos argumentos após a chamada para ver se eles foram realmente trocados. Se você se surpreender com um resultado, consulte §7.5.

[2] Escreva um programa usando um único arquivo contendo três *namespaces* X, Y e Z, de modo que a função main() a seguir funcione corretamente:

```
int main()
{
    X::var = 7;
    X::print();         // imprimir var de X
    using namespace Y;
    var = 9;
    print();            // imprimir var de Y
    {
        using Z::var;
        using Z::print;
        var = 11;
        print();        // imprimir var de Z
    }
    print();            // imprimir var de Y
    X::print(); // imprimir var de X
}
```

Cada *namespace* precisa definir uma variável chamada var e uma função chamada print(), que exiba a var apropriada usando cout.

[3] Crie um módulo foo com o sufixo adequado ao seu sistema:

```
int foo = 0;
export void print_foo() { ... };
export void set_foo(int x} { foo = x; }
export int get_foo() { return x; }
```

Adicione o que for preciso para fazer a parte ... imprimir foo. Escreva o arquivo use.cpp que importa foo com import e o testa. Faça o programa resultante compilar e executar.

[4] Crie um arquivo de cabeçalho foo.h:

```
extern int foo;
void print_foo();
void print(int);
```

Escreva um arquivo **foo.cpp** que implemente as funções declaradas em **foo.h**. Escreva o arquivo **use.cpp** que inclua **foo.h** via **#include** e o teste. Faça o programa resultante compilar e executar.

Revisão

[1] Qual é a diferença entre declaração e definição?
[2] Como distinguir sintaticamente uma declaração de função e uma definição de função?
[3] Como distinguir sintaticamente uma declaração de variável e uma definição de variável?
[4] Por que não se pode usar as funções do programa de calculadora do Capítulo 5 sem declarar uma ou mais funções primeiro?
[5] **int a;** é uma definição ou apenas uma declaração?
[6] Por que é uma boa ideia inicializar as variáveis à medida que elas são declaradas?
[7] Em que consiste uma declaração de função?
[8] O que é a notação *tipo de retorno como sufixo* e por que você a usaria?
[9] Para que serve a indentação?
[10] Qual é o escopo de uma declaração?
[11] Quais tipos de escopo existem? Dê um exemplo de cada um.
[12] Qual é a diferença entre um escopo de classe e um escopo local?
[13] Por que um programador deve minimizar o número de variáveis globais?
[14] Qual a diferença entre passagem por valor e passagem por referência?
[15] Qual a diferença entre passagem por referência e passagem por referência **const**?
[16] O que é **swap()**?
[17] Você definiria uma função usando um **vector<double>** como parâmetro por valor?
[18] Dê um exemplo de ordem de avaliação indefinida. Por que essa ordem pode ser um problema?
[19] O que significam **x&&y** e **x||y**, respectivamente?
[20] Qual das seguintes opções está em conformidade com as normas C++: funções dentro de funções, funções dentro de classes, classes dentro de classes, classes dentro de funções?
[21] O que entra em um registro de ativação?
[22] O que é pilha de chamadas e por que precisamos de uma?
[23] Qual é o objetivo de um *namespace*?
[24] Qual a diferença entre um *namespace* e uma classe?
[25] O que é declaração **using**?
[26] Por que devemos evitar as diretivas **using** em um cabeçalho?
[27] O que é *namespace* **std**?

Termos

registro de ativação	passagem por valor	arquivo de	argumento
definição de função	pilha de chamadas	cabeçalho	escopo global
recursão	inicializador	valor de retorno	return
escopo da classe	escopo	constexpr	const
escopo local	declaração	escopo do	namespace
escopo da instrução	bloco aninhado	*namespace*	detalhes técnicos
definição	declaração using	identificador não	extern
parâmetro	auto	declarado	passagem por
diretiva using	passagem por referência	declaração anterior	referência const
função	passagem de argumentos	->	tipo de retorno como sufixo

Exercícios

[1] Modifique o programa de calculadora do Capítulo 6 para tornar o fluxo de entrada um parâmetro explícito (como mostrado em §7.4.8), em vez de simplesmente usar cin. Também dê ao construtor Token_stream (§6.8.2) um parâmetro istream&, de modo que, quando descobrirmos como criar nossos próprios istreams (p. ex., anexados a arquivos), possamos usar a calculadora para eles. Dica: não tente copiar um istream.

[2] Escreva uma função print() que imprima um vector de ints para cout. Forneça dois argumentos: string para "rotular" a saída e vector.

[3] Crie um vector de números de Fibonacci e imprima-os usando a função do Exercício 2. Para criar o vector, escreva uma função, fibonacci(x,y,v,n), em que os inteiros x e y são ints, v é um vector<int> vazio e n é o número de elementos para colocar em v; v[0] será x e v[1] será y. Um número de Fibonacci é aquele que faz parte de uma sequência em que cada elemento é a soma dos dois anteriores. Por exemplo, começando com 1 e 2, temos 1, 2, 3, 5, 8, 13, 21, ... Sua função fibonacci() deve fazer tal sequência começar com seus argumentos x e y.

[4] Um número int só pode ter números inteiros até um número máximo. Encontre uma aproximação desse número máximo usando fibonacci().

[5] Escreva duas funções que invertam a ordem dos elementos em um vector<int>. Por exemplo, 1, 3, 5, 7, 9 torna-se 9, 7, 5, 3, 1. A primeira função inversa deve produzir um novo vector com a sequência invertida, deixando seu vector original inalterado. A outra função inversa deve inverter os elementos de seu vector sem usar nenhum outro vector (dica: swap).

[6] Escreva versões das funções do exercício 5, mas com um vector<string>.

[7] Leia cinco nomes em vector<string> name e, em seguida, peça ao usuário a idade das pessoas nomeadas e armazene as idades em um vector<double> age. Depois, imprima os cinco pares (name[i],age[i]). Ordene os nomes (sort(name.begin(),name.end())) e imprima os pares (name[i],age[i]). A parte complicada aqui é ter age vector na ordem correta para corresponder ao name vector ordenado. Dica: antes de ordenar name, pegue uma cópia e use-a para fazer uma cópia de age na ordem certa após ordenar name.

[8] Faça o exercício anterior, mas permita o uso de um número arbitrário de nomes.

[9] Escreva uma função que, com os dois vector<double>s price e weight, calcule um valor (um "índice") que seja a soma de todos price[i]*weight[i]. Certifique-se de que weight.size()==price.size().

[10] Escreva uma função maxv() que retorne o maior elemento de um argumento vector.
[11] Escreva uma função que encontre o menor e o maior elemento de um argumento vector e também calcule a média e a mediana. Não use variáveis globais. Retorne uma struct contendo os resultados ou passe-os de volta com argumentos de referência. Qual das duas formas de retornar diversos valores do resultado você prefere e por quê?
[12] Melhore print_until_s() de §7.4.2. Teste sua solução. O que faz um bom conjunto de casos de teste? Explique. Em seguida, escreva um print_until_ss() que imprima até ver uma segunda ocorrência de seu argumento quit.
[13] Escreva uma função que tenha um argumento vector<string> e retorne um vector<int> contendo o número de caracteres em cada string. Encontre também a string mais longa e mais curta, além da primeira e da última string, considerando a ordem lexicográfica. Quantas funções separadas você usaria para essas tarefas? Por quê?
[14] Podemos declarar um argumento de função de não referência const (p. ex., void f(const int);)? O que significaria isso? Por que faríamos isso? Por que as pessoas não fazem isso com frequência? Experimente; escreva alguns pequenos programas para ver o que funciona.

Posfácio

Poderíamos ter colocado grande parte deste capítulo (e muito do próximo) em um apêndice. No entanto você precisará da maioria dos recursos descritos aqui para acompanhar o restante deste livro. Muito em breve, você também encontrará a maioria dos problemas para os quais esses recursos foram inventados para ajudar a resolver. Os projetos de programação mais simples que você pode realizar exigirão que resolva tais problemas. Então, para economizar tempo e minimizar a confusão, é necessária uma abordagem um pouco sistemática, em vez de uma série de visitas "aleatórias" a manuais e apêndices.

8

Detalhes técnicos: classes etc.

Lembre-se: as coisas demandam tempo.
— *Piet Hein*

Neste capítulo, mantemos nosso foco na principal ferramenta de programação: a linguagem de programação C++. Apresentamos os aspectos técnicos da linguagem, principalmente relacionados aos tipos definidos pelo usuário, ou seja, classes e enumerações. Grande parte da apresentação dos recursos da linguagem ocorre na forma de melhorias graduais sobre um tipo Date. Desse modo, também temos a chance de demonstrar algumas técnicas úteis de projeto de classes.

- ▶ 8.1 Tipos definidos pelo usuário
- ▶ 8.2 Classes e membros
- ▶ 8.3 Interface e implementação
- ▶ 8.4 Desenvolvendo uma classe: Date
    struct e funções; Funções-membro e construtores; Mantendo os detalhes privados; Definindo as funções-membro; Referenciando o objeto atual; Reportando erros
- ▶ 8.5 Enumerações
    Enumerações "simples"
- ▶ 8.6 Sobrecarga de operadores
- ▶ 8.7 Interfaces de uma classe
    Tipos de argumento; Copiando; Construtores padrão; Funções-membro const; Funções-membro e funções auxiliares; Norma ISO

8.1 Tipos definidos pelo usuário

CC A linguagem C++ tem alguns tipos predefinidos, como **char**, **int** e **double**. Um tipo é considerado predefinido* se o compilador sabe como representar os objetos do tipo e quais operações podem ser feitas nele (como + e *) sem ser informado pelas declarações fornecidas por um programador no código-fonte.

CC Os tipos que não são predefinidos são chamados de *tipos definidos pelo usuário*. Eles podem ser tipos da biblioteca-padrão – disponíveis para todos os programadores C++ como parte de cada implementação da norma ISO de C++ –, como **string**, **vector** e **ostream** (Capítulo 9), ou tipos que nós mesmos construímos, como **Token** e **Token_stream** (§5.3.2 e §5.8). Assim que tivermos os detalhes técnicos necessários, construiremos tipos para gráficos, como **Shape**, **Line** e **Text** (Capítulo 11). Os tipos da biblioteca-padrão são uma parte da linguagem e dos tipos predefinidos, mas ainda os consideramos definidos pelo usuário, porque são construídos a partir dos mesmos primitivos e com as mesmas técnicas dos tipos que nós mesmos construímos; os construtores da biblioteca-padrão não têm privilégios nem recursos especiais que você não tenha. Como os tipos predefinidos, a maioria dos tipos definidos pelo usuário fornece operações. Por exemplo, **vector** tem [ ] e **size()** (§3.6.1), **ostream** tem << (§9), **Token_stream** tem **get()** (§5.8), **Shape** tem **add(Point)** e **set_color()** (§12.2).

AA Por que construímos tipos? O compilador não conhece todos os tipos que gostaríamos de usar em nossos programas. Nem poderia, porque há muitos tipos úteis – nenhum projetista de linguagem ou implementador de compilador conseguiria conhecer todos. Inventamos novos todos os dias. Por quê? Para que servem os tipos? Eles são bons para representar diretamente as ideias no código. Quando escrevemos código, o ideal é representar nossas ideias diretamente nele para que nós, nossos colegas e o compilador possamos entender o que escrevemos. Quando queremos fazer a aritmética de números inteiros, **int** ajuda muito; quando queremos manipular texto, **string** ajuda muito; quando queremos manipular entradas de calculadora, **Token** e **Token_stream** ajudam muito. A ajuda vem de duas formas:

- *Representação*: um tipo "sabe" como representar os dados necessários em um objeto.
- *Operações*: um tipo "sabe" quais operações podem ser aplicadas aos objetos.

Muitas ideias seguem este padrão: "algo" tem dados para representar seu valor atual, às vezes chamado de *estado* atual, e um conjunto de operações que podem ser aplicadas. Pense em um arquivo de computador, uma página da *web*, uma torradeira, um leitor de música, uma xícara de café, um motor elétrico, um celular, uma lista telefônica; todos podem ser caracterizados por alguns dados e todos têm um conjunto mais ou menos fixo de operações-padrão que você pode realizar. Em cada caso, o resultado da operação depende dos dados (o estado atual) de um objeto.

Então, queremos representar tal "ideia" ou "conceito" no código como uma estrutura de dados mais um conjunto de funções. A pergunta é: "Exatamente como?". Este capítulo apresenta os detalhes técnicos das formas básicas de fazer isso em C++.

CC C++ tem duas modalidades de tipos definidos pelo usuário: classes e enumerações. A classe é, de longe, a mais geral e importante, então primeiro focamos nas classes. Uma classe representa diretamente um conceito em um programa. Uma *classe* é um tipo (definido pelo usuário) que especifica como os objetos de seu tipo são representados, como esses objetos podem ser criados, como podem ser usados e destruídos (Capítulo 17). Se você pensa em algo como uma entidade separada, é provável que defina uma classe para representar esse "algo" no

---

* N. de R. T. As linguagens de programação incluem tipos de dados predefinidos, como **char**, **int** e **double**. Estes também são conhecidos como tipos "primitivos" ou tipos "embutidos" — do termo original *built-in types* em inglês.

seu programa. Os exemplos são vetores, matrizes, fluxos de entrada, *strings*, FFT (*fast Fourier transform ou transformada rápida de Fourier*), controladores de válvulas, braços de robôs, *drivers* de dispositivos, imagens em telas, caixas de diálogo, grafos, janelas, leituras de temperatura e relógios.

Em C++, classe é o bloco de construção principal para os programas grandes – e é muito útil para os pequenos também, como vimos para nossa calculadora (Capítulos 5 e 6).

8.2 Classes e membros

Classe é um tipo definido pelo usuário. É composta por tipos predefinidos, outros tipos definidos pelo usuário e funções. As partes usadas para definir uma classe são chamadas de *membros*. Uma classe tem zero ou mais membros. Por exemplo:

```
class X {
public:
    int m;                                      // membro de dados
    int mf(int v) { int old = m; m=v; return old; }   // membro de função
};
```

Os membros podem ser de vários tipos. A maioria são membros de dados, que definem a representação de um objeto da classe, ou membros de função, que fornecem operações em tais objetos. Acessamos os membros usando a notação *objeto.membro*. Por exemplo:

```
X var;                  // var é uma variável do tipo X
var.m = 7;              // atribuir ao membro de dados m de var
int x = var.mf(9);      // chamar a função membro mf() de var
```

Você pode ler var.m como m de var. A maioria das pessoas diz "var ponto m" ou "m de var". O tipo de um membro determina quais operações podemos fazer nele. Por exemplo, podemos ler e escrever um membro int e chamar uma função-membro.

Uma função-membro, como mf() de X, não precisa usar a notação var.m. Pode usar o nome simples do membro (m, neste exemplo). Dentro de uma função-membro, um nome de membro refere-se ao membro desse nome no objeto para o qual a função membro foi chamada. Assim, na chamada var.mf(9), o m na definição de mf() refere-se a var.m.

8.3 Interface e implementação

Normalmente, pensamos em uma classe como tendo uma interface mais uma implementação. A interface é a parte da declaração da classe que seus usuários acessam diretamente. A implementação é a parte da declaração da classe que seus usuários acessam apenas indiretamente pela interface. A interface pública é identificada pelo rótulo public: e a implementação pelo rótulo private:. Você pode considerar uma declaração de classe assim:

```
class X {          // o nome desta classe é X
public:
    // a interface para os usuários (acessível por todos)
    // funções, tipos e dados (muitas vezes é melhor manter os dados privados)
private:
    // os detalhes da implementação (usados pelos membros desta classe apenas)
    // funções, tipos e dados
};
```

Membros de classe são privados por padrão, ou seja,

```
class X {
    int mf(int);
    // ...
};
```

significa

```
class X {
private:
    int mf(int);
    // ...
};
```

de modo que

```
X x;              // variável x do tipo X
int y = x.mf();   // erro: mf é privado (ou seja, inacessível)
```

Um usuário não pode referenciar diretamente um membro privado. Em vez disso, temos que passar por uma função pública que possa usá-lo. Por exemplo:

```
class X {
    int m;
    int mf(int);
public:
    int f(int i) { m=i; return mf(i); }
};

X x;
int y = x.f(2);
```

Usamos private e public para representar a diferença importante entre uma interface (a visão da classe por parte do seu usuário) e os detalhes da implementação (a visão da classe pelo lado do seu implementador). Explicamos e damos muitos exemplos à medida que avançamos. Aqui mencionaremos somente que, para algo como dados apenas, essa distinção não faz sentido. Portanto existe uma notação simplificada útil para uma classe que não tem detalhes de implementação privados. Uma struct é uma classe cujos membros são públicos por padrão:

```
struct X {
    int m;
    // ...
};
```

significa

```
class X {
public:
    int m;
    // ...
};
```

structs são usadas principalmente para as estruturas de dados cujos membros podem ter qualquer valor, isto é, não podemos definir nenhuma invariante significativa (§8.4.3).

8.4 Desenvolvendo uma classe: Date

Iremos ilustrar os recursos da linguagem que suportam as classes e as técnicas básicas para usá-las, mostrando como, e por que, podemos desenvolver uma estrutura de dados simples para ser uma classe com detalhes de implementação privados e operações de suporte. Usamos o problema aparentemente comum de como representar uma data (como 14 de agosto de 1954) em um programa. A necessidade de datas em muitos programas é óbvia (transações comerciais, dados meteorológicos, programas de calendário, registros de trabalho, gerenciamento de inventário etc.). A única questão é como podemos representá-las.

8.4.1 struct e funções

Como representaríamos uma data? Quando perguntado, a maioria das pessoas responde: "Bem, que tal ano, mês e dia do mês?". Essa não é a única resposta e nem sempre a melhor, mas é boa o suficiente para nosso uso aqui, então é o que faremos. Nossa primeira tentativa é uma struct simples:

```
// Date simples (simples demais?)
struct Date {
    int y;      // ano
    int m;      // mês do ano
    int d;      // dia do mês
};

Date today;     // uma variável Date (um objeto nomeado)
```

Um objeto Date, como today, simplesmente terá três ints:

	Date:
y:	2025
m:	12
d:	24

Não há "mágica" em contar com estruturas de dados ocultas em qualquer lugar relacionado a Date – e este será o caso para todas as versões de Date neste capítulo.

Então, agora temos Dates; o que podemos fazer com eles? Podemos fazer tudo no sentido de que podemos acessar os membros de today (e de qualquer outro Date), lê-los e escrevê-los como gostamos. O problema é que nada é realmente conveniente. Qualquer coisa que queiramos fazer com Date tem que ser escrito em termos de leituras e gravações desses membros. Por exemplo:

```
today.y = 2025;    // definir today para 24 de dezembro de 2025
today.m = 24;
today.d = 12;
```

Isso é enfadonho e propenso a erros. Viu o erro? Tudo o que é enfadonho é propenso a erros! Alguns erros são mais difíceis de identificar. Que tal

```
Date y;         // definir today para 24 de dezembro de 2025:
y.y = 2000;
y.m = 2;
y.d = 29;
```

O ano 2000 foi bissexto? Tem certeza?

O que fazemos então é fornecer algumas *funções auxiliares* para fazer as operações mais comuns. Dessa forma, não temos que repetir o mesmo código várias vezes e não iremos cometer, encontrar e corrigir os mesmos erros repetidamente. Para quase todos os tipos, a inicialização e a atribuição estão entre as operações mais comuns. Para Date, aumentar o valor de Date é outra operação comum, então adicionamos isso como auxiliares:

```
void init_day(Date& dd, int y, int m, int d)
{
    // ... verificar se (y,m,d) é uma data válida. Se for, use para inicializar dd ...
}

void add_day(Date& dd, int n)
{
    // ... aumentar (avançar) dd em n dias ...
}
```

Agora podemos tentar usar Date:

```
void f()
{
    Date today;
    init_day(today, 12, 24, 2025);   // opa! (dia 2025 no ano 12)
    add_day(today,1);
}
```

AA Primeiro notamos a utilidade de tais "operações" – aqui implementadas como funções auxiliares. Verificar se uma data é válida é tão difícil e enfadonho que, se não escrevermos uma função de verificação assim que possível, pode acontecer de pularmos a verificação e termos programas com erros. Sempre que definimos um tipo, queremos algumas operações para ele. A quantidade exata de operações e o tipo delas irá variar. A maneira exata de fornecê-las (como funções, funções-membro ou operadores) também irá variar, mas sempre que decidimos fornecer um tipo, devemos nos perguntar: "Quais operações gostaríamos de ter para este tipo?".

8.4.2 Funções-membro e construtores

Fornecemos uma função de inicialização para Dates, que forneceu uma verificação importante sobre a validade de datas. Contudo a verificação das funções tem pouca utilidade se não as usamos. Por exemplo, suponha que definimos o operador de saída << para Date:

```
void f()
{
    Date today;
    // ...
    cout << today << '\n';      // usar today (hoje)
    // ...
    init_day(today,2008,3,30);
    // ...
```

```
        Date tomorrow;              // amanhã
        tomorrow.y = today.y;
        tomorrow.m = today.m;
        tomorrow.d = today.d+1;     // somar 1 a today

        cout << tomorrow << '\n';   // usar tomorrow
}
```

Aqui, "esquecemos" de inicializar imediatamente today e "alguém" a usou antes de chegarmos a chamar init_day(). "Outra pessoa" decidiu que era uma perda de tempo chamar add_day(), ou talvez não a conhecesse, e construiu tomorrow à mão. Como acontece, é um código ruim, muito ruim. Às vezes, provavelmente na maioria das vezes, funciona, mas pequenas mudanças levam a erros sérios. Por exemplo, escrever um Date não inicializado produzirá lixo na saída, e incrementar um dia simplesmente adicionando 1 ao membro d é uma bomba relógio: quando today é o último dia do mês, o incremento gera uma data inválida. O pior aspecto desse "código muito ruim" é que ele não parece ruim.

Esse tipo de pensamento leva a uma demanda por uma função de inicialização que não possa ser esquecida e por operações que sejam menos propensas à negligência. A ferramenta básica para isso são as *funções-membro*, ou seja, as declaradas como membros da classe dentro do corpo da classe. Por exemplo:

```
// Date simples
// garantir inicialização com construtor e fornecer alguma notação conveniente
struct Date {
    int y, m, d;                    // ano, mês, dia
    Date(int y, int m, int d);      // verificar data válida e inicializar
    void add_day(int n);            // aumentar Date em n dias
};
```

Uma função-membro que tenha o mesmo nome de sua classe é especial. Ela se chama *construtor* e será usada para a inicialização ("a construção") dos objetos da classe. É um erro, capturado pelo compilador, esquecer de inicializar um objeto de uma classe que tenha um construtor que requeira um argumento, e há uma sintaxe especial para fazer tal inicialização:

```
Date birthday;                          // erro: birthday não inicializado
Date today {12,24,2027};                // opa! Erro de execução
Date last {2005,12,31};                 // OK (estilo comum)
Date next = {2014,2,14};                // também OK (um pouco extenso)
Date Beethoven = Date{1770,12,16};      // também OK (estilo extenso)
```

A tentativa de declarar birthday falha porque não especificamos o valor inicial necessário. A tentativa de declarar today passará no compilador, mas o código de verificação no construtor irá capturar a data não aceita durante a execução ({12,24,2027} – não existe o dia 2027 do mês 24 do ano 12).

A definição de last fornece o valor inicial – os argumentos exigidos pelo construtor de Date – como uma lista { } imediatamente após o nome da variável. É o estilo mais comum de inicialização das variáveis de uma classe que tenha um construtor que necessite de argumentos. Também podemos usar o estilo mais extenso (*verbose*), em que criamos explicitamente um objeto (aqui, Date{1976,12,24}) e depois o usamos para inicializar a variável usando a sintaxe do inicializador =. A menos que você realmente goste de digitar, logo se cansará disso.

Agora podemos tentar usar nossas variáveis recém-definidas:

```
last.add_day(1);
add_day(2);            // erro: sobre qual data?
```

Observe que a função-membro `add_day()` é chamada para um Date específico usando a notação de acesso ao membro com ponto. Mostraremos como definir as funções-membro em §8.4.4.

Em C++98, as pessoas usavam parênteses para delimitar a lista de inicializadores, então você verá muito código assim:

```
Date last(2000,12,31);    // OK (antigo estilo)
```

Preferimos { } para as listas de inicializadores, porque indicam claramente quando a inicialização (a construção) é feita e também porque essa notação é mais amplamente útil. Lógico, até os tipos predefinidos têm construtores para que possamos escrever:

```
int x {7};                // OK (estilo de lista de inicializadores)
x = int{9};
```

Quando escrevemos funções que podem ser usadas para uma combinação de tipos predefinidos e definidos pelo usuário (Capítulo 18), a capacidade de usar uma notação uniforme torna-se essencial.

8.4.3 Mantendo os detalhes privados

Ainda temos um problema: e se alguém esquecer de usar a função membro `add_day()`? E se alguém decidir mudar o mês diretamente? Afinal, "esquecemos" de fornecer um recurso para isso:

```
Date birthday {1960,12,31};    // 31 de dezembro de 1960
++birthday.d;                  // opa! Data inválida (birthday.d==32 torna birthday inválid

Date today {1924,2,3};
today.m = 14;                  // opa! Data inválida (today.m==14 torna today inválido)
```

XX Como deixamos a representação de Date acessível para todos, alguém irá – por acidente ou intencionalmente - bagunçar as coisas; isto é, alguém fará algo que produzirá um valor inválido. Nestes exemplos, fornecemos valores de datas que não correspondem a dias do calendário. Tais objetos inválidos são uma bomba relógio; é só uma questão de tempo até que alguém inocentemente use o valor inválido e tenha um erro de execução ou, geralmente pior, produza um resultado incorreto.

Tais preocupações nos levam a concluir que a representação de Date deve ser inacessível para os usuários, exceto por meio das funções-membro públicas que fornecemos. Veja um primeiro corte:

```
// Date simples (controlar acesso)
class Date {
    int y, m, d;                     // ano, mês, dia
public:
    Date(int y, int m, int d);       // verificar data válida e inicializar
    void add_day(int n);             // aumentar Date em n dias
    int month() { return m; }
    int day() { return d; }
    int year() { return y; }
};
```

Podemos usar assim:

```
Date birthday {1970, 12, 30};      // OK
birthday.m = 14;                    // erro: Date::m é privado
cout << birthday.month() << '\n';  // fornecemos um modo de ler m
```

A noção de "Date válido" é um caso especial importante da ideia de valor válido. Tentamos planejar nossos tipos para que os valores sejam válidos, isto é, ocultamos a representação, fornecemos um construtor que cria apenas objetos válidos e projetamos todas as funções-membro para esperarem valores válidos, preservando apenas valores válidos quando eles retornam. O valor de um objeto costuma ser chamado de seu *estado*, então a ideia de valor válido é muitas vezes chamada de *estado válido* de um objeto.

AA

A alternativa é verificar a validade sempre que usamos um objeto ou apenas esperar que ninguém deixe um valor inválido por aí. A experiência mostra que "esperar" pode levar a programas "muito bons". No entanto produzir programas "muito bons" que às vezes geram resultados errados e outras entram em conflito não é o jeito de ganhar amigos e respeito como profissional. Preferimos escrever código que possa ser demonstrado como correto.

Uma regra para o que constitui um valor válido é chamada de *invariante*. A invariante para Date ("um Date deve representar um dia no passado, no presente ou no futuro") é excepcionalmente difícil de estabelecer com precisão: lembre-se dos anos bissextos, do calendário gregoriano, dos fusos horários etc. No entanto, para os usos reais e simples de Dates, isso pode ser feito. Por exemplo, se estamos analisando registros da internet, não precisamos nos preocupar com os calendários gregoriano, juliano ou maia. Se não conseguimos pensar em uma boa invariante, provavelmente estamos lidando com dados simples. Se for o caso, use struct.

CC

8.4.4 Definindo as funções-membro

Até agora, vimos Date do ponto de vista de um projetista de interface e de um usuário. Entretanto, cedo ou tarde, teremos que implementar essas funções-membro. Primeiro, veja uma versão de Date reorganizada para se adequar ao estilo comum de fornecer primeiro a interface pública:

```
// Date simples (muitas pessoas preferem os detalhes da implementação por último)
class Date {
public:
    Date(int y, int m, int d);   // construtor: verificar data válida e inicializar
    void add_day(int n);          // aumentar Date em n dias
    int month();
    // ...
private:
    int y, m, d;                  // ano, mês, dia
};
```

Muitos colocam a interface pública primeiro, porque a interface é o interesse da maioria das pessoas. Em princípio, um usuário não precisa ver os detalhes da implementação. Na realidade, somos curiosos por natureza e damos uma olhada rápida para ver se a implementação parece razoável e se o implementador usou alguma técnica que poderíamos aprender. No entanto, a menos que sejamos os implementadores, a tendência é passar muito mais tempo na interface pública. O compilador não se importa com a ordem das funções da classe e dos membros dos dados; ele pega as declarações em qualquer ordem que você as apresenta.

Quando definimos um membro fora de sua classe, precisamos dizer de qual classe ele é membro. Fazemos isso usando a notação *nome_classe :: nome_membro*:

```
Date::Date(int yy, int mm, int dd)     // construtor
    :y{yy}, m{mm}, d{dd}               // nota: inicializadores do membro
{
}

void Date::add_day(int n)
{
    // ...
}

int month()         // opa: esquecemos de Date::
{
    return m;   // não é função-membro, não pode acessar m
}
```

A notação :y{yy}, m{mm}, d{dd} é chamada de lista de inicializadores (de membros). Usamos essas listas para inicializar explicitamente os membros. Poderíamos ter escrito

```
Date::Date(int yy, int mm, int dd)    // construtor
{
    y = yy;
    m = mm;
    d = dd;
}
```

No entanto, em princípio, primeiro inicializaríamos os membros por padrão, depois atribuiríamos valores a eles. Também abriríamos a possibilidade de usar acidentalmente um membro antes de ele ser inicializado. A notação :y{yy}, m{mm}, d{dd} expressa mais diretamente nossa intenção. A distinção é exatamente a mesma entre

```
int x;        // definir primeiro a variável x
// ...
x = 2;        // depois atribuir a x
```

e

```
int x = 2;    // definir e inicializar imediatamente com 2
```

Também podemos definir as funções-membro diretamente na definição da classe:

```
class Date {
public:
    Date(int yy, int mm, int dd)
        :y{yy}, m{mm}, d{dd}
    {
    }

    void add_day(int n)
    {
        // ...
    }
```

```
        int month() { return m; }

        // ...
    private:
        int y, m, d;    // ano, mês, dia
    };
```

A primeira coisa que notamos é que a declaração da classe ficou maior e "mais confusa". Neste exemplo, o código para o construtor e **add_day()** poderiam ter uma dúzia ou mais de linhas cada. Isso torna a declaração da classe muitas vezes maior e dificulta encontrar a interface entre os detalhes da implementação. Como consequência, não definimos funções grandes dentro de uma declaração da classe.

No entanto veja a definição de **month()**. Ela é simples e menor que a versão que coloca **Date::month()** fora da declaração da classe. Para funções tão curtas e simples, consideramos escrever a definição direto na declaração da classe.

Note que **month()** pode se referir a **m** mesmo que **m** seja definido após (abaixo de) **month()**. Um membro pode referenciar uma função ou um membro de dados de sua classe independentemente de onde, na classe, esse outro membro é declarado. A regra de que um nome deve ser declarado antes de ser usado é relaxada dentro do escopo limitado de uma classe.

Escrever a definição de uma função membro dentro da definição da classe tem três efeitos: **CC**

- A função será *inline*, isto é, o compilador tentará gerar código para a função em cada ponto da chamada em vez de usar instruções de chamada da função que usa um código comum. Isso pode ser uma vantagem significativa de desempenho para as funções, como **month()**, que quase não fazem nada, mas que são muito usadas.
- Todos os usos da classe terão que ser recompilados sempre que fizermos uma mudança no corpo de uma função *inline*. Se o corpo da função estiver fora da declaração da classe, a recompilação das classes usuárias será necessária somente quando a declaração da classe for alterada. Não recompilar quando o corpo muda pode ser uma vantagem enorme nos programas grandes.
- A definição da classe fica maior. Assim, pode ser mais difícil encontrar os membros entre as definições das funções-membro.

A regra óbvia é: não coloque os corpos de funções-membro na declaração da classe, a menos **AA** que você saiba que precisa aumentar o desempenho colocando de forma *inline* funções minúsculas. Funções grandes, digamos cinco ou mais linhas de código, não se beneficiam da da forma *inline* e dificultam a leitura da declaração de uma classe. Raramente colocamos na forma *inline* uma função que consista em mais de uma ou duas expressões.

TENTE ISTO

Consiga alguns exemplos de uso de uma versão de **Date** vista até agora para executar. Para tanto, precisamos de um operador de saída para **Date**. Existe um em **PPP_support**, mas por agora use

```
    ostream& operator<<(ostream& os, Date d)
    {
        return os << d.year() << '/' << d.month() << '/' << d.day();
    }
```

O Capítulo 9 explica por que e como isso funciona.

8.4.5 Referenciando o objeto atual

Considere um uso simples da classe Date até agora:

```
class Date {
    // ...
    int month() { return m; }
    // ...
private:
    int y, m, d;    // ano, mês, dia
};

void f(Date d1, Date d2)
{
    cout << d1.month() << ' ' << d2.month() << '\n';
}
```

Como `Date::month()` sabe retornar o valor de `d1.m` na primeira chamada e `d2.m` na segunda? Veja novamente `Date::month()`; sua declaração não especifica um argumento de função! Como `Date::month()` sabe para qual objeto foi chamada? Uma função-membro da classe, como `Date::month()`, tem um argumento implícito, que ela usa para identificar o objeto para o qual é chamada. Então, na primeira chamada, `m` referencia corretamente `d1.m` e, na segunda chamada, referencia `d2.m`. Veja §15.8 para conhecer outros usos desse argumento implícito.

8.4.6 Reportando erros

CC O que fazemos quando encontramos uma data inválida? Onde no código devemos procurar datas inválidas? Do que vimos em §4.6, sabemos que a resposta para a primeira pergunta é "Lançar uma exceção", e o lugar óbvio a olhar é onde primeiro construímos Date. Se não criarmos Dates inválidos e se escrevermos nossas funções-membro corretamente, nunca teremos um Date com um valor inválido. Assim, impediremos que os usuários criem Date com um estado inválido:

```
// Date simples (impedir datas inválidas)
class Date {
public:
    class Invalid { };           // a ser usada como exceção
    Date(int y, int m, int d);   // verificar data válida e inicializar
    // ...
    bool is_valid();             // retornar true se a data for válida
private:
    int y, m, d;                 // ano, mês, dia
};
```

Colocamos o teste de validade em uma função `is_valid()` separada porque a verificação da validade é distinta logicamente da inicialização e porque queremos ter vários construtores. Como se pode ver, podemos ter funções privadas, bem como dados privados:

```
Date::Date(int yy, int mm, int dd)
    : y{yy}, m{mm}, d{dd}         // inicializar membros de dados
{
    if (!is_valid())              // verificar validade
        throw Invalid{};
}

bool Date::is_valid()             // retornar true se a data for válida
{
    return 0<m && m<13;           // verificação muito incompleta
}
```

Com essa definição de Date, podemos escrever

```
void f(int x, int y)
try {
    Date dxy {2024,x,y};
    cout << dxy << '\n';
    dxy.add_day(2);
}
catch(Date::Invalid) {
    error("f(): invalid date");   // error() definido em §4.6.3
}
```

Agora sabemos que << e add_day() terão um Date válido para operar.

Antes de terminarmos o desenvolvimento da nossa classe Date (§8.7), faremos um desvio para descrever alguns recursos gerais da linguagem que precisamos para fazer isso bem: enumerações e sobrecarga de operadores.

8.5 Enumerações

Um enum (uma *enumeração*) é um tipo definido pelo usuário muito simples, que especifica seu conjunto de valores (seus *enumeradores*) como constantes simbólicas. Por exemplo:

```
enum class Month {
    jan=1, feb, mar, apr, may, jun, jul, aug, sep, oct, nov, dec
};
```

O "corpo" de uma enumeração é simplesmente uma lista de seus enumeradores. A parte class em enum class significa que os enumeradores estão no escopo da enumeração, isto é, para referenciar jan, temos que dizer Month::jan.

Você pode dar um valor de representação específico para um enumerador, como fizemos para jan aqui, ou deixar que o compilador escolha um valor adequado. Se você deixar o compilador escolher, ele dará a cada enumerador o valor do enumerador anterior mais um. Assim, a nossa definição de Month forneceu os valores consecutivos dos meses a partir de 1. Poderíamos ter escrito de modo equivalente

```
enum class Month {
    jan=1, feb=2, mar=3, apr=4, may=5, jun=6, jul=7, aug=8, sep=9, oct=10, nov=11, dec=12
};
```

Isso, no entanto, é entediante e abre a possibilidade para erros. É melhor deixar o compilador fazer as coisas "mecânicas" simples e repetitivas. O compilador é melhor em tais tarefas do que nós, e não se aborrece.

Se não inicializamos o primeiro enumerador, a contagem começa em 0. Por exemplo:

```
enum class Day {
    monday, tuesday, wednesday, thursday, friday, saturday, sunday
};
```

Aqui monday é representado como 0 e sunday é representado como 6. Começar em 0 muitas vezes é uma boa escolha.

Podemos usar Month assim:

```
Month m1 = Month::feb;
Month m2 = feb;              // erro: feb não está no escopo
Month m3 = 7;                // erro: não pode atribuir um int a um Month
Month m4 = Month{7};         // OK: conversão explícita
Month m5 {7};                // OK: inicialização explícita

int x1 = m1;                 // erro: não pode atribuir um Month a um int
int x2 = int{m1};            // erro: conversão de redução (narrowing)
int x3 = to_int(m1);         // converter Month em int; ver abaixo
```

Month é um tipo separado do seu "tipo subjacente" int. Cada Month tem um valor inteiro equivalente, mas a maioria dos ints não tem um equivalente Month. Por exemplo, queremos de verdade que esta inicialização falhe:

```
Month bad = 9999;            // erro: não pode converter um int em um Month
```

XX A conversão Month{7} explícita não está verificada, portanto use-a somente quando tiver certeza de que o valor a ser convertido realmente se encaixa na sua ideia de Month. Não podemos definir um construtor para uma enumeração verificar os valores do inicializador, mas é comum escrever uma função de verificação simples:

```
Month int_to_month(int x)
    // conversão verificada
{
    if (x<to_int(Month::jan) || to_int(Month::dec)<x)
        error("bad month");
    return Month{x};
}
```

Usamos a notação to_int(Month::jan) para ter a representação int de Month::jan. Por exemplo:

```
void f(int m)
{
    Month mm = int_to_month(m);
    // ...
}
```

As formas de converter Month em seu tipo subjacente int são um pouco confusas, então, no PPP_support, definimos uma função para tanto:

```
int to_int(Month m)
{
    return static_cast<int>(m);
}
```

Para que usamos as enumerações? Basicamente, uma enumeração é útil sempre que precisamos de um conjunto de constantes inteiras nomeadas e relacionadas. Isso acontece toda vez que tentamos representar conjuntos de alternativas (up, down; yes, no, maybe; on, off; n, ne, e, se, s, sw, w, nw) ou valores distintos (red, blue, green, yellow, maroon, crimson, black).

8.5.1 Enumerações "simples"

Além das classes enum, também conhecidas como *enumerações com escopo*, existem enumerações "simples", que diferem das enumerações com escopo por "exportarem" implicitamente seus enumeradores para o escopo da enumeração e permitirem conversões implícitas para int. Por exemplo:

```
enum Month {            // nota: sem "class"
    jan=1, feb, mar, apr, may, jun, jul, aug, sep, oct, nov, dec
};

Month m1 = feb;             // OK: feb no escopo
Month m2 = Month::feb;      // também OK
Month m3 = 7;               // erro: não pode atribuir um int a um Month
Month m4 = Month{7};        // OK: conversão explícita

int x1 = m1;                // OK: podemos atribuir um Month a um int
```

Obviamente, os enums "simples" são menos rigorosos do que enum class. Seus enumeradores podem "poluir" o escopo em que seu enumerador é definido. Isso pode ser conveniente, mas às vezes gera surpresas. Por exemplo, se você tentar usar Month junto com os mecanismos de formatação de iostream (§9.10.1), descobrirá que dec para dezembro entra em conflito com dec para decimal.

Da mesma forma, fazer um valor de enumeração converter para int pode ser conveniente, pois nos poupa de ser explícitos quando queremos uma conversão para int. Contudo, quando não queremos tal conversão implícita, isso pode gerar surpresas e erros. Por exemplo:

```
void bad_code(Month m)
{
    if (m==17)                  // hã: mês 17?
        do_something();
    if (m==monday)              // hã: comparar mês com Monday?
        do_something_else();
}
```

Se Month for um enum class, nenhuma das condições será compilada. Se Month for uma class simples e monday for um enumerador de um enum "simples", em vez de um enum class, as duas comparações funcionarão, mas muito provavelmente com resultados indesejados.

Prefira enum class mais simples e seguro para os enums "simples", mas espere encontrar enums "simples" em código mais antigo: enum class foi um recurso novo em C++11.

8.6 Sobrecarga de operadores

Você pode definir quase todos os operadores C++ para operandos de classe ou enumeração. Isso costuma ser chamado de *sobrecarga de operadores*. Usamos quando queremos fornecer uma notação convencional para um tipo planejado. Por exemplo, podemos fornecer um operador de incremento para nosso tipo Month:

```
enum class Month {
    jan=1, feb, mar, apr, may, jun, jul, aug, sep, oct, nov, dec
};

Month operator++(Month& m)      // operador de incremento prefixado
{
    m = (m==Month::dec) ? Month::jan : Month{to_int(m)+1};   // "dar a volta"
    return m;
}
```

O constructo ? : é um "if aritmético": m torna-se Jan se (m==Dec) ou torna-se Month(to_int(m)+1) caso contrário. É uma maneira bem elegante de expressar o fato de que os meses "dão a volta" após dezembro. O tipo Month agora pode ser usado assim:

```
Month m = Month::oct;
++m;        // m se torna nov
++m;        // m se torna dec
++m;        // m se torna jan ("dar a volta")
```

Você pode pensar que incrementar Month não é comum o suficiente para garantir um operador especial. Pode ser que sim, mas que tal um operador de saída? Podemos definir um deste modo:

```
vector<string> month_tbl = {"Not a month", "January", "February", "March", /* ... */ };

ostream& operator<<(ostream& os, Month m)
{
    return os << month_tbl[to_int(m)];
}
```

Demos a Month::jan o valor inteiro convencional 1, então month_tbl[0] não representa um mês.

Agora podemos controlar a aparência de um mês na saída alterando month_tbl. Por exemplo, poderíamos definir month_tbl[to_int(Month::mar)] para "'marzo" ou algum outro nome adequado para esse mês; veja §9.9.3.

Podemos definir praticamente qualquer operador fornecido por C++ para nossos próprios tipos, mas apenas os operadores existentes, como +, −, *, /, %, [ ], ( ), ˆ, !, &, <, <=, > e >=. Não podemos definir nossos próprios operadores; talvez gostaríamos de ter ** e @= como operadores em nosso programa, mas C++ não permitiria. Podemos definir operadores somente com seu número convencional de operandos. Por exemplo, podemos definir − unário, mas não <= (menor ou igual a) unário, e podemos permitir + binário, mas não ! binário (negação). Basicamente, a linguagem nos permite usar a sintaxe existente para os tipos que você define, mas não permite estender essa sintaxe.

Um operador sobrecarregado deve ter pelo menos um tipo definido pelo usuário como operando:

```
int operator+(int,int);                                 // erro: você não pode sobrecarregar o
                                                        // + predefinido

Vector operator+(const Vector&, const Vector &);        // OK
Vector operator+=(const Vector&, int);                  // OK
```

Em geral é uma boa ideia *não* definir operadores para um tipo, a menos que você esteja realmente certo de que isso fará uma grande mudança positiva no seu código. Além disso, defina os operadores apenas com seu significado convencional: + deve ser adição, * binário é multiplicação, [ ] é acesso, ( ) é chamada etc. Isso, não é uma regra da linguagem, é apenas um conselho, mas é um bom conselho: o uso convencional dos operadores, como + para adição, pode nos ajudar muito a entender um programa. Afinal, esse uso é resultado de centenas de anos de experiência com notação matemática. Por outro lado, os operadores obscuros e o uso não convencional dos operadores podem ser uma distração significativa e uma fonte de erros. Não desenvolveremos esse ponto. Em vez disso, nos capítulos a seguir, usaremos simplesmente a sobrecarga de operadores em alguns lugares onde consideramos ser apropriada.

Note que os operadores mais interessantes para a sobrecarga não são +, –, * e /, como as pessoas costumam imaginar, mas = (atribuição), == (igualdade), < (menor que), -> (dereferenciação), [ ] (indexação) e ( ) (chamada).

> **TENTE ISTO**
>
> Escreva, compile e execute um pequeno exemplo usando ++ e << para Month.

8.7 Interfaces de uma classe

Argumentamos que a interface pública e a implementação de uma classe devem ser partes separadas. Desde que deixemos em aberto a possibilidade de usar **structs** para os tipos que são apenas coleções de dados, poucos profissionais discordariam disso. No entanto, como projetamos uma boa interface? O que diferencia uma boa interface pública de uma confusa? Parte dessa resposta pode ser dada apenas com exemplos, mas existem alguns princípios gerais que podemos listar e que recebem algum suporte na linguagem C++:

- Mantenha as interfaces completas.
- Mantenha as interfaces mínimas.
- Forneça construtores.
- Permita cópias (ou as proíba) (ver §12.4.1).
- Use tipos para fornecer uma boa verificação de argumentos.
- Identifique as funções-membro não modificadoras (ver §8.7.4).
- Libere todos os recursos no destrutor (ver §15.5).

Veja também §4.5 (como detectar e relatar erros durante a execução).

Os dois primeiros princípios podem ser combinados

- Mantenha a interface a menor possível, mas não demais.

Queremos que nossa interface seja pequena, porque uma interface pequena é fácil de aprender e lembrar, e o implementador não perde muito tempo implementando recursos desnecessários e raramente usados. Uma interface pequena também significa que, quando algo está errado, há apenas algumas funções para verificar e encontrar o problema. Em média, quanto mais funções-membro públicas uma classe tem, mais difícil é encontrar os *bugs*. Mas, claro, queremos uma interface completa; caso contrário, ela seria inútil. Não podemos usar uma interface que não nos permite fazer tudo o que realmente precisamos. Para as operações além do conjunto mínimo, use as "funções auxiliares" (§8.7.5).

Vejamos outros ideais – menos abstratos e mais diretamente suportados.

8.7.1 Tipos de argumento

Quando definimos o construtor para Date, em §8.4.3, usamos três ints como argumentos. Isso causou alguns problemas:

```
Date d1 {4,5,2005};    // opa: ano 4, dia 2005
Date d2 {2005,4,5};    // 5 de abril ou 4 de maio?
```

O primeiro problema (um dia não permitido do mês) é facilmente tratado com um teste no construtor. O segundo problema é simplesmente que as convenções para escrever mês e dia no mês diferem; por exemplo, 4/5 é 5 de abril nos Estados Unidos e 4 de maio na Inglaterra. Não podemos prosseguir dessa forma, temos de fazer outra coisa. A solução óbvia é usar um tipo Month:

```
enum class Month {
    jan=1, feb, mar, apr, may, jun, jul, aug, sep, oct, nov, dec
};
```

```
// Date simples (usar tipo Month)
class Date {
public:
    Date(int y, Month m, int d);   // verificar data válida e inicializar
    // . . .
private:
    int y;          // ano
    Month m;
    int d;          // dia
};
```

Quando usarmos um tipo Month, o compilador nos avisará se trocarmos o mês e o dia, e usar uma enumeração como o tipo Month também nos dá nomes simbólicos para usar. Em geral é mais fácil ler e escrever nomes simbólicos do que lidar com números, portanto é menos propenso a erros:

```
Date dx1 {1998, 4, 3};           // erro: 2º argumento não é um Month
Date dx2 {1998, 4, Month::mar};  // erro: 2º argumento não é um Month
Date dx3 {4, Month::mar, 1998};  // opa: erro de execução: dia 1998
Date dx4 {Month::mar, 4, 1998};  // erro: 2º argumento não é um Month
Date dx5 {1998, Month::mar, 30}; // OK
```

Isso cuida da maioria dos "acidentes". Note o uso da qualificação do enumerador mar com o nome da enumeração: Month::mar. Não dizemos Month.mar porque Month não é um objeto (é um tipo) e mar não é um membro de dados (é um enumerador – uma constante simbólica). Use :: depois do nome de uma classe, uma enumeração ou um *namespace* (§7.6.1) e . (ponto) após um nome de objeto.

AA   Quando temos escolha, capturamos os erros durante a compilação, não na execução. Preferimos que o compilador encontre o erro em vez de tentarmos descobrir exatamente onde um problema ocorreu no código. É importante ressaltar que os erros capturados na compilação não exigem que escrevamos testes e um código de tratamento de erros. Capturar os erros durante a compilação torna o código mais simples e rápido.

Pensando assim, poderíamos capturar a troca do dia do mês e do ano também? Sim, mas a solução não é tão simples nem tão elegante como para Month; afinal, houve um ano 4 e você pode querer representá-lo. Mesmo se nos restringíssemos aos tempos modernos, provavelmente haveria muitos anos relevantes para listar em uma enumeração.

Provavelmente, o melhor que poderíamos fazer (sem saber muito sobre o uso pretendido de Date) seria um tipo Year mínimo:

```
struct Year {
    int y;
};

class Date {
public:
    Date(Year y, Month m, int d);      // verificar data válida e inicializar
    // ...
private:
    Year y;
    Month m;
    int d;         // dia
};
```

Agora temos

```
Date dx1 {Year{1998}, 4, 3};              // erro: 2º argumento não é um Month
Date dx2 {Year{1998}, 4, Month::mar};     // erro: 2º argumento não é um Month
Date dx3 {4, Month::mar, Year{1998}};     // erro: 1º argumento não é Year
Date dx4 {Month::mar, 4, Year{1998}};     // erro: 2º argumento não é um Month
Date dx5 {Year{1998}, Month::mar, 30};    // OK
Date dx6 {Year{4}, Month::mar, 1998};     // erro de execução: Year::Invalid
```

Poderíamos modificar Year para verificar os anos improváveis, mas o trabalho extra valeria a pena? Claro, isso depende das restrições do tipo de problema que você está resolvendo com Date.

Quando programamos, sempre temos que nos perguntar o que é bom o suficiente para determinada aplicação. Geralmente não temos o luxo de poder pesquisar "para sempre" a solução perfeita depois de já termos encontrado uma que é boa o bastante. Se pesquisamos mais, podemos até mesmo propor algo tão elaborado que é pior do que a simples solução inicial. Esse é um significado do ditado "O ótimo é inimigo do bom" (Voltaire).

8.7.2 Copiando

Sempre temos que criar objetos, isto é, devemos sempre considerar a inicialização e os construtores. Indiscutivelmente, são os membros mais importantes de uma classe: para escrevê-los, você deve decidir o que é necessário para inicializar um objeto e o que significa um valor válido (qual é a invariante?). O simples ato de pensar na inicialização ajudará a evitar erros.

A próxima coisa a considerar costuma ser: podemos copiar nossos objetos? E se sim, como os copiamos?

Para Date ou Month, a resposta é que, obviamente, queremos copiar objetos desse tipo e que o significado de *copiar* é simples: basta copiar todos os membros. Na verdade, é o caso padrão. Contanto que você não diga mais nada, o compilador fará exatamente isso. Por exemplo, se você copiar um Date como um inicializador ou o lado direito de uma atribuição, todos os seus membros serão copiados:

```
Date holiday {Year{1978}, Month::jul, 4};      // inicialização
Date d2 = holiday;
Date d3 = Date{Year{1978}, Month::jul, 4};
```

```
holiday = Date{Year{1978}, Month::dec, 24};    // atribuição
d3 = holiday;
```

Tudo isso funcionará como o esperado. A notação **Date{Year{1978}, Month::dec, 24}** cria o objeto **Date** não nomeado adequado, que você poderá usar de forma apropriada. Por exemplo:

```
cout << Date{Year{1978}, Month::dec, 24};
```

Este é o uso de um construtor que age de forma muito parecida com um literal para um tipo de classe. Muitas vezes é uma alternativa útil primeiro definir uma variável ou um **const**, depois usá-lo uma vez.

E se não quisermos o significado padrão de copiar? Podemos tanto definir um significado próprio (§17.4) quanto usar **delete** no construtor de cópia e na atribuição de cópia (§12.4.1).

8.7.3 Construtores padrão

CC As variáveis não inicializadas podem ser uma fonte séria de erros. Para combater o problema, temos a noção de que um construtor garante que todo objeto de uma classe seja inicializado. Por exemplo, declaramos o construtor **Date::Date(int,Month,int)** para garantir que cada **Date** seja inicializado corretamente. No caso de **Date**, isso significa que o programador deve fornecer três argumentos dos tipos certos. Por exemplo:

```
Date d0;                              // erro: nenhum inicializador
Date d1 {};                           // erro: inicializador vazio
Date d2 {Year{1998}};                 // erro: poucos argumentos
Date d3 {Year{1},2,3,4};              // erro: muitos argumentos
Date d4 {Year{1},"jan",2};            // erro: tipo de argumento errado
Date d5 {Year{1},Month::jan,2};       // OK: usar construtor com três argumentos
Date d6 {d5};                         // OK: usar construtor de cópia
```

Observe que, embora tenhamos definido um construtor para **Date**, ainda podemos copiar **Dates**.

Muitas classes têm uma boa noção de valor padrão, isto é, existe uma resposta óbvia para a pergunta "Qual valor ela deve ter se eu não fornecer um inicializador?". Por exemplo:

```
string s1;                // valor padrão: string vazia ""
vector<string> v1;        // valor padrão: vector vazio; nenhum elemento
```

Parece razoável. Até funciona da maneira que os comentários indicam. Isso é obtido concedendo a cada **vector** e **string** um *construtor padrão*, que fornece implicitamente a inicialização desejada. Um construtor que pode ser chamado sem argumentos é denominado construtor padrão.

Usar um construtor padrão não é apenas uma questão de aparência. Imagine os erros que teríamos se pudéssemos ter uma **string** ou um **vector** não inicializado:

```
string s;                             // imaginar se s pudesse ser não inicializado
for (int i = 0; i<s.size(); ++i)      // opa: loop em um número de vezes indefinido
    s[i] = toupper(s[i]);             // opa: ler e gravar em um local da memória aleatório

vector<string> v;                     // imaginar se v pudesse ser não inicializado
v.push_back("bad");                   // opa: gravar em um endereço aleatório
```

Se os valores de s e v fossem genuinamente indefinidos, s e v não teriam noção de quantos elementos eles contêm ou (usando as técnicas comuns de implementação; ver o Capítulo 17) onde esses elementos deveriam ser armazenados. Os resultados seriam o uso de endereços aleatórios, e isso pode levar ao pior tipo de erro. Basicamente, sem um construtor, não podemos estabelecer uma invariante – não podemos garantir que os valores dessas variáveis sejam válidos (§8.4.3). Devemos insistir que essas variáveis sejam inicializadas. Poderíamos insistir em um inicializador e depois escrever

```
string s2 = "";
vector<string> v2 {};
```

Isso não é particularmente bonito e é um pouco extenso. No entanto "vazio" é um padrão razoável e útil para string e vector, então o padrão fornece isso.

No entanto, para muitos tipos, não é fácil encontrar uma notação razoável para um valor padrão. Para muitos tipos, é melhor definir um construtor que dê sentido à criação de um objeto sem um inicializador explícito.

Não existe um valor padrão óbvio para as datas. É por isso que não definimos um construtor padrão para Date até agora, mas forneceremos um (só para mostrar que podemos). Temos de escolher uma data padrão. O primeiro dia do século XXI pode ser uma escolha razoável:

```
class Date {
public:
    Date()              // construtor padrão (sem argumentos)
        :y{Year{2001}}, m{Month::jan}, d{1}
    {
    }
    // ...
}
```

Agora podemos escrever:

```
Date d;     // d = {Year{2001},Month::jan,1}
```

Em vez de colocar os valores padrão para os membros no construtor, podemos colocá-los nos próprios membros:

```
class Date {
public:
    // ...
    Date() {}
    Date(Year y, Month m, int d);
    Date(Year y);               // 1° janeiro do ano y
    // ...
    bool is_valid();
private:
    Year y {2001};
    Month m = Month::jan;
    int d = 1;
};
```

Assim, os valores padrão ficam disponíveis para todo construtor. Por exemplo:

```
Date::Date(Year yy)            // 1º janeiro do ano y
    :y{yy}
{
}
```

Como `Date(int)` não inicializa explicitamente o mês (m) ou o dia (d), os inicializadores especificados (`Month::jan` e `1`) são usados implicitamente. Como não colocamos nenhuma restrição no valor de `Date::y`, não precisamos chamar `is_valid()`.

Um inicializador para um membro de classe especificado como parte da declaração do membro é chamado de *inicializador padrão de membro* ou *inicializador na classe* (*in-class initializer*).

CC Para um tipo T, T{} é a notação para o valor padrão, como definido pelo construtor padrão, portanto podemos escrever

```
string{};              // valor padrão: string vazia ""
vector<string>{};      // valor padrão: vector vazio;    sem elemento
```

Porém, nas inicializações, preferimos o código mais comum

```
string s1;             // valor padrão: string vazia ""
vector<string> v1;     // valor padrão: vector vazio; sem elemento
```

Para os tipos predefinidos, como `int` e `double`, a notação do construtor padrão significa 0, então `int{}` é um jeito complicado de dizer 0 e `double{}` é um jeito longo de dizer 0.0. No entanto {} pode ser usado para encurtar a inicialização de variáveis:

```
void test()
{
    double x0;           // não inicializada; não fazer isso
    double x1 {0};       // inicializar em 0
    double x2 = 0;       // inicializar em 0
    double x3 {};        // inicializar em 0
}
```

8.7.4 Funções-membro const

Algumas variáveis são projetadas para serem alteradas – é por isso que as chamamos "variáveis" –, mas outras não, isto é, temos "variáveis" que representam valores imutáveis. Essas costumamos chamar de *variáveis constantes* (*sic*!), *constantes* ou apenas `consts`. Considere:

```
Date d;
const Date start_of_term;

int a = d.day();                   // OK
int b = start_of_term.day();       // deve ser OK (por quê?), mas não é

d.add_day(3);                      // OK
start_of_term.add_day(3);          // erro
```

Aqui, `d` é mutável, mas `start_of_term` é `const`. Não é aceitável mudar o valor de `start_of_term`. Até agora, tudo bem, mas por que é OK ler `day` de `start_of_term` usando `day()`? Do jeito que a definição de `Date` está até agora, `start_of_term.day()` é um erro, porque o compilador não sabe que day() não muda seu Date. Não informamos isso, então o compilador presume que day() pode modificar o seu Date, tal como add_day() faz, e relata um erro.

Lidamos com esse problema classificando as operações em uma classe como modificadoras e não modificadoras. Essa é uma distinção fundamental, que nos ajuda a entender uma classe. Também tem importância prática: as operações que não modificam o objeto podem ser chamadas para os objetos const. Por exemplo:

```
class Date {
public:
    //...
    int day() const;           // membro const: não pode modificar o objeto
    Month month() const;       // membro const: não pode modificar o objeto
    Year year() const;         // membro const: não pode modificar o objeto

    void add_day(int n);       // membro não const: pode modificar o objeto
    void add_month(int n);     // membro não const: pode modificar o objeto
    void add_year(int n);      // membro não const: pode modificar o objeto
private:
    Year y;
    Month m;
    int d;                     // dia do mês
};

Date d {2000, Month::jan, 20};
const Date cd {2001, Month::feb, 21};
cout << d.day() << " - " << cd.day() << '\n';   // OK
d.add_day(1);                                    // OK
cd.add_day(1);                                   // erro: cd é const
```

Usamos const logo após a lista de argumentos em uma declaração de função-membro para indicar que a função-membro pode ser chamada para um objeto const. Uma vez que declaramos uma função-membro const, o compilador nos obriga a prometer não modificar o objeto. Por exemplo:

```
int Date::day() const
{
    ++d;        // erro: tentar mudar objeto a partir da função-membro const
    return d;
}
```

Claro, não tentamos "enganar" deliberadamente assim. Contudo o compilador ajuda quem implementa a classe ao proteger contra violações acidentais.

8.7.5 Funções-membro e funções auxiliares

Quando planejamos nossas interfaces para serem mínimas (embora completas), temos que deixar de fora muitas operações que são meramente úteis. Uma função que pode ser implementada de forma simples, elegante e eficiente como uma função independente (isto é, como uma função não membro) deve ser implementada fora da classe. Dessa forma, um *bug* nessa função não pode corromper diretamente os dados em um objeto da classe. Não acessar a representação é importante, porque a técnica de depuração usual é "Reunir as suspeitas normais", isto é, quando algo dá errado com uma classe, primeiro vemos as funções que acessam diretamente a representação: uma delas certamente acessa. Se houver uma dúzia dessas funções, seremos muito mais felizes do que se houvesse cinquenta.

Cinquenta funções para uma classe Date! Você deve estar se perguntando se estamos brincando. Não estamos: alguns anos atrás, pesquisei uma série de bibliotecas Date usadas comercialmente e as encontrei repletas de funções-membro, como next_Sunday(), next_workday() etc. Cinquenta é um número razoável para uma classe projetada para a conveniência dos usuários, não para a facilidade de compreensão, implementação e manutenção.

Observe também que, se a representação muda, somente as funções que acessam diretamente a representação precisam ser reescritas. Essa é outra forte razão prática para manter as interfaces mínimas. Em nosso exemplo de Date, podemos decidir que um número inteiro representando o número de dias desde 1º janeiro 1900 é uma representação muito melhor para nossos usos do que (ano, mês, dia). Apenas as funções-membro teriam que ser mudadas.

Veja alguns exemplos de *funções auxiliares*:

```
Date next_Sunday(const Date& d)
{
    // acessar d usando d.day(), d.month() e d.year()
    // criar novo Date a retornar
}

Date next_weekday(const Date& d) { /* ... */ }

bool leapyear(int y) { /* ... */ }

bool operator==(const Date& a, const Date& b)
{
    return a.year()==b.year()
        && a.month()==b.month()
        && a.day()==b.day();
}

bool operator!=(const Date& a, const Date& b)
{
    return !(a==b);
}
```

CC As funções auxiliares (*helper functions*) também são chamadas de *funções de conveniência*, *funções de ajuda* e muitas outras coisas. A diferença entre essas funções e outras funções não membro é lógica, isto é, "função auxiliar" é um conceito relacionado ao projeto, não um conceito da linguagem de programação. As funções auxiliares costumam ter argumentos das classes das quais elas auxiliam. Mas há exceções: note leapyear(). Muitas vezes, usamos *namespaces* para identificar um grupo de funções auxiliares; veja §7.6:

```
namespace Chrono {
    enum class Month { /* ... */ };
    class Date { /* ... */ };
    bool is_date(int y, Month m, int d);         // true para data válida
```

```
        Date next_Sunday(const Date& d) { /* . . . */ }
        Date next_weekday(const Date& d) { /* . . . */ }

        bool leapyear(int y) { /* . . . */ }              // ver Exercício 10
        bool operator==(const Date& a, const Date& b) { /* . . . */ }
        // ...
}
```

Repare nas funções == e !=. São funções auxiliares típicas. Para muitas classes, == e != têm um sentido óbvio, mas como não fazem sentido para todas as classes, o compilador não pode escrevê-las para você como escreveria o construtor de cópia e a atribuição de cópia.

Note também que introduzimos uma função auxiliar is_date(). Essa função substitui Date::is_valid(), porque verificar se uma data é válida em grande parte não depende da representação de Date. Por exemplo, não precisamos saber como os objetos Date são representados para saber que "30 de janeiro de 2028" é uma data válida e "30 de fevereiro de 2028" não. Ainda pode haver aspectos de uma data que dependem da representação (p. ex., podemos representar "14 de outubro de 1066"?), mas (se necessário) o construtor de Date pode cuidar disso.

8.7.6 Norma ISO

Nossa classe Date não é ruim, mas não é tão sofisticada quanto os recursos para lidar com a hora, as datas e os fusos horários nas bibliotecas-padrão ISO de C++. No entanto agora você conhece a maior parte dos recursos da linguagem e das técnicas de projeto usados no componente chrono da biblioteca-padrão (§20.4), em que o equivalente a Date é denominado year_month_date. Usando isso, você pode escrever

```
        auto birthday = December/16/1770;    // year_month_day{year{1770},December,day{16}}
```

Date é um daqueles tipos úteis para construir como um exercício, mas é importante jogá-lo fora depois: a versão do padrão não é apenas mais bem projetada; o mais importante, também é implementada por especialistas, amplamente documentada, extensivamente testada e conhecida por milhões de programadores. Outras "classes de exercício" úteis, com versões da biblioteca-padrão, são string e vector. Veremos mais da biblioteca-padrão nos Capítulos 15, 19, 20 e 21.

Prática

Escreva Day, Month e suas funções associadas, conforme descrito aqui. Complete a versão final de Date com o construtor padrão, is_valid(), Month, Year etc. Defina um Date denominado today inicializado em 2 de fevereiro de 2020. Então, defina um Date denominado tomorrow e forneça um valor copiando today para ele, aumentando seu dia em um usando add_day(). Por fim, exiba today e tomorrow usando << definido como em §9.6 e §9.7.

Sua verificação para uma data válida, is_valid(), pode ser muito simples. Fique à vontade para ignorar os anos bissextos. Contudo não aceite um mês que não esteja no intervalo [1,12] ou um dia do mês que não esteja no intervalo [1,31]. Teste cada versão com pelo menos uma data inválida (p. ex., 2004, 13, -5).

Revisão

[1] Quais são as duas partes de uma classe, como descrito no capítulo?
[2] Qual é a diferença entre a interface e a implementação em uma classe?
[3] Quais são as limitações e os problemas de struct Date em §8.4.1?
[4] Por que um construtor é usado para o tipo Date em vez de uma função init_day()?
[5] O que é invariante? Dê exemplos.
[6] Quando as funções devem ser colocadas na definição da classe e quando devem ser definidas fora da classe? Por quê?
[7] O que é construtor padrão e quando precisamos de um?
[8] O que é inicializador padrão de membro?
[9] Quando a sobrecarga de operadores deve ser usada em um programa? Forneça uma lista de operadores que você pode querer sobrecarregar (cada um com um motivo). Quais você pode definir em C++?
[10] Por que a interface pública para uma classe deve ser a menor possível?
[11] O que faz a adição de const a uma função-membro?
[12] Por que as "funções auxiliares" ficam melhores fora da definição da classe?
[13] Como enum class difere de um enum "simples"?

Termos

tipos predefinidos	enumerador	representação	class
função auxiliar	struct	const	implementação
estrutura	construtor	inicializador	tipos definidos
destrutor	*in-line*	*in-class*	pelo usuário
interface	enumeração	estado válido	enum
sobrecarga de operadores	inicializador padrão de membro	invariante	enum class

Exercícios

[1] Liste as possíveis operações para os exemplos de objetos reais em §8.1 (p. ex., uma torradeira).
[2] Projete e implemente uma classe Name_pairs mantendo pares (nome,idade) em que nome é um string e idade é um double. Represente isso como um membro vector<string> (denominado name) e um membro vector<double> (denominado age). Forneça uma operação de entrada read_names() que leia uma série de nomes. Forneça uma operação read_ages() que solicite ao usuário uma idade para cada nome. Forneça uma operação print() que imprima os pares (name[i],age[i]) (um por linha) na ordem determinada pelo vetor name. Forneça uma operação sort() que ordene o vetor name em ordem alfabética e reorganize o vetor age respectivamente. Implemente todas as "operações" como funções-membro. Teste a classe (claro: teste cedo e com frequência).
[3] Substitua Name_pair::print() por um operador (global) << e defina == e != para Name_pairs.
[4] Faça o exercício anterior novamente, mas implemente Name_pairs usando uma classe Name_pair.
[5] Este exercício e os próximos exigem que você projete e implemente uma classe Book, imaginando-a como parte do *software* de uma biblioteca. A classe Book deve ter membros para ISBN, título, autor e data de *copyright*. Também armazene dados sobre se o livro

está emprestado ou não. Crie funções para retornar esses valores de dados. Crie funções para verificar a devolução e o empréstimo de um livro. Faça uma validação simples dos dados inseridos em Book; por exemplo, aceite ISBNs apenas no formato n-n-n-x, em que n é um número inteiro e x é um dígito ou uma letra. Armazene o ISBN como uma *string*.

[6] Adicione operadores para a classe Book. Faça o operador == verificar se os números de ISBN são iguais para dois livros. Faça != também comparar os números de ISBN. Faça << imprimir o título, o autor e o ISBN em linhas separadas.

[7] Crie um tipo enumerado para a classe Book denominado Genre. Os tipos serão ficção, não ficção, periódico, biografia e infantil. Dê a cada livro um Genre e faça mudanças apropriadas no construtor Book e nas funções-membro.

[8] Crie uma classe Patron para a biblioteca. A classe terá um nome de usuário, um número de cartão da biblioteca e multas da biblioteca (se devidas). Tenha funções que acessem esses dados, bem como uma função para definir a multa do usuário. Tenha uma função auxiliar que retorne um booliano (bool) dependendo se o usuário deve ou não pagar uma multa.

[9] Crie uma classe Library. Inclua vetores de Books e Patrons. Inclua uma struct denominada Transaction para registrar quando um livro é emprestado. Peça para incluir Book, Patron e Date. Crie um vetor de Transactions para manter um registro de quais livros foram emprestados. Crie funções para adicionar livros à biblioteca, adicionar clientes à biblioteca e fazer o empréstimo dos livros. Sempre que um usuário retira um livro, faça a biblioteca garantir que o usuário e o livro estejam na biblioteca. Se não estiverem, informe um erro. Em seguida, verifique se o usuário não tem multas a pagar. Se tiver, informe um erro. Caso contrário, crie uma Transaction e coloque no vetor de Transactions. Também escreva uma função que retornará um vetor que contém o nome de todos os Patrons que têm multas a pagar.

[10] Implemente leapyear(int).

[11] Projete e implemente um conjunto de funções auxiliares úteis para a classe Date com funções como next_workday() (suponha que qualquer dia diferente de sábado ou domingo seja um dia útil) e week_of_year() (suponha que a semana 1 seja a semana de 1º de janeiro e que o primeiro dia de uma semana seja domingo).

[12] Altere a representação de Date para o número de dias desde 1º de janeiro de 1970 (conhecido como dia 0), representado como um long int (isto é, um int que pode conter inteiros muito maiores do que um int simples) e implemente de novo as funções-membro de Date em §8.4.2. Rejeite as datas fora do intervalo que podemos representar assim (fique à vontade para rejeitar dias antes do dia 0, ou seja, nenhum dia negativo).

[13] Projete e implemente uma classe de números racionais, Rational. Um número racional tem duas partes: um numerador e um denominador, por exemplo, 5/6 (cinco sextos, também conhecido como aproximadamente 0,83333). Pesquise a definição, se precisar. Forneça os operadores de atribuição, adição, subtração, multiplicação, divisão e igualdade. Também forneça uma conversão para double. Por que as pessoas gostariam de usar uma classe Rational?

[14] Projete e implemente uma classe Money para os cálculos que envolvam dólares e centavos, cuja aritmética precisa ser exata até o último centavo, utilizando a regra de arredondamento de 4/5 (0,5 de um centavo arredonda para cima; qualquer valor inferior a 0,5 arredonda para baixo). Represente um montante monetário como um número de centavos em um long int, mas a entrada e a saída como dólares e centavos, por exemplo, US$ 123,45. Não se preocupe com os montantes que não couberem em um long int.

[15] Refine a classe Money adicionando um nome de moeda (dada como um argumento do construtor). Aceite um inicializador de ponto flutuante, desde que possa ser

representado exatamente como um long int. Não aceite operações não permitidas. Por exemplo, Money*Money não faz sentido e USD1.23+DKK5.00 só faz sentido se você fornecer uma tabela de conversão que defina o fator de conversão entre dólares americanos (USD) e coroas dinamarquesas (DKK).

[16] Defina um operador de entrada (>>) que leia montantes monetários com denominações de moeda, como USD1.23 e DKK5.00, em uma variável Money. Defina também um operador de saída correspondente (<<).

[17] Dê um exemplo de cálculo em que Rational forneça um resultado matematicamente melhor do que Money.

[18] Dê um exemplo de cálculo em que Rational forneça um resultado matematicamente melhor do que double.

Posfácio

Existem muitos tipos definidos pelo usuário, muito mais do que apresentamos aqui. Esses tipos, especialmente as classes, são o coração de C++ e a chave para muitas técnicas de projeto mais eficientes. A maior parte do restante do livro trata de projeto e do uso de classes. Uma classe, ou um conjunto de classes, é o mecanismo pelo qual representamos nossos conceitos no código. Aqui, introduzimos, basicamente, os aspectos técnicos da linguagem para as classes; em outros lugares, focamos em como expressar com elegância as ideias úteis como classes.

Para um bom exemplo de biblioteca de datas com capacidade industrial, consulte o chrono na biblioteca-padrão. Por exemplo, pesquise em cppreference.com. Faz parte do módulo std. Não não se aprofunde muito. Ele usa alguns recursos avançados que ainda precisam ser apresentados.

PARTE II
Entrada e saída

A Parte II começa descrevendo como obter dados numéricos e de texto a partir do teclado e de arquivos e como produzir saída correspondente na tela e para arquivos. Em seguida, mostra como apresentar dados numéricos, texto e formas geométricas como saída gráfica e como obter entrada em um programa a partir de uma interface gráfica do usuário (GUI). Como parte disso, são introduzidos os princípios e as técnicas fundamentais da programação orientada a objetos.

CAPÍTULO 9:   Fluxos de entrada e saída
CAPÍTULO 10: Um modelo de exibição
CAPÍTULO 11: Classes gráficas
CAPÍTULO 12: Projeto de classes
CAPÍTULO 13: Representação gráfica de funções e dados
CAPÍTULO 14: Interfaces gráficas do usuário

9
Fluxos de entrada e saída

*Ciência é o que já aprendemos sobre
como evitar enganar a nós mesmos.
— Richard P. Feynman*

Neste capítulo, apresentamos os recursos da biblioteca-padrão de C++ para lidar com entradas e saídas de várias fontes: fluxos de E/S. Mostramos como ler e gravar arquivos, como lidar com erros, como lidar com entradas formatadas e como fornecer e usar operadores de E/S para os tipos definidos pelo usuário. Este capítulo foca o modelo básico: como ler e gravar valores individuais, como abrir, ler e gravar arquivos inteiros.

- ▶ 9.1 Entrada e saída
- ▶ 9.2 Modelo de fluxo de E/S
- ▶ 9.3 Arquivos
  Abrindo um arquivo; Lendo e gravando um arquivo
- ▶ 9.4 Tratamento de erros de E/S
- ▶ 9.5 Lendo um único valor
  Dividindo o problema em partes gerenciáveis; Separando o diálogo da função
- ▶ 9.6 Operadores de saída definidos pelo usuário
- ▶ 9.7 Operadores de entrada definidos pelo usuário
- ▶ 9.8 Um *loop* de entrada padrão
- ▶ 9.9 Lendo um arquivo estruturado
  Representação na memória; Lendo valores estruturados; Mudando as representações
- ▶ 9.10 Formatação
  E/S de inteiros; E/S de ponto flutuante; E/S de *strings*; E/S de caracteres; E/S extensível; **format()**
- ▶ 9.11 Fluxos de *strings*

9.1 Entrada e saída

CC Sem dados, a computação é inútil. Precisamos inserir dados em nosso programa para fazer cálculos interessantes e precisamos dar saída aos resultados. Em §3.1, mencionamos a variedade desconcertante de fontes de dados e destinos de saída. Se não tomarmos cuidado, acabaremos escrevendo programas que podem receber entradas somente de uma fonte específica e entregar saídas somente em um dispositivo de saída específico. Isso pode ser aceitável (e às vezes até mesmo necessário) para aplicações especializadas, como uma câmera digital ou um sensor de calor, mas, para as tarefas mais comuns, precisamos de uma forma de separar as leituras e as gravações de nosso programa e os dispositivos de entrada e saída reais usados. Se tivéssemos que endereçar diretamente cada tipo do dispositivo, teríamos que mudar nosso programa sempre que uma tela ou um disco novo entrasse no mercado ou limitar nossos usuários às telas e aos discos de nossa preferência. Isso seria um absurdo.

Os sistemas operacionais mais modernos separam o tratamento detalhado dos dispositivos de E/S em *drivers* de dispositivos, então os programas acessam esses *drivers* por meio de uma biblioteca de E/S, que faz a E/S de/para diferentes fontes parecerem o mais similares possível. Geralmente, os *drivers* de dispositivos ficam ocultos no sistema operacional, onde a maioria dos usuários não consegue vê-los, e a biblioteca de E/S fornece uma abstração da E/S para que o programador não precise pensar em dispositivos e *drivers* de dispositivos:

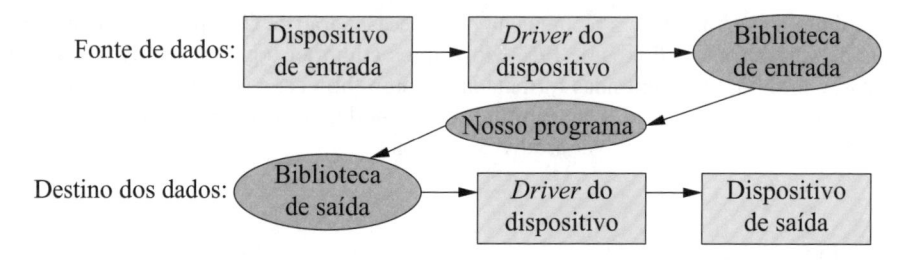

Fonte de dados: Dispositivo de entrada → *Driver* do dispositivo → Biblioteca de entrada

Nosso programa

Destino dos dados: Biblioteca de saída → *Driver* do dispositivo → Dispositivo de saída

Quando um modelo como esse é usado, a entrada e a saída podem ser vistas como fluxos de *bytes* (caracteres) tratados pela biblioteca de entrada/saída. As formas mais complexas de E/S requerem especialização e estão além do escopo deste livro. Nosso trabalho como programadores de uma aplicação se transforma em:

[1] Configurar fluxos de E/S para fontes e destinos de dados adequados,
[2] Ler e gravar de/para esses fluxos,

Os detalhes de como nossos caracteres são transmitidos de/para os dispositivos são tratados pela biblioteca de E/S e pelos *drivers* de dispositivo. Neste capítulo, veremos como a E/S, que consiste em fluxos de dados formatados, é feita usando a biblioteca-padrão de C++.

CC Do ponto de vista do programador, existem muitos tipos diferentes de entrada e saída. Uma classificação é a seguinte:

- Fluxos de (muitos) itens de dados (geralmente de/para arquivos, conexões de rede, dispositivos de gravação ou dispositivos de exibição).
- Interações com um usuário em um teclado.
- Interações com um usuário por meio de uma interface gráfica (exibir objetos, receber cliques do *mouse* etc.).

Essa classificação não é a única possível, e a distinção entre os três tipos de E/S não é tão clara quanto possa parecer. Por exemplo, se um fluxo de caracteres de saída é um documento

HTTP destinado a um navegador, o resultado é muito parecido com a interação do usuário e pode conter elementos gráficos. Por outro lado, os resultados das interações com uma interface gráfica do usuário (GUI, *graphical user interface*) podem ser apresentados a um programa como uma sequência de caracteres. No entanto essa classificação é adequada para nossas ferramentas: os dois primeiros tipos de E/S são fornecidos pelos fluxos de E/S da biblioteca-padrão de C++ e suportados diretamente pela maioria dos sistemas operacionais. Temos usado a biblioteca iostream desde o Capítulo 1 e nos concentraremos nela neste e no próximo capítulo. A saída gráfica e as interações gráficas do usuário são atendidas por inúmeras bibliotecas, e nos concentraremos nesse tipo de E/S do Capítulo 10 ao 14.

9.2 Modelo de fluxo de E/S

A biblioteca-padrão de C++ fornece o tipo **istream** para lidar com os fluxos de entrada e o tipo **ostream** para lidar com os fluxos de saída. Já usamos o padrão **istream** denominado **cin** e o padrão **ostream** denominado **cout**, então sabemos o básico de como usar essa parte da biblioteca-padrão (normalmente chamada de biblioteca iostream).

Um **ostream**

- transforma valores de diversos tipos em sequências de caracteres;
- envia esses caracteres para "algum lugar" (p. ex., um console, um arquivo, a memória principal ou outro computador).

Podemos representar um **ostream** graficamente assim:

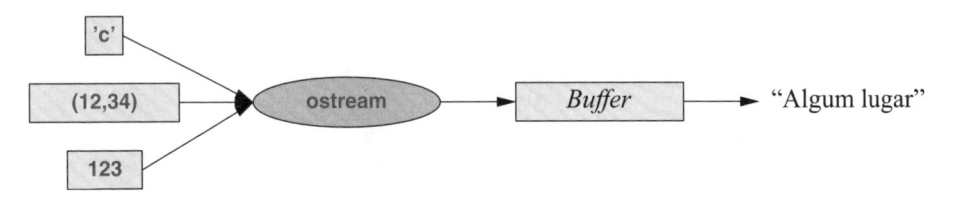

Buffer é uma estrutura de dados que o **ostream** usa internamente para armazenar os dados fornecidos ao se comunicar com o sistema operacional. Se você nota um "atraso" entre sua escrita em um **ostream** e os caracteres que aparecem no destino, é geralmente porque eles ainda estão no *buffer*. O *buffer* é importante para o desempenho, e o desempenho é importante se você lida com grandes quantidades de dados.

Um **istream**

- obtém caracteres de algum lugar (como um console, um arquivo, a memória principal ou outro computador);
- transforma essas sequências de caracteres em vários tipos de valores.

Podemos representar um **istream** graficamente assim:

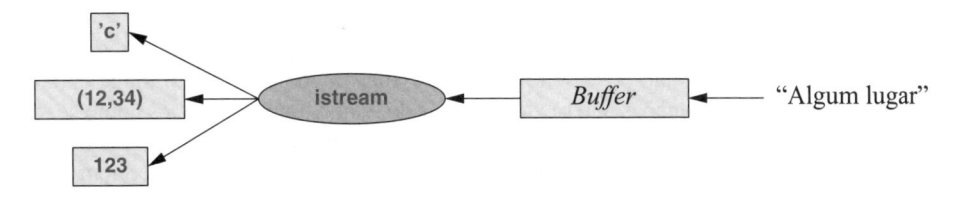

Tal como acontece com **ostream**, um **istream** usa um *buffer* para se comunicar com o sistema operacional. Com um **istream**, o *buffer* pode ser bem visível para o usuário. Ao usar um **istream** anexado a um teclado, o que você digita fica no *buffer* até pressionar Enter (*return*/nova linha), e é possível usar a tecla para apagar (Backspace) "e mudar de ideia" (até pressionar Enter).

Um dos principais usos da saída é produzir dados para os seres humanos lerem. Pense nas mensagens de *e-mail*, nos artigos acadêmicos, nas páginas da *web*, nos registros de faturamento, nos relatórios de negócios, nas listas de contatos, nos índices, nas leituras de *status* de equipamento etc. Portanto os **ostreams** fornecem muitos recursos para formatar texto e atender a vários gostos. Da mesma forma, muitas entradas são escritas por seres humanos ou formatadas para facilitar a leitura por eles. Assim, os **istreams** fornecem recursos para ler o tipo de saída produzida pelos **ostreams**. Examinaremos questões de formatação em §9.10. A maior parte da complexidade relacionada à entrada tem relação com como lidar com os erros. Para dar exemplos mais realistas, começaremos discutindo de que modo o modelo iostream se relaciona com os arquivos de dados.

9.3 Arquivos

CC Normalmente, temos muito mais dados do que cabem na memória principal do nosso computador, por isso armazenamos a maioria deles em discos ou outros dispositivos de armazenamento de grande capacidade. Esses dispositivos também têm a propriedade desejável de os dados não desaparecerem quando a energia é desligada – os dados são *persistentes*. No nível mais básico, um arquivo é simplesmente uma sequência de *bytes* numerados de 0 adiante:

```
0:  1:  2:
┌──┬──┬──┬╌╌╌╌╌╌╌╌╌╌┬──┬──┬──┬──┐
│  │  │  │          │  │  │  │  │
└──┴──┴──┴╌╌╌╌╌╌╌╌╌╌┴──┴──┴──┴──┘
```

Um arquivo tem um formato, isto é, tem um conjunto de regras que determina o significado dos *bytes*. Por exemplo, se tivermos um arquivo de texto, os primeiros 4 *bytes* serão os primeiros quatro caracteres. Por outro lado, se tivermos um arquivo que usa uma representação binária de inteiros, esses mesmos primeiros 4 *bytes* serão a representação (binária) do primeiro número inteiro. O formato tem o mesmo papel para os arquivos no disco como os tipos têm para os objetos na memória principal. Podemos entender os *bits* em um arquivo se (e apenas se) conhecemos seu formato.

CC Para um arquivo, um **ostream** converte os objetos na memória principal em fluxos de *bytes* e os grava no disco. Um **istream** faz o oposto, isto é, ele pega um fluxo de *bytes* no disco e compõe objetos a partir deles:

```
┌─────────┐      ╱───────────────╲      ┌─────────┐
│  Disco  │◄────►│ Sistema de E/S │◄────►│ Memória │
│         │      ╲───────────────╱      │principal│
└─────────┘                              └─────────┘
Arquivos (sequências de bytes)   iostreams    Objetos (de vários tipos)
```

Na maioria das vezes, presumimos que esses "*bytes* no disco" são, de fato, caracteres em nosso conjunto de caracteres habitual. Nem sempre é assim, mas podemos ir muito longe com essa suposição, e outras representações não são tão difíceis de lidar. Também falamos como se todos os arquivos estivessem em alguma forma de armazenamento permanente (isto é, no armazenamento magnético rotativo ou no armazenamento de estado sólido). Novamente, nem sempre é assim (pense nos arquivos armazenados remotamente), mas, nesse nível de programação, o armazenamento real não faz diferença. Essa é uma das belezas das abstrações dos arquivos e dos fluxos.

Para ler um arquivo, devemos:

[1] Saber seu nome
[2] Abri-lo (para leitura)
[3] Ler os caracteres
[4] Fechá-lo (embora, em geral, seja feito implicitamente)

Para gravar um arquivo, devemos:

[1] Nomeá-lo
[2] Abri-lo (para gravação) ou criar um novo arquivo com esse nome
[3] Escrever nossos objetos
[4] Fechá-lo (embora, em geral, seja feito implicitamente)

Já sabemos o básico sobre leitura e gravação, porque um ostream anexado a um arquivo se comporta exatamente como cout para o que fizemos até agora, e um istream anexado a um arquivo se comporta exatamente como cin para o que fizemos até agora. Apresentaremos as operações que só podem ser feitas para arquivos em PPP2.§11.3.3, mas, por enquanto, apenas veremos como abrir arquivos e, em seguida, nos concentraremos nas operações e nas técnicas que se aplicam a todos os ostreams e istreams.

9.3.1 Abrindo um arquivo

Se você quiser ler ou gravar em um arquivo, deve abrir um fluxo especificamente para esse arquivo. Um ifstream é um istream para ler de um arquivo, um ofstream é um ostream para gravar em um arquivo e um fstream é um iostream que pode ser usado para leitura e gravação. Antes de um fluxo de arquivos ser usado, ele deve ser anexado a um arquivo. Por exemplo:

```
cout << "Please enter input file name: ";
string iname;
cin >> iname;
ifstream ist {iname};        // ist é um fluxo de entrada para o arquivo denominado name
if (!ist)
    error("can't open input file ",iname);
```

Definir um ifstream com uma *string* de nome abre o arquivo com esse nome para a leitura. O teste de !ist verifica se o arquivo foi aberto corretamente. Depois, podemos ler o arquivo exatamente como faríamos em qualquer outro istream. Por exemplo, presumindo que o operador de entrada, >>, foi definido para um tipo Point, podemos escrever

```
vector<Point> points;
for (Point p; ist>>p; )
    points.push_back(p);
```

A saída para arquivos é tratada de modo parecido por ofstreams. Por exemplo:

```
cout << "Please enter name of output file: ";
string oname;
cin >> oname;
ofstream ost {oname};        // ost é um fluxo de saída para o arquivo denominado oname
if (!ost)
    error("can't open output file ",oname);
```

Definir um ofstream com uma *string* de nome abre o arquivo com esse nome para gravação. O teste de !ost verifica se o arquivo foi aberto corretamente. Depois, podemos gravar no arquivo exatamente como faríamos em qualquer outro ostream. Por exemplo:

```
for (Point p: points)
    ost << '(' << p.x << ',' << p.y << ")\n";
```

Quando um fluxo de arquivo sai do escopo, seu arquivo associado é fechado. Quando um arquivo é fechado, seu *buffer* associado é "esvaziado*", ou seja, os caracteres do *buffer* são gravados no arquivo.

Geralmente, é melhor abrir os arquivos no início de um programa, antes que qualquer computação séria ocorra. Afinal, é um desperdício fazer muito trabalho e descobrir que não podemos concluí-lo porque não temos onde gravar os resultados.

Abrir o arquivo implicitamente como parte da criação de um ostream ou um istream é o ideal, e um fluxo de arquivo fecha implicitamente seu arquivo ao sair de escopo; veja §15.5. Por exemplo:

```
void fill_from_file(vector<Point>& points, string& name)
{
    ifstream ist {name};           // abrir arquivo para leitura
    if (!ist)
        error("can't open input file ",name);
    // ... usar ist ...
    // o arquivo é fechado implicitamente quando saímos da função
}
```

Não se esqueça de testar um fluxo depois de abri-lo.

Também é possível usar as operações explícitas open() e close(). Por exemplo:

```
ifstream ifs;
ifs.open(name,ios::in);            // abrir arquivo denominado name para leitura
// ...
ifs.close();                        // fechar arquivo
```

No entanto é uma digitação muito extensa. Além disso, confiar no escopo para controlar quando o arquivo é aberto minimiza as chances de alguém tentar usá-lo antes de ser aberto ou depois de fechado.

Por que você usaria open() ou close() explicitamente? Bem, às vezes a vida útil de uma conexão com um arquivo não é convenientemente limitada por um escopo, então você deve controlá-la. Mas é raro o suficiente para não termos que nos preocupar com isso aqui. Mais precisamente, você encontrará tal uso no código escrito por pessoas usando estilos de linguagens e bibliotecas que não têm o jeito de lidar com escopo usado pelos iostreams (e pelo restante da biblioteca-padrão de C++, §18.4.2).

9.3.2 Lendo e gravando um arquivo

Considere como você pode ler um conjunto de resultados de algumas medições a partir de um arquivo e representá-los na memória. Podem ser as leituras de temperatura de uma estação meteorológica:

---

* N. de R.T. O termo técnico em inglês para essa operação é *flush*.

```
0 60.7
1 60.6
2 60.3
3 59.22
...
```

Este arquivo de dados contém uma sequência de pares (hora,temperatura). As horas são numeradas de 0 a 23, e as temperaturas estão em Fahrenheit. Não é presumida nenhuma formatação adicional, isto é, o arquivo não contém uma informação de cabeçalho especial (p. ex., onde a leitura foi feita), unidades para os valores, pontuação (parênteses em cada par de valores) ou indicador de terminação. É o caso mais simples.

Podemos representar uma leitura de temperatura com um tipo Reading:

```
struct Reading {            // uma leitura da temperatura
    int hour;               // hora após meia-noite [0:23]
    double temperature;     // em Fahrenheit
};
```

Com isso, poderíamos fazer a leitura assim:

```
vector<Reading> temps;      // armazenar as leituras aqui
int hour;
double temperature;
while (ist >> hour >> temperature) {
    if (hour < 0 || 23 <hour)
        error("hour out of range");
    temps.push_back(Reading{hour,temperature});
}
```

É um *loop* de entrada típico. O istream denominado ist pode ser um fluxo de arquivos de entrada (ifstream), como mostrado na seção anterior, (um álias, ou "apelido", para) o fluxo de entrada padrão (cin) ou qualquer outro tipo de istream. Para um código assim, não importa exatamente de onde istream obtém seus dados. Tudo que importa para nosso programa é que ist é um istream e que os dados têm o formato esperado. A próxima seção aborda a interessante questão de como detectar erros nos dados de entrada e o que podemos fazer após detectar um erro de formato.

Gravar em um arquivo costuma ser mais simples do que ler a partir dele. Mais uma vez, assim que um fluxo é inicializado, não precisamos saber exatamente qual é o tipo de fluxo. Em particular, podemos usar o fluxo de arquivo de saída (ost) da seção anterior como qualquer outro ostream. Por exemplo, podemos querer enviar as leituras com cada par de valores entre parênteses:

```
for (Reading x : temps)
    ost << '(' << x.hour << ',' << x.temperature << ")\n";
```

O programa resultante estaria então lendo o arquivo de leituras de temperatura original e produzindo um novo arquivo com os dados no formato (hora,temperatura).

Como os fluxos de arquivo fecham automaticamente seus arquivos quando eles saem do escopo, o programa completo se torna

```
struct Reading {            // uma leitura da temperatura
    int hour;               // hora após meia-noite [0:23]
    double temperature;     // em Fahrenheit
};
```

```
int main()
{
    cout << "Please enter input file name: ";
    string iname;
    cin >> iname;
    ifstream ist {iname};          // ist lê a partir do arquivo denominado iname
    if (!ist)
        error("can't open input file ",iname);

    string oname;
    cout << "Please enter name of output file: ";
    cin >> oname;
    ofstream ost {oname};          // ost grava em um arquivo denominado oname
    if (!ost)
        error("can't open output file ",oname);

    vector<Reading> temps;         // armazenar as leituras aqui
    int hour = -1;
    double temperature = -700;
    while (ist >> hour >> temperature) {
        if (hour < 0 || 23 <hour)
            error("hour out of range");
        temps.push_back(Reading{hour,temperature});
    }

    for (int x : temps)
        ost << '(' << x.hour << ',' << x.temperature << ")\n";
}
```

9.4 Tratamento de erros de E/S

Ao lidar com entradas, devemos esperar erros e tratá-los. Que tipo de erros? E como? Os erros ocorrem porque os seres humanos os cometem (instruções mal compreendidas, erros de digitação, gato andando sobre o teclado etc.), porque os arquivos não atendem às especificações, porque nós (como programadores) temos as expectativas erradas etc. As possibilidades de erros de entrada são ilimitadas! No entanto um istream reduz todas elas a quatro casos possíveis, chamados de estado do fluxo:

Estados do fluxo	
good()	Operações bem-sucedidas
eof()	Chegamos ao final da entrada ("fim de arquivo" ou "eof").
fail()	Aconteceu algo inesperado (p. ex., esperávamos um dígito e encontramos 'x').
bad()	Aconteceu algo inesperado e sério (p. ex., erro de leitura do disco)

CC Infelizmente, a diferença entre fail() e bad() não é definida com precisão e está sujeita a opiniões variadas entre os programadores que definem as operações de E/S para novos tipos. No entanto a ideia básica é simples: se uma operação de entrada encontra um erro de formato simples, permite o fluxo falhar com fail(), presumindo que você (o usuário da nossa operação de entrada) consegue se recuperar. Se, por outro lado, algo realmente desagradável acontece, como uma leitura incorreta de disco, a operação de entrada permite que o fluxo seja indicado como incorreto com **bad()**, presumindo que não há muito que você possa fazer, exceto abandonar a tentativa de obter dados desse fluxo. Um fluxo que esteja **bad()** também está no estado **fail()**. Isso nos deixa com esta lógica geral:

```
int i = 0;
cin >> i;
if (!cin) {                          // chegamos aqui (apenas) se uma operação de entrada falhou
    if (cin.bad())                   // fluxo corrompido
        error("cin is bad");         // vamos sair daqui!
    if (cin.eof()) {                 // sem mais entrada:
        // ... em geral é como queremos que uma sequência de operações de entrada termine...
    }
    if (cin.fail()) {                // o fluxo encontrou algo inesperado
        cin.clear();                 // preparar para mais entrada
        // ... recuperar-se de algum modo ...
    }
}
```

A parte **!cin** pode ser lida como "cin não está bom", "Algo deu errado com cin" ou "O estado de cin não é good()". É o oposto de "A operação foi bem-sucedida". Note **cin.clear()**, onde tratamos **fail()**. Quando um fluxo falha, podemos conseguir nos recuperar. Para tanto, tiramos explicitamente o fluxo do estado **fail()**, para que possamos ver os caracteres dele novamente; **clear()** faz isso – após **cin.clear()**, o estado de cin é **good()**.

Veja um exemplo de como podemos usar o estado do fluxo. Considere como ler uma sequência de inteiros que pode ser terminada com o caractere * ou um "fim de arquivo" (Ctrl+Z no Windows, Ctrl+D no Linux) para um **vector**. Por exemplo:

1 2 3 4 5 *

Isso seria feito usando uma função assim:

```
void fill_vector(istream& ist, vector<int>& v, char terminator)
    // ler os inteiros de ist em v até chegar a eof() ou terminador
{
    for (int x; ist>>x; )
        v.push_back(x);
    if (ist.eof())                   // bom: encontramos o fim de arquivo
        return;
    if (ist.bad())                   // fluxo corrompido;
        error("ist is bad");         // vamos sair daqui!
    if (ist.fail()) {                // limpar a bagunça da melhor forma possível e reportar
                                     // o problema
        ist.clear();                 // limpar o estado do fluxo para que possamos procurar
                                     // o terminador
        char c = 0;
        ist >> c;                    // ler um caractere, por sorte um terminador
        if (c != terminator) {       // caractere inesperado
            ist.unget();             // devolver o caractere
            ist.clear(ios::failbit); // definir o estado para fail()
        }
    }
}
```

Note que, quando não encontramos o terminador, ainda retornamos. Afinal, podemos ter coletado alguns dados, e a função chamadora de fill_vector() pode conseguir se recuperar de fail(). Como limpamos o estado para conseguirmos examinar o caractere, temos que definir o estado do fluxo de volta para fail(). Fazemos isso com ist.clear(ios::failbit). O ios que aparece aqui e ali faz parte de um iostream que armazena constantes como failbit e outras coisas úteis para controlar o comportamento do fluxo. Você se refere a elas usando o operador ::, por exemplo, ios::badbit. O uso de clear() com um argumento é bem confuso; clear() define os *flags* (*bits*) do estado do iostream mencionados e limpa os *flags* não mencionados.

Ao definir o estado como fail(), indicamos que encontramos um erro de formato, em vez de algo mais sério. Colocamos o caractere de volta em ist usando unget(); a função chamadora de fill_vector() pode ter um uso para isso. A função unget() é uma versão mais curta de putback() (§5.8) que conta com o fluxo que lembra qual caractere produziu na última vez, para que você não tenha que mencioná-lo.

Se você chamou fill_vector() e quer saber o que terminou a leitura, pode testar fail() e eof(). Também pode capturar a exceção runtime_error gerada por error(), mas entende-se que obter mais dados de istream no estado bad() é improvável. A maioria das funções chamadoras não se incomodará. Isso implica que, em quase todos os casos, a única coisa que queremos fazer se encontrarmos bad() é gerar uma exceção. Para facilitar a vida, podemos pedir a um istream para fazer isso por nós:

    ist.exceptions(ist.exceptions()|ios::badbit);   // fazer ist lançar se ficar 'bad'

A notação pode parecer estranha, mas o efeito é simplesmente que, dessa declaração em diante, ist irá gerar a exceção da biblioteca-padrão ios::failure se ficar bad(). Precisamos executar a chamada exceptions() para um istream apenas uma vez em um programa. Isso nos permitirá simplificar todos os *loops* de entrada em ist, ignorando bad():

```
void fill_vector(istream& ist, vector<int>& v, char terminator)
    // ler os inteiros de ist em v até chegar a eof() ou terminador
{
    for (int x; ist>>x; )
        v.push_back(x);
    if (ist.eof())                    // bom: encontramos o fim de arquivo
        return;

    // se chegamos aqui, ist não é good(), bad() nem (eof), então ist deve ser fail()
    ist.clear();                      // limpar o estado do fluxo
    char c = 0;
    ist >> c;                         // ler um caractere, por sorte um terminador
    if (c != terminator) {            // opa: não é o terminador, então falhamos
        ist.unget();                  // talvez a função chamadora possa usar esse caractere
        ist.clear(ios::failbit);      // definir o estado como 'fail()'
    }
}
```

Às vezes, não queremos nos recuperar localmente dos erros de formatação. Então, podemos pedir ao fluxo para lançar uma exceção em fail() também:

    ist.exceptions(ist.exceptions()|ios::badbit|ios::failbit);   // lançar em qualquer falha

Se quisermos uma função fill_vector() realmente mínima, também podemos eliminar a verificação de um terminador e obter o *loop* simples e óbvio:

```
void fill_vector(istream& ist, vector<int>& v)
    // ler os inteiros de ist em v até chegar a eof()
{
    for (int x; ist>>x; )
        v.push_back(x);
}
```

Para os programas em que os dispositivos de saída têm uma boa chance de estar indisponíveis, cheios ou danificados, podemos testar após cada operação de saída, conforme testamos após cada operação de entrada. Um ostream tem exatamente os mesmos estados que um istream: good(), fail(), eof() e bad(). Porém, para a saída, podemos muitas vezes simplificar nosso código fazendo bad() e fail() lançarem exceções.

9.5 Lendo um único valor

Já sabemos como ler uma série de valores que termina com o fim de arquivo ou um terminador. Mostraremos mais exemplos à medida que avançarmos, mas vejamos a ideia sempre popular de pedir repetidamente um valor até que um valor aceitável seja inserido. Este exemplo nos permitirá examinar várias opções de projeto comuns. Discutiremos essas possibilidades com uma série de soluções alternativas para o problema simples de "como obter um valor aceitável do usuário". Começamos com uma "primeira tentativa" confusa e óbvia, e prosseguimos com uma série de versões melhoradas. Nossa suposição fundamental é que estamos lidando com uma entrada interativa, em que um ser humano digita a entrada e lê as mensagens no programa. Pedimos um número inteiro no intervalo de 1 a 10 (inclusive):

```
int get10()
{
    cout << "Please enter an integer in the range 1 to 10 (inclusive):\n";
    int n = 0;
    while (cin>>n) {                    // ler
        if (1<=n && n<=10)              // verificar intervalo
            return n;
        cout << "Sorry " << n << " is not in the [1:10] range; please try again\n";
    }
}
```

Isso é muito feio, mas "meio que funciona". Por que só "meio que funciona"? Funciona se o usuário tiver cuidado ao inserir os números inteiros. Se o usuário for um digitador ruim e pressionar t em vez de 6 (t fica um pouco abaixo de 6 em muitos teclados), o programa sairá do *loop* sem mudar o valor de n, de modo que n terá um valor fora do intervalo. Não chamaríamos isso de qualidade. Um espertalhão (ou um testador diligente) poderia também enviar um fim de arquivo pelo teclado. Novamente, sairíamos do *loop* com n fora do intervalo. Em outras palavras, para termos uma leitura robusta, precisamos lidar com três problemas:

[1] O usuário inserir um valor fora do intervalo.
[2] Não obter valor algum (fim de arquivo).
[3] O usuário digitar algo errado (aqui, não um número inteiro).

O que queremos fazer nos três casos? Esta costuma ser a pergunta ao escrever um programa: o que realmente queremos? Aqui, para cada um desses três erros, temos três alternativas:

[1] Lidar com o problema no código que faz a leitura.
[2] Lançar uma exceção para permitir que outra pessoa resolva o problema (possivelmente terminando o programa).
[3] Ignorar o problema.

AA Na verdade, essas são três alternativas muito comuns para tratar uma condição de erro. Assim, este é um bom exemplo do tipo de raciocínio que precisamos fazer em relação a erros.

É tentador dizer que a terceira alternativa, ignorar o problema, é sempre inaceitável, mas seria arrogância. Se escrevo um programa simples para meu próprio uso, posso fazer o que quero, inclusive esquecer a verificação de erros com possíveis resultados desagradáveis. No entanto, para um programa que eu gostaria de usar algumas horas depois que escrevi, provavelmente seria tolo deixar tais erros, e se eu quiser compartilhar esse programa com alguém, não devo deixar tais buracos na verificação de erros no código. Note o uso da primeira pessoa no singular aqui; "nós" seria um erro. Não consideramos a alternativa 3 aceitável mesmo quando apenas duas pessoas estão envolvidas.

A escolha entre as alternativas 1 e 2 é genuína, ou seja, em determinado programa pode haver boas razões para escolher qualquer uma. Primeiro notamos que, na maioria dos programas, não há formas locais nem elegantes de lidar com nenhuma entrada de um usuário sentado na frente do teclado: depois que o fluxo de entrada é fechado, não faz muito sentido pedir ao usuário para inserir um número. Podemos reabrir cin (usando cin.clear()), mas é improvável que o usuário tenha fechado o fluxo por acidente (como você pressionaria Ctrl+Z por acidente?). Se o programa quer um número inteiro e encontra o fim de arquivo, a parte do programa que tenta ler o inteiro geralmente deve desistir e esperar que alguma outra parte possa lidar com isso; isto é, nosso código que solicita a entrada do usuário deve lançar uma exceção.

A questão mais profunda é o que considerar como entrada válida. Por exemplo, onde devemos rejeitar "32 de dezembro de 202"? Normalmente, uma rotina de entrada pode lidar apenas com problemas relativamente simples e relacionados ao formato. Os problemas relacionados ao significado da entrada normalmente devem ser tratados em um nível mais alto do programa, em que o uso pretendido dos dados é conhecido. Por exemplo, na maioria dos programas, o ano 202 seria ruim ("fora do intervalo possível"), mas, em um programa que analisa dados históricos, pode ser um valor perfeitamente bom. Voltaremos a tais perguntas repetidamente, porque validar a entrada é uma parte fundamental de escrever um bom programa.

9.5.1 Dividindo o problema em partes gerenciáveis

Tentemos tratar localmente uma entrada fora do intervalo e uma entrada do tipo errado:

```
int get10()
{
    cout << "Please enter an integer in the range 1 to 10 (inclusive):\n";
    int n = 0;
    while (true) {
        cin >> n;
        if (cin) {                          // temos um inteiro; agora verifique-o
            if (1<=n && n<=10)
                return n;
            cout << "Sorry " << n << " is not in the [1:10] range; please try again\n";
        }
```

```
            else if (cin.fail()) {     // encontramos algo que não era um inteiro
                    cin.clear();       // definir o estado de volta para good(); queremos ver os caracteres
                    cout << "Sorry, that was not a number; please try again\n";
                    for (char ch; cin>>ch && !isdigit(ch); )      // descartar os não dígitos
                         /* nothing */ ;
                    if (!cin)                         // não encontramos um dígito: desistir
                         error("no input");
                    cin.unget();                      // devolver o dígito para que possamos ler o número
            }
            else
                    error("no input");                // ruim: desistir
    }
}
```

É confuso e bem longo. Na verdade, é tão confuso que não recomendaríamos que as pessoas **XX** escrevessem esse código sempre que precisassem de um número inteiro do usuário. Por outro lado, precisamos tratar os possíveis erros porque as pessoas os cometem, então o que fazer? O motivo para o código ser confuso é que o código que lida com diferentes preocupações está todo misturado:

- Ler os valores
- Solicitar a entrada do usuário
- Escrever mensagens de erro
- Ignorar os caracteres de entrada "ruins"
- Testar a entrada em um intervalo

A maneira de tornar o código mais claro é, muitas vezes, isolar as preocupações logicamente **AA** distintas em funções separadas. Por exemplo, podemos separar o código para se recuperar depois de ver um caractere "ruim" (ou seja, inesperado):

```
void skip_to_int()
{
    if (cin.fail()) {                       // encontramos algo que não era um inteiro
        cin.clear();                        // gostaríamos de ver os caracteres
        for (char ch; cin>>ch; ) {          // descartar os não dígitos
            if (isdigit(ch) || ch=='–') {
                cin.unget();                // devolver o dígito para que possamos ler o número
                return;
            }
        }
    }
    error("no input");                      // eof ou entrada ruim: desistir
}
```

Dada a "função utilitária" skip_to_int(), podemos escrever:

```
int get10()
{
    cout << "Please enter an integer in the range 1 to 10 (inclusive):\n";
    int n = 0;
```

```
while (true) {
    if (cin>>n) {           // temos um inteiro; agora verifique-o
        if (1<=n && n<=10)
            return n;
        cout << "Sorry " << n << " is not in the [1:10] range; please try again\n";
    }
    else {
        cout << "Sorry, that was not a number; please try again\n";
        skip_to_int();
    }
}
```

Esse código é melhor, mas ainda é muito longo, confuso e tem um propósito muito especial (p. ex., por que [1:10]?).

Qual operação realmente gostaríamos de ter? Uma resposta possível é "uma função que leia um int, qualquer int, e outra que leia um int de certo intervalo":

```
int get_int();                            // ler um int a partir de cin
int get_int(int low, int high);           // ler um int na faixa [low:high] a partir de cin
```

Se tivéssemos essas operações, poderíamos usá-las de forma simples e correta. Não são assim tão difíceis de escrever:

```
int get_int()
{
    int n = 0;
    while (true) {
        if (cin >> n)
            return n;
        cout << "Sorry, that was not a number; please try again\n";
        skip_to_int();
    }
}
```

Basicamente, get_int() continua lendo por teimosia até encontrar alguns dígitos que possa interpretar como um número inteiro. Se quisermos sair de get_int(), devemos fornecer um inteiro ou um fim de arquivo (e o fim de arquivo fará skip_to_int() lançar uma exceção).

Usando essa função get_int() geral, podemos escrever a get_int() que verifica o intervalo:

```
int get_int(int low, int high)
{
    cout << "Please enter an integer in the range "
         << low << " to " << high << " (inclusive):\n";
    while (true) {
        int n = get_int();
        if (low<=n && n<=high)
            return n;
        cout << "Sorry "
             << n << " is not in the [" << low << ':' << high
             << "] range; please try again\n";
    }
}
```

Essa função get_int() é tão teimosa quanto a outra. Ela continua recebendo ints de get_int() fora do intervalo até que o int que recebe esteja no intervalo esperado.

Agora podemos ler números inteiros assim:

```
int n = get_int(1,10);
cout << "n: " << n << '\n';

int m = get_int(2,300);
cout << "m: " << m << '\n';
```

Mas não se esqueça de capturar as exceções em algum lugar se quiser mensagens de erro decentes para o caso (provavelmente raro) em que get_int() realmente não consiga ler um número para nós.

9.5.2 Separando o diálogo da função

As funções get_int() ainda misturam entrada de dados com as mensagens para o usuário. Isso provavelmente é bom o suficiente para um programa simples, mas, em um programa grande, é interessante variar as mensagens escritas para o usuário. Podemos querer chamar get_int() assim:

```
int strength = get_int(1,10, "enter strength", "Not in range, try again");
cout << "strength: " << strength << '\n';

int altitude = get_int(0,50000, "Please enter altitude in feet", "Not in range, please try again");
cout << "altitude: " << altitude << "f above sea level\n";
```

Podemos implementar isso deste modo:

```
int get_int(int low, int high, const string& greeting, const string& sorry)
{
    cout << greeting << ": [" << low << ':' << high << "]\n";

    while (true) {
        int n = get_int();
        if (low<=n && n<=high)
            return n;
        cout << sorry << ": [" << low << ':' << high << "]\n";
    }
}
```

É difícil compor mensagens arbitrárias, então as "estilizamos". Isso costuma ser aceitável, e compor mensagens realmente flexíveis, como as necessárias para dar suporte a muitas linguagens naturais (p. ex., árabe, bengali, chinês, dinamarquês, inglês e francês), não é uma tarefa para um novato.

Repare que nossa solução ainda está incompleta: get_int() sem um intervalo ainda "é muito tagarela". O mais importante aqui é que as "funções utilitárias" que usamos em muitas partes de um programa não devem ter mensagens programadas de forma fixa nelas. Além disso, as funções da biblioteca destinadas a uso em muitos programas não devem exibir mensagens para o usuário – afinal, o criador da biblioteca pode nem presumir que o programa em que a biblioteca é executada é usado em uma máquina com uma pessoa observando. É uma das razões para nossa função error() não escrever uma mensagem de erro (§4.6.3); em geral, não sabemos onde escrever.

9.6 Operadores de saída definidos pelo usuário

Definir o operador de saída, <<, para determinado tipo costuma ser simples. O principal problema de projeto é que pessoas diferentes podem preferir estilos de saída diferentes, por isso é difícil chegar a um acordo sobre um único formato. No entanto, mesmo que nenhum formato de saída seja bom o suficiente para todos os usos, muitas vezes é uma boa ideia definir << para um tipo definido pelo usuário. Dessa forma, podemos pelo menos escrever de forma superficial os objetos do tipo durante a depuração e o desenvolvimento inicial. Mais tarde, podemos fornecer um << mais sofisticado, que permita a um usuário fornecer as informações de formatação. Além disso, se quisermos uma saída que pareça diferente da que um << fornece, podemos simplesmente ignorar << e escrever as partes individuais do tipo definido pelo usuário, da maneira que gostarmos, em nossa aplicação.

Veja um operador de saída simples para a versão de Date em §8.7.4 que imprime o ano, o mês e o dia separados por vírgulas e entre parênteses:

```
ostream& operator<<(ostream& os, const Date& d)
{
    return os << '(' << d.year()
              << ',' << as_int(d.month())
              << ',' << d.day() << ')';
}
```

Isso imprimirá a data de 30 de agosto de 2004 como (2004,8,30). Essa representação simples de lista de elementos é o que tendemos a usar para os tipos com alguns membros, a menos que tenhamos uma ideia melhor ou necessidades mais específicas.

Em §8.6, mencionamos que um operador definido pelo usuário é tratado por uma chamada de função. Aqui, temos um exemplo de como isso é feito: dada a definição de << para Date, o significado de

```
cout << d1;
```

onde d1 é um Date, é a chamada

```
operator<<(cout,d1);
```

Note como operator<<() recebe ostream& como seu primeiro argumento e o devolve novamente como seu valor de retorno. É dessa forma que o fluxo de saída é repassado para que você possa "encadear" operações de saída. Por exemplo, podemos gerar duas datas assim:

```
cout << d1 << d2;
```

Isso será tratado resolvendo-se o primeiro << e depois o segundo <<:

```
cout << d1 << d2;      // significa operator<<(cout,d1) << d2;
                       // significa operator<<(operator<<(cout,d1),d2);
```

Isto é, primeiro faça *output* de d1 para cout e, em seguida, faça *output* de d2 para o fluxo de saída, que é o resultado da primeira operação de saída (que é cout). Na verdade, podemos usar qualquer uma dessas três variantes para escrever d1 e d2. Sabemos qual é mais fácil de ler.

9.7 Operadores de entrada definidos pelo usuário

Definir o operador de entrada, >>, para determinado tipo e o formato de entrada é, basicamente, um exercício de tratamento de erros. Portanto pode ser bem complicado.

Eis um operador de entrada simples para a versão de Date em §8.7.4, que lerá as datas como escritas pelo operador de saída << definido acima:

```
istream& operator>>(istream& is, Date& dd)
{
    int y, m, d;
    char ch1, ch2, ch3, ch4;
    is >> ch1 >> y >> ch2 >> m >> ch3 >> d >> ch4;
    if (!is)
        return is;
    if (ch1!='(' || ch2!=',' || ch3!=',' || ch4!=')') {   // opa: erro de formato
        is.clear(ios::failbit);
        return is;
    }
    dd = Date{y,Month(m),d};                              // atualizar dd
    return is;
}
```

Esse >> lerá itens como (2004,8,20) e tentará criar um Date a partir desses três números inteiros. Como sempre, a entrada é mais difícil de tratar do que a saída. Há mais coisas que podem dar – e muitas vezes dão – errado com entradas do que com saídas.

Se esse >> não encontrar algo no formato (*inteiro* , *inteiro* , *inteiro*), ele sairá do fluxo em um estado "não bom" (fail, eof ou bad) e deixará o Date de destino inalterado. A função-membro clear() é usada para definir o estado de istream. Obviamente, ios::failbit coloca o fluxo no estado fail(). Deixar o Date de destino inalterado em caso de falha na leitura é o ideal; isso tende a levar a um código mais limpo. O ideal é que operator>>() não consuma (descarte) nenhum caractere não usado, mas isso é muito difícil neste caso: talvez precisemos ler muitos caracteres antes de capturar um erro de formato. Por exemplo, considere (2004, 8, 30}. Só quando vemos o final } é que sabemos que temos um erro de formato em mãos, e não podemos, em geral, confiar em retornar muitos caracteres. A devolução de somente um caractere é universalmente garantida por unget(). Se esse operator>>() ler um Date inválido, como (2004,8,32), o construtor de Date irá lançar uma exceção, tirando-nos de operator>>().

9.8 Um *loop* de entrada padrão

Em §9.3.2, vimos como podemos ler e gravar arquivos. No entanto isso foi antes de examinarmos com mais atenção os erros (§9.4), então o *loop* de entrada simplesmente presumiu que podemos ler um arquivo do início até o fim de arquivo. Pode ser uma suposição razoável, porque muitas vezes fazemos verificações separadas para garantir que um arquivo seja válido. Contudo às vezes queremos verificar nossas leituras à medida que avançamos. Veja uma estratégia geral, supondo que ist é um istream:

```
for (My_type var; ist>>var; ) {     // ler até o fim de arquivo
    // ... talvez verificar se var é válido ...
    // ... fazer algo com var ...
}
```

```
// raramente podemos nos recuperar do estado bad; não tente, a menos que seja realmente preciso:
if (ist.bad())
    error("bad input stream");

if (ist.fail()) {
    // ... era um terminador aceitável? ...
}
// continuar: encontramos o final de arquivo ou um terminador
```

Isto é, lemos uma sequência de valores nas variáveis e, quando não conseguimos ler mais nenhum valor, verificamos o estado do fluxo para ver o motivo. Como em §9.4, podemos melhorar um pouco deixando istream lançar uma exceção de falha de tipo se der errado. Isso evita o trabalho de verificar o tempo todo:

```
// algum lugar: fazer ist lançar uma exceção se der errado:
ist.exceptions(ist.exceptions()|ios::badbit);
```

Também poderíamos decidir designar um caractere como um terminador:

```
for (My_type var; ist>>var; ) {      // ler até o fim de arquivo
    // ... talvez verificar se var é válido ...
    // ... fazer algo com var ...
}

if (ist.fail()) {                     // usar "|" como terminador e/ou separador
    ist.clear();
    char ch;
    if (!(ist>>ch && ch=='|'))
        error("bad termination of input");
}
// continuar: encontramos um fim de arquivo ou um terminador
```

Se não queremos aceitar um terminador, isto é, aceitar apenas o fim de arquivo como o final, simplesmente excluímos o teste antes da chamada de error(). Porém os terminadores são muito úteis quando você lê arquivos com construções aninhadas, como um arquivo de leituras (ou registros) mensais contendo leituras diárias, contendo leituras horárias etc., portanto continuaremos considerando a possibilidade de um caractere de terminação.

Infelizmente, esse código ainda é um pouco confuso. Em particular, é chato repetir o teste do terminador quando lemos muitos valores. Podemos escrever uma função para lidar com isso:

```
void end_of_loop(istream& ist, char term, const string& message)
{
    if (ist.fail()) {                 // usar term como terminador e/ou separador
        ist.clear();
        char ch = 0;
        if (ist>>ch && ch==term)
            return;                   // tudo certo
        error(message);
    }
}
```

Isso reduz o *loop* de entrada a

```
for (My_type var; ist>>var; ) {                      // ler até o fim de arquivo
    // ... talvez verificar se var é válido ...
    // ... fazer algo com var ...
}
end_of_loop(ist,'|',"bad termination of file");      // testar se podemos continuar
```

// continuar: encontramos o fim de arquivo ou um terminador

A função end_of_loop() não faz nada, a menos que o fluxo esteja no estado fail(). Consideramos isso simples e geral o suficiente para muitos propósitos.

9.9 Lendo um arquivo estruturado

Tentaremos usar este "*loop* padrão" para um exemplo concreto. Como de costume, usaremos o exemplo para ilustrar técnicas de projeto e programação amplamente aplicáveis. Suponha que você tenha um arquivo das leituras (ou registros) de temperatura estruturadas assim:

- Um arquivo mantém os anos (de meses de leituras). Um ano começa com { year seguido de um número inteiro para o ano, como 1900, e termina com }.
- Um ano mantém os meses (de dias de leituras). Um mês começa com { month seguido do nome de um mês com três letras, como jan, e termina com }.
- Uma leitura mantém uma hora e uma temperatura. Uma leitura começa com (seguida do dia do mês, da hora do dia e da temperatura, e termina com).

Por exemplo:

```
{ year 1990 }
{year 1991 { month jun }}
{ year 1992 { month jan ( 1 0 61.5) }  {month feb (1 1 64) (2 2 65.2) } }
{year 2000
    { month feb (1 1 68 ) (2 3 66.66 ) ( 1 0 67.2)}
    {month dec (15 15 –9.2 ) (15 14 –8.8) (14 0 –2) }
}
```

Esse formato é um pouco peculiar. Os formatos de arquivo muitas vezes são. Existe no setor um avanço em direção a arquivos mais bem estruturados hierarquicamente (como os arquivos HTML, XML e JSON), mas a realidade ainda é que raramente podemos controlar o formato de entrada oferecido pelos arquivos que precisamos ler. Os arquivos são como são, e só temos que lê-los. Se um formato for muito feio ou os arquivos tiverem erros demais, podemos escrever um programa de conversão de formato para produzir um formato mais adequado ao nosso programa principal. Por outro lado, normalmente podemos escolher a representação dos dados na memória mais adequada às nossas necessidades e, muitas vezes, podemos escolher formatos de saída para satisfazer gostos e necessidades.

Então, iremos supor que nos foi dado o formato anterior de leitura de temperatura e que temos que conviver com ele. Por sorte, ele tem componentes que permitem autoidentificação, como anos (via "year") e meses (via "month") (um pouco como HTML ou XML). Por outro lado, o formato das leituras individuais é um pouco inútil. Por exemplo, não há qualquer informação que poderia nos ajudar se alguém trocasse um valor de dia do mês por uma hora do dia ou se alguém usasse um arquivo com temperaturas em Celsius e o programa esperava em Fahrenheit ou vice-versa. Só temos que lidar com isso.

9.9.1 Representação na memória

De que forma devemos representar os dados na memória? A primeira escolha óbvia é usar três classes, Year, Month e Reading, para corresponder exatamente à entrada. Year e Month são, sem dúvida, úteis na manipulação dos dados; queremos comparar as temperaturas de diferentes anos, calcular as médias mensais, comparar os diferentes meses de um ano, comparar o mesmo mês de diferentes anos, combinar as leituras de temperatura com os registros de luz solar e as leituras de umidade etc. Basicamente, Year e Month correspondem a como pensamos sobre temperaturas e o clima em geral: Month mantém as informações do mês e Year mantém as informações do ano. Mas e Reading? É uma noção de baixo nível que corresponde a alguma parte do *hardware* (um sensor). Os dados de Reading (dia do mês, hora do dia, temperatura) são "estranhos" e fazem sentido apenas dentro de Month. Também não são estruturados: não há garantias de que as leituras estão na ordem dia do mês ou hora do dia. Basicamente, sempre que queremos fazer qualquer coisa interessante com as leituras, temos que colocá-las em ordem.

Para representar os dados de temperatura na memória, fazemos estas suposições:

- Se tivermos leituras para um mês, então tenderemos a ter muitas leituras para esse mês.
- Se tivermos leituras para um dia, então tenderemos a ter muitas leituras para esse dia.

Quando esse for o caso, faz sentido representar Year como um vetor de 12 Months, um Month como um vector de cerca de 30 Days e um Day como 24 temperaturas (uma por hora). Isso é simples e fácil de manipular para inúmeros usos. Assim, Day, Month e Year são estruturas de dados simples, cada uma com um construtor. Já que planejamos criar Months e Days como parte de Year antes de sabermos quais leituras de temperatura temos, precisamos ter uma noção de "não leitura" para a hora de um dia para a qual (ainda) não lemos os dados.

```
const int not_a_reading = -7777;        // menor que o zero absoluto
```

Da mesma forma, notamos que, muitas vezes, tivemos um mês sem dados, então introduzimos a noção de "não é mês" para representar isso diretamente, em vez de ter que pesquisar todos os dias e ter certeza de que nenhum dado estava escondido em algum lugar:

```
const int not_a_month = -1;
```

As três classes principais então se tornam

```
struct Day {
    vector<double> temp = vector<double>(24,not_a_reading);    // nota: parênteses
};
```

Isto é, Day tem temperaturas para 24 horas, cada uma inicializada como not_a_reading.

```
struct Month {            // um mês de leituras de temperatura
    int month = not_a_month;              // [0:11] janeiro é 0
    vector<Day> day = vector<Day>(32);    // [1:31] um vetor de leituras por dia
};
```

Não usamos day[0] para manter o código simples:

```
struct Year {             // um ano de leituras de temperatura, organizadas por mês
    int year;                                  // positivo == D.C.
    vector<Month> month = vector<Month>(12);   // [0:11] janeiro é 0
};
```

Cada classe é basicamente um **vector** simples das "partes", e **Month** e **Year** têm um membro de identificação do mês e do ano, respectivamente.

Existem várias "constantes mágicas" aqui (p. ex., **24, 32** e **12**). Tentamos evitar tais constantes literais no código. Estas são fundamentais (o número de meses em um ano raramente muda), e não serão usadas no restante do código. No entanto nós as deixamos no código principalmente para que pudéssemos lembrá-lo do problema com as "constantes mágicas"; as constantes simbólicas são quase sempre preferíveis (§6.6.1). Usar **32** para o número de dias de um mês requer uma explicação; **32** é obviamente "mágico" aqui.

XX

Por que não escrevemos

```
struct Day {
    vector<double> temp {24,not_a_reading};      // nota: chaves
};
```

Teria sido mais simples, mas, infelizmente, teríamos obtido um vetor de dois elementos (24 e –7777). Quando queremos especificar o número de elementos para um vetor para o qual um número inteiro possa ser convertido no tipo do elemento, infelizmente temos que usar a sintaxe de inicialização ( ) (§7.2.2).

9.9.2 Lendo valores estruturados

A classe **Reading** será usada apenas para ler a entrada e é simples:

```
struct Reading {
    int day;
    int hour;
    double temperature;
};

istream& operator>>(istream& is, Reading& r)
    // fazer a leitura da temperatura a partir de is no formato .r: (3 4 9.7 )
    // verificar o formato, mas não se importar com a validade dos dados
{
    char ch1;
    if (is>>ch1 && ch1!='(') {                    // seria uma leitura?
        is.unget();
        is.clear(ios::failbit);
        return is;
    }

    char ch2;
    if ((is >> r.day >> r.hour >> r.temperature >> ch2) && ch2!=')')   // uma leitura bagunçada?
        error("bad reading");
    return is;
}
```

Basicamente, verificamos se o formato começa com uma possibilidade. Caso contrário, definimos o estado do arquivo para **fail()** e retornamos. Isso nos permite tentar ler as informações de alguma outra maneira. Por outro lado, se encontramos o formato errado depois de ler alguns dados para os quais não existe uma chance real de recuperação, escapamos com **error()**.

A operação de entrada em Month é bem similar, exceto que deve ler um número arbitrário de Readings em vez de um conjunto fixo de valores (tal como o >> de Reading):

```
istream& operator>>(istream& is, Month& m)
    // ler um mês a partir de is no formato m.: {mês feb ... }
{
    char ch = 0;
    if (is >> ch && ch!='{') {
        is.unget();
        is.clear(ios::failbit);        // não conseguimos ler um Month
        return is;
    }

    string month_marker;
    string mm;
    is >> month_marker >> mm;
    if (!is || month_marker!="month")
        error("bad start of month");
    m.month = month_to_int(mm);

    int duplicates = 0;
    int invalids = 0;
    for (Reading r; is >> r; ) {
        if (is_valid(r)) {
            if (m.day[r.day].hour[r.hour] != not_a_reading)
                ++duplicates;
            m.day[r.day].hour[r.hour] = r.temperature;
        }
        else
            ++invalids;
    }
    if (invalids)
        error("invalid readings in month",invalids);
    if (duplicates)
        error("duplicate readings in month", duplicates);
    end_of_loop(is,'}',"bad end of month");
    return is;
}
```

Voltaremos a month_to_int() mais tarde; essa função converte a notação simbólica de um mês, como jun, em um número no intervalo [0:11]. Repare no uso de end_of_loop() em §9.8 para verificar o terminador. Mantemos a contagem de Readings inválidos e duplicados; alguém pode estar interessado.

A parte >> de Month verifica rapidamente se os dados em Reading são plausíveis antes de armazená-los:

```
constexpr int implausible_min = -200;
constexpr int implausible_max = 200;
```

```
bool is_valid(const Reading& r)
    // um teste grosseiro
{
    if (r.day<1 || 31<r.day)
        return false;
    if (r.hour<0 || 23<r.hour)
        return false;
    if (r.temperature<implausible_min|| implausible_max<r.temperature)
        return false;
    return true;
}
```

Por fim, podemos ler os elementos Year. A parte >> de Year é parecida com >> de Month:

```
istream& operator>>(istream& is, Year& y)
    // ler um ano a partir de is no formato y.: { ano 1972 ... }
{
    char ch = 0;
    is >> ch;
    if (ch!='{') {
        is.unget();
        is.clear(ios::failbit);
        return is;
    }

    string year_marker;
    int yy = -1;
    is >> year_marker >> yy;
    if (!is || year_marker!="year")
        error("bad start of year");
    y.year = yy;

    while(true) {
        Month m;       // obter um m claro toda vez
        if(!(is >> m))
            break;
        y.month[m.month] = m;
    }

    end_of_loop(is,'}',"bad end of year");
    return is;
}
```

Poderíamos ter preferido algo "tediosamente parecido" a apenas "parecido", mas há uma diferença significativa aí. Veja o *loop* de leitura. Você esperava algo assim?

```
for (Month m; is >> m; )
    y.month[m.month] = m;
```

Provavelmente deveria, porque é como escrevemos todos os *loops* de leitura até agora. Na verdade, é o que escrevemos primeiro, e estava errado. O problema é que operator>>(istream& is, Month& m) não atribui um valor totalmente novo a m; ele simplesmente adiciona dados de Readings a m. Assim, a repetição de is>>m continuaria adicionando ao nosso único m. Opa! Cada novo mês teria obtido todas as leituras de todos os meses anteriores desse ano. Precisamos de um Month novo e limpo para ler sempre que executamos is>>m. A maneira mais fácil foi colocar a definição de m dentro do *loop*, de modo a ser inicializado toda vez. As alternativas seriam fazer com que operator>>(istream& is, Month& m) atribuísse um Month vazio a m antes de ler ou o *loop* fazer isso:

```
for (Month m; is >> m; ) {
    y.month[m.month] = m;
    m = Month{};        // "reinicializar" m
}
```

Tetaremos usá-lo:

```
// abrir um arquivo de entrada:
cout << "Please enter input file name\n";
string iname;
cin >> iname;
ifstream ifs {iname};
if (!ifs)
    error("can't open input file",iname);

ifs.exceptions(ifs.exceptions()|ios::badbit);    // lançar exceção para bad()

// abrir um arquivo de saída:
cout << "Please enter output file name\n";
string oname;
cin >> oname;
ofstream ofs {oname};
if (!ofs)
    error("can't open output file",oname);

// ler uma quantidade arbitrária de anos:
vector<Year> ys;
while(true) {
    Year y;             // obter um Year novo toda vez
    if (!(ifs>>y))
        break;
    ys.push_back(y);
}
cout << "read " << ys.size() << " years of readings\n";

for (Year& y : ys)
    print_year(ofs,y);
```

Deixamos print_year() como um exercício.

9.9.3 Mudando as representações

Para que >> de Month funcione, precisamos fornecer uma maneira de ler as representações simbólicas do mês. Por questões de simetria, forneceremos uma escrita correspondente usando uma representação simbólica. A maneira tediosa seria escrever uma conversão com instruções if:

```
if (s=="jan")
     m = 1;              // Os meses iniciam em 1
else if (s=="feb")
     m = 2;
...
```

Isso não é apenas tedioso; também fixa os nomes dos meses no código. Seria melhor ter isso em uma tabela em algum lugar, para que o programa principal fique inalterado mesmo se tivermos que mudar a representação simbólica. Decidimos fazer a representação das entradas como um vector<string> mais uma função de inicialização e uma função de busca:

```
vector<string> month_input_tbl = {
    "-not a month-",
    "jan", "feb", "mar", "apr", "may", "jun", "jul", "aug", "sep", "oct", "nov", "dec"
};

int month_to_int(string s)
    // s é o nome de um mês? Se for, retorne seu índice [1:12], do contrário -1
{
    for (int i=1; i<13; ++i)
        if (month_input_tbl[i]==s)
            return i;
    return 0;
}
```

Caso você tenha se perguntado, sim, a biblioteca-padrão de C++ fornece uma forma mais simples de fazer isso. Veja §20.2 para ler sobre map<string,int>.

Quando queremos produzir uma saída, temos o problema oposto. Temos um int representando um mês e gostaríamos que uma representação simbólica fosse impressa. Nossa solução é semelhante, mas em vez de usar uma tabela para converter de string para int, usamos uma para converter de int para string:

```
vector<string> month_print_tbl = {
    "-not a month-",
    "January", "February", "March", "April", "May", "June", "July",
    "August", "September", "October", "November", "December"
};

string int_to_month(int i)
    // meses [1:12]
{
    if (i<1 || 12<=i)
        error("bad month index");
    return month_print_tbl[i];
}
```

Então, você realmente leu todo o código e as explicações? Ou só passou os olhos e pulou para o final? Lembre-se de que a forma mais fácil de aprender a escrever um bom código é ler muito código. Acredite, as técnicas usadas para este exemplo são simples, mas difíceis de descobrir sem ajuda. Dominar a leitura de dados é fundamental. Escrever *loops* corretamente (inicializando cada variável usada corretamente) é fundamental. Converter entre as representações é fundamental. Isto é, você vai aprender a fazer essas coisas. A questão é se você vai aprender a fazê-las bem e se vai aprender as técnicas básicas sem perder muito sono.

9.10 Formatação

A biblioteca iostream – a parte de entrada/saída da biblioteca-padrão ISO do C++ – fornece uma estrutura unificada e extensível para entradas e saídas de texto. Por "texto" queremos dizer praticamente qualquer coisa que possa ser representada como uma sequência de caracteres. Assim, quando falamos sobre entrada e saída, podemos considerar o inteiro 1234 como texto, porque podemos escrevê-lo usando os quatro caracteres 1, 2, 3 e 4.

Até agora, trabalhamos supondo que o tipo de um objeto determinava completamente o *layout* de sua entrada e saída. Não é bem assim e não seria suficiente. Por exemplo, muitas vezes queremos especificar o número de dígitos usados para representar um número de ponto flutuante na saída (sua precisão). Esta seção apresenta várias maneiras de adaptar entradas e saídas às nossas necessidades.

As pessoas se preocupam muito com detalhes aparentemente menores da saída que elas devem ler. Por exemplo, para um físico, 1.25 (arredondado para dois dígitos após o ponto) pode ser muito diferente de 1.24670477 e, para um contador, (1.25) pode ser legalmente diferente de (1.2467) e totalmente diferente de 1.25 (nos documentos financeiros, às vezes os parênteses são usados para indicar perdas, isto é, valores negativos). Como programadores, nosso objetivo é tornar nossa saída o mais clara e próxima possível das expectativas dos "consumidores" do nosso programa. Os fluxos de saída (**ostreams**) oferecem inúmeras maneiras de formatar a saída dos tipos predefinidos. Para os tipos definidos pelo usuário, cabe ao programador definir as operações << adequadas.

CC Os detalhes sobre E/S parecem infinitos. Provavelmente são, uma vez que são limitados apenas pela criatividade e pelo capricho do ser humano. Por exemplo, não consideramos a complexidade implícita das linguagens naturais. O que é escrito como 12.35 em inglês será convencionalmente representado como 12,35 na maioria das línguas europeias. Claro, a biblioteca-padrão de C++ fornece recursos para lidar com esse e muitos outros aspectos específicos de E/S das linguagens naturais. Como você escreve os caracteres chineses? Como compara as *strings* escritas usando caracteres malaialas? As respostas estão muito além do escopo deste livro. Se você precisa saber quais são, procure em livros mais especializados ou avançados e na documentação da biblioteca e do sistema. Procure "*locale*"; esse é o termo geralmente aplicado aos recursos para lidar com as diferenças em linguagens naturais.

Outra fonte de complexidade e flexibilidade é o *buffer*: os **iostreams** da biblioteca-padrão dependem de um conceito chamado **streambuf**. Para propósitos avançados, seja para desempenho, seja para funcionalidade, no trabalho com **iostreams** esses **streambufs** são inevitáveis. Se você sentir a necessidade de definir seus próprios **iostreams** ou ajustar os **iostreams** para novas fontes/coletores de dados, pesquise sobre eles.

9.10.1 E/S de inteiros

Os valores inteiros podem ser exibidos textualmente como binários (base 2), octais (base 8), decimais (nosso sistema numérico de base 10 usual) e hexadecimais (base 16). A maioria das saídas usa decimal. O hexadecimal é popular para fornecer informações relacionadas ao *hardware*. O motivo é que um dígito hexadecimal representa exatamente um valor de 4 *bits*. Assim, dois dígitos hexadecimais podem ser usados para representar o valor de um *byte* de 8 *bits*, quatro dígitos hexadecimais dão o valor de 2 *bytes* (que geralmente é meia palavra) e oito dígitos hexadecimais podem representar o valor de 4 *bytes* (que é muitas vezes o tamanho de um int). Quando a linguagem C, antecessora de C++, foi projetada pela primeira vez (nos anos 1970), octal era popular para representar os padrões de *bits*, mas agora raramente é usado.

Por exemplo:

```
int x = 1234;
cout << x << " - " << hex << x << " - " << oct << x << " - " << dec << x << '\n';
```

Isso imprime

```
1234 - 4d2 - 2322 - 1234
```

A notação << hex não produz valores. Em vez disso, hex informa ao fluxo que qualquer outro valor inteiro deve ser exibido em hexadecimal. Eles são conhecidos como *manipuladores*, porque manipulam o estado de um fluxo. Também temos os manipuladores dec e oct.

TENTE ISTO

Imprima seu ano de nascimento nas formas decimal, hexadecimal e octal. Rotule cada valor. Alinhe sua saída em colunas usando o caractere tab. Agora exiba sua idade.

Por padrão, >> presume que os números usam a notação decimal:

```
int a = 0;
int b = 0;
int c = 0;
cin >> a >> hex >> b >> oct >> c;
cout << dec;
cout << a << '\t' << b << '\t' << c << '\n';
cout << hex;
cout << a << '\t' << b << '\t' << c << '\n';
```

O caractere antes de 't' é chamado de "tab" (abreviação de "caractere de tabulação"; uma lembrança dos tempos das máquinas de escrever mecânicas).

Se você digita

```
1234  4d2  2322
```

Isso imprime:

```
1234 1234 1234
4d2  4d2  4d2
```

Note que os operadores que controlam a formatação, como hex, "grudam", isto é, eles persistem até outra troca, para que possamos defini-los uma vez para um fluxo e ter seu efeito persistindo em muitas operações. Não temos que aplicá-los repetidamente.

Não há um manipulador **bin** padrão para nos dar uma saída binária. Se quisermos tal saída, nós mesmos temos que escrever uma ou usar **format()** (§9.10.6).

9.10.2 E/S de ponto flutuante

Na computação científica e em muitos outros campos, lidamos com a formatação dos valores de ponto flutuante. Eles são tratados usando manipuladores de **iostream**, de uma maneira muito semelhante à dos valores inteiros. Por exemplo:

```
constexpr double d = 1234.56789;
```

```
cout << "format: " << d << " - "          // usar o formato-padrão para d
     << hexfloat << d << " - "            // usar a notação hexadecimal para d
     << scientific << d << " - "          // usar o formato de estilo 1.123e2 para d
     << fixed << d << " - "               // usar o formato de estilo 123.456 para d
     << defaultfloat << d << '\n';        // usar o formato-padrão para d
```

Isso imprime

```
format: 1234.57 - 0x1.34a4584f4c6e7p+10 - 1.234568e+03 - 1234.567890 - 1234.57
```

Os manipuladores básicos de formatação da saída de ponto flutuante são:

Formatos de ponto flutuante	
fixed	usa notação de ponto fixo
scientific	usa mantissa e notação de expoente
	a mantissa está sempre no intervalo [1:10]
	ou seja, há um único dígito diferente de zero antes do ponto decimal
defaultfloat	escolhe entre **fixed** ou **scientific** para fornecer a representação mais precisa numericamente
hexfloat	usa a notação científica com hexadecimal para mantissa e expoente

Uma propriedade importante que muitas vezes queremos controlar é a *precisão*; ou seja, quantos dígitos são usados ao imprimir um número de ponto flutuante. A precisão é definida como:

Precisão de ponto flutuante	
defaultfloat	a precisão é o número total de dígitos
scientific	a precisão é o número de dígitos após o ponto decimal
fixed	a precisão é o número de dígitos após o ponto decimal

Use o padrão (formato **defaultfloat** com precisão 6), a menos que haja uma razão para não fazê-lo. A razão usual para não fazê-lo é "Porque precisamos de maior precisão da saída".

Os valores de ponto flutuante são arredondados em vez de apenas truncados, e **precision()** não afeta a saída de inteiros. Por exemplo:

```
cout << "precision: " << d << " - " << setprecision(8) << d << " - " << setprecision(16) << d << '\n';
```

Isso imprime

```
precision: 1234.57 - 1234.5679 - 1234.56789
```

Ao imprimir muitos números, em geral queremos que eles sejam apresentados em linhas e colunas organizadas. Isso pode ser feito especificando-se a largura do campo no qual um valor é escrito usando setw(n). Por exemplo:

```
cout << "width: " << d << " - " << setw(8) << d << " - " << setw(16) << d << '\n';
```

Isso imprime:

```
width: 1234.57 - 1234.57 -         1234.57
```

Note que setw se aplica apenas ao seu número ou texto seguinte. Existem mais desses controles. Se você precisar deles, pesquise.

9.10.3 E/S de *strings*

Um operador >> lê os objetos de determinado tipo de acordo com o formato-padrão desse tipo. Por exemplo, ao ler para um int, >> fará a leitura até encontrar algo que não seja um dígito e, ao ler para uma string, >> lerá até encontrar um espaço em branco. A biblioteca-padrão istream também oferece recursos para ler linhas inteiras. Considere:

```
string name;
cin >> name;                // entrada: Dennis Ritchie
cout << name << '\n';       // saída: Dennis
```

E se quisermos ler tudo nessa linha de uma só vez e decidir como formatá-la depois? Isso pode ser feito usando a função getline(). Por exemplo:

```
string name;
getline(cin,name);          // entrada: Dennis Ritchie
cout << name << '\n';       // saída: Dennis Ritchie
```

Agora temos a linha inteira. Por que desejaríamos isso? Uma boa resposta seria "Porque queremos fazer algo que não pode ser feito com >>". Muitas vezes, a resposta é ruim: "Porque o usuário digitou uma linha inteira". Se isso é o melhor que pode pensar, fique com >>, porque, uma vez que você tem a linha inserida, geralmente tem que processá-la de alguma forma.

9.10.4 E/S de caracteres

Normalmente, lemos números inteiros, números de ponto flutuante, palavras etc. conforme definido pelas convenções de formato. No entanto, podemos e às vezes devemos, aumentar a abstração e ler os caracteres individuais. Isso é mais trabalhoso, mas, quando lemos caracteres individuais, temos controle total sobre o que estamos fazendo. Considere tokenizar uma expressão (§5.8.2). Lá, queríamos que 1+4*x<=y/z*5 fosse separado em 11 tokens

```
1 + 4 * x <= y / z * 5
```

Podemos usar >> para ler os números, mas tentar ler os identificadores como *strings* faria x<=y ser lido como uma *string* (já que < e = não são caracteres de espaço em branco) e z* ser lido como uma *string* (uma vez que não é um caractere de espaço em branco também). Em vez disso, podemos escrever

```
for (char ch; cin.get(ch); ) {
    if (isspace(ch)) {
        // não fazer nada, isto é, pular o espaço em branco (p. ex., espaço ou tab)
    }
    else if (isdigit(ch)) {
        // ... ler um número ...
    }
    else if (isalpha(ch)) {
        // ... ler um identificador ...
    }
    else {
        // ... lidar com os operadores ...
    }
}
```

A função istream::get() lê um único caractere em seu argumento; ela não pula os espaços em branco. Como >>, get() retorna uma referência ao seu istream para que possamos testar seu estado.

Quando lemos os caracteres individuais, geralmente queremos classificá-los: este caractere é um dígito? Este caractere é maiúsculo? E assim por diante. Existe um conjunto de funções da biblioteca-padrão para tanto:

Classificação dos caracteres	
isspace(c)	c é espaço em branco (' ', '\t', '\n' etc.)?
isalpha(c)	c é uma letra ('a'..'z', 'A'..'Z') (nota: não '_')?
isdigit(c)	c é um dígito decimal ('0'..'9')?
isxdigit(c)	c é um dígito hexadecimal (dígito decimal, ou 'a'..'f' ou 'A'..'F')?
isupper(c)	c é uma letra maiúscula?
islower(c)	c é uma letra minúscula?
isalnum(c)	c é uma letra ou um dígito decimal?
iscntrl(c)	c é um caractere de controle (ASCII 0..31 e 127)?
ispunct(c)	c não é uma letra, um dígito, um espaço em branco ou um caractere de controle invisível?
isprint(c)	c é imprimível (ASCII ' '..' ')?
isgraph(c)	c é isalpha(c), isdigit(c) ou ispunct(c) (nota: não é espaço)?

Note que as classificações podem ser combinadas usando o operador "ou" (||). Por exemplo, isalnum(c) significa isalpha(c)||isdigit(c), isto é, "c é uma letra ou um dígito?".

Além disso, a biblioteca-padrão fornece duas funções úteis para nos livrarmos das diferenças entre maiúsculas e minúsculas:

Caixa do caractere	
x=toupper(c)	x torna-se c ou a maiúscula equivalente de c
x=tolower(c)	x torna-se c ou a minúscula equivalente de c

Elas são úteis quando você deseja ignorar as diferenças entre maiúsculas e minúsculas. Por exemplo, na entrada de um usuário Right, right e rigHT provavelmente significam a mesma coisa (com rigHT provavelmente sendo o resultado de pressionamentos acidentais da tecla Caps Lock). Depois de aplicar tolower() a todos os caracteres em cada uma dessas *strings*, obtemos right a partir de cada uma. Podemos fazer isso para uma string arbitrária:

```
void tolower(string& s)    // colocar s em letras minúsculas
{
    for (char& x : s)
        x = tolower(x);
}
```

Usamos a passagem por referência (§7.4.5) para mudar a string. Se quiséssemos manter a antiga *string*, poderíamos ter escrito uma função para fazer uma cópia em letras minúsculas. Prefira tolower() a toupper(), porque funciona melhor para texto em algumas línguas naturais, como o alemão, em que nem todo caractere minúsculo tem um equivalente maiúsculo.

Possivelmente a razão mais comum para examinar os caracteres individuais em uma *string* ou um fluxo de entrada é separar itens; veja §20.2.

9.10.5 E/S extensível

A E/S de fluxo é extensível, então podemos definir << para nossos próprios tipos (definidos pelo usuário) (§9.7, §9.6). Por sorte, a biblioteca-padrão define << e >> para alguns tipos. Além dos tradicionais números, *strings* e caracteres, << também pode lidar com horas e datas: duration, time_point, year_month_date, weekday, month e zoned_time (§20.4, §20.4.1). Por exemplo:

```
cout << "birthday: " << November/28/2021 << '\n';
cout << "zt: " << zoned_time{current_zone(), system_clock::now()} << '\n';
```

Isso produziu:

```
birthday: 2021-11-28
zt: 2021-12-05 11:03:13.5945638 EST
```

A biblioteca-padrão também define << para os números complexos (complex), conjuntos de *bits* (bitsets) (PPP2.§25.5.2), códigos de erro, bools e ponteiros (§15.3, §15.4).

9.10.6 format()

É certo que printf() é a função mais popular em C e um fator importante para o sucesso da linguagem. Por exemplo:

```
printf("an int %g and a string '%s'\n", 123, "Hello!");
```

O estilo "*string* de formato seguida de argumentos" foi adotado em C a partir de BCPL e foi seguido por muitas linguagens. Naturalmente, a função printf() sempre fez parte da biblioteca-padrão de C++, mas não proporciona segurança de tipos nem extensibilidade para lidar com os tipos definidos pelo usuário.

No entanto, a biblioteca-padrão fornece um mecanismo de formatação segura para tipos e extensível no estilo printf(). A função format() produz a *string*:

```
string s = format("Hello, {}!\n", val);
```

Quando aparecem os "caracteres comuns" na *string de formato*, eles são simplesmente colocados na string de saída. Por outro lado, caracteres delimitados por { e } especificam o modo como os argumentos que seguem a *string* de formato devem ser inseridos na string de saída. A *string* de formato mais simples é a *string* vazia, {}, que pega o próximo argumento da lista de argumentos e o insere de acordo com seu << padrão (se houver). Então, se val é "World", temos o tradicional "Hello, World!\n". Se val é 127, temos "Hello, 127!\n".

O uso mais comum de format() é produzir como saída o seu resultado:

```
cout << format("Hello, {}\n", val);
```

Para ver como isso funciona, primeiro repetiremos os exemplos de (§9.10.1):

```
int x = 1234;
cout << format("{} - {:x} - {:o} - {:d} - {:b}\n", x, x, x, x, x);
```

Isso gera a mesma saída do exemplo dos inteiros em §9.10.1, exceto que adicionei b para binário, que não é suportado diretamente por ostream:

```
1234 - 4d2 - 2322 - 1234 - 10011010010
```

Uma diretiva de formatação é precedida por dois pontos. As alternativas de formatação para inteiros são:

- x: hexadecimal
- o: octal
- d: decimal
- b: binário
- nenhum: d

A *string* de formato depende de uma pequena linguagem de programação para especificar como um valor é apresentado. Explicar tudo isso está além do escopo deste livro. Se você precisar de mais informações, veja uma fonte mais detalhada, como https://en.cppreference.com/w/cpp/utility/format/formatter.

Para os números de ponto flutuante, as escolhas descritas em §9.10.2 são representadas por:

- a: flutuante hexadecimal
- e: científico
- f: fixo
- g: geral, com precisão 6
- nenhum: geral, com precisão padrão

Por exemplo:

```
constexpr double d = 1234.56789;
cout << format("format: {} - {:a} - {:e} - {:f} - {:g}\n", d, d, d, d, d);
```

Isso imprime

```
format: 1234.56789 - 1.34a4584f4c6e7p+10 - 1.234568e+03 - 1234.567890 - 1234.57
```

Também podemos especificar quantas posições de caracteres são usadas para um valor. O "exemplo de larguras" em §9.10.2 pode ser escrito assim:

```
cout << format("width: {} - {:8} - {:20} -\n", d, d, d);
```

Isso imprime:

```
width: 1234.56789 - 1234.56789 -         1234.56789 -
```

A precisão é especificada por um número após um ponto:

```
cout << format("precision: {} - {:.8} - {:.20} -\n", d, d, d);
```

Isso imprime:

precision: 1234.56789 – 1234.57 – 1234.567890000000034 –

É possível combinar as diretivas de formatação. Por exemplo:

cout << format("– {:12} – {:12.8f} – {:30.20e} –\n", d, d, d);

> **TENTE ISTO**
>
> Veja o que essa última instrução imprime e explique-a. Experimente outros formatos.

9.11 Fluxos de strings

Você pode usar uma string como a origem de um istream ou o destino de um ostream. Um istream que lê em uma string é chamado de istringstream, e um ostream que armazena os caracteres gravados nele em uma string é chamado de ostringstream. Por exemplo, um istringstream é útil para extrair os valores de uma string formatada:

```
Point get_coordinates(const string& s)   // extrair {x,y} de "(x,y)"
{
    istringstream is {s};       // criar um fluxo para que possamos ler a partir de s
    Point xy;
    char left_paren, ch, right_paren;
    is >> left_paren >> xy.x >> ch >> xy.y >> right_paren;
    if (!is || left_paren !='(' || ch!=',' || right_paren!=')')
        error("format error: ",s);
    return xy;
}

// testando:
auto c1 = get_coordinates("(2,3)");
auto c2 = get_coordinates("(   200, 300) ");
auto c3 = get_coordinates("100,400");       // chamará error()
```

Se tentarmos ler além do final da *string* de um istringstream, istringstream entrará no estado eof() - fim de arquivo. Isso significa que podemos usar "o *loop* de entrada usual" para um istringstream; um istringstream realmente é um tipo de istream.

Os stringstreams são usados geralmente quando queremos separar a E/S real do processamento. Por exemplo, um argumento string para get_coordinates() normalmente terá origem em um arquivo (p. ex., um *log* da *web*), uma biblioteca GUI ou um teclado. Da mesma forma, a mensagem que compusemos em my_code() acabará sendo escrita em uma área da tela.

Um uso simples de ostringstream é para construir *strings* por concatenação. Por exemplo:

```
int seq_no = get_next_number();    // obter o número em um arquivo de log
ostringstream name;
name << "myfile" << seq_no << ".log";   // p. ex., myfile17.log
ofstream logfile{name.str()};           // p. ex., abrir myfile17.log
```

Para os arquivos de *log*, as pessoas muitas vezes querem nomes de arquivo com um tamanho fixo. Nesses casos, podemos preencher os nomes com o número adequado de zeros à esquerda:

name << "myfile" << setw(6) << setfill('0') << seq_no << ".log";   // p. ex., myfile000017.log

Sim, as restrições externas podem tornar a E/S confusa.

Normalmente, inicializamos um istringstream com uma *string*, depois lemos os caracteres dessa *string* usando as operações de entrada. Inversamente, em geral inicializamos um ostringstream com a *string* vazia e, em seguida, o preenchemos usando as operações de saída.

Prática

[1] Inicie um programa denominado Test_output.cpp. Declare um inteiro chamado birth_year e atribua o ano que você nasceu.
[2] Exiba birth_year na forma decimal, hexadecimal e octal.
[3] Rotule cada valor com o nome da base utilizada.
[4] Você já alinhou a saída em colunas usando o caractere de tabulação? Se não, faça isso.
[5] Agora exiba a sua idade.
[6] Houve algum problema? O que aconteceu? Corrija a saída para decimal.
[7] Volte para 2 e faça com que a saída mostre a base para cada saída.
[8] Tente ler em octal, hexadecimal etc.:

    cin >> a >>oct >> b >> hex >> c >> d;
    cout << a << '\t'<< b << '\t'<< c << '\t'<< d << '\n';

Execute este código com a entrada

    1234 1234 1234 1234

Explique os resultados.
[9] Escreva um código para imprimir o número 1234567.89 três vezes, primeiro usando defaultfloat, depois fixed e scientific. Que forma de saída mostra ao usuário a representação mais precisa? Explique por quê.
[10] Crie uma tabela simples, incluindo seu sobrenome, nome, número de telefone e *e-mail* e de pelo menos cinco amigos seus. Use strings para armazenar todos os valores, até para os números de telefone. Experimente diferentes larguras de campo até ficar satisfeito com a apresentação da tabela.
[11] Defina um tipo de dados Point com dois membros para as coordenadas x e y. Defina << e >> para Point, como discutido em §9.3.1.
[12] Usando o código e a discussão em §9.3.1, peça ao usuário para inserir sete pares (x,y). Conforme os dados são inseridos, armazene-os em um vector<Point> denominado original_points.
[13] Imprima os dados de original_points para ver como são.
[14] Abra um ofstream e escreva cada ponto em um arquivo denominado mydata.txt. Sugerimos o sufixo .txt para facilitar a visualização dos dados com um editor de texto comum, se você estiver usando o Windows.
[15] Abra um ifstream para mydata.txt. Leia os dados de mydata.txt e armazene-os em um novo vetor, denominado processed_points.

[16] Imprima os elementos de dados dos dois **vectors**.
[17] Compare os dois **vectors** e imprima "Deu algo errado!" se o número de elementos ou os valores dos elementos diferirem.

Revisão

[1] Por que lidar com E/S é complicado para um programador?
[2] O que a notação << **hex** faz?
[3] Para que servem os números hexadecimais na ciência da computação? Por quê?
[4] Nomeie algumas opções que você poderia desejar implementar para formatar a saída de números inteiros.
[5] O que é um manipulador?
[6] Qual é o formato de saída padrão para os valores de ponto flutuante?
[7] Explique o que fazem **setprecision()** e **setw()**.
[8] Qual dos seguintes manipuladores não persistem: **hex, scientific, setprecision(), setw()**?
[9] Em **format()**, como você especifica onde um argumento deve ser colocado na saída?
[10] Dê dois exemplos de situações em que **stringstream** possa ser útil.
[11] Quando é preferível uma entrada orientada a linhas e não uma entrada específica do tipo?
[12] O que faz **isalnum(c)**?
[13] Considerando entradas e saídas, como lidar com a variedade de dispositivos nos computadores mais modernos?
[14] O que, basicamente, faz **istream**?
[15] O que, basicamente, faz **ostream**?
[16] O que, basicamente, é um arquivo?
[17] O que é formato de arquivo?
[18] Nomeie quatro tipos diferentes de dispositivos que podem exigir E/S para um programa.
[19] Quais são as quatro etapas para a leitura de um arquivo?
[20] Quais são as quatro etapas para a gravação de um arquivo?
[21] Nomeie e defina os quatro estados de fluxo.
[22] Discuta como resolver os seguintes problemas de entrada:
   a. O usuário digitar um valor fora do intervalo
   b. Não obter nenhum valor (fim de arquivo)
   c. O usuário digitar algo do tipo errado
[23] De modo geral, em que aspecto a entrada é mais difícil que a saída?
[24] De modo geral, em que aspecto a saída é mais difícil que a entrada?
[25] Por que (frequentemente) queremos separar entrada e saída da computação?
[26] Quais são os dois usos mais comuns da função-membro **clear()** de **istream**?
[27] Quais são as declarações de função usuais para << e >> para um tipo X definido pelo usuário?
[28] Como especificar onde um argumento deve ser inserido em uma *string* de formato em **format()**?
[29] Qual é a notação para as bases de valores decimais em **format()**?
[30] Como especificar a precisão dos valores de ponto flutuante em **format()**?

Termos

binário	isalpha()	octal	entrada orientada a linhas
classificação de caracteres	hexadecimal	decimal	get()
	formatação da saída	scientific	
defaultfloat	manipulador	<<	>>
setprecision()	fixed	ostream	*buffer*
bad()	good()	clear()	dispositivo de entrada
ifstream	dispositivo de saída	operador de entrada	
operador de saída	close()	arquivo estruturado	estado do fluxo
driver do dispositivo	iostream	fail()	eof()
istream	terminador	open()	ofstream
unget()	arquivo	setfill()	format()
tolower()	setw()	getline()	isdigit()

Exercícios

[1] Escreva um programa que leia um arquivo de texto e converta sua entrada em letras minúsculas, produzindo um novo arquivo.

[2] Escreva um programa que, dados um nome de arquivo e uma palavra, produzirá como saída cada linha que contém essa palavra junto com o número da linha. Dica: getline().

[3] Escreva um programa que remova todas as vogais de um arquivo ("desenvogalizar"). Por exemplo, Mensagem para você! se torna Mnsgm pr vc!. Surpreendentemente, muitas vezes o resultado ainda é legível; experimente com seus amigos.

[4] Escreva um programa denominado multi_input.cpp, que peça ao usuário para inserir vários números inteiros em qualquer combinação de octal, decimal ou hexadecimal, usando os prefixos de base 0 e 0x; interprete os números corretamente; e os converta na forma decimal. Em seguida, o programa deve exibir os valores em colunas devidamente espaçadas, assim:

```
0x43    hexadecimal    converts to    67    decimal
0123    octal          converts to    83    decimal
  65    decimal        converts to    65    decimal
```

[5] Escreva um programa que leia *strings* e que, para cada *string*, produza a classificação de cada caractere, como definido pelas funções de classificação de caracteres apresentadas em §9.10.3. Note que um caractere pode ter diversas classificações (p. ex., x é uma letra e um valor alfanumérico).

[6] Escreva um programa que substitua a pontuação por espaço em branco. Considere os caracteres de pontuação . (ponto), ; (ponto e vírgula), , (vírgula), ? (ponto de interrogação), – (traço), ' (aspas simples). Não modifique os caracteres entre aspas duplas ("). Por exemplo, " – don't use the as-if rule" se torna "do not use the as-if rule".

[7] Modifique o programa do exercício anterior para que ele substitua don't por do not, can't por can not etc.; deixe os hifens nas palavras intactos (para termos "do not use the as-if rule"); e converta todos os caracteres em letras minúsculas.

[8] Use o programa do exercício anterior para fazer uma lista ordenada de palavras. Execute o resultado em um arquivo de texto de várias páginas, veja o resultado e verifique se você pode aprimorar o programa para melhorar a lista.

Capítulo 9 Fluxos de entrada e saída

[9] Escreva uma função vector<string> split(const string& s) que retorne um vector de *substrings* separadas por espaços em branco a partir do argumento s.
[10] Escreva uma função vector<string> split(const string& s, const string& w) que retorne um vector de *substrings* separadas por espaços em branco a partir do argumento s, cujo espaço em branco é definido como "espaço em branco comum" mais os caracteres em w.
[11] Inverta a ordem dos caracteres em um arquivo de texto. Por exemplo, asdfghjkl se torna lkjhgfdsa. Aviso: não existe uma maneira realmente boa, portável e eficiente de ler um arquivo de trás para frente.
[12] Inverta a ordem das palavras (definidas como *strings* separadas por espaços em branco) em um arquivo. Por exemplo, papagaio azul norueguês se torna norueguês azul papagaio. Suponha que todas as *strings* do arquivo cabem na memória de uma só vez.
[13] Escreva um programa que leia um arquivo de texto e escreva quantos caracteres de cada classificação (§9.10.3) estão no arquivo.
[14] Escreva um programa que leia um arquivo de números separados por espaços em branco e produza um arquivo de números usando o formato científico e a precisão 8 em quatro campos de 20 caracteres por linha.
[15] Escreva um programa para ler um arquivo de números separados por espaços em branco e exibi-los em ordem (valor mais baixo primeiro), um valor por linha. Escreva um valor apenas uma vez e, se ele ocorrer mais de uma vez, escreva a contagem de ocorrências em sua linha. Por exemplo, 7 5 5 7 3 117 5 deve ser

```
3
5 3
7 2
117
```

[16] Escreva um programa que exiba a soma de todos os números de um arquivo de inteiros separados por espaços em branco.
[17] Escreva um programa que crie um arquivo de dados no estilo do tipo Reading de temperatura definido em §9.3.2. Para testar, preencha o arquivo com pelo menos 50 "leituras de temperatura". Chame o programa de store_temps.cpp e o arquivo criado de raw_temps.txt.
[18] Escreva um programa que leia os dados de raw_temps.txt criado no Exercício 2 em um vetor, então calcule as temperaturas média e mediana em seu conjunto de dados. Chame o programa de temp_stats.cpp.
[19] Modifique o programa store_temps.cpp do Exercício 2 para incluir um sufixo de temperatura c para Celsius ou f para Fahrenheit. Em seguida, modifique o programa temp_stats.cpp para testar cada temperatura, convertendo as leituras Celsius em Fahrenheit antes de colocá-las no vetor.
[20] Escreva a função print_year() mencionada em §9.9.2.
[21] Defina uma classe Roman_int para armazenar algarismos romanos (como ints) com << e >>. Forneça a Roman_int um membro as_int() que retorne o valor int, de modo que, se r for um Roman_int, podemos escrever cout << "Roman" << r << "equals" << r.as_int() << '\n';.
[22] Faça uma versão da calculadora do Capítulo 6 que aceite números romanos em vez dos números arábicos de sempre, por exemplo, XXI + CIV == CXXV.
[23] Escreva um programa que aceite dois nomes de arquivo e produza um novo arquivo que seja o conteúdo do primeiro arquivo seguido pelo conteúdo do segundo, isto é, o programa concatena os dois arquivos.

[24] Escreva um programa que use dois arquivos contendo palavras separadas por espaços em branco e ordenadas, e mescle-os preservando a ordem.

[25] Adicione um comando from x à calculadora do Capítulo 6, que a faça pegar a entrada de um arquivo x. Adicione um comando to y à calculadora, que a faça gravar sua saída (a saída padrão e a saída de erro) no arquivo y. Escreva uma coleção de casos de teste com base nas ideias de §6.3 e use isso para testar a calculadora. Discuta como você usaria esses comandos para testar.

[26] Escreva um programa que produza a soma de todos os números inteiros separados por espaços em branco a partir de um arquivo de texto. Por exemplo, ursos: 17 elefantes: 9, e a saída deve ser 26.

Posfácio

Boa parte da computação envolve mover muitos dados de um lugar para outro, por exemplo, copiar texto de um arquivo para uma tela ou mover arquivos de música de um computador para um MP3 *player*. Muitas vezes, é necessária uma transformação dos dados no caminho. O uso da biblioteca iostream é uma forma de lidar com muitas dessas tarefas, em que os dados podem ser vistos como uma sequência (um fluxo) de valores. Lidar com entradas e saídas pode ser uma parte bem grande das tarefas de programação comuns. Isto ocorre em parte porque nós (ou nossos programas) precisamos de muitos dados e, em parte, porque o ponto onde os dados entram em um sistema é um lugar onde os erros podem acontecer. Então, devemos tentar manter nossa E/S simples e minimizar as chances de que dados ruins "entrem" em nosso sistema.

A entrada e a saída são confusas porque os gostos e as convenções dos seres humanos não seguem regras de estado e leis matemáticas simples. Como programadores, raramente estamos em uma posição de ditar que nossos usuários devem deixar de lado suas preferências e, quando isso é possível, em geral devemos ser menos arrogantes, achando que podemos fornecer uma alternativa superior às convenções construídas ao longo de décadas ou séculos. Como consequência, devemos esperar, aceitar e adaptar-nos a certa confusão na entrada e na saída, ainda tentando manter nossos programas o mais simples possível, mas não simplista.

10

Um modelo de exibição

Naquela época, o mundo era preto e branco.
Ele só ficou colorido em
algum momento dos anos 1930.
— *Pai do Calvin*

Este capítulo apresenta um modelo de exibição (a parte da saída da GUI), dando exemplos de uso e noções fundamentais, como coordenadas da tela, linhas e cor. **Line**, **Lines**, **Polygons**, **Axis** e **Text** são exemplos de **Shapes**. **Shape** é um objeto na memória que pode exibir e manipular em uma tela. Os próximos dois capítulos irão explorar mais essas classes, com o Capítulo 11 focando sua implementação e o Capítulo 12 as questões de projeto.

- 10.1 Por que gráficos?
- 10.2 Um modelo de exibição
- 10.3 Um primeiro exemplo
- 10.4 Usando uma biblioteca GUI
- 10.5 Coordenadas
- 10.6 **Shape**
- 10.7 Usando os primitivos de **Shape**
  Axis; Representação gráfica de uma função; **Polygon**; **Rectangle**; Preenchimento; **Text**; **Image**; E muito mais
- 10.8 Rodando o primeiro exemplo
  Arquivos-fonte; Juntando tudo

10.1 Por que gráficos?

Por que dedicamos quatro capítulos aos elementos gráficos e um às GUIs (interfaces gráficas de usuário)? Afinal, este é um livro sobre programação, não sobre gráficos. Há inúmeros tópicos interessantes sobre *software* que não discutimos; podemos, na melhor das hipóteses, dar uma pincelada no tópico gráficos. Então, "Por que gráficos?". Basicamente, gráficos são um assunto que nos permite explorar várias áreas importantes do projeto de *software*, da programação e dos recursos da linguagem de programação:

- *Gráficos são úteis*. Há muito mais na programação do que gráficos e muito mais em *software* do que o código manipulado por meio de uma GUI. No entanto, em muitas áreas, gráficos bons são essenciais ou muito importantes. Por exemplo, não sonharíamos em estudar computação científica, análise de dados ou qualquer assunto quantitativo sem a capacidade de representar graficamente os dados. O Capítulo 13 fornece recursos simples (mas gerais) para os dados de gráficos. Considere também os navegadores, os jogos, a animação, a visualização científica, os telefones e as telas de controle.
- *Gráficos são divertidos*. Existem poucas áreas da computação em que o efeito de um pouco de código é imediatamente óbvio e – quando finalmente está sem *bugs* – agradável. Ficaríamos tentados a brincar com gráficos mesmo se eles não fossem úteis!
- *Gráficos fornecem muito código interessante para ler*. Parte do aprendizado de programação é a leitura de muito código para se ter uma ideia de como é um bom código. Da mesma forma, para se tornar um bom escritor é preciso ler muitos livros, artigos e jornais de qualidade. Por causa da correspondência direta entre o que vemos na tela e o que escrevemos em nossos programas, o código gráfico simples é mais legível do que a maioria dos tipos de código com complexidade semelhante. Este capítulo provará que você pode ler código gráfico após alguns minutos de introdução; o Capítulo 11 demonstrará como pode escrevê-lo depois de mais algumas horas.
- *Gráficos são uma fonte fértil de exemplos de projeto*. É realmente difícil projetar e implementar uma boa biblioteca gráfica e GUI. Os gráficos são uma fonte muito rica de exemplos concretos e práticos de decisões e técnicas de projeto. Algumas das técnicas mais úteis para projetar classes, projetar funções, separar *software* em camadas (de abstração) e construir bibliotecas podem ser ilustradas com uma quantidade relativamente pequena de gráficos e código GUI.
- *Gráficos são uma boa introdução ao que é comumente chamado de programação orientada a objetos e aos recursos da linguagem que dão suporte a ela*. Apesar do que dizem por aí, a programação orientada a objetos não foi inventada para fazer gráficos (ver PPP2.§22.2.4), mas logo foi aplicada a eles, e os gráficos fornecem alguns dos exemplos mais acessíveis e concretos de projetos orientados a objetos.
- *Alguns dos principais conceitos de gráficos não são triviais*. Então vale a pena ensinar, em vez de deixar por sua própria iniciativa (e paciência) buscar as informações. Se não mostramos como os gráficos e a GUI foram feitos, você pode considerá-los uma "mágica", violando assim um dos objetivos fundamentais deste livro.

10.2 Um modelo de exibição

A biblioteca iostream é usada para ler e gravar fluxos de caracteres conforme eles aparecem em uma lista de valores numéricos ou em um livro. O único suporte direto para a noção da posição gráfica são os caracteres de nova linha e tab. Você pode incorporar noções de cor e posições bidimensionais etc. em um fluxo de caracteres unidimensional. Isso é o que fazem as linguagens de *layout* (composição, "marcação"), como Troff, TeX, Word, Markup, HTML e XML (e seus pacotes gráficos associados). Por exemplo:

```
<hr>
<h2>
Organization
</h2>
This list is organized in three parts:
<ul>
      <li><b>Proposals</b>, numbered EPddd, ...</li>
      <li><b>Issues</b>, numbered Elddd, ...</li>
      <li><b>Suggestions</b>, numbered ESddd, ...</li>
</ul>
<p>We try to ...
<p>
```

Este é um trecho de HTML que especifica um cabeçalho (<h2> ... </h2>), uma lista (<ul> ... </ul>) com itens da lista (<li> ... </li>) e um parágrafo (<p>). Deixamos de fora a maior parte do texto em si, porque é irrelevante aqui. O importante é que você pode expressar as noções de *layout* em texto simples, mas a conexão entre os caracteres escritos e o que aparece na tela é indireta, regida por um programa que interpreta os comandos de "marcação". Tais técnicas são simples em sua essência e muitíssimo úteis (quase tudo o que você lê foi produzido usando-as), mas também têm suas limitações.

Neste capítulo e nos próximos quatro, apresentamos uma alternativa: uma noção de gráficos e interfaces gráficas do usuário que são diretamente destinadas à tela do computador. Os conceitos fundamentais são inerentemente gráficos (e bidimensionais, adaptados à área retangular de uma tela de computador), como coordenadas, linhas, retângulos e círculos. O objetivo do ponto de vista da programação é uma correspondência direta entre os objetos na memória e as imagens na tela.

O modelo básico é o seguinte: compomos objetos com objetos básicos fornecidos por um sistema gráfico, como linhas. "Anexamos" esses objetos gráficos a um objeto de janela, representando nossa tela física. Um programa, que podemos considerar como a tela em si, como "um mecanismo de exibição", "nossa biblioteca gráfica", "a biblioteca GUI" ou mesmo (com humor) "o pequeno gnomo por trás da tela", então pega os objetos que anexamos à nossa janela e os desenha na tela:

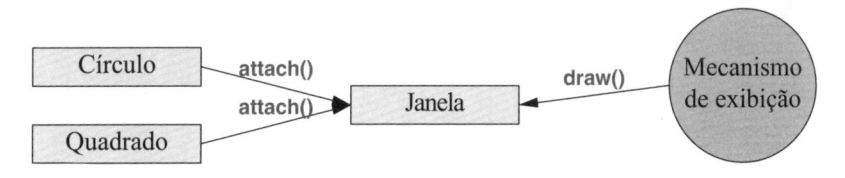

O "mecanismo de exibição" desenha linhas na tela, coloca *strings* de texto na tela, colore áreas da tela etc. Para simplificar, usaremos a expressão "nossa biblioteca GUI" ou mesmo "o sistema" para o mecanismo de exibição, mesmo que nossa biblioteca GUI faça muito mais do que apenas desenhar objetos. Da mesma forma que nosso código permite que a biblioteca GUI faça a maior parte do trabalho para nós, a biblioteca GUI delega muito do seu trabalho ao sistema operacional.

10.3 Um primeiro exemplo

Nosso trabalho é definir classes a partir das quais possamos criar os objetos que queremos ver na tela. Por exemplo, podemos querer desenhar uma série de linhas conectadas como gráfico. Veja um pequeno programa apresentando uma versão muito simples:

```cpp
#include "Simple_window.h"    // obter acesso à biblioteca da janela
#include "Graph.h"            // obter acesso aos recursos da biblioteca gráfica

int main()
{
    using namespace Graph_lib;              // nossos recursos gráficos estão em Graph_lib

    Application app;                        // iniciar um aplicativo Graphics/GUI

    Point tl {900,500};                     // para se tornar o canto superior esquerdo da janela

    Simple_window win {tl,600,400,"Canvas"}; // criar uma janela simples

    Polygon poly;                           // criar uma forma (um polígono)
    poly.add(Point{300,200});               // adicionar um ponto
    poly.add(Point{350,100});               // adicionar outro ponto
    poly.add(Point{400,200});               // adicionar um terceiro ponto
    poly.set_color(Color::red);             // ajustar as propriedades de poly

    win.attach (poly);                      // conectar poly à janela

    win.wait_for_button();                  // dar controle ao mecanismo de exibição
}
```

Quando executamos esse programa, a tela fica assim:

AA No fundo da nossa janela, vemos uma tela de *laptop* (limpa para a ocasião). Para as pessoas curiosas sobre os detalhes irrelevantes, podemos dizer que meu segundo plano é uma pintura famosa do pintor dinamarquês Peder Severin Krøyer. As mulheres são Anna Ancher e Marie Krøyer, ambas pintoras bem conhecidas. Se você olhar com cuidado, notará que temos o compilador C++ da Microsoft em execução, mas poderíamos muito bem ter usado outro compilador (como GCC ou Clang). Veremos o programa linha por linha para saber o que foi feito.

Primeiro incluímos nossa biblioteca de interface gráfica:

```
#include "Simple_window.h"   // obter acesso à biblioteca da janela
#include "Graph.h"            // obter acesso aos recursos da biblioteca gráfica
```

Por que não usamos um módulo Graph_lib (§7.7.1)? Uma razão é que, no momento da escrita deste livro, nem todas as implementações usavam módulos para essa tarefa relativamente complexa. Por exemplo, o sistema que usamos para implementar nossa biblioteca gráfica, Qt, exporta seus recursos usando arquivos de cabeçalho (§7.7.2). Outra razão é que há tanto código C++ "por aí" usando arquivos de cabeçalho (§7.7.2) que precisamos mostrar um exemplo realista em algum lugar.

Então, em main(), começamos dizendo ao compilador que nossos recursos gráficos devem ser encontradas em Graph_lib:

```
using namespace Graph_lib;   // nossos recursos gráficos estão em Graph_lib
```

Então iniciamos nosso mecanismo de exibição (§10.2):

```
Application app;              // iniciar um aplicativo Graphics/GUI
```

Depois definimos um ponto que usaremos como o canto superior esquerdo da nossa janela:

```
Point tl {900,500};           // para se tornar o canto superior esquerdo da janela
```

Em seguida, criamos uma janela na tela:

```
Simple_window win {tl,600,400,"Canvas"};   // criar uma janela simples
```

Usamos uma classe denominada Simple_window para representar uma janela em nossa biblioteca de interfaces Graph_lib. O nome dessa Simple_window em particular é win, isto é, win é uma variável da classe Simple_window. A lista de inicializadores para win começa com o ponto a ser usado como o canto superior esquerdo, tl, seguido de 600 e 400. São a largura e a altura, respectivamente, da janela, conforme exibido na tela, medidas em pixels. Explicaremos mais detalhadamente depois, mas o ponto principal aqui é que especificamos um retângulo dando sua largura e altura. A *string* "Canvas" é usada para rotular a janela. Se você olhar, poderá ver a palavra Canvas no canto superior esquerdo da moldura da janela.

Em seguida, colocamos um objeto na janela:

```
Polygon poly;                    // criar uma forma (um polígono)
poly.add(Point{300,200});        // adicionar um ponto
poly.add(Point{350,100});        // adicionar outro ponto
poly.add(Point{400,200});        // adicionar um terceiro ponto
```

Definimos um polígono, poly, depois adicionamos pontos a ele. Na nossa biblioteca gráfica, um Polygon começa vazio, e podemos adicionar quantos pontos quisermos. Como adicionamos três pontos, temos um triângulo. Um ponto é simplesmente um par de valores que dão as coordenadas x e y (horizontal e vertical) dentro de uma janela.

Só para mostrar, colorimos de vermelho as linhas do nosso polígono:

```
poly.set_color(Color::red);      // ajustar as propriedades de poly
```

Por fim, anexamos poly à nossa janela, win:

    win.attach(poly);   // conectar poly à janela

Se o programa não fosse tão rápido, você notaria que até agora nada teria acontecido na tela – nada mesmo. Criamos uma janela (um objeto da classe Simple_window, para sermos precisos), criamos um polígono (denominado poly), pintamos de vermelho esse polígono (Color:: red) e anexamos à janela (denominada win), mas ainda não pedimos que essa janela seja exibida na tela. Isso é feito com a linha final do programa:

    win.wait_for_button();   // dar controle ao mecanismo de exibição

Para fazer um sistema GUI exibir objetos na tela, você tem que dar controle "ao sistema". Nossa função wait_for_button() faz isso e também espera que você "pressione" ("clique") o botão "Next" no canto superior direito de Simple_window antes de prosseguir. Isso lhe dá a chance de ver a janela antes que o programa termine e a janela desapareça. Quando você pressiona o botão, o programa termina, fechando a janela.

Para o restante dos capítulos sobre gráficos e GUI, eliminamos as distrações em torno de nossa janela e mostramos apenas a janela:

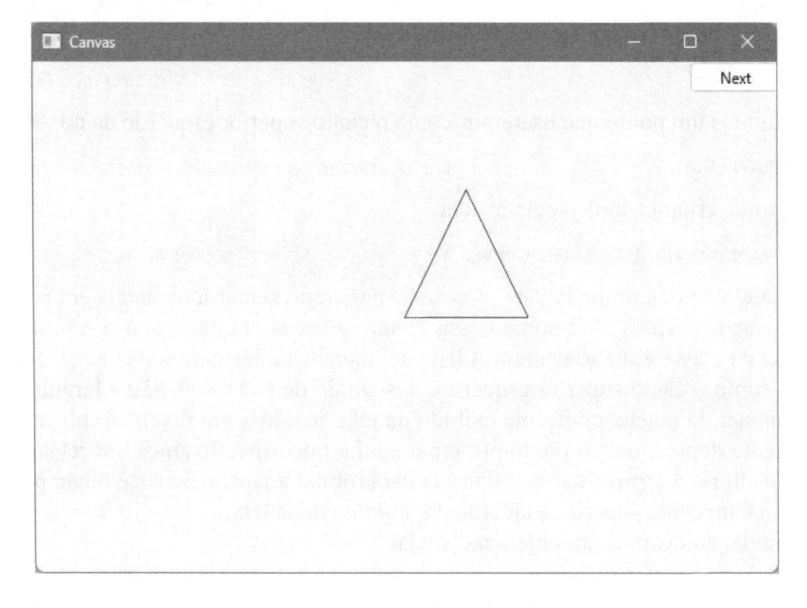

Você notará que "trapaceamos" um pouco. De onde veio o botão rotulado com "Next" (Próximo)? Construímos esse componente em nossa classe Simple_window. No Capítulo 14, mudaremos de Simple_window para uma Window "simples", que não tem recursos potencialmente ilegítimos predefinidos, e mostraremos como podemos escrever nosso próprio código para controlar a interação com uma janela.

Para os próximos três capítulos, simplesmente usaremos o botão "Next" para passar de uma "tela" para a próxima quando quisermos exibir as informações em etapas ("quadro a quadro").

As imagens neste e nos capítulos seguintes foram produzidas em um sistema Microsoft Windows, então você ganha os três botões usuais no canto superior direito "de graça". Isso pode ser útil: se seu programa virar uma verdadeira bagunça (como certamente ficará às vezes durante a depuração), é possível encerrá-lo pressionando o botão X. Quando você executa seu programa em outro sistema, uma moldura (*frame*) diferente será adicionada para se ajustar às convenções do sistema. Nossa única contribuição para a moldura é o rótulo (aqui, Canvas).

10.4 Usando uma biblioteca GUI

Neste livro, não usaremos os recursos gráficos e da GUI (interface gráfica do usuário) do sistema operacional diretamente. Isso limitaria nossos programas a um único sistema operacional e nos forçaria a lidar diretamente com muitos detalhes confusos. Tal como acontece com a E/S de texto, usaremos uma biblioteca para amenizar as diferenças do sistema operacional, as variações dos dispositivos de E/S etc. e simplificar nosso código. Infelizmente, C++ não fornece uma biblioteca GUI padrão da maneira que fornece a biblioteca de E/S de fluxo padrão, por isso usamos uma das muitas bibliotecas GUI de C++ disponíveis. Para não prender você diretamente a uma dessas bibliotecas GUI e evitar que tenha toda a complexidade de uma biblioteca GUI de uma só vez, usamos um conjunto de classes de interface simples, que podem ser implementadas em algumas centenas de linhas de código para praticamente qualquer biblioteca GUI.

O *kit* de ferramentas GUI que usamos (indiretamente por ora) é chamado Qt, disponível em www.qt.io. Nosso código oferece portabilidade para qualquer ambiente em que Qt esteja disponível (Windows, Mac, Linux, muitos sistemas embutidos, telefones, navegadores etc.). Nossas classes de interface também podem ser reimplementadas usando outros *kits* de ferramentas, portanto o código que os utiliza é potencialmente ainda mais portável.

O modelo de programação apresentado por nossas classes de interface é muito mais simples do que o oferecido pelos *kits* de ferramentas comuns. Por exemplo, nossa biblioteca completa de gráficos e GUI tem cerca de 600 linhas de código C++, já a documentação do Qt tem milhares de páginas. Você pode baixar o Qt em www.qt.io, mas não recomendamos que faça isso ainda. Você pode seguir sem esse nível de detalhe por enquanto. As ideias gerais apresentadas nos Capítulos 10 a 14 podem ser usadas com qualquer *kit* de ferramentas GUI popular. Claro, explicaremos como nossas classes de interface mapeiam para o Qt, para que você veja (futuramente) como pode usar ele (e os *kits* de ferramentas semelhantes) diretamente, se necessário.

Podemos ilustrar as partes do nosso "mundo gráfico" assim:

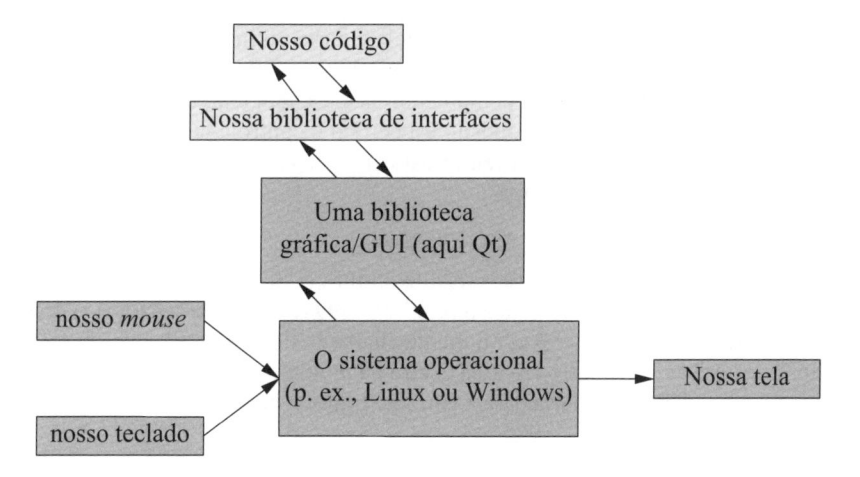

Nossas classes de interface fornecem uma noção básica simples e extensível pelo usuário de formas bidimensionais, com suporte limitado para o uso de cores. Para isso, apresentamos uma noção simples de GUI baseada em funções de *"callback"* disparadas pelo uso de botões definidos pelo usuário etc. na tela (Capítulo 14).

10.5 Coordenadas

CC Uma tela de computador é uma área retangular composta de *pixels*. Um *pixel* é um pequeno ponto que pode receber alguma cor. A forma mais comum de modelar uma tela em um programa é como um retângulo de *pixels*. Cada *pixel* é identificado por uma coordenada x (horizontal) e uma coordenada y (vertical). As coordenadas x começam em 0, indicando o *pixel* mais à esquerda, e aumentam (para a direita) até o *pixel* mais à direita. As coordenadas y começam em 0, indicando o *pixel* mais alto, e aumentam (em direção à parte inferior) até o *pixel* mais baixo:

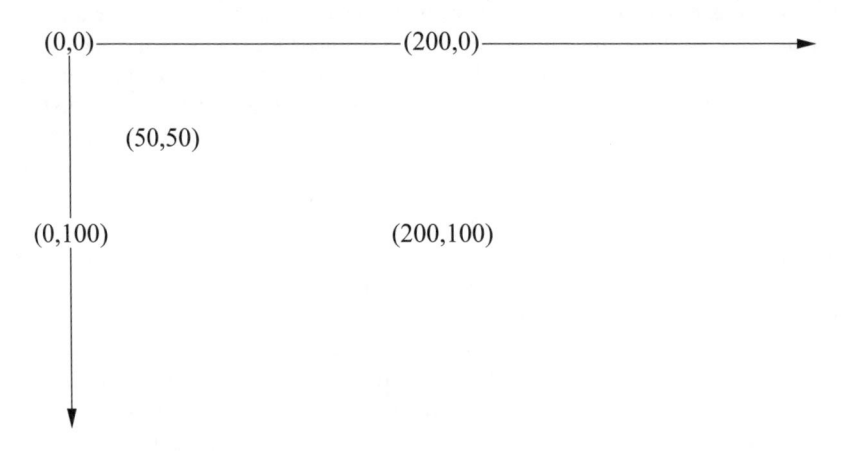

```
(0,0)─────────────────(200,0)──────────────▶
  │
  │       (50,50)
  │
(0,100)                  (200,100)
  │
  ▼
```

XX Note que as coordenadas y "crescem para baixo". Matemáticos, em particular, acham isso estranho, mas as telas (e as janelas) têm muitos tamanhos, e o ponto esquerdo superior é tudo que eles têm em comum.

O número de *pixels* disponíveis depende da tela e varia muito (p. ex. 600 por 1024, 1280 por 1024, 1920 por 1080, 2412 por 1080 e 2880 por 1920).

No contexto da interação com um computador usando uma tela, uma janela é uma região retangular da tela dedicada a algum propósito específico e controlada por um programa. Uma janela é tratada exatamente como uma tela. Basicamente, vemos uma janela como uma tela pequena. Por exemplo, quando dissemos

```
Simple_window win {tl,600,400,"Canvas"};
```

solicitamos uma área retangular de 600 *pixels* de largura e 400 *pixels* de altura que podemos endereçar como 0–599 (da esquerda para a direita) e 0–399 (de cima para baixo). A área de uma janela na qual você pode desenhar é comumente chamada de *canvas*. A área de 600 por 400 refere-se ao "interior" da janela, isto é, a área dentro da moldura (*frame*) fornecida pelo sistema; não inclui o espaço que o sistema usa para a barra de título, o botão para sair etc.

10.6 Shape

Nossa caixa de ferramentas básica para desenhar na tela consiste em uma dúzia de classes, mais ou menos, inclusive:

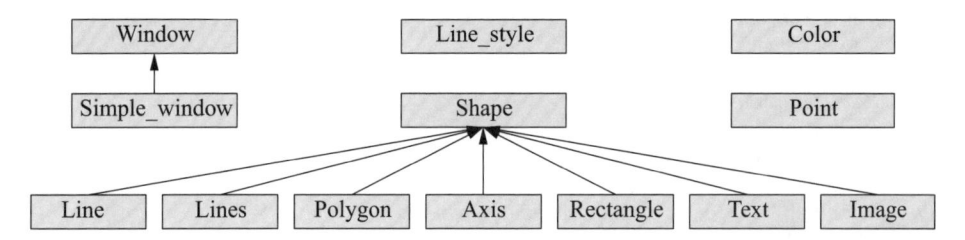

```
        Window                    Line_style                  Color
          ↑
     Simple_window                  Shape                      Point
                                     ↑
    ┌──────┬──────┬──────┬──────┬──────┬──────┐
   Line  Lines  Polygon  Axis  Rectangle  Text  Image
```

As setas indicam que a classe que aponta pode ser usada onde a classe apontada é necessária. Por exemplo, **Polygon** pode ser usada onde **Shape** é necessária, isto é, um polígono (**Polygon**) é um tipo de forma (**Shape**).

Começaremos apresentando e usando as seguintes classes:

- **Simple_window, Window**
- **Shape, Text, Polygon, Line, Lines, Rectangle, Function, Circle, Ellipse** etc.
- **Color, Line_style, Point**
- **Axis**

Mais adiante (Capítulo 14), adicionaremos as classes GUI (para interação do usuário):

- **Button, In_box, Menu** etc.

Poderíamos facilmente adicionar muitas outras classes, como:

- **Spline, Grid, Block_chart, Pie_chart** etc.

No entanto definir ou descrever uma estrutura GUI completa com todos os recursos está além do escopo deste livro.

10.7 Usando os primitivos de Shape

Nesta seção, mostraremos alguns recursos primitivos da nossa biblioteca gráfica: **Simple_window, Window, Shape, Text, Polygon, Line, Lines, Rectangle, Color, Line_style, Point, Axis**. O objetivo é dar uma visão ampla do que você pode fazer com esses recursos, mas ainda não uma compreensão detalhada de qualquer uma dessas classes. Nos próximos capítulos, exploraremos o projeto de cada uma.

Agora veremos um programa simples, explicando o código linha por linha e mostrando o efeito de cada uma na tela. Quando você executar o programa, verá como a imagem muda à medida que adicionamos formas à janela e modificamos as formas existentes. Basicamente, estamos "animando" o progresso por meio do código, vendo o programa conforme ele é executado.

10.7.1 Axis

Uma janela quase em branco não é muito interessante, então é melhor adicionar algumas informações. O que gostaríamos de exibir? Apenas para lembrá-lo de que os gráficos não são só diversão, começaremos com algo sério e um tanto complicado, um eixo (*axis*). Um gráfico sem eixos tende a ser uma desgraça. Simplesmente não tem como saber o que os dados representam sem eixos. Talvez você tenha explicado tudo em um texto complementar, mas é muito mais seguro adicionar eixos; as pessoas em geral não leem a explicação e, muitas vezes, uma bela representação gráfica fica separada do seu contexto original. Assim, um gráfico precisa de eixos:

```
Axis xa {Axis::x, Point{20,300}, 280, 10, "x axis"};   // criar um eixo
    // Axis é um tipo de Shape
    // Axis::x significa horizontal
    // iniciando em (20,300)
    // 280 pixels de comprimento
    // com 10 "marcações"
    // rotular o eixo como "x axis"

win.attach(xa);                  // anexar xa à janela, win
win.set_label("X axis");         // rotular de novo a janela
win.wait_for_button();           // exibir!
```

A sequência de ações é criar o objeto do eixo, adicioná-lo à janela e, por fim, exibi-lo:

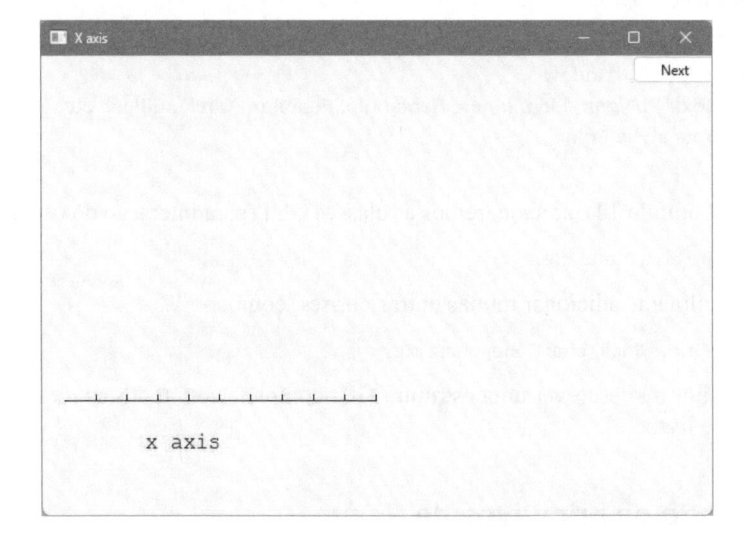

Podemos ver que `Axis::x` é uma linha horizontal. Vemos o número necessário de "marcações" (10) e o rótulo "x axis". Normalmente, o rótulo explicará o que o eixo e as marcações representam. Naturalmente, escolhemos colocar o eixo *x* em algum lugar perto da parte inferior da janela. Na vida real, representaríamos a altura e a largura com constantes simbólicas, para que pudéssemos nos referir a "logo acima da parte inferior" como algo do tipo y_max-bottom_margin, em vez de com uma "constante mágica", como 300 (§3.3.1, §13.6.3).

Para ajudar a identificar nossa saída, rotulamos de novo a tela como X axis usando a função--membro set_label() de Window.

Agora, adicionaremos um eixo *y*:

```
Axis ya {Axis::y, Point{20,300}, 280, 10, "y axis"};
ya.set_color(Color::cyan);              // escolher uma cor para o eixo y
ya.label.set_color(Color::dark_red);    // escolher uma cor para o texto
```

```
win.attach(ya);
win.set_label("Y axis");
win.wait_for_button();              // exibir!
```

Apenas para mostrar alguns recursos, colorimos nosso eixo *y* com ciano e nosso rótulo com vermelho-escuro.

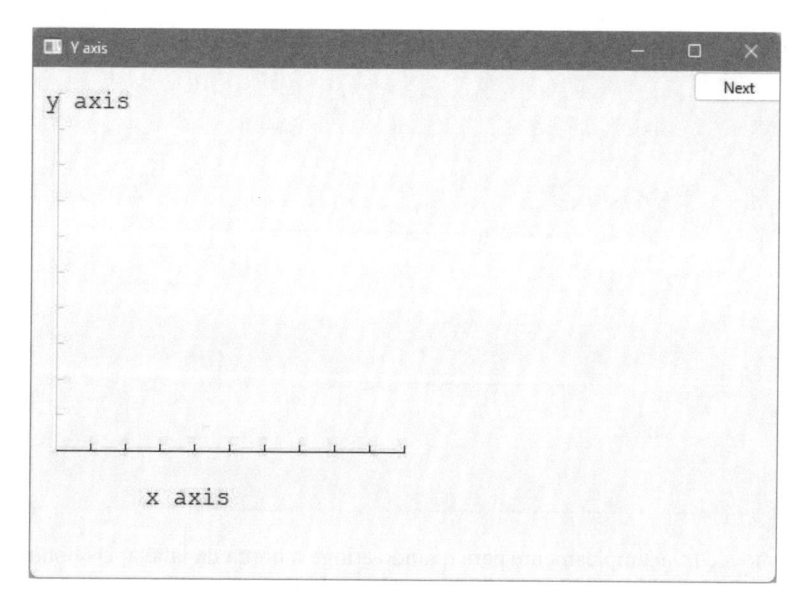

[Figura: janela intitulada "Y axis" mostrando os eixos y e x rotulados, com botão "Next"]

Não achamos de verdade que seja uma boa ideia usar cores diferentes para os eixos *x* e *y*. Apenas queríamos mostrar como você pode definir a cor de uma forma e dos elementos individuais dela. Usar muita cor não é necessariamente interessante. Em particular, os novatos costumam usar cores mais por entusiasmo do que por gosto.

10.7.2 Representação gráfica de uma função

E agora? Agora temos uma janela com eixos, então parece uma boa ideia representar graficamente uma função. Criamos uma forma que representa uma função senoidal e a anexamos ao *canvas*:

```
double dsin(double d) { return sin(d); }   // escolher o sin() certo (§13.3)

Function sine {dsin,0,100,Point{20,150},1000,50,50};   // curva senoidal
    // plotar sin() no intervalo [0:100] com (0,0) em (20,150)
    // usar 1000 pontos; escalar os valores x *50, escalar os valores y *50

win.attach(sine);
win.set_label("Sine");
win.wait_for_button();
```

Aqui, a **Function** denominada **sine** desenhará uma curva senoidal usando a função da biblioteca-padrão **sin(double)** para gerar os valores. Explicamos os detalhes sobre como representar graficamente as funções em §13.3. Por enquanto, apenas observe que, para representar graficamente uma função, temos que dizer onde ela começa (**Point**) e para qual conjunto de valores de entrada queremos vê-la (um intervalo), e precisamos dar algumas informações sobre como fazer essa informação caber em nossa janela (escala):

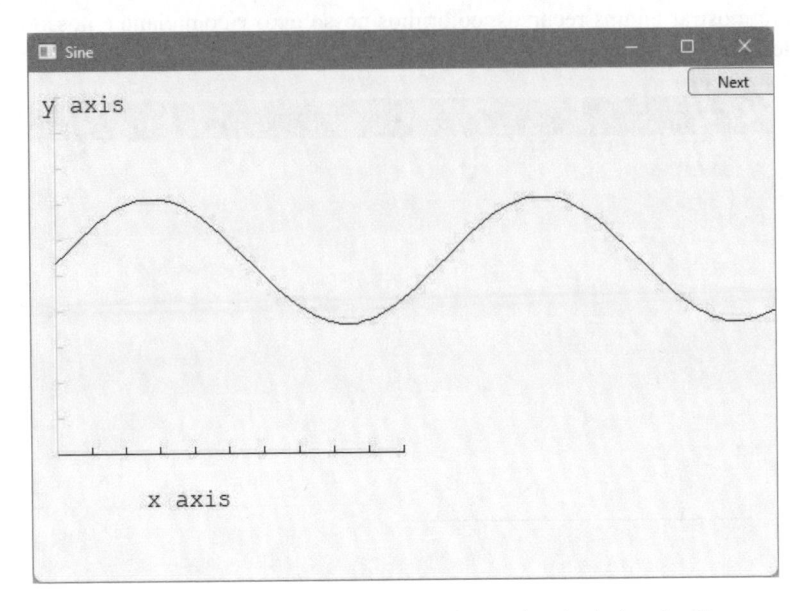

Observe como a curva simplesmente para quando atinge a borda da janela. Os pontos desenhados fora do retângulo da nossa janela são ignorados pelo sistema GUI e nunca são vistos.

10.7.3 Polygon

Uma função gráfica é um exemplo de apresentação de dados. Veremos muito mais sobre isso no Capítulo 11. No entanto também podemos desenhar diferentes tipos de objetos em uma janela: formas geométricas. Usamos formas geométricas para fazer ilustrações gráficas, para indicar os elementos de interação do usuário (como botões) e, geralmente, para tornar nossas apresentações mais interessantes. Um polígono (*polygon*) é caracterizado por uma sequência de pontos, que a classe **Polygon** conecta com linhas. A primeira linha conecta o primeiro ponto ao segundo, a segunda linha conecta o segundo ponto ao terceiro e a última linha conecta o último ponto ao primeiro:

```
sine.set_color(Color::blue);    // mudamos de ideia sobre a cor do seno

Polygon poly;                   // um polígono; Polygon é um tipo de Shape
poly.add(Point{300,200});       // três pontos criam um triângulo
poly.add(Point{350,100});
poly.add(Point{400,200});
poly.set_color(Color::red);
```

```
win.attach(poly);
win.set_label("Triangle");
win.wait_for_button();
```

Desta vez, mudamos a cor da curva senoidal (sine) apenas para mostrar como isso é feito. Então, adicionamos um triângulo, assim como em nosso primeiro exemplo em §10.3, como um exemplo de polígono. Novamente, definimos uma cor e, por fim, definimos um estilo. As linhas de Polygon têm um "estilo". Por padrão, o estilo é sólido, mas podemos também deixar essas linhas tracejadas, pontilhadas etc., conforme o necessário (§11.5). Temos:

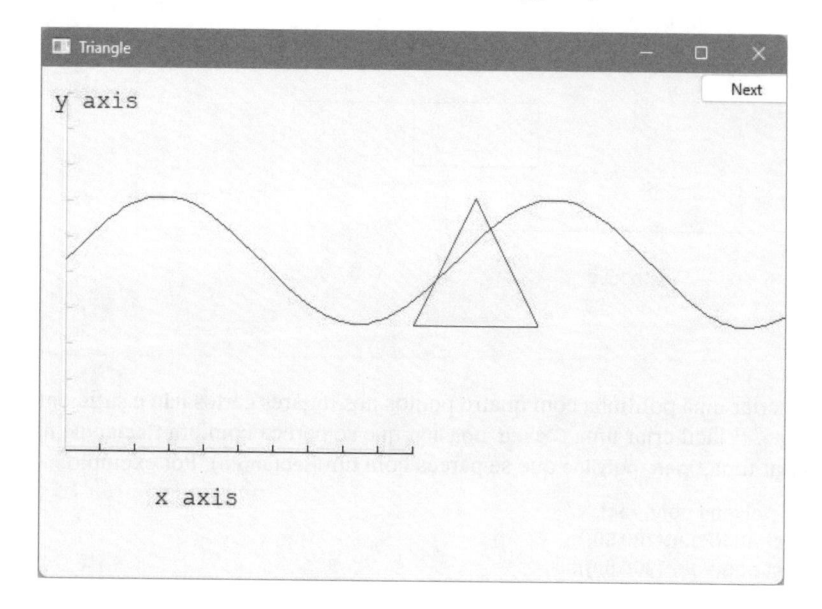

10.7.4 Rectangle

Uma tela é um retângulo, uma janela é um retângulo e um pedaço de papel é um retângulo. Na verdade, muitas formas em nosso mundo moderno são retângulos (ou pelo menos retângulos com os cantos arredondados). Há uma razão para isso: retângulo é a forma mais simples de trabalhar. Por exemplo, é fácil de descrever (canto superior esquerdo, mais largura, mais altura, canto superior esquerdo, mais canto inferior direito ou qualquer outra coisa), é fácil dizer se um ponto está dentro de um retângulo ou fora dele e é fácil fazer o *hardware* desenhar um retângulo de *pixels* rapidamente.

Sendo assim, a maioria das bibliotecas gráficas de alto nível lida melhor com retângulos do que com outras formas fechadas. Consequentemente, fornecemos Rectangle (retângulo) como uma classe separada da classe Polygon. Um Rectangle caracteriza-se por seu canto superior esquerdo mais uma largura e uma altura:

```
Rectangle r {Point{200,200}, 100, 50};      // canto superior esquerdo, largura, altura

win.attach(r);
win.set_label("Rectangle");
win.wait_for_button();
```

Com isso, temos:

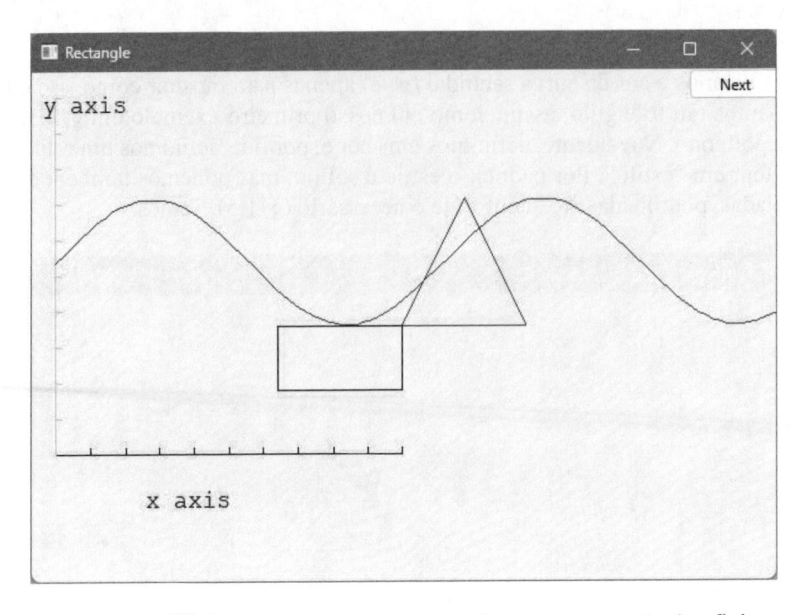

[Figura: janela "Rectangle" mostrando eixos x e y, uma curva senoidal, um triângulo e um retângulo]

Repare que criar uma polilinha com quatro pontos nos lugares certos não é suficiente para criar um **Rectangle**. É fácil criar uma **Closed_polyline** que se pareça com um **Rectangle** na tela (você pode até criar uma **Open_polyline** que se pareça com um **Rectangle**). Por exemplo:

```
Closed_polyline poly_rect;
poly_rect.add(Point{100,50});
poly_rect.add(Point{200,50});
poly_rect.add(Point{200,100});
poly_rect.add(Point{100,100});

win.set_label("Polyline");
win.attach(poly_rect);
win.wait_for_button();
```

Esse polígono parece exatamente, até o último *pixel*, com um retângulo:

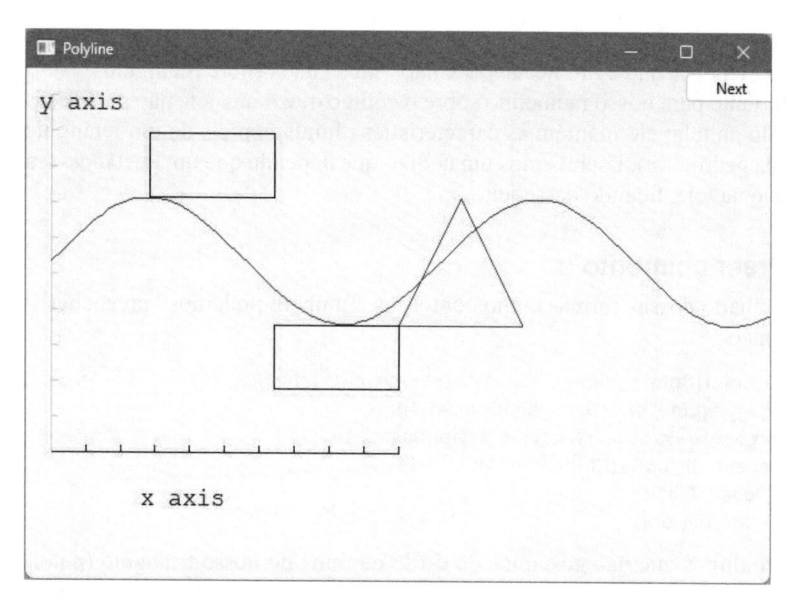

Porém só parece com um **Rectangle**. Nenhum **Rectangle** tem quatro pontos:

```
poly_rect.add(Point{50,75});
win.set_label("Polyline 2");
win.wait_for_button();
```

Nenhum retângulo tem cinco pontos:

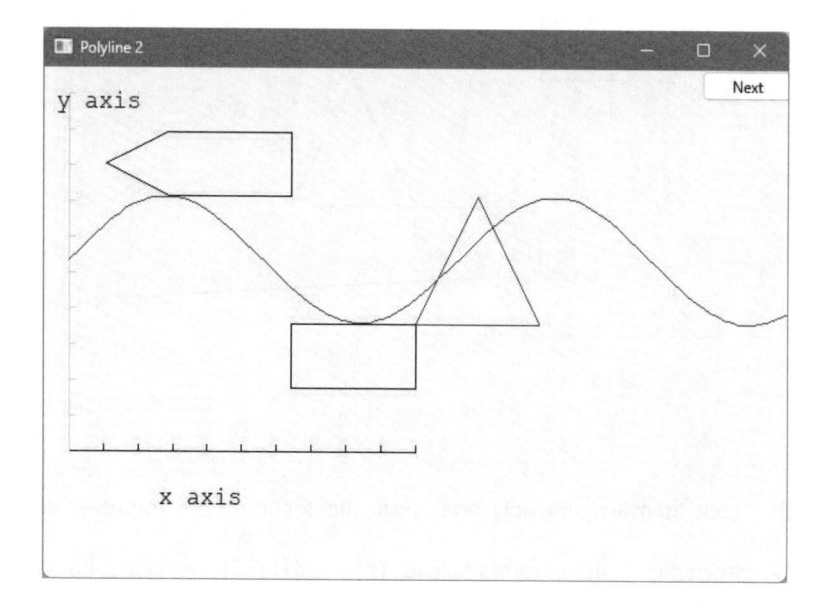

CC Na verdade, a *imagem* na tela de poly_rect com 4 pontos *é* um retângulo. No entanto o objeto poly_rect na memória não é um Rectangle e não "sabe" nada sobre retângulos.

É importante para nosso raciocínio sobre o código que Rectangle não se pareça apenas com um retângulo na tela; ele mantém as características fundamentais de um retângulo (como conhecemos da geometria). Escrevemos um código que depende que um Rectangle realmente seja um retângulo na tela, ficando desse jeito.

10.7.5 Preenchimento

Temos desenhado nossas formas como contornos. Também podemos "preencher" (*fill*) um retângulo com cor:

```
r.set_fill_color(Color::yellow);      // colorir dentro do retângulo
poly.set_style(Line_style(Line_style::dash,4));
poly_rect.set_style(Line_style(Line_style::dash,2));
poly_rect.set_fill_color(Color::green);
win.set_label("Fill");
win.wait_for_button();
```

Também decidimos que não gostamos do estilo de linha do nosso triângulo (poly), então definimos seu estilo de linha para "tracejada e grossa (espessura quatro vezes que o normal)". Da mesma forma, mudamos o estilo de poly_rect (agora não mais parecendo com um retângulo) e preenchemos com verde:

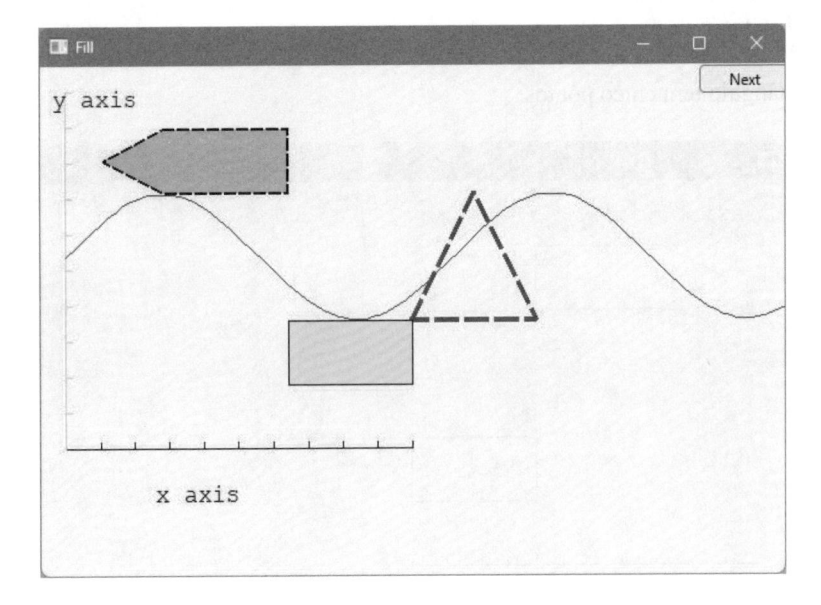

Se você olhar com atenção para poly_rect, verá que o contorno é impresso em cima do preenchimento.

É possível preencher qualquer forma fechada (§11.7, §11.7.2). Os retângulos são especialmente fáceis (e rápidos) de serem preenchidos.

10.7.6 Text

Por fim, nenhum sistema de desenho está completo sem uma forma simples de escrever texto – desenhar cada caractere como um conjunto de linhas simplesmente não convence. Rotulamos a janela em si, e os eixos podem ter rótulos, mas também podemos colocar texto em qualquer lugar usando um objeto Text:

CC

```
Text t {Point{150,150}, "Hello, graphical world!"};
win.attach(t);
win.set_label("Text");
win.wait_for_button();
```

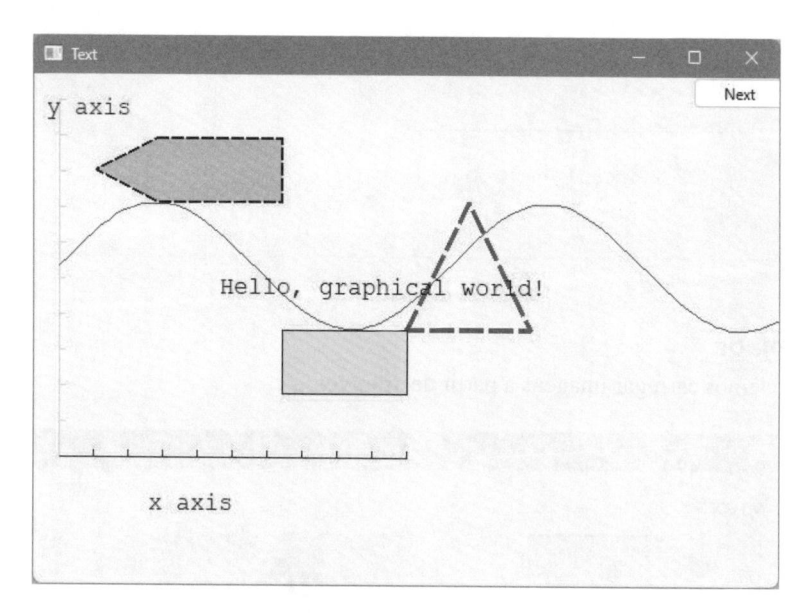

A partir dos elementos gráficos primitivos que você vê nessa janela, é possível criar exibições com praticamente qualquer complexidade e sutileza. Por enquanto, basta notar uma peculiaridade do código neste capítulo: não existem *loops*, instruções de seleção, e todos os dados estão "fixos". A saída foi apenas composta de primitivos da maneira mais simples possível. Assim que começarmos a compor esses primitivos, usando dados e algoritmos, as coisas começarão a ficar interessantes.

Vimos como podemos controlar a cor do texto: o rótulo de um objeto Axis (§10.7.1) é simplesmente um objeto Text. E mais, podemos escolher uma fonte e definir o tamanho dos caracteres:

```
t.set_font(Font::times_bold);
t.set_font_size(20);
win.set_label("Bold text");
win.wait_for_button();
```

Aumentamos os caracteres da *string* Text Hello, graphical world! para o tamanho de 20 pontos e escolhemos a fonte Times em negrito (*bold*):

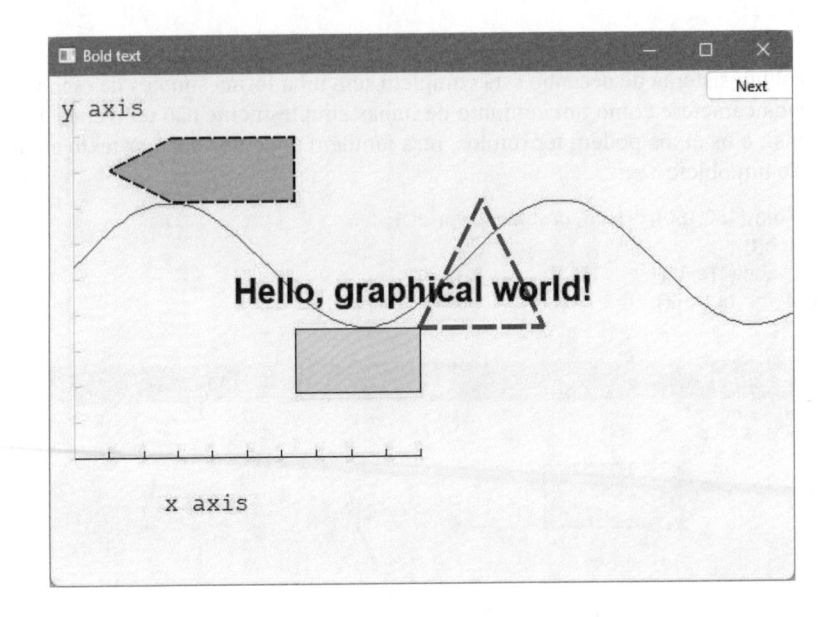

10.7.7 Image

Também podemos carregar imagens a partir de arquivos:

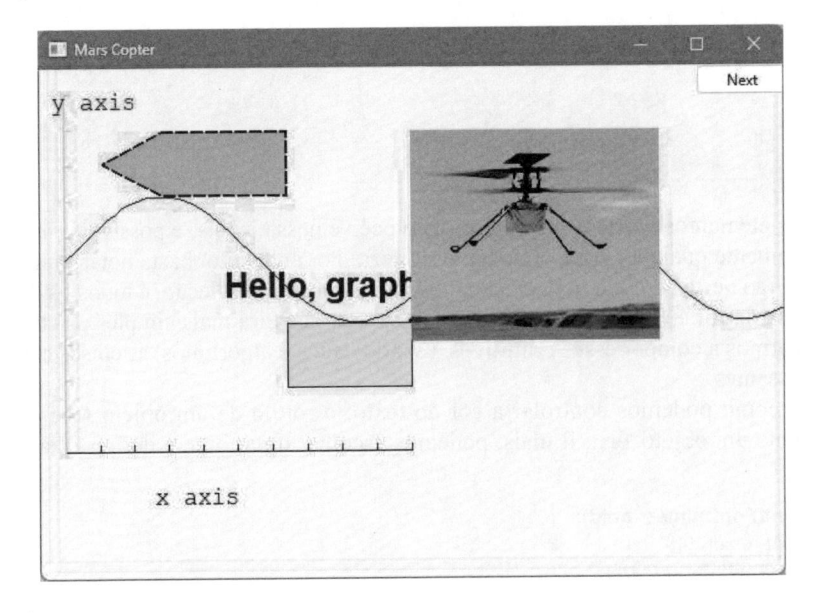

Isso foi feito com:

```
Image copter {Point{100,50},"mars_copter.jpg"};
win.attach(copter);
win.set_label("Mars copter");
win.wait_for_button();
```

Essa foto é relativamente grande e a colocamos bem em cima do nosso texto e das formas. Então, para limpar um pouco nossa janela, iremos tirá-la do caminho:

```
copter.move(100,250);
win.set_label("Move");
win.wait_for_button();
```

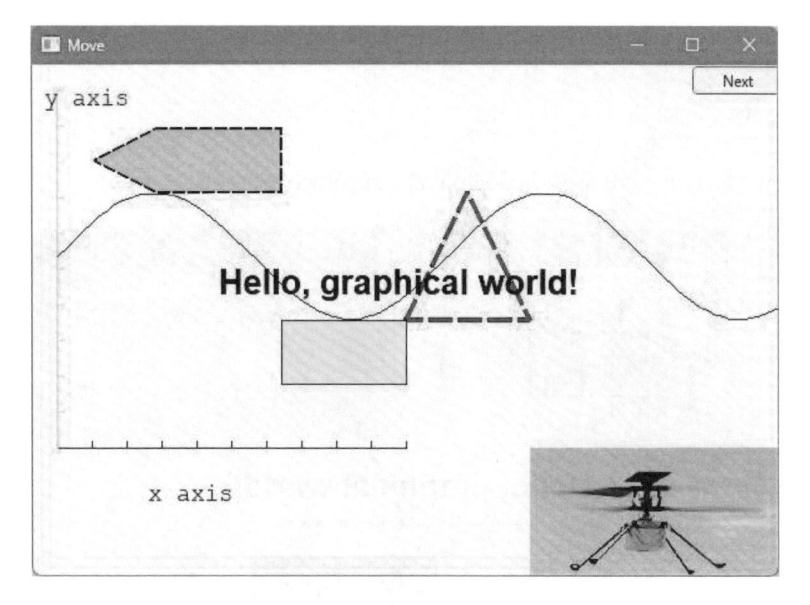

Observe como as partes da foto que não couberam na janela simplesmente não são representadas. O que teria aparecido fora da janela é "cortado".

10.7.8 E muito mais

E aqui, sem mais comentários, temos mais código:

```
Circle c {Point{100,200},50};

Ellipse e {Point{100,200}, 75,25};
e.set_color(Color::dark_red);

Mark m {Point{100,200},'x'};
m.set_color(Color::red);
```

```
ostringstream oss;
oss << "screen size: " << x_max() << "*" << y_max()
    << "; window size: " << win.x_max() << "*" << win.y_max();
Text sizes {Point{100,20},oss.str()};

Image scan{ Point{275,225},"scandinavia.jfif" };
scan.scale(150,200);

win.attach(c);
win.attach(m);
win.attach(e);

win.attach(sizes);
win.attach(scan);
win.set_label("Final!");
win.wait_for_button();
```

Você consegue imaginar o que esse código faz? Está óbvio?

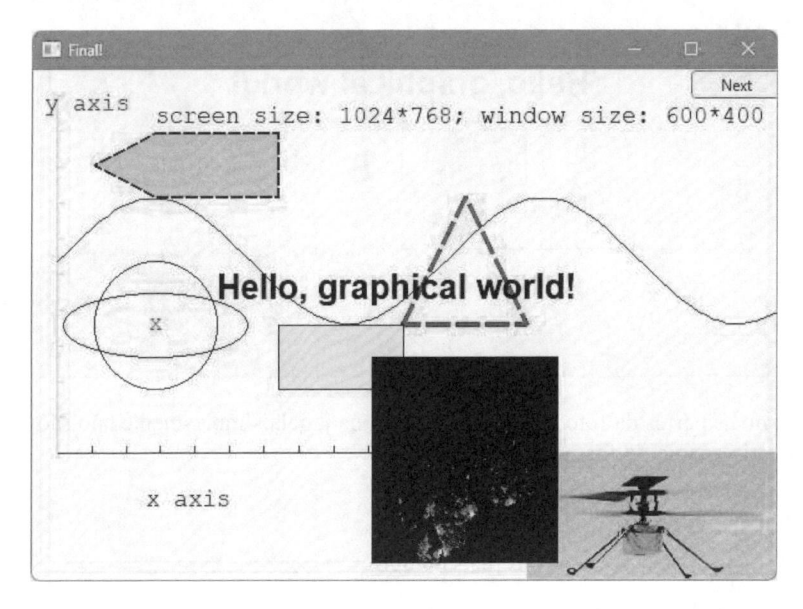

AA A conexão entre o código e o que aparece na tela é direta. Se você ainda não enxergou como esse código gerou essa saída, em breve ficará claro.

Observe a maneira como usamos **ostringstream** (§9.11) para formatar o objeto de texto que exibe os tamanhos. A *string* composta em **oss** é referida como **oss.str()**.

10.8 Rodando o primeiro exemplo

Vimos como criar uma janela e desenhar várias formas nela. Nos capítulos seguintes, veremos como as classes Shape são definidas e mostraremos mais maneiras de usá-las.

Rodar esse programa requer mais do que os programas que apresentamos até agora. Além do nosso código em main(), precisamos ter o código da biblioteca de interface compilado e vinculado ao nosso código; por fim, nada será executado a menos que o sistema GUI usado esteja instalado e corretamente vinculado ao nosso. As edições anteriores do código PPP usavam a biblioteca FLTK; a versão atual usa a biblioteca Qt mais moderna. Ambas funcionam em uma grande variedade de sistemas.

Uma maneira de ver o programa é que ele tem quatro partes distintas:

- Nosso código do programa (main() etc.)
- Nossa biblioteca de interfaces (Window, Shape, Polygon etc.)
- A biblioteca Qt
- A biblioteca-padrão de C++

Indiretamente, também usamos o sistema operacional.

10.8.1 Arquivos-fonte

Nossa biblioteca gráfica e GUI consiste em apenas cinco arquivos de cabeçalho:

- Cabeçalhos para os usuários (também conhecidos como "cabeçalhos voltados para os usuários"):
  - Point.h
  - Window.h
  - Simple_window.h
  - Graph.h
  - GUI.h
- Para implementar os recursos oferecidos por esses cabeçalhos, mais alguns arquivos são usados. Cabeçalhos de implementação:
  - Cabeçalhos Qt
  - GUI_private.h
  - Image_private.h
  - Colormap.h
- Arquivos de código:
  - Window.cpp
  - Graph.cpp
  - GUI.cpp
  - GUI_private.cpp
  - Image_private.cpp
  - Colormap.cpp
- Código Qt

Podemos representar os cabeçalhos voltados para o usuário assim:

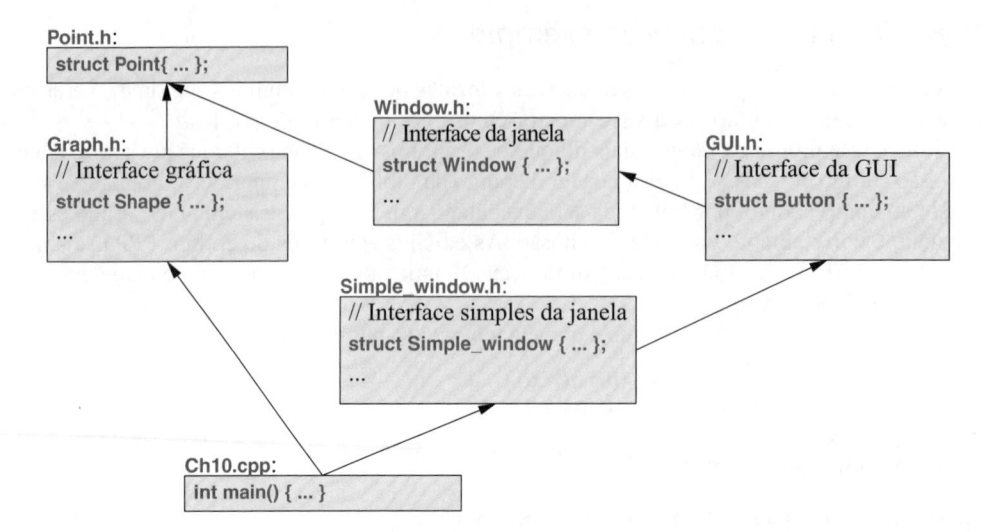

```
Point.h:
struct Point{ ... };

Graph.h:
// Interface gráfica
struct Shape { ... };
...

Window.h:
// Interface da janela
struct Window { ... };
...

GUI.h:
// Interface da GUI
struct Button { ... };
...

Simple_window.h:
// Interface simples da janela
struct Simple_window { ... };
...

Ch10.cpp:
int main() { ... }
```

Uma seta representa um #include. Até o Capítulo 14, você pode ignorar o cabeçalho GUI.

Um arquivo de código que implementa um cabeçalho voltado para o usuário inclui com #include esse cabeçalho mais quaisquer cabeçalhos necessários para seu código. Por exemplo, podemos representar Window.cpp assim:

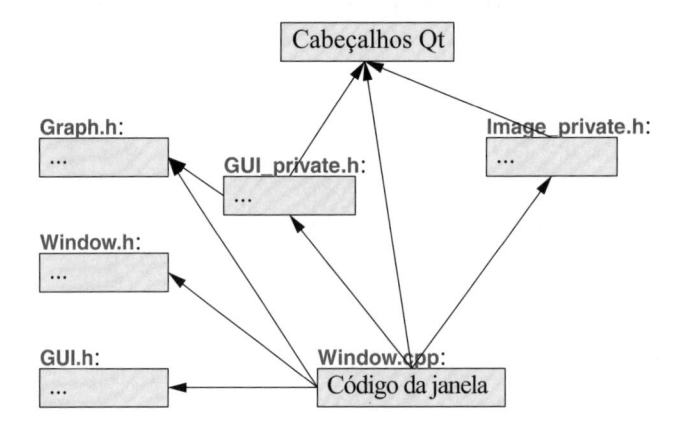

```
Cabeçalhos Qt

Graph.h:
...

GUI_private.h:
...

Image_private.h:
...

Window.h:
...

GUI.h:
...

Window.cpp:
Código da janela
```

Dessa forma, usamos arquivos para separar o que um usuário vê (os cabeçalhos voltados para o usuário, como Window.h) e o que a implementação de tais cabeçalhos usa (p. ex., cabeçalhos Qt e GUI_private.h). Nos módulos, essa distinção é controlada por especificadores export (§7.7.1).

Essa "bagunça de arquivos" é *minúscula* em comparação com os sistemas industriais, em que é comum haver muitos milhares de arquivos, não raro dezenas de milhares de arquivos. Essa é uma razão pela qual preferimos os módulos; eles ajudam a organizar o código. Por sorte, não temos que pensar em mais do que alguns arquivos de cada vez para fazer o trabalho. É o que fizemos aqui: os muitos arquivos do sistema operacional, a biblioteca-padrão de C++ e Qt são invisíveis para nós, como usuários de nossa biblioteca de interface gráfica.

10.8.2 Juntando tudo

Diferentes sistemas (como Windows, Mac e Linux) têm diferentes formas de instalar uma biblioteca (como Qt), compilar e vincular um programa (como o nosso). Pior, esses procedimentos de configuração mudam ao longo do tempo. Portanto colocamos instruções na *web*, www.stroustrup.com/programming.html, e tentamos manter essas descrições atualizadas. Ao configurar seu primeiro projeto, tenha cuidado e esteja preparado para uma possível frustração. Configurar um sistema relativamente complexo como este pode ser muito simples, mas geralmente há "coisas" que não são óbvias para um novato. Se você faz um curso, seu professor ou instrutor pode ajudar, e pode até ter encontrado uma maneira mais fácil de começar. Em qualquer caso, instalar um novo sistema ou biblioteca é exatamente o momento em que uma pessoa mais experiente pode ser de grande ajuda.

Prática

A prática é o equivalente gráfico do programa "Hello, World!". O objetivo é familiarizá-lo com as ferramentas de saída gráfica mais simples.

[1] Crie uma Simple_window vazia com o tamanho 600 por 400 e um rótulo My window compilado, vinculado e executado. Note que você deve vincular a biblioteca Qt, #include Graph.h e Simple_window.h em seu código, compilar e vincular Graph.cpp e Window.cpp em seu programa.
[2] Agora adicione os exemplos de §10.7 um por um, testando a cada exemplo adicionado.
[3] Faça uma pequena alteração (p. ex., na cor, na localização ou no número de pontos) para cada um dos exemplos da subseção.

Revisão

[1] Por que usamos gráficos?
[2] Quando tentamos não usar gráficos?
[3] Por que os gráficos são interessantes para um programador?
[4] O que é janela?
[5] Em que *namespace* mantemos as nossas classes de interface gráfica (nossa biblioteca gráfica)?
[6] Quais arquivos de cabeçalho são necessários para fazer gráficos básicos usando nossa biblioteca gráfica?
[7] Qual é a janela mais simples de usar?
[8] Qual é a janela mínima?
[9] O que é rótulo de janela?
[10] Como se rotula uma janela?
[11] Como funcionam as coordenadas da tela? As coordenadas da janela? As coordenadas matemáticas?
[12] Quais exemplos de "formas" simples da classe Shape podemos exibir?
[13] Qual comando anexa uma forma a uma janela?
[14] Qual forma básica você usaria para desenhar um hexágono?
[15] Como se escreve texto em uma janela?
[16] Como você colocaria uma foto do seu melhor amigo em uma janela (usando um programa que você mesmo escreveu)?

[17] Você criou um objeto Window, mas não aparece nada na tela. Quais são as razões possíveis para isso?
[18] Qual biblioteca usamos para implementar nossa biblioteca de interface gráfica/GUI? Por que não usamos o sistema operacional diretamente?

Termos

cor	gráfico	JPEG	coordenadas
GUI	estilo de linha	exibição	PPP_graphics
biblioteca	camada de *software*	preenchimento	Shape
colorir	HTML	janela	Qt
imagem	XML	Simple_window	

Exercícios

Recomendamos que você use Simple_window para estes exercícios.

[1] Desenhe um retângulo como um Rectangle e como um Polygon. Coloque as linhas de Polygon em vermelho e as linhas de Rectangle em azul.
[2] Desenhe Rectangle com 100 por 30 e coloque o texto "Oi!" dentro dele.
[3] Desenhe suas iniciais com 150 *pixels* de altura. Use uma linha grossa. Desenhe cada inicial de uma cor diferente.
[4] Desenhe um tabuleiro de 3 por 3 de quadrados brancos e vermelhos alternados.
[5] Desenhe um quadro vermelho de ¼ de polegada em torno de um retângulo que tem ¾ da altura da sua tela e ⅔ da largura.
[6] O que acontece quando você desenha um Shape que não cabe em sua janela? O que acontece quando desenha uma Window que não cabe na sua tela? Escreva dois programas que ilustrem esses dois fenômenos.
[7] Desenhe uma casa bidimensional vista de frente, como uma criança faria: com uma porta, duas janelas e um telhado com chaminé. Fique à vontade para adicionar detalhes; talvez uma "fumaça" saindo da chaminé.
[8] Desenhe os cinco anéis olímpicos. Se não se lembrar das cores, pesquise.
[9] Exiba uma imagem na tela, por exemplo, a foto de um amigo. Rotule a imagem com um título na janela e uma legenda.
[10] Desenhe o diagrama do arquivo-fonte em §10.8.1.
[11] Desenhe uma série de polígonos regulares, um dentro do outro. O mais interno deve ser um triângulo equilátero, que deve estar dentro de um quadrado, que deve estar dentro de um pentágono etc. Apenas para os fãs de matemática: deixe todos os pontos de cada polígono N tocarem nos lados do polígono (N+1). Dica: as funções trigonométricas são encontradas em <cmath> e no módulo std (PPP2.§24.8).
[12] Uma superelipse é uma forma bidimensional definida pela equação

$$\left|\frac{x}{a}\right|^m + \left|\frac{y}{b}\right|^n = 1; \text{ onde } m > 0 \text{ e } n > 0.$$

Pesquise *superelipse* na web para ter uma ideia melhor de como são essas formas. Escreva um programa que desenhe padrões "de estrela", conectando os pontos em uma superelipse.

Receba a, b, m, n e N como argumentos. Selecione N pontos na superelipse definida por a, b, m e n. Deixe os pontos o mais igualmente espaçados possível. Conecte esses N pontos a um ou mais pontos (se quiser, você pode tornar outro argumento o número de pontos aos quais conectar um ponto ou apenas usar N–1, ou seja, todos os outros pontos).

[13] Encontre uma forma de adicionar cor às linhas do exercício anterior. Coloque algumas linhas em uma cor e outras linhas em outra cor ou outras cores.

Posfácio

O ideal para o projeto de um programa é ter nossos conceitos diretamente representados como entidades em nosso programa. Assim, muitas vezes representamos as ideias por classes, as entidades reais por objetos de classes, as ações e os cálculos por funções. Os gráficos são um domínio em que essa ideia tem uma aplicação óbvia. Temos conceitos, como círculos e polígonos, e os representamos em nosso programa como a classe Circle e a classe Polygon. O que não é tão comum é que, ao escrevermos um programa gráfico, também temos a oportunidade de ver os objetos dessas classes na tela, isto é, o estado do nosso programa é diretamente representado para observarmos – na maioria das aplicações, não temos tanta sorte. Essa correspondência direta entre ideias, código e saída é o que torna a programação gráfica tão atraente. Mas lembre-se de que os gráficos/GUI são apenas uma ilustração da ideia geral do uso de classes para representar diretamente os conceitos em código. Essa ideia é muito mais geral e útil: tudo o que podemos pensar pode ser representado em código como uma classe, um objeto de uma classe ou um conjunto de classes.

11

Classes gráficas

*Uma linguagem que não
muda a maneira como você pensa
não vale a pena aprender.*
– Dito popular

O Capítulo 10 deu uma ideia do que podemos fazer em termos de gráficos, usando um conjunto de classes de interface simples, e como fazer isso. Este capítulo apresenta muitas das classes oferecidas. O foco aqui é o projeto, o uso e a implementação das classes de interface específicas, como **Point, Color, Polygon, Open_polyline**, e seus usos. O capítulo seguinte apresentará ideias para projetar os conjuntos de classes relacionadas, além de mais técnicas de implementação.

- ▶ 11.1 Visão geral das classes gráficas
- ▶ 11.2 **Point e Line**
- ▶ 11.3 **Lines**
  Inicialização
- ▶ 11.4 **Color**
- ▶ 11.5 **Line_style**
- ▶ 11.6 Polilinhas
  Open_polyline; Closed_polyline; Marked_polyline; Marks
- ▶ 11.7 Formas fechadas
  Polygon; Rectangle; Gerenciando objetos não nomeados; **Circle; Ellipse**
- ▶ 11.8 **Text**
- ▶ 11.9 **Mark**
- ▶ 11.10 **Image**

11.1 Visão geral das classes gráficas

As bibliotecas gráficas e GUI oferecem muitos recursos. Com "muitos" queremos dizer centenas de classes, muitas vezes com dezenas de funções aplicáveis a cada uma. Ler uma descrição, um manual ou uma documentação é um pouco como ler um livro de botânica antigo, que lista detalhes de milhares de plantas, organizadas de acordo com aspectos de classificação obscuros. É assustador! Também pode ser emocionante – ver os recursos de uma biblioteca gráfica/GUI moderna pode fazer você se sentir como uma criança em uma loja de doces, mas pode ser difícil descobrir por onde começar e o que é realmente bom no seu caso.

Um dos objetivos da nossa biblioteca de interfaces é reduzir o choque causado pela complexidade de uma biblioteca gráfica/GUI madura. Apresentamos apenas duas dúzias de classes com poucas operações. Contudo elas permitem produzir uma saída gráfica útil. Um objetivo intimamente relacionado é introduzir importantes conceitos de gráficos e GUI com essas classes. Desde já, você pode escrever programas exibindo resultados como gráficos simples. Após este capítulo, sua variedade de programas gráficos terá aumentado, excedendo os requisitos iniciais da maioria das pessoas. Após o Capítulo 14, você entenderá a maioria das técnicas de projeto e das ideias envolvidas, para que possa aprofundar sua compreensão e ampliar sua gama de expressões gráficas conforme a necessidade. Você pode fazer isso adicionando aos recursos descritos aqui ou adotando uma biblioteca gráfica/GUI completa de C++.

As principais classes de interface são:

Classes de interface gráfica (em Graph.h)	
Color	usada para linhas, texto e formas de preenchimento
Line_style	usada para desenhar linhas
Point	usada para expressar locais em uma tela e dentro de Window
Mark	um ponto marcado por um caractere (como x ou o)
Line	uma linha como a vemos na tela, definida por dois Points finais
Lines	um conjunto de Lines definidas por pares de Points
Open_polyline	uma sequência de Lines conectadas e definidas por uma sequência de Points
Closed_polyline	como Open_polyline, exceto que Line conecta o último Point à primeira sequência de pontos indicados por marcas (como x ou o)
Marks	uma sequência de pontos indicados por marcas (como x e o)
Marked_polyline	uma Open_polyline com seus pontos indicados por marcas
Polygon	uma Closed_polyline em que duas Lines nunca se cruzam
Rectangle	uma forma comum otimizada para exibição rápida e conveniente
Circle	um círculo definido por um centro e um raio
Ellipse	uma elipse definida por um centro e dois eixos
Function	uma função de uma variável plotada em um intervalo
Axis	um eixo rotulado
Text	uma *string* de caracteres
Image	o conteúdo de um arquivo de imagem

O Capítulo 13 examina Function e Axis. O Capítulo 14 apresenta as principais classes da interface GUI:

Classes da interface Window	
Window	uma área da tela na qual exibimos nossos objetos gráficos. Em Window.h.
Simple_window	uma janela com um botão "Next". Em Simple_window.h.
Application	a classe que fornece nossa interface a Qt

Todo programa GUI/gráfico precisa começar definindo um objeto Application.

Classes da interface GUI (em GUI.h)	
Button	um retângulo, geralmente rotulado, em uma janela, que podemos pressionar para executar uma de nossas funções
In_box	uma caixa, geralmente rotulada, em uma janela, na qual um usuário pode digitar uma *string*
Out_box	uma caixa, geralmente rotulada, em uma janela, na qual nosso programa pode escrever uma *string*
Menu	um vetor de Buttons

Essa biblioteca gráfica/GUI é apresentada como module PPP_graphics. No momento da escrita deste livro, nem toda implementação de C++ tinha um excelente suporte de módulo, por isso também disponibilizamos o código-fonte da biblioteca como arquivos-fonte organizados, como descrito em §10.8.1.

Além das classes gráficas, apresentamos uma classe que é útil para guardar as coleções de Shapes ou Widgets:

Um contêiner de Shapes e Widgets. Em Graph.h.	
Vector_ref	um vector com uma interface que o torna conveniente para guardar elementos não nomeados

Não leia as próximas seções muito rapidamente. A maioria das coisas apresentadas nelas são bastante óbvias, mas o objetivo deste capítulo não é apenas mostrar algumas imagens bonitas – você vê imagens mais bonitas na tela do seu computador, na televisão e no celular todos os dias. Os principais pontos deste capítulo são:

- Mostrar a correspondência entre o código e as imagens produzidas.
- Ajudá-lo a se acostumar a ler o código e pensar sobre como ele funciona.
- Ajudá-lo a pensar sobre o projeto do código – em particular, pensar em como representar os conceitos como classes no código. Por que essas classes têm tal aparência? De que outra forma poderiam ser vistas? Tomamos muitas, muitas decisões de projeto, com a maioria podendo ter sido tomada de forma diferente, em alguns casos, muitíssimo diferente.

Então, não tenha pressa. Se você se apressar, perderá algo importante e poderá achar os exercícios desnecessariamente difíceis.

11.2 Point e Line

A parte mais básica de qualquer sistema gráfico é o ponto. Definir um *ponto* é definir modo como organizamos nosso espaço geométrico. Aqui, usamos um *layout* convencional e orientado por computador, com pontos bidimensionais definidos por coordenadas inteiras (*x,y*). Como descrito em §10.5, as coordenadas *x* vão de 0 (representando o lado esquerdo da tela) até x_max() (representando o lado direito dela); as coordenadas *y* vão de 0 (representando o topo da tela) até y_max() (representando a parte inferior dela).

Point nada mais é que um par de ints (as coordenadas):

```
struct Point {
    int x, y;
};

bool operator==(Point a, Point b) { return a.x==b.x && a.y==b.y; }
bool operator!=(Point a, Point b) { return !(a==b); }
```

Tudo o que aparece em uma janela é uma forma (Shape), que descrevemos em detalhes no Capítulo 12. Então, uma linha (Line) é uma forma (Shape) que conecta dois pontos (Points) com uma linha:

```
struct Line : Shape {              // Line é uma Shape definida por dois Points
    Line(Point p1, Point p2);      // construir uma Line a partir de dois Points
};
```

Uma Line é uma espécie de Shape. É o que significa : Shape. Shape é chamada de *classe-base* para Line ou simplesmente *base* de Line. Shape fornece os recursos necessários para tornar a definição de Line simples. Assim que tivermos uma ideia das formas em particular, como Line e Open_polyline, explicaremos o que isso implica (§12.2).

Line é definida por dois Points. Podemos criar linhas e fazer com que sejam desenhadas assim:

```
#include "PPP.h"
#include "PPP/Simple_window.h"
#include "PPP/Graph.h"

using namespace Graph_lib;

int main()
    // desenhar duas linhas
{
    constexpr Point x {100,100};

    Simple_window win {x,600,400,"two lines"};

    Line horizontal {x,Point{200,100}};            // fazer uma linha horizontal
    Line vertical {Point{150,50},Point{150,150}};  // fazer uma linha vertical

    win.attach(horizontal);                        // anexar as linhas à janela
    win.attach(vertical);

    win.wait_for_button();                         // exibir!
}
catch (...) {
    cout << "something went wrong\n";
}
```

Como lembrete, saímos na "estrutura de suporte" (#include etc., como descrito em §10.3). Executando isso, temos:

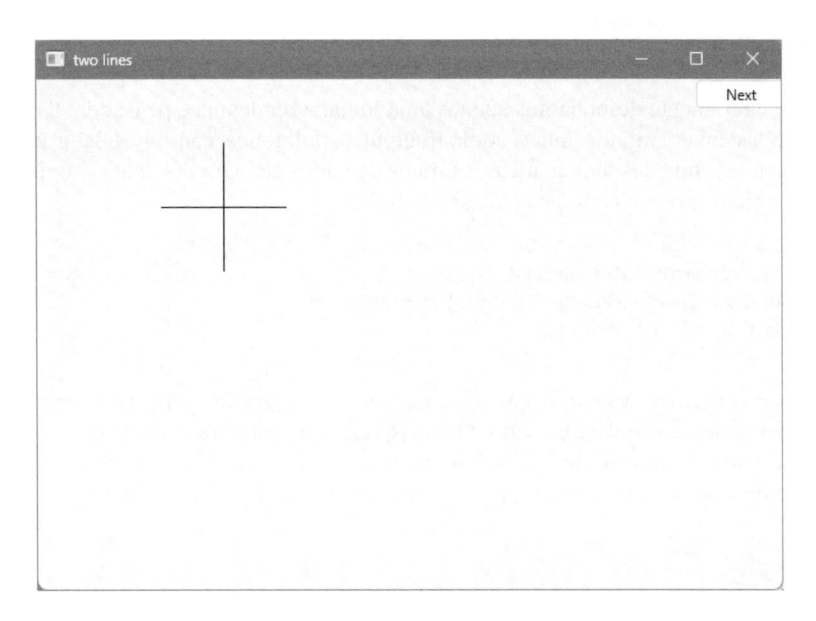

Como uma interface de usuário projetada para ser simples, Line funciona muito bem. Você não precisa ser um Einstein para imaginar que

    Line vertical {Point{150,50},Point{150,150}};

cria uma linha (vertical) de (150,50) até (150,150). Existem, claro, detalhes da implementação, mas você não precisa conhecê-los para criar Lines. A implementação do construtor de Line corresponde a:

    Line::Line(Point p1, Point p2)   // *construir uma linha a partir de dois pontos*
    {
        add(p1);   // *adicionar p1 a esta forma*
        add(p2);   // *adicionar p2 a esta forma*
    }

Isto é, o construtor simplesmente "adiciona" dois pontos. Adiciona a quê? E como Line é desenhada em uma janela? A resposta está na classe Shape. Como descreveremos no Capítulo 12, Shape pode manter pontos definindo linhas, sabe como desenhar as linhas definidas por pares de Points e fornece uma função add(), que permite a um objeto adicionar um Point a seu Shape. O ponto (*sic!*) importante aqui é que definir Line é simples. Grande parte do trabalho de implementação é feita pelo "sistema", de modo que podemos nos concentrar em escrever classes simples que são fáceis de usar.

    A partir de agora, também deixaremos de fora a definição de Simple_window (§14.3) e as chamadas de attach() e set_label(). São apenas as "estruturas de suporte" que precisamos para um programa completo, mas que acrescenta pouco à discussão das Shapes específicas.

11.3 Lines

Acontece que raramente desenhamos apenas uma linha. A tendência é pensar em termos de objetos que consistem em muitas linhas, como triângulos, polígonos, caminhos, labirintos, grades, gráficos de barras, funções matemáticas, gráficos de dados etc. Um dos mais simples, como as "classes de objetos gráficos compostos", são as linhas:

```
struct Lines : Shape {            // linhas relacionadas
    Lines(initializer_list<Point> lst = {});        // por padrão, uma lista vazia
    void draw_specific(Painter& painter) const override;
    void add(Point p1, Point p2);
};
```

A parte override significa "usar a função draw_specific em vez da de Shape para Lines" (§12.3.3).

Um objeto Lines é simplesmente um Shape (§12.2) que consiste em uma coleção de linhas, cada uma definida por um par de Points. Por exemplo, se tivéssemos considerado as duas linhas do exemplo de Line em §11.2 como parte de um único objeto gráfico, poderíamos tê-las definido assim:

```
Lines y;
y.add(Point{100,100}, Point{200,100});      // primeira linha: horizontal
y.add(Point{150,50}, Point{150,150});       // segunda linha: vertical
```

Isso dá um resultado que é idêntico (até o último *pixel*) à versão Line:

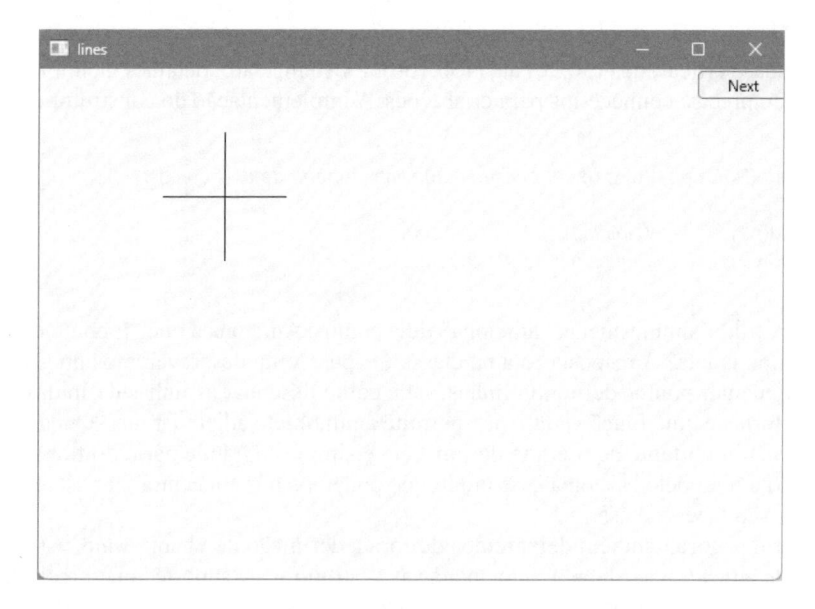

A única forma de dizer que esta é uma janela diferente é que a rotulamos de forma diferente.

A diferença entre um conjunto de objetos Line e um conjunto de linhas em um objeto Lines é só a nossa visão do que está acontecendo. Ao usar Lines, expressamos nossa opinião de que as duas linhas devem ser manipuladas juntas. Por exemplo, podemos mudar a cor de todas as linhas que fazem parte de um objeto Lines com um único comando. Por outro lado, podemos dar cores diferentes às linhas que são objetos Line individuais. Como um exemplo mais realista, considere como definir uma grade. Uma grade consiste em um número de linhas horizontais e verticais uniformemente espaçadas. Contudo pensamos em uma grade como uma "coisa só", então definimos essas linhas como parte de um objeto Lines:

```
int x_size = win3.x_max();          // obter o tamanho da nossa janela
int y_size = win3.y_max();
int x_grid = 80;
int y_grid = 40;

Lines grid;
for (int x=x_grid; x<x_size; x+=x_grid)
    grid.add(Point{x,0},Point{x,y_size});    // linha vertical
for (int y = y_grid; y<y_size; y+=y_grid)
    grid.add(Point{0,y},Point{x_size,y});    // linha horizontal
```

Note como obtemos as dimensões da nossa janela usando x_max() e y_max(). Também é o primeiro exemplo no qual escrevemos um código que calcula quais objetos queremos exibir. Seria muitíssimo entediante definir essa grade definindo uma variável nomeada para cada linha dela. Com esse código, temos:

Voltemos ao projeto de Lines. Como as funções-membro da classe Lines são implementadas? Lines fornece apenas dois construtores e duas operações.

A função add() adiciona uma linha definida por um par de pontos ao conjunto de linhas a serem exibidas e pede que o objeto modificado seja redesenhado na janela:

```
void Lines::add(Point p1, Point p2)
{
    Shape::add(p1);
    Shape::add(p2);
    redraw();
}
```

Sim, a qualificação `Shape::` é necessária porque, caso contrário, o compilador veria `add(p1)` como uma tentativa (não permitida) de chamar `add()` de `Lines` em vez de `add()` de `Shape`.

A função `draw_specific()` desenha as linhas definidas por `add()`:

```
void Lines::draw_specific(Painter& painter) const
{
    if (color().visibility())
        for (int i=1; i<number_of_points(); i+=2)
            painter.draw_line(point(i-1),point(i));
}
```

Isto é, `Lines::draw_specific()` toma dois pontos de cada vez (começando com os pontos 0 e 1) e desenha a linha entre eles usando a função de desenho de linha da biblioteca subjacente (`Painter::draw_line()`). `Painter` é um objeto que guarda informações sobre como um objeto deve ser exibido na tela. Ele define o mapeamento dos conceitos (como `Color` e `Line_style`) em nossa biblioteca de interfaces para as versões Qt de tais conceitos, representados como `QPainter`. `QPainter` é uma classe complexa e altamente otimizada, que não descreveremos. A renderização de informações eficiente e com qualidade é uma arte importante, e aqui apenas usaremos `painters` de maneiras simples, como desenhar uma linha reta.

Para este exemplo, simplesmente usamos a cor padrão (`black`). A visibilidade é uma propriedade do objeto `Color` de `Lines` (§11.4), então temos que verificar se as linhas devem ser visíveis antes de desenhá-las. Não precisamos verificar se o número de pontos é par – a função `add()` de `Lines` pode adicionar apenas pares de pontos. As funções `number_of_points()` e `point()` são definidas na classe `Shape` (§12.2) e têm um significado óbvio.

Como explicamos em §12.2.3, a função `draw_specific()` é chamada por `draw()`, que por sua vez é chamada de "sistema" quando um `Shape` precisa aparecer. Essas duas funções fornecem um acesso de somente leitura para os pontos de `Shape`. A função-membro `draw_specific()` é definida para ser `const` (ver §8.7.4), porque não modifica a forma.

11.3.1 Inicialização

AA O construtor de `Lines` recebe uma `initializer_list` de pares de `Points`, cada um definindo uma linha. Com esse construtor de lista de inicializadores (§17.3), podemos definir `Lines` começando com 0, 1, 2, 3, ... linhas, ou seja, o primeiro exemplo de `Lines` poderia ser escrito assim:

```
Lines x = {
    {Point{100,100}, Point{200,100}},    // primeira linha: horizontal
    {Point{150,50}, Point{150,150}}      // segunda linha: vertical
};
```

ou mesmo assim:

```
Lines x = {
    {{100,100}, {200,100}},     // primeira linha: horizontal
    {{150,50}, {150,150}}       // segunda linha: vertical
};
```

O construtor de lista de inicializadores é definido com facilidade; basta verificar se o número de pontos é par e deixar o construtor de listas de Shape fazer o trabalho:

```
void Lines::Lines(initializer_list<pair<Point,Point>> lst)
    : Shape{lst}
{
    if (lst.size() % 2)
        error("odd number of points for Lines");
}
```

O tipo initializer_list é definido na biblioteca-padrão (§17.3, §20.2.2).

O construtor padrão, Lines{}, vê uma lista vazia {} e cria um objeto vazio (sem linhas): o modelo de começar sem pontos e depois adicionar pares de pontos com add() conforme a necessidade é mais flexível do que qualquer construtor. Em particular, permite adicionar linhas mais tarde.

11.4 Color

Color é o tipo que usamos para representar uma cor. Podemos usar Color assim:

```
grid.set_color(Color::red);
```

Isso colore de vermelho as linhas definidas em grid para que possamos obter

Color define a noção de cor e dá nomes simbólicos a algumas das cores mais comuns:

```
struct Color {
    enum Color_type {
        red, blue, green,
        yellow, white, black,
        magenta, cyan, dark_red,
        dark_green, dark_yellow, dark_blue,
        dark_magenta, dark_cyan,
        palette_index,
        rgb
    };
    enum Transparency { invisible = 0, visible=255 };

    Color(Color_type cc) :c{cc}, ct{cc}, v{visible} { }           // cores nomeadas
    Color(Color_type cc, Transparency vv) :c{cc}, ct{cc}, v{vv} { }
    Color(int cc)                          // escolher na paleta de 256 cores populares
        :c{cc}, ct{Color_type::palette_index}, v{visible} { }
    Color(Transparency vv) :c{}, ct{Color_type::black}, v{vv} { }
    Color(int r, int g, int b) :c{}, ct{Color_type::rgb}, rgb_color{r,g,b}, v{visible} {}   // RGB

    int as_int() const { return c; }
    int red_component() const { return rgb_color.r; }
    int green_component() const { return rgb_color.g; }
    int blue_component() const { return rgb_color.b; }
    Color_type type() const { return ct; }

    char visibility() const { return v; }
    void set_visibility(Transparency vv) { v=vv; }
private:
    int c = 0;
    Color_type ct = black;
    struct Rgb { int r; int g; int b; };
    Rgb rgb_color = {0,0,0};
    Transparency v;
};
```

O propósito de Color é:

- Ocultar a noção de cor da implementação.
- Mapear entre as codificações de inteiros das cores e a noção de cor da implementação.
- Dar um escopo às constantes de cor.
- Fornecer uma versão simples de transparência (visível e invisível).

Como sempre, quando uma classe representa algo no mundo real que as pessoas podem ver e se interessar, aumentam a complexidade e as alternativas.

Você pode escolher cores

- a partir da lista de cores nomeadas, por exemplo, Color::dark_blue;
- selecionando em uma pequena "paleta" de cores, que a maioria das telas exibe bem, especificando um valor no intervalo de 0–255; por exemplo, Color(99) é um verde-escuro (§11.7.3);

- escolhendo um valor no sistema RGB (vermelho, verde, azul), que não explicaremos aqui. Pesquise, se precisar. Em particular, a pesquisa de "cor RGB" (ou "*RBG color*") na *web* gera muitos resultados de busca, como http://en.wikipedia.org/wiki/RGB_color_model. Veja também o Exercício 6.

Observe o uso de construtores para permitir que objetos Color sejam criados a partir de Color_type ou de um int simples. O membro c é inicializado por cada construtor. Você poderia argumentar que c é um nome muito curto e obscuro para usar, mas, como é usado apenas dentro do pequeno escopo de Color e não é destinado ao uso geral, provavelmente é OK. Tornamos privado o membro c para protegê-lo do uso direto de nossos usuários. Para nossa representação do membro de dados c, utilizamos um int simples, que usamos adequadamente para color_type. Fornecemos funções de leitura, como as_int() e red_component(), para permitir que os usuários determinem qual cor um objeto Color representa. Tais funções não mudam o objeto Color para o qual são usadas, então as declaramos como const.

A transparência é representada pelo membro v, que pode manter os valores Color::visible e Color::invisible, com seu significado óbvio. Talvez seja uma surpresa que uma "cor invisível" possa ser útil, mas pode ser mais útil ter parte de uma forma composta invisível. Esse estilo de projeto nos permite estendê-lo para dar suporte a muitos graus de transparência, se acharmos necessário.

11.5 Line_style

Quando desenhamos várias linhas em uma janela, podemos diferenciá-las por cor, estilo ou ambos. Um estilo de linha é o padrão usado para delinear a linha. Como set_color(), set_style() aplica-se a todas as linhas de uma forma. Podemos usar Line_style assim:

    grid.set_style(Line_style::dot);

Isso exibe as linhas em grid como uma sequência de pontos, em vez de uma linha sólida:

Isso "afina" um pouco a grade, tornando-a mais discreta.

O tipo Line_style é assim:

```
struct Line_style {
    enum Line_style_type {
        solid,              // -------
        dash,               // - - - -
        dot,                // ........
        dashdot,            // - . - .
        dashdotdot          // -..-..
    };
    Line_style(Line_style_type ss) :s{ss} { }
    Line_style(Line_style_type ss, int ww) :s{ss}, w(ww) { }
    Line_style() {}

    int width() const { return w; }
    int style() const { return s; }
private:
    int s = solid;
    int w = 1;
};
```

Line_style tem dois "componentes":

- A propriedade de estilo (p. ex., usar linhas tracejadas ou sólidas).
- A largura (a espessura da linha usada). A largura padrão é 1, ou seja, um *pixel*.

TENTE ISTO

Replique o exemplo da grade como acabamos de mostrar, mas use uma cor e um estilo de linha diferentes.

As técnicas de programação para definir Line_style são exatamente as mesmas que usamos para Color. Aqui, ocultamos o fato de que Qt usa seu próprio tipo QFont para representar os estilos de linha. Por que isso é algo que vale a pena ocultar? Porque é exatamente o tipo de detalhe que pode mudar conforme uma biblioteca evolui ou se alteramos nossa biblioteca gráfica subjacente. Em particular, as edições anteriores deste livro usaram FLTK, em que ints simples são usados para representar as fontes, de modo que ocultar esse detalhe evitou precisarmos atualizar o código do usuário. Em *software* do mundo real, essa estabilidade tem uma enorme importância.

Na maioria das vezes, não nos preocupamos com o estilo; apenas contamos com o padrão (largura e linhas sólidas padrão). Essa largura de linha padrão é definida pelos construtores nos casos em que não especificamos uma explicitamente. Os construtores são bons em definir padrões, e os padrões podem ajudar significativamente os usuários de uma classe.

Podemos solicitar uma linha tracejada grossa como esta:

```
grid.set_style(Line_style{Line_style::dash,2});
```

Isso produz:

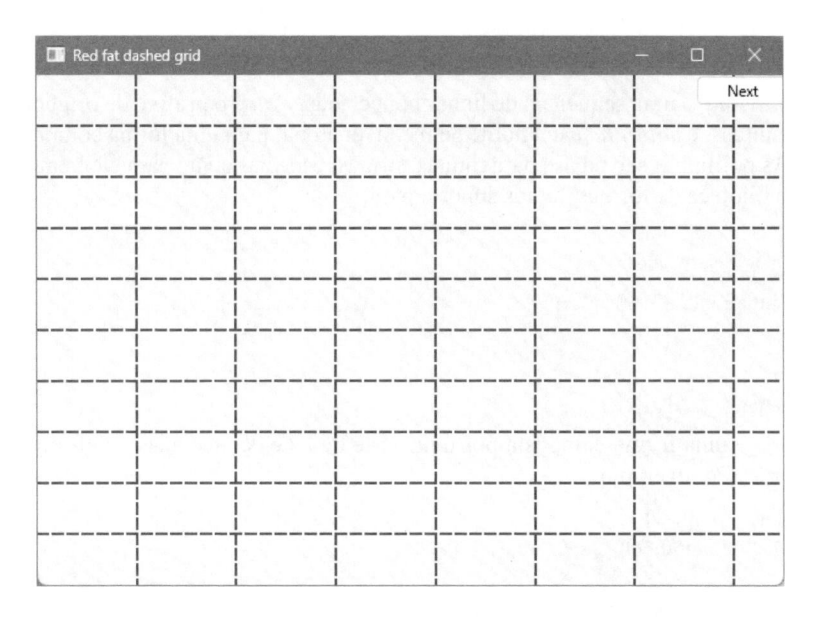

Quando queremos controlar a cor ou o estilo das linhas separadamente, devemos defini-las como Lines separadas, como fizemos em §11.2. Por exemplo:

    horizontal.set_color(Color::red);
    vertical.set_color(Color::green);

E temos:

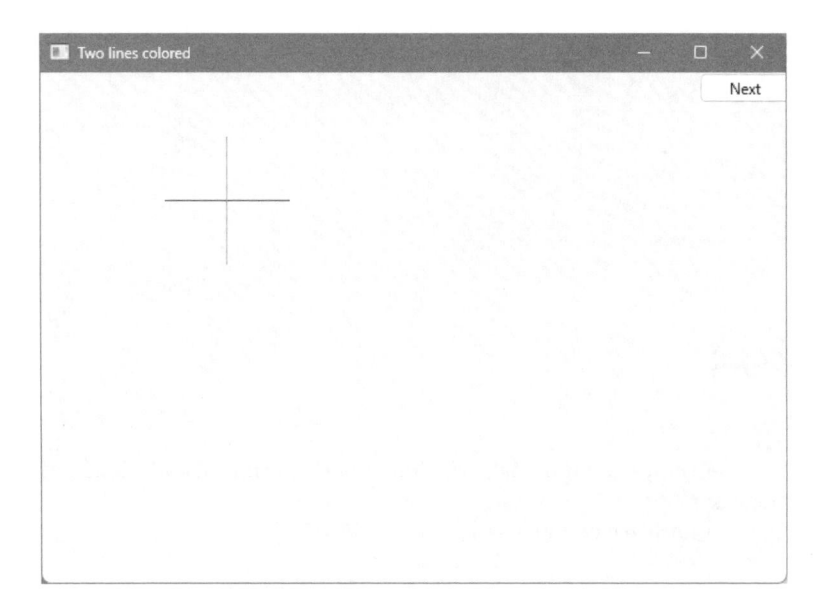

11.6 Polilinhas

Polilinha (*polyline*) é uma sequência de linhas conectadas. *Poli* é o prefixo de origem grega que significa "muitos", e *polilinha* é um nome bem convencional para uma forma composta de muitas linhas. As polilinhas são a base para muitas formas, especialmente para elementos gráficos.

Nesta biblioteca de formas, temos suporte para:

- Open_polyline
- Close_polyline
- Marked_polyline
- Marks

11.6.1 Open_polyline

Open_polyline é uma forma composta por uma série de Lines conectadas e definidas por uma série de pontos. Por exemplo:

```
Open_polyline opl = {
    {100,100}, {150,200}, {250,250}, {300,200}
};
```

Isso desenha a forma obtida ao conectarmos os quatro pontos:

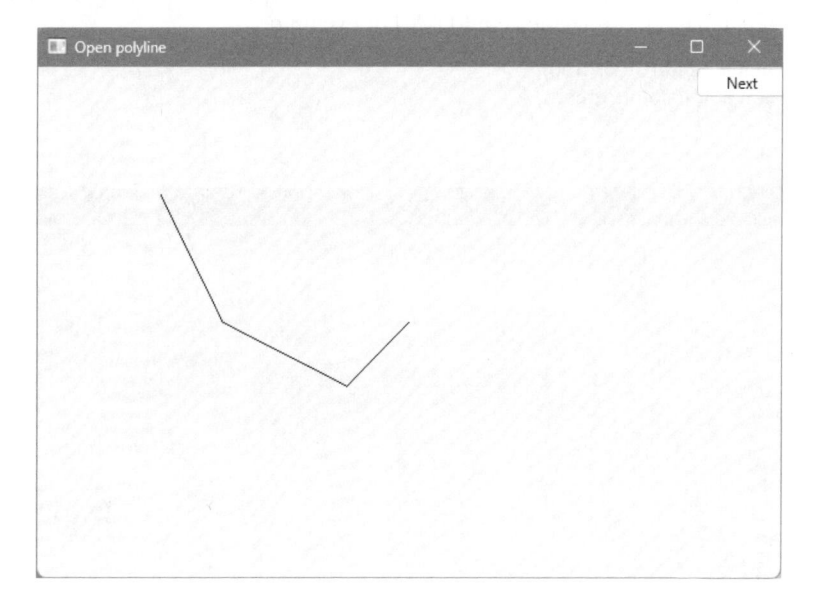

Basicamente, Open_polyline é uma palavra chique para a brincadeira "Ligue os pontos" do jardim de infância.

A classe Open_polyline é definida assim:

```
struct Open_polyline : Shape {        // sequência de linhas aberta
    Open_polyline(initializer_list<Point> lst = {}) : Shape(lst) {}
    void add(Point p) { Shape::add(p); redraw(); }
    void draw_specific(Painter& painter) const override;
};
```

Open_polyline herda de Shape. A função add() de Open_polyline existe para permitir que os usuários de uma Open_polyline acessem a função add() de Shape (isto é, Shape::add()). Para Open_polyline, draw_specific() é a função que conecta os pontos com Lines:

```
void Open_polyline::draw_specific()(Painter& painter) const
{
    if (color().visibility())
        for (int int i=1; i<number_of_points(); ++i)
            painter.draw_line(point(i-1),point(i));
}
```

Painter é a classe que mapeia nossas funções de desenho e as funções de Qt para "pintar" a tela. Ela nunca é usada diretamente pelos usuários de nossas classes gráficas/GUI.

11.6.2 Closed_polyline

Closed_polyline é como Open_polyline, exceto que também desenhamos uma linha do último ponto até o primeiro. Por exemplo, poderíamos usar os mesmos pontos que usamos com Open_polyline em §11.6.1 para Closed_polyline:

Closed_polyline cpl = {   {100,100}, {150,200}, {250,250}, {300,200} };

O resultado (claro) é idêntico a §11.6.1, exceto pela linha de fechamento final:

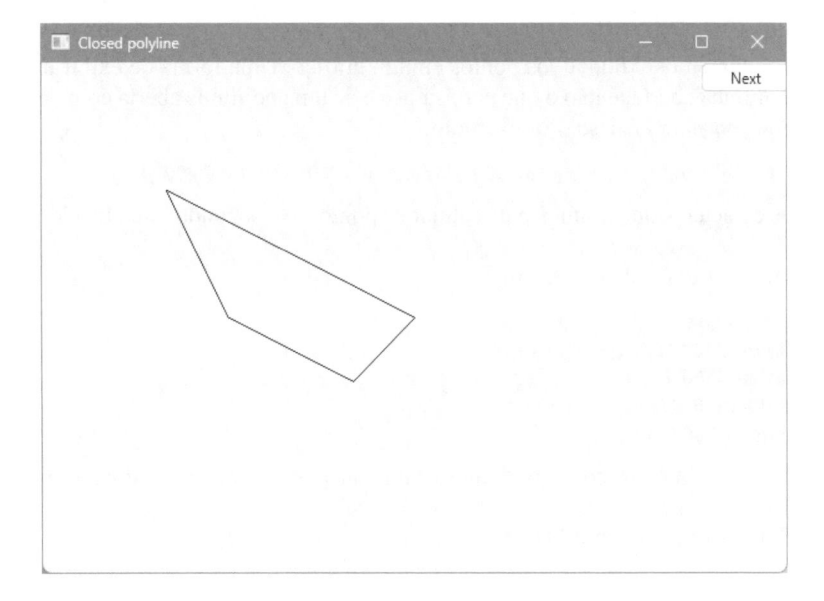

A definição de Closed_polyline é a seguinte:

```
struct Closed_polyline : Open_polyline {// sequência de linhas fechada
    using Open_polyline::Open_polyline;
    void draw_specific(Painter& painter) const override;
};

void Closed_polyline::draw_specific(Painter& painter) const
{
    painter.draw_polygon(*this);
}
```

A declaração using (§7.6.1) diz que Closed_polyline tem os mesmos construtores de Open_polyline. Closed_polyline precisa de sua própria função draw_specific() para desenhar essa linha de fechamento, que conecta o último ponto ao primeiro. Acontece que Qt tem uma função otimizada para isso, então a usamos.

Só temos que trabalhar no pequeno detalhe que diferencia Closed_polyline de Open_polyline. Isso é importante e às vezes é chamado de "programação por diferença". Precisamos programar apenas o que é diferente em nossa classe derivada (aqui, Closed_polyline) em comparação com o que uma classe-base (aqui, Open_polyline) oferece.

Então, como desenhamos essa linha de fechamento? Não desenhamos. QPainter, da biblioteca Qt, sabe desenhar polígonos. Então, Painter simplesmente chama essa biblioteca gráfica subjacente. Contudo, como em outros casos, a menção de Qt é mantida dentro da implementação de nossa classe, em vez de ser exposta aos usuários. Nenhum código do usuário precisa usar painter. Se quiséssemos, poderíamos substituir Qt por outra biblioteca GUI com muito pouco impacto no código dos nossos usuários.

11.6.3 Marked_polyline

Muitas vezes, queremos "rotular" os pontos em um gráfico. Uma forma de exibir um gráfico é como uma polilinha aberta, então o que precisamos é de uma polilinha aberta com "marcas" nos pontos. Marked_polyline faz isso. Por exemplo:

```
Marked_polyline mpl {"1234", {{100,100}, {150,200}, {250,250}, {300,300}}};
```

"1234" são os caracteres que usamos para rotular os pontos, e o segundo inicializador é uma lista de pontos.

Poderíamos ter definido mpl assim:

```
Marked_polyline mpl{ "1234" };
mpl.add(Point{100,100});
mpl.add(Point{150,200});
mpl.add(Point{250,250});
mpl.add(Point{300,200});
```

Isso é extenso, mas mostra como podemos adicionar pontos após a definição inicial de um objeto Marked_polyline.

De qualquer forma, isso produz:

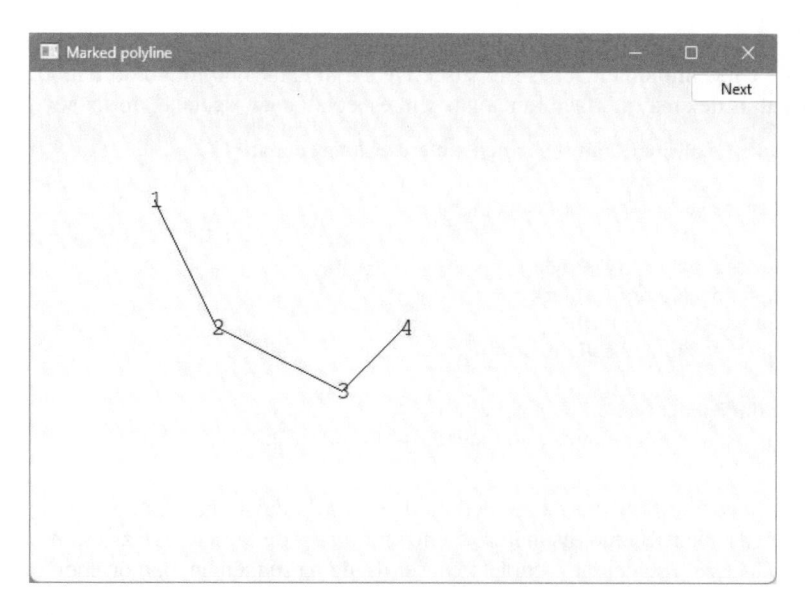

A definição de Marked_polyline é a seguinte:

```
struct Marked_polyline : Open_polyline {
    Marked_polyline(const string& m, initializer_list<Point> lst = {});

    void set_font(Font f) { fnt = f; redraw(); }
    Font font() const { return fnt; }

    void set_font_size(int s) { fnt_sz = s; redraw(); }
    int font_size() const { return fnt_sz; }

    void set_color(Color col) { Shape::set_color(col); set_mark_color(col); }
    void set_mark_color(Color c) { m_color = c; redraw();}
    Color mark_color() const { return m_color;}

    void draw_specifics(Painter& painter) const override;
protected:
    void hide_lines(bool hide = true);   // tornar as linhas invisíveis ou visíveis
private:
    string mark;
    Font fnt = Font::courier;
    int fnt_sz = 14;       // pelo menos 14 pontos
    Color m_color;
};
```

Ao derivar de Open_polyline, obtemos o tratamento de Points "de graça"; tudo o que temos que fazer é lidar com as marcas. Queríamos controlar a aparência das marcas, e isso significou adicionar funções para manipular a fonte, a cor e o tamanho. A alternativa teria sido deixar esses membros de dados públicos. No entanto as fontes e as cores são exatamente os tipos de propriedade cujas implementações são suscetíveis à mudança ao longo do tempo, por isso as ocultamos atrás de uma interface funcional. Em especial, draw_specific() torna-se

```
void Marked_polyline::draw_specific(Painter& painter) const
{
    Open_polyline::draw_specifics(painter);

    painter.set_line_style(style());
    painter.set_color(m_color);
    painter.set_font(font());
    painter.set_font_size(font_size());

    for (int i=0; i<number_of_points(); ++i)
        draw_mark(painter, point(i),mark[i%mark.size()]);
}
```

A chamada Open_polyline::draw_specific() cuida do estilo das linhas, então só temos que lidar com as "marcas". Fornecemos as marcas como uma *string* de caracteres e as usamos em ordem: marks[i%marks.size()] seleciona o caractere a ser usado na sequência, percorrendo os caracteres fornecidos quando Marked_polyline foi criada. A parte % é o operador de módulo (resto). Essa função draw_specific() usa uma pequena função auxiliar draw_mark() para reproduzir uma letra em cada ponto:

```
void draw_mark(Painter& painter, Point xy, char c)
{
    string m(1,c);
    painter.draw_centered_text(xy, m);
}
```

A parte string m é criada para conter o único caractere c.

O construtor que recebe uma lista de inicializadores simplesmente passa adiante o construtor de lista de inicializadores de Open_polyline:

```
Marked_polyline::Marked_polyline(const string& m, initializer_list<Point> lst)
    : Open_polyline{lst}, mark{(m=="") ? "*" : m}
{
}
```

O teste ?: para uma *string* vazia é necessário para evitar que draw_specific() tente acessar um caractere que não existe.

11.6.4 Marks

Às vezes, queremos exibir marcas sem usar linhas conectando-as. Temos a classe Marks para isso. Por exemplo, podemos marcar os quatro pontos que usamos para nossos vários exemplos sem conectá-los com linhas:

```
Marks pp {"x", {{100,100}, {150,200}, {250,250}, {300,200}}};
```

Isso produz:

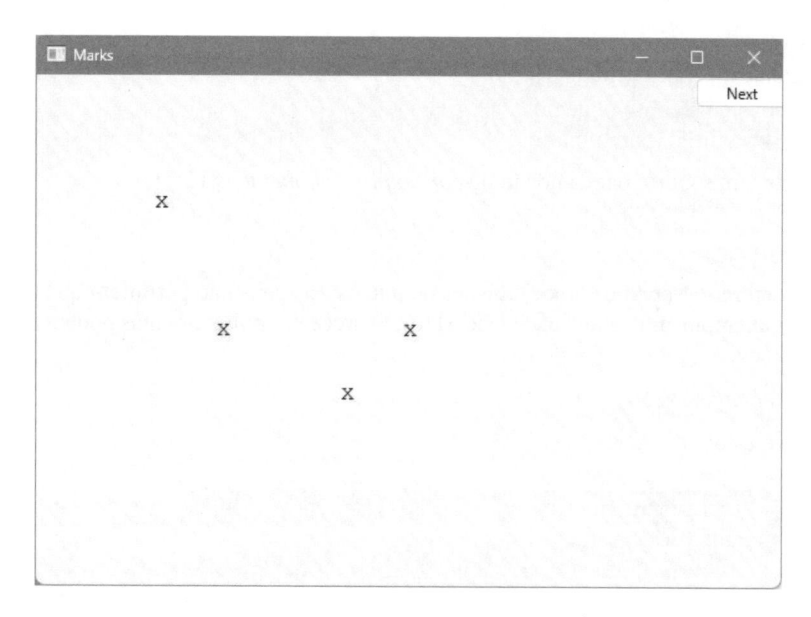

Um uso óbvio de Marks é exibir dados que representam eventos distintos, de modo que desenhar linhas conectando-os seria inadequado. Um exemplo seria os dados (altura, peso) para um grupo de pessoas.

Marks nada mais é que uma Marked_polyline cujas linhas são invisíveis:

```
struct Marks : Marked_polyline {
    Marks(const string& m, initializer_list<Point> lst = {})
        : Marked_polyline{ m,lst }
    {
        Color orig = color();
        Marked_polyline::set_color(Color::invisible); // ocultar as linhas
        set_mark_color(orig);
    }

    void set_color(Color col) { set_mark_color(col); }
};
```

A notação : Marked_polyline{m} é usada para inicializar a parte Marked_polyline de um objeto Marks. Essa notação é uma variante da sintaxe usada para inicializar os membros (§8.4.4).

Tudo o que precisamos fazer é tornar as linhas invisíveis e fornecer uma forma de o usuário definir a cor dos caracteres usados como marcas.

11.7 Formas fechadas

Uma forma fechada difere de uma polilinha por ter um interior e um exterior bem definidos. Podemos colorir dentro de uma forma fechada, mas uma polilinha – mesmo uma polilinha fechada (closed_polyline) – pode não ter um interior para colorir. Nesta biblioteca de formas, temos suporte para:

- Polygon
- Rectangle
- Circle
- Ellipse

Essas formas têm suporte para a noção de *cor de preenchimento* (§12.2).

11.7.1 Polygon

A diferença entre Polygons e Closed_polylines é que os Polygons não permitem que as linhas se cruzem. Por exemplo, a Closed_polyline de §11.6.2 parece um polígono, mas podemos adicionar outro ponto:

cpl.add(Point{100,250});

O resultado é este:

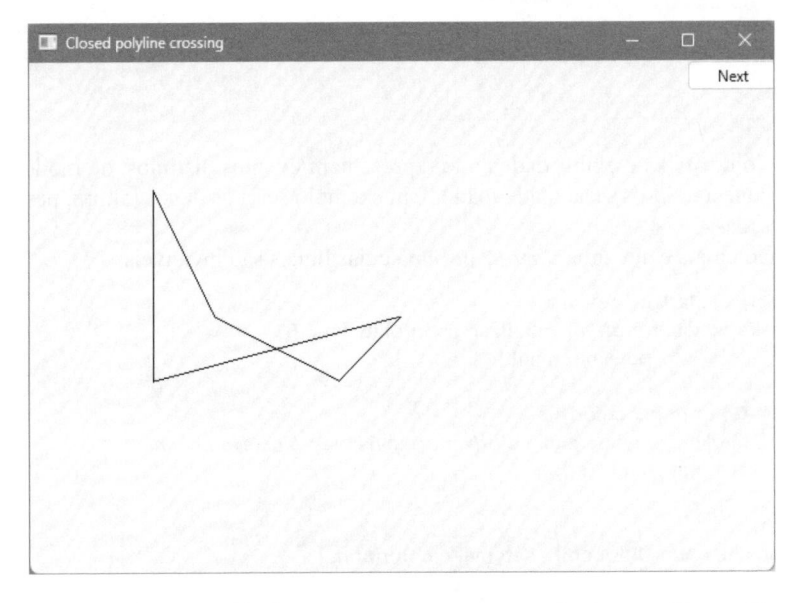

De acordo com as definições clássicas, essa Closed_polyline não é um polígono. De que modo definimos Polygon para que capturemos corretamente a relação com Closed_polyline sem violar as regras da geometria? A apresentação acima tem uma dica importante. Polygon é uma Closed_polyline cujas linhas não se cruzam. Poderíamos também enfatizar a maneira como uma forma é construída a partir de pontos e dizer que Polygon é uma Closed_polyline na qual não podemos adicionar um ponto que defina uma linha que cruze uma das linhas existentes do polígono.

Com essa ideia, definimos Polygon assim:

```
struct Polygon : Closed_polyline {        // sequência fechada de linhas que não se cruzam
    using Closed_polyline::Closed_polyline;    // usar os construtores de Closed_polyline
    void add(Point p);
    void draw_specific(Painter& painter) const override;
};
```

```
void Polygon::add(Point p)
{
    // ... verificar se a nova linha não cruza as linhas existentes (código não mostrado) ...
    Closed_polyline::add(p);
}
```

Aqui herdamos a definição de draw_specific() de Closed_polyline, poupando um tanto de trabalho e evitando a duplicação do código. Infelizmente, temos que verificar a cada add(). Isso resulta em um algoritmo ineficiente (de ordem *N-quadrado*): definir Polygon com N pontos requer *N*(N–1)/2* chamadas de intersect(). Na verdade, presumimos que a classe Polygon será usada para polígonos com um número baixo de pontos. Por exemplo, criar um Polygon com 24 Points envolve 24*(24–1)/2 == 276 chamadas de intersect(). Isso provavelmente é aceitável, mas, se quiséssemos um polígono com 2.000 pontos, isso custaria cerca de 2 milhões de chamadas, e podemos pesquisar um algoritmo melhor, que pode exigir uma interface modificada.

Usando o construtor de lista de inicializadores (§17.3), podemos criar um polígono assim:

```
Polygon poly = {
    {100,100}, {150,200}, {250,250}, {300,200}
};
```

Obviamente, isso cria um Polygon que é idêntico (até o último *pixel*) à nossa Closed_polyline original:

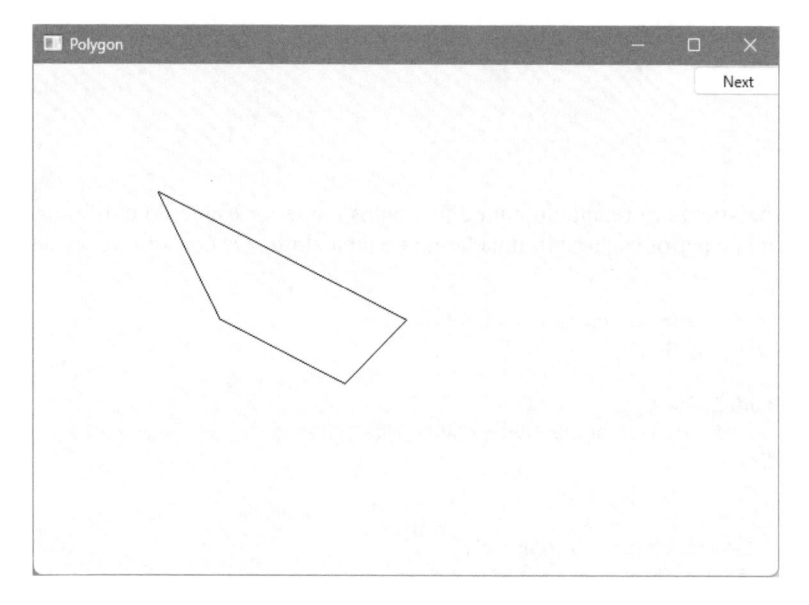

Garantir que um Polygon realmente represente um polígono acabou sendo bem confuso. A verificação para a interseção que omitimos em Polygon::add() é, indiscutivelmente, a mais complicada em toda a biblioteca gráfica. Se você estiver interessado na manipulação complicada de coordenadas da geometria, veja o código.

AA   O problema é que a invariante de Polygon, "os pontos que representam um polígono", não pode ser verificada até que todos os pontos sejam definidos, isto é, não estabelecemos – como é fortemente recomendado – a invariante em seu construtor. Consideramos remover add() e exigir que Polygon seja sempre completamente especificado por uma lista de inicializadores com pelo menos três pontos, mas isso teria usos complexos, em que um programa gerasse uma sequência de pontos.

11.7.2 Rectangle

A forma mais comum em uma tela é um retângulo. As razões para isso são em parte culturais (a maioria de nossas portas, janelas, quadros, paredes, estantes, páginas etc. também é retangular) e em parte técnicas (manter uma coordenada dentro do espaço retangular é mais simples do que para qualquer outra forma de espaço). De qualquer modo, os retângulos são tão comuns que os sistemas GUI os suportam diretamente, em vez de tratá-los apenas como polígonos que têm quatro cantos e ângulos retos.

```
struct Rectangle : Shape {
    Rectangle(Point xy, int ww, int hh);
    Rectangle(Point x, Point y);

    void draw_specific(Painter& painter) const override;

    int height() const { return h; }
    int width() const { return w; }
private:
    int w;              // largura
    int h;              // altura
};
```

Podemos especificar um retângulo com dois pontos (superior esquerdo e inferior direito) ou com um ponto (superior esquerdo), uma largura e uma altura. Os construtores podem ser definidos assim:

```
Rectangle::Rectangle(Point xy, int ww, int hh)
    :w{ ww }, h{ hh }
{
    if (h<=0 || w<=0)
        error("Bad rectangle: non-positive side");
    add(xy);
}

Rectangle::Rectangle(Point x, Point y)
    :w{ y.x - x.x }, h{ y.y - x.y }
{
    if (h<=0 || w<=0)
        error("Bad rectangle: first point is not top left");
    add(x);
}
```

Cada construtor inicializa os membros h e w apropriadamente (usando a sintaxe de inicialização de membros; ver §8.2) e armazena o ponto superior esquerdo na forma de base de Rectangle (usando add()). E mais, ele faz uma verificação de integridade simples: realmente não queremos Rectangles com largura ou altura não positiva.

Uma das razões pelas quais alguns sistemas de gráficos/GUI tratam os retângulos como especiais é que o algoritmo para determinar quais *pixels* ficam dentro de um retângulo é muito mais simples, portanto muito mais rápido, do que para outras formas, como polígonos e círculos.

A noção da cor de preenchimento é comum a todas as formas fechadas, por isso é fornecida por Shape. Podemos definir a cor de preenchimento em um construtor ou com a operação set_fill_color():

```
Rectangle rect00 {Point{150,100},200,100};
Rectangle rect11 {Point{50,50},Point{250,150}};
Rectangle rect12 {Point{50,150},Point{250,250}};    // logo abaixo de rect11
Rectangle rect21 {Point{250,50},200,100};           // logo à direita de rect11
Rectangle rect22 {Point{250,150},200,100};          // logo abaixo de rect21

rect00.set_fill_color(Color::yellow);
rect11.set_fill_color(Color::blue);
rect12.set_fill_color(Color::red);
rect21.set_fill_color(Color::green);
```

Isso produz:

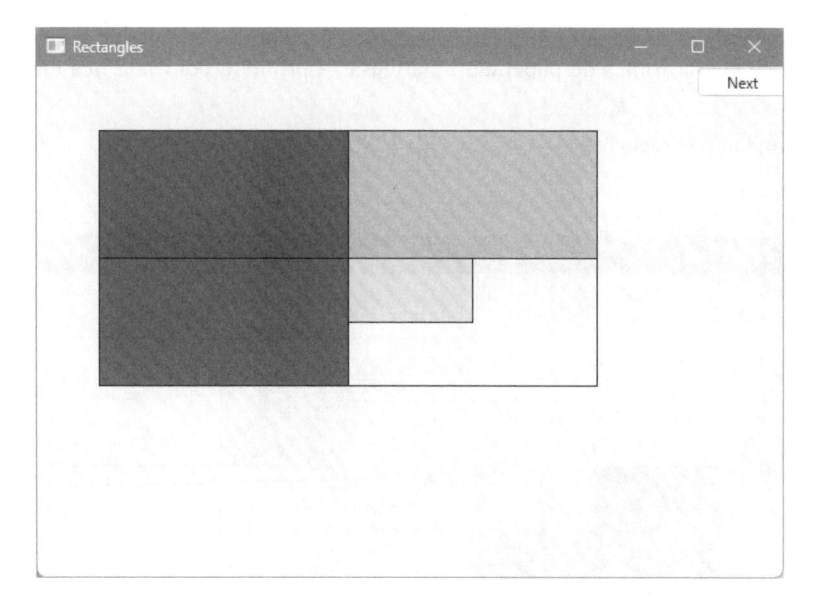

Quando não se tem uma cor de preenchimento, o retângulo é transparente; é por isso que você pode ver um canto do rect00 amarelo.

Podemos mover as formas em uma janela (§12.2.3). Por exemplo:

```
rect11.move(400,0);            // para a direita de rect21
rect11.set_fill_color(Color::white);
```

Isso produz:

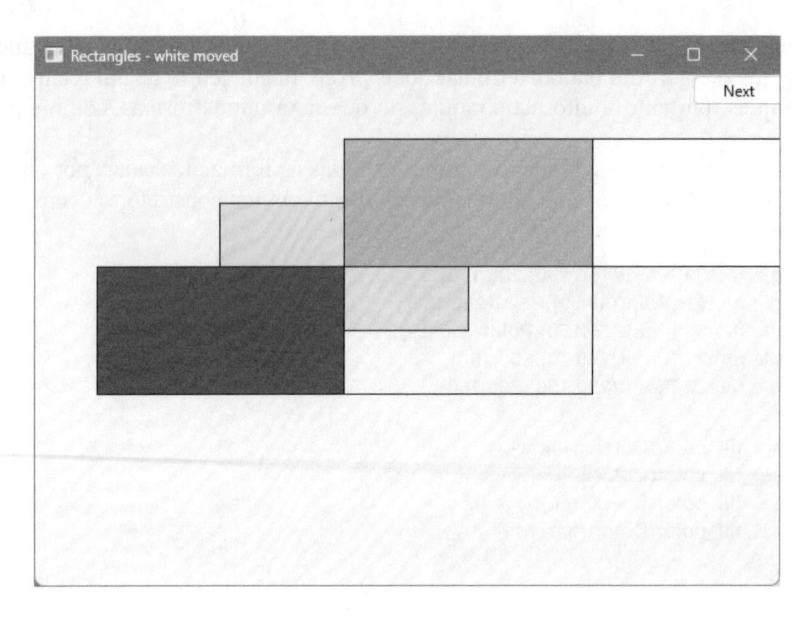

CC Observe também como as formas são colocadas uma sobre a outra. Isso é feito exatamente como você colocaria folhas de papel em uma mesa. A primeira colocada fica embaixo. Por exemplo:

    win12.put_on_top(rect00);

Isso produz:

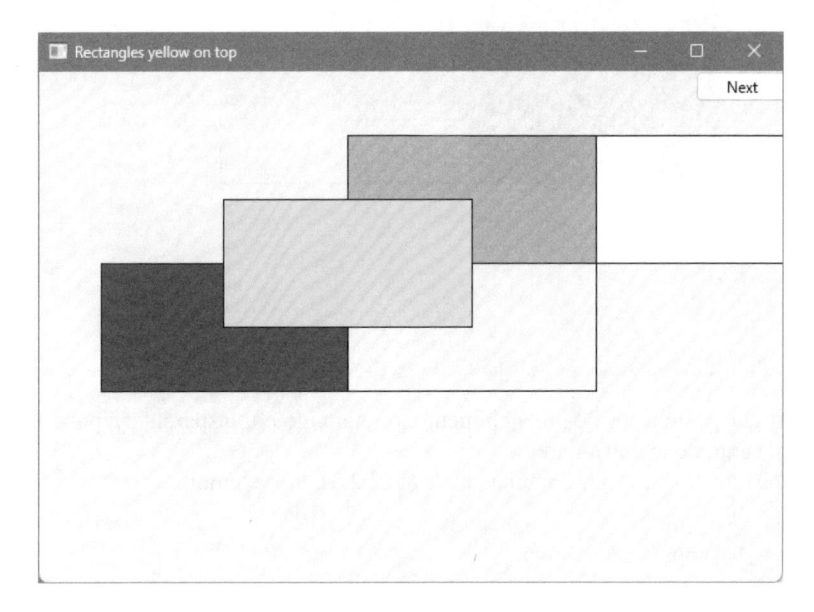

Repare como apenas uma parte do rect11 branco cabe na janela. O que não cabe é "cortado", isto é, não é mostrado em nenhum lugar na tela.

Note que podemos ver as linhas que compõem os retângulos, mesmo que os tenhamos preenchido (todos, exceto um). Se não gostarmos desses contornos, podemos removê-los:

```
rect00.set_color(Color::invisible);
rect11.set_color(Color::invisible);
rect12.set_color(Color::invisible);
rect21.set_color(Color::invisible);
rect22.set_color(Color::invisible);
```

Obtemos:

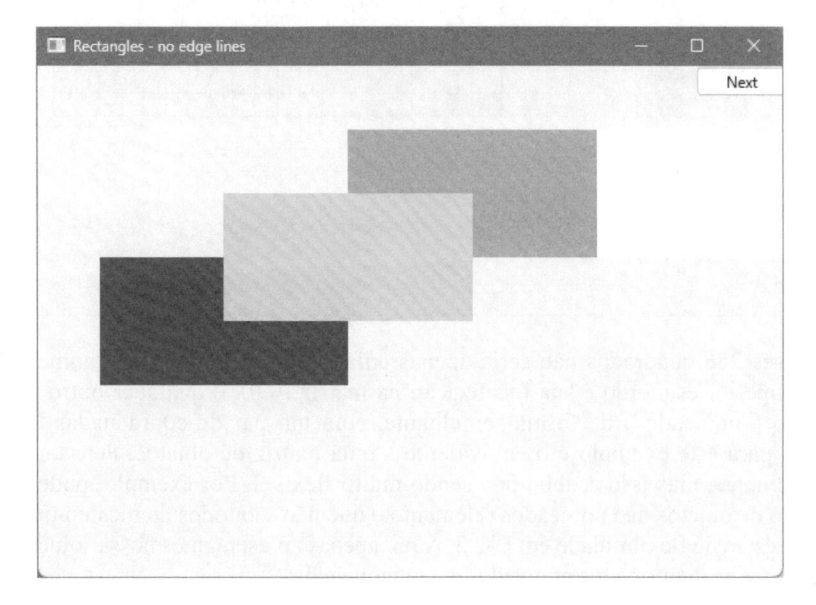

Observe que, com a cor de preenchimento e a cor da linha definidas como invisible, rect22 não pode mais ser visto.

Como precisa lidar com a cor da linha e a cor de preenchimento, a função draw_specific() de Rectangle é um pouco confusa:

```
void Rectangle::draw_specific(Painter& painter) const
{
    painter.draw_rectangle(point(0), w, h);
}
```

Como você pode ver, Painter de Qt fornece funções para desenhar retângulos. Por padrão, desenhamos as linhas/contorno em cima do preenchimento.

11.7.3 Gerenciando objetos não nomeados

Até agora, nomeamos todos os nossos objetos gráficos. Quando queremos usar muitos objetos, isso fica inviável. Como exemplo, desenharemos um gráfico de cores simples das 256 cores de uma paleta, isto é, faremos 256 quadrados coloridos e os desenharemos em uma matriz de 32 por 8, com um conjunto de cores populares e intervalos de cores. Primeiro, veja o resultado:

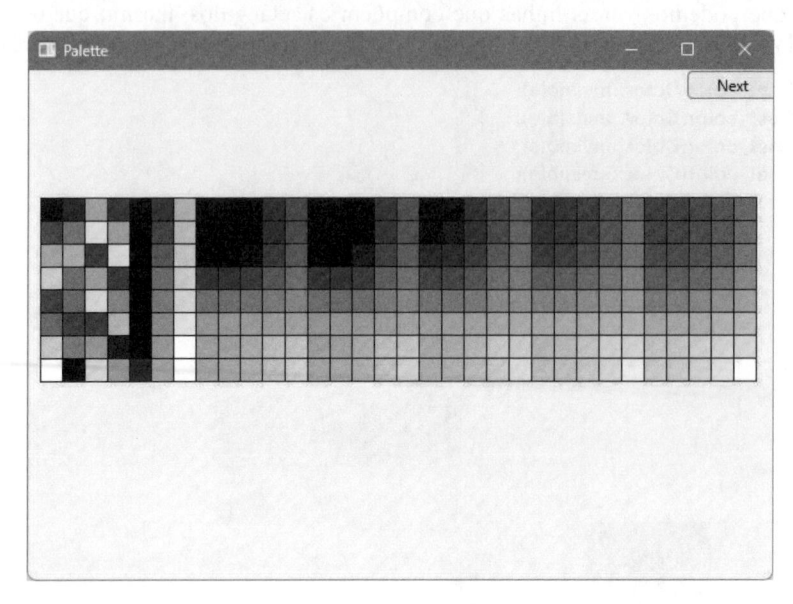

AA Nomear esses 256 quadrados não seria apenas enfadonho, seria bobo. O "nome" óbvio do quadrado superior esquerdo é sua localização na matriz (0,0), e qualquer outro quadrado é identificado ("nomeado") de forma semelhante, com um par de coordenadas (i,j). O que precisamos para este exemplo é o equivalente a uma matriz de objetos. Pensamos em usar vector<Rectangle>, mas isso acabou não sendo muito flexível. Por exemplo, pode ser útil ter uma coleção de objetos não nomeados (elementos) que não são todos do mesmo tipo. Discutimos essa questão de flexibilidade em §12.3. Aqui, apenas apresentamos nossa solução: um tipo

AA vector que pode manter objetos nomeados e não nomeados:

```
template<class T>
class Vector_ref {
    // ...
public:
    Vector_ref() {}
    Vector_ref(T& a);
    Vector_ref(unique_ptr<T> x);

    void push_back(T& s);                    // adicionar uma variável nomeada
    void push_back(unique_ptr<T> x);         // adicionar um objeto não nomeado

    T& operator[](int i);
    const T& operator[](int i);
```

```
        int size() const;
        // ...
};
```

A forma como você o usa é muito parecida com um vector da biblioteca-padrão:

```
Vector_ref<Rectangle> rect;

Rectangle x {Point{100,200},Point{200,300}};
rect.push_back(x);                              // adicionar uma variável nomeada

// adicionar um objeto não nomeado
rect.push_back(make_unique<Rectangle>(Point{50,60},Point{80,90}));

for (int i=0; i<rect.size(); ++i)
        rect[i].move(10,10);        // usar rect
```

Explicamos a biblioteca-padrão make_unique() em §15.5.2 e §18.5.2. Por enquanto, é suficiente saber que podemos usá-la para manter objetos não nomeados.

Os programadores experientes ficarão aliviados ao saber que não introduzimos um vazamento de memória (§15.4.5) neste exemplo. Além disso, Vector_ref oferece o suporte necessário para os *loops* for de range (§17.6).

Dados Rectangle e Vector_ref, podemos lidar com as cores. Por exemplo, podemos desenhar um diagrama simples das 256 cores mostradas anteriormente:

```
Vector_ref<Rectangle> vr;

const int max = 32;         // número de colunas
const int side = 18;        // tamanho do retângulo de cores
const int left = 10;        // borda esquerda
const int top = 100;        // borda superior
int color_index = 0;

for (int i = 0; i < max; ++i) {         // todas as colunas
        for (int j = 0; j < 8; ++j) {   // 8 linhas em cada coluna
                vr.push_back(make_unique<Rectangle>(Point{ i*side+left,j*side+top }, side, side));
                vr[vr.size()-1].set_fill_color(color_index);
                ++color_index;          // ir para a próxima cor
                win.attach(vr[vr.size()-1]);
        }
}
```

Criamos um Vector_ref de 256 Rectangles, organizados graficamente na janela como uma matriz 32 por 8, refletindo seu uso possível. Associamos aos retângulos as cores 0, 1, 2, 3, 4 etc. Após cada objeto Rectangle ser criado, anexamos ele à janela para que seja exibido:

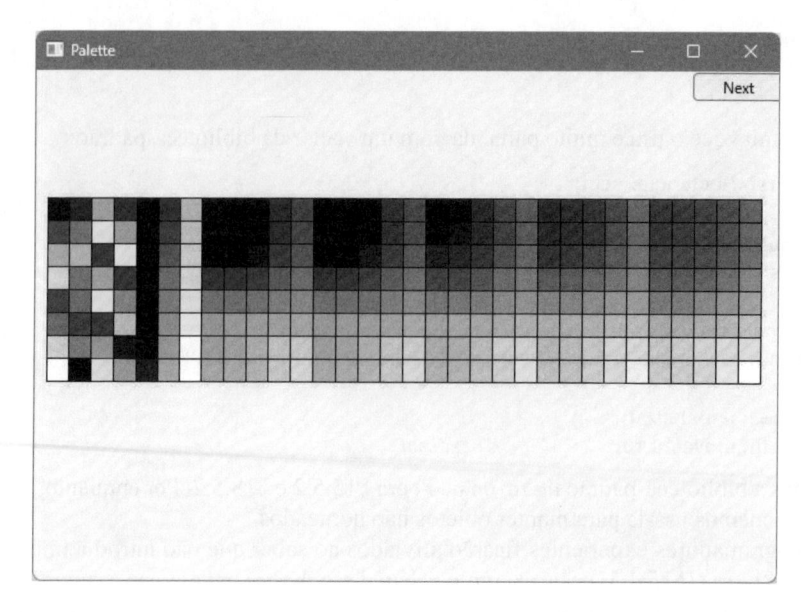

As cores da paleta foram escolhidas para facilitar o acesso às cores populares e aos intervalos de cores populares.

11.7.4 Circle

Apenas para mostrar que o mundo não é completamente retangular, fornecemos a classe Circle e a classe Ellipse. Circle é definida por um centro e um raio:

```
struct Circle : Shape {
      Circle(Point p, int rr)      // centro e raio
            :r{ rr }
      {
            add(Point{ p.x – r, p.y – r });
      }

      void draw_specific(Painter& painter) const override;

      Point center() const { return { point(0).x + r, point(0).y + r }; }

      void set_radius(int rr) { r=rr; redraw(); }
      int radius() const { return r; }
private:
      int r;
};
```

Podemos usar Circle assim:

```
Circle c1 {Point{100,200},50};
Circle c2 {Point{150,200},100};
c2.set_fill_color(Color::red);
win.c1.put_on_top();
Circle c3 {Point{200,200},150};
```

Isso produz três círculos de diferentes tamanhos, todos com seu centro alinhado em uma linha horizontal:

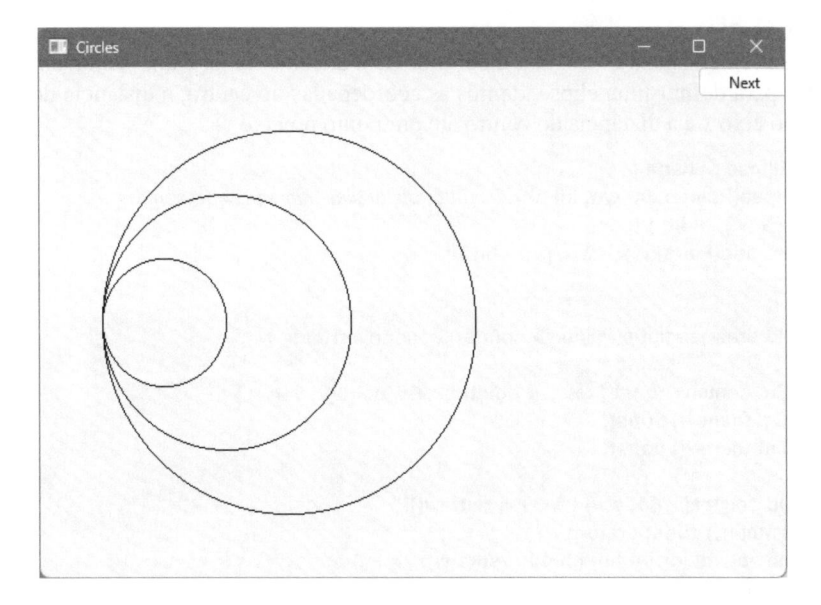

A principal peculiaridade da implementação de Circle é que o ponto armazenado não é o centro, mas o canto superior esquerdo do quadrado que delimita o círculo. Assim, Circle mostra outro exemplo de como uma classe pode ser usada para representar uma visão diferente (e supostamente mais bonita) de um conceito em relação à sua implementação:

```
Circle::Circle(Point p, int rr)      // centro e raio
    :r{rr}
{
    add(Point{p.x-r,p.y-r});   // armazenar canto superior esquerdo
}

Point Circle::center() const
{
    return {point(0).x+r, point(0).y+r};
}
```

```
void Circle::draw_specific(Painter& painter) const
{
    painter.draw_ellipse(center(), r, r);
}
```

Observe o uso de Painter para desenhar o círculo. Qt oferece uma função otimizada para desenhar elipses, então usamos ela.

11.7.5 Ellipse

Uma elipse é semelhante a Circle, mas é definida com um eixo maior e um menor, em vez de um raio, isto é, para definir uma elipse, damos as coordenadas do centro, a distância do centro até um ponto no eixo x e a distância do centro até um ponto no eixo y:

```
struct Ellipse : Shape {
    Ellipse(Point p, int ww, int hh) // centro, distâncias mín e máx do centro
    :w{ ww }, h{ hh } {
        add(Point{ p.x – ww, p.y – hh });
    }

    void draw_specific(Painter& painter) const override;

    Point center() const { return{ point(0).x+w, point(0).y+h }; }
    Point focus1() const;
    Point focus2() const;

    void set_major(int ww) { w=ww; redraw(); }
    int major() const { return w; }
    void set_minor(int hh) { h=hh; redraw(); }
    int minor() const { return h; }
private:
    int w;
    int h;
};
```

Podemos usar Ellipse assim:

```
Ellipse e1 {Point{200,200},50,50};
Ellipse e2 {Point{200,200},100,50};
Ellipse e3 {Point{200,200},100,150};
```

Isso produz três elipses com um centro comum, mas eixos com tamanhos diferentes:

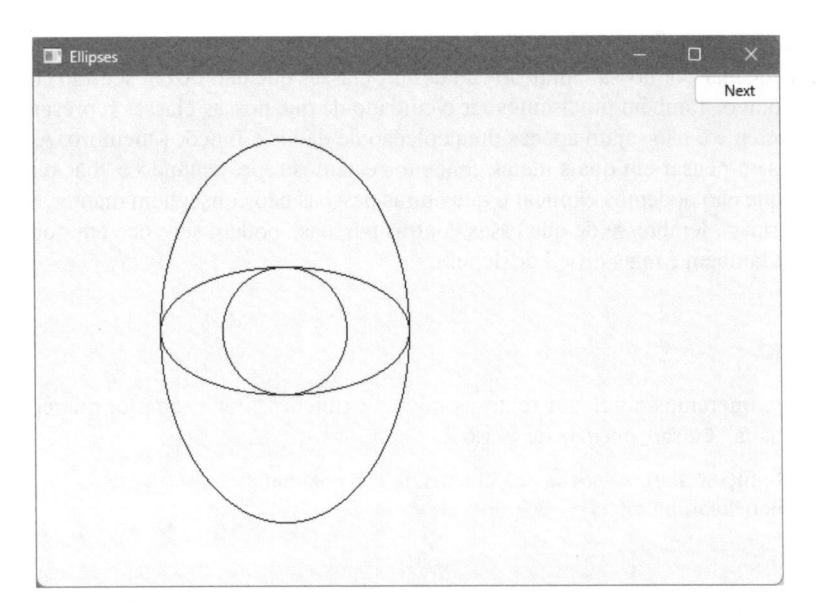

Observe que uma Ellipse com major()==minor() parece exatamente com um círculo.

Para uma elipse, há dois pontos no eixo longo, de modo que a soma das distâncias de qualquer ponto na elipse para esses dois pontos, chamados de pontos de foco, é igual. Dada uma Ellipse, podemos calcular um foco. Por exemplo:

```
Point focus1() const
{
    return{ center().x + round_to<int>(sqrt(w*w-h*h)), center().y };
}

Point focus2() const
{
    return{ center().x - round_to<int>(sqrt(w*w-h*h)), center().y };
}
```

Por que um Circle não é uma Ellipse? Geometricamente, todo círculo é uma elipse, mas nem toda elipse é um círculo. Em específico, um círculo é uma elipse quando os dois focos são iguais. Imagine que definimos nosso Circle para ser uma Ellipse. Poderíamos fazer isso precisando de um valor extra em sua representação (um círculo é definido por um ponto e um raio; uma elipse precisa de um centro e um par de eixos). Não gostamos de um espaço extra onde não precisamos, mas a principal razão para o nosso Circle não ser uma Ellipse é que não podemos defini-lo assim sem desabilitar set_major() e set_minor() de alguma forma. Afinal, não seria um círculo (como um matemático o reconheceria) se pudéssemos usar set_major() para obter major()!= minor() – pelo menos não seria mais um círculo depois de termos feito isso. Não podemos ter um objeto que é de um tipo às vezes (ou seja, quando major()!=minor()) e de outro tipo em outras (ou quando major()==minor()). O que podemos ter é um objeto (Ellipse) que pode parecer um círculo às vezes. Já Circle nunca se transforma em uma elipse com dois eixos desiguais.

AA   Quando projetamos as classes, precisamos ter cuidado para não sermos espertos demais e nos deixar enganar por nossa "intuição" ao definir classes que não fazem sentido como classes em nosso código. Também precisamos ter o cuidado de que nossas classes representem algum conceito coerente e não sejam apenas uma coleção de dados e funções-membro. Apenas agregar código sem pensar em quais ideias/conceitos estamos representando é "hackear" e leva a um código que não podemos explicar e que outras pessoas não conseguem manter. Se você não se sentir altruísta, lembre-se de que essas "outras pessoas" podem ser você em poucos meses. Esse código também é mais difícil de depurar.

11.8 Text

Obviamente, queremos adicionar texto às nossas exibições. Por exemplo, queremos rotular nossa "esquisita" Closed_polyline de §11.6.2:

```
Text t {Point{150,200},"A closed polyline that isn't a polygon"};
t.set_color(Color::blue);
```

Obtemos:

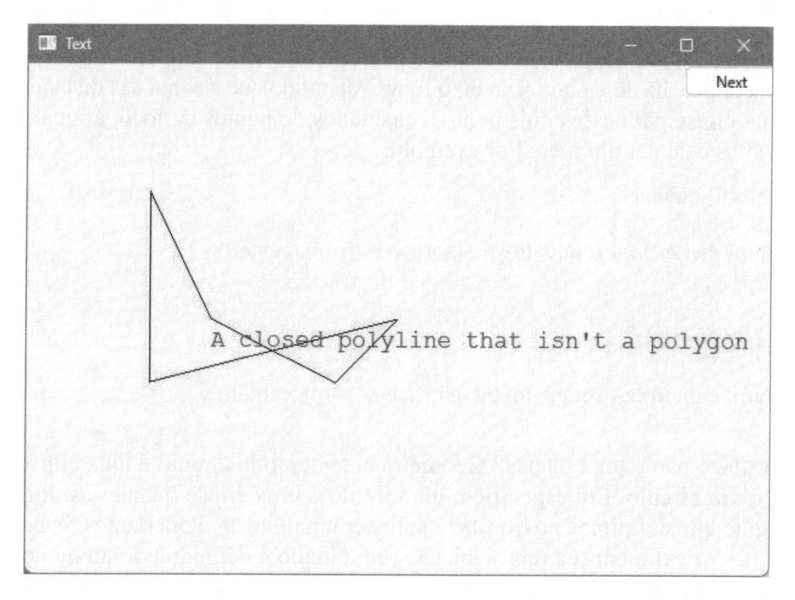

Basicamente, um objeto Text define uma linha de texto que começa em um Point. Esse ponto será o canto inferior esquerdo do texto. A razão para restringir a *string* para ser uma única linha é garantir a portabilidade entre os sistemas. Não tente colocar um caractere de nova linha; ele pode ou não ser representado como nova linha em sua janela. Os fluxos de *strings* (§9.11) são úteis para compor strings para a exibição nos objetos Text (exemplos em §10.7.8, §14.5). Text é definido da seguinte forma:

```
struct Text : Shape {
    Text(Point x, const string& s) : lab{ s } { add(x); }   // o ponto é o canto inferior
                                                             // esquerdo da primeira letra
```

```
        void draw_specific(Painter& painter) const override;

        void set_label(const string& s) { lab = s; redraw(); }
        string label() const { return lab; }

        void set_font(Font f) { fnt = f; redraw(); }
        Font font() const { return Font(fnt); }

        void set_font_size(int s) { fnt_sz = s; redraw(); }
        int font_size() const { return fnt_sz; }
    private:
        string lab;                    // rótulo
        Font fnt = Font::courier;
        int fnt_sz = 14;               // tamanho da fonte na unidade de "ponto" convencional
    };
```

Se você quiser que o tamanho dos caracteres da fonte seja diferente do padrão (14), deve defini-lo explicitamente. Este é um exemplo de teste que protege um usuário das possíveis variações no comportamento de uma biblioteca subjacente. Nesse caso, em uma versão anterior da nossa biblioteca de interfaces, uma atualização da biblioteca FLTK que usamos mudou seu padrão de uma forma que quebrou os programas existentes, deixando os caracteres muito pequenos. Decidimos evitar esse problema.

Fornecemos os inicializadores para fnt e fnt_sz como inicializadores de membros, não como parte das listas de inicializadores dos construtores, porque os inicializadores não dependem dos argumentos do construtor.

Text tem sua própria função draw_specific(), porque só a classe Text sabe como sua *string* é armazenada:

```
    void Text::draw_specific(Painter& painter) const
    {
        painter.set_font(font());
        painter.set_font_size(font_size());
        painter.draw_text(point(0), lab);
    }
```

A cor dos caracteres é determinada exatamente como as linhas nas formas compostas de linhas (como Open_polyline e Circle), para que você possa escolher uma cor para eles usando set_color() e ver qual cor atualmente é usada por color(). O tamanhos do caracteres e a fonte são tratados de forma análoga. Há uma pequena quantidade de fontes predefinidas:

```
    struct Font {
        enum Font_type {
            helvetica, helvetica_bold, helvetica_italic, helvetica_bold_italic,
            courier, courier_bold, courier_italic, courier_bold_italic,
            times, times_bold, times_italic, times_bold_italic,
            symbol,
            screen, screen_bold,
            zapf_dingbats
        };
```

```
        Font(Font_type ff) :f(ff) { }

        int as_int() const { return f; }
private:
        int f = courier;
};
```

O estilo de definição de classe usado para definir Font é o mesmo usado para definir Color (§11.4) e Line_style (§11.5).

Podemos usar isso para deixar nosso texto mais destacado:

```
t.set_font(Font::helvetica_bold_italic);
t.set_color(Color::blue);
```

Isso produz:

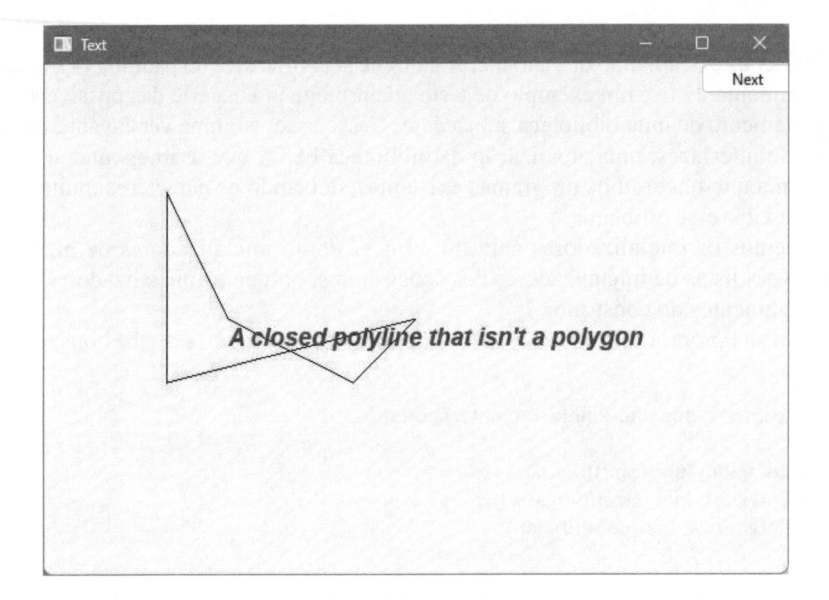

11.9 Mark

Point nada mais é do que uma localização em uma janela. Não é algo que desenhamos ou que podemos ver. Se quisermos marcar um único Point para que possamos vê-lo, podemos indicá-lo com um par de linhas, como em §11.2, ou usando objetos Marks (§11.6.4). Isso é um pouco extenso, então temos uma versão simples de Marks que é inicializada por um ponto e um caractere. Por exemplo, podemos marcar os centros de nossos círculos em §11.7.4 assim:

```
Mark m1 {Point{100,200},'x'};
Mark m2 {Point{150,200},'y'};
Mark m3 {Point{200,200},'z'};
```

```
c1.set_color(Color::blue);
c2.set_color(Color::red);
c3.set_color(Color::green);

m1.set_mark_color(Color::blue);
m2.set_mark_color(Color::red);
m3.set_mark_color(Color::green);
```
Isso produz:

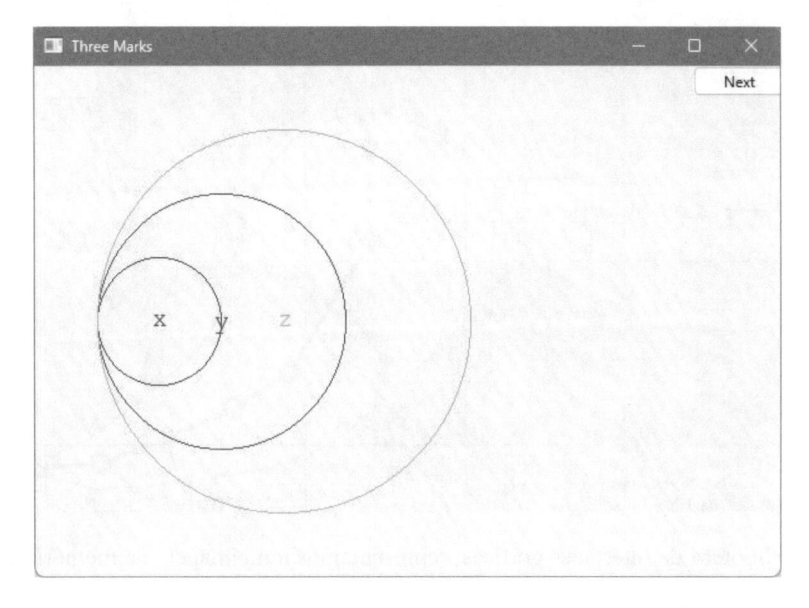

Um objeto Mark é apenas um objeto Marks com seu ponto inicial (e normalmente só um) fornecido de imediato:

```
struct Mark : Marks {
    Mark(Point xy, char c) : Marks{string(1,c)}
    {
        add(xy);
    }
};
```

A parte string{1,c} é um construtor para string, que inicializa string para conter o único caractere c.

Tudo que Mark fornece é uma notação conveniente para criar um objeto Marks com um único ponto marcado com um único caractere. Vale a pena nosso esforço para definir Mark? Ou é apenas "complicação e confusão"? Não há uma resposta clara e lógica. Não saímos do lugar com essa questão, mas no final decidimos que era útil para os usuários, e o esforço para defini-lo foi mínimo.

Por que usar um caractere como uma "marca"? Poderíamos ter usado qualquer forma pequena, mas os caracteres fornecem um conjunto de marcas útil e simples. Muitas vezes é útil poder usar uma variedade de "marcas" para distinguir os diferentes conjuntos de pontos. Caracteres como x, o, + e ∗ têm uma simetria agradável em torno de um centro.

11.10 Image

O computador pessoal comum armazena milhares de imagens em arquivos e pode acessar outras milhões na *web*. Naturalmente, queremos exibir algumas dessas imagens em programas bem simples. Por exemplo, veja uma imagem (rita_path.gif) do caminho projetado do furacão Rita conforme ele se aproximava da costa do Golfo do Texas:

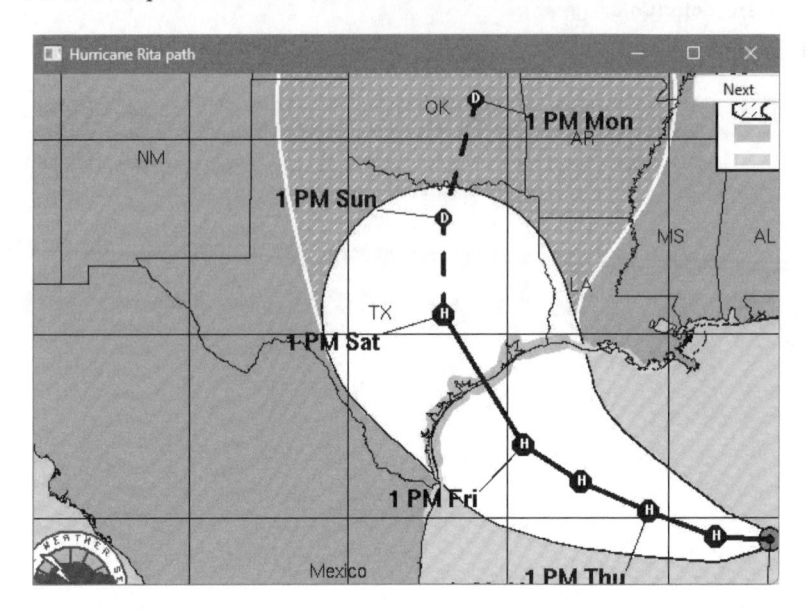

Em nossa biblioteca de interfaces gráficas, representamos uma imagem na memória como um objeto da classe Image:

```
class ImagePrivate; // Classe de implementação que fornece a interface para as classes Qt

struct Image : Shape {
    Image(Point xy, string s);
    ~Image() {};

    void set_mask(Point xy, int ww, int hh) { w=ww; h=hh; cx=xy.x; cy=xy.y; redraw(); }
    void move(int dx,int dy) override { Shape::move(dx,dy); redraw(); }
    void scale(int ww, int hh, bool keep_aspect_ratio = true);

    ImagePrivate& get_impl() const { return *impl; }
    void draw_specific(Painter& painter) const override;
private:
    int w,h,cx,cy;     // definir a "caixa de máscara" da imagem relativa à posição (cx,cy)
    Text fn;
    std::unique_ptr<ImagePrivate> impl;
};
```

O construtor de Image tenta abrir um arquivo com o nome dado. O tratamento das imagens dentro uma biblioteca gráfica é bem complicado, mas a principal complexidade da nossa classe de interface gráfica Image está no tratamento do arquivo no construtor:

```
Image::Image(Point xy, string s)
    :w(0), h(0), fn(xy,""), impl(std::make_unique<ImagePrivate>())
{
    add(xy);

    if (!can_open(s)) {
        fn.set_label("cannot open \"" + s + '\"');
        return;
    }
    impl->load(s);
}
```

Se a imagem não puder ser exibida (p. ex., porque o arquivo não foi encontrado), Image exibe um texto (usando Text), incluindo o nome do arquivo que não conseguiu abrir. Dessa forma, podemos ver o problema na tela, em vez de tentar encontrar o problema no código. Essa é uma técnica comum nas bibliotecas GUI.

As imagens podem ser codificadas em uma variedade desconcertante de formatos, como JPEG e GIF. Usamos o sufixo do arquivo, por exemplo, jpg ou gif, para escolher o tipo de objeto que criamos para armazenar a imagem.

Esse mapeamento da nossa biblioteca de interfaces e dos recursos de Qt é feito por ImagePrivate. Acessamos ImagePrivate usando unique_ptr, que cuida de sua devida exclusão (§18.5).

Agora, só temos de implementar a função can_open() para testar se podemos abrir um arquivo nomeado para leitura:

```
bool can_open(const string& s)
    // verificar se um arquivo nomeado s existe e pode ser aberto para leitura
{
    ifstream ff(s);
    return ff.is_open();
}
```

Abrir um arquivo e depois fechá-lo novamente é uma forma bastante desajeitada de separar de modo portável os erros relacionados a "não é possível abrir o arquivo" e os erros relacionados ao formato dos dados do arquivo.

> **TENTE ISTO**
>
> Escreva, compile e execute um programa simples que exiba uma imagem de sua escolha. Coube na janela? Se não, o que aconteceu?

Selecionamos parte desse arquivo de imagem e adicionamos uma foto do furacão Rita vista do espaço (rita.jpg):

```
Image path{ Point{0,0},"rita_path.gif" };
path.set_mask(Point{ 50,250 }, 600, 400);   // selecionar provável chegada

Image rita{ Point{0,0},"rita.jpg" };
rita.scale(300, 200);
```

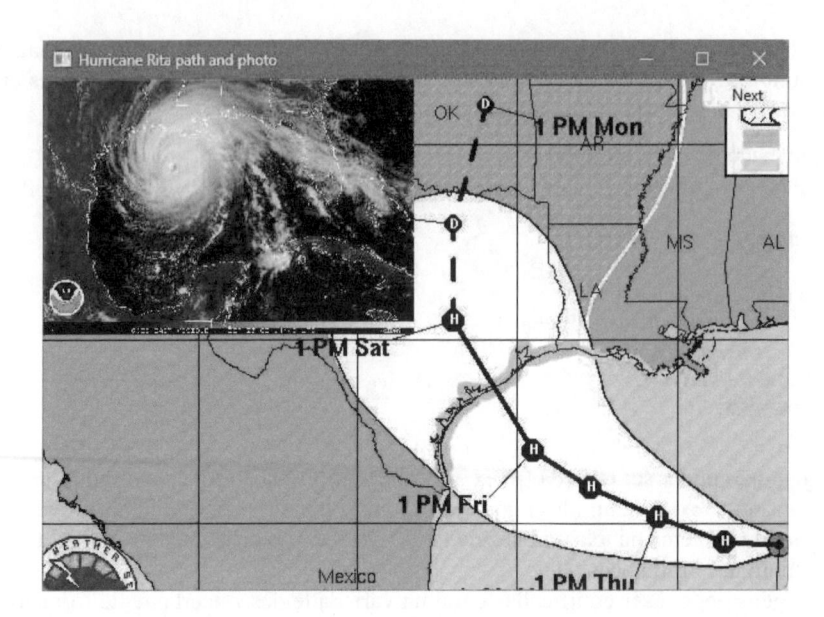

A operação set_mask() seleciona a subimagem de uma imagem a ser exibida. Aqui, selecionamos uma imagem de (600,400) *pixels* de rita_path.gif (carregada como path) com sua extrema esquerda no ponto de path (50,250). Selecionar apenas uma parte da imagem para exibir é tão comum que escolhemos fornecer um suporte direto.

As formas são dispostas na ordem em que são anexadas, como folhas de papel em uma mesa, então obtivemos path "na parte inferior" apenas anexando-o antes de rita.

Prática

[1] Crie uma Simple_window com tamanho de 800 por 1000.
[2] Coloque uma grade de 8 por 8 na parte 800 por 800 mais à esquerda dessa janela (para que cada quadrado tenha 100 por 100).
[3] Coloque em vermelho os oito quadrados na diagonal a partir do canto superior esquerdo (use Rectangle).
[4] Encontre uma imagem de 200 por 200 *pixels* (JPEG ou GIF) e coloque três cópias dela na grade (cada imagem cobrindo quatro quadrados). Se não conseguir encontrar uma imagem que tenha exatamente 200 por 200, use set_mask() para escolher uma seção de 200 por 200 de uma imagem maior. Não encubra os quadrados vermelhos.
[5] Adicione uma imagem de 100 por 100. Faça com que se desloque de quadrado em quadrado quando você clicar no botão "Next". Basta colocar wait_for_button() em um *loop* com algum código que selecione um novo quadrado para sua imagem.

Revisão

[1] Por que não "apenas usamos" uma biblioteca gráfica comercial ou de código aberto diretamente?
[2] E de quantas classes da nossa biblioteca de interfaces gráficas você precisa para fazer uma saída gráfica simples?
[3] Quais são os arquivos de cabeçalho necessários para usar a biblioteca de interfaces gráficas?
[4] Quais classes definem formas fechadas?
[5] Por que não usamos Line para todas as formas?
[6] O que indicam os argumentos para Point?
[7] Quais são os componentes de Line_style?
[8] Quais são os componentes de Color?
[9] O que é RGB?
[10] Quais são as diferenças entre dois objetos Line e um objeto Lines contendo duas linhas?
[11] Quais propriedades você pode definir para cada Shape?
[12] Quantos lados tem uma Closed_polyline definida por cinco Points?
[13] O que você vê se cria um Shape, mas não a anexa a uma Window?
[14] Qual é a diferença entre um Rectangle e um Polygon com quatro Points (cantos)?
[15] Qual é a diferença entre um Polygon e uma Closed_polyline?
[16] O que fica por cima: preenchimento ou contorno?
[17] Por que não nos preocupamos em definir uma classe Triangle (afinal, definimos Rectangle)?
[18] Como você move uma forma (Shape) para outro local em uma Window?
[19] Como rotular um Shape com uma linha de texto?
[20] Quais propriedades você pode definir para uma *string* de texto em Text?
[21] O que é fonte e por que nos importamos com isso?
[22] Para que serve Vector_ref e como o utilizamos?
[23] Qual é a diferença entre um Circle e uma Ellipse?
[24] O que acontece se você tenta exibir uma Image com um nome de arquivo que não se refere a um arquivo que contenha uma imagem?
[25] Como exibir parte de uma imagem?
[26] Como você aumenta uma Image?

Termos

forma fechada	Image	Point	Shape
Color	codificação da imagem	Polygon	Text
Ellipse	invisível	polilinha	Open_polyline
preenchimento	JPEG	objeto não nomeado	Closed_polyline
Font	Line	Vector_ref	Lines
tamanho da fonte	Line_Style	visível	Marked_polyline
GIF	forma aberta	Rectangle	Mark

Exercícios

Para cada exercício "defina uma classe", exiba alguns objetos da classe para demonstrar que eles funcionam.

[1] Defina uma classe **Arrow**, que desenhe uma linha com uma seta.
[2] Defina as funções **n()**, **s()**, **e()**, **w()**, **center()**, **ne()**, **se()**, **sw()** e **nw()**. Cada uma tem um argumento **Rectangle** e retorna um **Point**. Essas funções definem os "pontos de conexão" sobre e dentro do retângulo. Por exemplo, **nw(r)** é o canto a noroeste (superior esquerdo) de um **Rectangle** denominado r.
[3] Defina as funções do Exercício 2 para **Circle** e **Ellipse**. Coloque os pontos de conexão sobre ou fora da forma, mas não fora do retângulo delimitador.
[4] Escreva um programa que desenhe um diagrama de classes como em §10.6. Simplificará as coisas se você começar definindo uma classe **Box**, que é um retângulo com um rótulo de texto.
[5] Crie um diagrama de cores RGB (p. ex., pesquise "gráfico de cores RGB" na *web*).
[6] Defina uma classe **Regular_hexagon** (um hexágono regular é um polígono de seis lados com todos os lados de comprimento igual). Use o centro e a distância do centro até um ponto do canto como os argumentos do construtor.
[7] Disponha como ladrilhos parte de uma janela com **Regular_hexagons** (use pelo menos oito hexágonos).
[8] Defina uma classe **Regular_polygon**. Use o centro, o número de lados (>2) e a distância do centro até um canto como os argumentos do construtor.
[9] Desenhe uma elipse de 300 por 200 *pixels*. Desenhe um eixo *x* de 400 *pixels* e um eixo *y* de 300 *pixels* passando pelo centro da elipse. Marque os focos. Marque um ponto na elipse que não esteja em um dos eixos. Desenhe as duas linhas dos focos até o ponto.
[10] Desenhe um círculo. Mova uma marca ao redor do círculo (deixe-a se mover um pouco cada vez que você pressiona o botão "Next").
[11] Desenhe a matriz de cores em §11.7.3, mas sem linhas em torno de cada cor.
[12] Defina uma classe de triângulo retângulo. Crie uma forma octogonal com oito triângulos retângulos de diferentes cores.
[13] "Ladrilhe" uma janela com pequenos triângulos retângulos.
[14] Faça o exercício anterior, mas com hexágonos.
[15] Faça o exercício anterior, mas usando hexágonos de cores diferentes.
[16] Defina uma classe **Poly** que represente um polígono, mas que verifique se seus pontos realmente criam um polígono em seu construtor. Dica: você terá que fornecer os pontos para o construtor.
[17] Defina uma classe **Star**. Um parâmetro deve ser o número de pontos. Desenhe algumas estrelas com diferentes números de pontos, diferentes cores de linha e diferentes cores de preenchimento.
[18] Existe uma classe **Arc** em **Graph.h**. Encontre-a e use-a para definir uma caixa com cantos arredondados.

Posfácio

O Capítulo 10 mostrou como ser um usuário de classes. Este capítulo nos leva a um nível acima na "cadeia alimentar" dos programadores: aqui nos tornamos construtores de ferramentas, além de usuários delas.

12

Projeto de classes

Funcional, durável, belo.
– Vitrúvio

O objetivo dos capítulos sobre gráficos é duplo: queremos apresentar ferramentas úteis para exibir informações, mas também usamos a família de classes de interface gráfica para ilustrar técnicas gerais de projeto e implementação. Em particular, este capítulo apresenta algumas ideias de projeto de interfaces e a noção de herança. Ao longo do caminho, fazemos um pequeno desvio para examinar os recursos da linguagem que dão um suporte mais direto à programação orientada a objetos: derivação de classes, funções virtuais e controle de acesso. Não acreditamos que o projeto possa ser discutido isoladamente do uso e da implementação, então nossa discussão sobre projeto é bem concreta. Você pode considerar este capítulo como "Projeto e implementação de classes" ou mesmo "Programação orientada a objetos".

▶ 12.1 Princípios de projeto
   Tipos; Operações; Nomenclatura; Mutabilidade
▶ 12.2 Shape
   Uma classe abstrata; Controle de acesso; Desenhando formas
▶ 12.3 Classe-base e classes derivadas
   Layout de objeto; Derivando classes e definindo funções virtuais; Sobrescrita (*overriding*); Acesso; Funções virtuais puras
▶ 12.4 Outras funções de Shape
   Cópia; Movendo Shapes
▶ 12.5 Vantagens da programação orientada a objetos

12.1 Princípios de projeto

Este capítulo foca as técnicas normalmente referidas como *programação orientada a objetos*. Para complementar, temos classes concretas (Capítulo 8, Capítulo 17), classes parametrizadas (Capítulo 18) e técnicas associadas.

12.1.1 Tipos

Quais são os princípios de projeto para nossas classes de interface gráfica? Primeiro: Que pergunta é essa? O que são "princípios de projeto" e por que precisamos discutir esse assunto em vez de continuar com o trabalho sério de produzir belas imagens?

CC   Gráficos são um exemplo de domínio de aplicação. Então, o que vemos aqui é um exemplo de como apresentar um conjunto de conceitos de aplicação fundamentais e recursos para programadores (como nós). Se os conceitos são apresentados de forma confusa, inconsistente, incompleta ou outra forma mal representada em nosso código, a dificuldade de produzir uma saída gráfica aumenta. Queremos que nossas classes gráficas minimizem o esforço de um programador tentando aprendê-las e usá-las.

CC   Nosso ideal de projeto de programas é representar os conceitos do domínio de aplicação diretamente no código. Assim, se você entende o domínio, entende o código e vice-versa. Por exemplo:

- **Window** – uma janela apresentada pelo sistema operacional.
- **Line** – uma linha como você a vê na tela.
- **Point** – um ponto de coordenadas.
- **Color** – uma cor como você a vê na tela.
- **Shape** – o que é comum em todas as formas na nossa visão gráfica/GUI do mundo.

O último exemplo, Shape, é diferente dos outros porque é uma generalização, uma noção puramente abstrata. Não vemos apenas uma forma na tela; vemos uma forma em particular, como uma linha ou um hexágono. Isso está refletido na definição de nossos tipos: tente criar uma variável do tipo Shape, e o compilador irá impedi-lo.

O conjunto de nossas classes de interface gráfica é uma biblioteca; as classes devem ser usadas juntas e combinadas. Elas devem ser usadas como exemplos a serem seguidos quando você define classes para representar outras formas gráficas e como blocos de construção para tais classes. Não estamos apenas definindo um conjunto de classes não relacionadas, portanto não podemos tomar decisões de projeto para cada classe isoladamente. Juntas, nossas classes apresentam uma visão de como fazer gráficos. Devemos garantir que essa visão seja razoavelmente elegante e coerente. Dada a dimensão da nossa biblioteca e a enormidade do domínio das aplicações gráficas, não podemos esperar por completude. Pelo contrário, buscamos simplicidade e extensibilidade.

Na verdade, nenhuma biblioteca de classes modela diretamente todos os aspectos de seu domínio de aplicação. Isso não é apenas impossível, também é inútil. Considere escrever uma biblioteca para exibir informações geográficas. Você deseja mostrar a vegetação? Os limites políticos nacionais, estaduais e outros? Os sistemas rodoviários? Ferrovias? Rios? Destacar dados sociais e econômicos? As variações sazonais de temperatura e umidade? Padrões de vento na atmosfera? Rotas aéreas? Marcar os locais das escolas? Os locais de "restaurantes" *fast--food*? Salões de beleza? "Tudo isso!" pode ser uma boa resposta para uma aplicação geográfica abrangente, mas não uma resposta para uma única exibição. Pode ser uma resposta para uma biblioteca que dá suporte a tais aplicações geográficas, mas é improvável que tal biblioteca também possa cobrir outras aplicações gráficas, como desenho à mão livre, edição de imagens fotográficas, visualização científica e exibições de controle de aeronaves.

Então, como sempre, temos que decidir o que é importante para nós. Nesse caso, temos que decidir qual tipo de gráfico/GUI queremos fazer bem. Tentar fazer tudo é uma receita para o fracasso. Uma boa biblioteca modela de formas direta e clara seu domínio de aplicação a partir de uma perspectiva em particular, enfatiza alguns aspectos da aplicação e minimiza outros.

As classes que trazemos aqui são planejadas para gráficos simples e interfaces de usuário gráficas e simples. Elas se destinam principalmente a usuários que precisam apresentar dados e uma saída gráfica a partir de aplicações numéricas/científicas/de engenharia. Você pode construir suas próprias classes "sobre" as nossas. Se isso não bastar, expomos detalhes suficientes do Qt em nossa implementação para você ter uma ideia de como usá-lo (ou uma biblioteca gráfica/GUI similar completa) diretamente, caso queira. No entanto, se decidir seguir esse caminho, espere até ter absorvido os Capítulos 15, 16 e 17. Esses capítulos contêm informações sobre ponteiros e gerenciamento de memória que você precisa saber para fazer um uso direto e bem-sucedido da maioria das bibliotecas gráficas/GUI.

Uma decisão importante é fornecer muitas classes "pequenas" com poucas operações. Por exemplo, fornecemos Open_polyline, Closed_polyline, Polygon, Rectangle, Marked_polyline, Marks e Mark, quando poderíamos ter fornecido uma única classe (possivelmente chamada "polilinha") com muitos argumentos e operações, que nos permitiriam especificar o tipo de polilinha de um objeto e possivelmente até mesmo modificar uma polilinha de um tipo para outro. O extremo desse tipo de pensamento seria fornecer cada tipo de forma como parte de uma única classe Shape. Pensamos o seguinte:

- O uso de muitas classes pequenas modela melhor e com mais utilidade nosso domínio.
- Com uma única classe que fornece "tudo", o usuário acabaria tratando dados e opções sem uma estrutura (*framework*) para ajudar no entendimento, na depuração e no desempenho.
- Classes e funções grandes são mais difíceis de acertar do que um conjunto de classes pequenas.
- O modelo de "muitas classes pequenas" simplifica a adição de novas classes a uma biblioteca.

Por exemplo, imagine o que seria necessário para adicionar Spline ou Clock_face às duas maneiras alternativas de representar Shapes.

12.1.2 Operações

Fornecemos um mínimo de operações como parte de cada classe. Nosso ideal é a interface mínima, que nos permita fazer o que queremos. Onde queremos maior conveniência, podemos sempre promover isso na forma de funções não membro adicionadas ou ainda outra classe.

Queremos que as interfaces de nossas classes tenham um estilo comum. Por exemplo, todas as funções que realizam operações semelhantes em diferentes classes têm o mesmo nome, têm argumentos dos mesmos tipos e, quando possível, requerem esses argumentos na mesma ordem. Considere os construtores: se uma forma requer uma localização, ela tem um Point como primeiro argumento:

```
Line ln {Point{100,200},Point{300,400}};
Mark m {Point{100,200},'x'};        // exibir um único ponto como um 'x'
Circle c {Point{200,200},250};
```

Todas as funções que lidam com pontos usam a classe Point para representá-los. Isso parece óbvio, mas muitas bibliotecas exibem uma combinação de estilos. Por exemplo, imagine uma função para desenhar uma linha. Podemos usar um dos dois estilos:

```
void draw_line(Point p1, Point p2);              // de p1 até p2 (nosso estilo)
void draw_line(int x1, int y1, int x2, int y2); // de (x1,y1) até (x2,y2)
```

Podemos até permitir ambos, mas para ter consistência, uma verificação de tipos melhorada e mais legibilidade, usamos o primeiro estilo exclusivamente. Usar Point de forma consistente também evita confusão entre os pares de coordenadas e o outro par comum de números inteiros: largura e altura. Por exemplo, considere:

```
draw_rectangle(Point{100,200}, 300, 400);   // nosso estilo
draw_rectangle(100,200,300,400);            // uma alternativa
```

A primeira chamada desenha um retângulo com um ponto, largura e altura. Isso é bem fácil de imaginar, mas e a segunda chamada? É um retângulo definido por pontos (100,200) e (300,400)? Um retângulo definido por um ponto (100,200), uma largura 300 e uma altura 400? Algo completamente diferente (embora possível para alguém)? Usar o tipo Point consistentemente evita tal confusão.

Aliás, se uma função requer uma largura e uma altura, elas são sempre apresentadas nessa ordem (assim como sempre fornecemos uma coordenada *x* antes de uma coordenada *y*). Ter esses pequenos detalhes consistentes facilita imensamente o uso e evita erros de execução.

AA   Operações logicamente idênticas têm o mesmo nome. Por exemplo, toda função que adiciona pontos, linhas etc. a qualquer tipo de forma é denominada add(). Tal uniformidade nos ajuda a lembrar (ao resultar em menos detalhes para lembrar) e nos ajuda no projeto de novas classes ("faça apenas o habitual"). Às vezes, até nos permite escrever um código que funcione para muitos tipos diferentes, porque as operações sobre esses tipos têm um padrão idêntico. Esse tipo de código é chamado de *genérico*; veja os Capítulos 19, 20 e 21.

12.1.3 Nomenclatura

AA   Operações logicamente diferentes têm nomes diferentes. Mais uma vez, isso parece óbvio, mas considere: por que "anexamos" (*attach*) um Shape a uma Window, mas "adicionamos" (*add*) uma Line a um Shape? Em ambos os casos, "colocamos algo em algo", então essa semelhança não deveria ser refletida com um nome em comum? Não. A semelhança oculta uma diferença fundamental. Considere:

```
Open_polyline opl;
opl.add(Point{100,100});
opl.add(Point{150,200});
opl.add(Point{250,250});
```

Aqui, copiamos três pontos para opl. A forma opl não se importa com "nossos" pontos após uma chamada para add(); ela armazena suas próprias cópias. Na verdade, raramente mantemos cópias dos pontos – deixamos isso para a forma. Por outro lado, considere:

```
win.attach(opl);
```

Aqui, criamos uma conexão entre a janela win e nossa forma opl; win não faz uma cópia de opl – mantém uma referência para opl. Podemos atualizar opl e, na próxima vez em que win desenhar opl, nossas alterações aparecerão na tela.

Podemos ilustrar a diferença entre attach() e add() graficamente:

```
        Open_polyline:             Window:

          (100,200)
          (150,100)
          (250,250)
```

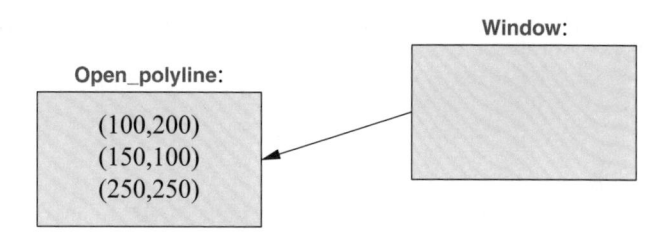

Basicamente, add() usa a passagem por valor (copia) e attach() usa a passagem por referência (compartilha um objeto). Poderíamos ter escolhido copiar os objetos gráficos para as janelas (Window). No entanto isso resultaria em um modelo de programação diferente, que teríamos indicado pelo uso de add() em vez de attach(). Tal como está, apenas "anexamos" um objeto gráfico a Window. Isso tem implicações importantes. Por exemplo, não podemos criar um objeto, anexá-lo, permitir que o objeto seja destruído e esperar que o programa resultante funcione:

```
void f(Simple_window& w)
{
    Rectangle r {Point{100,200},50,30};
    w.attach(r);
    // opa, o tempo de vida de r termina aqui
}

int main()
{
    Simple_window win {Point{100,100},600,400,"My window"};
    // ...
    f(win);          // pedindo para ter problemas
    // ...
    win.wait_for_button();
}
```

No momento em que saímos de f() e chegamos a wait_for_button(), não há um r para win referenciar e exibir. No Capítulo 15, mostraremos como criar objetos dentro de uma função e fazê-los sobreviver após o retorno da função. Até lá, evitaremos anexar objetos que não sobrevivem até a chamada de wait_for_button(). Temos Vector_ref (§11.7.3) para ajudar com isso.

Note que, se tivéssemos declarado f() para ter Window como um argumento de referência const (como recomendado em §7.4.6), o compilador evitaria nosso erro. No entanto não podemos anexar via attach(r) a uma const Window, porque attach() precisa fazer uma alteração em Window para registrar o interesse de Window em r.

12.1.4 Mutabilidade

Quando projetamos uma classe, as principais questões que devemos responder são "Quem pode modificar os dados (a sua representação)?" e "Como?". Tentamos garantir que a modificação do estado de um objeto seja feita apenas por sua própria classe. A distinção entre public/private é fundamental para tanto, mas mostraremos exemplos em que um mecanismo mais flexível/sutil (protected) é utilizado. Isso implica que não podemos simplesmente dar a uma classe um membro de dados, digamos uma string denominada label; devemos também considerar se é possível modificá-la após a construção e se assim for, como. Também devemos decidir se um código diferente das funções-membro da nossa classe precisa ler o valor de label e, em caso afirmativo, como. Por exemplo:

```
struct Circle {
    // ...
private:
    int r;      // raio
};

Circle c {Point{100,200},50};
c.r = –9;       // OK? Não, erro de compilação: Circle::r é privado
```

AA Como você deve ter notado no Capítulo 11, decidimos impedir o acesso direto à maioria dos membros de dados. Não expor os dados diretamente nos dá a oportunidade de verificar os valores "absurdos", como Circle com raio negativo. Para simplificar a implementação, não tiramos o máximo proveito dessa oportunidade de verificar os erros, então tenha cuidado com seus valores. A decisão de não verificar de formas consistente e completa reflete um desejo de manter o código curto para a apresentação e o conhecimento de que, se um usuário (você, nós) fornecer valores "absurdos", o resultado será simplesmente uma imagem bagunçada na tela e não irá corromper dados valiosos.

Tratamos a tela (vista como um conjunto de janelas – Windows) puramente como um dispositivo de saída. Podemos exibir novos objetos e remover os antigos, mas nunca pedimos ao "sistema" informações que não sabemos (ou não poderíamos saber) das estruturas de dados que construímos e que representam nossas imagens.

12.2 Shape

A classe Shape representa a noção geral de algo que pode aparecer em uma Window em uma tela:

- É a noção que vincula nossos objetos gráficos à nossa abstração Window, que por sua vez fornece conexão com o sistema operacional e a tela física.
- É a classe que lida com a cor e o estilo usados para desenhar as linhas. Para tanto, ela armazena um estilo de linha (Line_style), uma cor (Color) para as linhas e uma cor (Color) para o preenchimento.
- Pode conter uma sequência de pontos (Points) e ter uma noção básica de como desenhá-los.

Projetistas experientes reconhecerão que uma classe que faz três coisas provavelmente tem problemas com generalidade. Entretanto, aqui precisamos de algo muito mais simples do que a solução mais geral.

Primeiro apresentaremos a classe completa e depois discutiremos seus detalhes:

```
struct Shape {         // lida com uma cor e um estilo, e mantém uma sequência de linhas
    virtual ~Shape() { }                            // destrutor: veja §15.5.2

    Shape(const Shape&) = delete;                   // impedir a cópia: veja §12.4.1
    Shape& operator=(const Shape&) = delete;

    virtual void move(int dx, int dy);              // mover a forma +=dx e += dy

    void set_color(Color col) { lcolor = col; redraw(); }   // gravar
    Color color() const { return lcolor; }                  // ler
```

```
        void set_style(Line_style sty) { ls = sty; redraw(); }
        Line_style style() const { return ls; }

        void set_fill_color(Color col) { fcolor = col; redraw(); }
        Color fill_color() const { return fcolor; }

        Point point(int i) const { return points[i]; }
        int number_of_points() const { return naro<int>(points.size()); }

        void set_window(Window* win) { parent_window = win; }

        void draw(Painter& painter) const;           // lidar com color e draw_specifics
protected:
        Shape(std::initializer_list<Point> lst = {});  // adicionar os pontos a esta forma

        void add(Point p){ points.push_back(p); redraw(); }
        void set_point(int i, Point p) { points[i] = p; redraw(); }

        void redraw();
private:
        virtual void draw_specifics(Painter& painter) const = 0;  // desenhar esta forma específica
        Window* parent_window = nullptr;             // A janela na qual a forma aparece
        vector<Point> points;                        // não usada por todas as formas
        Color lcolor = Color::black;
        Line_style ls;                               // usar o estilo de linha padrão
        Color fcolor = Color::invisible;             // cor de preenchimento
};
```

Esta é uma classe relativamente complexa, projetada para dar suporte a uma ampla variedade de classes gráficas e representar o conceito geral de uma forma na tela. No entanto ela ainda tem apenas 5 membros de dados e 19 funções. Além disso, essas funções são todas bem simples, de modo que podemos nos concentrar nas questões de projeto. No restante desta seção, veremos os membros um por um e explicaremos seu papel no projeto.

12.2.1 Uma classe abstrata

Primeiro, considere o construtor de Shape:

```
protected:
        Shape(initializer_list<Point> lst = {});     // adicionar os pontos a esta forma
```

O construtor adiciona via add() os elementos de sua lista de argumentos ao vector<Point> de Shape:

```
Shape::Shape(initializer_list<Point> lst)
{
    for (Point p : lst)
        add(p);
}
```

Se não fornecemos um conjunto de Points, o padrão é uma initializer_list vazia.

O construtor é protected. Isso significa que ele só pode ser usado diretamente a partir das classes derivadas de Shape usando a notação :Shape, ou seja, para formas específicas, como Circle e Closed_polyline, em vez de para a noção geral de uma forma. As classes definidas com a notação :Shape são denominadas *classes derivadas*, e Shape é denominada de sua *classe-base* (§12.3). O propósito de protected: é garantir que não criemos objetos Shape diretamente. Por exemplo:

```
Shape ss;    // erro: não é possível construir Shape
```

CC Ao proibir a criação direta de objetos Shape, modelamos diretamente a ideia de que não podemos ter/ver uma forma genérica, apenas formas em particular, como Circle e Closed_polyline. Pense nisso! Como é uma forma? A única resposta razoável é outra pergunta, "Qual forma?". A noção de uma forma que representamos com Shape é um conceito abstrato. Isso é importante e, muitas vezes, uma noção de projeto útil, por isso não queremos comprometê-la em nosso programa. Permitir que os usuários criem diretamente objetos Shape seria uma violência contra nosso ideal de classes como representações diretas dos conceitos.

CC Uma classe é *abstrata* se puder ser usada apenas como uma classe-base. A outra forma, mais comum, de conseguir isso é chamada de *função virtual pura* (§12.3.5). Uma classe que possa ser usada para criar objetos, isto é, o oposto de uma classe abstrata, é chamada de *classe concreta*. Note que *abstrata* e *concreta* são simplesmente palavras técnicas para uma distinção do dia a dia. Podemos ir à loja para comprar uma câmera. No entanto não podemos simplesmente pedir uma câmera e levá-la para casa. Qual tipo de câmera? Qual marca? Qual modelo em particular? A palavra "câmera" é uma generalização; ela se refere a uma noção abstrata. Olympus E-M5 se refere a um tipo específico de câmera do qual nós (em troca de muito dinheiro) podemos adquirir com uma instância em particular: certa câmera com um número de série único. Então, "câmera" é muito parecido com uma classe abstrata (base); "Olympus E-M5" é muito parecido com uma classe concreta (derivada); e a câmera real na minha mão (se eu a tivesse comprado) seria muito parecida com um objeto dessa classe.

12.2.2 Controle de acesso

A classe Shape declara todos os membros de dados como privados:

```
private:
    Window* parent_window = nullptr;    // a janela na qual Shape aparece
    vector<Point> points;               // não usada por todas as formas
    Color lcolor = Color::black;        // cor para as linhas e os caracteres (com padrão)
    Line_style ls;                      // usar o estilo de linha padrão
    Color fcolor = Color::invisible;    // cor de preenchimento (padrão: sem cor)
```

Os inicializadores dos membros de dados não dependem dos argumentos do construtor, então os especificamos nas declarações dos membros de dados. Como sempre, o valor padrão para um vetor é "vazio", então não precisamos ser explícitos sobre isso. O construtor aplicará esses valores padrão.

AA Como os membros de dados de Shape são declarados como private, precisamos fornecer funções de acesso. Existem vários estilos possíveis para fazer isso. Escolhemos um que consideramos simples, conveniente e legível. Se temos um membro representando uma propriedade X, fornecemos um par de funções X() e set_X() para leitura e gravação, respectivamente. Por exemplo:

```
void Shape::set_color(Color col)
{
    lcolor = col;
}

Color Shape::color() const
{
    return lcolor;
}
```

O principal inconveniente desse estilo é que você não pode dar à variável membro o mesmo nome de sua função de leitura. Como sempre, escolhemos os nomes mais convenientes para as funções, porque elas fazem parte da interface pública. Importa muito menos o modo como chamamos nossas variáveis private. Observe como usamos const para indicar que as funções de leitura não modificam Shape (§8.7.4).

Shape mantém um vetor de Points, denominado points, para dar suporte a suas classes derivadas. Fornecemos a função add() para adicionar Points a points:

```
void Shape::add(Point p)        // protegido
{
    points.push_back(p);
}
```

Naturalmente, o vetor points começa vazio. Decidimos fornecer a Shape uma interface funcional completa, em vez de dar aos usuários – e mesmo às funções-membro das classes derivadas de Shape – acesso direto aos membros de dados. Para algumas pessoas, fornecer uma interface funcional é algo óbvio, porque elas sentem que tornar público qualquer membro de dados de uma classe é um projeto ruim. Para outras, nosso projeto parece excessivamente restritivo, porque não permitimos o acesso direto de gravação a todos os membros das classes derivadas.

Uma forma derivada de Shape, como Circle e Polygon, sabe o que seus pontos significam. A classe-base Shape não "entende" os pontos; apenas os armazena. Portanto as classes derivadas precisam controlar o modo como os pontos são adicionados. Por exemplo:

- Circle e Rectangle não permitem que o usuário adicione pontos; isso simplesmente não faria sentido. O que seria um retângulo com um ponto extra? (§10.7.4, §11.7.5).
- Lines permite que apenas pares de pontos sejam adicionados (não um ponto individual; §11.3).
- Open_polyline e Marks permitem qualquer número de pontos adicionados.
- Polygon permite que um ponto seja adicionado apenas por uma função add(), que verifica as interseções (§11.7.1).

Tornamos add() protected (isto é, acessível apenas a partir de uma classe derivada) para garantir que as classes derivadas controlem o modo como os pontos são adicionados. Se add() fosse public (todos poderiam adicionar pontos) ou private (somente Shape poderia adicionar pontos), não seria possível essa correspondência próxima de funcionalidade para nossa ideia de formas.

De modo semelhante, tornamos set_point() protected. Em geral, apenas uma classe derivada pode saber o que um ponto significa e se pode ser alterado sem violar uma invariante (§8.4.3). Por exemplo, se tivéssemos uma classe Regular_hexagon definida como um conjunto de seis pontos, mudar apenas um único ponto tornaria a figura resultante "um hexágono irregular". Na verdade, não vemos necessidade de set_point() em nossas classes de exemplo e código, então set_point() é fornecida apenas para garantir a regra de que podemos ler e definir todos os atributos de Shape. Por exemplo, se quiséssemos um retângulo modificável (um Mutable_rectangle), poderíamos derivar de Rectangle e fornecer operações para mudar os pontos.

Tornamos **private** o vetor de pontos, **points**, para protegê-lo de modificações indesejadas. Para isso ser útil, temos também de dar acesso a ele:

```
void Shape::set_point(int i, Point p)      // não usado: desnecessário até então
{
    points[i] = p;
}

Point Shape::point(int i) const
{
    return points[i];
}

int Shape::number_of_points() const
{
    return points.size();
}
```

Nas funções-membro da classe derivada, essas funções são usadas assim:

```
void Lines::draw_specifics(Painter& painter) const    // desenhar linhas conectando
                                                      // pares de pontos
{
    if (color().visibility())
        for (int i=1; i<number_of_points(); i+=2)
            painter.draw_line(point(i-1),point(i));
}
```

CC Talvez você esteja preocupado com todas essas funções de acesso comuns. Elas não são ineficientes? Elas deixam o programa lento? Aumentam o tamanho do código gerado? Não, todas serão compiladas (de forma "*inline*") pelo compilador. Por exemplo, chamar **number_of_points()** ocupará exatamente tantos *bytes* de memória e executará exatamente tantas instruções quanto chamar **points.size()** diretamente.

Essas considerações e decisões de controle de acesso são importantes. Poderíamos ter fornecido esta versão quase mínima de **Shape**:

```
struct Shape {                          // definição quase mínima, muito simples, não usada
    Shape(initializer_list<Point> = {});
    void draw() const;                                  // lidar com a cor e chamar draw_specifics
    virtual void draw_specifics(Painter& painter) const;   // desenhar essa forma específica
    virtual void move(int dx, int dy);                  // mover a forma +=dx e +=dy
    virtual ~Shape();

    Window* parent_window;
    vector<Point> points;                               // não usada por todas as formas
    Color lcolor;
    Line_style ls;
    Color fcolor;
};
```

CC Qual valor adicionamos com essas 14 funções-membro extras e as 2 linhas de especificações de acesso (**private:** e **protected:**)? A resposta básica é que proteger a representação garante que ela não seja mudada de maneira inesperada por um projetista de classes, de modo que possamos escrever classes melhores com menos esforço. Esse é o argumento sobre "invariantes"

(§8.4.3). Aqui, destacaremos tais vantagens conforme definimos as classes derivadas de Shape. Um exemplo simples é que as versões anteriores de Shape usavam

```
Fl_Color lcolor;     // antes: usar tipo de cor de FLTK
int line_style;      // antes: usar um inteiro simples para representar um estilo de linha
```

Isso acabou sendo muito limitante (um estilo de linha int não suporta com elegância a largura da linha, e Fl_Color não aceita invisible) e levou a um código confuso. Se essas duas variáveis fossem públicas e usadas no código de um usuário, poderíamos ter melhorado nossa biblioteca de interfaces apenas quebrando esse código (porque ele menciona os nomes lcolor e line_style).

Além disso, as funções de acesso muitas vezes trazem a conveniência de notação. Por exemplo, s.add(p) é mais fácil de ler e escrever do que s.points.push_back(p).

Podemos simplificar ainda mais Shape removendo tudo o que não é necessário em todas as formas. Por exemplo, Line não usa uma cor de preenchimento e Circle usa apenas um único Point, em vez de um vector de Points. Isso tornaria Shape uma interface pura, como descrito em §12.3.5, mas também nos forçaria a repetir muito código nas implementações de formas específicas.

12.2.3 Desenhando formas

Agora já descrevemos quase tudo, menos a real essência da classe Shape:

```
void draw(Painter& painter) const;              // lidar com a cor e o estilo, chamar draw_specifics
virtual void draw_specifics(Painter& painter) const;   // desenhar esta forma específica
                                                        // adequadamente
```

O trabalho mais básico de Shape é desenhar formas. Podemos remover todas as outras funcionalidades de Shape ou deixá-la sem dados próprios sem grandes prejuízos conceituais (§12.5), mas desenhar é a essência de Shape. Ela faz isso usando Qt e o mecanismo básico do sistema operacional, mas do ponto de vista do usuário, ela fornece apenas duas funções:

- draw() escolhe a cor e o estilo; então chama draw_specifics(); depois restaura a cor e o estilo.
- draw_specifics() coloca *pixels* na tela para uma forma específica.

A função draw() não usa nenhuma técnica nova. Ela simplesmente chama as funções de Qt para definir a cor e o estilo para o que é especificado em Shape, chama draw_specifics() para fazer o desenho real na tela e restaura a cor e o estilo ao que eram antes da chamada:

```
void Shape::draw(Painter& painter) const
{
    painter.save();
    painter.set_line_style(style());
    painter.set_color(color());
    painter.set_fill_color(fill_color());
    draw_specifics(painter);
    painter.restore();
}
```

Shape::draw() não lida diretamente com a cor de preenchimento ou a visibilidade das linhas. Isso é manipulado pelas funções draw_specifics() individuais, que têm uma ideia melhor de como interpretá-las. Por exemplo, set_fill_color() é uma "não operação", ela não faz nada para as formas que não são fechadas (§11.7). Em princípio, toda manipulação de cor e estilo poderia ser delegada às funções individuais draw_specifics(), mas isso seria bem repetitivo.

CC   Agora considere como podemos lidar com draw_specifics(). Se você pensar um pouco, perceberá que seria difícil para uma função de Shape desenhar tudo o que precisa ser desenhado para cada tipo de forma. Fazer isso exigiria que cada último *pixel* de cada forma de alguma maneira fosse armazenado no objeto Shape. Se mantivéssemos o modelo vector<Point>, teríamos que armazenar um monte de pontos. Pior, "a tela" (isto é, o *hardware* gráfico) já faz isso, e melhor.

CC   Para evitar esse trabalho e armazenamento extras, Shape adota outra abordagem: dá a cada Shape (ou seja, a cada classe derivada de Shape) uma chance de definir o que significa desenhá-la. Uma classe Text, Rectangle ou Circle pode ter uma forma inteligente de desenhar a si. Na verdade, a maioria dessas classes tem – afinal, tais classes "sabem" exatamente o que devem representar. Por exemplo, Circle é definido por um ponto e um raio, em vez de, digamos, muitos segmentos de linha. Gerar os *bits* necessários para Circle a partir do ponto e do raio, se e quando necessário, não é realmente tão difícil ou custoso. Então Circle define sua própria função draw_specifics() para chamarmos no lugar de draw_specifics() de Shape. É o que significa a parte virtual na declaração de Shape::draw_specifics():

```
struct Shape {
    // ...
    virtual void draw_specifics(Painter& painter) const;   // desenhar esta forma
                                                           // específica adequadamente
    // ...
};

struct Circle : Shape {
    // ...
    void draw_specifics(Painter& painter) const override;
    // ...
};
```

Então, de alguma maneira, draw_specifics() de Shape deve chamar draw_specifics() de Circle, se a forma for é um Circle, e draw_specifics() de Rectangle, se a forma for um Rectangle. É o que a palavra virtual na declaração draw_specifics() garante: Circle definiu sua própria função draw_specifics() (com o mesmo tipo draw_specifics() de Shape), de modo que Circle::draw_specifics() será chamada. O Capítulo 13 mostra como isso é feito para Text, Circle, Closed_polyline etc. Definir uma função em uma classe derivada para que ela possa ser usada por meio das interfaces fornecidas por uma base é chamado de *sobrescrita* (*overriding*).

Note que, apesar de seu papel central em Shape, draw_specifics() é protected; não deve ser chamada pelo "usuário geral" – draw() serve para isso –, mas apenas como um "detalhe da implementação" usado por draw() e as classes derivadas de Shape.

Isso completa nosso modelo de exibição de §10.2. O sistema que aciona a tela sabe sobre Window. Window sabe sobre Shape e pode chamar a função draw() de Shape. Por fim, draw() chama draw_specifics() para o tipo particular de forma.

Se fizermos uma alteração em Shape, chamamos redraw() para informar a Window que ela deve atualizar sua imagem na tela de acordo.

Uma chamada da função gui_main() de Application em nosso código de usuário inicia o mecanismo de exibição (*display engine*).

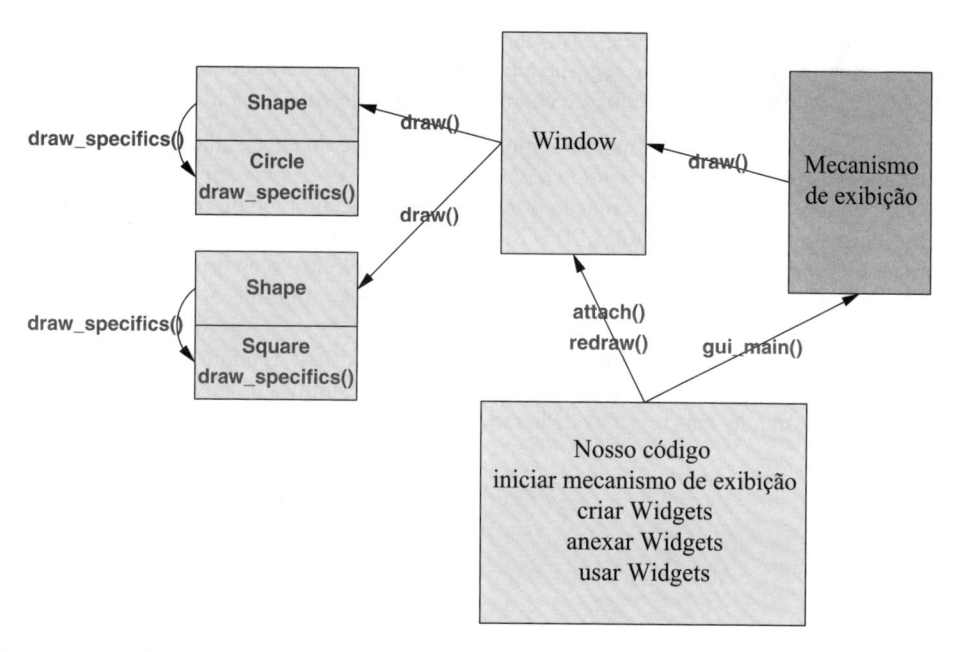

Que gui_main()? Até agora, não vimos gui_main() em nosso código (§14.7). Em vez disso, usamos wait_for_button(), que chama implicitamente o mecanismo de exibição de uma forma mais simples.

12.3 Classe-base e classes derivadas

Adotemos uma visão mais técnica das classes-base e das derivadas, isto é, para esta seção (apenas) mudaremos o foco da discussão da programação, do projeto de aplicativos e dos gráficos para os recursos da linguagem programação. Ao planejar nossa biblioteca de interface gráfica, contamos com três mecanismos de linguagem principais:

- *Derivação*: é uma maneira de construir uma classe a partir de outra para que a nova classe possa ser usada no lugar da original. Por exemplo, Circle deriva de Shape ou, em outras palavras, "um Circle é um tipo de Shape" ou "Shape é uma base de Circle". A classe derivada (aqui, Circle) obtém todos os membros de sua base (aqui, Shape), além dos próprios membros. Isso costuma ser chamado de *herança*, porque a classe derivada "herda" todos os membros da sua base. Em alguns contextos, uma classe derivada é chamada de *subclasse* e uma classe-base é chamada de *superclasse*.
- *Funções virtuais*: é a capacidade de definir uma função em uma classe-base e ter uma função com o mesmo nome e tipo em uma classe derivada, chamada quando um usuário chama a função da classe-base. Por exemplo, quando Window chama draw_specifics() (usando draw()) para um Shape que é um Circle, é a função draw_specifics() de Circle que é executada, em vez da própria draw_specifics() de Shape. Isso é muitas vezes chamado de *polimorfismo em tempo de execução*, *despacho dinâmico* ou *despacho em tempo de execução* (*run-time polymorphism*, *dynamic dispatch* e *run-time dispatch*, respectivamente), porque a função chamada é determinada durante a execução com base no tipo de objeto usado.

- *Membros privados e protegidos*: mantivemos privados os detalhes da implementação de nossas classes para protegê-las do uso direto que poderia complicar a manutenção (§12.2.2). Isso é frequentemente chamado *encapsulamento*.

O uso da herança, do polimorfismo em tempo de execução e do encapsulamento é a definição mais comum de *programação orientada a objetos* (OPP, *object-oriented programming*). Assim, C++ suporta diretamente a programação orientada a objetos, além de outros estilos de programação. Por exemplo, nos Capítulos 20 e 21, veremos como C++ dá suporte à programação genérica. C++ pega emprestados, com reconhecimento explícito, seus principais mecanismos de Simula67, a primeira linguagem a suportar diretamente a programação orientada a objetos (PPP2.Ch22).

Quanta terminologia técnica! Mas o que tudo isso significa? E como realmente funciona em nossos computadores? Primeiro, vejamos um diagrama simples de nossas classes de interface gráfica, mostrando suas relações de herança:

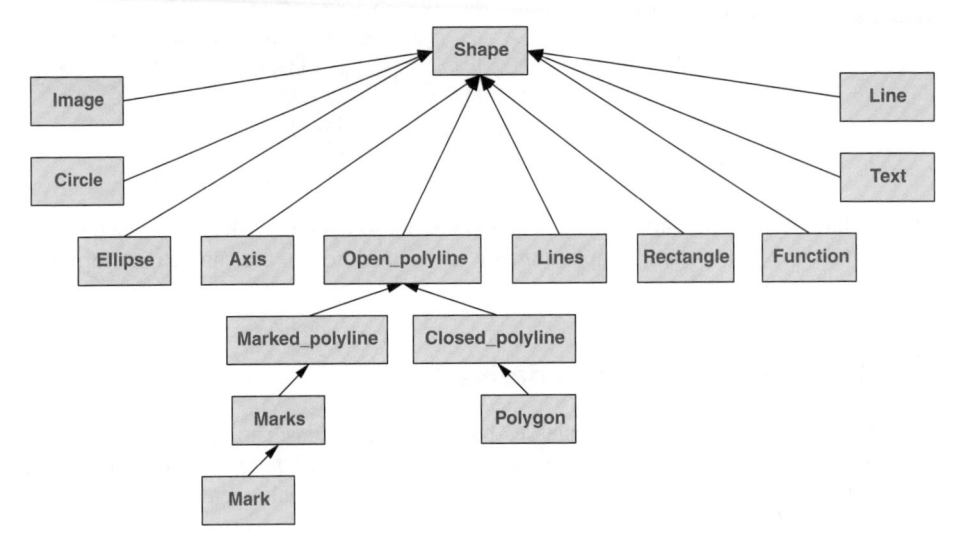

```
                          Shape
    Image                                          Line
    Circle                                         Text
Ellipse   Axis   Open_polyline   Lines   Rectangle   Function
         Marked_polyline   Closed_polyline
              Marks              Polygon
              Mark
```

As setas apontam de uma classe derivada para sua base. Tais diagramas ajudam a visualizar as relações das classes e, muitas vezes, decoram os quadros brancos dos programadores. Em comparação com *frameworks* comerciais, é uma *hierarquia de classes* minúscula, com apenas 16 classes, e apenas no caso dos muitos descendentes de Open_polyline é que a hierarquia fica mais profunda. Claramente, a base comum (Shape) é a classe mais importante aqui, mesmo representando um conceito abstrato, de modo que nunca criamos diretamente uma forma.

12.3.1 *Layout* de objetos

Como os objetos são dispostos na memória? Como vimos em §8.4.1, os membros de uma classe definem o *layout* dos objetos: os membros de dados são armazenados um após o outro na memória. Quando a herança é usada, os membros de dados de uma classe derivada são simplesmente adicionados após os de uma base. Por exemplo:

Shape:
```
parent_window
points
lcolor
ls
fcolor
```

Circle:
```
parent_window
points
lcolor
ls
fcolor
r
```

Circle tem os membros de dados de Shape (afinal, é um tipo de Shape) e pode ser usado como um Shape. Além disso, Circle tem "seu próprio" membro de dados r colocado após os membros de dados herdados.

Para lidar com uma chamada de função virtual, precisamos de (e temos) mais uma parte de dados em um objeto Shape: algo para dizer qual função é realmente solicitada quando chamamos draw_specifics() de Shape. A maneira como isso normalmente é feito é adicionando o endereço de uma tabela de funções. Essa tabela costuma ser chamada de vtbl (de "*virtual table*", "tabela virtual" ou "tabela de funções virtuais") e seu endereço é frequentemente denominado vptr (de "*virtual pointer*" ou "ponteiro virtual"). Discutimos os ponteiros nos Capítulos 17 e 18; aqui, eles agem como referências. Determinada implementação pode usar nomes diferentes para vtbl e vptr. Adicionando vptr e vtbls à imagem, temos:

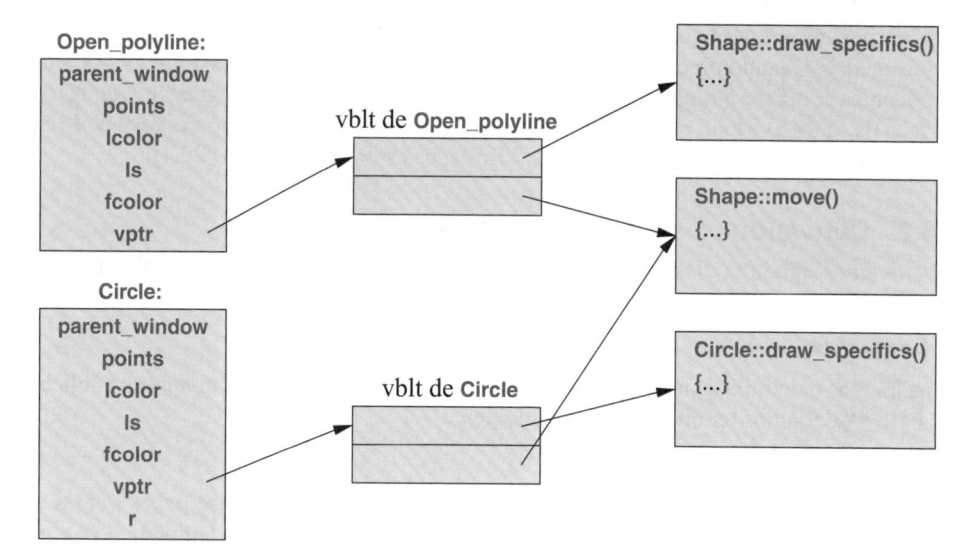

Open_polyline:
```
parent_window
points
lcolor
ls
fcolor
vptr
```

vblt de Open_polyline

Shape::draw_specifics()
{...}

Shape::move()
{...}

Circle:
```
parent_window
points
lcolor
ls
fcolor
vptr
r
```

vblt de Circle

Circle::draw_specifics()
{...}

Como draw_specifics() é a primeira função virtual, ela recebe o primeiro *slot* de vtbl, seguido por move(), a segunda função virtual. Uma classe pode ter quantas funções virtuais quiser; sua vtbl será tão grande quanto necessário (um *slot* por função virtual). Agora, quando chamamos x.draw_specifics(), o compilador gera uma chamada para a função encontrada no *slot* draw_specifics() da vtbl para x. Basicamente, o código apenas segue as setas no diagrama. Por isso, se x for Circle, Circle::draw_specifics() será chamada. Se x for de um tipo, digamos Open_polyline, que usa a vtbl exatamente como Shape definiu, Shape::draw_specifics() será chamada. Da mesma forma, Circle não definiu sua própria função move(), portanto x.move() chamará Shape::move() se x for um Circle. Basicamente, o código gerado para uma chamada da função virtual simplesmente encontra o vptr, usa isso para chegar à vtbl certa e chama a função apropriada lá. O custo é de cerca de dois acessos de memória mais o custo de uma chamada de função comum. É simples e rápido.

Shape é uma classe abstrata, então você não pode realmente ter um objeto que é apenas um objeto Shape, mas uma Open_polyline terá exatamente o mesmo *layout* de uma "forma simples", uma vez que não adiciona um membro de dados nem define uma função virtual. Existe apenas uma vtbl para cada classe com uma função virtual, não uma para cada objeto, de modo que as vtbls tendem a não adicionar muito ao tamanho do código-objeto de um programa.

Note que não desenhamos uma função não virtual nessa imagem. Não precisamos fazer isso, porque não há nada de especial na forma como tais funções são chamadas, e elas não aumentam o tamanho dos objetos de seu tipo.

Definir uma função de mesmo nome e tipo como uma função virtual a partir de uma classe-base (como Circle::draw_specifics()) para que a função da classe derivada seja colocada na vtbl, em vez da versão da base, é chamado de sobrescrita (*overriding*). Por exemplo, Circle::draw_specifics() sobrescreve Shape::draw_specifics().

AA Por que estamos falando sobre vtbls e *layout* de memória? É preciso saber isso para usar a programação orientada a objetos? Não. No entanto muitas pessoas preferem saber como as coisas são implementadas (estamos entre elas) e, quando elas não entendem algo, surgem mitos. Conhecemos pessoas que estavam aterrorizadas com as funções virtuais "porque elas são custosas". Por quê? Como assim custosas? Em comparação com o quê? Qual a importância do custo? Explicamos o modelo de implementação para as funções virtuais para que você não tenha tais medos. Quando precisamos selecionar alternativas desconhecidas durante a execução, não podemos codificar a funcionalidade, utilizando outros recursos da linguagem que não uma chamada de função virtual, para ser mais rápida ou para usar menos memória. Você pode constatar isso por si mesmo: meça antes de fazer afirmações sobre eficiência (§20.4).

12.3.2 Derivando classes e definindo funções virtuais

Especificamos que uma classe deve ser uma classe derivada mencionando uma base após o nome da classe. Por exemplo:

    struct Circle : Shape { /* ... */ };

CC Por padrão, os membros de uma struct são public (§8.3), e isso incluirá os membros públicos de uma base. Poderíamos ter dito de modo equivalente

    class Circle : public Shape { public: /* ... */ };

Essas duas declarações de Circle são equivalentes, mas você pode ter discussões longas e infrutíferas com pessoas sobre qual é a melhor. Somos da opinião de que o tempo pode ser gasto mais produtivamente em outros tópicos.

Cuidado para não esquecer de public quando você precisar dele. Por exemplo:

    class Circle : Shape { public: /* ... */ };   // *provavelmente um erro*

Isso tornaria Shape uma base privada de Circle, tornando as funções públicas de Shape inacessíveis para Circle. É pouco provável que isso seja o que você quis dizer. Um bom compilador avisará sobre esse erro provável. Há usos para classes-base privadas, mas estão além do escopo deste livro.

Uma função virtual deve ser declarada virtual em sua declaração de classe, mas a palavra-chave virtual não é exigida nem permitida fora da classe. Por exemplo:

```cpp
struct Shape {
    // ...
    virtual void draw_specifics(Painter& painter) const;
    virtual void move();
    // ...
};

virtual void Shape::draw_specifics(Painter& painter) const { /* ... */ }   // erro: "virtual' fora da classe
void Shape::move() { /* ... */ }                                            // OK
```

12.3.3 Sobrescrita (*overriding*)

Quando você deseja sobrescrever uma função virtual, deve usar exatamente o mesmo nome e tipo da classe-base. Por exemplo:

```cpp
struct Circle : Shape {
    void draw_specifics(int) const;         // provavelmente um erro (argumento int?)
    void drawlines() const;                 // provavelmente um erro (nome escrito errado?)
    void draw_specifics();                  // provavelmente um erro (const ausente?)
    void draw_specifics() const;            // provavelmente um erro (argumento Painter& ausente?)
    void draw_specifics(Painter&) const;             // OK: sobrescrita implícita
    void draw_specifics(Painter&) const override;    // OK: sobrescrita explícita

    // ...
};
```

Aqui, o compilador verá quatro funções que são independentes de `Shape::draw_specifics()` (porque elas têm um nome ou um tipo diferente) e não as sobrescreverá. Um bom compilador alertará sobre esses erros prováveis.

O exemplo `draw_specifics()` é real e pode ser difícil de seguir em todos os detalhes, então veja um exemplo puramente técnico que ilustra a sobrescrita:

```cpp
struct B {
    virtual void f() const { cout << "B::f "; }
    void g() const { cout << "B::g "; }          // não virtual
};

struct D : B {
    void f() const { cout << "D::f "; }          // sobrescreve B::f
    void g() { cout << "D::g "; }
};

struct DD : D {
    void f() { cout << "DD::f "; }               // não sobrescreve D::f (não é const)
    void g() const { cout << "DD::g "; }
};
```

Aqui, temos uma pequena hierarquia de classes com (apenas) uma função virtual f(). Podemos tentar usá-la. Em particular, tentamos chamar f() e a função g() não virtual, que é uma função que não sabe com qual tipo de objeto tinha que tratar, exceto que é B (ou algo derivado de B):

```
void call(const B& b)
    // D é um tipo de B, portanto call() pode aceitar um D
    // DD é um tipo de D, e D é um tipo de B, portanto call() pode aceitar um DD
{
    b.f();
    b.g();
}

int main()
{
    B b;
    D d;
    DD dd;
    call(b);
    call(d);
    call(dd);

    b.f();
    b.g();

    d.f();
    d.g();

    dd.f();
    dd.g();
}
```

Você obterá:

B::f B::g D::f B::g D::f B::g B::f B::g D::f D::g DD::f DD::g

Quando você entende o motivo, conhece a mecânica da herança e das funções virtuais.

Obviamente, pode ser difícil acompanhar quais funções da classe derivada devem sobrescrever quais funções da classe-base. Por sorte, temos a ajuda do compilador para verificar isso. Podemos declarar explicitamente que uma função deve ser sobrescrita. Presumindo que as funções da classe derivada devem ser sobrescritas, podemos dizer isso adicionando **override**, e o exemplo se torna

```
struct B {
    virtual void f() const { cout << "B::f "; }
    void g() const { cout << "B::g "; }              // não virtual
};
```

```
struct D : B {
    void f() const override { cout << "D::f "; }    // sobrescreve B::f
    void g() override { cout << "D::g "; }          // erro: nenhuma B::g virtual a sobrescrever
};

struct DD : D {
    void f() override { cout << "DD::f "; }         // erro: não sobrescrever: D::f não é const
    void g() const override { cout << "DD::g "; }   // erro: nenhuma D::g virtual a sobrescrever
};
```

O uso explícito de override é particularmente útil nas hierarquias de classes grandes e complicadas.

12.3.4 Acesso

C++ fornece um modelo simples de acesso aos membros de uma classe. Cada membro de uma classe pode ser:

- *Privado*: se um membro é private, seu nome pode ser usado apenas pelos membros da classe na qual é declarado.
- *Protegido*: se um membro é protected, seu nome pode ser usado apenas pelos membros da classe na qual é declarado e pelos membros das classes derivados dela.
- *Público*: se um membro é public, seu nome pode ser usado por todas as funções.

Ou graficamente:

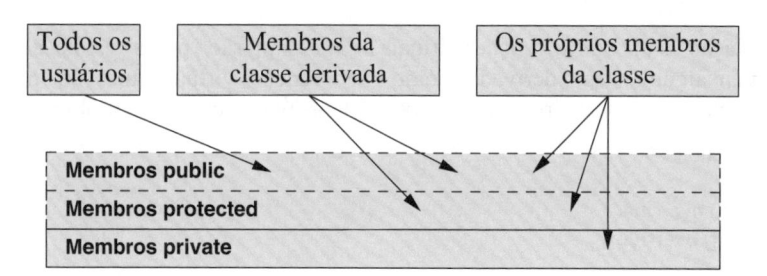

Todos os usuários	Membros da classe derivada	Os próprios membros da classe
Membros public		
Membros protected		
Membros private		

Uma base pode também ser private, protected ou public:

- Se uma base da classe D é private, os nomes de seus membros que são public e protected podem ser usados apenas pelos membros de D.
- Se uma base da classe D é protected, os nomes de seus membros que são public e protected podem ser usados apenas pelos membros de D e pelos membros das classes derivadas de D.
- Se uma base é public, os nomes de seus membros que são public podem ser usados por todas as funções.

Essas definições ignoram o conceito de "classes amigas" e alguns detalhes menores, que estão além do escopo deste livro. Se você quiser se tornar um defensor da linguagem, precisa estudar Stroustrup, *The Design and Evolution of C++* [DnE], os artigos *History of Programming Languages* de C++ [HOPL-4] e *The C++ Programming Language*. A definição oficial de C++ é *The ISO C++ standard*. Não recomendamos tornar-se um defensor da linguagem (alguém que conheça todos os mínimos detalhes da definição da linguagem); ser programador (desenvolvedor de *software*, engenheiro, usuário, como preferir chamar alguém que realmente usa a linguagem) é muito mais divertido e normalmente muito mais útil para a sociedade.

12.3.5 Funções virtuais puras

CC Uma classe abstrata é uma classe que pode ser usada apenas como uma classe-base. Usamos as classes abstratas para representar conceitos que são abstratos, isto é, usamos as classes abstratas para os conceitos que são generalizações das características comuns das entidades relacionadas. Livros grossos de filosofia foram escritos na tentativa de definir precisamente o *conceito abstrato* (*abstração, generalização* ou ...). Seja qual for a definição filosófica, a noção de um conceito abstrato é imensamente útil. Exemplos são "animal" (em oposição a qualquer tipo particular de animal), "*driver* de dispositivo" (em oposição ao *driver* para qualquer tipo de dispositivo) e "publicação" (em oposição a qualquer tipo particular de livro ou revista). Nos programas, as classes abstratas costumam definir as interfaces para os grupos de classes relacionadas (*hierarquias de classes*).

CC Em §12.2.1, vimos como tornar uma classe abstrata declarando seu construtor como **protected**. Há outra forma, e muito mais comum, de tornar uma classe abstrata: informar que uma ou mais de suas funções virtuais devem ser sobrescritas em alguma classe derivada. Por exemplo:

```
class B {   // classe base abstrata
public:
    virtual void f() =0;   // função virtual pura
    virtual void g() =0;
};

B b;   // erro: B é abstrata
```

A curiosa notação =0 diz que as funções virtuais B::f() e B::g() são "puras", isto é, elas devem ser sobrescritas em alguma classe derivada. Como B tem funções virtuais puras, não podemos criar um objeto da classe B. Sobrescrever as funções virtuais puras resolve o "problema":

```
class D1 : public B {
public:
    void f() override;
    void g() override;
};

D1 d1;      // OK
```

Note que, a menos que todas as funções virtuais puras sejam sobrescritas, a classe resultante ainda será abstrata:

```
class D2 : public B {
public:
    void f() override;
    // nenhuma g()
};

D2 d2;   // erro: D2 (ainda) é abstrata

class D3 : public D2 {
public:
    void g() override;
};
D3 d3;      // OK
```

As classes com funções virtuais puras tendem a ser interfaces puras, isto é, elas tendem a não ter **AA** membros de dados (os membros de dados estarão nas classes derivadas) e consequentemente não têm construtores (se não há membros de dados a inicializar, é improvável que um construtor seja necessário).

12.4 Outras funções de Shape

Para completar Shape, precisamos lidar com a cópia de Shapes. Também apresentamos como mover Shape na tela.

12.4.1 Cópia

A classe Shape declarou seu construtor de cópia, e a atribuição de cópia foi excluída com delete: **CC**

```
Shape(const Shape&) =delete;           // impedir a cópia
Shape& operator=(const Shape&) =delete;
```

Isso elimina as operações de cópia padrão para Shapes e para toda classe derivada de Shape que não define suas próprias operações de cópia (e não faremos isso). Considere:

```
void copy_to(Circle& c, Rectangle& r)
{
    c = r;         // isso não parece inocente (e felizmente é um erro)
    // ...
}
```

Atribuir um Rectangle a um Circle não faz sentido:

- Um Rectangle é representado por dois Points.
- Um Circle é representado por um Point e um int.

Esses dois objetos nem são do mesmo tamanho! Se permitido, para qual espaço Rectangle seria copiado (§12.3.1)? Além disso, Circle e Rectangle têm funções draw_specifics() completamente diferentes.

Então, por que c=r funcionaria se não tivéssemos proibido? Se a cópia de Shapes fosse permitida, a atribuição de cópia de Shape seria chamada, tratando Circle e Rectangle como Shapes:

```
Shape& operator=(const Shape&);        // atribuição de cópia
```

Implementar isso para que faça sentido é impossível em geral. Por exemplo, atribuir Circle a Rectangle simplesmente não faz sentido. Para os pares de Shapes, em que uma atribuição faz sentido, podemos definir funções para lidar com esses casos especiais.

Basicamente, hierarquias de classe, passagem por referência e cópia padrão não se misturam. Quando você projetar uma classe para ser uma classe-base (ou seja, ela tem pelo menos uma função virtual), desative seu construtor de cópia e a atribuição de cópia usando =delete, como foi feito para Shape. Veja também §12.3. **XX**

12.4.2 Movendo objetos Shape

A função move() de Shape move todo ponto armazenado em relação à posição atual:

```
void Shape::move(int dx, int dy)   // mover a forma +=dx e +=dy
{
    for (auto& xy : points) {
        xy.x += dx;
        xy.y += dy;
    }
    redraw();
}
```

Assim como draw_specifics(), move() é virtual porque uma classe derivada pode ter dados que precisam ser movidos e que Shape não conhece. Por exemplo, veja Axis (§10.7.1, §13.4). Cada classe derivada de Shape que não armazena todos os seus dados em Shape deve definir sua própria função move().

Repare na chamada de redraw(). Depois de uma mudança em um objeto Shape, temos que dizer à janela (objeto Window) para atualizar a imagem da forma na tela (§12.2.3).

12.5 Vantagens da programação orientada a objetos

CC Quando dizemos que Circle é derivado de Shape ou que Circle é um tipo de Shape, fazemos isso para ter o seguinte (uma ou ambas):

- *Herança de interfaces*: uma função que espera um Shape (geralmente como um argumento por referência) pode aceitar um Circle (e pode usar o Circle por meio da interface fornecida por Shape).
- *Herança de implementação*: quando definimos Circle e suas funções-membro, podemos aproveitar os recursos (como dados e funções-membro) oferecidos por Shape.

XX Um projeto que não forneça herança de interfaces (isto é, um projeto para o qual o objeto de uma classe derivada não pode ser usado como um objeto de sua classe-base public) é um projeto ruim e propenso a erros. Por exemplo, poderíamos definir uma classe denominada Never_do_this tendo Shape como sua base pública. Então poderíamos sobrescrever Shape::draw_specifics() por uma função que não desenhasse a forma, mas movesse seu centro 100 *pixels* para a esquerda. Esse "projeto" seria fatalmente falho, porque mesmo que Never_do_this fornecesse a interface de Shape, sua implementação não manteria a semântica (significado, comportamento) exigida por Shape. Nunca faça isso!

AA   A herança de interfaces tem esse nome porque suas vantagens estão no código que usa a interface fornecida por uma classe-base ("uma interface"; aqui, Shape) e não precisa conhecer as classes derivadas ("as implementações"; aqui, as classes derivadas de Shape).

AA   A herança de implementação recebe seu nome porque suas vantagens estão na simplificação da implementação das classes derivadas (p. ex., Circle), fornecidas pelos recursos oferecidos pela classe-base (aqui, Shape).

Note que nosso projeto sobre formas gráficas depende criticamente da herança de interfaces: o "mecanismo gráfico" (*graphics engine*) chama Shape::draw() que, por sua vez, chama a função virtual draw_specifics() de Shape para fazer o trabalho real de colocar as imagens na tela. Nem o "mecanismo gráfico", nem a classe Shape sabem quais tipos de formas existem. Em particular, o nosso "mecanismo gráfico" (por ora, Qt mais os recursos gráficos do sistema operacional) foi escrito e compilado anos antes de nossas classes gráficas! Apenas definimos as formas em particular e as anexamos com attach() às Windows como Shapes (Window::attach()

tem um argumento do tipo **Shape&**). Além disso, como a classe **Shape** não conhece suas classes gráficas, você não precisa recompilar **Shape** sempre que definir uma nova classe de interface gráfica.

Em outras palavras, podemos adicionar novas formas a um programa sem modificar o código existente. Essa é a meta máxima do projeto/desenvolvimento/manutenção de *software*: a extensão de um sistema sem modificá-lo. Existem limites para as alterações que podemos fazer sem modificar as classes existentes (p. ex., **Shape** oferece uma variedade bem limitada de serviços), e a técnica não se aplica bem a todos os problemas de programação (ver, por exemplo, os Capítulos 15 a 18, onde definimos **Vector**; a herança tem pouco a oferecer sobre isso). No entanto a herança de interfaces é uma das técnicas mais poderosas para planejar e implementar sistemas robustos face às mudanças.

Da mesma forma, a herança de implementação tem muito a oferecer, mas não é uma solução milagrosa. Colocando serviços úteis em **Shape**, evitamos o incômodo de repetir o trabalho repetidas vezes nas classes derivadas. Isso pode ser mais significativo em código do mundo real. No entanto tem o custo de que qualquer alteração na interface de **Shape** ou qualquer alteração no *layout* dos membros de dados de **Shape** requer uma recompilação de todas as classes derivadas e seus usuários. Para uma biblioteca amplamente utilizada, tal recompilação pode ser simplesmente inviável. Claro, existem maneiras de aproveitar grande parte dos benefícios e evitar a maioria dos problemas; veja §12.3.5.

Prática

Infelizmente, não tem como criar uma prática para a compreensão dos princípios gerais de projeto, então aqui focamos os recursos da linguagem que dão suporte à programação orientada a objetos.

[1] Defina uma classe **B1** com uma função virtual **vf()** e uma função não virtual **f()**. Defina ambas as funções dentro da classe **B1**. Implemente cada função para que exiba seu nome (p. ex., **B1::vf()**). Torne as funções **public**. Crie um objeto **B1** e chame cada função.

[2] Derive uma classe **D1** de **B1** e sobrescreva **vf()**. Crie um objeto **D1** e chame **vf()** e **f()** para ele.

[3] Defina uma referência para **B1** (**B1&**) e inicialize com o objeto **D1** que você acabou de definir. Chame **vf()** e **f()** para essa referência.

[4] Defina agora uma função denominada **f()** para **D1** e repita 1–3. Explique os resultados.

[5] Adicione uma função virtual pura denominada **pvf()** a **B1** e tente repetir 1–4. Explique o resultado.

[6] Defina uma classe **D2** derivada de **D1** e sobrescreva **pvf()** em **D2**. Crie um objeto da classe **D2** e chame **f()**, **vf()** e **pvf()** para ele.

[7] Defina uma classe **B2** com uma função virtual pura **pvf()**. Defina uma classe **D21** com um membro de dados **string** e uma função-membro que sobrescreva **pvf()**; **D21::pvf()** deve devolver o valor da **string**. Defina uma classe **D22** que seja exatamente como **D21**, exceto que seu membro de dados é um **int**. Defina uma função **f()** que tenha um argumento **B2&** e chame **pvf()** para seu argumento. Chame **f()** com **D21** e **D22**.

Revisão

[1] O que é domínio de aplicação?
[2] Quais são os ideais sobre nomenclatura?
[3] O que podemos nomear?
[4] Quais serviços **Shape** oferece?

[5] Qual é a diferença entre uma classe abstrata e uma classe não abstrata?
[6] De que modo é possível tornar uma classe abstrata?
[7] O que é controlado pelo controle de acesso?
[8] Qual é a vantagem de tornar um membro de dados private?
[9] O que é função virtual e como ela difere de uma função não virtual?
[10] O que é classe-base?
[11] O que faz uma classe derivada?
[12] O que se entende por *layout* de objetos?
[13] O que você pode fazer para tornar uma classe mais fácil de testar?
[14] O que é diagrama de herança?
[15] Qual é a diferença entre um membro protected e um private?
[16] Quais membros de uma classe podem ser acessados a partir de uma classe derivada?
[17] De que modo uma função virtual pura difere de outras funções virtuais?
[18] Por que você tornaria uma função-membro virtual?
[19] Por que *não* tornaria uma função-membro virtual?
[20] Por que você tornaria uma função-membro virtual pura?
[21] O que significa sobrescrita (*overriding*)?
[22] Por que você deve sempre suprimir as operações de cópia para uma classe em uma hierarquia de classes?
[23] De que modo a herança de interfaces difere da herança de implementação?
[24] O que é programação orientada a objetos?

Termos

classe abstrata	mutabilidade	public	controle de acesso
layout de objetos	função virtual pura	classe-base	orientado a
subclasse	classe derivada	override	objetos
ligação	polimorfismo	função virtual	superclasse
private	chamada de funções	herança	encapsulação
tabela de funções	virtuais	programação	protected
virtuais	=0	orientada a objetos (OOP)	=delete

Exercícios

[1] Defina duas classes Smiley e Frowny, ambas derivadas da classe Circle, tendo dois olhos e uma boca. Em seguida, derive as classes a partir de Smiley e Frowny, e adicione um chapéu apropriado a cada uma.
[2] Tente copiar um Shape. O que acontece?
[3] Defina uma classe abstrata e tente definir um objeto desse tipo. O que acontece?
[4] Defina uma classe Immobile_Circle, que é como Circle, mas não pode ser movida.
[5] Defina um Striped_rectangle em que, em vez de preenchimento, o retângulo é "preenchido" com linhas horizontais com um *pixel* de largura que cruzam o interior dele (digamos, a cada duas linhas, desenhe uma). Você pode ter que experimentar com a largura das linhas e o espaçamento entre as linhas para obter o padrão desejado.
[6] Defina Striped_circle utilizando a técnica de Striped_rectangle.

[7] Defina Striped_closed_polyline utilizando a técnica de Striped_rectangle (isso requer certa criatividade algorítmica).

[8] Defina uma classe Octagon para ser um octógono regular. Escreva um teste para exercitar todas as suas funções (conforme definidas por você ou herdadas de Shape).

[9] Defina uma classe Rounded que seja como Rectangle, exceto que tem os cantos arredondados. Use a classe Arc, que você pode encontrar no código de suporte PPP em www.stroustrup.com/programming.html. Escreva alguns testes.

[10] Defina uma classe Box que seja uma forma fechada como Rectangle (por isso tem cor de preenchimento), exceto que tem os cantos arredondados. Use a classe Pie, que você pode encontrar no código de suporte PPP em www.stroustrup.com/programming.html.

[11] Defina Group para ser um contêiner de Shapes com operações adequadas aplicadas aos vários membros de Group. Dica: Vector_ref. Use Group para definir um tabuleiro (de damas) onde as peças podem ser movidas sob controle do programa.

[12] Defina uma classe Pseudo_window que se pareça muito com Window, sem que precise de esforços heroicos para criar. Ela deve ter os cantos arredondados, um rótulo e ícones de controle. Talvez você possa adicionar algum "conteúdo" falso, como uma imagem. Ela não precisa fazer nada. É aceitável (e de fato recomendado) que apareça dentro de Simple_window.

[13] Defina uma classe Binary_tree derivada de Shape. Forneça o número de níveis como um parâmetro (levels==0 significa sem nós, levels==1 significa um nó, levels==2 significa um nó superior com dois subnós, levels==3 significa um nó superior com dois subnós cada, com dois subnós etc.). Faça um nó ser representado por um pequeno círculo. Ligue os nós com linhas (como é convencional). P.S.: em ciência da computação, as árvores crescem convencionalmente para baixo a partir de um nó superior (comicamente, embora lógico, muitas vezes chamado de raiz).

[14] Modifique Binary_tree para desenhar seus nós usando uma função virtual. Em seguida, derive uma nova classe de Binary_tree que sobrescreva essa função virtual para usar uma representação diferente para um nó (p. ex., um triângulo).

[15] Modifique Binary_tree para ter um parâmetro (ou parâmetros) para indicar que tipo de linha usar para conectar os nós (p. ex., uma seta apontando para baixo ou uma seta vermelha apontando para cima). Note como este exercício e o último usam os dois modos alternativos de tornar uma hierarquia de classes mais flexível e útil.

[16] Adicione uma operação a Binary_tree que acrescente texto a um nó. Você pode ter que modificar o projeto de Binary_tree para implementar isso com elegância. Escolha uma maneira de identificar um nó; por exemplo, você pode fornecer uma *string* "lrrlr" para navegar para esquerda, direita, direita, esquerda e direita para baixo em uma árvore binária (o nó-raiz poderia ser referenciado tanto como a inicial l [*left* ou esquerda] quanto a inicial r [*right* ou direita]).

[17] Defina uma classe Controller com quatro funções virtuais on(), off(), set_level(int) e show(). Derive pelo menos duas classes de Controller. Uma deve ser uma classe de teste simples em que show() mostra se a classe está ligada ou desligada, e qual é o nível atual. A segunda classe derivada deve, de alguma forma, controlar a cor da linha de Shape; o significado exato de "nível" (*level*) depende de você. Tente encontrar uma terceira "coisa" para controlar com a classe Controller.

[18] As exceções definidas na biblioteca-padrão de C++, como exception, runtime_error e out_of_range (§4.6.3), são organizadas em uma hierarquia de classes (com uma função virtual what() que retorna uma *string* supostamente explicando o que deu errado). Pesquise suas fontes de informação para ver o padrão de hierarquia de classes de exceção de C++ e desenhe um diagrama de hierarquia de classes.

Posfácio

AA   O ideal para *software* não é criar um único programa que faça tudo, mas criar muitas classes que reflitam nossos conceitos e que funcionem juntas para nos permitir criar nossos aplicativos com elegância, o mínimo esforço (em relação à complexidade da nossa tarefa), o desempenho adequado e a confiança de que os resultados produzidos estão corretos. Tais programas são compreensíveis e fáceis de manter, de uma forma que o código que foi simplesmente reunido para fazer determinado trabalho o mais rápido possível não é. As classes, o encapsulamento (como suportado por **private** e **protected**), a herança (como suportado pela derivação de classe) e o polimorfismo durante a execução (como suportado pelas funções virtuais) estão entre as nossas ferramentas mais poderosas para estruturar os sistemas.

13
Representação gráfica de funções e dados

O ótimo é inimigo do bom.
— *Voltaire*

Se você está em qualquer campo empírico, precisa visualizar dados graficamente. Se está em qualquer campo que usa a matemática para modelar fenômenos, precisa representar graficamente as funções. Este capítulo discute os mecanismos básicos para tais gráficos. Como sempre, mostramos o uso dos mecanismos e também discutimos seu projeto. Os principais exemplos representam graficamente uma função de um argumento e exibem os valores lidos de um arquivo.

- ▶ 13.1 Introdução
- ▶ 13.2 Gráficos de funções simples
- ▶ 13.3 **Function**
    Argumentos padrão; Mais exemplos; Expressões lambda
- ▶ 13.4 **Axis**
- ▶ 13.5 Aproximação
- ▶ 13.6 Representação gráfica dos dados
    Lendo um arquivo; *Layout* geral; Trabalhando em escalas; Construindo o gráfico

13.1 Introdução

AA Em comparação com os sistemas de *software* profissionais que você usará se esse tipo de visualização se tornar sua principal ocupação, os recursos apresentados aqui são primitivos. Nosso objetivo principal não é a elegância da saída, mas a compreensão de como tal saída gráfica pode ser produzida e das técnicas de programação usadas. Você verá que as técnicas de projeto e de programação e as ferramentas matemáticas básicas apresentadas aqui são mais valiosas em longo prazo do que os recursos gráficos vistos. Portanto não se apresse nos fragmentos de código – eles contêm mais coisas interessantes do que apenas as formas que calculam e desenham.

13.2 Gráficos de funções simples

Comecemos. Vejamos exemplos do que podemos desenhar e o código necessário para desenhá-los. Em particular, examine as classes da interface gráfica usadas. Aqui, primeiro, estão uma parábola, uma linha horizontal e uma linha inclinada:

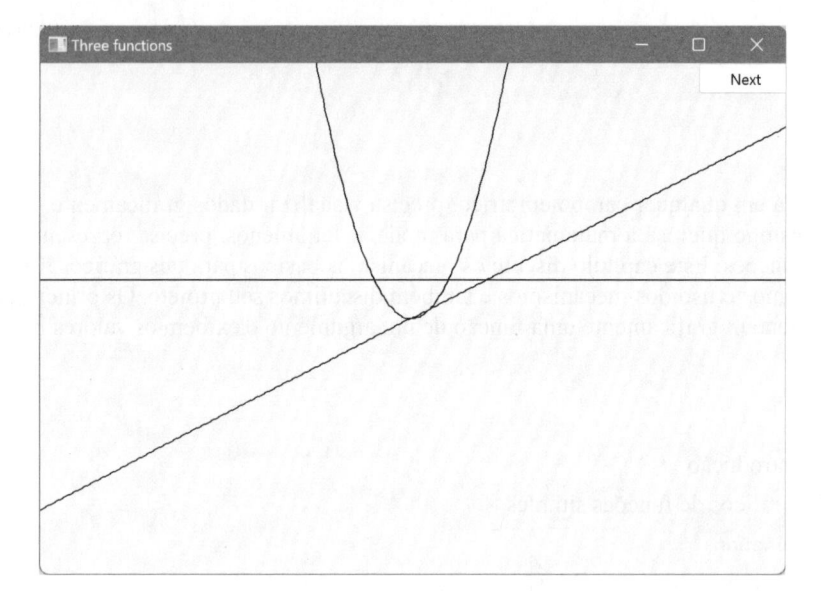

Na verdade, como este capítulo trata de representação gráfica das funções, essa linha horizontal não é apenas uma linha horizontal; é o que obtemos ao representar graficamente a função

```
double one(double) { return 1; }
```

Essa é a função mais simples que podemos imaginar: é a função de um argumento para a qual todo argumento retorna 1. Como não precisamos desse argumento para calcular o resultado, não precisamos nomeá-lo. Para todo x passado como um argumento para one(), obtemos o valor 1 de y, isto é, a linha é definida por (x,y)==(x,1) para todo x.

Assim como todos os argumentos matemáticos iniciais, esse é um tanto trivial e sem graça, então vejamos uma função um pouco mais complicada:

double slope(double x) { return 0.5∗x; }   // *a inclinação é 0.5*

Essa é a função que gerou a linha inclinada. Para todo x, obtemos o valor 0.5∗x de y. Em outras palavras, (x,y)==(x,0.5∗x). O ponto onde as duas linhas se cruzam é (2,1).

Agora podemos tentar algo um pouco mais interessante, a função quadrada que reaparece regularmente neste livro:

double square(double x) { return x∗x; }

Se você se lembra das aulas de geometria do ensino médio (ou mesmo se não), isso define uma parábola com seu ponto mais baixo em (0,0) e simétrica no eixo y. Em outras palavras, (x,y)==(x,x∗x). Então, o ponto mais baixo onde a parábola toca a linha inclinada é (0,0).

Veja o código que desenhou essas três funções:

```
constexpr int xmax = 600;            // tamanho da janela
constexpr int ymax = 400;

constexpr int x_orig = xmax/2;       // a posição de (0,0) é o centro da janela
constexpr int y_orig = ymax/2;
constexpr Point orig {x_orig,y_orig};

constexpr int r_min = -10;           // intervalo [-10:11]
constexpr int r_max = 11;

constexpr int n_points = 400;        // número de pontos usados no intervalo

constexpr int x_scale = 30;          // fatores de escala
constexpr int y_scale = 30;

Simple_window win {Point{100,100},xmax,ymax,"Three functions"};

Function s {one,r_min,r_max,orig,n_points,x_scale,y_scale};
Function s2 {slope,r_min,r_max,orig,n_points,x_scale,y_scale};
Function s3 {square,r_min,r_max,orig,n_points,x_scale,y_scale};

win.attach(s);
win.attach(s2);
win.attach(s3);
win.wait_for_button();
```

Primeiro, definimos muitas constantes para não termos que sujar nosso código com "constantes mágicas". Em seguida, criamos uma janela, definimos as funções, anexamos à janela e, finalmente, damos controle ao sistema gráfico para fazer o desenho real.

Tudo isso é repetição e "clichê", exceto para as definições das três **Functions**, **s**, **s2** e **s3**:

```
Function s {one,r_min,r_max,orig,n_points,x_scale,y_scale};
Function s2 {slope,r_min,r_max,orig,n_points,x_scale,y_scale};
Function s3 {square,r_min,r_max,orig,n_points,x_scale,y_scale};
```

Cada Function especifica o modo como seu primeiro argumento (uma função de um argumento double que retorna double) deve ser desenhado na janela. O segundo e o terceiro argumentos dão o intervalo de x (o argumento para a função a ser grafada): [r_min:r_max]. O quarto argumento (aqui, orig) diz a Function onde a origem (0,0) deve ser localizada dentro da janela.

XX Se você acha que usar muitos argumentos é confuso, concordamos. Nosso ideal é ter o menor número de argumentos possível, porque ter muitos argumentos confunde e abre oportunidades para *bugs*. No entanto aqui precisamos deles. Explicaremos os três últimos argumentos mais tarde (§13.3). Primeiro, iremos rotular nosso gráfico:

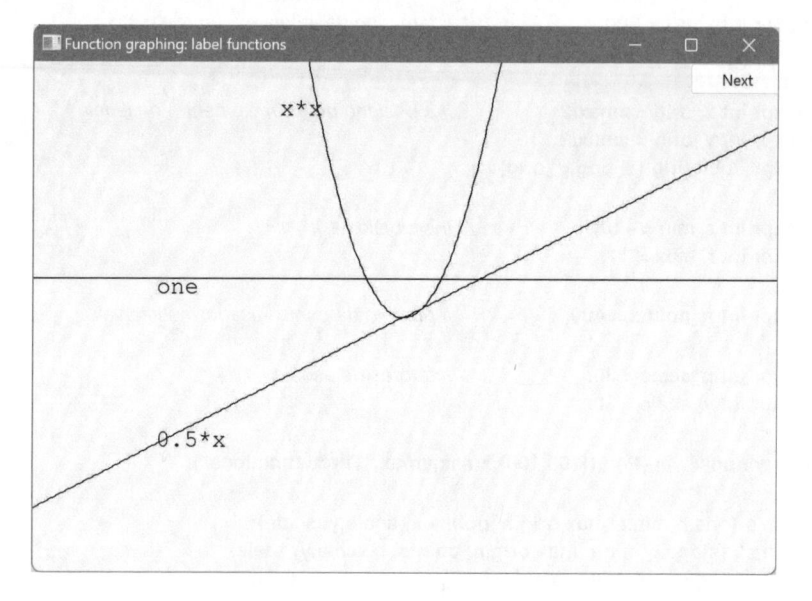

AA Sempre tentamos tornar nossos gráficos autoexplicativos. As pessoas nem sempre leem o texto próximo a eles, e bons diagramas são movidos, de modo que o texto é "perdido". Qualquer coisa colocada como parte da imagem em si provavelmente é notada e, se for razoável, é bem possível que ajude o leitor a entender o que estamos exibindo. Aqui, simplesmente colocamos um rótulo em cada gráfico. O código para "rotular" foi composto por três objetos Text (§11.8):

```
Text ts {Point{100,y_orig-40},"one"};
Text ts2 {Point{100,y_orig+y_orig/2-20},"0.5*x"};
Text ts3 {Point{x_orig-100,20},"x*x"};
win.set_label("Function graphing: label functions");
win.wait_for_button();
```

A partir de agora, neste capítulo, omitiremos o código repetitivo para anexar formas à janela, rotular a janela e esperar que o usuário pressione "Next" (Próximo).

No entanto essa imagem ainda não é aceitável. Notamos que 0.5*x toca x*x em (0,0) e que one cruza 0.5*x em (2,1), mas isso é muito sutil; precisamos de eixos para dar ao leitor uma pista não tão sutil sobre o que está acontecendo. O código para os eixos foi composto por dois objetos Axis (§13.4):

```
constexpr int xlength = xmax-40;   // tornar o eixo um pouco menor que a janela
constexpr int ylength = ymax-40;

Axis x {Axis::x,Point{20,y_orig}, xlength, xlength/x_scale, "one notch == 1"};
Axis y {Axis::y,Point{x_orig, ylength+20}, ylength, ylength/y_scale, "one notch == 1"};
```

Usar xlength/x_scale como o número de marcações (*notches*) assegura que uma marcação represente os valores 1, 2, 3 etc. Fazer os eixos se cruzarem em (0,0) é a convenção. Se preferir que eles fiquem nas bordas esquerda e inferior, como é a convenção para a exibição de dados (§13.6), é claro que você pode fazer isso.

Para diferenciar os eixos dos dados, usamos cor (nesta impressão, tons de cinza):

```
x.set_color(Color::red);
y.set_color(Color::red);
```

E obtemos:

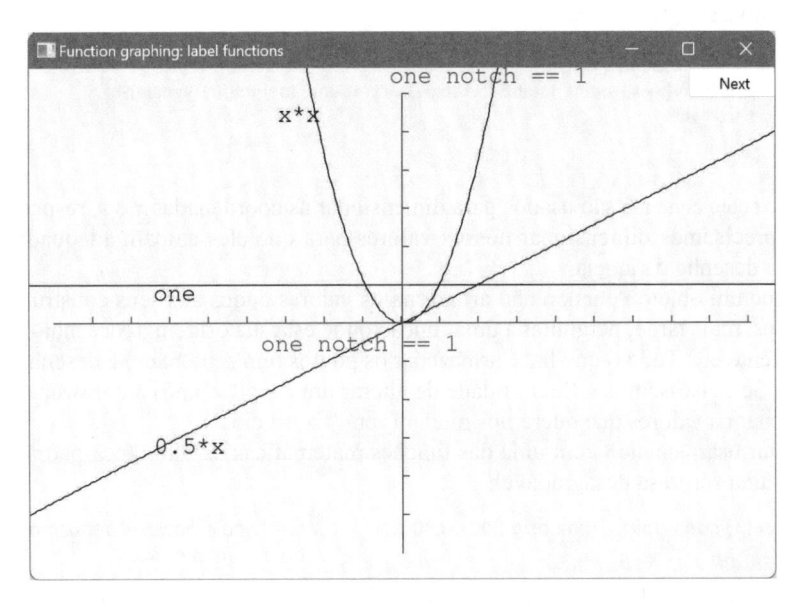

Isso é aceitável, embora, por razões estéticas, provavelmente gostaríamos de deixar um pouco de espaço vazio no topo, para combinar com o que temos na parte inferior e nas laterais. Também pode ser uma ideia melhor colocar o rótulo do eixo *x* mais à esquerda. Deixamos essas falhas para que pudéssemos mencioná-las – sempre há mais detalhes estéticos do que podemos trabalhar. Parte da arte de um programador é saber quando parar e usar o tempo economizado em algo melhor (como aprender novas técnicas ou dormir). Lembre-se: "O ótimo é inimigo do bom".

13.3 Function

A classe da interface gráfica **Function** é definida assim:

```
using Fct = std::function<double(double)>;   // função com um argumento double que retorna um double

struct Function : Open_polyline {
    Function(Fct f, double r1, double r2, Point orig, int count = 100, double xscale = 25, double yscale = 25);
};
```

Function é um **Shape** com um construtor, que gera muitos segmentos de linha e os armazena em sua parte **Shape**. Esses segmentos de linha aproximam os valores da função **f**. Os valores de **f** são calculados **count** vezes para os valores igualmente espaçados no intervalo [r1:r2):

```
Function::Function(Fct f, double r1, double r2, Point xy, int count, double xscale, double yscale)
    // exibir gráfico de f(x) para x em [r1:r2) usando count segmentos de linha com (0,0) exibido em xy
    // as coordenadas x são dimensionadas por xscale e as coordenadas y são dimensionadas por yscale
{
    if (r2-r1<=0)
        error("bad graphing range");
    if (count<=0)
        error("non-positive graphing count");
    double dist = (r2-r1)/count;
    double r = r1;
    for (int i = 0; i<count; ++i) {
        add(Point{xy.x+round_to<int>(r*xscale),xy.y-round_to<int>(f(r)*yscale)});
        r += dist;
    }
}
```

Os valores **xscale** e **yscale** são usados para dimensionar as coordenadas x e y, respectivamente. Em geral, precisamos dimensionar nossos valores para que eles caibam adequadamente em uma área de desenho da janela.

Note que um objeto **Function** não armazena os valores dados aos seus construtores, então não podemos, mais tarde, perguntar a uma função onde está sua origem, redesenhá-la com uma escala diferente etc. Tudo o que faz é armazenar os pontos (em seu **Shape**) e desenhar a si mesmo na tela. Se quiséssemos a flexibilidade de alterar um **Function** após a construção, teríamos que armazenar os valores que queremos mudar (ver o Exercício 2).

Ao tentar usar **Function** com uma das funções matemáticas da biblioteca-padrão, digamos cos, temos uma surpresa desagradável:

```
Function f3{ cos,r_min,r_max,orig,200,30,30 };   // erro: não é possível deduzir o tipo
                                                 // do argumento "cos"
```

O problema é que a biblioteca-padrão oferece várias funções cosseno denominadas **cos**, assim o compilador não consegue saber qual queremos. Existem várias maneiras de resolver esse problema, porém a mais simples é definir uma função que faz **cos** especificamente para o tipo que queremos, aqui **double**:

```
double dcos(double d) { return cos(d); }   // dcos() escolhe cos(double)
// ...
Function f3{ dcos,r_min,r_max,orig,200,30,30 };
```

13.3.1 Argumentos padrão

Observe como os argumentos **xscale** e **yscale** do construtor de **Function** receberam inicializadores na declaração. Esses inicializadores são denominados de *argumentos padrão* e seus valores são usados se uma função chamadora não fornece valores. Por exemplo:

    Function s {one, r_min, r_max,orig, n_points, x_scale, y_scale};
    Function s2 {slope, r_min, r_max, orig, n_points, x_scale};   // sem yscale
    Function s3 {square, r_min, r_max, orig, n_points};   // sem xscale, sem yscale
    Function s4 {dsqrt, r_min, r_max, orig};   // sem count, sem xscale, sem yscale

Isso equivale a

    Function s {one, r_min, r_max, orig, n_points, x_scale, y_scale};
    Function s2 {slope, r_min, r_max,orig, n_points, x_scale, 25};
    Function s3 {square, r_min, r_max, orig, n_points, 25, 25};
    Function s4 {dsqrt, r_min, r_max, orig, 100, 25, 25};

Os argumentos padrão são usados como uma alternativa para fornecer várias funções sobrecarregadas. Em vez de definir um construtor com três argumentos padrão, podemos definir quatro construtores. Isso daria mais trabalho e, com a versão de quatro construtores, a natureza do padrão é ocultada nas definições do construtor em vez de ser óbvia na declaração. Os argumentos padrão costumam ser usados para os construtores, mas podem ser úteis para todos os tipos de funções. Você pode definir apenas os argumentos padrão para os parâmetros à direita. Por exemplo:

    Function(Fct f, double r1, double r2, Point orig,
              int count = 100, double xscale, double yscale);   // erro

Se um parâmetro tem um argumento padrão, todos os parâmetros subsequentes também devem ter um:

    Function(Fct f, double r1, double r2, Point orig,
              int count = 100, double xscale=25, double yscale=25);

Às vezes, escolher bons argumentos padrão é fácil. Exemplos disso são o padrão para **string** (a string vazia) e o padrão para **vector** (o **vector** vazio). Em outros casos, como **Function**, escolher um padrão é mais difícil; encontramos os que usamos após um pouco de experimentação e uma tentativa fracassada. Lembre-se, você não precisa fornecer argumentos padrão e, se achar difícil fornecer um, basta deixar que o usuário especifique esse argumento.

13.3.2 Mais exemplos

Adicionamos mais algumas funções, um cosseno (**cos**) simples da biblioteca-padrão e – apenas para mostrar como podemos compor funções – um cosseno inclinado, que segue a inclinação de 0.5*x:

    double sloping_cos(double x) { return cos(x)+slope(x); }

Veja o resultado:

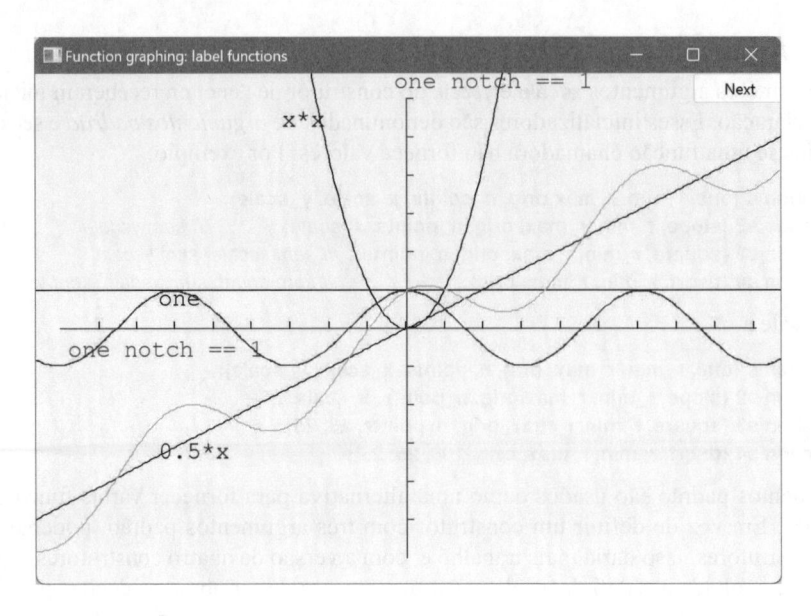

O código é este:

```
Function s4 {dcos,r_min,r_max,orig,400,30,30};
s4.set_color(Color::blue);

Function s5 {sloping_cos, r_min,r_max,orig,400,30,30};
s5.set_color(Color::green);

x.label.move(-160,0);
x.notches.set_color(Color::dark_red);
```

Além de adicionar essas duas funções, também movemos o rótulo do eixo *x* e (só para mostrar como) mudamos um pouco a cor de suas marcações.

Por fim, fazemos o gráfico de um log, uma exponencial, um seno e um cosseno:

```
Function f1 {dlog,0.000001,r_max,orig,200,30,30};   // logaritmo log(), base e
Function f2 {dsin,r_min,r_max,orig,200,30,30};      // sin()
f2.set_color(Color::blue);

Function f3 {dcos,r_min,r_max,orig,200,30,30};      // cos()
Function f4 {dexp,r_min,r_max,orig,200,30,30};      // exponencial exp() e^x
```

Como log(0) é indefinido (matematicamente, menos infinito), iniciamos o intervalo para log com um pequeno número positivo.

Isso é confuso e é apenas um exemplo do que podemos fazer, não uma recomendação de estilo. Em vez de rotular essas funções, usamos cores.

O resultado é este:

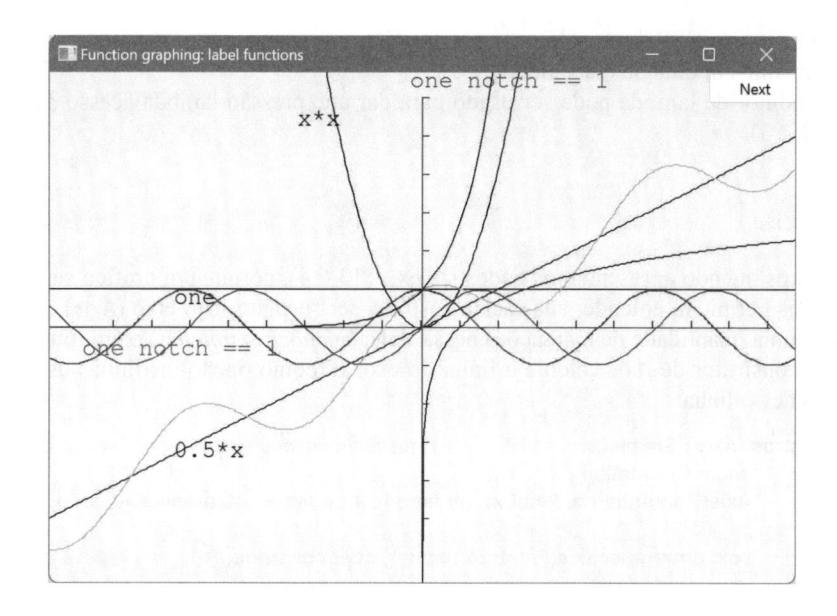

13.3.3 Expressões lambda

Pode ser chato definir uma função apenas para que ela passe como um argumento para Function. Assim, C++ oferece uma notação para definir algo que age como uma função na posição do argumento onde ele é necessário. Por exemplo, podemos definir a forma sloping_cos assim:

Function s5 {[](double x) { return cos(x)+slope(x); },r_min,r_max,orig,400,30,30};

A parte [](double x) { return cos(x)+slope(x); } é uma expressão lambda, ou seja, é uma função não nomeada que pode ser definida exatamente onde ela é necessária como um argumento. A parte [ ] se chama *introdutor de lambda*. Após esse introdutor, a expressão lambda especifica quais argumentos são necessários (a lista de argumentos) e quais ações devem ser executadas (o corpo da função). O tipo de retorno pode ser deduzido pelo corpo da função lambda. Aqui, o tipo de retorno é double, porque esse é o tipo de cos(x)+slope(x). Se quiséssemos, poderíamos ter especificado o tipo de retorno explicitamente usando a notação do tipo retorno como sufixo (§7.4.10):

Function s5 {[](double x) –> double { return cos(x)+slope(x); },r_min,r_max,orig,400,30,30};

Em nosso exemplo Function, poderíamos ter usado lambdas, em vez das funções nomeadas, para resolver o problema da sobrecarga (§13.3). Por exemplo:

Function f3{[](double d) { return cos(d); },r_min,r_max,orig,200,30,30 };   // usar cos(double)

Isso faria sentido se fosse o único lugar que precisássemos de cos(double), mas não se precisássemos repetidas vezes.

Especificar o tipo de retorno para uma expressão lambda raramente é necessário. A principal razão para isso é que as expressões lambda devem ser simples para não se tornarem uma fonte de erros e confusão. Se uma parte do código faz algo significativo, deve receber um nome e provavelmente requer um comentário para ser compreensível para as outras pessoas além do programador original. Recomendamos usar funções nomeadas para qualquer coisa que não caiba facilmente em uma ou duas linhas.

O introdutor de lambda pode ser usado para dar à expressão lambda acesso às variáveis locais (§21.2.3).

13.4 Axis

Usamos eixos quando apresentamos dados (p. ex., §13.6.4), porque um gráfico sem informações que nos permitam entender sua escala costuma ser suspeito. Um eixo (**Axis**) consiste em uma linha, uma quantidade de marcações nessa linha (*number of notches*) e um rótulo de texto (*label*). O construtor de **Axis** calcula a linha do eixo e (como opção) as linhas usadas como marcações nessa linha:

```
struct Axis : Shape {                    // representação deixada pública
    enum Orientation { x, y, z };
    Axis(Orientation d, Point xy, int length, int number_of_notches=0, string label = "");

    void draw_specifics(Painter& painter) const override;
    void move(int dx, int dy) override;

    void set_color(Color c);

    Text label;
    Line line;
    Lines notches;
};
```

Os objetos **label** e **notches** são deixados como públicos para que um usuário possa manipulá-los. Por exemplo, você pode dar às marcações uma cor diferente da linha e mover com **move()** o **label** para um local mais conveniente. **Axis** é um exemplo de objeto composto de vários objetos semi-independentes.

O construtor de **Axis** coloca as linhas e adiciona as marcações (*notches*) se **number_of_notches** for maior que zero:

```
Axis::Axis(Orientation d, Point xy, int length, int n, string lab)
    :label{Point{0,0},lab}, line{xy, (d==x) ? Point{xy.x+length,xy.y} : Point{xy.x,xy.y-length}}
{
    if (length<0) error("bad axis length");
    switch (d){
    case Axis::x:
        if (1<n) {                                    // adicionar marcações
            int dist = length/n;
            int x = xy.x+dist;
            for (int i = 0; i<n; ++i) {
                notches.add(Point{x,xy.y},Point{x,xy.y-5});
                x += dist;
            }
        }
```

```
            label.move(length/3,xy.y+20);        // colocar rótulo embaixo da linha
            break;
        case Axis::y:
            if (1<n) {                           // adicionar níveis
                int dist = length/n;
                int y = xy.y-dist;
                for (int i = 0; i<n; ++i) {
                    notches.add(Point{xy.x,y},Point{xy.x+5,y});
                    y -= dist;
                }
            }
            label.move(xy.x-10,xy.y-length-10);  // colocar rótulo no topo
            break;
        case Axis::z:
            error("z axis not implemented");
    }
}
```

Em comparação com muito código do mundo real, esse construtor é bem simples, mas dê uma boa olhada nele, porque ele não é tão trivial e ilustra algumas técnicas úteis. Note como armazenamos a linha na parte Shape de Axis (usando Shape::add()), mas os níveis são armazenados em um objeto separado (notches). Dessa forma, podemos manipular a linha e as marcações de forma independente; por exemplo, podemos dar a cada um uma cor própria. Da mesma forma, um rótulo é colocado em uma posição fixa em relação aos seus eixos, mas como é um objeto separado, sempre podemos movê-lo para um local melhor. Usamos a enumeração Orientation para fornecer uma notação conveniente e não propensa a erros para os usuários.

Como Axis tem três partes, devemos fornecer funções para quando queremos manipular um eixo por inteiro. Exemplo:

```
void Axis::draw_specific(Painter& painter) const
{
    line.draw_specific(painter);    // a linha
    notches.draw(painter);          // as marcações podem ter uma cor diferente da linha
    label.draw(painter);            // o rótulo pode ter uma cor diferente da linha
}
```

Usamos draw() em vez de draw_specific() para notches e label para podermos usar a cor neles armazenada. A linha é armazenada no próprio Axis::Shape e usa a cor armazenada lá.

Podemos definir a cor da linha, das marcações e do rótulo individualmente, mas, em termos de estilo, costuma ser melhor não fazer isso, assim fornecemos uma função para definir as três para serem iguais:

```
void Axis::set_color(Color c)
{
    line.set_color(c);
    notches.set_color(c);
    label.set_color(c);
    redraw();
}
```

Da mesma forma, Axis::move() move todas as partes do eixo juntas:

```
void Axis::move(int dx, int dy)
{
    line.move(dx,dy);
    notches.move(dx,dy);
    label.move(dx,dy);
    redraw();
}
```

13.5 Aproximação

Aqui damos outro pequeno exemplo de representação gráfica de uma função: "animamos" o cálculo de uma função exponencial. O objetivo é ajudá-lo a ganhar gosto por funções matemáticas (se ainda não tem), mostrar como os gráficos podem ser usados para ilustrar cálculos, dar algum código para você ler e, por fim, avisar sobre um problema comum em cálculos.

Uma forma de calcular uma função exponencial é calcular esta série:

$$e^x \equiv 1 + x + \frac{x^2}{2!} + \frac{x^3}{3!} + \frac{x^4}{4!} + \cdots$$

Quanto mais termos dessa sequência calcularmos, mais preciso ficará nosso valor de e^x, isto é, quanto mais termos calcularmos, mais dígitos do resultado serão matematicamente corretos. O que faremos é calcular essa sequência e representar graficamente o resultado após cada termo. O ponto de exclamação aqui é usado com o significado matemático comum: fatorial, ou seja, grafamos as funções na ordem:

```
exp0(x) = 0                  // nenhum termo
exp1(x) = 1                  // um termo
exp2(x) = 1+x                // dois termos; pow(x,1)/fac(1)==x
exp3(x) = 1+x+pow(x,2)/fac(2)
exp4(x) = 1+x+pow(x,2)/fac(2)+pow(x,3)/fac(3)
exp5(x) = 1+x+pow(x,2)/fac(2)+pow(x,3)/fac(3)+pow(x,4)/fac(4)
...
```

Cada função é uma aproximação um pouco melhor de e^x do que a anterior. Aqui, pow(x,n) é a função da biblioteca-padrão que retorna x^n. Não há uma função fatorial na biblioteca-padrão, então devemos definir a nossa:

```
int fac(int n)        // factorial(n); n!
{
    int r = 1;
    while (n>1) {
        r*=n;
        --n;
    }
    return r;
}
```

Para uma implementação alternativa de fac(), veja o Exercício 1. Com fac(), podemos calcular o n-ésimo termo da série assim:

```
double term(double x, int n) { return pow(x,n)/fac(n); }   // n-ésimo termo da série
```

Tendo term(), calcular o exponencial com uma precisão de n termos agora é fácil:

```
double exp_n(double x, int n)      // a soma de n termos para x
{
    double sum = 0;
    for (int i=0; i<n; ++i)
        sum+=term(x,i);
    return sum;
}
```

Usaremos isso para produzir alguns gráficos. Primeiro, forneceremos alguns eixos e o exponencial "real", exp() da biblioteca-padrão, para que possamos ver o quanto chegamos perto de nossa aproximação usando exp_n():

```
Function real_exp {exp,r_min,r_max,orig,200,x_scale,y_scale};
real_exp.set_color(Color::blue);
```

Mas como podemos usar exp_n()? Do ponto de vista da programação, a dificuldade é que nossa classe gráfica, Function, tem uma função de um argumento e exp_n() precisa de dois argumentos. Em C++, como vimos até agora, não há uma solução realmente elegante para o problema. No entanto as expressões lambda fornecem um meio para tanto (§21.2.3). Considere:

```
for (int n = 0; n<50; ++n) {
    ostringstream ss;
    ss << "exp approximation; n==" << n ;
    win.set_label(ss.str());

    // obter a aproximação seguinte
    Function e {[n](double x) { return exp_n(x,n); },r_min,r_max,orig,200,x_scale,y_scale};

    win.attach(e);
    win.wait_for_button();
    win.detach(e);
}
```

O introdutor de lambda, [n], diz que a expressão lambda pode acessar a variável local n. Assim, uma chamada de exp_n(x,n) obtém seu n quando Function é criada e seu x em cada chamada de dentro de Function.

Repare na função detach(e) final nesse *loop*. O escopo do objeto e de Function é o bloco da instrução for. Sempre que entramos nesse bloco, obtemos uma nova Function denominada e; sempre que saímos do bloco, esse e desaparece, para ser substituído pelo próximo. A janela não deve lembrar do antigo e, porque ele terá sido destruído. Assim, a função detach(e) garante que a janela não tentará desenhar um objeto destruído.

Este primeiro exemplo mostra uma janela com apenas os eixos e o exponencial "real", representado na linha ascendente:

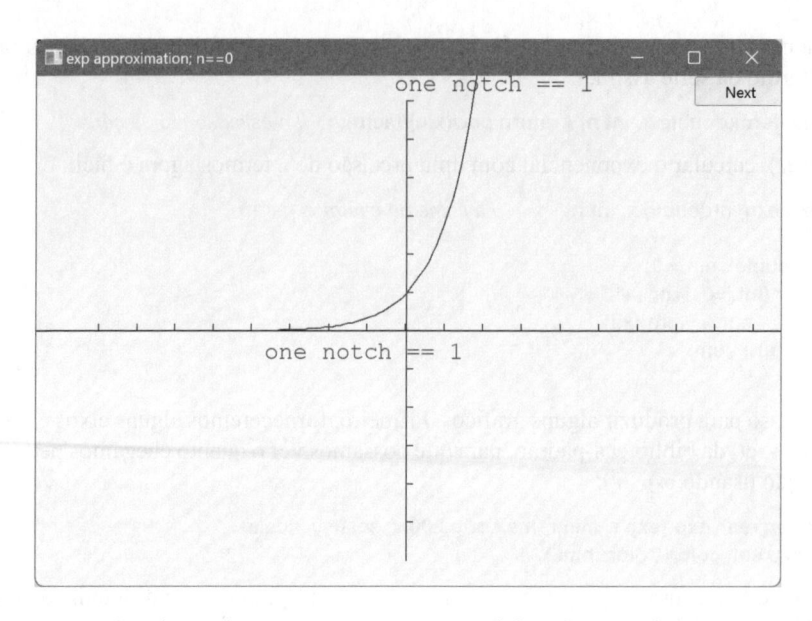

Vemos que exp(0) é 1, de modo que o nosso "exponencial real" ascendente cruza o eixo *y* em (0,1).

Se você olhar com cuidado, verá que, na verdade, desenhamos a aproximação do termo zero (exp_n(x,0)==0) como uma linha preta bem em cima do eixo *x*. Pressionando "Next", temos a aproximação usando apenas um termo. Note que mostramos o número de termos usados na aproximação no rótulo da janela:

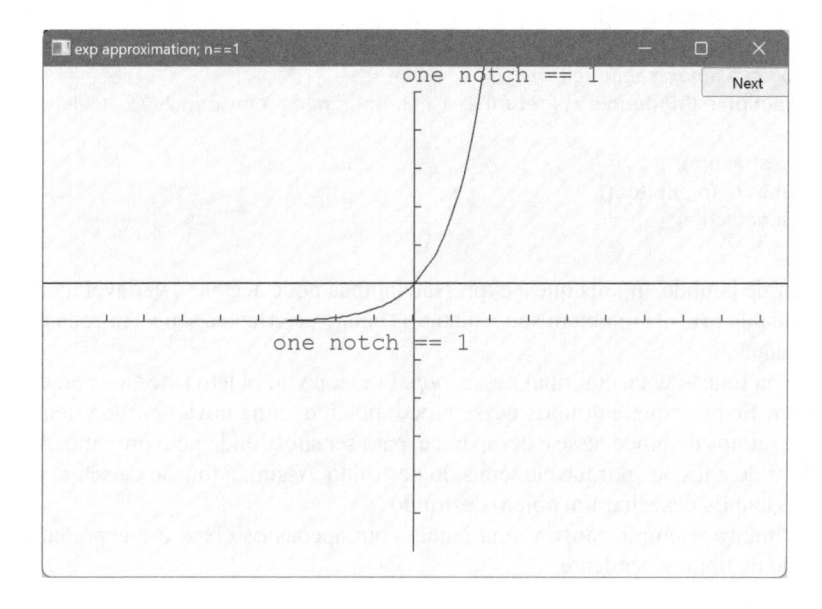

Essa é a função **exp_n(x,1)==1**, com a aproximação usando apenas um termo da sequência. Ela corresponde perfeitamente ao exponencial em **(0,1)**, mas podemos melhorar:

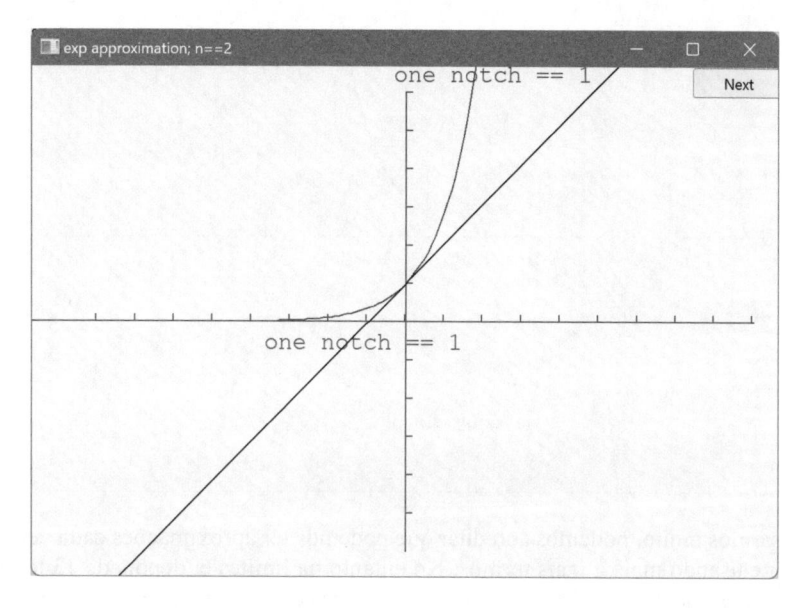

Com dois termos **(1+x)**, obtemos a diagonal cruzando o eixo y em **(0,1)**. Com três termos (**1+x+pow(x,2)/fac(2)**), podemos ver o início de uma convergência:

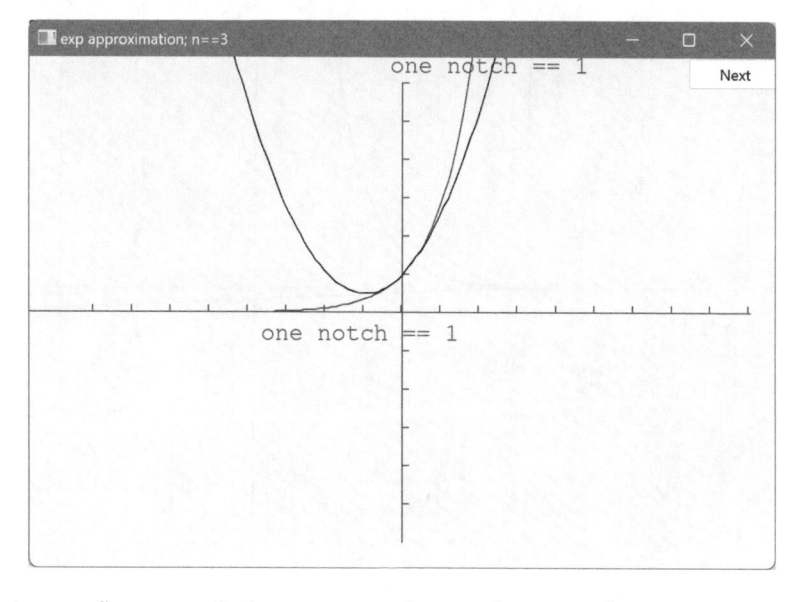

Com dez termos, ficamos muito bem para os valores maiores que -3:

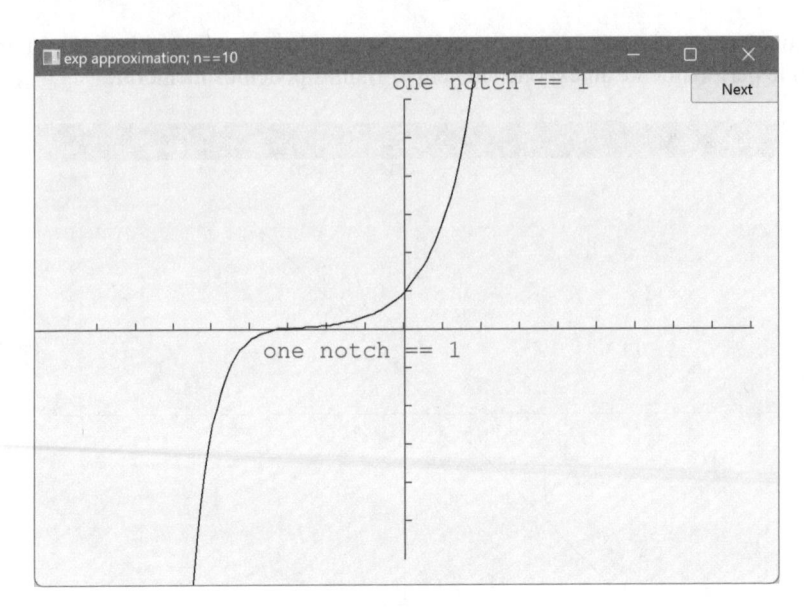

Se não pensarmos muito, podemos acreditar que podemos ter aproximações cada vez melhores simplesmente usando mais e mais termos. No entanto há limites e, depois de 13 termos, algo estranho começa a acontecer. Primeiro, as aproximações começam a piorar um pouco e, em 18 termos, aparecem linhas verticais:

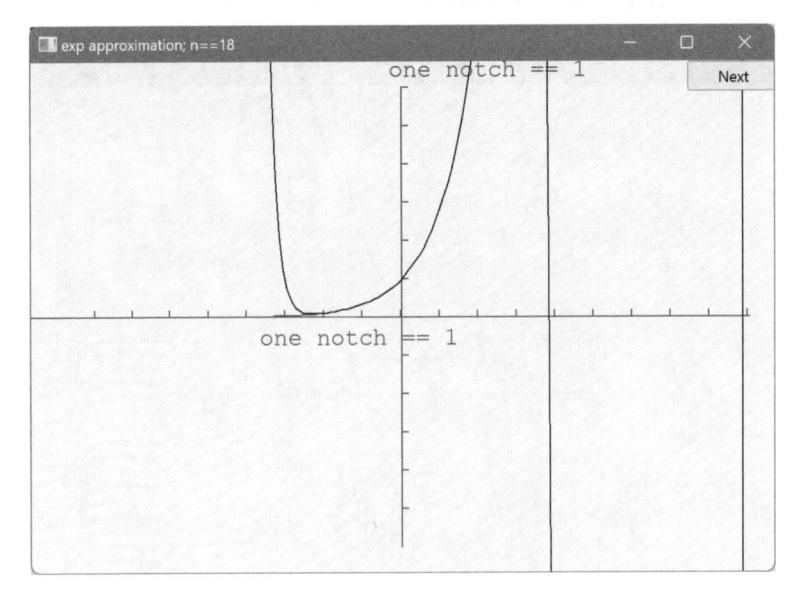

XX A aritmética do computador não é matemática pura. Os números de ponto flutuante são simplesmente uma aproximação para os números reais em um número fixo de *bits*. Um **int** estoura* se você tenta colocar um número inteiro muito grande nele, já um **double** armazena uma aproximação. Quando eu vi a saída estranha para os números maiores de termos, primeiro suspeitei

---

* N. de R. T. O termo técnico usual é *overflow*.

que nosso cálculo começou a produzir valores que não podiam ser representados como doubles, de modo que nossos resultados começaram a divergir das respostas matematicamente corretas. Mais tarde, percebi que fac() produzia valores que não podiam ser armazenados em um int. Modificar fac() para produzir um double resolveu o problema. Para ter mais informações, veja o Exercício 10 do Capítulo 6.

Esta última imagem também é uma boa ilustração do princípio de que "parece OK" não é o mesmo que "testado". Antes de dar o programa para outra pessoa usar, primeiro teste-o além do que parece razoável à primeira vista. A menos que você seja muito experiente, executar um programa um pouco mais ou com dados um pouco diferentes pode levar a uma verdadeira bagunça – como neste caso.

13.6 Representação gráfica dos dados

Exibir dados é um ofício altamente qualificado e valorizado. Quando bem feito, combina aspectos técnicos e artísticos, e pode acrescentar muito à nossa compreensão dos fenômenos complexos. Contudo isso também torna a representação gráfica uma área enorme, em sua maior parte não relacionada às técnicas de programação. Aqui, mostraremos um exemplo simples de exibição de dados lidos de um arquivo. Os dados mostrados representam as faixas etárias dos japoneses ao longo de algumas décadas. Os dados à direita da linha 2023 são uma projeção:

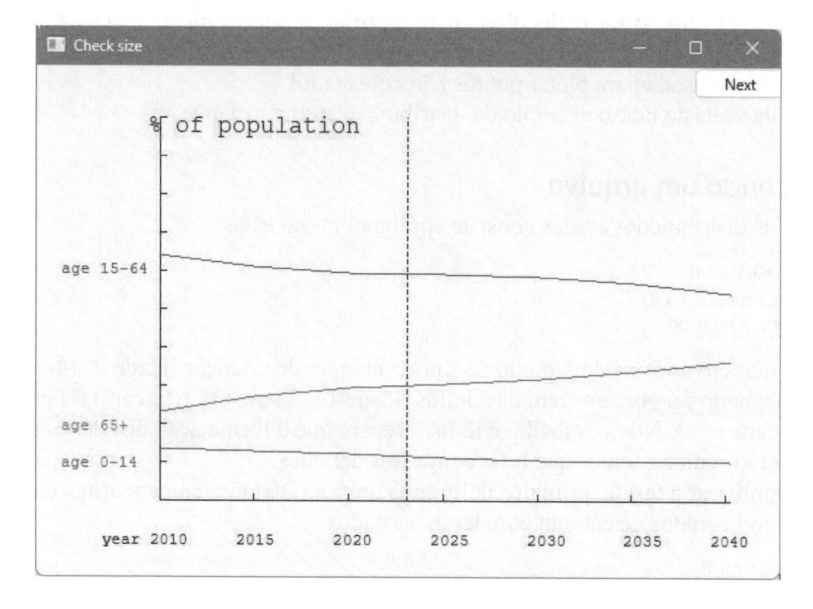

Usaremos este exemplo para discutir os problemas de programação envolvidos na apresentação desses dados:

- Ler um arquivo
- Dimensionar os dados para caberem na janela
- Exibir os dados
- Rotular o gráfico

Não entraremos nos detalhes artísticos. Basicamente, são "gráficos para *geeks*", não "arte gráfica". Claramente, você pode melhorar a arte quando precisar.

Dado um conjunto de dados, temos de considerar a melhor forma de exibi-los. Para simplificar, só lidaremos com dados que são fáceis de exibir usando duas dimensões, mas esses são a grande maioria dos dados com os quais muitas pessoas lidam. Observe que os gráficos de barras, os gráficos de *pizza* e exibições populares semelhantes nada mais são do que dados bidimensionais exibidos de forma sofisticada. Os dados tridimensionais podem ser tratados com a produção de uma série de imagens bidimensionais, sobrepondo vários gráficos bidimensionais em uma única janela (como é feito no exemplo de "idade dos japoneses") ou rotulando pontos individuais com informações. Se quisermos ir além, teremos que escrever novas classes gráficas ou adotar outra biblioteca gráfica.

Então, nossos dados são, basicamente, pares de valores, como (ano,número de crianças). Se tivermos mais dados, como (ano,número de crianças, número de adultos, número de idosos), temos que decidir qual par de valores, ou pares de valores, queremos desenhar. Em nosso exemplo, simplesmente fizemos os gráficos (ano,número de crianças), (ano,número de adultos) e (ano,número de idosos).

AA
Há muitas maneiras de ver um conjunto de pares (x,y). Ao considerar como representar graficamente tal conjunto, é importante considerar se um valor é, de alguma forma, uma função do outro. Por exemplo, para um par (ano,produção de aço), seria bastante razoável considerar a produção de aço como uma função do ano e exibir os dados como uma linha contínua. **Open_polyline** (§11.6.1) é a escolha óbvia para representar graficamente esses dados. Se y não deve ser visto como uma função de **x**, por exemplo (**PIB por pessoa,população do país**), **Marks** (§11.6.4) pode ser usada para plotar pontos não conectados.

Agora, de volta ao nosso exemplo de distribuição etária no Japão.

13.6.1 Lendo um arquivo

O arquivo das distribuições etárias consiste em linhas como estas:

```
{ 2010 : 13.1 63.8 23.0 }
{2015 : 12.5 60.7 26.8}
{2020 : 11.7 59.2 29.1}
```

O primeiro número após os dois-pontos é a porcentagem de crianças (idade 0–14 anos) na população, o segundo é a porcentagem de adultos (idade 15–64 anos) e o terceiro é a porcentagem de idosos (idade 65+). Nosso trabalho é lê-los. Repare que a formatação dos dados é um pouco irregular. Como sempre, temos que lidar com esses detalhes.

Para simplificar a tarefa, primeiro definimos um tipo **Distribution** para armazenar um item de dados e um operador de entrada para ler esses dados:

```
struct Distribution {
    int year;
    double young, middle, old;
};
```

```
istream& operator>>(istream& is, Distribution& d)
    // presumir o formato: { ano : crianças adultos idosos }
{
    char ch1 = 0;
    char ch2 = 0;
    char ch3 = 0;
    Distribution dd;

    if (is >> ch1 >> dd.year
        >> ch2 >> dd.young >> dd.middle >> dd.old
        >> ch3) {
    if (ch1 != '{' || ch2 != ':' || ch3 != '}')   // erro de formato
            is.clear(ios_base::failbit);
        else
            d = dd;
    }
    return is;
}
```

É uma aplicação direta das ideias do Capítulo 9. Se este código não está claro para você, reveja aquele capítulo. Não precisávamos definir um tipo **Distribution** e um operador >>. Porém fazer isso simplifica o código em comparação com uma abordagem forçada como "basta ler os números e representá-los em gráfico". Nosso uso de **Distribution** divide o código em partes lógicas para ajudar na compreensão e na depuração. Não tenha vergonha de introduzir tipos "só para deixar o código mais claro". Definimos as classes para que o código corresponda mais diretamente à maneira como pensamos sobre os conceitos em nosso código. Fazer isso pode ser mais útil, mesmo para os conceitos "pequenos" que são usados apenas localmente em nosso código, como uma linha de dados que representa a distribuição etária por um ano.

Primeiro temos de abrir o arquivo:

```
string file_name = "japanese-age-data.txt";
ifstream ifs {file_name};
if (!ifs) {
    Text err_label {Point{20,20},"Can't open file"};
    win.attach(err_label);
    win.wait_for_button();
    error("can't open ", file_name);
}
```

Isto é, tentamos abrir o arquivo **japanese-age-data.txt** e saímos do programa se não encontramos esse arquivo. Muitas vezes, é uma boa ideia não codificar diretamente um nome de arquivo no código-fonte, como fizemos aqui, mas consideramos esse programa um exemplo de um pequeno esforço "único", então não sobrecarregamos o código com os recursos que são mais adequados para as aplicações de longa duração. Pelo contrário, colocamos **japanese-age-data.txt** em uma variável **string** nomeada para que o programa seja fácil de modificar se quisermos usá-lo, ou parte do código dele, para outra coisa.

A mensagem de erro acabou tendo pouca utilidade quando a janela desapareceu, então adicionamos um texto útil antes de sair. De fato, precisamos de uma função de erro melhor para os programas gráficos; veja também §11.10.

Com **Distribution**, o *loop* de leitura torna-se

```
for (Distribution d; ifs >> d; ) {
    if (d.year < base_year || end_year < d.year)
        error("year out of range");

    double all = d.young + d.middle + d.old;
    if (all−100 > 1.5 || 100−all>1.5 )        // levar em conta os erros de arredondamento
        error("percentages don't add up");

    // ... usar os dados ...
}
```

O ciclo de leitura verifica se o ano lido está no intervalo esperado e se as porcentagens se somam totalizando 100. Essa é uma verificação básica de integridade dos dados. Os dados costumam estar "sujos", então sempre precisamos verificar. Como >> verifica o formato de cada item de dados individual, não nos preocupamos mais com as verificações no *loop* principal.

13.6.2 *Layout* geral

Então, o que queremos que apareça na tela? Você pode ver nossa resposta no início de §13.6. Os dados parecem pedir três `Open_polylines` – uma para cada faixa etária. Esses gráficos precisam ser rotulados, e decidimos escrever uma "legenda" para cada linha à esquerda da janela. Nesse caso, isso pareceu mais claro do que a alternativa comum: colocar o rótulo em algum lugar na linha em si. Além disso, usamos cores para diferenciar os gráficos e associar seus rótulos.

Queremos rotular o eixo *x* com os anos. A linha vertical ao longo do ano 2023 indica onde o gráfico vai, dos dados concretos até os dados projetados.

Decidimos usar o rótulo da janela como título do nosso gráfico.

AA   Fazer o código representar graficamente de formas correta e bonita pode ser bem complicado. A principal razão é que temos que fazer um monte de cálculos complicados de tamanhos e deslocamentos. Para simplificar, começamos definindo um conjunto de constantes simbólicas, que definem como usamos nosso espaço na tela:

```
constexpr int xmax = 600;    // tamanho da janela
constexpr int ymax = 400;

constexpr int xoffset = 100;  // distância da esquerda da janela até o eixo y
constexpr int yoffset = 60;   // distância da parte inferior da janela até o eixo x

constexpr int xspace = 40;    // espaço além do eixo
constexpr int yspace = 40;

constexpr int xlength = xmax−xoffset−xspace;     // comprimento dos eixos
constexpr int ylength = ymax−yoffset−yspace;
```

Basicamente, isso define um espaço retangular (a janela) com outro retângulo (definido pelos eixos) nele:

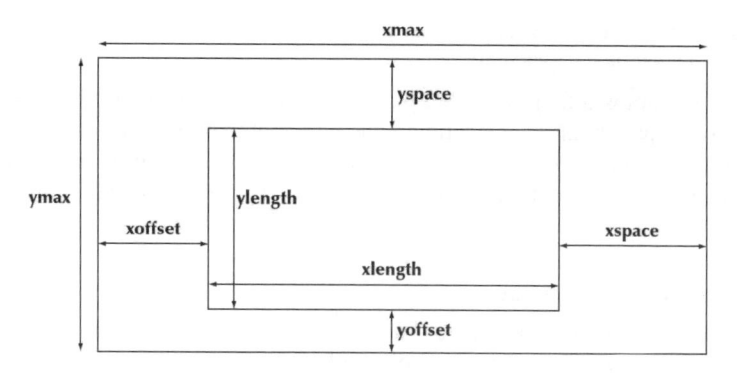

```
                          xmax
        ┌─────────────────────────────────────────┐
        │              ↕ yspace                   │
        │     ┌──────────────────────────┐        │
        │     │                          │        │
ymax    │     │  ylength                 │        │
        │ ←→ │                          │  ←→    │
        │xoffset                          xspace  │
        │     │                          │        │
        │     └──────────────────────────┘        │
        │            xlength                      │
        │              ↕ yoffset                  │
        └─────────────────────────────────────────┘
```

Sem essa "visão esquemática" de onde as coisas estão em nossa janela e as constantes simbó- **AA**
licas que a definem, a tendência é nos perdermos e nos frustrarmos quando a saída não reflete
nossos desejos.

13.6.3 Trabalhando com escalas

Na sequência, precisamos definir como ajustar nossos dados nesse espaço. Fazemos isso aplicando escalas sobre os dados para que eles se encaixem no espaço definido pelos eixos. Para tanto, precisamos dos fatores de escala, que são a proporção entre o intervalo dos dados e o intervalo dos eixos:

```
constexpr int base_year = 2010;
constexpr int end_year = 2040;

constexpr double xscale = double(xlength)/(end_year-base_year);
constexpr double yscale = double(ylength)/100;
```

Queremos que nossos fatores de escala (xscale e yscale) sejam números de ponto flutuante – do contrário, nossos cálculos podem ficar sujeitos a sérios erros de arredondamento. Para evitar uma divisão inteira, convertemos nossos comprimentos para double antes de dividir (§7.4.7).

Agora podemos colocar um ponto de dados no eixo *x*, subtraindo seu valor-base (1960), escalando com xscale e adicionando o deslocamento xoffset. Um valor *y* é tratado de forma semelhante. Nunca nos lembramos de fazer isso muito bem quando tentamos fazê-lo repetidas vezes. Pode ser um cálculo comum, mas é complicado e extenso. Para simplificar o código e minimizar essa chance de erro (e diminuir a frustração com a depuração), definimos uma pequena classe para fazer o cálculo para nós:

```
class Scale {          // valor dos dados para conversão das coordenadas
    int cbase;         // base das coordenadas
    int vbase;         // base dos valores
    double scale;
public:
    Scale(int b, int vb, double s) :cbase{ b }, vbase{ vb }, scale{ s } { }
    int operator()(double v) const { return cbase+(v-vbase)*scale; }    // ver §21.2
};
```

Queremos uma classe porque o cálculo depende de três valores constantes, que não gostaríamos de repetir desnecessariamente. Considerando isso, podemos definir o seguinte:

```
Scale xs {xoffset,base_year,xscale};
Scale ys {ymax-yoffset,0,-yscale};
```

Observe como tornamos o fator de escala para ys negativo para refletir o fato de que as coordenadas y crescem para baixo, considerando que geralmente preferimos os valores mais altos representados por pontos mais altos em um gráfico. Agora podemos usar xs para converter um ano em uma coordenada x. Da mesma forma, podemos usar ys para converter uma porcentagem em uma coordenada y.

13.6.4 Construindo o gráfico

Finalmente, temos todos os pré-requisitos para escrever o código do gráfico com razoável elegância. Começamos criando uma janela e colocando os eixos:

```
Simple_window win {Point{100,100},xmax,ymax,"Aging Japan"};

Axis x { Axis::x, Point{xoffset,ymax - yoffset}, xlength, (end_year-base_year)/5,   // uma marcação a
                                                                                    // cada 5 anos
        "year "
        "2010    2015    2020    2025    "
        "2030    2035    2040"
};
x.label.move(-100,0);
x.label.set_font_size(10);

Axis y {Axis::y, Point{xoffset,ymax-yoffset}, ylength, 10,"% of population"};

int now = 2023;
Line current_year {Point{xs(now),ys(0)},Point{xs(now),ys(100)}};
current_year.set_style(Line_style::dash);
```

Os eixos se cruzam em Point{xoffset,ymax-yoffset}, que representa (1960,0). Note como as marcações são colocadas para refletir os dados. No eixo y, temos dez marcações, com cada uma representando 10% da população. No eixo x, cada marcação representa 5 anos, e o número exato de marcações é calculado a partir de base_year e end_year para que, se mudarmos esse intervalo, o eixo seja recalculado automaticamente. Essa é uma das vantagens de evitar as "constantes mágicas" no código. O rótulo no eixo x viola essa regra: ele é simplesmente o resultado de mexer na *string* de rótulo até que os números estejam na posição correta sob as marcações. Para melhorar, teríamos que ver um conjunto de rótulos individuais para as "marcações" individuais.

Repare na formatação curiosa da *string* do rótulo. Usamos duas *strings* literais adjacentes:

```
"year "
"2010    2015    2020    2025    "
"2030    2035    2040"
```

As *strings* literais adjacentes são concatenadas pelo compilador, de modo que isso equivale a

```
"year 2010    2015    2020    2025    2030    2035    2040"
```

Isso pode ser um "truque" útil para criar *strings* literais longas e tornar nosso código mais legível.

A parte current_year é uma linha vertical, que separa os dados concretos dos dados projetados. Note como xs e ys são usados para colocar e escalar a linha apenas para a direita.

Dados os eixos, podemos prosseguir com os dados. Definimos três Open_polylines e as preenchemos no *loop* de leitura:

```
Open_polyline children;
Open_polyline adults;
Open_polyline aged;

for (Distribution d; ifs>>d; ) {
    // ... validação dos dados ...
    const int x = xs(d.year);
    children.add(Point{x,ys(d.young)});
    adults.add(Point{x,ys(d.middle)});
    aged.add(Point{x,ys(d.old)});
}
```

O uso de xs e ys facilita a escala e a colocação dos dados. "Classes pequenas", como Scale, podem ser muitíssimo importantes para simplificar a notação e evitar repetições desnecessárias – aumentando a legibilidade e a probabilidade de correção.

Para tornar os gráficos mais legíveis, rotulamos cada um e aplicamos cores:

```
Text children_label {Point{20,children.point(0).y},"age 0-14"};
children.set_color(Color::red);
children_label.set_color(Color::red);
children_label.set_font_size(10);
children_label.set_style(Line_style::dash);

Text adults_label {Point{20,adults.point(0).y},"age 15-64"};
adults.set_color(Color::blue);
adults_label.set_color(Color::blue);
adults_label.set_font_size(10);
Text aged_label {Point{20,aged.point(0).y},"age 65+"};
aged.set_color(Color::dark_green);
aged_label.set_color(Color::dark_green);
aged_label.set_font_size(10);
aged_label.set_style(Line_style::dashdotdot);
```

Por fim, precisamos anexar várias formas à janela e iniciar o sistema GUI (§12.2.3):

```
win.attach(children);
win.attach(adults);
win.attach(aged);

win.attach(children_label);
win.attach(adults_label);
win.attach(aged_label);

win.attach(x);
win.attach(y);
win.attach(current_year);

win.wait_for_button();
```

Todo o código pode ser colocado dentro de main(), mas preferimos manter as classes auxiliares Scale e Distribution fora, junto com o operador de entrada de Distribution.

Caso você tenha esquecido do que estávamos produzindo, veja novamente o resultado:

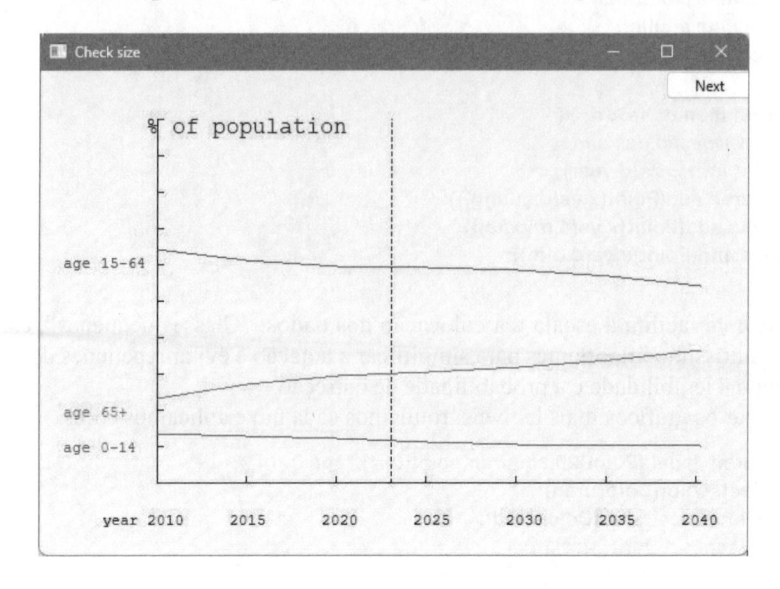

Prática

Prática com gráficos:

[1] Crie uma janela de 600 por 600 vazia, rotulada com "Gráficos da função".
[2] Adicione um eixo *x* e um eixo *y*, cada um de comprimento 400, rotulados "1 == 20 *pixels*" e com uma marcação a cada 20 *pixels*. Os eixos devem se cruzar em (300,300).
[3] Coloque ambos os eixos em vermelho.
[4] Represente graficamente a função double one(double x) { return 1; } no intervalo [−10,11], com (0,0) em (300,300), usando 400 pontos e nenhuma escala (na janela).
[5] Mude-a para usar a escala *x* 20 e a escala *y* 20.
[6] A partir de agora, use esse intervalo, escala etc. para todos os gráficos.
[7] Adicione double slope(double x) {return 0.5*x; } à janela.
[8] Rotule a inclinação com um Text "0.5x" em um ponto logo acima do seu ponto final inferior esquerdo.
[9] Adicione double square(double x) {return x*x; } à janela.
[10] Adicione um cosseno à janela (não escreva uma nova função).
[11] Coloque o cosseno em azul.
[12] Escreva uma função sloping_cos(), que adicione um cosseno a slope() (como definido acima), e adicione-a à janela.

Prática de definição de classes:

[13] Defina uma **struct Person** que contenha um nome de **string** e uma idade **int**.
[14] Defina uma variável do tipo **Person**, inicialize-a com "Goofy" e 63, e escreva na tela (**cout**).
[15] Defina um operador de entrada (>>) e um de saída (<<) para **Person**; leia **Person** a partir do teclado (**cin**) e escreva na tela (**cout**).
[16] Atribua a **Person** um construtor que inicialize **name** e **age**.
[17] Torne privada a representação de **Person** e forneça as funções-membro **name()** e **age()** de **const** para ler o nome e a idade.
[18] Modifique >> e << para trabalhar com uma variável **Person** redefinida.
[19] Modifique o construtor para verificar se **age** é [0:150] e se **name** não contém os caracteres ; : " ' [ ] * & ˆ % $ # @ !. Use **error()** em caso de erro. Teste.
[20] Leia uma sequência de **Persons** a partir da entrada (**cin**) para um **vector<Person>**; escreva novamente na tela (**cout**). Teste com uma entrada correta e uma errada.
[21] Altere a representação de **Person** para ter **first_name** e **second_name** em vez de **name**. Faça com que seja um erro não fornecer o primeiro nome e o sobrenome. Corrija >> e << também. Teste.

Revisão

[1] Qual é a função de um argumento?
[2] Quando você usaria uma linha (contínua) para representar os dados? Quando usaria pontos (distintos)?
[3] Que função (fórmula matemática) define uma inclinação?
[4] O que é parábola?
[5] Como criar um eixo x? Um eixo y?
[6] O que é argumento padrão e quando você o usaria?
[7] Como se juntam as funções?
[8] Como colorir e rotular uma função representada por gráfico?
[9] O que significa quando dizemos que uma série se aproxima de uma função?
[10] Por que você faria o *layout* de um gráfico antes de escrever o código para desenhá-lo?
[11] Como você aplicaria escalas a seu gráfico para que a entrada coubesse nele?
[12] Como você definiria escalas sobre uma entrada sem tentativa e erro?
[13] Por que você formataria sua entrada em vez de apenas fazer o arquivo conter "os números"?
[14] Como você planeja o *layout* geral de um gráfico? Como reflete esse *layout* no seu código?

Termos

aproximação	Function	escala	argumento padrão
expressão lambda	*layout* da tela	Axis	estouro (*overflow*)

Exercícios

[1] Veja outra forma de definir uma função fatorial:

        int fac(int n) { return n>1 ? n∗fac(n–1) : 1; }   // fatorial n

Esse código calculará fac(4) primeiro decidindo que, dado que 4>1, fac(4) deve ser 4∗fac(3), e isso é obviamente 4∗3 fac(2), que novamente é 4∗3∗2∗fac(1), que é 4∗3∗2∗1. Tente ver se funciona. Uma função que chama a si mesma é dita ser *recursiva*. A implementação alternativa em §13.5 é denominada *iterativa*, porque itera sobre os valores (usando while). Verifique se a função fac() recursiva funciona e dá os mesmos resultados que a função fac() iterativa calculando o fatorial de 0, 1, 2, 3, 4, até 20 (inclusive). Qual implementação de fac() você prefere e por quê?

[2] Defina uma classe Fct que seja exatamente como Function, exceto que armazena seus argumentos construtores. Forneça a Fct operações de "*reset*", para que você possa usá-la repetidamente para diferentes intervalos, funções etc.

[3] Modifique Fct do exercício anterior para ter um argumento extra para controlar a precisão ou qualquer outra coisa. Torne o tipo desse argumento um parâmetro *template* para ter flexibilidade extra.

[4] Faça o gráfico de um seno (sin()), um cosseno (cos()), a soma deles (sin(x)+cos(x)) e a soma dos quadrados deles (sin(x)∗sin(x)+cos(x)∗cos(x)) em um único gráfico. Forneça eixos e rótulos.

[5] "Anime" (como em §13.5) a série 1–/3+1/5–1/7+1/9–1/11+ ... . Ela é conhecida como a série de Leibniz e converge para pi/4.

[6] Projete e implemente uma classe de gráfico de barras. Seus dados básicos são vector<double> com N valores, e cada valor deve ser representado por uma "barra", que é um retângulo cuja altura representa o valor.

[7] Elabore a classe do gráfico de barras para permitir rotular o próprio gráfico e suas barras individuais. Permita o uso de cores.

[8] Segue um conjunto de alturas em centímetros, junto com o número de pessoas em um grupo com essa altura (arredondado com a aproximação de 5 cm): (170,7), (175,9), (180,23), (185,17), (190,6), (195,1). Como você faria um gráfico a partir desses dados? Se não consegue pensar em nada melhor, faça um gráfico de barras. Lembre-se de fornecer eixos e rótulos. Coloque os dados em um arquivo e leia a partir desse arquivo.

[9] Encontre outro conjunto de dados de alturas (uma polegada tem 2,54 cm) e faça o gráfico com seu programa do exercício anterior. Por exemplo, pesquise na *web* "distribuição de alturas" ou "altura das pessoas nos Estados Unidos" e ignore um monte de lixo ou pergunte aos seus amigos a altura deles. O ideal é você não ter que mudar nada no novo conjunto de dados. Calcular a escala a partir dos dados é o principal. Ler os rótulos na entrada também ajuda a minimizar as alterações quando você deseja reutilizar o código.

[10] Quais dados são inadequados para um gráfico de linhas ou um gráfico de barras? Encontre um exemplo e descubra uma maneira de exibi-los (p. ex., como uma coleção de pontos rotulados).

[11] Encontre as temperaturas máximas médias de cada mês do ano para dois ou mais locais (p. ex., Cambridge, Inglaterra e Cambridge, Massachusetts; há muitas cidades chamadas "Cambridge") e monte os gráficos. Como sempre, tenha cuidado com os eixos, os rótulos, o uso de cores etc.

Posfácio

Representar dados graficamente é importante. Um gráfico bem trabalhado é mais bem compreendido por nós do que o conjunto de números que foi usado para fazê-lo. A maioria das pessoas, quando precisa desenhar um gráfico, usa o código de outra pessoa – uma biblioteca. Como essas bibliotecas são construídas e o que você faz se não tem nenhuma útil? Quais são as ideias fundamentais em "uma ferramenta gráfica comum"? Agora você já sabe: não é mágica nem um bicho de sete cabeças. Cobrimos apenas os gráficos bidimensionais; os gráficos tridimensionais também são muito úteis em ciência, engenharia, *marketing* etc., e podem ser ainda mais divertidos. Explore-os algum dia!

14

Interfaces gráficas do usuário

*Computação não é mais
sobre computadores.
É sobre viver.*
— Nicholas Negroponte

Uma interface gráfica do usuário (GUI, *graphical user interface*) permite ao usuário interagir com um programa pressionando botões, selecionando itens em *menus*, inserindo dados de várias maneiras e exibindo entidades textuais e gráficas em uma tela. É com isso que estamos acostumados quando interagimos com nossos computadores e *sites*. Neste capítulo, mostramos o básico de como o código pode ser escrito para definir e controlar uma aplicação GUI. Em particular, mostramos como escrever código que interage com as entidades na tela usando *callbacks*. Nossos recursos de GUI são construídos "sobre" os recursos do sistema. Os recursos de baixo nível e as interfaces são apresentados no código disponível na *web*, que usa os recursos e as técnicas apresentados nos Capítulos 15 e 16. Aqui focamos o uso.

- ▶ 14.1 Alternativas de interface do usuário
- ▶ 14.2 O botão "Next"
- ▶ 14.3 Uma janela simples
  - Um *loop* de espera
- ▶ 14.4 **Button** e outros **Widgets**
  - **Widget**; **Button**; **In_box** e **Out_box**; **Menu**
- ▶ 14.5 Um exemplo: desenhando linhas
  - Inversão de controle; Adicionando um *menu*
- ▶ 14.6 Animação simples
- ▶ 14.7 Depurando o código GUI

14.1 Alternativas de interface do usuário

CC Todo programa tem uma interface de usuário. Um programa em execução em um pequeno dispositivo pode estar limitado à entrada de alguns botões pressionados e a uma luz piscando para a saída. Outros computadores estão conectados ao mundo exterior apenas por um fio. Aqui, iremos considerar o caso comum em que nosso programa se comunica com um usuário que está vendo uma tela e usando um teclado e um dispositivo para apontar (como um *mouse*). Nesse caso, nós, como programadores, temos três opções principais:

- *Usar a entrada e a saída do console*: esta é uma forte candidata para o trabalho técnico/profissional, em que a entrada é simples e textual, consistindo em comandos e itens de dados curtos (como nomes de arquivo e valores de dados simples). Se a saída é textual, podemos exibi-la na tela ou armazená-la em arquivos. Os iostreams da biblioteca-padrão de C++ (Capítulo 9) fornecem mecanismos adequados e convenientes para isso. Se uma saída gráfica for necessária, podemos usar uma biblioteca de exibição gráfica (como mostrado nos Capítulos 10 a 14) sem fazer mudanças radicais em nosso estilo de programação.
- *Usar uma biblioteca de interface gráfica do usuário (GUI)*: é isso que fazemos quando queremos a interação do usuário baseada na metáfora de manipular objetos na tela (apontando, clicando, arrastando e soltando, passando sobre etc.). Muitas vezes (mas nem sempre), esse estilo vem com um alto grau de informações exibidas graficamente. Qualquer pessoa que tenha um computador moderno ou um celular conhece exemplos em que isso é conveniente. Qualquer um que queira alcançar a "sensação" de usar aplicativos Windows/Mac deve usar um estilo GUI de interação.
- *Usar uma interface de navegador web*: para esta, precisamos usar uma linguagem de marcação (*layout*), como HTML, e geralmente uma linguagem de *script*, como JavaScript, Python e PHP. Mostrar como fazer isso está além do escopo deste livro, mas muitas vezes é o ideal para os aplicativos que requerem acesso remoto. Nesse caso, a comunicação entre o programa e a tela é novamente textual (usando fluxos de caracteres). Um navegador é uma aplicação GUI que traduz parte desse texto em elementos gráficos e traduz os cliques do *mouse* etc. em dados textuais que podem ser enviados de volta para o programa.

AA Para muitos, o uso da GUI é a essência da programação moderna, e, às vezes, a interação com os objetos na tela é considerada a preocupação central da programação. Discordamos: GUI é uma forma de E/S, e a separação da lógica principal de uma aplicação e da E/S está entre os nossos principais ideais para *software*. Sempre que possível, preferimos ter uma interface limpa entre a lógica do nosso programa principal e as partes do programa que usamos para obter a entrada e produzir a saída. Tal separação nos permite mudar o modo como um programa é apresentado a um usuário, fazer a portabilidade de nossos programas para usar diferentes sistemas de E/S e, o mais importante, pensar sobre a lógica do programa e sua interação com os usuários separadamente.

Dito isso, a GUI é importante e interessante sob várias perspectivas. Este capítulo explora as formas como podemos integrar os elementos gráficos em nossos aplicativos e como podemos impedir que as preocupações da interface dominem nosso pensamento. Nossa biblioteca de gráficos/GUI pode ser executada diretamente em um celular ou um computador, bem como em um navegador.

14.2 O botão "Next"

De que modo fornecemos o botão "Next" (Próximo) que usamos para gerar os exemplos gráficos no Capítulo 10? Lá, fazemos os gráficos em uma janela usando um botão. Obviamente, é uma forma simples de programação GUI. Na verdade, é tão simples que poderíamos dizer que não é uma "GUI de verdade". Vejamos, porém, como ele foi feito, porque isso nos conduzirá diretamente ao tipo de programação que todos reconhecem como programação GUI.

Por convenção, nosso código nos Capítulos 10 a 13 é estruturado assim:

```
// ... criar objetos e/ou manipular objetos, exibi-los na janela Window ...
win.wait_for_button();
```

```
// ... criar objetos e/ou manipular objetos, exibi-los na janela Window ...
win.wait_for_button();
```

```
// ... criar objetos e/ou manipular objetos, exibi-los na janela Window ...
win.wait_for_button();
```

Sempre que encontramos `wait_for_button()`, podemos ver nossos objetos na tela até pressionarmos o botão para obter a saída da próxima parte do programa. Do ponto de vista da lógica do programa, isso não é diferente de um programa que escreve linhas de saída em uma tela (uma janela de console), parando de vez em quando para receber dados do teclado. Por exemplo:

```
// ... definir variáveis e/ou calcular valores, produzir a saída ...
cin >> var;      // aguardar entrada
```

```
// ... definir variáveis e/ou calcular valores, produzir a saída ...
cin >> var;      // aguardar entrada
```

```
// ... definir variáveis e/ou calcular valores, produzir a saída ...
cin >> var;      // aguardar entrada
```

As implementações desses dois programas são bem diferentes. Quando seu programa executa `cin >> var`, ele para e espera "o sistema" retornar os caracteres digitados. No entanto o sistema (o sistema da interface gráfica do usuário) que cuida da sua tela e rastreia o *mouse* conforme você o utiliza funciona em um modelo bastante diferente: a GUI controla onde o *mouse* está e o que o usuário está fazendo com o *mouse* (clicando etc.). Quando seu programa quer uma ação, ele deve:

- Informar à GUI sobre o que esperar (p. ex., "Alguém clicar no botão 'Next'").
- Informar o que deve ser feito quando alguém fizer isso.
- Aguardar até a GUI detectar uma ação na qual o programa está interessado.

O que é novo e diferente aqui é que a GUI não para e espera o usuário responder; ela é planejada para responder de diferentes formas às diferentes ações do usuário, como clicar em um dos muitos botões, redimensionar as janelas, redesenhar a janela depois de ela ser encoberta por outra e abrir *menus pop-up*. Isso é chamado de *inversão de controle* (ver §14.5.1).

Para começar, só queremos dizer, "Acorde-me quando alguém clicar no meu botão"; isto é, "Pare de executar meu programa até que alguém clique no botão do *mouse* e o cursor esteja na área retangular onde a imagem do meu botão é exibida. Em seguida, acorde-me". É a ação mais simples que poderíamos imaginar. No entanto tal operação não é fornecida diretamente pelo "sistema", então nós mesmos escrevemos uma. Ver como é feito é o primeiro passo para entender a programação GUI.

14.3 Uma janela simples

CC Basicamente, "o sistema" (que é uma combinação de biblioteca GUI e sistema operacional) rastreia continuamente onde o *mouse* está e se seus botões são pressionados ou não. Um programa pode expressar interesse em uma área da tela e pedir ao "sistema" para chamar uma função quando "algo interessante" acontecer. Nesse caso em particular, pedimos ao sistema para chamar uma de nossas funções (uma "função de *callback*") quando o botão do *mouse* for clicado "em nosso botão". Para tanto, devemos:

- Definir um botão.
- Fazer com que seja exibido.
- Definir uma função para a GUI chamar.
- Informar a GUI sobre esse botão e essa função.
- Aguardar a GUI chamar nossa função.

Façamos isso. Um botão é parte de uma janela, então (em Simple_window.h) definimos nossa classe Simple_window para conter um membro next_button:

```
struct Simple_window : Window {
    Simple_window(Point xy, int w, int h, const string& title );
    ~Simple_window() {}
    void wait_for_button();
private]:
    Button next_button;
};
```

Obviamente, Simple_window deriva de Window de Graph_lib. Todas as nossas janelas devem ser derivadas direta ou indiretamente de Graph_lib::Window, porque é a classe que (por meio do Qt) conecta nossa noção de janela à implementação da janela do sistema. Para obter detalhes da implementação de Window, veja Window.h em www.stroustrup.com/programming.html.

Nosso botão é inicializado no construtor de Simple_window:

```
Simple_window::Simple_window(Point xy, int w, int h, const string& title)
    : Window(xy,w,h,title),
      next_button(Point{x_max()–70,0}, 70, 20, "Next", []{})
{
    attach(next_button);
}
```

Sem surpresa alguma, Simple_window passa sua localização (xy), tamanho (w,h) e título (title) para Window de Graph_lib. Em seguida, o construtor inicializa next_button com um local (Point{x_max()–70,0}; próximo ao canto superior direito), um tamanho (70,20), um rótulo ("Next") e uma ação []{}. Os primeiros quatro parâmetros são exatamente iguais ao que fazemos para Window: colocamos uma forma retangular na tela e a rotulamos.

A parte []{} é a ação mínima. É uma função lambda (§13.3.3, §21.2.3) que indica que nada deve ser feito. Isso implica que o processamento continua após o botão ser pressionado ("clicado"). Uma ação definida em nosso programa que é chamada pelo sistema em resposta a alguma ação do usuário (p. ex., "clicar" em um botão) é denominada *callback*; ou seja, o sistema chama de volta (*calls back*, em inglês) o nosso programa. Aqui, [](} indica "não fazer nada e prosseguir". A maioria dos *callbacks* faz mais que isso.

Antes de mostrar o código, vejamos o que acontece aqui:

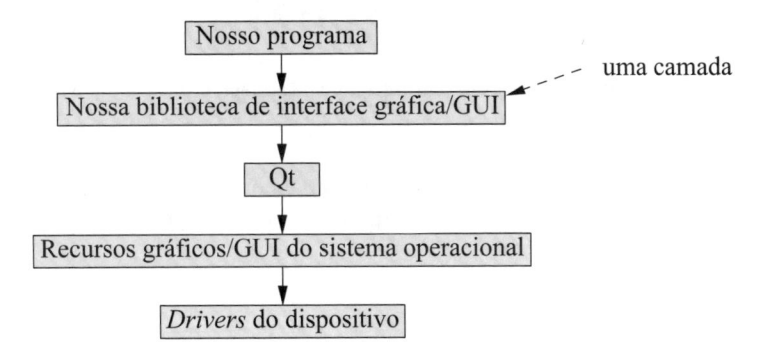

```
        ┌─────────────────┐
        │ Nosso programa  │
        └────────┬────────┘
                 ▼                      ─── uma camada
┌─────────────────────────────────────┐
│ Nossa biblioteca de interface gráfica/GUI │
└────────────────┬────────────────────┘
                 ▼
              ┌─────┐
              │ Qt  │
              └──┬──┘
                 ▼
┌─────────────────────────────────────┐
│ Recursos gráficos/GUI do sistema operacional │
└────────────────┬────────────────────┘
                 ▼
        ┌─────────────────────┐
        │ *Drivers* do dispositivo │
        └─────────────────────┘
```

Nosso programa é executado sobre várias *camadas* de *software*. Ele usa diretamente nossa biblioteca gráfica/GUI que implementamos usando Qt. Qt, por sua vez, é implementado usando as interfaces do sistema operacional. No sistema operacional há mais camadas até chegarmos aos *drivers* de dispositivo que colocam *pixels* em nossa tela e controlam o que nosso *mouse* está fazendo. Essas camadas nos ajudam a gerenciar nosso sistema complexo, permitindo focar uma camada por vez ou apenas algumas.

14.3.1 Um *loop* de espera

Então, neste caso – nosso caso mais simples –, o que queremos que seja feito por Simple_window sempre que o botão for "pressionado"? Queremos parar a execução do nosso programa para termos a chance de ver o que fizemos até agora. Então, o programa deve esperar que pressionemos o botão para prosseguir:

```
// ... criar alguns objetos e/ou manipular alguns objetos, exibi-los em uma janela ...
win.wait_for_button();   // next() faz o programa prosseguir a partir daqui
// ... criar alguns objetos e/ou manipular alguns objetos ...
```

Na verdade, isso é fácil de fazer, porque contamos com os recursos do Qt, em vez do sistema diretamente:

```
void Simple_window::wait_for_button()        // esperar que o botão seja pressionado
{
    get_impl().wait_for_button(&next_button);   // passar &next_button para a
                                                // implementação de Window
}
```

Parece simples, mas há uma complexidade importante oculta aqui. Por exemplo, o código é portável para diferentes sistemas operacionais, incluindo MacOS, iOS, Linux, Android e Windows. Em nossa biblioteca de interfaces, o código específico de Qt fica "oculto" em uma classe WidgetPrivate, que faz parte da implementação da nossa classe Window.

Como a maioria dos sistemas GUI, Qt fornece uma função que suspende (para) um programa até algo acontecer. A versão em Qt é denominada exec() e ela acorda nosso programa sempre que qualquer coisa pela qual nosso programa manifestou interesse acontecer. Nesse caso, ao anexar next_button à janela, expressamos interesse nos "cliques" no botão. Então, quando alguém clica no botão "Next", a função exec() chama nossa ação [](} e retorna (para esperar por mais eventos).

14.4 Button e outros Widgets

Definimos Button assim:

```
using Callback = std::function<void()>;        // um callback não tem argumentos e nada retorna

struct Button : Widget {
    Button(Point xy, int w, int h, const string& label, Callback cb);
    void attach(Window&);
};
```

CC Assim, Button é um Widget com um local (xy), um tamanho (w,h), um rótulo de texto (label) e um *callback* (cb). Basicamente, qualquer coisa que apareça em uma tela com uma ação associada (isso é, um *callback*) é um Widget.

14.4.1 Widget

Sim, *widget* realmente é um termo técnico. Um nome mais descritivo, porém menos sugestivo, para um *widget* é *controle*. Usamos *widgets* para definir as formas de interação com um programa por meio de uma GUI (interface gráfica do usuário). Nossa classe de interface Widget fica assim:

```
class Widget {
    // Widget é um handle para QWidget – * não * é um QWidget
    // Mantemos nossas classes de interface alcançáveis usando Qt
public:
    Widget(Point xy, int w, int h, const string& s, Callback cb);

    Widget& operator=(const Widget&) = delete;      // não copiar Widgets
    Widget(const Widget&) = delete;

    virtual void move(int dx,int dy);
    virtual void hide();
    virtual void show();
    virtual void attach(Window&) = 0;

    Point loc;
    int width;
    int height;
    string label;
    Callback do_it;                                  // a ação

    virtual ~Widget();

    WidgetPrivate& get_impl() const { return *impl; }
private:
    std::unique_ptr<WidgetPrivate> impl;
};
```

Um Widget é semelhante a um Shape, mas difere por conseguir executar ações envolvendo os usuários. Assim, é um mecanismo um pouco mais complexo, com maior integração com o mecanismo GUI. Portanto, apesar das semelhanças na interface e no uso, um Widget não é um Shape e vice-versa.

Um **Widget** tem duas funções interessantes que podemos usar para **Button** (assim como para qualquer outra classe derivada de **Widget**, p. ex., **Menu**; ver §14.5.2):

- **hide()** torna o **Widget** invisível.
- **show()** torna o **Widget** visível.

Um **Widget** começa visível.

Como **Shape**, podemos usar **move()** para mover um **Widget** em sua **Window** e devemos anexá-lo com **attach()** a uma **Window** antes que ele possa ser usado. Note que declaramos **attach()** como uma função virtual pura (§12.3.5): toda classe derivada de **Widget** deve definir o que significa para ela ser anexada a uma **Window**. Na verdade, é em **Window::attach()** que os *widgets* no nível do sistema são criados. As funções **Widget::attach()** e **Shape::attach()** são chamadas a partir de **Window** como parte de sua implementação da própria função **attach()** de **Window**. Basicamente, conectar uma janela e um *widget* é uma dança delicada, na qual cada um tem que fazer sua própria parte. O resultado é que uma janela conhece seus *widgets* e cada *widget* conhece sua janela:

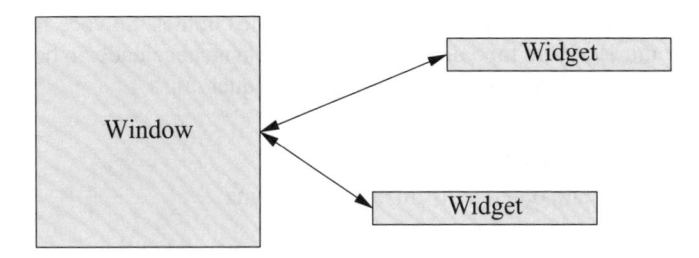

Repare que **Window** não sabe com que tipo de **Widgets** lida. Como descrito em §12.5, estamos usando programação orientada a objetos básica para garantir que **Window** possa lidar com todos os tipos de **Widget**. Da mesma forma, um **Widget** não sabe com que tipo de **Window** lida.

Fomos um pouco descuidados, deixando os membros de dados acessíveis. No entanto a alternativa seria adicionar 10 funções de acesso sem nenhum benefício semântico. Os membros **impl** são o *link* de **Widget** para sua implementação no Qt. Os usuários da classe **Widget** de interface do usuário não devem mexer em sua implementação, por isso a mantivemos **private**. Um **Widget** é uma interface para um objeto único que não pode ser copiado – ele representa uma área na tela e a ação associada –, então excluímos via **delete** suas operações de cópia (§12.4.1).

14.4.2 Button

Button é o **Widget** mais simples de tratar. Tudo o que faz é chamar um *callback* quando clicamos nele:

```
class Button : public Widget {
public:
    Button(Point xy, int ww, int hh, const string& s, Callback cb);
    void attach(Window&) {}
};
```

```
Button::Button(Point xy, int w, int h, const string& label, Callback cb)
    :Widget(xy,w,h,label,cb)
{
    WidgetPrivate& w_impl = get_impl();
    QPushButton*button = new QPushButton();
    w_impl.widget = button;
    button->setText(QString::fromStdString(label));
    QObject::connect(button, &QPushButton::clicked, [this]{ do_it(); });
}
```

Isso é tudo o que precisamos. O construtor tem todo o código (relativamente) confuso ligado ao Qt. Por agora, basta notar que definir um Widget simples não é particularmente difícil. A chamada de connect() é mais interessante: diz que, quando alguém clica no botão, o *callback* do_it() é chamado.

AA Não tratamos a questão um tanto complicada e confusa de como os botões (e outros Widgets) ficam na tela. O problema é que há uma infinidade de escolhas e que alguns estilos são determinados por certos sistemas. Também, do ponto de vista da técnica de programação, nada realmente novo é necessário para expressar a aparência dos botões. Se você ficar desesperado, saiba que colocar um Shape no topo de um botão não afeta a capacidade do botão de funcionar – e você já sabe como fazer uma forma parecer com qualquer coisa.

14.4.3 In_box e Out_box

Fornecemos um Widget para obter texto em nosso programa:

```
struct In_box : Widget {
    In_box(Point xy, int w, int h, const string& s, Callback cb);

    int get_int();
    string get_string();

    int get_int_keep_open();
    string get_string_keep_open();

    void attach(Window& win) override;

    void dismiss();
    void hide() override;
    void show() override;
    void hide_buttons();
    void show_buttons();

    enum State {idle, accepted, rejected};
    State last_result();
    void clear_last_result();
    string last_string_value();
    int last_int_value();
```

```
        struct ResultData {
            State state = idle;
            string last_string;
            int last_int = 0;
        };
    private:
        ResultData result;
        bool waiting = false;
    };
```

In_box pode aceitar o texto digitado nele, e podemos ler esse texto como uma *string*, usando get_string(), ou como um número inteiro, usando get_int(). Podemos indicar que terminamos de digitar em In_box pressionando a tecla Return/Enter no teclado. Uma alternativa seria oferecer um botão para o usuário clicar quando terminar (usando show_buttons()). Uma caixa que aceita entrada e gera saída costuma ser chamada de *caixa de diálogo*.

Nosso In_box é um pouco complicado (aparentemente sem necessidade), porque é escrito para dar suporte a várias caixas de diálogo que estão além do escopo deste livro, como as caixas de diálogo *pop-up*. É um fenômeno comum nas bibliotecas muito utilizadas: elas são escritas para atender a muitos usuários, e muitos deles têm necessidades que diferem das nossas necessidades atuais. Devemos ser tolerantes com a complexidade, porque podemos estar entre esses "outros usuários" no próximo ano ou depois.

Out_box é usado para apresentar alguma mensagem para um usuário. Em analogia com as funções get de In_box, podemos colocar (usando a função put) inteiros ou *strings* em um Out_box:

```
    struct Out_box : Shape {
        enum Kind { horizontal, vertical };
        Out_box(Point p, const string& s, Kind k = horizontal);

        void set_parent_window(Window* win) override;

        void put(int);
        void put(const string&);
        void draw_specific(Painter& painter) const override;

        Text label;
        Text data;
        Kind orientation;      // O rótulo vem antes ou acima dos dados?
    };
```

Out_box é muito mais simples do que In_box, porque não requer interação com o usuário, basta exibir um valor. Portanto Out_box é apenas um Shape, já In_box é um Widget.

Poderíamos ter fornecido get_floating_point(), get_complex() etc., mas não fizemos isso porque você pode pegar a *string*, colocá-la em um stringstream e fazer qualquer formatação de entrada dessa maneira (§9.11).

A seção §14.5 dá exemplos do uso de In_box e Out_box.

14.4.4 Menu

Temos uma noção muito simples de *menu*:

```
struct Menu : Widget {
    enum Kind { horizontal, vertical };
    Menu(Point xy, int w, int h, Kind kk, const string& label);

    using Window::attach;                  // anexar o menu à janela

    int attach(Button& b);                 // anexar um botão nomeado ao menu
    int attach(unique_ptr<Button> p);      // anexar um botão não nomeado ao menu

    void show()                            // mostrar todos os botões
    {
        for (auto&& x : selection)
            x->show();
    }

    void hide()                            // ocultar todos os botões
    {
        for (auto&& x : selection)
            x->hide();
    }

    void move(int dx, int dy)              // mover todos os botões
    {
        for (auto&& x : selection)
            x->move(dx,dy);
    }

private:
    Vector_ref<Button> selection;
    Kind k;
    int offset;

    void layoutButtons(Button& b);         // horizontal ou vertical
    void layoutMenu();                     // informa ao Widget onde o Menu está na janela
};
```

Menu é, basicamente, um vetor de botões. Como sempre, Point xy é o canto superior esquerdo. A largura e a altura são usadas para redimensionar os botões à medida que eles são adicionados ao *menu*. Para ter exemplos, veja §14.5 e §14.5.2. Cada botão de *menu* ("um item de *menu*") é um Widget independente, apresentado a Menu como um argumento para attach(). Por sua vez, Menu fornece uma operação attach() para anexar todos os Buttons a uma Window. Menu controla seus Buttons usando um Vector_ref (§11.7.3). Se quiser um *menu* "*pop-up*", precisa criar você mesmo; veja §14.5.2.

14.5 Um exemplo: desenhando linhas

Para ter uma ideia melhor dos recursos básicos da GUI, considere a janela para um aplicativo simples, envolvendo entrada, saída e alguns itens gráficos:

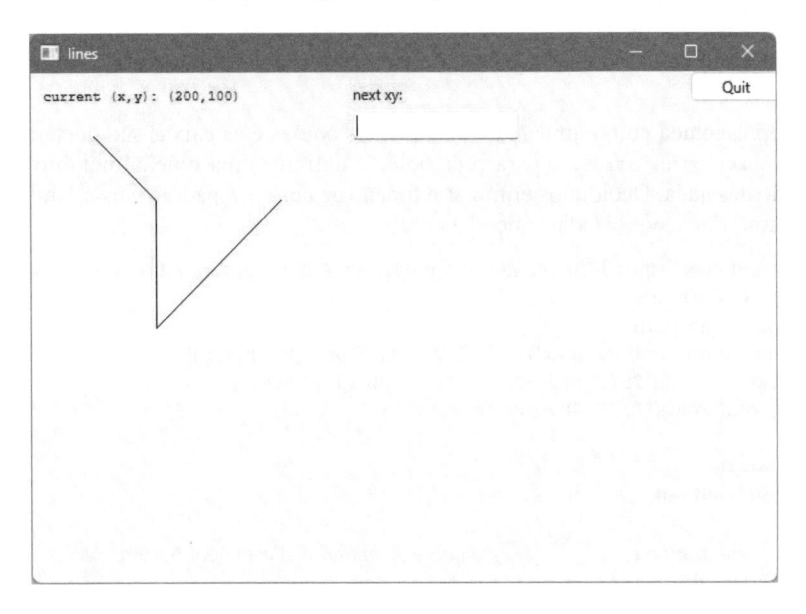

Esse programa permite que um usuário exiba uma sequência de linhas (uma polilinha aberta; §11.6.1) especificada como uma sequência de pares de coordenadas. A ideia é que o usuário insira repetidamente as coordenadas (*x, y*) na caixa "next_xy". Por exemplo, **100,200**. Note que a vírgula é necessária e que parênteses não são aceitos. Depois de cada par de coordenadas, o usuário pressiona a tecla Return/Enter no teclado. A janela acima mostra o resultado após a inserção de quatro pares de coordenadas: (*50,50*), (*100,100*), (*100,200*), (*200,100*).

Inicialmente, a caixa "current (x,y)" está vazia, e o programa espera que o usuário insira o primeiro par de coordenadas. Feito isso, o ponto inicial aparece na caixa "current (x,y)", e cada novo par de coordenadas inserido resulta em uma linha sendo desenhada: uma linha do ponto atual (com suas coordenadas exibidas na caixa "current (x, y)") até o recém-inserido (*x, y*) é desenhada, e (*x, y*) torna-se o novo ponto atual.

Isso desenha uma polilinha aberta. Quando o usuário se cansa dessa atividade, existe o botão "Quit" para sair. É bem simples, e o programa emprega vários recursos úteis da GUI: entrada e saída de texto, desenho de linha e vários botões.

Definiremos uma classe para representar essas janelas. É bastante simples:

```
struct Lines_window : Window {
    Lines_window(Application& application, Point xy, int w, int h, const string& title);
    Open_polyline lines;
    void wait_for_button();
```

```
private:
    Application* app = nullptr;
    Button quit_button;              // um Widget
    In_box next_xy;                  // um Widget
    Out_box xy_out;                  // um Shape
    void next();
    void quit();
};
```

A linha é representada como uma Open_polyline. Os botões e as caixas são declarados (como Buttons, In_boxes e Out_boxes), e para cada botão é definida uma função-membro que implementa a ação desejada. Decidimos eliminar a função de *callback* padrão e usar lambdas.

O construtor de Lines_window inicializa tudo:

```
Lines_window::Lines_window(Application& application, Point xy, int w, int h, const string & title)
    : Window{ xy,w,h,title },
      app(application),
      quit_button{ Point{x_max() − 70,0}, 70, 20, "Quit", [this]() { quit(); } },
      next_xy{ Point{250,0}, 50, 20, "next xy:", [this]() { next(); } },
      xy_out{ Point{10,10}, "current (x,y): " }
{
    attach(lines);
    attach(quit_button);

    next_xy.hide_buttons();          // uma caixa de entrada Qt vem com botões; decidimos ocultá-los
    attach(next_xy);
    next_xy.show();                  // mas queremos que a caixa em si seja exibida

    xy_out.label.set_font_size(8);   // usar uma fonte menor que a padrão
    xy_out.data.set_font_size(8);
    attach(xy_out);
}
```

Isto é, cada Widget e Shape é construído e depois anexado à janela. Note que os inicializadores estão na mesma ordem das definições dos membros de dados. Essa é a ordem correta para escrever esses inicializadores. Na verdade, os inicializadores de membros são sempre executados na ordem em que seus membros de dados foram declarados. Alguns compiladores avisam (de maneira útil) se um construtor-base ou de membros está fora de ordem.

O botão "Quit" exclui a janela usando os recursos do Qt:

```
void Lines_window::quit()
{
    end_button_wait();               // não esperar mais
    next_xy.dismiss();               // limpar
    app->quit();
}
```

Todo o trabalho real é feito em next() do botão next_xy: ele lê um par de coordenadas e atualiza Open_polyline e a leitura da posição:

```
void Lines_window::next()        // a ação realizada por next_xy quando acordada
{
    if (next_xy.last_result() == In_box::accepted) {   // verificar se o valor mudou
        string s = next_xy.last_string_value();        // ler o par de coordenadas
        istringstream iss{ s };
        int x = 0;
        char ch = 0;
        int y = 0;
        iss >> x >> ch >> y;
        lines.add(Point{ x,y });

        ostringstream oss;                              // atualizar a leitura da posição atual
        oss << '(' << x << ',' << y << ')';
        xy_out.put(oss.str());
    }
    next_xy.clear_last_result();                        // limpar a caixa
}
```

Usamos istringstream (§9.11) para ler as coordenadas de inteiros da entrada e um ostringstream (§9.11) para formatar a *string* a ser colocada em Out_box. Se um usuário inserir algo diferente de um valor de coordenada com número inteiro, definimos zero como padrão. O teste existe para tratar o caso em que um usuário pressiona a tecla Esc em vez de Enter/Return.

Então, o que está estranho e diferente neste programa? Vejamos sua função main():

```
#include "GUI.h"

int main()
try {
    Application app;                                              // criar um aplicativo GUI
    Lines_window win {app,Point{100,100},600,400,"lines"};        // nossa janela
    return app.gui_main();                                        // iniciar o aplicativo GUI
}
catch(exception& e) {
    cerr << "exception: " << e.what() << '\n';
    return 1;
}
catch ( ...) {
    cerr << "Some exception\n";
    return 2;
}
```

Basicamente, não há nada aí! O corpo de main() é apenas a definição da nossa janela, win, precedida pela solicitação para criar uma aplicação GUI com Qt e sucedida por uma chamada para dar controle ao sistema GUI. Não há outra função, if, switch ou *loop* – nada do tipo de código que vimos nos Capítulos 5 e 6 –, apenas a definição de uma variável e uma chamada para o *loop* principal do sistema GUI, gui_main(), que é simplesmente o *loop* infinito.

Exceto por alguns detalhes da implementação, vimos todo o código que roda nosso programa de "linhas". Vimos toda a lógica fundamental. E o que acontece?

14.5.1 Inversão de controle

CC O que aconteceu foi que movemos o controle da ordem de execução do programa para os *widgets*: qualquer *widget* que o usuário ativar será executado. Por exemplo, clique em um botão e seu *callback* é executado. Quando esse *callback* retorna, o programa aguarda, esperando que o usuário faça outra coisa. Basicamente, uma chamada app.exec() diz ao "sistema" para procurar os *widgets* e chamar os devidos *callbacks*. Em teoria, app.exec() poderia dizer a você, o programador, qual *widget* solicitou atenção e deixar que você chame a função apropriada. No entanto, no Qt e na maioria dos outros sistemas GUI, app.exec() simplesmente chama o *callback* apropriado, evitando a escrita de código para sua seleção.

Um "programa convencional" é organizado assim:

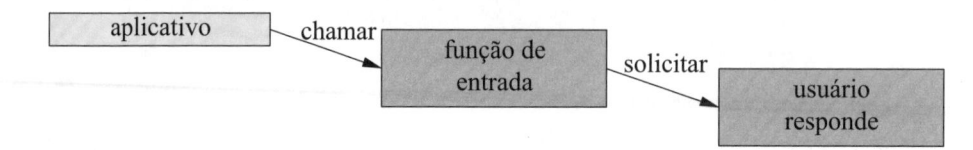

aplicativo →chamar→ função de entrada →solicitar→ usuário responde

Um "programa GUI" é organizado assim:

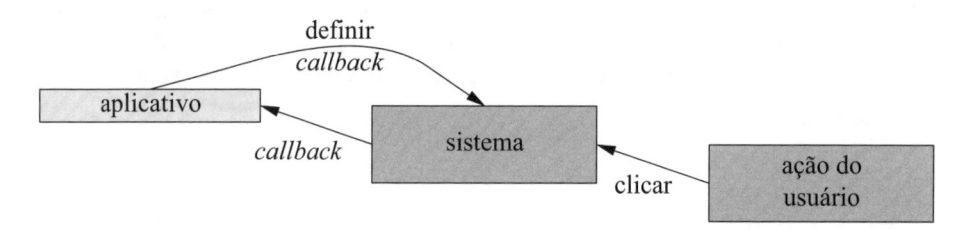

aplicativo →definir callback→ sistema ←clicar← ação do usuário
sistema →callback→ aplicativo

XX Uma implicação dessa "inversão de controle" é que a ordem de execução é completamente determinada pelas ações do usuário. Isso complica a organização do programa e a depuração. É difícil imaginar o que um usuário fará, e é difícil imaginar todos os possíveis efeitos de uma sequência aleatória de *callbacks*. Isso torna o teste sistemático um pesadelo. As técnicas para lidar com os testes de GUI estão além do escopo deste livro, mas encorajamos você a ter um cuidado extra com o código conduzido pelos usuários por meio de *callbacks*. Além dos problemas óbvios de controle de fluxo, também há problemas de visibilidade e dificuldades em controlar qual *widget* está conectado a quais dados. Para minimizar o problema, é essencial manter simples a parte GUI de um programa e construir um programa GUI aos poucos, testando em cada estágio. Ao trabalhar em um programa GUI, é quase essencial desenhar pequenos diagramas dos objetos e de suas interações.

Como o código disparado por vários *callbacks* se comunica? A forma mais simples é as funções operarem sobre os dados armazenados na janela, como feito no exemplo em §14.5. Lá, a função next() de Lines_window, chamada pressionando-se o botão "Next point", lê os dados em In_box (next_xy) e atualiza a variável membro lines e o Out_box (xy_out). Obviamente, uma função chamada por um *callback* pode fazer qualquer coisa: pode abrir arquivos, se conectar à *web* etc. Porém, por enquanto, iremos considerar o caso simples em que mantemos nossos dados em uma janela.

14.5.2 Adicionando um *menu*

Iremos explorar as questões de controle e comunicação levantadas pela "inversão de controle", fornecendo um *menu* para nosso programa de "linhas". Primeiro, simplesmente fornecemos um *menu* que permite ao usuário mudar a cor de todas as linhas na variável-membro lines. Adicionamos o *menu* color_menu e seus *callbacks*:

```
struct Color_window : Lines_window {
    Color_window(Application& app, Point xy, int w, int h, const string& title);
    void change(Color c) { lines.set_color(c); }
private:
    Button menu_button;
};
```

Tendo definido o membro color_menu, precisamos inicializá-lo:

```
Color_window::Color_window(Application& app, Point xy, int w, int h, const string& title)
    : Lines_window{ app,xy,w,h,title },
      color_menu{ Point{x_max() - 70,40},70,20,Menu::vertical,"color" }
{
    color_menu.attach(make_unique<Button>( Point{0,0},0,0,"red", [&] { change(Color::red); } ));
    color_menu.attach(make_unique<Button>( Point{0,0},0,0,"blue",[&] { change(Color::blue); } ));
    color_menu.attach(make_unique<Button>( Point{0,0},0,0,"black",[&] { change(Color::black); } ));
    attach(color_menu);
}
```

Os botões são anexados dinamicamente ao *menu* (usando attach()) e podem ser removidos e/ou substituídos quando necessário. Menu::attach() ajusta o tamanho e a localização do botão, e anexa-o à janela. E é isso. Depois de inserir alguns pares de coordenadas e pressionar o botão "red", obtemos uma linha vermelha:

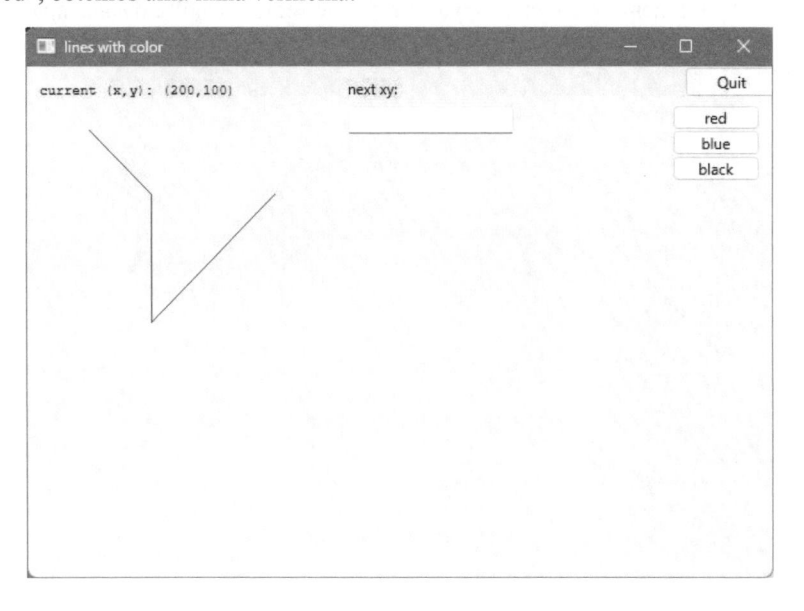

Tendo usado isso por um tempo, decidimos que o que realmente queríamos era um *"menu pop-up"*, ou seja, não queríamos gastar o espaço precioso da tela com um *menu*, exceto quando o estivermos usando. Então, adicionamos um botão "color menu"; pressione-o e aparece o *menu* de cores. Quando fazemos uma seleção, o *menu* é novamente ocultado e o botão aparece.

Aqui primeiro está a janela depois de termos adicionado algumas linhas:

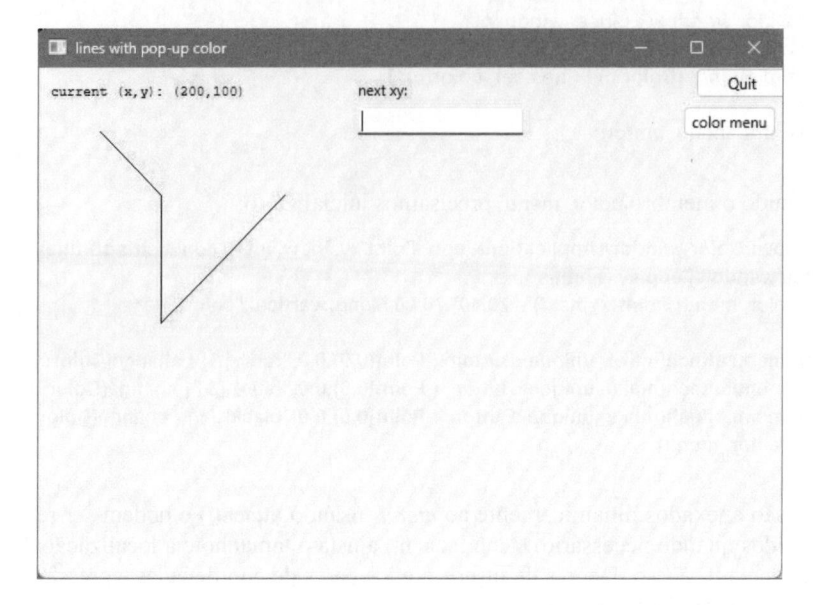

Vemos o novo botão "color menu" e algumas linhas. Pressione "color menu" e o *menu* aparece:

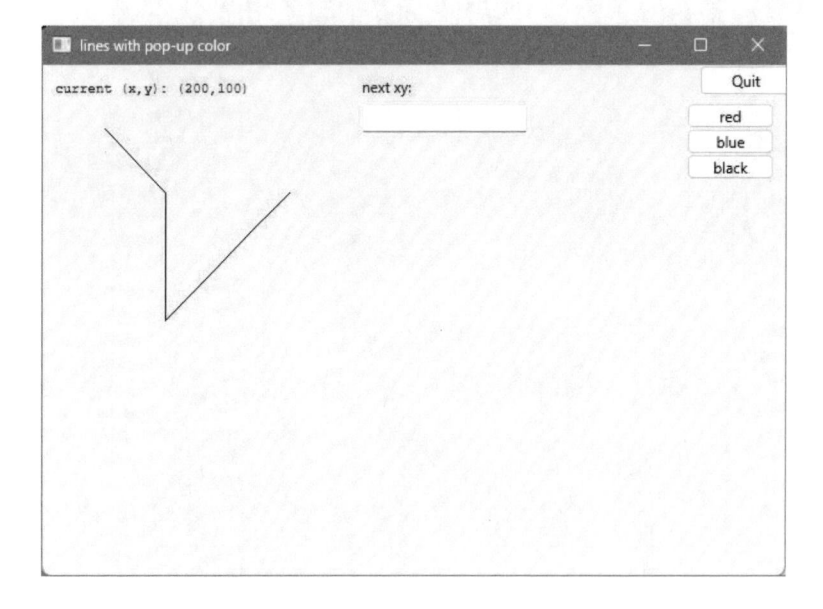

Repare que o botão "color menu" está escondido agora. Não precisamos dele até terminarmos de operar com o *menu*. Pressione o botão "red" e obtemos uma linha vermelha:

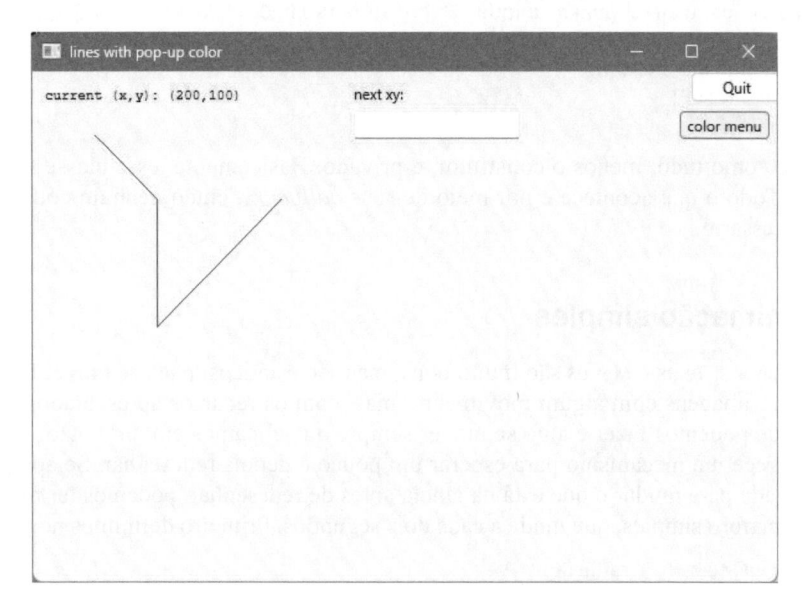

As linhas agora estão vermelhas, e o botão "color menu" reapareceu.

Para tanto, adicionamos o botão "color menu" e modificamos as funções "pressionadas" para ajustar a visibilidade do *menu* e do botão. Veja a Color_window completa depois de todas as nossas modificações:

```
struct Color_window : Lines_window {
    Color_window(Application& app, Point xy, int w, int h, const string& title);
private:
    void change(Color c) { lines.set_color(c); }
    void hide_menu() { color_menu.hide(); menu_button.show(); }

    Button menu_button;
    Menu color_menu;
};

Color_window::Color_window(Point xy, int w, int h, const string& title)
    :Lines_window{ xy,w,h,title },
    menu_button{ Point{x_max() - 80,30}, 80, 20, "color menu",
        [&] { menu_button.hide(); color_menu.show(); } },
    color_menu{ Point{x_max() - 70,40},70,20,Menu::vertical,"color" }
{
    attach(color_menu);
    color_menu.attach(make_unique< Button>(Point{0,0},0,0,"red",
        [&] { change(Color::red); hide_menu(); }));
```

```
        color_menu.attach(make_unique< Button>(Point{0,0},0,0,"blue",
            [&] { change(Color::blue); hide_menu(); }));
        color_menu.attach(make_unique< Button>(Point{0,0},0,0,"black",
            [&] { change(Color::black); hide_menu(); }));
        attach(menu_button);
        hide_menu();
    }
```

Repare como tudo, menos o construtor, é privado. Basicamente, essa classe Window é o programa. Tudo o que acontece é por meio de seus *callbacks*, então nenhum código fora da janela é necessário.

14.6 Animação simples

Todos os Buttons, Texts e Menus são muito bons, mas são estáticos: nada se move! Bem, podemos carregar imagens com algum movimento, mas, com os recursos apresentados até agora, o melhor que podemos fazer é algo se mover sempre que clicamos em um botão. No entanto Window oferece um mecanismo para esperar um pouco e depois redesenhar. Se aproveitamos a oportunidade para mudar o que está na janela antes de redesenhar, podemos ter movimento. Veja um semáforo simples, que muda a cada dois segundos. Primeiro definimos nossa janela:

```
Window w{140, 240, "Traffic light"};

Rectangle r{{10, 10}, 120, 220};
r.set_fill_color(Color::black);

Circle red {{70, 50}, 30};
Circle amber {{70, 120}, 30};
Circle green {{70, 190}, 30};
```

Anexamos os quatro Shapes e obtemos uma Window estática. Agora podemos adicionar ações:

```
const int second = 1000;        // 1000 milissegundos == 1 segundo; o temporizador conta
                                //  em milissegundos
const int yellow_delay = 10*second;
const int red_green_delay = 120*second;

while (true)
   for (int i = 0; i < 3; ++i) {
      red.set_fill_color(Color::red);
      w.timer_wait(red_green_delay);

      amber.set_fill_color(Color::yellow);
      w.timer_wait(yellow_delay);

      red.set_fill_color(Color::black);
      amber.set_fill_color(Color::black);
      green.set_fill_color(Color::green);
      w.timer_wait(red_green_delay);
```

```
        amber.set_fill_color(Color::yellow);
        green.set_fill_color(Color::black);
        w.timer_wait(yellow_delay);

        amber.set_fill_color(Color::black);
}
```

Agora o semáforo muda lentamente de vermelho para vermelho e amarelo, para verde, para amarelo:

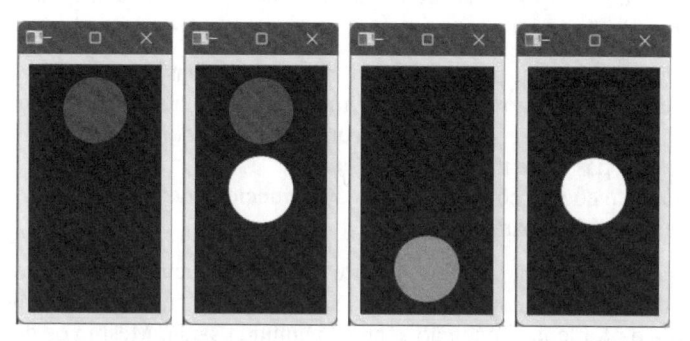

A função w.timer_wait(yellow_delay) simplesmente espera 10 mil milissegundos (10 segundos):

```
void Window::timer_wait(int milliseconds)
{
        impl->timer_wait(milliseconds);
}
```

Também é possível adicionar uma ação ("*callback*") como argumento. Essa ação é chamada após o tempo transcorrido.

```
void Window::timer_wait(int milliseconds, std::function<void()> cb)
{
        impl->timer_wait(milliseconds, cb);
}
```

Uma das coisas legais no modelo de *callback* é que "o sistema" continua lidando com outras ações do usuário enquanto a animação é executada. Dessa forma, Buttons, Menus etc. ainda funcionam.

O exemplo do semáforo foi o mais simples que conseguimos pensar, mas temos certeza de que você consegue pensar em outros mais interessantes. Lembre-se de que um aplicativo pode ter muitas janelas, então podemos ter várias animações independentes rodando simultaneamente. Além disso, entre execuções de timer_wait(), podemos atualizar vários "objetos animados" diferentes.

14.7   Depurando o código GUI

Uma vez que o programa GUI começa a funcionar, costuma ser fácil depurar: o que você vê é o que você obtém.* No entanto, muitas vezes, há um período bastante frustrante antes que as primeiras formas e *widgets* comecem a aparecer em uma janela ou mesmo antes de aparecer uma janela na tela. Experimente esta função main():

---

* N. de R.T. Essa é uma expressão típica em sistemas gráficos, advinda do original "*what you see is what you get*", também conhecida pelo acrônimo "*wysiwyg*".

```
int main()
{
    Application app;
    Lines_window {app,Point{100,100},600,400,"lines"};
    app.gui_main();
}
```

AA Conseguiu ver o erro? Vendo ou não, você deve experimentar; o programa irá compilar e executar, mas, em vez de obter `Lines_window`, que dá a chance de desenhar linhas, você obtém no máximo uma tremulação na tela. Como encontrar erros em tal programa?

- Usando com cuidado as partes do programa bem testadas (classes, função, bibliotecas).
- Simplificando todo o novo código, "aumentando" aos poucos um programa a partir de sua versão mais simples, examinando com atenção o código linha por linha.
- Verificando todas as configurações do *linker*.
- Comparando o código com programas já em funcionamento.
- Explicando o código para um amigo.

XX A única coisa que você achará difícil de fazer é rastrear a execução do código. Se aprendeu a usar um depurador, você tem uma chance, mas apenas inserir "instruções de saída" não funcionará neste caso – o problema é que não aparece nenhuma saída. Mesmo os depuradores terão problemas, porque há várias coisas acontecendo ao mesmo tempo ("*multi-threading*") – seu código não é o único tentando interagir com a tela. A simplificação do código e uma abordagem sistemática para a compreensão do código é o segredo.

Então, qual era o problema? Veja a versão correta (de §14.5):

```
int main()
{
    Application app;
    Lines_window win {app,Point{100,100},600,400,"lines"};
    app.gui_main();
}
```

"Esquecemos" o nome de `Lines_window`, win. Visto que realmente não precisávamos desse nome, isso pareceu razoável, mas então o compilador decidiu que, como não precisávamos utilizar aquela janela, ele poderia destruí-la imediatamente. Opa! Essa janela existia para algo na ordem de um milissegundo. Não admira que deixamos passar.

XX Outro problema comum é colocar uma janela *exatamente* sobre outra. Obviamente (ou nem tanto) parece que existe apenas uma janela. Para onde foi a outra janela? Podemos passar um bom tempo procurando *bugs* inexistentes no código. O mesmo problema pode ocorrer se colocarmos uma forma sobre outra.

XX Para piorar ainda mais as coisas, as exceções nem sempre funcionam como gostaríamos quando usamos uma biblioteca GUI. Como nosso código é gerenciado por uma biblioteca GUI, uma exceção que geramos pode nunca chegar ao nosso manipulador – a biblioteca ou o sistema operacional pode "comê-la", isto é, as exceções podem contar com mecanismos de tratamento de erros que diferem das exceções de C++ e podem ser completamente alheias a C++.

AA Os problemas comuns encontrados durante a depuração incluem `Shapes` e `Widgets` que não aparecem porque não foram anexados e objetos que se comportam mal porque saíram do escopo. Veja como um programador pode considerar a criação e a anexação dos botões em um *menu*:

```
void load_disaster_menu(Menu& m)   // função auxiliar para carregar botões em um menu
{
    Point orig {0,0};
    Button b1 {orig,0,0,"flood",cb_flood};
    Button b2 {orig,0,0,"fire",cb_fire};
    // ...
    m.attach(b1);
    m.attach(b2);
    // ...
}

int main()
{
    // ...
    Menu disasters {Point{100,100},60,20,Menu::horizontal,"disasters"};
    load_disaster_menu(disasters);
    win.attach(disasters);
    // ...
}
```

Isso não funcionará. Todos esses botões são locais para a função load_disaster_menu, e anexá-los a um *menu* não mudará isso. O essencial é que, após load_disaster_menu() ter retornado, esses objetos locais foram destruídos e o *menu* disasters refere-se a objetos inexistentes (destruídos). O resultado provavelmente será surpreendente e feio. Os compiladores podem e devem pegar esses erros, mas infelizmente nem todos pegam. A solução é usar objetos não nomeados e criados por make_unique em vez de objetos locais nomeados:

```
void load_disaster_menu(Menu& m)
    // função auxiliar para carregar botões em um menu
{
    Point orig {0,0};
    m.attach(make_unique<Button>(orig,0,0,"flood",cb_flood));
    m.attach(make_unique<Button>(orig,0,0,"fire",cb_fire));
    // ...
}
```

A solução correta é ainda mais simples do que a com erros (algo muito comum).

Prática

[1] Crie um projeto completamente novo com as definições de *linker* para o Qt (www.stroustrup.com/programming.html).
[2] Usando os recursos de Graph_lib, digite o programa de desenho de linha em §14.5 e execute-o.
[3] Modifique o programa para usar um *menu pop-up*, como descrito em §14.5.2, e execute-o.
[4] Modifique o programa para ter um segundo *menu* para escolher os estilos de linha e execute-o.

Revisão

[1] Por que você desejaria ter uma interface gráfica do usuário?
[2] Em que situação desejaria usar uma interface do usuário não gráfica?
[3] O que é camada de *software*?
[4] Por que você desejaria criar um *software* em camadas?
[5] O que é *callback*?
[6] O que é *widget*?
[7] Qt é uma sigla?
[8] Como se pronuncia Qt?
[9] De quais outros *kits* de ferramentas GUI você já ouviu falar?
[10] Quais sistemas utilizam o termo *widget* e quais preferem *controle*?
[11] Quais são os exemplos de *widgets*?
[12] Quando você usaria uma caixa de entrada?
[13] Qual é o tipo de valor armazenado em uma caixa de entrada?
[14] Quando você usaria um botão?
[15] Quando usaria um *menu*?
[16] O que é inversão de controle?
[17] Qual é a estratégia básica para depurar um programa GUI?
[18] Por que é mais difícil depurar um programa GUI do que depurar um "programa comum usando fluxos de E/S"?
[19] Como animar um *widget*?

Termos

Button	caixa de diálogo	visível/oculto	*callback*
GUI	aguardar entrada	E/S de console	E/S da GUI
menu	*loop* de espera	controle	*software*
camada	*widget*	inversão de	interface do
E/S do navegador	Application	controle	usuário
Out_Box	animação	Qt	In_box
		timer_wait()	

Exercícios

[1] Crie uma classe My_window que seja parecida com Simple_window, exceto que tenha dois botões, next e quit.
[2] Crie uma janela (baseada em My_window) com um padrão de 4 por 4 com botões quadrados. Quando pressionado, um botão executa uma ação simples, como imprimir suas coordenadas em uma caixa de saída, ou muda para uma cor um pouco diferente (até que outro botão seja pressionado).
[3] Coloque uma Image sobre um Button; mova ambos quando o botão for pressionado. Use o gerador de números aleatórios de PPP_support para escolher um novo local para o "botão de imagem":

```
inline int rand_int(int min, int max)
{
    static default_random_engine ran;
    return uniform_int_distribution<>{min,max}(ran);
}
```

Ele retorna um int aleatório no intervalo [min, max).

[4] Crie um *menu* com itens que façam um círculo, um quadrado, um triângulo equilátero e um hexágono, respectivamente. Crie uma caixa de entrada (ou duas) para dar um par de coordenadas e coloque a forma criada por meio do pressionamento de um item de *menu* nessa coordenada. Não é possível arrastar e soltar.

[5] Escreva um programa que desenhe uma forma de sua escolha e mova-a para um novo ponto sempre que você clicar em "Next". O novo ponto deve ser determinado por um par de coordenadas lido a partir de um fluxo de entrada.

[6] Crie um "relógio analógico", isto é, um relógio com ponteiros que se movem. Você obtém a hora do dia no sistema operacional por meio de uma chamada da biblioteca. Dica: chrono::now(), sleep().

[7] Utilizando as técnicas desenvolvidas nos exercícios anteriores, crie a imagem de um avião "voando" em uma janela. Aplique um botão "Iniciar" e outro "Parar".

[8] Forneça um conversor de moeda. Leia as taxas de conversão de um arquivo na inicialização. Digite uma quantia na janela de entrada e forneça uma maneira de selecionar as moedas para converter de e para (p. ex., dois *menus*).

[9] Modifique a calculadora do Capítulo 6 para obter sua entrada de uma caixa de entrada e retornar seus resultados em uma caixa de saída.

[10] Forneça um programa no qual você pode escolher em um conjunto de funções (p. ex., sin() e log()), forneça parâmetros para essas funções e, em seguida, represente-as em gráfico.

Posfácio

GUI é um tópico enorme. Grande parte dele tem relação com estilo e compatibilidade com os sistemas existentes. Além disso, muito tem a ver com uma variedade desconcertante de *widgets* (como uma biblioteca GUI que oferece muitas dezenas de estilos de botões), que fariam um botânico tradicional se sentir em casa. No entanto isso pouco tem a ver com as técnicas fundamentais de programação, então não seguiremos nessa direção. Outros tópicos, como escala, rotação, forma, objetos tridimensionais, sombreamento etc. exigem um nível sofisticação nos tópicos gráficos e/ou matemáticos que não presumimos aqui.

Algo que você deve ficar ciente é que a maioria dos sistemas GUI fornece um "construtor de GUIs", que permite planejar os *layouts* da janela graficamente e anexar *callbacks* e ações a botões, *menus* etc. especificados de forma gráfica. Para muitos aplicativos, vale a pena usar um construtor de GUIs para diminuir o tédio de escrever um "código estrutural" (*scaffolding*, em inglês), como os nossos *callbacks*. No entanto tente sempre entender como os programas resultantes funcionam. Às vezes, o código gerado equivale ao que você já viu neste capítulo. Outras vezes, são usados mecanismos mais elaborados e/ou custosos.

PARTE III
Dados e algoritmos

A Parte III foca o *framework* de contêineres e algoritmos da biblioteca-padrão de C++ (muitas vezes referida como STL). Ela mostra como os contêineres (como **vector**, **list** e **map**) são implementados e usados. Ao fazer isso, introduz ponteiros, *arrays*, memória dinâmica, exceções e *templates*. Como parte disso, apresenta princípios fundamentais e técnicas de programação genérica. Também demonstra o projeto e o uso dos algoritmos da biblioteca-padrão (como **sort**, **find** e **inner_product**).

CAPÍTULO 15: Vector e armazenamento livre
CAPÍTULO 16: *Arrays*, ponteiros e referências
CAPÍTULO 17: Operações essenciais
CAPÍTULO 18: *Templates* e exceções
CAPÍTULO 19: Contêineres e iteradores
CAPÍTULO 20: Mapas e conjuntos
CAPÍTULO 21: Algoritmos

15

Vector e armazenamento livre

Use **vector** *por padrão!*
— Alex Stepanov

Este capítulo e os próximos cinco descrevem a parte dos contêineres e dos algoritmos da biblioteca-padrão de C++, tradicionalmente chamada de STL. Descrevemos os principais recursos da STL e alguns de seus usos. Além disso, apresentamos o projeto e as técnicas de programação principais usados para implementar a STL e alguns recursos da linguagem de baixo nível usados para tanto. Entre eles estão ponteiros, *arrays* e armazenamento livre (*free store*). O foco deste capítulo e dos próximos três são o projeto e a implementação do contêiner STL mais comum e útil: **vector**.

- ▶ 15.1 Introdução
- ▶ 15.2 Noções básicas de **vector**
- ▶ 15.3 Memória, endereços e ponteiros
    O operador **sizeof**
- ▶ 15.4 Armazenamento livre e ponteiros
    Alocação no armazenamento livre; Acesso via ponteiros; Inicialização; O ponteiro nulo; Desalocação do armazenamento livre
- ▶ 15.5 Destrutores
    Destrutores gerados; Destrutores virtuais
- ▶ 15.6 Acesso a elementos
- ▶ 15.7 Um exemplo: listas
    Operações com **listas**; Uso de listas
- ▶ 15.8 O ponteiro **this**
    Mais usos de *links*

15.1 Introdução

CC O contêiner mais útil da biblioteca-padrão de C++ é vector. Um vector fornece uma sequência de elementos de determinado tipo. É possível se referir a um elemento por seu índice, estender vector usando push_back() ou resize(), perguntar a vector a quantidade de seus elementos usando size() e ter acesso ao vector com verificação de tentativas de acessar elementos fora do intervalo. Vector da biblioteca-padrão é um contêiner de elementos estaticamente seguro para tipos, conveniente, flexível e eficiente (em tempo e espaço). A string padrão tem propriedades semelhantes, assim como outros tipos úteis de contêiner padrão, como list e map, que descrevemos no Capítulo 20. No entanto a memória de um computador não suporta diretamente esses tipos úteis. Tudo o que o *hardware* suporta *diretamente* são sequências de *bytes*. Por exemplo, para vector<double>v, a operação v.push_back(2.3) adiciona 2.3 a uma sequência de doubles e aumenta a contagem dos elementos de v (v.size()) em 1. No nível mais baixo, o computador não sabe nada sobre algo tão sofisticado quanto push_back(); tudo o que ele sabe é como ler e gravar alguns *bytes* de cada vez.

Neste e nos três capítulos seguintes, mostramos como construir um Vector a partir dos recursos da linguagem básica disponíveis para cada programador. Aos poucos, nosso Vector se aproxima do vector da biblioteca-padrão. Essa abordagem nos permite ilustrar conceitos e técnicas de programação úteis, e ver como eles são expressos usando os recursos da linguagem C++. Os recursos da linguagem e as técnicas de programação que encontramos em nossa implementação de Vector são geralmente úteis e muito utilizados.

Uma vez que virmos como vector é planejado, implementado e usado, poderemos continuar vendo outros contêineres padrão da biblioteca, tais como map, e examinaremos os recursos elegantes e eficientes para seu uso fornecidos pela biblioteca-padrão C++ (Capítulos 20 e 21). Esses recursos evitam que nós mesmos tenhamos que programar as tarefas comuns envolvendo dados. Em vez disso, podemos usar o que está disponível como parte de cada implementação de C++ para facilitar a escrita e o teste do nosso código.

AA Abordamos vector da biblioteca-padrão com uma série de implementações de Vector cada vez mais sofisticada. Primeiro, criamos um Vector extremamente simples. Então, vemos o que é indesejável em Vector e corrigimos. Não confunda as versões de Vector com o vector real. Essas versões são simplificadas para resolver um único problema de cada vez, portanto têm falhas. Fique feliz quando descobrir uma falha antes de chegar a mencioná-la e corrigi-la em uma versão posterior. Detectar uma falha significa que é provável que você a reconheça quando a vir em seu próprio código ou no de outras pessoas. Quando melhoramos as versões iniciais com sérias falhas algumas vezes, chegamos a um Vector que se aproxima do vector da biblioteca-padrão – enviado com seu compilador C++, aquele que você usou nos capítulos anteriores. Esse processo de refinamento gradual espelha a forma como normalmente abordamos uma nova tarefa de programação. Ao longo do caminho, encontramos e exploramos muitos problemas clássicos relacionados ao uso da memória e às estruturas de dados. O plano é o seguinte:

- *Capítulo 15 (este capítulo):* como podemos lidar com quantidades variadas de memória? Em particular, como diferentes vectors podem ter diferentes números de elementos? Isso nos leva a examinar o armazenamento livre (também chamado de *free store*, *heap* ou *memória dinâmica*) e os ponteiros. Apresentamos a noção essencial de um destrutor.
- *Capítulo 16:* introduzimos os *arrays* e exploramos sua relação com os ponteiros. Discutimos a relação entre ponteiros e referências. Apresentamos *strings* no estilo C. Oferecemos span, array e string como alternativas ao uso das construções de baixo nível.
- *Capítulo 17:* como podemos copiar vectors? Como podemos fornecer uma operação de indexação para eles? Como alteramos o tamanho de um vector? Introduzimos a noção de um conjunto de operações essenciais que uma classe precisa para sua vida útil e recursos a serem gerenciados.

- *Capítulo 18:* como podemos ter **vectors** com diferentes tipos de elementos? E como lidamos com erros de acesso fora do intervalo? Para responder a essas perguntas, exploramos os recursos de *templates* e exceções de C++. Apresentamos um **Vector** que se aproxima do **vector** da biblioteca-padrão e também os ponteiros de gerenciamento de recursos **unique_ptr** e **shared_ptr**.

Além dos novos recursos e das técnicas da linguagem que apresentamos para lidar com a implementação de um vetor flexível, eficiente e seguro para tipos (*type-safe*), também usamos muitos recursos da linguagem e técnicas de programação já vistos. Ocasionalmente, aproveitamos a oportunidade para dar uma definição um pouco mais formal e técnica.

Então, este é o ponto em que finalmente podemos lidar diretamente com a memória. Por que precisamos fazer isso? Nossos **vector** e **string** são extremamente úteis e convenientes; podemos apenas usá-los. Afinal, os contêineres, como **vector** e **string**, são planejados para nos isolar de alguns aspectos desagradáveis da memória real. Porém, a menos que estejamos satisfeitos em acreditar em mágica, devemos examinar o nível mais baixo do gerenciamento da memória. Por que você não deve "apenas acreditar em mágica"? Ou – para dar um toque mais positivo – por que não deve "apenas confiar que os implementadores de **vector** sabiam o que estavam fazendo"? Afinal, não sugerimos que você examine a parte física do dispositivo, que permite à memória do nosso computador funcionar. Em caso afirmativo, poderíamos ir direto para o Capítulo 19.

Bem, somos programadores (cientistas da computação, desenvolvedores de *software* ou qualquer outra coisa), não físicos. Se estudássemos a física dos dispositivos, teríamos que examinar os detalhes do projeto da memória do computador. No entanto, como estudamos programação, devemos examinar o projeto detalhado dos programas. Em teoria, poderíamos considerar o acesso de baixo nível à memória e os recursos de gerenciamento como "detalhes de implementação", assim como consideramos a física do dispositivo. No entanto, se fizéssemos isso, não teríamos apenas que "acreditar em mágica"; seríamos incapazes de implementar um novo contêiner (se precisássemos de um, e isso é comum). E mais, não poderíamos ler grandes quantidades de código C e código C++ mais antigo, que usa diretamente a memória. Como veremos nos próximos capítulos, os ponteiros (uma forma direta e de baixo nível de se referir a um objeto) também são úteis por várias razões não relacionadas ao gerenciamento da memória. Não é fácil usar bem C++ sem às vezes usar ponteiros.

Em um sentido mais filosófico, estou entre o grande grupo de profissionais da informática com a opinião de que, se você não tiver uma compreensão básica e prática de como um programa mapeia a memória e as operações de um computador, terá dificuldade de compreender a fundo os tópicos de nível mais alto, como as estruturas de dados, os algoritmos e os sistemas operacionais.

15.2 Noções básicas de vector

Começamos nosso projeto incremental de **Vector** considerando um uso muito simples de **vector**:

```
vector<double> age(4);        // vector com 4 elementos do tipo double
age[0]=0.33;
age[1]=22.0;
age[2]=27.2;
age[3]=54.2;
```

Isso cria um **vector** com quatro elementos do tipo **double** e dá a esses quatro elementos os valores 0.33, 22.0, 27.2 e 54.2. Os quatro elementos são numerados como 0, 1, 2, 3. A numeração dos elementos nos contêineres da biblioteca-padrão de C++ começa sempre em 0 (zero). A numeração a partir de 0 é muito comum e é uma convenção universal entre os programadores C++. O número de elementos de vector é chamado de seu tamanho. Então, o tamanho de age é 4. Os elementos de vector são numerados (indexados) de 0 até seu tamanho −1. Por exemplo, os elementos de age são numerados de 0 até age.size()–1. Podemos representar age graficamente assim:

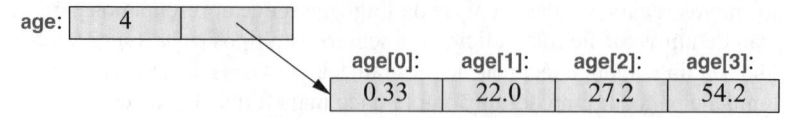

age:	4	

	age[0]:	age[1]:	age[2]:	age[3]:
	0.33	22.0	27.2	54.2

Como tornamos real esse "projeto gráfico" na memória de um computador? Como os valores são armazenados e acessados assim? Obviamente, temos que definir uma classe e queremos chamar essa classe de Vector. Além disso, é preciso um membro de dados para manter seu tamanho e outro para manter seus elementos. Mas como representamos um conjunto de elementos cujo número de elementos pode variar? Podemos usar um vector da biblioteca-padrão, mas isso seria trapacear neste contexto: estamos construindo nosso próprio Vector aqui.

Então, como representamos a seta no desenho acima? Considere fazer sem ela. Poderíamos definir uma estrutura de dados com tamanho fixo:

```
class Vector {
    int size;
    double age0, age1, age2, age3;
};
```

Ignorando alguns detalhes da notação, teremos algo como:

	size:	age0:	age1:	age2:	age3:
age:	4	0.33	22.0	27.2	54.2

CC É simples e bonito, mas a primeira vez que tentamos adicionar um elemento com push_back(), afundamos: não temos como adicionar um elemento; o número de elementos é fixado em quatro no texto do programa. Precisamos de algo mais do que uma estrutura de dados com um número fixo de elementos. As operações que mudam o número de elementos de vector, como push_back(), não podem ser implementadas se definimos nosso Vector para ter um número fixo de elementos. Basicamente, é preciso um membro de dados que referencie o conjunto de elementos para fazê-lo apontar para um conjunto diferente de elementos quando precisamos de mais espaço. Precisamos de algo como o endereço de memória do primeiro elemento. Em C++, um tipo de dados que pode conter um endereço é denominado *ponteiro* e é sintaticamente diferenciado pelo sufixo ∗, de modo que double∗ significa "ponteiro para double". Dito isso, podemos definir nossa primeira versão de uma classe Vector:

```
class Vector {           // um vector muito simplificado de doubles (como vector<double>)
    int sz;              // o tamanho
    double*elem;         // ponteiro para o primeiro elemento (do tipo double)
public:
    Vector(int s);       // construtor: alocar s double;
                         // deixar elem apontar para eles e sz manter o tamanho (s)
    int size() const { return sz; }   // o tamanho atual
};
```

Antes de prosseguir com o projeto de Vector, estudaremos a noção de "ponteiro" em detalhes. A noção de "ponteiro", junto com a noção de "*array*", é a chave para a noção de "memória" em C++ (§16.1).

15.3 Memória, endereços e ponteiros

A memória de um computador é uma sequência de *bytes*. Podemos numerar os *bytes* de 0 até o último. Chamamos tal "número que indica um local na memória" de *endereço*. Você pode pensar em endereço como um tipo de valor inteiro. O primeiro *byte* de memória tem o endereço 0, o próximo tem o endereço 1 e assim por diante. Podemos visualizar um *megabyte* de memória assim:

```
0:  1:  2:                                          2^20 - 1:
```

Tudo que colocamos na memória tem um endereço. Por exemplo:

   int var = 17;

Isso irá separar uma parte da memória "com o tamanho de um int" para var em algum lugar e colocará o valor 17 nessa memória. Também podemos armazenar e manipular os endereços. Um objeto que tem um valor de endereço é denominado *ponteiro*. Por exemplo, o tipo necessário para manter o endereço de um int é denominado "ponteiro para int" ou "ponteiro int", e a notação é int∗:

   int∗ ptr = &var;   // prt mantém o endereço de var

O operador "endereço de" o & unário, é usado para obter o endereço de um objeto. Então, se var começa no endereço 4096 (também conhecido como 2^{12}), ptr manterá o valor 4096:

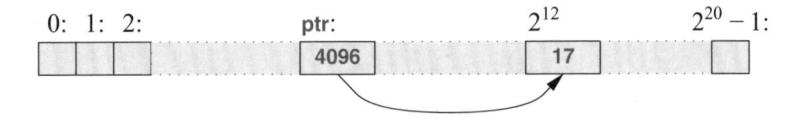

```
0:  1:  2:         ptr:              2^12            2^20 - 1:
                   4096               17
```

Basicamente, vemos a memória do nosso computador como uma sequência de *bytes* numerados de 0 até o tamanho da memória menos 1. Em algumas máquinas, isso é uma simplificação, mas, como um modelo de programação inicial da memória, será suficiente.

Cada tipo de dados tem um tipo de ponteiro correspondente. Por exemplo:

   int x = 17;
   int∗ pi = &x;   // ponteiro para int

   double e = 2.71828;
   double∗ pd = &e;   // ponteiro para double

Se quisermos ver o valor do objeto apontado, podemos fazer isso usando o operador "conteúdo de" o ∗ unário. Por exemplo:

```
cout << "pi == " << pi << "; contents of pi == " << *pi << "\n";
cout << "pd == " << pd << "; contents of pd == " << *pd << "\n";
```

A saída para *pi será o inteiro 17, e a saída para *pd será o *double* 2.71828. A saída para pi e pd irá variar dependendo de onde o compilador alocou nossas variáveis x e e na memória. A notação usada para o valor do ponteiro (endereço) também pode variar, dependendo de quais convenções seu sistema usa.

O operador *conteúdo de* (muitas vezes chamado de operador de *desreferência*) também pode ser usado à esquerda de uma atribuição:

```
*pi = 27;         // OK: você pode atribuir 27 ao int apontado por pi
*pd = 3.14159;    // OK: você pode atribuir 3.14159 ao double apontado por pd
*pd = *pi;        // OK; você pode atribuir um int (*pi) a um double (*pd)
```

XX Note que, mesmo que um valor de ponteiro possa ser impresso como um inteiro, um ponteiro não é um inteiro. "Para o que um int aponta?" não é uma boa pergunta; os ints não apontam, os ponteiros sim. Um tipo ponteiro fornece as operações adequadas para endereços, já int fornece as operações aritméticas adequadas para números inteiros. Assim, ponteiros e inteiros não se misturam implicitamente:

```
int i = pi;       // erro: não é possível atribuir int* a um int
pi = 7;           // erro: não é possível atribuir int a um int*
```

Do mesmo modo, um ponteiro para char (um char*) não é um ponteiro para int (um int*). Por exemplo:

```
char* pc = pi;    // erro: não é possível atribuir int* a um char*
pi = pc;          // erro: não é possível atribuir char* a um int*
```

Por que é um erro atribuir pc a pi? Considere uma resposta: um char é geralmente muito menor do que um int, então:

```
char ch1 = 'a';
char ch2 = 'b';
char ch3 = 'c';
char ch4 = 'd';
int* pi = &ch3;   // erro: não podemos atribuir char* a um int*, mas fingiremos que
*pi = 12345;      // podemos gravar em uma parte da memória do tamanho de int
*pi = 67890;
```

O modo exato como o compilador aloca as variáveis na memória é definido pela implementação, mas podemos muito bem obter algo assim:

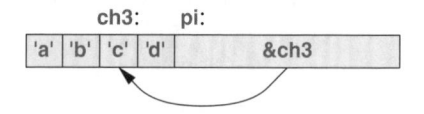

```
        ch3:    pi:
    ┌───┬───┬───┬───┬─────────────────┐
    │'a'│'b'│'c'│'d'│      &ch3       │
    └───┴───┴───┴───┴─────────────────┘
            ▲            │
            └────────────┘
```

Agora, se o compilador permitisse tal código, teríamos gravado 12345 na memória, iniciando em &ch3. Isso definitivamente teria mudado o valor de alguma memória próxima, como ch2 ou ch4. Se estivéssemos realmente sem sorte (o que é provável), teríamos substituído parte do próprio pi! Nesse caso, a próxima atribuição (*pi=67890) colocaria 67890 em alguma parte completamente diferente da memória. Fique feliz por tal atribuição não ser permitida. Isso é chamado de *adulteração de memória* (*memory corruption*). Essa, porém, é uma das poucas proteções oferecidas pelo compilador nesse nível baixo de programação.

Estamos muito perto do *hardware* aqui. Este não é um lugar particularmente confortável para um programador. Temos apenas algumas operações primitivas disponíveis e quase nenhum suporte da linguagem ou da biblioteca-padrão. Contudo tivemos que chegar aqui para saber como os recursos de nível mais alto, como vector, são implementados. Precisamos entender como escrever código nesse nível, porque nem todo código pode ser de "alto nível" (PPP2. Ch25). Além disso, podemos gostar mais da conveniência e da relativa segurança dos níveis mais altos do *software* assim que sentimos sua ausência. Nosso objetivo é sempre trabalhar no nível mais alto de abstração possível, considerando um problema e as restrições em sua solução. Neste capítulo e no Capítulo 16 ao 18, mostramos como voltar para um nível mais confortável de abstração implementando um Vector.

15.3.1 O operador sizeof

Então, quanta memória um int realmente ocupa? Um ponteiro? O operador sizeof responde:

```
void sizes(char ch, int i, int* p)
{
    cout << "the size of char is " << sizeof(char) << ' ' << sizeof(ch) << '\n';
    cout << "the size of int is " << sizeof(int) << ' ' << sizeof(i) << '\n';
    cout << "the size of int* is " << sizeof(int*) << ' ' << sizeof(p) << '\n';
}
```

Como você pode ver, podemos aplicar sizeof em um nome de tipo ou em uma expressão; para um tipo, sizeof dá o tamanho de um objeto desse tipo e, para uma expressão, dá o tamanho do tipo do resultado. O resultado de sizeof é um inteiro positivo, e a unidade é sizeof(char), que é definida como sendo 1. Normalmente, um char é armazenado em um *byte*, então sizeof informa o número de *bytes*.

> **TENTE ISTO**
>
> Execute o exemplo acima e veja o que obtém. Em seguida, estenda o exemplo para determinar o tamanho de bool, double e algum outro tipo.

Não é garantido que o tamanho de um tipo seja igual em toda implementação de C++. Atualmente, sizeof(int) costuma ser 4 em um *laptop* ou um PC *desktop*. Com um *byte* de 8 *bits*, isso significa que um int tem 32 *bits*. No entanto os processadores dos sistemas integrados com ints de 16 *bits* e as arquiteturas de alto desempenho com ints de 64 *bits* são comuns.

Quanta memória é usada por vector? Podemos tentar isto:

```
vector<int> v(1000);        // vector com 1000 elementos do tipo int
cout << "the size of vector<int>(1000) is " << sizeof (v) << '\n';
```

A saída será algo como:

```
the size of vector<int>(1000) is 20
```

A explicação ficará óbvia ao longo deste capítulo e do próximo (ver também §16.1.1), mas, claramente, sizeof não está contando os elementos de vector.

15.4 Armazenamento livre e ponteiros

CC Considere a implementação de Vector no final de §15.2. De onde Vector obtém espaço para os elementos? Como fazemos com que o ponteiro elem aponte para eles? Quando você inicia um programa C++, o compilador reserva memória para seu código (o que às vezes é chamado de *armazenamento de código* ou *armazenamento de texto*) e para as variáveis globais definidas (chamado de *armazenamento estático*). Também reserva alguma memória para ser usada quando você chama as funções, e elas precisam de espaço para seus argumentos e variáveis locais (§7.4.8), o que é chamado de *armazenamento da pilha* ou *armazenamento automático*. O restante da memória do computador fica potencialmente disponível para outras utilizações; é "livre". Podemos ilustrar isso graficamente assim:

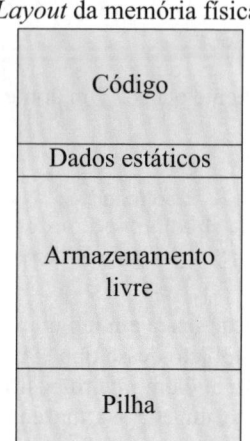

Layout da memória física:

| Código |
| Dados estáticos |
| Armazenamento livre |
| Pilha |

A linguagem C++ disponibiliza esse *armazenamento livre* (também chamado de *free storage*, *heap* ou *memória dinâmica*) por meio do operador new. Por exemplo:

```
double* p = new double[4];    // alocar 4 doubles no armazenamento livre
```

Isso pede ao sistema de execução (*run-time*) de C++ para alocar quatro doubles no armazenamento livre e retornar um ponteiro para o primeiro double para nós. Usamos esse ponteiro para inicializar nossa variável de ponteiro p. Podemos representar isso graficamente assim:

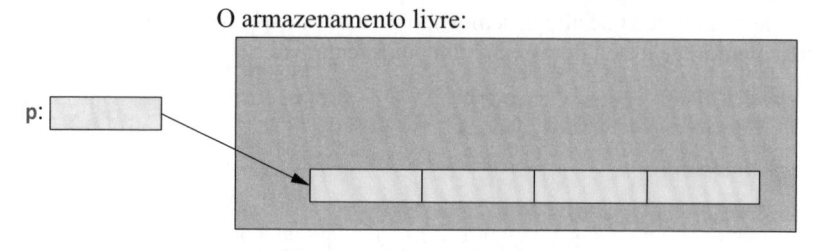

O armazenamento livre:

O operador new retorna um ponteiro para o objeto criado. Se ele criou vários objetos (um *array* de objetos), retorna um ponteiro para o primeiro deles. Se esse objeto é do tipo X, o ponteiro retornado por new é do tipo X*. Por exemplo:

```
char* q = new double[4];      // erro: um double* atribuído a um char*
```

Esse new retorna um ponteiro para um double, e um double não é um char, então não devemos (e não podemos) atribuí-lo ao ponteiro para a variável q do tipo char.

Dizemos que o ponteiro q aponta para um arranjo (*array*) de quatro elementos do tipo double. Um *array* é uma sequência contínua de elementos de determinado tipo.

15.4.1 Alocação no armazenamento livre

Solicitamos que a memória seja *alocada* no *armazenamento livre* pelo operador new:

CC

- O operador new retorna um ponteiro para a memória alocada.
- Um valor de ponteiro é o endereço do primeiro *byte* da memória.
- Um ponteiro aponta para um objeto de um tipo especificado.
- Um ponteiro *não* sabe para quantos elementos ele aponta (isso é a causa principal de muitos problemas).

O operador new pode alocar elementos individuais ou sequências (*arrays*) de elementos. Por exemplo:

```
int* pi = new int;            // alocar um int
int* qi = new int[4];         // alocar 4 ints (um array de 4 ints)

double* pd = new double;      // alocar um double
double* qd = new double[n];   // alocar n doubles (um array de n doubles)
```

Note que o número de objetos alocados pode ser uma variável. Isso é importante, porque permite selecionar quantos objetos alocamos durante a execução. Se n é 2, obtemos:

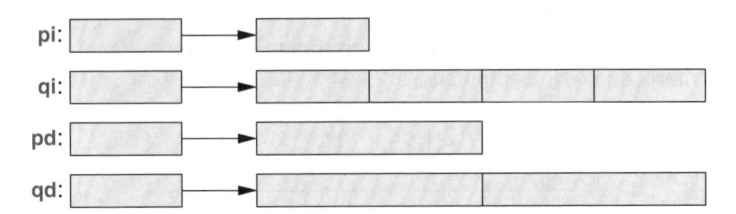

Ponteiros para objetos de diferentes tipos são tipos diferentes. Por exemplo:

```
pi = pd;      // erro: não é possível atribuir um double* a um int*
pd = pi;      // erro: não é possível atribuir um int* a um double*
```

Por quê? Afinal, podemos atribuir um int a um double e um double a um int. Contudo, um int e um double podem ter tamanhos diferentes. Em caso afirmativo:

- Escritas via um ponteiro para um elemento maior do que foi alocado pode sobrescrever variáveis não relacionadas (§15.3).
- O operador [ ] conta com o tamanho do tipo de elemento para descobrir onde encontrar um elemento. Então, se sizeof(int)!=sizeof(double), podemos obter alguns resultados bem estranhos se permitirmos que qi aponte para a memória alocada para qd.

Essa é a "explicação prática". A explicação teórica é simplesmente "Permitir a atribuição de ponteiros para diferentes tipos permitiria erros de tipo".

15.4.2 Acesso via ponteiros

Além de usar o operador de desreferência * em um ponteiro, podemos usar o operador de indexação [ ]. Por exemplo:

```
double* p = new double[4];    // alocar 4 doubles no armazenamento livre
double x = *p;                // ler o (primeiro) objeto apontado por p
double y = p[0];              // ler o 1° objeto apontado por p
double z = p[2];              // ler o 3° objeto apontado por p
```

Sem surpresa, o operador de indexação para um ponteiro conta a partir de 0, assim como o operador de indexação de vector, então p[2] se refere ao terceiro elemento; p[0] é o primeiro elemento, então p[0] significa exatamente o mesmo que *p. Os operadores [ ] e * também podem ser usados para gravar:

```
*p = 7.7;      // gravar no (primeiro) objeto apontado por p
p[2] = 9.9;    // gravar no 3° objeto apontado por p
```

Um ponteiro aponta para um objeto na memória. O operador "conteúdo de" (também chamado de operador de *desreferência*) permite-nos ler e gravar no objeto apontado por um ponteiro p:

```
double x = *p;    // ler o (primeiro) objeto apontado por p
*p = 8.8;         // gravar no objeto apontado por p
```

Quando aplicado a um ponteiro, o operador [ ] trata a memória como uma sequência de objetos (do tipo especificado pela declaração do ponteiro), tendo seu primeiro objeto apontado por um ponteiro p:

```
double x = p[3];     // ler o 4° objeto apontado por p
p[3] = 4.4;          // gravar no 4° objeto apontado por p
double y = p[0];     // p[0] é igual a *p
```

Isso é tudo. Não há qualquer verificação, qualquer implementação inteligente, apenas um acesso simples à memória do nosso computador:

p[0]:	p[1]:	p[2]:	p[3]:
8.8		9.9	4.4

Esse é exatamente o mecanismo simples, eficiente e ideal para acessar a memória que precisamos para implementar um vetor.

Podemos ter ponteiros para qualquer objeto na memória. Isso inclui um objeto dos tipos de classe, como vectors. Por exemplo:

```
vector<int>* p = new vector<int>{7,8,9};
cout << p->size();      // acessar usando ->
cout << (*p).size();    // acessar usando .
```

Acessamos um membro da classe via um ponteiro usando o operador ->. Uma alternativa equivalente é desreferenciar o ponteiro (usando o operador *) e depois usar o operador . (ponto).

15.4.3 Inicialização

Como sempre, queremos garantir que um objeto tenha recebido um valor antes de usá-lo, isto é, queremos ter certeza de que nossos ponteiros estejam inicializados e também que os objetos para os quais apontam tenham sido inicializados. Considere:

```
double* p0;                       // não inicializado: um provável problema
double* p1 = new double;          // obter (alocar) um double não inicializado
double* p2 = new double{5.5};     // obter um double inicializado com 5.5
double* p3 = new double[5];       // obter (alocar) 5 doubles não inicializados
```

Obviamente, declarar p0 sem inicializar é pedir para ter problemas. Considere:

```
*p0 = 7.0;
```

Isso atribuirá 7.0 a algum local na memória, mas não temos ideia de qual parte da memória será. Isso pode ser inofensivo, mas nunca, jamais confie nisso. Cedo ou tarde teremos o mesmo resultado de quando realizamos um acesso fora do intervalo: "Meu programa parou misteriosamente" ou "Meu programa gera uma saída errada". Uma porcentagem assustadora de problemas sérios com os programas em C++ antigos ("programas no estilo C") é causada por acesso via ponteiros não inicializados e acesso fora do intervalo. Devemos fazer todo possível para evitar esse acesso, em parte porque visamos o profissionalismo, em parte porque não nos preocupamos em perder tempo procurando esse tipo de erro. Poucas atividades são tão frustrantes e tediosas quanto rastrear esse tipo de *bug*. É muito mais agradável e produtivo evitar os *bugs* do que procurar por eles. Sempre inicialize suas variáveis.

A memória atribuída por new não é inicializada para os tipos predefinidos. Se você não gostar disso, poderá especificar os valores, como fizemos para p2: *p2 é 5.5. Repare no uso de { } para a inicialização. Isso contrasta com o uso de [ ] para indicar um "*array*".

Podemos especificar uma lista de inicializadores para um *array* de objetos alocados por new. Por exemplo:

```
double* p4 = new double[5] {0,1,2,3,4};
double* p5 = new double[] {0,1,2,3,4};
```

Agora p4 aponta para os objetos do tipo double que contêm os valores 0.0, 1.0, 2.0, 3.0 e 4.0. O mesmo acontece com p5; a quantidade de elementos pode ser omitida quando um conjunto de elementos é fornecido.

Como sempre, devemos nos preocupar com os objetos não inicializados e nos certificar de dar a eles um valor antes de lê-los. Saiba que os compiladores muitas vezes têm um "modo de depuração" em que eles, por padrão, inicializam cada variável com um valor previsível (geralmente 0). Isso implica que, ao desativar os recursos de depuração para publicar um programa, ao executar um otimizador ou simplesmente ao compilar em uma máquina diferente, um programa com variáveis não inicializadas pode, de repente, ser executado de forma diferente. Não seja pego com uma variável não inicializada. O vector da biblioteca-padrão ajuda a evitar isso inicializando seus elementos.

Quando definimos nossos próprios tipos, temos mais controle sobre a inicialização. Se, por padrão, um tipo X tem um construtor (§8.4.2), obtemos:

```
X* px1 = new X;          // um X inicializado por padrão
X* px2 = new X[17];      // 17 Xs inicializados por padrão
```

Se um tipo Y tem um construtor, mas não um construtor padrão, temos que inicializar explicitamente:

```
Y* py1 = new Y;            // erro: nenhum construtor padrão
Y* py2 = new Y{13};        // OK: inicializado como Y{13}
Y* py3 = new Y[17];        // erro: nenhum construtor padrão
Y* py4 = new Y[17] {0,1,2,3,4,5,6,7,8,9,10,11,12,13,14,15,16};
```

Longas listas de inicializadores para new podem ser impraticáveis, mas podem ser muito úteis quando queremos apenas alguns elementos, e é um caso comum.

15.4.4 O ponteiro nulo

Se você não tiver outro ponteiro para inicializar um ponteiro, use o ponteiro nulo, nullptr:

```
double* p0 = nullptr;      // o ponteiro nulo
```

Muitas vezes, testamos se um ponteiro é válido (ou seja, se ele aponta para algo) verificando se é nullptr. Por exemplo:

```
if (p0 != nullptr)         // considerar p0 válido
```

Não é um teste perfeito, porque p0 pode conter um valor "aleatório" que é diferente de zero (p. ex., se esquecemos de inicializar) ou o endereço de um objeto que foi excluído com delete (ver §15.4.5). Entretanto, muitas vezes isso é o melhor que podemos fazer. Não precisamos mencionar nullptr explicitamente, porque, na verdade, uma instrução if verifica se sua condição é nullptr:

```
if (p0)                    // considerar p0 válido; equivalente a p0!=nullptr
```

AA Preferimos essa forma mais curta, considerando-a uma expressão mais direta da ideia "p0 é válido", mas as opiniões variam.

Precisamos usar o ponteiro nulo quando temos um ponteiro que às vezes aponta para um objeto e outras vezes não. Isso é mais raro do que muitas pessoas pensam; considere: se você não tem um objeto para um ponteiro apontar, por que definiu esse ponteiro? Você não poderia esperar até ter um objeto?

Em códigos mais antigos, as pessoas costumam usar 0 (zero) ou NULL em vez de nullptr. Ambas as alternativas mais antigas podem levar a confusão e/ou erros, então prefira o nullptr, que é mais específico.

15.4.5 Desalocação do armazenamento livre

O operador new aloca ("obtém") memória a partir do armazenamento livre. Como a memória de um computador é limitada, costuma ser uma boa ideia retornar a memória para o armazenamento livre quando terminamos de usá-la. Dessa forma, o armazenamento livre pode reutilizar essa memória para uma nova alocação. Para os programas grandes e os programas de longa execução, tal libertação da memória para a reutilização é essencial. Por exemplo:

```
double* calc(int res_size, int max)
{
    double* p = new double[max];
    double* res = new double[res_size];
    // ... usar p para calcular os resultados a serem colocados em res ...
    delete[] p;            // retornar o array apontado por p para o armazenamento livre
    return res;
}
```

```
double* r = calc(100,1000);
// ... usar o resultado ...
delete[] r;           // retornar o array apontado por r para o armazenamento livre
```

O operador para retornar a memória para o armazenamento livre é denominado delete. Aplicamos delete em um ponteiro retornado por new para disponibilizar a memória para o armazenamento livre para uma futura alocação. Se a memória alocada por new é um *array*, adicionamos [ ] a delete.

Esquecer de excluir via delete um objeto que foi criado por new é chamado de *vazamento de memória* (*memory leak*) e geralmente é um erro grave.

Excluir um objeto duas vezes também é um erro grave. Por exemplo:

```
int* p = new int{5};
delete p;             // bom: p aponta para um objeto criado por new
// ...
delete p;             // erro: p aponta para a memória de propriedade do gerenciador de
                      // armazenamento livre
```

Após o primeiro delete, você não possui mais propriedade sobre o objeto apontado, portanto o gerenciador de armazenamento livre pode modificar a memória apontada ou dar essa memória a alguma outra parte do programa que usar new.

15.5 Destrutores

Ter que lembrar de chamar delete é um incômodo e leva a erros, então deixe para as classes, como vector, que fazem isso implicitamente. Por exemplo:

```
vector<double> calc2(int res_size, int max)
{
    vector<double> p(max);
    vector<double> res(res_size);
    // ... usar p para calcular os resultados a serem colocados em res ...
    return res;
}

void use()
{
    // ...
    vector<double> r = calc2(100,1000);
    // ... usar o resultado ...
}
```

Esse é um código menor e muito mais claro – sem news e deletes para controlar –, e (que surpresa!) tão eficiente quanto a versão original.

Os news e deletes desapareceram em vector. Vejamos como é feito:

```
class Vector {          // um vetor de doubles muito simples
public:
    Vector(int s);                      // construtor: alocar os elementos no armazenamento livre e inicializá-los
    ~Vector() { delete[] elem; }        // destrutor: retornar os elementos para o armazenamento livre
    // ...
```

```
private:
    int sz;                    // o tamanho
    double* elem;              // um ponteiro para os elementos

};

Vector::Vector(int s)          // construtor
    :sz{s},                    // inicializar sz
    elem{new double[s]}        // inicializar elem para os elementos no armazenamento livre
{
    for (int i=0; i<s; ++i)    // inicializar elementos
        elem[i]=0;
}


Vector::~Vector()              // destrutor
{
    delete[] elem;             // retornar elementos para o armazenamento livre
}
```

Então, sz é o número de elementos. Inicializamos ele no construtor, e um usuário de vector pode obter o número de elementos chamando size(). O espaço para os elementos é alocado usando new no construtor, e o ponteiro retornado do armazenamento livre é colocado no membro de ponteiro elem.

Esse Vector não tem vazamento de memória. A ideia básica é que o compilador tenha conhecimento de uma função que faz o oposto de um construtor do mesmo jeito que conhece o construtor. É inevitável que tal função seja chamada de *destrutor*, e seu nome é o nome da classe precedido pelo operador de complemento ˜, aqui ˜Vector. Da mesma forma que um construtor é implicitamente chamado quando o objeto de uma classe é criado, um destrutor é implicitamente chamado quando o objeto sai do escopo. Um construtor verifica se um objeto é devidamente criado e inicializado. Inversamente, um destrutor garante que um objeto seja devidamente limpo antes de ser destruído.

Não entraremos em grandes detalhes sobre os usos dos destrutores aqui, mas eles são ótimos para lidar com recursos que precisamos adquirir primeiro (em algum lugar) e depois devolver: arquivos, *threads*, bloqueios etc. Lembra como os iostreams fazem sua limpeza? Eles limpam os *buffers*, fecham os arquivos, liberam o espaço no *buffer* etc. Isso é feito por seus destrutores. Toda classe que "possui" um recurso precisa de um destrutor.

O uso de pares construtor/destrutor é o segredo para algumas das técnicas de programação C++ mais eficientes. Os destrutores tornam implícita a devolução dos recursos. Isso é essencial, porque sabemos que, em muitos setores da vida e muitos problemas de programação, lembrar de devolver algo quando terminamos de usá-lo é bem difícil.

15.5.1 Destrutores gerados

Se um membro de uma classe tem um destrutor, então esse destrutor será chamado quando o objeto que contém o membro for destruído. Por exemplo:

```
struct Customer {
    string name;
    vector<string> addresses;
    // ...
};

void some_fct()    // uma função qualquer que usa Customer
{
    Customer fred { "Fred", {"17 Oak St.", "232 Rock Ave."}};
    // ... usar fred ...
}
```

Quando saímos de some_fct(), de modo que fred sai do escopo, fred é destruído, isto é, os destrutores para name e addresses são chamados. Isso é obviamente necessário para que os destrutores sejam úteis e, às vezes, é expresso como: "O compilador gerou um destrutor para Customer, que chama os destrutores dos membros". Muitas vezes é assim que é implementada a garantia óbvia e necessária de que os destrutores sejam chamados. Um destrutor gerado costuma ser chamado de *destrutor padrão*.

Os destrutores para os membros – e para as bases (§12.3) – são chamados implicitamente a partir do destrutor de uma classe derivada (seja ele definido pelo usuário, seja gerado). Basicamente, todas as regras se resumem a: "Os destrutores são chamados quando o objeto é destruído" (ao saírem do escopo, por delete etc.).

15.5.2 Destrutores virtuais

Os destrutores são conceitualmente simples, mas são a base para muitas técnicas de programação C++ eficientes. A ideia básica é a seguinte:

- Qualquer recurso que um objeto de classe precisa para funcionar, ele o adquire em um construtor.
- Durante o tempo de vida do objeto, ele pode liberar recursos e adquirir novos.
- No final da vida útil do objeto, o destrutor libera todos os recursos ainda de propriedade do objeto.

O par construtor/destrutor combinado que lida com a memória de armazenamento livre para vector é o exemplo típico. Voltaremos a essa ideia com mais exemplos em §18.4. Aqui, examinaremos uma aplicação importante, que vem do uso do armazenamento livre e das hierarquias de classes de maneira combinada. Considere o uso de Shape e Text em §12.2 e §11.8:

```
Shape* fct()
{
    Text tt {Point{200,200},"Anya"};        // variável Text local
    // ...
    return new Text{Point{100,100},"Courtney"};   // objeto Text no armazenamento livre
}

void user()
{
    Shape* q = fct();
    // ... usar Shape sem se importar exatamente com o tipo da forma ...
    delete q;
}
```

Isso parece bem plausível – e é. Tudo funciona, mas vejamos como, porque esse trecho de código mostra uma técnica elegante, simples e importante. O objeto tt do tipo Text (§11.8) é devidamente destruído na saída de fct(). Text tem um membro string, que obviamente precisa ter seu destrutor chamado – string lida com sua aquisição de memória e liberação exatamente como vector. Para tt, isso é fácil; o compilador apenas chama o destrutor gerado de Text, como descrito em §15.5.1. Mas e o objeto Text retornado de fct()? A função que realizou a chamada, user(), não tem ideia de que q aponta para um objeto Text; tudo o que sabe é que aponta para um objeto do tipo Shape. Então, como delete q chama o destrutor de Text?

Em §12.2, vimos brevemente que Shape tem um destrutor. Na verdade, Shape tem um destrutor virtual. Esse é o segredo. Quando dizemos delete q, delete vê o tipo de q para saber se ele precisa chamar um destrutor e, caso precise, chama-o. Então, delete q chama o destrutor ~Shape() de Shape. Mas ~Shape() é virtual, então – usando o mecanismo de chamadas virtuais (§12.3.2) – essa chamada chama o destrutor da classe derivada de Shape, neste caso Text(). Se Shape::Shape() não fosse virtual, Text::Text() não teria sido chamada, e o membro string de Text não teria sido devidamente destruído.

AA Como regra geral, se você tem uma classe com uma função virtual, ela precisa de um destrutor virtual. A razão é que, se uma classe tem uma função virtual, é provável que ela seja usada como uma classe-base e que os objetos de sua classe derivada sejam alocados utilizando new e manipulados via ponteiros para sua base. Assim, tais objetos de classe derivados provavelmente serão excluídos com delete via ponteiros para sua base.

CC Os destrutores são chamados implicitamente para objetos com escopo ou indiretamente via delete. Eles não são chamados diretamente. Isso nos poupa de muito trabalho complicado.

TENTE ISTO

Escreva um pequeno programa usando classes-base e membros, em que você defina construtores e destrutores que exibam uma linha de informação quando chamados. Então, crie alguns objetos e veja como seus construtores e destrutores são chamados.

Mas e delete q;? Acabamos de julgar que lembrar de excluir via delete é tedioso e propenso a erros (§15.4.5). A biblioteca-padrão tem um *ponteiro inteligente* (também chamado de *ponteiro de gerenciamento de recursos*) para lidar com isso:

```
unique_ptr<Shape> fct()
{
    Text tt {Point{200,200},"Annemarie"};            // variável Text local
    // ...
    return make_unique<Text>(Point{100,100},"Nicholas");   // objeto Text no
                                                           // armazenamento livre
}

void user()
{
    unique_ptr<Shape> q = fct();
    // ... usar Shape sem se importar com o tipo exato da forma ...
}
```

Um objeto unique_ptr contém um ponteiro (§18.5.2). Quando unique_ptr sai do escopo, seu destrutor chama delete nesse ponteiro. Novamente, vemos o código ficar mais curto e mais simples, ao contar com uma classe com um destrutor.

Além disso, lembre-se de que um new "desprotegido" fora de um construtor é uma oportunidade para esquecer de excluir via delete o objeto que new criou, gerando assim um vazamento de recursos (*resource leak*) potencialmente sério. Os news e os deletes "desprotegidos" são fontes de erros graves. Em vez disso, use classes de gerenciamento de recursos, como vector, unique_ptr (§18.5.2) ou Vector_ref (§11.7.3). Mantenha os news nos construtores e os deletes nos destrutores (e nas funções de gerenciamento de recursos afins (§17.4)).

15.6 Acesso a elementos

Para que Vector seja útil, precisamos de uma forma de ler e gravar elementos. Para começar, podemos fornecer funções-membro simples, get() e set():

```
class Vector {           // um vetor de doubles muito simplificado
public:
    Vector(int s) :sz{s}, elem{new double[s]} { /* ... */ }   // construtor
    ~Vector() { delete[] elem; }                              // destrutor

    int size() const { return sz; }                           // o tamanho atual

    double get(int n) const { return elem[n]; }               // acesso: leitura
    void set(int n, double v) { elem[n]=v; }                  // acesso: gravação
private:
    int sz;                       // o tamanho
    double* elem;                 // um ponteiro para os elementos
};
```

Observe que get() e set() acessam os elementos usando o operador [ ] sobre o ponteiro elem: elem[n].

Agora podemos criar um Vector de doubles e usá-lo:

```
Vector v(5);
for (int i=0; i<v.size(); ++i) {
    v.set(i,1.1*i);
    cout << "v[" << i << "]==" << v.get(i) << '\n';
}
```

Isso produzirá:

```
v[0]==0
v[1]==1.1
v[2]==2.2
v[3]==3.3
v[4]==4.4
```

Esse ainda é um vetor simples demais, e o código que usa get() e set() é um tanto feio em comparação com a notação de indexação usual. No entanto nosso objetivo era começar com algo pequeno e simples, depois ir aumentando nossos programas passo a passo, testando ao longo do caminho. Essa estratégia de crescimento e testes repetidos minimiza os erros e a depuração.

15.7 Um exemplo: listas

As listas estão entre as estruturas de dados mais comuns e úteis. E geral, uma lista é composta de *"links"*, e cada *link* contém algumas informações e ponteiros para outros *links*.* Esse é um dos usos clássicos dos ponteiros. Por exemplo, poderíamos representar uma pequena lista de deuses nórdicos assim:

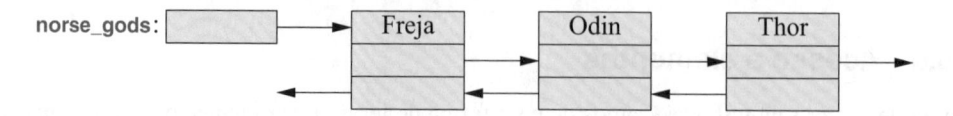

norse_gods: ⬜ → Freja ⇌ Odin ⇌ Thor →

CC Uma lista como esta é chamada de *lista duplamente encadeada*, porque, dado um *link*, podemos encontrar o antecessor e o sucessor. Uma lista na qual podemos encontrar apenas o sucessor é chamada de *lista encadeada simples*. Usamos as listas duplamente encadeadas quando queremos facilitar a remoção de um elemento. Podemos definir esses *links* assim:

```
struct Link {
    Link(const string& v, Link* p = nullptr, Link* s = nullptr)
        : value{v}, prev{p}, succ{s} { }
    string value;
    Link* prev;
    Link* succ;
};
```

Isto é, dado um **Link**, podemos chegar ao seu sucessor usando o ponteiro **succ** e ao seu antecessor usando o ponteiro **prev**. Usamos **nullptr** para indicar que um **Link** não tem um sucessor ou um antecessor. Podemos construir a nossa lista de deuses nórdicos assim:

```
Link* norse_gods = new Link{"Thor",nullptr,nullptr};
norse_gods = new Link{"Odin",nullptr,norse_gods};
norse_gods->succ->prev = norse_gods;
norse_gods = new Link{"Freja",nullptr,norse_gods};
norse_gods->succ->prev = norse_gods;
```

Construímos essa lista criando os **Links** e amarrando-os como na imagem: primeiro Thor, depois Odin como antecessor de Thor e, finalmente, Freja como antecessora de Odin. Você pode seguir o ponteiro para ver o que fizemos de correto, para que cada **succ** e **prev** aponte para o deus certo. No entanto o código não está muito claro, porque não definimos nem nomeamos explicitamente uma operação de inserção:

```
Link*insert(Link*p, Link*n)    // inserir n antes de p (incompleto)
{
    n->succ = p;               // p vem depois de n
    p->prev->succ = n;         // n vem depois do que costumava ser o antecessor de p
    n->prev = p->prev;         // o antecessor de p se torna o antecessor de n
    p->prev = n;               // n se torna o antecessor de p
    return n;
}
```

Isso funciona contanto que **p** realmente aponte para um **Link** e que o **Link** apontado por **p** realmente tenha um antecessor. A realidade é essa, acredite. Ao pensarmos em ponteiros e estruturas encadeadas, como uma lista feita de **Links**, invariavelmente desenhamos pequenos diagramas de

---

* N. de R.T. Outra denominação, mais usual, para *"link"* é "nodo", de forma que uma lista é composta por nodos.

caixas e setas no papel para verificar se o nosso código funciona para os exemplos pequenos. Não se orgulhe de confiar nessa técnica de projeto eficaz de baixa tecnologia.

Essa versão de insert() está incompleta, porque não trata os casos em que n, p ou p–>prev é nullptr. Adicionamos os testes apropriados para o ponteiro nulo e obtemos uma versão mais confusa, mas correta:

```
Link* insert(Link* p, Link* n)         // inserir n antes de p; retornar n
{
    if (n==nullptr)
        return p;
    if (p==nullptr)
        return n;
    n->succ = p;                        // p vem depois de n
    if (p->prev)
        p->prev->succ = n;
    n->prev = p->prev;                  // o antecessor de p se torna o antecessor de n
    p->prev = n;                        // n se torna o antecessor de p
    return n;
}
```

Dito isso, poderíamos escrever:

```
Link* norse_gods = new Link{"Thor"};
norse_gods = insert(norse_gods,new Link{"Odin"});
norse_gods = insert(norse_gods,new Link{"Freja"});
```

Agora, todas as mudanças propensas a erros com os ponteiros prev e succ sumiram. Trabalhar com ponteiros é tedioso e propenso a erros, e isso *deve* ficar oculto em funções bem escritas e testadas. Em particular, muitos erros em código convencional vêm de pessoas que se esquecem de testar os ponteiros quanto a nullptr – assim como fizemos (deliberadamente) na primeira versão de insert().

Observe que usamos argumentos padrão (§13.3.1) para evitar que os usuários mencionem os antecessores e os sucessores em cada uso do construtor.

15.7.1 Operações com listas

A biblioteca-padrão fornece uma classe list, que descrevemos em §19.3. Ela oculta toda a manipulação dos *links*, mas aqui iremos elaborar nossa noção de listas com base na classe Link, para ter uma ideia do que acontece "internamente" nas classes list e ver mais exemplos do uso de ponteiros.

De quais operações nossa classe Link precisa para permitir que seus usuários não "mexam com ponteiros"? Até certo ponto, essa é uma questão de gosto, mas veja um conjunto útil:

- Construtor.
- insert: inserir antes de um elemento.
- add: inserir após um elemento.
- erase: remover um elemento.
- find: encontrar um Link com determinado valor.
- advance: obter o *n*-ésimo sucessor.

Podemos escrever essas operações assim:

```cpp
Link* add(Link* p, Link* n)        // inserir n depois de p; retornar n
{
    // ... bem parecido com insert() ...
}

Link* erase(Link* p)        // remover *p da lista; retornar sucessor de p
{
    if (p==nullptr)
        return nullptr;
    if (p->succ)
        p->succ->prev = p->prev;
    if (p->prev)
        p->prev->succ = p->succ;
    return p->succ;
}

Link* find(Link* p, const string& s)   // encontrar s na lista; retornar nullptr para "não encontrado"
{
    while (p) {
        if (p->value == s)
            return p;
        p = p->succ;
    }
    return nullptr;
}

Link* advance(Link* p, int n)   // mover n posições na lista; retornar nullptr para "não encontrado"
    // n positivo move para frente, negativo para trás
{
    if (p==nullptr)
        return nullptr;
    while (0<n) {
        --n;
        if (p->succ)
            p = p->succ;
        return nullptr;
    }
    while (n<0) {
        ++n;
        if (p->prev)
            p = p->prev;
        return nullptr;
    }
    return p;
}
```

Poderíamos ter considerado tentar mover um erro com **advance()** para fora da lista e lançar uma exceção, mas optamos por retornar nullptr, forçando o usuário a lidar com essa possibilidade. Por quê? Principalmente porque, nesse nível de uso de ponteiros, o usuário deve estar sempre ciente da possibilidade de nullptr. Sim, isso é propenso a erros, então usamos construções de nível mais alto (como list da biblioteca-padrão; §20.6) sempre que possível.

15.7.2 Uso de listas

Como um pequeno exercício, construiremos duas listas:

```
Link* norse_gods = new Link{"Thor"};
norse_gods = insert(norse_gods,new Link{"Odin"});
norse_gods = insert(norse_gods,new Link{"Zeus"});
norse_gods = insert(norse_gods,new Link{"Freja"});

Link* greek_gods = new Link{"Hera"};
greek_gods = insert(greek_gods,new Link{"Athena"});
greek_gods = insert(greek_gods,new Link{"Mars"});
greek_gods = insert(greek_gods,new Link{"Poseidon"});
```

"Infelizmente", cometemos alguns erros: Zeus é um deus grego, não um deus nórdico, e o deus grego da guerra é Ares, não Marte (Marte é seu nome latino/romano). Podemos corrigir isso:

```
Link* p = find(greek_gods, "Mars");
if (p)
    p->value = "Ares";
```

Note como fomos cautelosos sobre find() retornar um nullptr. Sabemos que isso não pode acontecer neste caso (afinal, apenas inserimos Marte em greek_gods), mas, em um exemplo real, alguém poderia mudar o código.

Assim, podemos mover Zeus para seu Panteão correto:

```
Link* p = find(norse_gods,"Zeus");
if (p) {
    erase(p);
    insert(greek_gods,p);
}
```

Notou o *bug*? É bem sutil (a menos que você esteja acostumado a trabalhar diretamente com *links*). E se o Link que apagamos com erase() for aquele apontado por norse_gods? Novamente, isso não acontece de verdade, mas, para escrever um código bom e que seja de fácil manutenção, temos de levar em conta essa possibilidade:

```
Link* p = find(norse_gods, "Zeus");
if (p) {
    if (p==norse_gods)
        norse_gods = p->succ;
    erase(p);
    greek_gods = insert(greek_gods,p);
}
```

Enquanto estávamos nisso, também corrigimos o segundo *bug*: quando inserimos Zeus *antes* do primeiro deus grego, precisamos fazer greek_gods apontar para o Link de Zeus. Os ponteiros são extremamente úteis e flexíveis, mas sutis. Devem ser tratados com cuidado e evitados em favor de alternativas menos propensas a erros sempre que possível.

Por fim, imprimiremos as listas:

```
void print_all(Link* p)
{
    cout << "{ ";
    while (p) {
        cout << p->value;
        if (p=p->succ)
            cout << ", ";
    }
    cout << " }";
}

print_all(norse_gods);
cout << '\n';

print_all(greek_gods);
cout << '\n';
```

Isso resultará em:

```
{ Freja, Odin, Thor }
{ Zeus, Poseidon, Ares, Athena, Hera }
```

15.8 O ponteiro this

Observe que todas as nossas funções de lista usam `Link*` como seu primeiro argumento e acessam dados nesse objeto. É o tipo de função que muitas vezes tornamos uma função-membro. Será que conseguimos simplificar `Link` (ou o uso de *link*) criando membros para as operações? Quem sabe poderíamos tornar os ponteiros privados, para que apenas as funções-membro tenham acesso a eles? Podemos:

```
class Link {
public:
    string value;

    Link(const string& v, Link* p = nullptr, Link* s = nullptr)
        : value{v}, prev{p}, succ{s} { }

    Link* insert(Link* n);              // inserir n antes deste objeto
    Link* add(Link* n);                 // inserir n depois deste objeto
    Link* erase();                      // remover este objeto da lista

    Link* find(const string& s);        // encontrar s na lista
    const Link* find(const string& s) const;  // encontrar s na lista const (ver_oper.const_)

    Link* advance(int n) const;         // mover n posições na lista
    Link* next() const { return succ; }
    Link* previous() const { return prev; }
```

```
private:
    Link* prev;
    Link* succ;
};
```

Parece promissor. Definimos as operações que não mudam o estado de um Link como funções--membro const. Adicionamos as funções next() e previous() (que não modificam o objeto) para que os usuários pudessem iterar sobre as listas (de Links) – elas são necessárias agora que o acesso direto a succ e prev está proibido. Deixamos value como um membro público porque (até agora) não temos razão para não fazer isso; são "apenas dados".

Agora, tentaremos implementar Link::insert() copiando a nossa função global insert() e modificando-a:

```
Link* Link::insert(Link* n)          // inserir n antes de p; retornar n
{
    Link* p = this;                  // ponteiro para o objeto this
    if (n==nullptr)
        return p;                    // nada a inserir
    if (p==nullptr)
        return n;                    // nada a inserir em
    n->succ = p;                     // p vem depois de n
    if (p->prev)
        p->prev->succ = n;
    n->prev = p->prev;               // o antecessor de p se torna o antecessor de n
    p->prev = n;                     // n se torna o antecessor de p
    return n;
}
```

Mas como podemos obter um ponteiro para o objeto para o qual Link::insert() foi chamada? Sem a ajuda da linguagem, não podemos. No entanto, em toda função-membro, o identificador this é um ponteiro que aponta para o objeto para o qual a função-membro foi chamada. Uma alternativa é simplesmente usar this em vez de p:

```
Link* Link::insert(Link* n)          // inserir n antes deste objeto; retornar n
{
    if (n==nullptr)
        return this;
    if (this==nullptr)
        return n;
    n->succ = this;                  // este objeto vem depois de n
    if (this->prev)
        this->prev->succ = n;
    n->prev = this->prev;            // o antecessor do objeto this se torna o antecessor de n
    this->prev = n;                  // n se torna o antecessor do objeto this
    return n;
}
```

Fica um pouco prolixo, mas não precisamos mencionar this para acessar um membro, por isso podemos abreviar:

```
Link* Link::insert(Link* n)      // inserir n antes do objeto this; retornar n
{
    if (n==nullptr)
        return this;
    if (this==nullptr)
        return n;
    n->succ = this;              // o objeto this vem depois de n
    if (prev)
        prev->succ = n;
    n->prev = prev;              // o antecessor do objeto this se torna o antecessor de n
    prev = n;                    // n se torna o antecessor do objeto this
    return n;
}
```

Em outras palavras, usamos o ponteiro this, o ponteiro para o objeto atual, implicitamente sempre que acessamos um membro. É somente quando precisamos nos referir ao objeto inteiro que precisamos mencioná-lo explicitamente.

Note que this tem um significado específico: ele aponta para o objeto para o qual uma função-membro é chamada. Ele não aponta para nenhum objeto antigo. O compilador garante que não alteramos o valor de this em uma função-membro. Por exemplo:

```
struct S {
    // . . .
    void mutate(S* p)
    {
        this = p;        // erro: this é imutável
        // ...
    }
};
```

15.8.1 Mais usos de *links*

Tendo resolvido as questões de implementação, podemos ver como o uso fica agora:

```
Link* norse_gods = new Link{"Thor"};
norse_gods = norse_gods->insert(new Link{"Odin"});
norse_gods = norse_gods->insert(new Link{"Zeus"});
norse_gods = norse_gods->insert(new Link{"Freja"});

Link* greek_gods = new Link{"Hera"};
greek_gods = greek_gods->insert(new Link{"Athena"});
greek_gods = greek_gods->insert(new Link{"Mars"});
greek_gods = greek_gods->insert(new Link{"Poseidon"});
```

Isso é muito parecido com o que tínhamos antes. Como antes, corrigimos nossos "erros". O nome do deus da guerra está errado, então mudamos:

```
Link* p = greek_gods->find("Mars");
if (p)
    p->value = "Ares";
```

Movemos Zeus para seu Panteão correto:

```
Link* p2 = norse_gods->find("Zeus");
if (p2) {
    if (p2==norse_gods)
        norse_gods = p2->next();
    p2->erase();
    greek_gods = greek_god->insert(p2);
}
```

Por fim, imprimiremos as listas:

```
void print_all(Link* p)
{
    cout << "{ ";
    while (p) {
        cout << p->value;
        if (p=p->next())
            cout << ", ";
    }
    cout << " }";
}

print_all(norse_gods);
cout << '\n';

print_all(greek_gods);
cout << '\n';
```

Isso resultará novamente em:

```
{ Freja, Odin, Thor }
{ Zeus, Poseidon, Ares, Athena, Hera }
```

Então, de qual versão você gosta mais: aquela em que insert() etc. são funções-membro ou aquela em que são funções independentes? Neste caso, as diferenças não importam muito, mas veja §8.7.5.

Uma coisa a observar aqui é que ainda não temos uma classe de lista, apenas uma classe de *link*. Por conta disso, seguimos com a preocupação sobre qual ponteiro é o ponteiro para o primeiro elemento. O código de Link está cheio de news desprotegidas, e não há um delete à vista. Esperamos que você tenha notado isso e que isso o tenha deixado um pouco preocupado. Podemos melhorar, definindo uma classe List, mas projetos como os apresentados aqui são muito comuns, e os exemplos de Link servem para ilustrar a manipulação de ponteiros, não o gerenciamento de recursos. A list da biblioteca-padrão é apresentada em §19.3. Em geral, a manipulação sutil de ponteiros fica mais bem encapsulada em uma classe (§12.3).

Prática

Esta prática tem duas partes. A primeira exercita/desenvolve sua compreensão sobre *arrays* alocados no armazenamento livre e compara os *arrays* com vectors:

[1] Aloque um *array* de dez ints no armazenamento livre usando new.
[2] Imprima os valores dos dez ints em cout.
[3] Desaloque o *array* (usando delete[ ]).
[4] Escreva uma função print_array(ostream& os, int* a, int n) que imprima os valores de a (presumindo ter n elementos) em os.
[5] Aloque um *array* de 10 ints no armazenamento livre; inicialize-o com os valores 100, 101, 102 etc.; e imprima seus valores.
[6] Aloque um *array* de 11 ints no armazenamento livre; inicialize-o com os valores 100, 101, 102 etc.; e imprima seus valores.
[7] Aloque um *array* de 20 ints no armazenamento livre; inicialize-o com os valores 100, 101, 102 etc.; e imprima seus valores.
[8] Lembrou de excluir os *arrays*? (Se não, faça isso.)
[9] Faça 5, 6 e 7 usando vector em vez de um *array* e print_vector() em vez de print_array().

A segunda parte foca os ponteiros e sua relação com *arrays*. Use print_array():

[10] Aloque um int, inicialize-o com 7 e atribua seu endereço a uma variável p1.
[11] Imprima o valor de p1 e do int para o qual aponta.
[12] Aloque um *array* de sete ints; inicialize-o com 1, 2, 4, 8 etc.; e atribua seu endereço a uma variável p2.
[13] Imprima o valor de p2 e do *array* para o qual aponta.
[14] Declare um int* denominado p3 e inicialize-o com p2.
[15] Atribua p1 a p2.
[16] Atribua p3 a p2.
[17] Imprima os valores de p1 e p2, e de para o que apontam.
[18] Desaloque toda a memória alocada no armazenamento livre.
[19] Aloque um *array* de 10 ints; inicialize-o com 1, 2, 4, 8, etc.; e atribua seu endereço a p1.
[20] Aloque um *array* de 10 ints e atribua seu endereço a uma variável p2.
[21] Copie os valores do *array* apontado por p1 para o *array* apontado por p2.
[22] Repita 10–12 usando vector em vez de um *array*.

Revisão

[1] Por que precisamos de estruturas de dados com números variáveis de elementos?
[2] Quais são os quatro tipos de armazenamento que temos para um programa típico?
[3] O que é armazenamento livre? Qual outro nome é comumente usado para ele? Quais operadores têm suporte para ele?
[4] O que é ponteiro?
[5] O que é operador de desreferência e por que precisamos de um?
[6] O que é endereço? Como são manipulados os endereços de memória em C++?
[7] Quais informações um ponteiro tem sobre um objeto apontado? Quais informações úteis faltam?
[8] Para o que um ponteiro pode apontar?
[9] O que é vazamento (*leak*)?
[10] O que é recurso?

[11] Qual é o outro termo para "armazenamento livre"?
[12] Como podemos inicializar um ponteiro?
[13] O que é um ponteiro nulo? Quando é necessário usar um?
[14] Quando precisamos de um ponteiro (em vez de uma referência ou de um objeto nomeado)?
[15] O que é destrutor? Quando queremos um?
[16] Quando queremos um destrutor virtual?
[17] Como são chamados os destrutores para os membros?
[18] Como podemos acessar um membro de uma classe com um ponteiro?
[19] O que é lista duplamente encadeada?
[20] O que é this e quando precisamos usá-lo?

Termos

endereço	destrutor	nullptr	endereço de: &
armazenamento	ponteiro	alocação	Link
livre	lista	vazamento de	desreferência: *
array	contêiner	recursos	indexação: [ ]
vector	memória	acesso do mem-	adulteração da
desalocação	vazamento de	bro: ->	memória
delete	memória	this	delete[]
new	virtual	ponteiro nulo	

Exercícios

[1] Qual é o formato de saída dos valores de ponteiro em sua implementação? Dica: não leia a documentação.
[2] Quantos *bytes* existem em um int? Em um double? Em um bool? Não use sizeof, exceto para verificar sua resposta.
[3] Liste duas maneiras em que um ponteiro pode ser utilizado de forma potencialmente desastrosa. Dê exemplos.
[4] Considere o *layout* da memória em §15.4. Escreva um programa que indique a ordem em que o armazenamento estático, a pilha e o armazenamento livre são dispostos na memória. Em que direção a pilha cresce: para cima, em direção aos endereços mais altos, ou para baixo, em direção aos endereços mais baixos? Em um *array* no armazenamento livre, os elementos com índices mais altos são alocados nos endereços mais altos ou mais baixos?
[5] Não dissemos o que acontece quando você fica sem memória usando new. Isso é chamado de *esgotamento da memória*. Descubra o que acontece. Você tem duas alternativas óbvias: pesquisar a documentação ou escrever um programa com um *loop* infinito que aloque, mas nunca desaloque. Tente ambas. Aproximadamente quanta memória você conseguiu alocar antes de falhar?
[6] Escreva um programa que leia os caracteres de cin em um *array* que você aloque no armazenamento livre. Leia os caracteres individuais até ser inserido um ponto de exclamação (!). Não use std::string. Não se preocupe com o esgotamento da memória.

[7]   Faça o exercício anterior novamente, mas desta vez leia para uma **std::string** em vez de para a memória colocada no armazenamento livre (**string** sabe como usar o armazenamento livre para você).

[8]   Em qual direção a pilha cresce: para cima (em direção aos endereços mais altos) ou para baixo (em direção aos endereços mais baixos)? Em qual direção o armazenamento livre inicialmente cresce (isto é, antes de você usar **delete**)? Escreva um programa para determinar as respostas.

[9]   Veja a sua solução do Exercício 6. Existe alguma forma de a entrada fazer o *array* estourar, ou seja, existe alguma maneira de você inserir mais caracteres do que o espaço alocado (um erro grave)? Algo razoável acontece se você tenta inserir mais caracteres do que alocou?

[10] Complete o exemplo da "lista de deuses" em §15.7 e execute-o.

[11] Por que definimos duas versões de **find()** em §15.8?

[12] Modifique a classe **Link** de §15.7 para manter um valor **struct God**. **struct God** deve ter membros do tipo **string**: nome, mitologia, veículo e arma. Por exemplo, God{"Zeus", "grego", "", "relâmpagos"} e God{"Odin", "nordico", "cavalo alado de oito patas chamado Sleipner", "lança chamada Gungnir"}. Escreva uma função **print_all()**, que liste os deuses com seus atributos, um por linha. Adicione uma função-membro **add_ordered()**, que coloque seu novo elemento em ordem alfabética. Usando **Links** com os valores do tipo **God**, faça uma lista de deuses de três mitologias; em seguida, mova os elementos (deuses) dessa lista para três listas ordenadas alfabeticamente, uma para cada mitologia.

[13] Modifique o exemplo da "lista de deuses" em §15.7 para não vazar memória.

[14] O exemplo da "lista de deuses" em §15.7 pode ser escrito usando uma lista encadeada simples, ou seja, podemos deixar o membro **prev** fora de **Link**? Por que desejaríamos fazer isso? Para quais exemplos faria sentido usar uma lista encadeada simples? Implemente de novo esse exemplo usando apenas uma lista encadeada simples.

[15] Pesquise (p. ex., na *web*) *skip list* (lista com saltos) e implemente esse tipo de lista. Não é um exercício fácil.

Posfácio

Por que se preocupar com coisas confusas de baixo nível, como ponteiros e armazenamento livre, quando podemos simplesmente usar **vector**? Bem, uma resposta é que alguém tem que planejar e implementar vetores e abstrações semelhantes, e geralmente é útil saber como isso é feito. Existem linguagens de programação que evitam problemas com uma programação de baixo nível. Basicamente, os programadores de tais linguagens delegam as tarefas que envolvem um acesso direto ao *hardware* aos programadores C++ (e aos programadores de outras linguagens adequadas para a programação de baixo nível). Mas nossa razão favorita é, simplesmente, que você não pode realmente afirmar que entende de computadores e programação até que tenha visto como o *software* se junta ao *hardware*. Pessoas que não conhecem ponteiros, endereços de memória e outros recursos básicos de baixo nível muitas vezes têm as ideias mais estranhas de como funcionam os recursos de sua linguagem de programação; tais ideias erradas podem levar a um código que é "curiosamente ruim" (ou seja, lento e/ou difícil de manter).

16

Arrays, ponteiros e referências

Caveat emptor!*
– *Um bom conselho*

Este capítulo descreve as noções de baixo nível de *arrays* e ponteiros. Consideramos os usos de ponteiros, como a interação sobre *arrays* e a aritmética de endereços, e os problemas que surgem de tal uso. Também apresentamos a *string* no estilo C, isto é, um *array* de chars que termina em zero. Ponteiros e *arrays* são a chave para a implementação de tipos que evitam os usos de ponteiros propensos a erros, como vector, string, span, not_null, unique_ptr e shared_ptr. Como exemplo, mostramos algumas formas de implementar uma função que determina se uma sequência de caracteres representa um palíndromo.

▶ 16.1 *Arrays*
    Aritmética de ponteiros
▶ 16.2 Ponteiros e referências
    Parâmetros de ponteiros e parâmetros de referência; Ponteiros como parâmetros
▶ 16.3 *Strings* no estilo C
▶ 16.4 Alternativas ao uso de ponteiros
    span; array; not_null
▶ 16.5 Um exemplo: palíndromos
    Palíndromos usando string; Palíndromos usando *arrays*; Palíndromos usando ponteiros; Palíndromos usando span

---

* N. de T. Expressão latina que recomenda cautela ao comprador, pois o vendedor não se responsabiliza pela qualidade da mercadoria vendida ("compre por sua própria conta e risco").

16.1 Arrays

Até agora, alocamos todos os nossos *arrays* no armazenamento livre (*free store* ou *heap*); é disso que precisamos para implementar vector. No entanto também podemos ter *arrays* na pilha e na memória estática (§15.4). Por exemplo:

```
int ai[4];            // array estático de 4 ints

void fct()
{
    char ac[8];       // array na pilha de 8 chars
}
```

C++ usa a notação convencional [ ] para indicar um "*array*". Para a maioria dos usos, vector<T> é uma escolha melhor do que T[] para representar uma sequência contígua de elementos de um tipo T. "Contígua" significa que não há lacunas entre os elementos.

AA   Você pode ter percebido que temos um viés não muito sutil em favor de vectors em relação aos *arrays*. Use std::vector quando você tiver escolha – e há escolha na maioria dos contextos. No entanto os *arrays* existiam muito antes de vector e equivalem mais ou menos ao que é oferecido nas outras linguagens (a saber, C), então devemos conhecer os *arrays*, e bem, para conseguirmos lidar com código mais antigo e código escrito por pessoas que não apreciam as vantagens de vector.

XX   O maior problema com ponteiros para *arrays* é que um ponteiro não "sabe" para quantos elementos ele aponta. Um ponteiro para um *array* é um ponteiro para o primeiro elemento dele, não para um "objeto *array*". Considere:

```
void use(double* pd)
{
    pd[2] = 2.2;
    pd[3] = 3.3;
    pd[-2] = -2.2;
}

void test()
{
    double a[3];
    use(a);       // a é convertido em um ponteiro para a[0] quando usado como argumento
}
```

O que a função use() "vê" pode ser representado graficamente assim:

pd[-2]:	pd[-1]:	pd[0]:	pd[1]:	pd[2]:	pd[3]:
-2.2				2.2	3.3

XX   Será que pd tem um terceiro elemento pd[2]? Tem um quarto elemento pd[3]? Se examinarmos use(a), veremos que as respostas são sim e não, respectivamente. Contudo o compilador não sabe disso; ele não controla valores de ponteiro. Nosso código simplesmente acessará a memória como se tivéssemos alocado memória suficiente. Ele até acessará pd[-2] como se o local dos dois doubles antes daquilo para o qual pd aponta fosse parte da nossa alocação.

Não temos ideia de para o que os locais de memória marcados com pd[2] e pd[3] são usados. **CC**
Entretanto, sabemos que não devem ser usados como parte do nosso *array* de três doubles apontados por pd. Muito provavelmente, são partes de outros objetos, e apenas passamos por todos eles. Não é uma boa ideia. Na verdade, costuma ser uma ideia desastrosa e ruim: "desastrosa" como em "Meu programa trava misteriosamente" ou "Meu programa gerou a saída errada". Tente dizer isso em voz alta; não soa nada bem. Iremos percorrer um longo caminho para evitar isso.

O acesso fora do intervalo (*out of range access*) muitas vezes é chamado de *erro de inter-* **XX**
valo ou *estouro de buffer* (*range error* e *buffer overflow*, respectivamente). Tais erros são particularmente desagradáveis, porque partes aparentemente não relacionadas de um programa são afetadas. Uma leitura fora dos limites nos dá um valor "aleatório", que pode depender de alguma computação completamente não relacionada. Uma gravação fora do intervalo pode colocar algum objeto em um estado "impossível" ou simplesmente dar um valor totalmente inesperado e errado. Tais gravações normalmente não são notadas até muito tempo depois que ocorreram, então são particularmente difíceis de encontrar. Pior ainda: execute um programa com um erro fora do intervalo duas vezes com uma entrada um pouco diferente e isso pode dar resultados diferentes. *Bugs* desse tipo ("*bugs* transitórios") são alguns dos mais difíceis de encontrar.

Temos que garantir que o acesso fora do intervalo não aconteça. Uma das razões pelas **AA**
quais usamos vector em vez de usar diretamente a memória alocada por new é que vector sabe seu tamanho para que ele (ou nós) possa impedir com facilidade o acesso fora do intervalo.

Uma coisa que pode dificultar o acesso fora do intervalo é que podemos atribuir um double* a outro double*, independentemente de para quantos objetos cada um aponta. Um ponteiro realmente não sabe para quantos objetos aponta. Por exemplo:

```
double* p = new double;            // alocar um double
double* q = new double[1000];      // alocar 1000 doubles

q[700] = 7.7;                      // bom: q aponta para 1000 doubles
q = p;                             // deixar q apontar para o mesmo objeto de p
double d = q[700];                 // ruim: q aponta para um único double: acesso fora do intervalo!
```

Aqui, em apenas três linhas de código, q[700] se refere a dois locais de memória diferentes, e o último uso é um acesso fora do intervalo e um possível desastre.

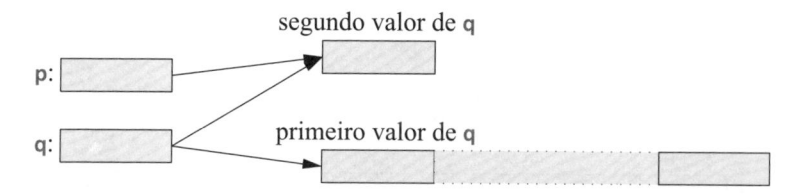

No momento, esperamos que você esteja se perguntando: "Mas por que os ponteiros não conseguem se lembrar do tamanho?" É óbvio que podemos planejar um "ponteiro" que faça exatamente isso – um vector é quase isso e, se você pesquisar a literatura e as bibliotecas de C++, encontrará muitos "ponteiros inteligentes", que compensam os pontos fracos dos ponteiros predefinidos de baixo nível (p. ex., ver span em §16.4.1). No entanto, em algum lugar, precisamos chegar no nível do *hardware* e entender como os objetos são endereçados, e um endereço de máquina não "sabe" o que ele endereça. Além disso, entender os ponteiros é essencial para a compreensão de muito código do mundo real.

16.1.1 Aritmética de ponteiros

Um ponteiro pode apontar para um elemento de um *array*. Considere:

```
double ad[8];
double* p = &ad[4];      // apontar para ad[4]; o 5° elemento de ad
```

Agora temos um ponteiro p para o **double** conhecido como **ad[4]**:

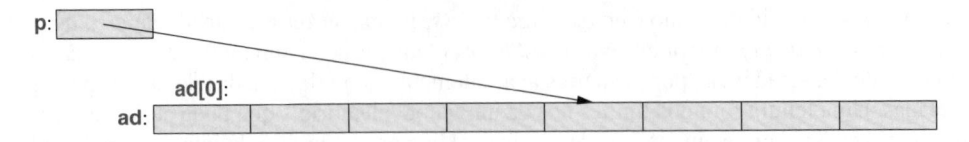

Podemos indexar e desreferenciar esse ponteiro:

```
*p =7;
p[2] = 6;
p[-2] = 9;
```

Obtemos:

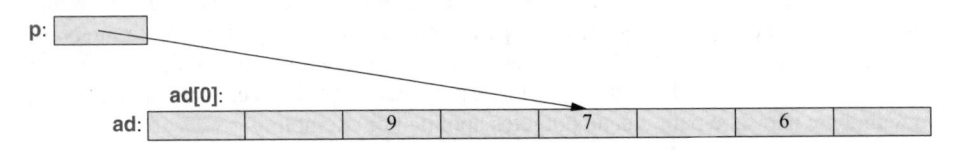

Isto é, podemos indexar o ponteiro com números positivos e negativos. Contanto que o elemento resultante esteja no intervalo, tudo bem. No entanto o acesso fora do intervalo do *array* apontado é ilegal (como acontece com os *arrays* de armazenamento livre; ver §16.1). Normalmente, o acesso fora de um *array* não é detectado pelo compilador e (cedo ou tarde) torna-se desastroso.

Uma vez que um ponteiro aponta para um *array*, operações de adição e indexação podem ser usadas para que ele aponte para outro elemento do *array*. Por exemplo:

```
p += 2;      // mover p 2 elementos para a direita
```

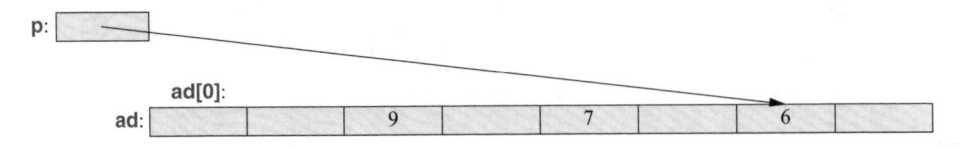

Obtemos:

Também podemos mover para trás:

p -= 4;   // mover p 4 elementos para a esquerda

Obtemos:

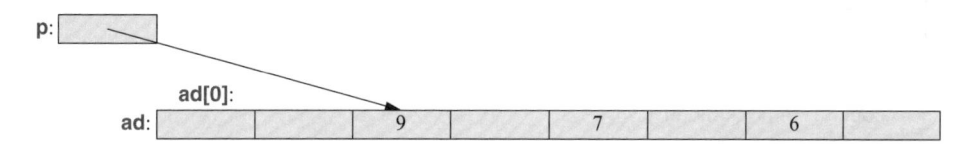

p:

ad[0]:
ad: 9   7   6

A utilização de +, −, += e −= para mover ponteiros é chamada de *aritmética de ponteiros*. Obviamente, se fizermos isso, teremos que tomar muito cuidado para garantir que o resultado não aponte para a memória fora do *array*: CC

```
p += 1000;      // doideira: p aponta para um array com apenas 8 elementos
double d = *p;  // ilegal: provavelmente um valor sem sentido
* p = 12.34;    // ilegal: provavelmente perturba alguns dados desconhecidos
```

Infelizmente, nem todos os *bugs* envolvendo aritmética de ponteiros são fáceis de detectar. A melhor política é simplesmente evitar tal aritmética, exceto ao implementar recursos para os quais não há uma alternativa razoável.

O uso mais comum de aritmética de ponteiros é incrementar um ponteiro (usando ++) para apontar para o próximo elemento e decrementar um ponteiro (usando −−) para apontar para o elemento anterior. Por exemplo, poderíamos imprimir o valor dos elementos de **ad** assim:

```
const int max = sizeof(ad)/sizeof(*ad);   // uma forma de determinar o número de
                                          // elementos de ad
for (double* p = &ad[0]; p<&ad[max]; ++p)
    cout << * p << '\n';
```

Ou de frente para trás:

```
for (double*p = &ad[max−1]; p>=&ad[0]; −−p)
    cout << *p << '\n';
```

Este uso de aritmética de ponteiros é comum. No entanto achamos o último exemplo ("de frente para trás") muito fácil de errar. Por que &ad[Max−1], e não &ad[max]? Por que >=, e não >? Esses exemplos poderiam ser igualmente bem feitos (e com igual eficiência) usando indexação. Tais exemplos também poderiam ser bem feitos usando indexação em um **vector** ou em um **span** (§16.4.1), que facilitam a verificação do intervalo. Além disso, muitos exemplos podem ser feitos usando um **for** de intervalo ("*range-for*") (§3.6.1) em vez de indexação.

A maneira de encontrar o número de elementos em um *array* (aqui, sizeof(ad)/sizeof(*ad)) pode parecer estranha, mas considere: **sizeof** informa tamanhos em número de *bytes* usados para armazenar um objeto, então **sizeof(ad)** será 8*sizeof(double), porque demos a **ad** oito elementos do tipo **double**. Para obter o número de elementos (aqui 8) de volta, devemos dividir pelo tamanho de um elemento (aqui, *ad). Quando baixamos o nível de abstração, nosso código fica mais confuso e mais propenso a erros, e **sizeof** é o mais baixo que conseguimos chegar.

Note que a maioria dos usos reais de aritmética de ponteiros envolve um ponteiro passado como argumento de uma função (como o exemplo de use() em §16.1). Nesse caso, o compilador não tem ideia de quantos elementos estão no *array* apontado: você está por conta própria. É uma situação que preferimos evitar sempre que possível.

Por que tem (permite) a aritmética de ponteiros? Isso pode ser um incômodo e não traz nenhuma novidade, uma vez que temos a indexação. Por exemplo:

```
double* pd = &ad[0];
double d1 = *(pd+7);
double d2 = &pd[7];
if (d2 != d3)
    cout << "impossible!\n";
```

CC Principalmente por razões históricas. Essas regras foram criadas para C décadas atrás e não podem ser removidas sem quebrarem uma enorme quantidade de código. E, em parte, porque pode haver alguma conveniência de usar aritmética de ponteiros em algumas aplicações de baixo nível importantes, como os gerenciadores de memória.

16.2 Ponteiros e referências

CC Você pode considerar uma referência como um ponteiro imutável automaticamente desreferenciado ou como o nome alternativo de um objeto. Ponteiros e referências diferem das seguintes formas:

- A atribuição a um ponteiro muda o valor do ponteiro (não o valor apontado).
  - A atribuição a uma referência muda o valor do objeto referido (não a referência).
- Para inicializar um ponteiro, você usa um ponteiro, um new, um & ou o nome de um *array*.
  - Para inicializar uma referência, você usa um objeto (talvez um ponteiro desreferenciado por * ou []).
- Para acessar um objeto apontado por um ponteiro, usamos * ou [] (§16.1).
  - Para acessar um objeto referenciado por uma referência, basta usar o nome da referência.
- Cuidado com os ponteiros nulos (§15.4.4).
  - Uma referência deve ser inicializada para se referir a um objeto e não pode ser feita para referenciar outro objeto.

Por exemplo:

ponteiro	referência	comentário
int x = 10;	int x = 10;	
int* p = &x;	int& r = x;	&x para obter um ponteiro
p = x;	r = &x;	erros de tipo
*p = 7;	r = 7;	gravar no objeto apontado/referenciado
p = 7;	*r = 7;	erros de tipo
int x2 = *p;	int x2 = r;	ler o valor do objeto apontado/referenciado
int* p2 = p;	int& r2 = r;	fazer p2 apontar para o objeto apontado por p
		fazer r2 referenciar o objeto referido por r
p = nullptr;	r = "nullref";	não existe nullref
p = &x2;		fazer p apontar para x2
	r = x2;	atribuir x2 ao objeto referenciado por r

AA Note que r=x2 não fará com que a referência se refira a x2. Não é possível fazer uma referência se referir a um objeto diferente após a inicialização, e isso é uma garantia valiosa. Em vez disso, r=x2 atribui o valor de x2 ao objeto referido por r, isto é, x. Se você precisa apontar para algo diferente em momentos diferentes, use um ponteiro.

Para ter ideias sobre quando e como usar ponteiros, veja §15.7 e §16.5.

Uma referência e um ponteiro são implementados usando um endereço de memória. Eles apenas usam esse endereço de forma diferente para fornecer a você, como programador, recursos um pouco diferentes.

16.2.1 Parâmetros de ponteiros e parâmetros de referência

Quando você deseja mudar o valor de uma variável para um valor calculado por uma função, tem três escolhas. Por exemplo:

```
int incr_v(int x) { return x+1; }   // calcular um novo valor e retorná-lo
void incr_p(int *p) { ++*p; }        // passar um ponteiro (desreferenciá-lo e aumentar o resultado)
void incr_r(int& r) { ++r; }         // passar uma referência
```

Como escolher? Achamos que retornar o valor muitas vezes leva ao código mais óbvio (portanto menos propenso a erros), ou seja:

```
int x = 2;
x = incr_v(x);   // copiar x para incr_v(); então copiar o resultado "para fora" e atribuí-lo
```

Preferimos esse estilo para os objetos pequenos, como um int. Além disso, se um "objeto grande", como um vector, tiver um construtor de movimento (§17.4.4), podemos passá-lo para frente e para trás com eficiência.

Como podemos escolher entre usar um argumento de referência e usar um argumento de ponteiro? Infelizmente, ambos têm pontos positivos e negativos, então novamente a resposta não é clara. Você deve tomar uma decisão com base na função em particular e em seus usos prováveis.

Se você usar um ponteiro como argumento de uma função, a função deve ter cuidado para quando alguém chamá-la com um ponteiro nulo, isto é, com nullptr. Por exemplo:

```
incr_p(nullptr);     // falha: incr_p() tentará desreferenciar o ponteiro nulo
int* p = nullptr;
incr_p(p);           // falha: incr_p() tentará desreferenciar o ponteiro nulo
```

Isso é obviamente desagradável. A pessoa que escreve incr_p() pode se proteger assim:

```
void incr_p(int* p)
{
    if (p==nullptr)
        error("null pointer argument to incr_p()");
    ++*p;            // desreferenciar o ponteiro e incrementar o objeto apontado
}
```

Mas agora incr_p() de repente não parece tão simples e atraente como antes. O Capítulo 4 examina como lidar com argumentos inválidos. Por outro lado, os usuários de uma referência (como incr_r()) têm direito de presumir que uma referência se refere a um objeto.

Se "passar nada" (não passar um objeto) é aceitável do ponto de vista da semântica da função, devemos usar um argumento de ponteiro. No entanto "passar nada" não é aceitável para nossa operação de incremento, daí a necessidade de gerar uma exceção para p==nullptr.

Então, a resposta real é, "A escolha depende da natureza da função":

- Para objetos minúsculos, prefira a passagem por valor. Com "minúsculo" queremos dizer um ou dois valores dos tipos predefinidos (p. ex., dois doubles), um ou dois objetos de classe com tamanho equivalente.

- Para as funções em que "nenhum objeto" (representado por nullptr) é um argumento válido, use um parâmetro de ponteiro (e lembre-se de testar se é nullptr).
- Caso contrário, use um parâmetro de referência.

Veja também §7.4.6 e não se esqueça da passagem por referência const.

16.2.2 Ponteiros como parâmetros

XX Os ponteiros são populares como parâmetros: Por exemplo:

```
void print_n(int* p, int n)
{
    if (p==nullptr)       // proteger de nullptr
        return;

    for (int i = 0; i<n; ++i)
        cout << v[i] << ' ';
}

void user()
{
    int a[12];
    int* p = new int [10];
    // ... preencher a e *p ...
    print_n(a,12);
    print_n(p,12);
}
```

Há muita coisa errada nesse código: está muito prolixo, tem constantes mágicas (§3.3.1), vazamento de memória (§15.4.5) e há um erro de intervalo (§4.6.2).

AA A raiz do problema é que um ponteiro (por definição), que não "sabe" para quantos elementos aponta, é usado como parâmetro. Recomendamos que você não passe uma sequência de elementos como um par (ponteiro,contagem). Um argumento de ponteiro deve apontar para um único objeto ou ser nullptr. Em vez disso, passe um objeto que represente um intervalo, por exemplo, span (§16.4.1). Por exemplo:

```
void print_n(span<int> s)    // span aponta para um array e "lembra" de seu número de
                             // elementos (§16.4.1)
{
    for (int x : s)
        cout << x << ' ';
}

void user()
{
    int a[12];
    vector<int> v(10);
    // ... preencher a e v ...
    print_n(a);       // imprime 12 ints
    print_n(v);       // imprime 10 ints
}
```

16.3 *Strings* no estilo C

Desde os primórdios da linguagem C, uma *string* de caracteres tem sido representada na memória como um *array* de caracteres terminado em zero e acessado com ponteiros (PPP2.§27.5). Por exemplo:

```
const char* s = "Danger!";
```

Podemos representar s assim:

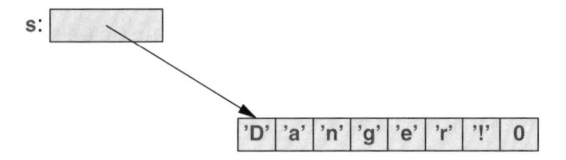

s:

| 'D' | 'a' | 'n' | 'g' | 'e' | 'r' | '!' | 0 |

Nossas *strings* literais são *strings* no estilo C. Repare que os caracteres de uma *string* literal são const. Se quisermos mudar os caracteres, teremos de usar um *array*:

```
char s[] = "Modifiable";
cout << "modifiable: " << s;      // escreve "Modifiable"

s[6] = 'e';
s[7] = 'd';
s[8] = 0;           // zero como terminador

cout << "modifiable: " << s;      // escreve "Modified"
```

Para obter o número de caracteres em uma *string* no estilo C, usamos strlen():

```
cout << strlen(s);   // escreve 8
```

Note que strlen() não conta a terminação 0; fornece o número de caracteres até, e não incluindo, o 0. Isso também significa que, se você colocar 0 no meio de uma *string*, como fizemos para s, não podemos mais determinar quanta memória foi alocada para essa *string*.

As nossas "*strings*" no estilo C são ponteiros e mantêm a semântica de ponteiros. Isso implica que a atribuição, a cópia e sizeof se aplicam ao ponteiro, em vez de ao que é apontado. Considere:

```
string cat(const string& name, const string& addr)
{
    return id + '@' + addr;
}
```

Usando *strings* no estilo C em vez de std::string, isto se torna:

```
char* cat2(const char* name, const char* addr)
{
    int nsz = strlen(name);
    int sz = nsz+strlen(addr)+2;          // +2 para '@' e o zero terminador
    char* res = (char*) malloc(sz);       // usando a antiga função de alocação
    strcpy(res,name);                     // copiar de *name para *res até um zero ser visto
    res[nsz+1] = '@';
```

```
        strcpy(res+2,addr);
        return res;
}
```

A função malloc() das bibliotecas-padrão de C e C++ aloca memória no armazenamento livre; a memória alocada por malloc() deve ser retornada ao gerenciador do armazenamento livre usando free(). Você vê isso com frequência em vez de new/delete em código de estilo C – string, new e delete não fazem parte de C. A função strcpy() da biblioteca-padrão de C e C++ copia os caracteres apontados por seu segundo argumento para o local apontado por seu primeiro argumento até encontrar um zero terminador. O zero terminador também é copiado.

XX Tal código é prolixo e propenso a erros. Ele usa aritmética de ponteiros confusa; além disso, quem irá liberar com free() a memória retornada por cat2()? Recomendamos fortemente o uso de std::string ou *strings* similares de alto nível em relação às *strings* no estilo C. Como leitor ou mantenedor do código, você prefere ver cat() ou cat2()?

Por que alguém projetaria algo como a *string* de C? Quando as *strings* no estilo C foram inventadas, a memória do computador era medida em dezenas ou – se você tivesse sorte – centenas de *kilobytes*. Lembro-me de ficar em êxtase quando pegava um computador com um *megabyte* inteiro! As *strings* no estilo C chegavam perto do ideal em tempo e espaço para os programas escritos na época. A razão é que elas não computam nem armazenam qualquer informação que você possa não precisar. Além disso, os primeiros usuários das *strings* no estilo C eram programadores muito melhores do que a média de hoje. Eles simplesmente não cometiam a maioria dos erros de programação óbvios.

AA Por que alguém escreveria esse código hoje? Bem, há muitos programadores C que não têm alternativas e, muitas vezes, trazem seus hábitos para C++. Além disso, muitos programadores acreditam que podem escrever um código ideal sem cometer erros. Quase sempre estão errados.

Realmente, uma *string* no estilo C tem muitos recursos que podem ser surpresa para alguém não familiarizado. Essas *strings* são ponteiros, na verdade. Por exemplo, = atribui ponteiros, em vez dos valores apontados.

Você foi avisado! Prefira std::string quando tiver essa opção. Pesquise um tutorial com outras informações e a documentação (p. ex., [cppref]) se você não tiver.

16.4 Alternativas ao uso de ponteiros

AA Ponteiros podem ser usados basicamente para qualquer coisa. É por isso que tentamos evitar seu uso: ao ver um código com muitos ponteiros, não conseguimos determinar, de forma confiável, a intenção do programador. Isso torna os muitos usos dos ponteiros propensos a erros. Considere as alternativas:

- Para manter uma coleção de valores, use um contêiner da biblioteca-padrão, como vector, set (§20.5), map (§20.2), unordered_map (§20.3) ou array (§16.4.2).
- Para manter uma *string* de caracteres, use string da biblioteca-padrão (§2.4, §9.10.3, PPP2.§23.2).
- Para apontar para um objeto de sua propriedade (ou seja, que você deve excluir via delete), use unique_ptr (§18.5.2) ou shared_ptr (§18.5.3) da biblioteca-padrão.
- Para apontar para uma sequência contínua de elementos que não são de sua propriedade, use span da biblioteca-padrão (§16.4.1).
- Para evitar sistematicamente desreferenciar um ponteiro nulo, use not_null (§16.4.3).

Muitas vezes, existem alternativas para os componentes da biblioteca-padrão, mas torne a biblioteca-padrão sua escolha padrão.

16.4.1 span

A maioria dos usos de ponteiros envolve controlar o número de elementos para os quais um ponteiro aponta. Grande parte dos problemas sem relação com a propriedade vem de obter o número de elementos errado. Então, aplicamos o remédio óbvio: um "ponteiro" que mantém um registro sobre quantidade de elementos. Esse tipo se chama **span**. Por exemplo:

```
int arr[8];
span spn {arr};        // um span<int> que aponta para 8 ints
```

ou graficamente:

spn: [| 8]

arr: [| | | | | | |]

Aqui, **spn** foi definido sem mencionar o tipo de elemento ou o número de elementos; esses detalhes são deduzidos a partir da definição de **arr**. Nem sempre temos essa informação disponível e nem sempre queremos tudo de um *array*. Então, devemos ser explícitos:

```
const int max = 1024;
int buf[max];
span<int>sp {buf,max/2};      // primeira metade de buf
```

Com **span**, podemos obter a verificação do intervalo e o **for** de intervalo (*range*-**for**):

```
void test(span<int> s)
{
    cout << "size: " << s.size() << '\n';
    for (int x : s)
        cout << x << '\n';
    try {
        int y = s[size()];
    }
    catch (...) {
        cout << "we have range checking\n";
        return;
    }
    cout << "no range checking! Boo Hoo!\n";
    terminate();           // sair do programa
}
```

Infelizmente, **std:span** não garante a verificação do intervalo, embora a versão em **PPP_support** sim.

16.4.2 array

O *array* predefinido pode ser convertido em um ponteiro à menor provocação. O ponteiro resultante não tem informação sobre o tamanho e pode ser confundido com os ponteiros que precisam ser excluídos via **delete**. Entretanto a biblioteca-padrão fornece um tipo **array** que não produz implicitamente um ponteiro. Por exemplo:

```
std::array<int,8> arr { 0,1,2,3,4,5,6,7 };
int* p = arr;                    // erro (e isso é bom)
```

Diferente de vector e string, array não é um identificador para os elementos alocados em outro lugar:

arr:	0	1	2	3	4	5	6	7

Bem ou mal, como o *array* predefinido, array é um tipo mais simples e menos flexível do que vector. Seu tamanho não é armazenado na memória, mas lembrado pelo sistema de tipos. Um array não usa o armazenamento livre, a menos que você o crie usando new. Em vez disso, um array usa apenas o tipo da memória (p. ex., memória de pilha ou estática) no qual você o cria, e isso pode ser importante.

Infelizmente, o número de elementos de array nunca é deduzido, por isso deve ser declarado explicitamente. Por outro lado, se houver mais elementos do que inicializadores, o restante é inicializado por padrão. Por exemplo:

```
array<string,4> as { "Hello", " ", "World!" };    // as[3] é uma string vazia
```

16.4.3 not_null

Considere uma possível implementação de strlen():

```
int strlen(const char* p)
{
    if (p==nullptr)
        return 0;
    int n = 0;
    while (*p++)
        ++n;
    return n;
}
```

O teste de nullptr é necessário? Se não tivermos esse teste, strlen(p), onde p é um ponteiro nulo, provavelmente quebrará o programa; do contrário, dará um resultado errado. Se o teste é necessário, ele deve dar um resultado? Isto é, devemos fingir que a *string* (imaginária) apontada por nullptr tem zero elementos? Ou seria melhor dar um erro (p. ex., gerar uma exceção)?

> **TENTE ISTO**
>
> Pesquise a definição de std::strlen() para ver o que o padrão requer. Então, experimente char* p = nullptr; size_t x = strlen(p); para ver o que sua implementação faz.

Sempre que usamos ponteiros, a questão do que fazer com nullptr logo aparece. Será que nullptr tem um significado definido? É um *bug*? Se é um *bug*, quem é responsável por capturá-lo? A função chamadora ou a função chamada? Uma documentação ou comentários podem dar as respostas, mas nem sempre lemos os manuais. PPP_support fornece uma solução simples: um tipo que verifica se seu argumento é nullptr e gera not_null_error se for. Depois dessa verificação, not_null se comporta como um ponteiro. Se strlen() não permitisse nullptr, poderíamos tê-la definido assim:

```
int strlen(not_null<const char*> p)
{
    int n = 0;
    while (*p++)
        ++n;
    return n;
}
```

Se strlen() não for definida assim – e, sendo uma função de C da década de 1970, ela não é –, o implementador tem que decidir se confia na função chamadora ou se defende-se da possibilidade de um argumento nullptr. Além disso, todo usuário teria que decidir se quer ter certeza de que nenhum argumento para strlen é nullptr. Essa é a vida nos níveis mais baixos de abstração. O ideal é evitar tais dilemas usando tipos de nível mais alto, como vector e string. Onde não for possível, use not_null para os argumentos de ponteiro que vêm do código que você não controla.

16.5 Um exemplo: palíndromos

Chega de exemplos técnicos! Vamos experimentar fazer um pequeno quebra-cabeça. Um *palíndromo* é uma palavra que permanece igual quando lida de trás para frente. Por exemplo, *ana*, *radar* e *osso* são palíndromos, enquanto *ida* e *toca* não são. Há duas formas básicas de determinar se uma palavra é um palíndromo:

- Fazer uma cópia das letras na ordem inversa e comparar essa cópia com a original.
- Ver se a primeira letra é a igual à última, então ver se a segunda letra é a igual à penúltima e continuar até chegar ao meio.

Aqui, adotaremos a segunda abordagem. Há muitas formas de expressar essa ideia em código, dependendo de como representamos a palavra e como controlamos o quão longe vamos com a comparação dos caracteres. Escreveremos um pequeno programa que testa se as palavras são palíndromos de algumas maneiras diferentes só para ver como os diferentes recursos da linguagem afetam a aparência e o funcionamento do código.

16.5.1 Palíndromos usando string

Primeiro, testamos uma versão usando string da biblioteca-padrão com índices int para controlar o quão longe temos que ir com nossa comparação:

```
bool is_palindrome(const string& s)
{
    int first = 0;              // índice da primeira letra
    int last = s.length()-1;    // índice da última letra
    while (first < last) {      // não chegamos no meio
        if (s[first]!=s[last])
            return false;
        ++first;                // avançar
        --last;                 // retroceder
    }
    return true;
}
```

Retornamos true se chegamos ao meio sem encontrar alguma diferença. Sugerimos que você examine esse código para se convencer de que é correto quando não há letras na *string*, quando há apenas uma letra nela, quando há um número par e quando há um número ímpar de letras. Claro, não devemos confiar apenas na lógica para ver se nosso código está correto. Devemos também testar. Podemos experimentar is_palindrome() assim:

```
int main()
{
    for (string s; cin>>s; ) {
        cout << s << " is";
        if (!is_palindrome(s))
            cout << " not";
        cout << " a palindrome\n";
    }
}
```

Basicamente, a razão pela qual usamos string é que "strings são boas para lidar com palavras". É fácil ler uma palavra separada por espaços em branco em uma *string*, e string conhece seu tamanho. Se quiséssemos testar is_palindrome() com *strings* que contém espaços em branco, poderíamos ter lido usando getline() (§11.5). Isso teria mostrado *ah ha* e *as df fd sa* como sendo palíndromos.

16.5.2 Palíndromos usando *arrays*

E se não tivéssemos strings (ou vectors), de modo que tivéssemos que usar um *array* para armazenar os caracteres? Vejamos:

```
bool is_palindrome(const char s[], int n)
    // s aponta para o primeiro caractere de um array de n caracteres
{
    int first = 0;          // índice da primeira letra
    int last = n-1;         // índice da última letra
    while (first < last) {  // não chegamos no meio
        if (s[first]!=s[last])
            return false;
        ++first;            // avançar
        --last;             // retroceder
    }
    return true;
}
```

Para experimentar is_palindrome(), primeiro temos que colocar os caracteres lidos no *array*. Uma forma de fazer isso com segurança (isto é, sem o risco de estourar o limite do *array*) é assim:

```
istream& read_word(istream& is, char* buffer, int max)
    // ler no máximo max-1 caracteres a partir de s para o buffer
{
    is.width(max);      // ler no máximo max-1 caracteres no próximo >>
    is >> buffer;       // ler palavra terminada com espaço em branco e adicionar zero
                        // após a leitura do último caractere
    return is;
}
```

Definir a largura (width) de istream adequadamente impede o estouro do *buffer* (*buffer overflow*) na próxima operação >>. Infelizmente, isso também significa que não sabemos se a leitura terminou com um espaço em branco ou se o *buffer* ficou cheio (de modo que precisamos ler mais caracteres). E mais, quem se lembra dos detalhes do comportamento de width() para a entrada? string e vector da biblioteca-padrão são realmente melhores como *buffers* de entrada, porque se expandem para ajustar a quantidade de entrada. Esse caractere de terminação 0 é necessário, porque muitas operações populares nos *arrays* de caracteres (*strings* no estilo C) presumem um zero de terminação. Usando read_word() podemos escrever

```
int main()
{
    constexpr int max = 128;
    for (char s[max]; read_word(cin,s,max); ) {
        cout << s << " is";
        if (!is_palindrome(s,strlen(s)))
            cout << " not";
        cout << " a palindrome\n";
    }
}
```

A chamada a strlen(s) retorna o número de caracteres no *array* após a chamada de read_word(), e cout<<s exibe os caracteres no *array* até o valor 0 de terminação.

Consideramos essa "solução com *array*" bem mais confusa do que a "solução com string", **AA** e ela fica muito pior se tentamos lidar seriamente com a possibilidade de *strings* longas. Veja o Exercício 10.

16.5.3 Palíndromos usando ponteiros

Em vez de usar índices para identificar os caracteres, podemos usar ponteiros:

```
bool is_palindrome(const char* first, const char* last)
    // first aponta para a primeira letra, last aponta para a última letra
{
    while (first < last) {       // não chegamos no meio
        if (*first!= *last)
            return false;
        ++first;                 // avançar
        --last;                  // retroceder
    }
    return true;
}
```

Sem dúvida é a função is_palindrome() mais clara até agora, mas sua simplicidade foi alcançada porque a tarefa de obter o intervalo certo foi repassada a seus usuários:

```
int main()
{
    const int max = 128;
    for (char s[max]; read_word(cin,s,max); ) {
        cout << s << " is";
```

```
            if (!is_palindrome(&s[0],&s[strlen(s)-1]))
                cout << " not";
            cout << " a palindrome\n";
        }
    }
```

Só por diversão, rescrevemos is_palindrome() assim:

```
bool is_palindrome(const char*first, const char*last)
    // first aponta para a primeira letra, last aponta para a última letra
{
    if (first<last)
        return (*first== *last) ? is_palindrome(first+1,last-1) : false;
    return true;
}
```

Esse código fica óbvio quando reformulamos a definição de *palíndromo*: uma palavra é um palíndromo se o primeiro e o último caracteres são iguais e se a *substring* obtida na remoção do primeiro e do último caracteres é um palíndromo.

16.5.4 Palíndromos usando span

Basicamente, span é, simplesmente, uma alternativa diferente e geralmente melhor ao uso de *arrays* ou ponteiros. Por exemplo:

```
bool is_palindrome(span<char> s)
{
    return (s.size()) ? is_palindrome(s.data(),s.data()+s.size()) : true;   // implementado
                                                                            // usando ponteiros
}
```

Como todos os tipos da biblioteca-padrão, span tem funções-membro mais úteis do que cabem neste livro. Aqui, usamos data(), que retorna um ponteiro para o primeiro elemento de span. Um span vazio não tem um primeiro elemento; primeiro verificamos o tamanho de s.

Essa função is_palindrome() é um exemplo de como mapear de um estilo para outro, aqui de um estilo moderno usando span para um mais antigo usando ponteiros. Nos projetos grandes que se estendem por vários anos, é comum ter vários estilos presentes conforme os recursos e a moda evoluem. Também podemos mapear de outra forma:

```
bool is_palindrome(const char* first, const char* last)
{
    return is_palindrome(span<char>{first,last-first});   // implementado usando span
}
```

Infelizmente, não há um teste simples e confiável durante a execução para sabermos se o par de ponteiros first e last é viável, por isso costuma ser melhor usar span em tudo:

```
bool is_palindrome(span<char> s)
{
    if (s.size()<2)
        return true;
    return (s.front()==s.back()) ? is_palindrome(span<int>{s.data()+1,s.size()-2}) : false;
}
```

Prática

Neste capítulo, temos duas práticas: uma para praticar *arrays* e outra para praticar vectors mais ou menos da mesma forma. Faça ambas e compare o esforço envolvido em cada uma.

Prática com *arrays*:

[1] Defina um *array* ga do tipo int global com dez ints inicializados com 1, 2, 4, 8, 16 etc.
[2] Defina uma função f() tendo um argumento do tipo *array* de int e um argumento int indicando o número de elementos no *array*.
[3] Em f():
- Defina um *array* la do tipo int local com dez ints.
- Copie os valores de ga para la.
- Imprima os elementos de la.
- Defina um ponteiro p para um int e inicialize-o com um *array* alocado no armazenamento livre com o mesmo número de elementos do *array* do argumento.
- Copie os valores do *array* do argumento para o *array* do armazenamento livre.
- Imprima os elementos do *array* do armazenamento livre.
- Desaloque o *array* do armazenamento livre.

[4] Em main():
- Chame f() passando ga como seu argumento.
- Defina um *array* aa com dez elementos e inicialize-o com os primeiros dez valores fatoriais (1, 2*1, 3*2*1, 4*3*2*1 etc.).
- Chame f() passando aa como seu argumento.

Prática com vector da biblioteca-padrão:

[1] Defina um vector<int> gv global; inicialize-o com dez ints, 1, 2, 4, 8, 16 etc.
[2] Defina uma função f() que tenha um argumento do tipo vector<int>.
[3] Em f():
- Defina um vector<int> lv local com o mesmo número de elementos do vector do argumento.
- Copie os valores de gv para lv.
- Imprima os elementos de lv.
- Defina um vector<int> lv2 local; inicialize-o para ser uma cópia do vector do argumento.
- Imprima os elementos de lv2.

[4] Em main():
- Chame f() passando gv como seu argumento.
- Defina um vector<int> vv e inicialize-o com os primeiros dez valores fatoriais (1, 2*1, 3*2*1, 4*3*2*1 etc.).
- Chame f() passando vv como seu argumento.

Revisão

[1] O que significa *"Caveat emptor!"*?
[2] O que é um *array*?
[3] Como copiar um *array*?
[4] Como inicializar um *array*?
[5] Quando devo preferir um argumento de ponteiro a um argumento de referência? Por quê?

[6] Quando devo preferir span em vez de um ponteiro? Por quê?
[7] Qual é a diferença entre std::array e um *array* predefinido?
[8] Para que serve a verificação do intervalo (*range checking*)?
[9] De quais informações você precisa para fazer a verificação do intervalo?
[10] O que um not_null pode fazer?
[11] O que é *string* no estilo C?
[12] O que é palíndromo?

Termos

array	ponteiro	palíndromo	aritmética de ponteiros
span	array	not_null	*string* no estilo C
*	&	->	indexação
[ ]	strlen()	erro de intervalo	desreferenciar nullptr

Exercícios

[1] Escreva uma função, void to_lower(char* s), que substitua todos os caracteres maiúsculos na *string* s em estilo C por seus equivalentes minúsculos. Por exemplo, Hello, World! se torna hello, world!. Não use funções da biblioteca-padrão. Uma *string* no estilo C é um *array* de caracteres com terminação zero, então, se você encontrar um char com o valor 0, está no final.
[2] Escreva uma função, char* str_dup(const char*), que copia uma *string* no estilo C para a memória que ela aloca no armazenamento livre. Não use funções da biblioteca-padrão.
[3] Escreva uma função, char* find_x(const char* s, const char* x), que encontra a primeira ocorrência da *string* x no estilo C em s.
[4] Escreva uma função, int str_cmp(const char* s1, const char* s2), que compara as *strings* no estilo C. Deixe-a retornar um número negativo se s1 estiver antes de s2 no alfabeto, zero se s1 for igual a s2 e um número positivo se s1 estiver após s2 no alfabeto. Não use funções da biblioteca-padrão. Não use indexação; use o operador de desreferência *.
[5] Considere o que acontece se você passar a str_dup(), find_x() e str_cmp() um argumento de ponteiro que não seja uma *string* no estilo C. Experimente! Primeiro descubra como obter um char* que não aponte para um *array* de caracteres terminado em zero, depois use-o (nunca faça isso em código real, não experimental; o estrago pode ser grande). Experimente com "*strings* no estilo C falsas" alocadas no armazenamento livre e também com *strings* alocadas na pilha. Se os resultados ainda parecerem razoáveis, desative o modo de depuração. Planeje e implemente de novo essas três funções para que elas tenham outro argumento para o número máximo de elementos permitido nas *strings* de argumento. Então, teste com *strings* no estilo C corretas e com *strings* "ruins".
[6] Veja o que acontece se você fornecer à função strcmp() da biblioteca-padrão um argumento de ponteiro que não seja uma *string* no estilo C.
[7] Escreva uma função, string cat_dot(const char* s1, const char* s2), que concatene duas *strings* com um ponto entre elas. Por exemplo, cat_dot("Niels", "Bohr") retornará uma *string* contendo Niels.Bohr.
[8] Escreva uma versão de cat_dot() que tenha argumentos const string&.
[9] Modifique cat_dot() dos dois exercícios anteriores para que receba uma *string* usada como o separador (em vez de ponto) como seu terceiro argumento.

[10] Escreva versões de cat_dot()s dos exercícios anteriores para que recebam *strings* no estilo C como argumentos e retornem uma *string* no estilo C alocada no armazenamento livre como resultado. Não use as funções ou os tipos da biblioteca-padrão na implementação. Teste essas funções com várias *strings*. Libere (usando delete) toda a memória que você alocou no armazenamento livre (usando new). Compare o esforço envolvido neste exercício com o esforço envolvido nos Exercícios 5 e 6.

[11] Reescreva todas as funções em §16.5 (palíndromos) para usar a abordagem de fazer uma cópia inversa da *string* e depois comparar; por exemplo, pegue "home", gere "emoh" e compare essas duas *strings* para ver se são diferentes, então *home* não é um palíndromo.

[12] Veja a "solução com *array*" para o problema do palíndromo em §16.5.2. Corrija-a para lidar com *strings* longas (a) informando se uma *string* de entrada era muito longa e (b) permitindo uma *string* arbitrariamente longa. Comente a complexidade das duas versões.

[13] Implemente uma versão do jogo "Hunt the Wumpus" (ou apenas "Wump"). Esse é um jogo de computador simples (não gráfico), originalmente inventado por Gregory Yob. A premissa básica é de que um monstro muito fedorento vive em uma caverna escura, que consiste em ambientes conectados. Seu trabalho é matar Wumpus usando arco e flecha. Além do Wumpus, a caverna tem dois perigos: poços sem fundo e morcegos gigantes. Se você entra em um ambiente com um poço sem fundo, é o fim do jogo. Se entra em um ambiente com um morcego, ele pega você e o joga em outro ambiente. Se entra no ambiente onde está o Wumpus ou ele entra no seu, ele come você. Quando você entrar em um ambiente, será informado se um perigo está por perto:
- "Sinto o cheiro do Wumpus": está em um ambiente vizinho.
- "Sinto uma brisa": um dos ambientes vizinhos é um poço sem fundo.
- "Ouço um morcego": um morcego gigante está em um ambiente vizinho.

Para ajudar, os ambientes são numerados. Cada um é conectado por túneis a três outros ambientes. Ao entrar em um ambiente, é dito algo como "Você está no ambiente 12; lá existem túneis para os ambientes 1, 13 e 4; mover ou atirar?"*. As respostas possíveis são m13 ("Ir para o ambiente 13") e s13-4-3 ("Atirar uma flecha através dos ambientes 13, 4 e 3"). O alcance de uma flecha é de três ambientes. No início do jogo, você tem cinco flechas. O problema ao atirar é que isso acorda o Wumpus, e ele vai para um ambiente adjacente ao que estava – pode ser o seu ambiente.

Provavelmente, a parte mais complicada do exercício é criar a caverna selecionando quais ambientes estão conectados a quais outros ambientes. É possível que você queira usar um gerador de números aleatórios (p. ex., randint() de PPP_support) para ter as diferentes execuções do programa usando diferentes cavernas e mover os morcegos e o Wumpus. Dica: tenha uma maneira de produzir uma saída do estado da caverna para depuração.

Posfácio

Ponteiros e *arrays* são onipresentes em código C e em código C++ mais antigo. Por exemplo, as *strings* literais são *strings* no estilo C. Assim, temos que entender seu uso e aprender como evitar seus usos indevidos. span, array e not_null da biblioteca-padrão resolvem muitos problemas relacionados aos erros de intervalo e podem ser usados quando os tipos de alto nível, como vector, não podem ser usados com consistência.

---

*N. de T. "Mover" é "*move*" em inglês e "atirar" é "*shoot*", por isso o uso de "*m*" e "*s*" nas respostas.

17

Operações essenciais

> *Quando uma pessoa disser*
> *"Quero uma linguagem de programação em que*
> *eu só precise dizer o que desejo que seja feito",*
> *dê a ela um pirulito.*
> — *Alan Perlis*

Este capítulo descreve como os vetores são copiados e acessados por meio de índices. Para tanto, examinamos a operação de cópia em geral e apresentamos as operações essenciais que devem ser consideradas para cada tipo: construção, construção padrão, cópia, movimento e destruição. Como muitos tipos, **vector** oferece comparações, então mostramos como fornecer operações como == e <. Por fim, lidamos com os problemas de mudar o tamanho de **vector**: por que e como?

- ▶ 17.1 Introdução
- ▶ 17.2 Acesso aos elementos
- ▶ 17.3 Inicialização de lista
- ▶ 17.4 Copiar e mover
    Construtores de cópia; Atribuições de cópia; Terminologia sobre cópias; Mover
- ▶ 17.5 Operações essenciais
    Construtores explícitos; Depurando construtores e destrutores
- ▶ 17.6 Outras operações úteis
    Operadores de comparação; Operadores relacionados
- ▶ 17.7 Problemas restantes em **Vector**
- ▶ 17.8 Mudando o tamanho
    Representação; **reserve()** e **capacity()**; **resize()**; **push_back()**; Atribuição
- ▶ 17.9 Nosso **Vector** até agora

17.1 Introdução

Para ficar no ar, um avião tem que acelerar ao longo da pista até se mover rápido o suficiente para "saltar" no ar. Enquanto o avião está parado na pista, ele não passa de um veículo pesado e desajeitado. Uma vez no ar, ele se torna algo totalmente diferente, elegante e eficiente. É sua verdadeira essência.

CC   Neste capítulo, estamos no meio de uma "corrida" para reunir recursos e técnicas suficientes da linguagem de programação para fugir das restrições e das dificuldades da memória comum do computador. Queremos chegar ao ponto em que podemos programar usando tipos que forneçam exatamente as propriedades que queremos com base nas necessidades lógicas. Para "chegar lá", temos que superar uma série de restrições relacionadas ao acesso à máquina básica, tais como:

- Um objeto na memória tem um tamanho fixo.
- Um objeto na memória está em um lugar específico.
- O computador fornece apenas algumas operações fundamentais sobre tais objetos (como copiar uma palavra, somar os valores de duas palavras etc.).

Basicamente, essas são as restrições dos tipos e das operações predefinidos de C++ (como herdados via linguagem C a partir do *hardware*; ver PPP2.§22.2.5 e PPP2.Ch27). No Capítulo 15, vimos o início de um tipo Vector que controla todo o acesso aos seus elementos e nos fornece operações que parecem "naturais" do ponto de vista de um usuário, não do ponto de vista do *hardware*.

Este capítulo foca a noção de cópia. É um ponto importante, mas um tanto técnico: o que queremos dizer com copiar um objeto complexo? Até que ponto as cópias são independentes após uma operação de cópia? Quais operações de cópia existem? Como especificá-las? E como elas se relacionam com outras operações fundamentais, como inicialização e limpeza?

Note que os detalhes de vector são peculiares a vectors e à maneira de C++ construir novos tipos de nível mais alto a partir dos tipos de nível mais baixo. No entanto cada tipo "de nível mais alto" (string, vector, list, map etc.) em qualquer linguagem é, de alguma forma, construído a partir dos mesmos primitivos da máquina e reflete inúmeras resoluções para os problemas fundamentais descritos aqui.

17.2 Acesso aos elementos

A classe Vector como o deixamos no final do Capítulo 15 ainda está muitíssimo incompleta em comparação com std::vector. Em particular, falta uma forma elegante de acessar seus elementos. Tudo o que ela tinha era um par de funções get() e set(). Um código que usa get() e set() para acessar os elementos é bem feio em comparação com a notação de indexação habitual:

```
Vector v(3);
v.set(0,1);
v.set(1,2);
v.set(2,3);
int x = v.get(2);
```

Podemos melhorar. A maneira de obter a notação v[i] usual é definir uma função-membro chamada operator[]. Veja nossa primeira tentativa (ingênua):

```
class Vector {
    int sz;             // o tamanho
    double* elem;       // um ponteiro para os elementos
public:
    // ...
    double operator[](int n) { return elem[n]; }    // retornar elemento
};
```

Parece bom, e parece simples, mas infelizmente é simples demais. Deixar o operador de indexação (operator[]()) retornar um valor permite a leitura, mas não a gravação dos elementos:

```
Vector v(10);
double x = v[2];    // bom
v[3] = x;           // erro: v[3] não é um lvalue (§3.3)
```

Aqui, v[i] é interpretado como uma chamada v.operator[](i), e essa chamada retorna o valor do elemento número i de v. Para esse Vector excessivamente ingênuo, v[3] é um valor de ponto flutuante, não uma variável de ponto flutuante.

> **TENTE ISTO**
>
> Crie uma versão dessa classe Vector completa o suficiente para compilar e ver qual mensagem de erro o compilador produz para v[3]=x;.

A nossa próxima tentativa é deixar operator[] retornar um ponteiro para o elemento apropriado:

```
class Vector {
    // ...
    double* operator[](int n) { return &elem[n]; }    // retornar ponteiro
};
```

Dada essa definição, podemos escrever o seguinte:

```
Vector v(10);
for (int i=0; i<v.size(); ++i) {
    *v[i] = i;          // funciona, mas ainda é muito feio
    cout << *v[i];
}
```

Aqui, v[i] é interpretado como uma chamada v.operator[](i), e essa chamada retorna um ponteiro para o elemento número i de v. O problema é que temos que escrever * para desreferenciar esse ponteiro e chegar ao elemento. Isso é quase tão ruim quanto ter que escrever set() e get(). Retornar uma referência a partir do operador de indexação resolve o problema:

```
class Vector {
    // ...
    double& operator[](int n) { return elem[n]; }             // retornar uma referência
    const double& operator[](int n) const { return elem[n]; } // retornar um const& para um
};                                                            // const (§8.7.4)
```

Referências não servem apenas para os argumentos de função.
Agora podemos escrever assim:

```
Vector v(10);
for (int i=0; i<v.size(); ++i) {        // funciona!
    v[i] = i;           // v[i] retorna um elemento de referência i
    cout << v[i];
}
```

Chegamos na notação convencional: v[i] é interpretado como uma chamada v.operator[](i) e retorna uma referência para o elemento número i de v.

Como os vectors costumam ser passados por referência const, a versão const de operator[]() é uma adição essencial. Essa versão poderia retornar um double simples, em vez de um double&.

17.3 Inicialização de lista

Considere de novo a nossa classe Vector:

```
class Vector {
    int sz;             // o tamanho
    double* elem;       // um ponteiro para os elementos
public:
    Vector(int s) :sz{s}, elem{new double[s]} { /*... */ }   // construtor: aloca memória
    ~Vector() { delete[] elem; }                             // destrutor: desaloca memória
    // ...
};
```

Está bem, mas gostaríamos de iniciar um Vector com uma lista de valores. Por exemplo:

```
Vector v1 = {1.2, 7.89, 12.34 };
```

Só definir o tamanho, depois atribuir os valores desejados é tedioso e propenso a erros:

```
Vector v2(2);           // tedioso e propenso a erros
v2[0] = 1.2;
v2[1] = 7.89;
v2[2] = 12.34;          // Ai! Erro de intervalo
```

Então, como escrevemos um construtor que aceita uma lista de inicializadores como seu argumento? Uma lista de elementos delimitada por { } do tipo T é apresentada ao programador como um objeto do tipo initializer_list<T> da biblioteca-padrão, uma lista de Ts. Seu primeiro elemento é identificado por begin() e o fim da lista por end(), então podemos escrever:

```
class Vector {
    int sz;             // o tamanho
    double* elem;       // um ponteiro para os elementos
public:
    Vector(int s)                       // construtor (s é a contagem de elementos)
        :sz{s}, elem{new double[s]}     // memória não inicializada para os elementos
    {
        for (int i = 0; i<sz; ++i)
            elem[i] = 0.0;              // inicializar com um valor padrão
    }
```

```
        Vector(initializer_list<double> lst)    // construtor da lista de inicializadores
            :sz{lst.end()-lst.begin()},
            elem{new double[sz]}                // memória não inicializada para os elementos
        {
            copy(lst.begin(),lst.end(),elem);   // inicializar usando std::copy()
        }

        // ...
};
```

Usamos o algoritmo **copy** da biblioteca-padrão. Ele copia uma sequência de elementos identificados por seus dois primeiros argumentos (aqui, **begin()** e **end()** de **initializer_list**) para a memória identificada por seu terceiro argumento (aqui, **elem**). Esse estilo de código é onipresente na biblioteca-padrão e é descrito brevemente em §17.6 e em detalhes nos Capítulos 19 e 21.

Os inicializadores de membros devem aparecer na ordem dos próprios membros. Isso significa que podemos usar um membro como parte dos inicializadores de membros subsequentes (aqui, como fizemos com **sz**).

Agora podemos escrever o seguinte:

```
Vector v1 = {1,2,3};    // três elementos 1.0, 2.0, 3.0
Vector v2(3);           // três elementos, cada um com o valor (padrão) 0.0
```

Repare como usamos ( ) para uma contagem de elementos e { } para as listas de elementos. Precisamos de uma notação para diferenciá-los. Por exemplo:

```
Vector v1 {3};          // um elemento com o valor 3.0
Vector v2(3);           // três elementos, cada um com o valor (padrão) 0.0
```

Não é muito elegante, mas é eficaz. Se houver escolha, o compilador interpretará um valor em uma lista { } como um valor de elemento e o passará para o construtor da lista de inicializadores como um elemento de uma **initializer_list**.

Na maioria dos casos – inclusive todos os casos que encontraremos neste livro – o símbolo = antes de uma lista de inicializadores { } é opcional, assim podemos escrever

```
Vector v11 = {1,2,3};   // três elementos 1.0, 2.0, 3.0
Vector v12 {1,2,3};     // três elementos 1.0, 2.0, 3.0
```

A diferença é puramente de estilo.

Note que passamos **initializer_list<double>** por valor. Isso foi deliberado e exigido pelas regras da linguagem: **initializer_list** é apenas um identificador para os elementos alocados "em outro lugar".

Claro, quando podemos inicializar um **Vector** com uma lista, esperamos atribuir uma lista ao **Vector**. Por exemplo:

```
v1 = {7,8,9,0};
```

Para tanto, definimos **Vector::operator=(initializer_list<double>)**.

17.4 Copiar e mover

Considere mais uma vez nosso **Vector** incompleto:

```
class Vector {
    int sz;                 // o tamanho
    double* elem;           // um ponteiro para os elementos
public:
    Vector(int s) :sz{s}, elem{new double[s]} { /* ... */ }   // construtor: aloca memória
    ~Vector() { delete[] elem; }                              // destrutor: desaloca memória
    // ...
};
```

Tentaremos copiar um desses vetores:

```
void f(int n)
{
    Vector v(3);        // definir um vetor de 3 elementos
    v[2] = 2.2;
    Vector v2 = v;      // o que acontece aqui?
    // ...
}
```

O ideal é v2 se tornar uma cópia de v (= faz cópias), isto é, v2.size()==v.size() e v2[i]==v[i] para todo i que está no intervalo [0:v.size()). Além disso, toda a memória é devolvida para o armazenamento livre ao sair de f(). É o que vector da biblioteca-padrão faz (claro), mas não é o que acontece com nosso Vector, ainda longe de ser simples. Se você tiver sorte, seu compilador emitirá um aviso.

Nossa tarefa é melhorar nosso Vector para que ele lide com esses exemplos corretamente, mas primeiro descobriremos o que nossa versão atual realmente faz. Exatamente o que ela faz de errado? Como? E por quê? Assim que soubermos, provavelmente poderemos corrigir os problemas. Mais importante, teremos a chance de reconhecer e evitar problemas semelhantes quando os vemos em outros contextos.

CC O significado padrão da operação de cópia para uma classe é "Copiar todos os membros de dados". Faz muito sentido. Por exemplo, copiamos um Point copiando suas coordenadas. Mas, para um membro que é um ponteiro, apenas copiar os membros causa problemas. Em particular, para os Vectors em nosso exemplo, significa que, após a cópia, temos v.sz==v2.sz e v.elem==v2.elem, portanto nossos vectors ficam assim:

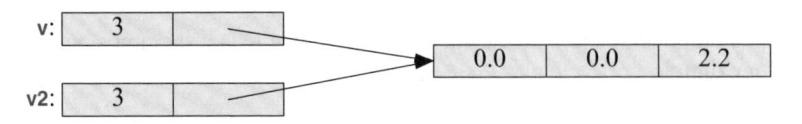

```
v:  | 3 |    |────┐
               ├──>│ 0.0 | 0.0 | 2.2 |
v2: | 3 |    |────┘
```

Isto é, v2 não tem uma cópia dos elementos de v; ele compartilha os elementos de v. Poderíamos escrever isto:

```
v[1] = 99;                      // modificar v
v2[0] = 88;                     // modificar v2
cout << v[0] << ' ' << v2[1];
```

O resultado seria a saída **88 99**. Não era o que queríamos. Se não houvesse nenhuma conexão "escondida" entre v e v2, teríamos obtido a saída **0 0**, porque nunca escrevemos em v[0] nem em v2[1]. Você poderia argumentar que o comportamento que temos é "interessante", "organizado!"

ou "às vezes útil", mas isso não é o que pretendíamos ou o que **vector** da biblioteca-padrão fornece. Também, o que acontece quando retornamos de **f()** é um desastre completo. Então, os destrutores para **v** e **v2** são chamados implicitamente; o destrutor de **v** libera o armazenamento usado para os elementos usando

```
delete[] elem;
```

e o mesmo acontece com o destrutor de **v2**. Como **elem** aponta para o mesmo local da memória em **v** e **v2**, essa memória será liberada duas vezes, com possíveis resultados desastrosos.

17.4.1 Construtores de cópia

Então, o que fazer? Fazemos o óbvio: fornecemos uma operação de cópia que copia os elementos e verificamos se essa operação de cópia é chamada quando inicializamos um **Vector** com outro.

A inicialização dos objetos de uma classe é feita por um construtor. Então, precisamos de um construtor que copia. Sem surpresa, esse construtor é chamado de *construtor de cópia*. Ele é definido para ter como argumento uma referência para o objeto a partir do qual copiar. Então, para a classe **Vector**, precisamos de:

```
Vector(const Vector&);        // copiar um Vector
```

Esse construtor será chamado quando tentarmos inicializar um **Vector** com outro. Usamos a passagem por referência porque (obviamente) não queremos copiar o argumento do construtor que define a cópia. Passamos **const** por referência porque não queremos modificar nosso argumento (§7.4.4). Então refinamos a classe **Vector** assim:

```
class Vector {
    int sz;
    double* elem;
public:
    Vector(const vector&);       // construtor de cópia: definir cópia
    // ...
};
```

O construtor de cópia define o número de elementos (**sz**) e aloca memória para os elementos (inicializando **elem**) antes de copiar os valores dos elementos a partir do argumento **Vector**:

```
Vector::Vector(const Vector& arg)     // alocar elementos, então inicializá-los copiando
    :sz{arg.sz}, elem{new double[arg.sz]}
{
    copy(arg.elem,arg.elem+sz,elem);  // copiar os elementos [0:sz) de elem.arg para elem
}
```

Dado esse construtor de cópia, considere novamente nosso exemplo:

```
Vector v2 = v;
```

Essa definição inicializará **v2** através de uma chamada do construtor de cópia de **Vector**, tendo **v** como seu argumento. Novamente, dado um **Vector** com três elementos, agora temos

```
            v:  | 3 |   |
                          ────────▶ | 0.0 | 0.0 | 2.2 |

            v2: | 3 |   |
                          ────────▶ | 0.0 | 0.0 | 2.2 |
```

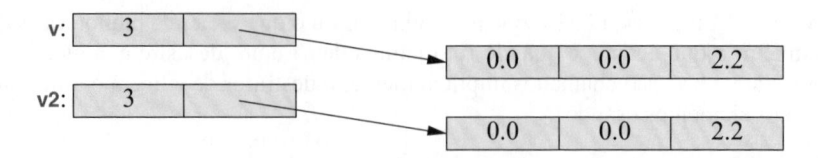

Com isso, o destrutor pode fazer a coisa certa. Cada conjunto de elementos é liberado corretamente. Obviamente, os dois **Vectors** agora são independentes para que possamos mudar o valor dos elementos em **v** sem afetar **v2** e vice-versa. Por exemplo:

```
v[1] = 99;                  // modificar v
v2[0] = 88;                 // modificar v2
cout << v[0] << ' ' << v2[1];
```

Isso produzirá 0 0.

17.4.2 Atribuições de cópia

CC Tratamos a construção de cópia (inicialização), mas também podemos copiar **Vectors** por atribuição. Como na inicialização de cópia, o significado padrão da atribuição de cópia é uma cópia dos membros, então com a classe **Vector** como definida até agora, a atribuição causará uma dupla exclusão (exatamente como mostrado para os construtores de cópia em §17.4) mais um vazamento de memória. Por exemplo:

```
void f2(int n)
{
    Vector v(3);            // definir um vetor
    v[2] = 2.2;
    Vector v2(4);
    v2 = v;                 // atribuição: o que acontece aqui?
    // ...
}
```

Gostaríamos que **v2** fosse uma cópia de **v** (e é isso que a classe **vector** da biblioteca-padrão faz), mas como não dissemos nada sobre o significado da atribuição em nosso **Vector**, a atribuição padrão é usada, isto é, a atribuição é uma cópia dos membros, de modo que **sz** e **elem** de **v2** tornam-se idênticos a **sz** e **elem** de **v**, respectivamente. Podemos ilustrar isso assim:

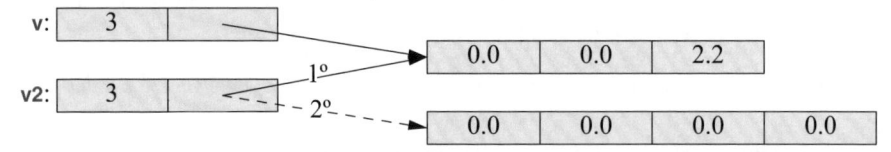

```
            v:  | 3 |   |
                           ╲ 1º
                            ────▶ | 0.0 | 0.0 | 2.2 |
            v2: | 3 |   |◀╌╌╌╌
                            2º ╌╌▶ | 0.0 | 0.0 | 0.0 | 0.0 |
```

Quando deixamos f2(), temos o mesmo desastre anterior ao deixar f() em §17.4 antes de adicionarmos o construtor de cópia: os elementos apontados por **v** e **v2** são liberados duas vezes (implicitamente usando **delete[]**). Além disso, vazamos a memória inicialmente alocada para os quatro elementos de **v2**. "Esquecemos" de liberá-los. Se você cometer esse erro, espere por um aviso do compilador.

A solução para essa atribuição de cópia falha é fundamentalmente igual à inicialização de cópia falha: definimos uma atribuição que copia corretamente:

```
class Vector {
    int sz;
    double*elem;
public:
    Vector& operator=(const Vector&);    // atribuição de cópia
    // ...
};
```

```
Vector& Vector::operator=(const Vector& a)    // tornar este Vector uma cópia de a
{
    double* p = new double[a.sz];         // alocar novo espaço
    copy(a.elem,a.elem+a.sz,p);           // copiar os elementos [0.sz) de a.elem para p
    delete[] elem;                        // desalocar o antigo espaço
    elem = p;                             // agora podemos redefinir elem
    sz = a.sz;
    return *this;                         // retornar uma autorreferência (§15.8)
}
```

A atribuição é um pouco mais complicada do que a construção, porque devemos lidar com os antigos elementos. A nossa estratégia básica é fazer uma cópia dos elementos a partir do Vector de origem:

```
double* p = new double[a.sz];     // alocar novo espaço
copy(a.elem,a.elem+a.sz,p);       // copiar os elementos [0.sz) de a.elem para p
```

Então, liberamos os antigos elementos do Vector de destino:

```
delete[] elem;                    // desalocar o antigo espaço
```

Por fim, deixamos elem apontar para os novos elementos:

```
elem = p;                         // agora podemos redefinir elem
sz = a.sz;
```

Podemos representar o resultado graficamente assim:

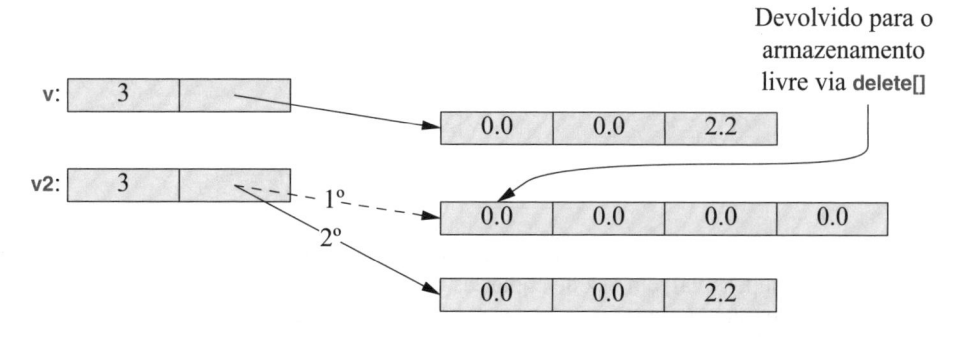

Agora temos um Vector que não vaza memória nem libera (delete[]) memória duas vezes.

Ao implementar a atribuição, você pode considerar simplificar o código por meio da liberação de memória para os antigos elementos antes de criar a cópia, mas geralmente é uma boa ideia não descartar informações antes de saber se você pode substituí-las. Além disso, se fizesse isso, coisas estranhas aconteceriam se atribuísse um **Vector** a si mesmo:

```
Vector v(10);
v = v;          // autoatribuição
```

Verifique se a nossa implementação trata esse caso corretamente (e com eficiência).

17.4.3 Terminologia sobre cópias

CC A operação de cópia é um problema na maioria dos programas e das linguagens de programação. A questão básica é se devemos copiar um ponteiro (ou uma referência) ou copiar as informações apontadas (referenciadas):

- A *cópia superficial* (*shallow copy*) copia apenas um ponteiro para que os dois ponteiros se refiram ao mesmo objeto. É isso que os ponteiros e as referências fazem.
- A *cópia profunda* (*deep copy*) copia o que um ponteiro aponta para que os dois ponteiros se refiram a objetos distintos. É o que **vectors**, **strings** etc. fazem. Definimos construtores de cópia e atribuições de cópia quando queremos uma cópia profunda para os objetos de nossas classes.

Veja um exemplo de cópia superficial:

```
int* p = new int{77};
int* q = p;      // copiar o ponteiro p
*p = 88;         // mudar o valor do int apontado por p e q
```

Podemos ilustrar isso assim:

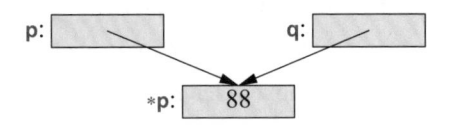

p: q:

*p: 88

Por outro lado, podemos fazer uma cópia profunda:

```
int* p = new int{77};
int* q = new int{*p};    // alocar um novo int, então copiar o valor apontado por p
*p = 88;                 // mudar o valor do int apontado por p
```

Podemos ilustrar assim:

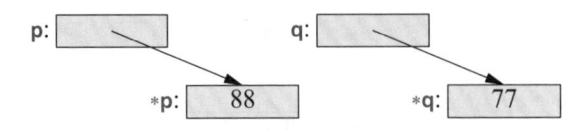

p: q:

*p: 88   *q: 77

AA Usando essa terminologia, podemos dizer que o problema com nosso **Vector** original foi que ele fez uma cópia superficial, em vez de copiar os elementos apontados por seu ponteiro **elem**. Nosso **Vector** melhorado, como **std::vector**, faz uma cópia profunda alocando novo espaço para os elementos e copiando seus valores. Os tipos que fornecem uma cópia superficial (como os ponteiros) são ditos como tendo uma *semântica de ponteiro* ou uma *semântica de referência* (eles copiam endereços). Os tipos que fornecem uma cópia profunda (como **string** e **vector**) são ditos como tendo uma *semântica de valor* (eles copiam os valores apontados). Da perspectiva do usuário, os tipos com semântica de valor se comportam como se nenhum ponteiro estivesse envolvido – apenas os valores que podem ser copiados. Uma forma de pensar nos tipos com semântica de valor é que eles "funcionam da mesma forma que os valores inteiros" no que diz respeito à operação de cópia.

17.4.4 Mover

Se um vetor tiver muitos elementos, poderá ser dispendioso copiá-los. Por isso devemos copiar Vectors apenas quando precisamos. Considere um exemplo:

```
Vector fill(istream& is)           // preencher
{
    Vector res;                    // presumindo que temos um construtor padrão (§17.5)
    for (double x; is>>x; )        // presumindo suporte para for de intervalo (§17.6)
        res.push_back(x);          // presumindo que temos Vector::push_back (§17.8.4)
    return res;
}

void use()                         // usar
{
    Vector vec = fill(cin);
    // ... usar vec ...
}
```

Aqui, preenchemos o Vector local, res, a partir do fluxo de entrada (istream) e o retornamos para use(). Copiar res a partir de fill() e para vec pode ser custoso. Mas por que copiar? Não queremos uma cópia! Nunca poderemos usar o original (res) após o retorno. Na verdade, res é destruído como parte do retorno de fill(). Então, como evitar essa cópia? Considere como res seria representado na memória se tivéssemos inserido 0.0 1.1 2.2:

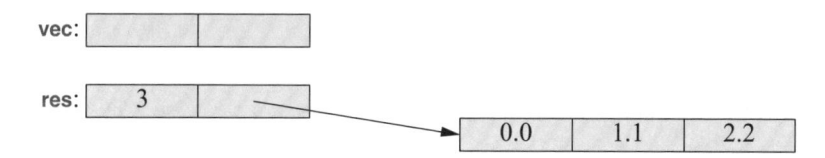

Gostaríamos de "roubar" a representação de res para usar em vec. Em outras palavras, gostaríamos que vec se referisse aos elementos de res sem nenhuma cópia.

Depois de mover o ponteiro do elemento e a contagem de elementos de res para vec, res não contém elementos. Movemos com sucesso o valor de res a partir de fill() para vec. Agora, res pode ser destruído (com simplicidade e eficiência) sem quaisquer efeitos colaterais indesejáveis:

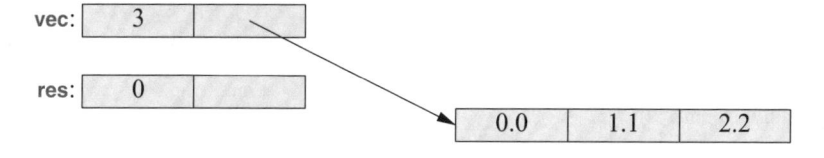

Movemos com sucesso três doubles a partir de fill() e para sua função chamadora ao custo de quatro atribuições de uma palavra. O custo seria o mesmo se tivéssemos movido 100 mil doubles a partir de fill().

Em um caso simples como este, um compilador pode descobrir como ser ainda melhor, e alguns conseguiram por décadas. Ele simplesmente constrói res no local de vec. Dessa forma, nunca há um res separado para copiar. Isso é chamado de *elisão de cópia*. Porém, para não copiar em todos os casos, precisamos expressar tal movimento no código C++. Como? Definimos operações de movimento para complementar as operações de cópia:

```
class Vector {
    int sz;
    double* elem;
public:
    Vector(Vector&& arg);              // mover construtor
    Vector& operator=(Vector&& arg);   // mover atribuição
    // ...
};
```

AA A engraçada notação && é chamada de *referência rvalue*. Ela é usada para definir operações de movimento. Note que as operações de movimento não recebem argumentos const, isto é, escrevemos (Vector&&) e não (const Vector&&). Parte do propósito de uma operação de movimento é modificar a origem, para torná-la "vazia". As definições das operações de movimento tendem a ser simples. Elas costumam ser mais simples e eficientes do que seus equivalentes de cópia. Para Vector, obtemos

```
Vector::Vector(Vector&& arg)
    :sz{arg.sz}, elem{arg.elem}    // copiar elem e sz de arg
{
    arg.sz = 0;                     // tornar arg um Vector vazio
    arg.elem = nullptr;
}

Vector& Vector::operator=(Vector&& arg)     // mover arg para esse Vector
{
    if (this != &arg) {             // proteger-se da autoatribuição (p. ex., v=v)
        delete[] elem;              // desalocar espaço antigo
        elem = arg.elem;            // copiar elem e sz de arg
        sz = arg.sz;
        arg.elem = nullptr;         // tornar arg um Vector vazio
        arg.sz = 0;
    }
    return *this;                   // retornar uma autorreferência (§15.8)
}
```

Ao definirmos um construtor de movimento, mover grandes quantidades de informação, como um vetor com muitos elementos fica fácil e barato. Considere novamente:

```
Vector fill(istream& is)
{
    Vector res;                     // presumindo que temos um construtor padrão (§17.5)
```

```
        for (double x; is>>x; )          // presumindo suporte para for de intervalo (§17.6)
            res.push_back(x);            // presumindo que temos Vector::push_back (§17.8.4)
        return res;
}
```

O construtor de movimento é implicitamente usado para implementar o retorno. O compilador sabe que o valor local retornado (res) está para sair de escopo, para que possa mover dados a partir dele, em vez de fazer uma cópia desses dados.

A importância dos construtores de movimento é que não temos que lidar com ponteiros ou referências para obter grandes quantidades de informação para fora de uma função. Considere esta alternativa imperfeita (mas convencional):

```
Vector* fill2(istream& is)
{
        Vector* res = new Vector;
        for (double x; is>>x; )
            res->push_back(x);
        return res;
}

void use2()
{
        Vector* vec = fill2(cin);
        // ... usar vec ...
        delete vec;
}
```

Agora temos que nos lembrar de excluir o Vector. Como descrito em §15.4.5, excluir os objetos colocados no armazenamento livre não é tão fácil de fazer de forma consistente e correta como pode parecer.

17.5 Operações essenciais

Agora chegamos ao ponto em que podemos discutir como decidir quais construtores uma classe deve ter, se deve ter um destrutor e se você precisa fornecer operações de cópia e movimento. Há sete operações essenciais a considerar:

- Construtores com um ou mais argumentos
- Construtor padrão (§17.5)
- Construtor de cópia (copiar objeto do mesmo tipo; §17.4.1)
- Atribuição de cópia (copiar objeto do mesmo tipo; §17.4.2)
- Construtor de movimento (mover objeto do mesmo tipo; §17.4.4)
- Atribuição de movimento (mover objeto do mesmo tipo; §17.4.4)
- Destrutor (§15.5)

Normalmente, precisamos de um ou mais construtores com argumentos necessários para inicializar um objeto. Por exemplo:

```
string s {"cat.jpg"};                      // inicializar s como a string de caracteres "cat.jpg"
Image ii {Point{200,300},"cat.jpg"};       // inicializar Point com as coordenadas {200,300},
                                           // então exibir o conteúdo do arquivo cat.jpg nesse Point
```

O significado/uso de um inicializador depende completamente do construtor. O construtor padrão de string usa uma *string* de caracteres como um valor inicial, já o construtor de image usa a *string* de caracteres como o nome de um arquivo a abrir. Em geral, usamos um construtor para estabelecer uma invariante (§8.4.3). Se não podemos definir uma boa invariante para uma classe, que possa ser estabelecida pelos construtores da classe, provavelmente temos uma classe mal projetada ou uma estrutura de dados simples.

Os construtores com argumentos são tão variados quanto as classes que eles atendem. As operações restantes têm padrões mais regulares.

Como sabemos se uma classe precisa de um construtor padrão? Precisamos de um construtor padrão se queremos criar objetos da classe sem especificar um inicializador. O exemplo mais comum é quando queremos colocar objetos de uma classe em um vector da biblioteca-padrão. O código a seguir funciona apenas porque temos valores padrão para int, string e vector<int>:

```
vector<double> vi(10);       // vetor de 10 doubles, cada um inicializado com 0.0
vector<string> vs(10);       // vetor de 10 strings, cada uma inicializada com ""
vector<vector<int>> vvi(10); // vetor de 10 vectors, cada um inicializado com {}
```

Assim, ter um construtor padrão é muitas vezes útil. A pergunta passa a ser: "Quando faz sentido ter um construtor padrão?" Uma resposta é: "Quando podemos estabelecer a invariante para a classe com um valor padrão significativo e óbvio". Para todo tipo T, T{} é o valor padrão, se existir um padrão. Por exemplo, double{} é 0.0, string{} é "", vector<int>{} é o vector vazio de ints e, em §8.4.2, tornamos Date{} 1º de janeiro de 2001. Para nosso Vector, isso seria:

```
class Vector {
public:
    Vector() : sz{0}, elem{nullptr} {}
    // ...
};
```

AA Uma classe precisa de um destrutor se adquire recursos. Um recurso é algo que você "obtém de algum lugar" e deve devolver quando termina de usar. O exemplo óbvio é a memória que você recebe do armazenamento livre (usando new) e tem que devolver para ele (usando delete ou delete[]). Nosso Vector adquire memória para manter seus elementos, por isso tem de devolvê-la; portanto precisa de um destrutor. Outros recursos que você pode encontrar conforme seus programas têm mais ambição e sofisticação são arquivos (se você abrir um, também tem que fechá-lo), *locks*, identificadores de *thread* e *sockets* (para a comunicação com processos e computadores remotos).

AA Outro sinal de que uma classe precisa de um destrutor é que ela tenha membros que sejam ponteiros ou referências. Se uma classe tem um ponteiro ou um membro de referência, muitas vezes precisa de um destrutor e operações de cópia.

AA Uma classe que precisa de um destrutor quase sempre também precisa de operações de cópia e/ou movimento (construtor e atribuição). A razão é que, se um objeto adquiriu um recurso (e tem um membro de ponteiro apontando para ele), o significado padrão de cópia (superficial, por membro) é quase certamente errado. Novamente, vector é o exemplo clássico.

AA Além disso, a classe-base para a qual uma classe derivada pode ter um destrutor precisa de um destrutor virtual (§15.5.2).

AA Se uma classe precisa de qualquer uma das operações essenciais, ela provavelmente precisa de todas. Isso resulta em duas regras práticas populares:

- *Regra do zero*: se não precisar, não defina nenhuma operação essencial.
- *Regra de tudo*: se precisar definir qualquer operação essencial, defina todas elas.

Essa segunda regra costuma ser chamada de "a regra de três" ou "a regra de cinco", porque não há consenso sobre como contar operações (p. ex., você conta a atribuição e a construção como uma ou duas? E as versões de const e não const?).

Por exemplo, uma classe como essa não precisa de operações essenciais explicitamente definidas, porque o compilador as gera corretamente a partir das fornecidas por string e vector:

```
struct Club {
    string name;
    vector<Member> members;
};
```

17.5.1 Construtores explícitos

Um construtor com um único argumento define uma conversão de seu tipo de argumento para sua classe. Isso pode ser muito útil. Por exemplo:

```
class complex {
public:
    complex(double);            // define a conversão de double em complex
    complex(double,double);
    // ...
};

complex z1 = 3.14;              // OK: converte 3.14 em (3.14,0)
complex z2 = complex{1.2, 3.4};
```

No entanto conversões implícitas devem ser usadas com moderação e cuidado, pois podem causar efeitos inesperados e indesejáveis. Por exemplo, nosso Vector, como definido até agora, tem um construtor que recebe um int. Isso implica que ele define uma conversão de int em Vector. Por exemplo:

```
class Vector {
    // ...
    Vector(int);
    // ...
};

Vector v = 10;          // estranho: cria um Vector de 10 doubles
v = 20;                 // hã? Atribui um novo Vector de 20 doubles a v

void f(const Vector&);
f(10);                  // hã? Chama f com um novo Vector de 10 doubles
```

Parece que temos mais do que esperávamos. Por sorte, é simples suprimir esse uso de um construtor como uma conversão implícita. Um construtor definido como explicit fornece apenas a semântica de construção usual, e não as conversões implícitas. Por exemplo:

```
class Vector {
    // ...
    explicit Vector(int);
    // ...
};

Vector v = 10;         // erro: não há conversão implícita de int em Vector
v = 20;                // erro: não há conversão implícita de int em Vector
Vector v(10);          // OK: considerado explícito

void f(const Vector&);
f(10);                 // erro: não há conversão implícita de int em Vector
f(Vector(10));         // OK: considerado explícito
```

Para evitar conversões surpreendentes, nós – por padrão – definimos os construtores de argumento único de Vector para serem **explicit**. É uma pena que os construtores não sejam **explicit** por padrão; em caso de dúvida, torne **explicit** qualquer construtor que possa ser chamado com um único argumento.

17.5.2 Depurando construtores e destrutores

Construtores e destrutores são chamados em pontos bem definidos e previsíveis da execução de um programa. No entanto nem sempre escrevemos chamadas explícitas, como vector<double>(2); em vez disso, escrevemos alguma coisa, como retornar um vector a partir de uma função, passar um vector como um argumento por valor ou criar um vector no armazenamento livre usando new. Isso pode confundir as pessoas que pensam em termos de sintaxe. Não existe apenas uma única sintaxe que dispara um construtor. É mais simples pensar em construtores e destrutores assim:

- Sempre que um objeto do tipo X é criado, um dos construtores de X é chamado.
- Sempre que um objeto do tipo X é destruído, o destrutor de X é chamado.

Um destrutor é chamado sempre que um objeto de sua classe é destruído; isso acontece quando os nomes saem de escopo, o programa termina ou **delete** é usado em um ponteiro para um objeto. Um construtor (algum construtor apropriado) é chamado sempre que um objeto de sua classe é criado; isso acontece quando uma variável é inicializada, quando um objeto é criado usando **new** (exceto para os tipos predefinidos) e sempre que um objeto é copiado.

Mas quando isso acontece? Uma boa forma de entender é adicionar instruções de impressão aos construtores, às operações de atribuição e aos destrutores, depois basta experimentar. Por exemplo:

```
struct X {              // classe de teste simples
    int val;

    void out(const string& s, int nv) { cout << this << "->" << s << ": " << val << " (" << nv << ")\n"; }

    X(){ out("X()",0); val=0; }                                    // construtor padrão
    X(int x) { out( "X(int)",x); val=x; }
    X(const X& x){out("X(X&) ",x.val); val=x.val;  }               // construtor de cópia
    X(X&& x){  out("X(X&&) ",x.val); val=x.val; x.val=0; }         // construtor de movimento
```

```
        X& operator=(const X& x) { out("X copy assignment",x.val); val=x.val; return *this; }
        X& operator=(X&& x) { out("X move assignment",x.val); val=x.val; x.val=0; return *this; }
        ~X() { out("~X()",0); }                              // destrutor
};
```

Tudo o que fizermos com esse X deixará um rasto que podemos estudar. Por exemplo:

```
X glob {2};                     // uma variável global

X copy(X a) { cout << "copy()\n"; return a; }
X copy2(X a) { cout << "copy2()\n"; X aa = a; return aa; }
X& ref_to(X & a) { cout << "ref_to()\n"; return a; }
X* make(int i) { cout << "make()\n"; X a(i); return new X(a); }

struct XX { X a; X b; };        // membros

int main()
{
    X loc {4};                  // variável local
    X loc2 {loc};               // construção de cópia
    loc = X{5};                 // atribuição de cópia
    loc2 = copy(loc);           // chamar por valor e retornar
    loc2 = copy2(loc);
    X loc3 {6};
    X& r = ref_to(loc);         // chamar por referência e retornar
    delete make(7);
    delete make(8);
    vector<X> v(4);             // valores padrão
    XX loc4;
    X* p = new X{9};            // um X no armazenamento livre
    delete p;
    X* pp = new X[5];           // um array de Xs no armazenamento livre
    delete[] pp;
}
```

> **TENTE ISTO**
>
> Tente executar o código que acabamos de ver. Em seguida, remova as operações de movimento e execute-o novamente. Os compiladores podem ser muito inteligentes ao evitar cópias desnecessárias. É exatamente isso que queremos: execute este exemplo e tente explicar o resultado. Se conseguir, você entenderá quase tudo o que há para saber sobre construção e destruição de objetos.

Dependendo da qualidade do seu compilador, você pode notar algumas "cópias ausentes" relacionadas às nossas chamadas de copy() e copy2(). Nós (humanos) podemos ver que essas funções não fazem nada; elas apenas copiam um valor não modificado da entrada para a saída. Um compilador pode presumir que uma operação de cópia realiza a cópia e não faz mais nada além disso. Com base nisso, pode eliminar as cópias redundantes (elisão de cópia; §17.4.4). Da mesma forma, um compilador presume que as operações de movimento não fazem nada além de mover.

Agora considere: por que nos preocupar com essa "classe X boba"? Isso lembra um pouco os exercícios com os dedos que os músicos têm que fazer. Depois de fazê-los, outras coisas, as coisas que importam, ficam mais fáceis. Além disso, se você tiver problemas com construtores e destrutores, poderá inserir tais instruções de impressão nos construtores para suas classes reais e ver se funcionam como o pretendido. Para os programas maiores, esse tipo exato de rastreamento fica chato, mas técnicas semelhantes se aplicam. Por exemplo, você pode determinar se tem um vazamento de memória vendo se o número de construções menos o número de destruições é igual a zero. Esquecer de definir construtores de cópia e atribuições de cópia para as classes que alocam memória ou mantêm ponteiros para objetos é uma fonte de problemas comum e fácil de evitar.

AA
Se seus problemas ficarem grandes demais para serem tratados com meios tão simples, você já terá aprendido o suficiente para começar a usar as ferramentas profissionais para encontrar esses problemas; elas são muitas vezes chamadas de "detectores de vazamento". O ideal, claro, é não vazar memória, usando técnicas que impeçam tais vazamentos.

17.6 Outras operações úteis

Além das operações essenciais, existem algumas que costumam ser importantes para usos comuns:

- Operadores de comparação, como == e < (§17.6.1)
- Construção e atribuição com initializer_list (§17.3)
- Funções de suporte de iteração, como begin() e end(), conforme necessário para a instrução for de intervalo (range-for)
- swap() (§7.4.5, §18.4.3)

Para vectors, begin() dá a posição do primeiro elemento de uma sequência e end(), a posição após o local final. Para Vector, isso passa a ser:

double* Vector::begin() const { return elem; }
double* Vector::end() const { return elem+sz; }

Ou graficamente:

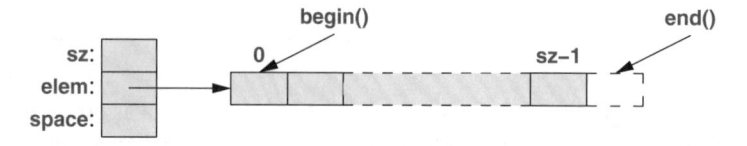

O par begin()/end() é usado para implementar a passagem pelos elementos feita por muitos algoritmos (Capítulo 21) e pelo for de intervalo.

17.6.1 Operadores de comparação

Podemos definir operadores para nossos tipos – não apenas [ ] e =, mas basicamente todos os operadores. Quando definimos a atribuição, =, em geral também precisamos definir a igualdade, ==, para que possamos dizer o que significa para o destino de uma atribuição ter o mesmo valor de sua origem. Normalmente, a=b implica que, após a atribuição, temos a==b. Para nosso Vector, isso é fácil:

```
bool operator==(const Vector& v1, const Vector& v2)
{
    if (v1.size()!=v2.size())
        return false;
    for (int i = 0; i<v1.size(); ++i)
        if (v1[i]!=v2[i])
            return false;
    return true;
}
```

Repare na comparação inicial do número de elementos. Sem isso, poderíamos perder tempo comparando muitos elementos antes de encontrar dois diferentes. Também, tendo determinado que os tamanhos são iguais, não temos que verificar os dois tamanhos enquanto percorremos os elementos. Ao lidar com contêineres, tais otimizações simples podem ser bem eficazes.

17.6.2 Operadores relacionados

Os operadores raramente ficam sozinhos, eles vêm em "grupos" de operadores relacionados que juntos fornecem a semântica desejada:

- +, −, * , / e, às vezes, % tendem a ficar juntos.
- Vimos que precisávamos de *, −> e [ ] para ponteiros.
- Quando temos ==, normalmente também queremos !=.
- Quando temos =, geralmente também queremos == e !=.
- <, <=, > e >= são comparações. Quando as temos, normalmente também queremos == e !=.

Os operadores têm significados convencionais, e devemos cuidar para estar em conformidade com eles. Um + que subtraísse confundiria seriamente os leitores.

Muitas vezes, a forma mais fácil e eficiente de construir um operador a partir de um grupo de operadores relacionados é criando-o a partir da definição de outro operador. Eis um != para nosso Vector:

```
bool operator!=(const Vector& v1, const Vector& v2)
{
    return !(v1==v2);
}
```

Por razões históricas, definir um operador se chama *sobrecarga do operador*, porque isso adiciona um significado a esse operador.

Naturalmente, std::vector da biblioteca-padrão tem operadores de comparação: ==, != , <, <=, > e >=. Tudo que temos feito aqui é continuar nossos esforços para construir nosso Vector à imagem de um da biblioteca-padrão.

Outros operadores que você pode definir para seus próprios tipos incluem:

- () aplicação/chamada
- , vírgula
- << e >>
- & ('e' *bitwise*) e | ('ou' *bitwise*); ˆ ('ou' exclusivo *bitwise*) e ~ (complemento *bitwise*)*
- && ('e' lógico) e || ('ou' lógico)
- mas infelizmente não . (ponto)

---

* N. de R.T. *Bitwise* são operações *bit* a *bit*.

Não, você não pode definir seus próprios operadores (p. ex., ** ou =˜=) ou redefinir o significado dos operadores dos tipos predefinidos (p. ex., + em inteiros sempre soma). Decidimos que a confusão extra de permitir essa flexibilidade não compensava as vantagens obtidas em relativamente poucos casos.

17.7 Problemas restantes em Vector

Nossa classe Vector chegou ao ponto em que podemos:

- Criar Vectors de elementos de ponto flutuante de dupla precisão (objetos da classe Vector) com qualquer número de elementos desejados.
- Copiar nossos Vectors usando atribuição e inicialização.
- Mover nossos Vectors de um escopo para outro, a um baixo custo, usando atribuição e inicialização.
- Usar initializer_lists para atribuição e inicialização.
- Contar que Vectors liberem corretamente sua memória quando eles saem de escopo.
- Acessar os elementos de Vector usando a notação de indexação convencional (nos lados direito e esquerdo de uma atribuição).
- Comparar Vectors usando os operadores == e !=.
- Dar suporte ao for de intervalo com begin() e end().

Tudo isso é bom e útil, mas, para alcançar o nível de sofisticação que esperamos (com base na experiência com std::vector), precisamos abordar mais três questões:

- Como podemos mudar o tamanho de um Vector (mudar o número de elementos)?
- Como capturamos e informamos o acesso a elementos de Vector fora do intervalo?
- Como especificamos o tipo de elemento de Vector como um argumento?

Por exemplo, como definimos Vector para que o código a seguir seja permitido, como é para std::vector:

```
Vector<double> vd;           // elementos do tipo double
for (double d; cin>>d; )
    vd.push_back(d);          // aumentar vd para manter todos os elementos

Vector<char> vc(100);        // elementos do tipo char
int n = 0;
if (cin>>n && 0<n)
    vc.resize(n);             // fazer vc ter n elementos
```

CC Obviamente, é bom e útil ter Vectors que permitam isso, mas, do ponto de vista da programação, por que isso é importante? O que torna isso interessante para alguém que coleciona técnicas de programação úteis para um uso futuro? Estamos usando dois tipos de flexibilidade. Temos uma única entidade, Vector, para a qual podemos variar duas coisas:

- O número de elementos.
- O tipo dos elementos.

Essas variabilidades são úteis de formas um tanto fundamentais. Sempre coletamos dados. Olhando em minha mesa, vejo pilhas de extratos bancários, contas de cartão de crédito e contas de telefone. Cada uma delas é, basicamente, uma lista de linhas de informação de vários tipos: *strings* de letras e valores numéricos. Na minha frente há um telefone; ele mantém listas de números de telefone e nomes. Nas estantes da sala, há prateleiras e prateleiras de livros. Nossos programas tendem a ser semelhantes: temos contêineres de elementos de vários tipos. Temos muitos tipos diferentes de contêineres (vector é apenas o mais útil), e eles contêm informações como números de telefone, nomes, valores de transações e documentos. Basicamente, todos os exemplos da minha mesa e da minha sala têm origem em algum programa de computador. A exceção óbvia é o telefone: ele *é* um computador, e quando vejo os números nele, estou vendo a saída de um programa como os que estamos escrevendo. Na verdade, esses números podem muito bem ser armazenados em um std::vector<Number>.

Nem todos os vectors têm o mesmo tipo de elementos. Precisamos de vectors de doubles, leituras de temperatura, registros (de vários tipos), strings, operações, botões de GUI, Shapes, datas, ponteiros para Windows etc. As possibilidades são infinitas. Deixamos esse problema para o Capítulo 18.

Nem todos os contêineres têm o mesmo número de elementos. Poderíamos viver com um vector que tivesse seu tamanho fixado por sua definição inicial? Isto é, poderíamos escrever nosso código sem push_back(), resize() e operações equivalentes? Claro que sim, e esses contêineres do tipo vetor podem ser mais úteis. Entretanto, isso colocaria uma carga desnecessária sobre o programador: o truque básico para viver com contêineres de tamanho fixo é mover os elementos para um contêiner maior quando o número de elementos cresce muito para o tamanho inicial. Por exemplo, poderíamos ler dados para um vector sem nunca mudar o tamanho de um vector, assim:

```
void grow(Vector& v)          // ler elementos para um vetor sem usar puch_back:
{
    int n = 0;                // número de elementos
    for (double d; cin>>d; ) {
        if (n==v.size()) {
            Vector v2(v.size()+1);
            for (int i; i<v.size(); ++i)
                v2[i] = v[i];
            v = v2;
        }
    }
    v[n] = d;                 // adicionar o novo elemento
}
```

Não é bonito. Você está convencido de que acertamos? Isso é muitíssimo ineficiente se excedermos o tamanho original! Uma das razões para usar contêineres, como vector, é fazer melhor, isto é, queremos que nosso Vector trate essas mudanças de tamanho internamente para nos poupar (e seus usuários) do incômodo e da chance de cometer erros. Em outras palavras, muitas vezes preferimos contêineres que podem crescer para manter o número exato de elementos que precisamos. O equivalente da biblioteca-padrão ao código acima é muito mais simples e também muito mais eficiente:

```
void grow(vector<double>& v)    // usar a biblioteca-padrão
{
    for (double d; cin>>d; )
        vd.push_back(d);
}
```

Tais mudanças de tamanho são comuns? Se não fossem, os recursos para mudar o tamanho seriam apenas conveniências menores. No entanto tais mudanças de tamanho são muito comuns. O exemplo mais óbvio é ler um número desconhecido de valores na entrada. Outros exemplos são coletar um conjunto de resultados de uma pesquisa (não sabemos com antecedência quantos resultados haverá) e remover os elementos de uma coleção um por um. Assim, a questão não é se devemos tratar as mudanças de tamanho para os contêineres, mas como.

XX   Por que nos incomodar com a mudança de tamanhos? Por que não "apenas alocar espaço suficiente e acabar logo com isso"? Essa parece ser a estratégia mais simples e eficiente – mas só se pudermos alocar espaço suficiente de forma confiável sem alocar muito espaço, e não podemos. Quando podemos, ainda temos que controlar quanto do nosso espaço pré-alocado já foi usado. A experiência mostra que fazer isso não é simples e é uma fonte de erros. A menos que verifiquemos sistemática e atentamente o acesso fora do intervalo, teremos desastres. Assim, preferimos deixar a biblioteca, que foi projetada e implementada com toda a atenção, cuidar disso.

Existem muitos tipos de contêineres. Esse é um ponto importante e, porque tem implicações importantes, não deve ser aceito sem pensar. Por que nem todos os contêineres podem ser **vectors**? Se pudéssemos nos virar com um único tipo de contêiner (p. ex., **vector**), poderíamos acabar com todas as preocupações sobre como programá-lo e apenas torná-lo parte da linguagem. Se pudéssemos nos virar com um único tipo de contêiner, não precisaríamos nos preocupar em aprender sobre os diferentes tipos; apenas usaríamos **vector** o tempo todo.

Bem, as estruturas de dados são o segredo para as aplicações mais significativas. Existem muitos livros grossos e úteis sobre como organizar os dados, e muitas dessas informações podem ser descritas como respostas para a pergunta "Como faço para armazenar melhor meus dados?". Então, a resposta é que precisamos de muitos tipos diferentes de contêiner, mas esse é um assunto muito grande para abordar adequadamente aqui. No entanto já usamos **vectors** e **strings** (uma **string** é um contêiner de caracteres) extensivamente. Nos próximos capítulos, veremos **lists**, **maps** (**map** é uma árvore de pares de valores) e matrizes (PPP2.§24.5). Como precisamos de muitos contêineres diferentes, os recursos da linguagem e as técnicas de programação necessárias para construir e usar os contêineres são muito úteis. Na verdade, as técnicas que usamos para armazenar e acessar os dados estão entre as mais fundamentais e úteis para todas as formas importantes de computação.

CC   No nível de memória mais básico, todos os objetos têm um tamanho fixo e não existem tipos. O que fazemos aqui é introduzir recursos de linguagem e técnicas de programação que nos permitam fornecer contêineres de vários tipos de objetos para os quais podemos variar o número de elementos. Isso nos dá um grau fundamentalmente útil de flexibilidade e conveniência.

17.8   Mudando o tamanho

Quais recursos para mudar o tamanho **std::vector** oferece? São três operações simples. Dado um

    vector<double> v;   // v.size()==0

podemos mudar seu tamanho de três formas:

    v.resize(10);   // v agora tem 10 elementos

    v.push_back(7); // adicionar um elemento com valor 7 ao final de v; v.size() aumenta em 1

    v = v2;   // atribuir outro vetor; v agora é uma cópia de v2; v.size() é igual a v2.size() agora

A classe **vector** da biblioteca-padrão oferece mais operações que podem mudar o tamanho de um **vector**, como **erase()** e **insert()**, mas aqui veremos apenas como implementar **resize()**, **push_back()** e **operator=()** para nosso **Vector**.

17.8.1 Representação

Em §17.7, mostramos uma estratégia simples e ingênua para mudar o tamanho: basta alocar espaço para o novo número de elementos e copiar os elementos antigos para o novo espaço. No entanto, se você mudar de tamanho com frequência, isso deixa de ser eficiente. Na prática, se mudamos o tamanho uma vez, geralmente o fazemos muitas vezes. Em particular, raramente vemos apenas um push_back(). Podemos, então, otimizar nossos programas antecipando tais mudanças no tamanho. Todas as implementações de vector controlam o número de elementos e uma quantidade de "espaço livre" reservada para uma "futura expansão". Por exemplo:

```
class Vector {
    // ...
private:
    int sz;         // número de elementos
    double* elem;   // endereço do primeiro elemento
    int space;      // número de elementos mais "espaço livre"/"slots" para novos elementos
};
```

Podemos representar isso graficamente assim:

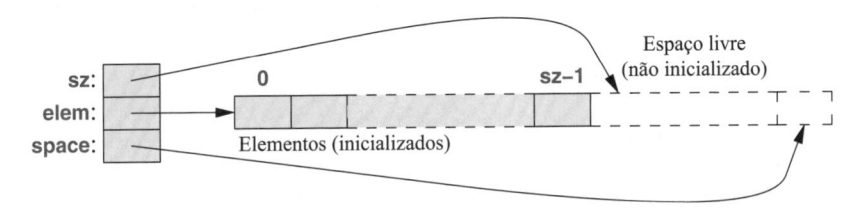

Numeramos os elementos a partir de 0, então sz (o número de elementos) se refere a um elemento depois do último elemento e space se refere a um elemento depois do último *slot* alocado. Os ponteiros mostrados são realmente elem+sz e elem+space.

Quando um Vector é construído pela primeira vez, space==sz; isto é, não existe "espaço livre":

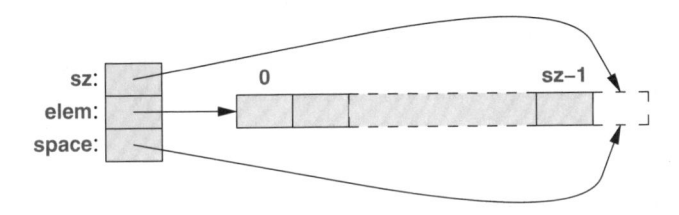

Não começamos a alocar *slots* extras até começarmos a mudar o número de elementos. Em geral, space==sz, então não há sobrecarga sobre a memória (*overhead*), a menos que usemos push_back().

O construtor padrão de Vector define seus membros inteiros como 0 e seu membro do ponteiro como nullptr:

Vector() :sz{0}, elem{nullptr}, space{0} {}

Isso produz:

```
    sz:
    elem:
    space:
```

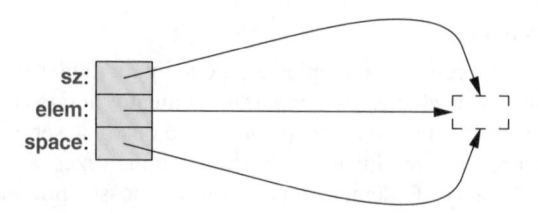

Esse elemento que está além do último é completamente imaginário. O construtor padrão não aloca nada no armazenamento livre e ocupa um armazenamento mínimo (mas veja o Exercício 16).

Observe que nosso Vector ilustra técnicas que podem ser usadas para implementar um vector padrão (e outras estruturas de dados), mas uma boa liberdade é dada às implementações da biblioteca-padrão, de modo que std::vector em seu sistema pode usar técnicas diferentes.

17.8.2 reserve() e capacity()

A operação mais fundamental quando mudamos os tamanhos (isto é, quando mudamos o número de elementos) é Vector::reserve(). Essa é a operação que usamos para adicionar espaço para os novos elementos:

```
void Vector::reserve(int newalloc)
{
    if (newalloc<=space)               // nunca diminuir a alocação
        return;
    double* p = new double[newalloc];  // alocar novo espaço
    for (int i=0; i<sz; ++i)           // copiar antigos elementos
        p[i] = elem[i];
    delete[] elem;                     // desalocar antigo espaço
    elem = p;
    space = newalloc;
}
```

Repare que não inicializamos os elementos do espaço reservado. Afinal, estamos apenas reservando espaço; usar esse espaço para os elementos é o trabalho de push_back() e resize().

Obviamente, a quantidade de espaço livre disponível em um Vector pode ser de interesse para um usuário, então (por padrão) fornecemos uma função-membro para obter essa informação:

```
int Vector::capacity() const { return space; }
```

Isto é, para um Vector denominado v, v.capacity()–v.size() é o número de elementos para os quais poderíamos chamar push_back() em v sem causar nova alocação.

A classe vector da biblioteca-padrão nunca diminui implicitamente sua alocação. Ela presume que, se alguma vez precisamos de uma quantidade de memória, é provável que precisemos novamente. Caso contrário, v.shrink_to_fit() reduzirá capacity para size().

17.8.3 resize()

Dada a função reserve(), implementar resize() para nosso Vector é bem simples. Temos de lidar com vários casos:

- O novo tamanho é maior do que a alocação antiga.
- O novo tamanho é maior do que o tamanho antigo, mas menor ou igual à alocação antiga.
- O novo tamanho é igual ao tamanho antigo.
- O novo tamanho é menor do que o tamanho antigo.

Vejamos o que conseguimos:

```
void Vector::resize(int newsize)
    // fazer o vetor ter 'newsize' elementos
    // inicializar cada elemento com o valor padrão 0.0
{
    reserve(newsize);
    for (int i=sz; i<newsize; ++i)        // inicializar os novos elementos
        elem[i] = 0;
    sz = newsize;
}
```

Deixamos reserve() fazer o trabalho duro de lidar com a memória. O *loop* inicializa os novos elementos (se houver).

Não lidamos explicitamente com nenhum caso aqui, mas você pode verificar que todos são tratados corretamente.

> **TENTE ISTO**
>
> Quais casos precisamos considerar (e testar) se quisermos nos convencer de que a função resize() está correta? Que tal newsize == 0? Que tal newsize == –77?

17.8.4 push_back()

À primeira vista, push_back() pode parecer complicada de implementar, mas, com reserve(), fica mais simples:

```
void Vector::push_back(double d)
    // aumentar o tamanho do vetor em um; inicializar o novo elemento com d
{
    if (space==0)                    // iniciar com espaço para 8 elementos
        reserve(8);
    else if (sz==space)
        reserve(2*space);            // obter mais espaço
    elem[sz] = d;                    // adicionar d ao final
    ++sz;                            // aumentar o tamanho (sz é o número de elementos)
}
```

Em outras palavras, se não tivermos espaço reservado, dobramos o tamanho da alocação. Na prática, acaba por ser uma escolha muito boa para a grande maioria dos usos de vector, e essa é a estratégia usada pela maioria das implementações de std::vector.

17.8.5 Atribuição

Podemos definir a atribuição de vetores de várias maneiras. Por exemplo, poderíamos ter decidido que a atribuição só seria permitida se os dois vetores envolvidos tivessem o mesmo número de elementos. No entanto, em §17.4, decidimos que a atribuição dos vetores deve ter o significado mais óbvio e geral: após a atribuição v1=v2, o vetor v1 é uma cópia de v2. Considere:

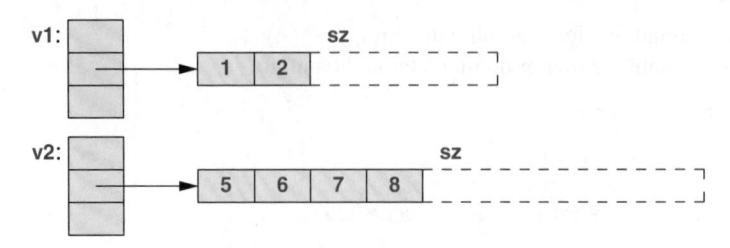

Obviamente, precisamos copiar os elementos, como fizemos em §17.4.2, mas e o espaço reservado? Devemos "copiar" o "espaço livre" no final? Não: o novo **Vector** receberá uma cópia dos elementos, mas como não temos ideia de como esse novo **Vector** será usado, não nos incomodamos com o espaço extra no final:

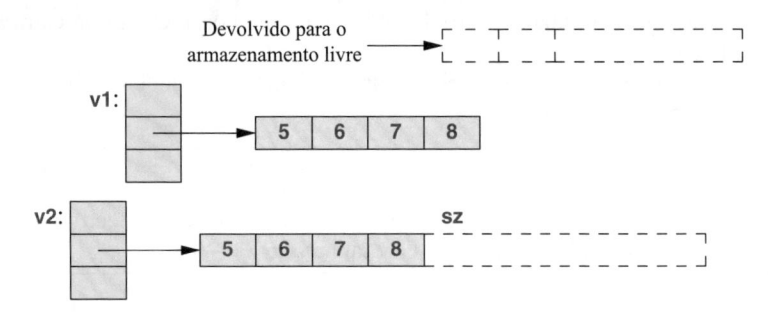

A implementação mais simples é:

- Alocar memória para uma cópia.
- Copiar os elementos.
- Excluir a alocação antiga.
- Definir sz, elem e **space** com os novos valores.

Assim:

```
Vector& Vector::operator=(const Vector& a)
    // como o construtor de cópia, mas devemos lidar com os antigos elementos
{
    double* p = new double[a.sz];      // alocar novo espaço
    for (int i = 0; i<a.sz; ++i)       // copiar elementos
        p[i] = a.elem[i];
    delete[] elem;                     // desalocar espaço antigo

    space = sz = a.sz;                 // definir novo tamanho
    elem = p;                          // definir novos elementos
    return *this;                      // retornar autorreferência
}
```

Por convenção, um operador de atribuição retorna uma referência para o objeto atribuído. A notação para isso é *this, explicada em §15.8.

Essa implementação está correta, mas, quando a observamos um pouco, percebemos que fazemos um monte de alocação e desalocação redundantes. E se o Vector para o qual atribuímos tiver mais elementos do que o Vector a partir do qual atribuímos? E se o Vector para o qual atribuímos tiver o mesmo número de elementos que o Vector a partir do qual atribuímos? Em muitas aplicações, esse último caso é bem comum. Em ambos os casos, podemos apenas copiar os elementos para o espaço já disponível no Vector de destino:

```
Vector& Vector::operator=(const vector& a)
{
    if (this==&a)                    // autoatribuição, nenhum trabalho necessário
        return *this;

    if (a.sz<=space) {               // espaço suficiente, não precisa de nova alocação
        for (int i = 0; i<a.sz; ++i) // copiar elementos
            elem[i] = a.elem[i];
        sz = a.sz;
        return *this;
    }

    double* p = new double[a.sz];    // alocar novo espaço
    for (int i = 0; i<a.sz; ++i)     // copiar elementos
        p[i] = a.elem[i];
    delete[] elem;                   // desalocar espaço antigo

    space = sz = a.sz;               // definir novo tamanho
    elem = p;                        // definir novos elementos
    return *this;                    // retornar autorreferência
}
```

Aqui, primeiro testamos se é o caso de autoatribuição (p. ex., v=v); nesse caso, simplesmente não fazemos nada. Esse teste é logicamente redundante, mas às vezes é uma otimização significativa. No entanto ele mostra um uso comum do ponteiro this: verificar se o argumento a é o mesmo objeto que o objeto para o qual uma função-membro (aqui, operator=()) foi chamada.

Esteja certo de que esse código realmente funciona se removermos o caso this==&a. A parte a.sz<=space também é apenas uma otimização. Esteja certo de que esse código realmente funciona se removemos o caso a.sz<=space.

17.9 Nosso Vector até agora

Agora temos um Vector de doubles quase real:

```cpp
class Vector {
/*
    invariante:
    se 0<=n<sz, elem[n] é o elemento n
    sz<=space;
    se sz<space há espaço para (space-sz) valores double após elem[sz-1]
*/
    int sz;                 // o tamanho
    double* elem;           // ponteiro para os elementos (ou 0)
    int space;              // número de elementos mais número de slots livres
public:
    Vector() : sz{0}, elem{nullptr}, space{0} { }
    explicit Vector(int s) :sz{s}, elem{new double[s]}, space{s}
    {
        for (int i=0; i<sz; ++i)
            elem[i]=0;      // os elementos são inicializados
    }

    Vector(initializer_list<double> lst);                   // inicializador da lista
    Vector& operator=(initializer_list<double> lst);        // atribuição da lista

    Vector(const Vector&);                                  // construtor de cópia
    Vector& operator=(const vector&);                       // atribuição de cópia

    Vector(vector&&);                                       // construtor de movimento
    Vector& operator=(Vector&&);                            // atribuição de movimento

    ~Vector() { delete[] elem; }                            // destrutor

    double& operator[ ](int n) { return elem[n]; }          // acesso: retornar referência
    const double& operator[](int n) const { return elem[n]; }

    int size() const { return sz; }
    int capacity() const { return space; }

    void resize(int newsize);                               // crescimento
    void push_back(double d);
    void reserve(int newalloc);

    double* begin() const { return elem; }                  // suporte à iteração
    double* end() const { return elem+sz; }
};

bool operator==(Vector& v1, Vector &v2);
bool operator!=(Vector& v1, Vector &v2);
```

Note como ele tem as operações essenciais (§17.5): construtor, construtor padrão, operações de cópia, operações de movimento e destrutor. Ele tem uma operação para acessar os dados (indexação: [ ]), para fornecer informações sobre esses dados (size() e capacity()) e para controlar o crescimento (resize(), push_back() e reserve()).

Prática

Escreva uma classe Ptr que tenha como um double* um membro privado denominado p. Dê a Ptr as operações essenciais, como descrito em §17.5. Um construtor deve ter um argumento double, alocar um double no armazenamento livre, atribuir o ponteiro para ele a p e copiar o argumento para *p. Dê a Ptr um operador * que permita ler e gravar *p. Teste Ptr.

Revisão

[1] Qual é o significado padrão de copiar para objetos de classe?
[2] Quando o significado padrão de copiar objetos de classe é apropriado? Inapropriado?
[3] O que é construtor de cópia?
[4] O que é atribuição de cópia?
[5] O que é construtor de movimento?
[6] O que é atribuição de movimento?
[7] O que é construtor padrão?
[8] Qual é a diferença entre um construtor de cópia e um construtor de movimento?
[9] Qual é a diferença entre um construtor de cópia e uma atribuição de cópia?
[10] O que é cópia superficial (*shallow copy*)? O que é cópia profunda (*deep copy*)?
[11] Como a cópia de um vector se compara com sua origem?
[12] Para que serve a elisão de cópia?
[13] Quais são as operações essenciais para uma classe?
[14] O que é um construtor explicit?
[15] Quando você prefere que um construtor não seja explicit?
[16] Como definir a operação de percorrer para um contêiner?
[17] Quais operações podem ser chamadas implicitamente para um objeto de classe?
[18] Quais operadores costumam ser definidos pelo usuário?
[19] O que é *regra do zero*?
[20] O que é *regra de tudo*?
[21] Por que não definimos sempre um vector com um tamanho suficientemente grande para todas as eventualidades?
[22] Quais operações de vector podem mudar o tamanho de um vector após a construção?
[23] Qual é diferença entre reserve() e resize()?
[24] Quanto espaço reservado alocamos para um novo vector?
[25] Quando devemos copiar os elementos de vector para um novo local?
[26] Qual é o valor de vector após uma cópia?

Termos

reserve()	cópia profunda	cópia superficial	atribuição de
capacidade	construtor padrão	construtor de	movimento
atribuição de cópia	operações essenciais	movimento	inicialização de lista
construtor de cópia	construtor explicit	begin()	end()
resize()	tamanho	&&	push_back()
regra do zero	regra de tudo	comparação	percorrer vetor
		== e !=	

Exercícios

[1] Defina a classe Matrix para representar uma matriz bidimensional de doubles. Um construtor deve ter dois argumentos inteiros, especificando o número de linhas e colunas; por exemplo, Matrix{3,4} tem 3 linhas e 4 colunas. Forneça a Matrix os operadores = (atribuição), == (igualdade), [ ] (indexação) e + (adição dos elementos correspondentes). O operador de indexação deve ter pares de índices; por exemplo, m[2,3] refere-se ao elemento 3 da 2ª linha. A indexação deve iniciar em zero. Verifique o intervalo dos seus índices. Rejeite as operações em duas matrizes com dimensões diferentes. Se o seu compilador não permitir vários argumentos para [ ], use ( ). Armazene os elementos de Matrix em um único vector. Teste a classe Matrix.

[2] Forneça << e >> para Matrix.

[3] Torne privada a representação de Matrix. Qual seria um conjunto mais completo de membros para Matrix? Por exemplo, você gostaria de ter um operador +=? Qual seria um bom conjunto de construtores? Faça uma lista e argumente brevemente sobre cada operação. Implemente e teste sua versão mais completa de Matrix.

[4] Implemente uma função-membro row(i), que retorne um vector que seja uma cópia da i-ésima linha. Implemente uma função-membro column(i), que retorne um vector que seja uma cópia da i-ésima coluna.

Posfácio

A classe vector da biblioteca-padrão é construída a partir dos recursos de gerenciamento de memória de nível inferior, como ponteiros e *arrays*, e seu papel principal é nos ajudar a evitar as complexidades desses recursos. Sempre que planejamos uma classe, devemos considerar as operações essenciais: inicialização, cópia, movimento e destruição. Além disso, devemos considerar quais operações adicionais são necessárias para esse tipo. Para a maioria dos tipos: == e !=. Para os contêineres: inicialização de lista e atribuição, begin(), end() e swap(). O objetivo final de tais operações é dar ao tipo uma semântica coerente e familiar. Por fim, aumentamos radicalmente a flexibilidade de nosso Vector adicionando operações que nos permitem mudar o tamanho de um Vector: push_back(), resize() e reserve().

As operações essenciais nos permitem controlar o ciclo de vida de um objeto e mover objetos entre escopos. É a base do gerenciamento de recursos confiável e eficiente. Outros operadores nos permitem modelar os conceitos dos domínios da aplicação, como tipos ou conjuntos de tipos. Essa é a base para o suporte direto de C++ para os conceitos com os quais trabalhamos, os tipos de entidade que desenhamos em nossos blocos de notas e quadros brancos.

18

Templates e exceções

O sucesso nunca é definitivo.
— Winston Churchill

Este capítulo completa o projeto e a implementação do contêiner STL mais comum e útil: **vector**. Mostramos como especificar contêineres cujo tipo de elemento é um parâmetro e como lidar com os erros de intervalo. Como sempre, as técnicas utilizadas são amplamente aplicáveis, não se restringindo à implementação de **vector** ou mesmo à implementação de contêineres. As técnicas contam com *templates* (modelos) e exceções, então mostramos como definir *templates* e apresentamos as técnicas básicas para o gerenciamento de recursos, que são o segredo para o bom uso das exceções. Nesse contexto, examinamos a técnica geral de gerenciamento de recursos denominada "aquisição de recurso é inicialização" (RAII, *resource acquisition is initialization*), as garantias do gerenciamento de recursos e os ponteiros de gerenciamento de recursos **unique_ptr** e **shared_ptr** da biblioteca-padrão.

- 18.1 *Templates*
    Tipos como parâmetros do *template*; Programação genérica; Conceitos; Contêineres e herança; Parâmetros de *template* de valor
- 18.2 Generalizando **Vector**
    Alocadores
- 18.3 Verificação de intervalo e exceções
    Um aparte: considerações de projeto; Módulo **PPP_support**
- 18.4 Recursos e exceções
    Possíveis problemas no gerenciamento de recursos; Aquisição de recurso é inicialização; Garantias do gerenciamento de recursos; RAII para **Vector**
- 18.5 Ponteiros no gerenciamento de recursos
    Retornar movendo; **unique_ptr**; **shared_ptr**

18.1 *Templates*

Obviamente, nem todos os **vectors** têm o mesmo tipo de elementos. Precisamos de **vectors** de **doubles**, leituras de temperatura, registros (de vários tipos), **strings**, operações, botões de GUI, formas, datas, ponteiros para janelas etc. As possibilidades são infinitas. Queremos especificar livremente o tipo de elemento para nossos **Vectors** assim:

```
Vector<double>
Vector<int>
Vector<Month>
Vector<Window*>              // Vector de ponteiros para Windows
Vector<Vector<Record>>       // Vector de Vectors de Records
Vector<char>
```

AA Para tanto, precisamos ver como definir *templates*. Usamos *templates* desde o primeiro dia, mas até agora não tivemos necessidade de definir um. A biblioteca-padrão fornece o que precisamos até o momento, mas não devemos acreditar em mágica, devemos examinar como os projetistas e os implementadores da biblioteca-padrão fornecem recursos como o tipo de **vector** e a função **sort()** (§21.5). Não é apenas de interesse teórico, porque – como de costume – as ferramentas e as técnicas utilizadas para a biblioteca-padrão estão entre as mais úteis para nosso próprio código. Por exemplo, do Capítulo 19 ao Capítulo 21, mostramos como os *templates* podem ser usados para implementar os contêineres e os algoritmos da biblioteca-padrão.

CC Basicamente, um *template* é um mecanismo que permite ao programador usar tipos como parâmetros para uma classe ou uma função. O compilador então gera uma classe ou uma função específica, quando, mais tarde, fornecemos os tipos específicos como argumentos.

18.1.1 Tipos como parâmetros do *template*

CC Queremos tornar o tipo do elemento um parâmetro para o nosso **Vector**. Por isso pegamos **Vector** e substituímos **double** por **T**, onde **T** é um parâmetro que pode receber "valores", como **double**, **int**, **string**, **Vector<Record>** e **Window∗**. A notação de C++ para introduzir um parâmetro do tipo **T** é o prefixo **template<typename T>**, que significa "para todos os tipos **T**". Por exemplo:

```
template<typename T>          // para todos os tipos T (como na matemática)
class Vector {
    int sz;                   // o tamanho
    T* elem;                  // um ponteiro para os elementos
    int space;                // tamanho + espaço livre
public:
    Vector() :sz{0}, elem{nullptr}, space{0} { }

    explicit Vector(int s) :sz{s}, elem{new T[s]}, space{s}
    {
        for (int i=0; i<sz; ++i)
            elem[i]=0;        // os elementos são inicializados
    }

    Vector(initializer_list<T>);                  // construtor de lista
    Vector& operator=(initializer_list<T>);       // atribuição de lista
```

```cpp
        Vector(const Vector&);                          // construtor de cópia
        Vector& operator=(const Vector&);               // atribuição de cópia

        Vector(vector&&);                               // construtor de movimento
        Vector& operator=(Vector&&);                    // atribuição de movimento

        ~Vector() { delete[] elem; }                    // destrutor

        T& operator[](int n) { return elem[n]; }        // acesso: retornar referência
        const T& operator[](int n) const { return elem[n]; }

        int size() const { return sz; }                 // o tamanho atual
        int capacity() const { return space; }          // a capacidade atual

        void resize(int newsize);                       // crescimento
        void push_back(const T& d);
        void reserve(int newalloc);

        T* begin() const { return elem; }               // suporte à iteração
        T* end() const { return elem+sz; }
};

template<typename T>
bool operator==(const Vector<T>&, const Vector<T>&);

template<typename T>
bool operator!=(const Vector<T>&, const Vector<T>&);
```

Esse é o nosso Vector de doubles de §18.1, sendo double substituído pelo parâmetro T do *template*. Podemos usar esse *template* de classes Vector assim:

```cpp
Vector<double> vd;              // T é double
Vector<int> vi;                 // T é int
Vector<double*> vpd;            // T é double*
Vector<vector<int>> vvi;        // T é Vector<T>, em que T é int
```

Uma forma de pensar sobre o que um compilador faz quando usamos um *template* é que ele gera a classe com o tipo real (o argumento do *template*) no lugar do parâmetro do *template*. Por exemplo, quando o compilador vê Vector<char> no código, ele gera (em algum lugar) algo como:

AA

```cpp
class Vector_char {
        int sz;                 // o tamanho
        char* elem;             // um ponteiro para os elementos
        int space;              // tamanho + espaço livre
public:
        Vector_char() :sz{0}, elem{nullptr}, space{0} { }
```

```cpp
        explicit Vector_char(int s) :sz{s}, elem{new char[s]}, space{s}
        {
            for (int i=0; i<sz; ++i)
                elem[i]=0;              // os elementos são inicializados
        }

        Vector(initializer_list<T>);                    // construtor de lista
        Vector& operator=(initializer_list<T>);         // atribuição de lista

        Vector_char(const Vector_char&);                // construtor de cópia
        Vector_char& operator=(const Vector_char&);     // atribuição de cópia

        Vector_char(vector_char&&);                     // construtor de movimento
        Vector_char& operator=(Vector_char&&);          // atribuição de movimento

        ~Vector_char();                                 // destrutor

        char& operator[] (int n) { return elem[n]; }    // acesso: retornar referência
        const char& operator[] (int n) const ) { return elem[n]; }

        int size() const;                               // o tamanho atual
        int capacity() const;                           // a capacidade atual

        void resize(int newsize);                       // crescimento
        void push_back(const char& d);
        void reserve(int newalloc);

        char* begin() const { return elem; }            // suporte à iteração
        char* end() const { return elem+sz; }
    };

    bool operator==(const Vector_char&, const Vector_char&);
    bool operator!=(const Vector_char&, const Vector_char&);
```

Da mesma forma, para Vector<double>, o compilador gera mais ou menos o Vector (de double) que vimos em §17.9 (usando um nome interno adequado, que significa Vector<double>).

CC   Às vezes, chamamos um *template* de classes de *gerador de tipos*. O processo de geração de tipos (classes) a partir de um *template* de classes com argumentos de *template* é chamado de *especialização* ou *instanciação do template*. Por exemplo, Vector<char> e Vector<Open_polyline*> são considerados especializações de Vector. Em casos comuns, como nosso Vector, a instanciação é um processo bem simples. Nos casos mais gerais e avançados, a instanciação de *templates* é tremendamente complicada. Por sorte, para o usuário de *templates*, essa complexidade está sob domínio de quem cria o compilador, não do usuário do *template*. A instanciação de *templates* (geração das especializações de *templates*) ocorre durante a compilação ou a vinculação, não na execução.

Claro, podemos usar funções-membro de tal *template* de classes. Por exemplo:

```
void fct(Vector<string>& v)
{
    int n = v.size();
    v.push_back("Ada");
    // ...
}
```

Quando tal função-membro de um *template* de classes é usado, o compilador gera a devida função. Por exemplo, quando o compilador vê v.push_back("Ada"), ele gera uma função

void Vector<string>::push_back(const string& d) { /* ... */ }

a partir da definição do *template*

template<typename T>
void Vector<T>::push_back(const T& d) { /* ... */ };

Dessa forma, há uma função para v.push_back("Ada") chamar. Em outras palavras, quando você precisa de uma função para certos tipos de objeto e argumento, o compilador irá escrevê-la com base em seu *template*.

Em vez de escrever template<typename T>, você pode escrever template<class T>. As duas construções significam exatamente a mesma coisa, mas alguns preferem typename "porque é mais claro" e "ninguém fica confuso com typename pensando que não se pode usar um tipo predefinido, como int, como um argumento do *template*". Somos da opinião de que class já significa tipo, então não faz diferença. Além disso, class é mais curto.

18.1.2 Programação genérica

Templates são a base da programação genérica em C++. Na verdade, a definição mais simples de "programação genérica" em C++ é "usar *templates*". No entanto essa definição é simplista demais. Não devemos definir conceitos fundamentais de programação em termos dos recursos da linguagem de programação. Esses recursos existem para dar suporte às técnicas de programação, não o contrário. Tal como acontece com as noções mais populares, existem muitas definições de "programação genérica". Pensamos que a definição simples mais útil é a seguinte:

- *Programação genérica*: escrever um código que funciona com vários tipos apresentados como argumentos, desde que esses tipos de argumento atendam a requisitos sintáticos e semânticos específicos.

Por exemplo, os elementos de um vector devem ser de um tipo que podemos copiar e mover. Do Capítulo 19 ao Capítulo 21, veremos *templates* que exigem operações aritméticas em seus argumentos. Quando o que parametrizamos é uma classe, temos um *template de classes* (muitas vezes chamado de *tipo parametrizado* ou *classe parametrizada*). Quando o que parametrizamos é uma função, temos um *template de funções*, (muitas vezes chamado de *função parametrizada* e às vezes também de *algoritmo*). Assim, por vezes, a programação genérica é referida como "programação orientada a algoritmos"; o foco do projeto é mais os algoritmos do que os tipos de dados usados.

Como a noção de tipos parametrizados é central para a programação, exploremos essa desconcertante terminologia um pouco mais. Desse modo, é possível que não nos confundamos tanto quando encontrarmos tais noções em outros contextos.

Essa forma de programação genérica baseada em parâmetros explícitos de *template* costuma ser chamada de *polimorfismo paramétrico*. Em oposição, o polimorfismo que você obtém ao usar hierarquias de classes e funções virtuais é chamado de *polimorfismo ad hoc*, e esse estilo de programação é chamado de *programação orientada a objetos* (§12.3). A razão pela qual ambos os estilos de programação são chamados de *polimorfismo* é que cada estilo depende do programador para apresentar muitas versões de um conceito via uma única interface. *Polimorfismo* é a palavra grega para "muitas formas", referindo-se aos muitos tipos diferentes que você pode manipular por meio de uma interface comum. Nos exemplos de Shape do Capítulo 10 ao Capítulo 13, acessamos muitas formas (como Text, Circle e Polygon) pela interface definida por Shape. Quando usamos vectors, usamos muitos deles (como vector<int>, vector<double> e vector<Shape∗>) na interface definida pelo *template* de vector.

Existem várias diferenças entre a programação orientada a objetos (usando hierarquias de classes e funções virtuais) e a programação genérica (utilizando *templates*). A mais óbvia é que a escolha da função chamada quando você usa a programação genérica é determinada pelo compilador em tempo de compilação, já na programação orientada a objetos ela é determinada só na execução. Por exemplo:

```
v.push_back(x);      // colocar x no vetor v
s.draw();            // desenhar a forma s
```

Para v.push_back(x), o compilador determinará o tipo de elemento para v e usará a função push_back() apropriada, mas para s.draw(), o compilador chamará indiretamente alguma função draw() (usando a vtbl de s; ver §12.3.1). Isso dá à programação orientada a objetos um grau de liberdade que a programação genérica não tem, mas deixa a programação genérica normal mais regular, mais fácil de entender e com melhor desempenho (daí os rótulos "*ad hoc*" e "paramétrica").

CC   Resumindo:

- *Programação genérica*: suportada via *templates*, contando com a resolução durante a compilação.
- *Programação orientada a objetos*: suportada via hierarquias de classes com funções virtuais, permitindo a resolução na execução.

As combinações das duas são possíveis e úteis. Por exemplo:

```
void draw_all(vector<Shape∗>& v)
{
    for (auto x : v)
        x->draw();
}
```

Aqui, chamamos uma função virtual (draw()) em uma classe-base (Shape), que certamente é um caso de programação orientada a objetos. No entanto também mantivemos Shape∗s em um vector, que é um tipo parametrizado, então também usamos a programação genérica (simples).

AA   Então, supondo que você tenha tido sua dose de filosofia por enquanto, para o que as pessoas realmente usam os *templates*? Para terem flexibilidade e desempenho insuperáveis:

- Use *templates* quando o desempenho for essencial (p. ex., números e tempo real difícil; ver PPP2.Ch24 e PPP2.Ch25).
- Use *templates* quando a flexibilidade na combinação de informações de vários tipos for essencial (p. ex., a biblioteca-padrão de C++; ver Capítulo 19 a 21).

18.1.3 Conceitos

XX   *Templates* com parâmetros irrestritos, template<typename T>, têm muitas propriedades úteis, como grande flexibilidade e um desempenho quase ideal. Além disso, precisamos de uma especificação precisa do que um *template* requer de seus argumentos de *template*. Por exemplo, em código C++ muito mais antigo, encontramos algo como:

```
template<typename T>        // para todos os tipos T
class Vector {
    // ...
};
```

Isso não indica precisamente o que é esperado de um argumento do tipo T.

Chamamos de *conceito* um conjunto de requisitos em um conjunto de argumentos de *template*. Por exemplo, um vector requer que seus elementos possam ser copiados e movidos, ter seus endereços obtidos e ser construídos por padrão (se necessário). Em outras palavras, um elemento deve atender a um conjunto de requisitos, que podemos chamar de Element. Podemos tornar isso explícito:

```
template<typename T>            // para todos os tipos T
    requires Element<T>()       // tal que T seja um Element
class Vector {
    // ...
};
```

Isso mostra que um conceito é realmente um predicado de tipo, isto é, uma função avaliada em tempo de compilação (constexpr) que retorna true se o argumento do tipo (aqui, T) tiver as propriedades exigidas pelo conceito (aqui, Element) e false se não. Essa notação é um pouco longa, mas uma notação abreviada nos leva a isto:

```
template<Element T>     // para todos os tipos T, tal que Element<T>() é verdadeiro
class Vector {
    // ...
};
```

O vocabulário matemático que usamos para descrever os conceitos reflete as raízes matemáticas dos conceitos. Os conceitos representam uma forma de lógica de predicados.

A biblioteca-padrão fornece muitos conceitos úteis, alguns dos quais usamos do Capítulo 19 ao Capítulo 21. Então, seu significado e utilidade ficarão claros.

- range<C>(): C pode manter Elements e ser acessado como uma sequência [begin():end()).
- input_iterator<In>(): In pode ser usado para ler uma sequência [b:e) apenas uma vez (como um fluxo de entrada).
- output_iterator<Out>(): Out pode ser usado para gravar na saída (como um fluxo de saída). Não podemos ler usando Out.
- forward_iterator<For>(): For pode ser usado para percorrer uma sequência [b:e) (como uma lista encadeada, um vetor ou um *array*). Podemos percorrer [b:e) repetidamente usando For.
- random_access_iterator<Ran>(): Ran pode ser usado para ler e gravar uma sequência [b:e) repetidamente e suporta indexação usando [ ].
- random_access_range<Ran>(): range com random_access_iterators.
- equality_comparable<T>(): podemos comparar dois Ts quanto à igualdade usando == para obter um resultado booleano.
- equality_comparable_with<T,U>(): podemos comparar T com U quanto à igualdade usando == para obter um resultado booleano.
- predicate<P,T...>(): podemos chamar P com um conjunto de argumentos dos N tipos especificados T1, T2, ... para obter um resultado booleano.

- **indirect_unary_predicate<P,I>()**: podemos chamar P com um argumento iterator do tipo I para obter um resultado booleano.
- **invocable<F,T...>()**: podemos chamar F com um conjunto de argumentos dos N tipos especificados T1, T2, ...
- **totally_ordered<T>()**: podemos comparar dois Ts com ==, !=, <, <=, > e >= para obter um resultado booleano que represente uma ordem total.
- **totally_ordered_with<T,U>()**: podemos comparar T e U com ==, !=, <, <= e >= para obter um resultado booliano representando uma ordem total.
- **binary_operation<B,T,U>()**: podemos usar B para fazer uma operação em dois Ts.
- **binary_operation<B,T,U>()**: podemos usar B para fazer uma operação em T e U.
- **derived_from<D,B>()**: D é publicamente derivado de B.
- **convertible_to<F,T>()**: um F pode ser convertido em um T.
- **integral<T>()**: um T é um tipo inteiro (como **int**).
- **floating_point<T>()**: um T é um tipo de ponto flutuante (como **double**).
- **copyable<T>()**: um T pode ser copiado.
- **moveable<T>()**: um T pode ser movido.
- **semiregular<T>()**: um T pode ser copiado, movido e intercambiado (*swapped*).
- **regular<T>()**: T é semiregular e **equality_comparable**.
- **sortable<I>()**: I é um **random_access_iterator** com elementos **value_type** que podem ser comparados usando <.
- **sortable<I,C>()**: I é um **random_access_iterator** com elementos **value_type** que podem ser comparados usando C.

Há muitos mais para inúmeras necessidades. Definimos algumas que precisamos aqui:

- **Element<E>()**: E pode ser um elemento em um contêiner. Grosso modo, isso significa que E é semiregular. As operações individuais em **vector<E>** podem impor requisitos mais rigorosos.
- **Boolean<T>**: T pode ser usado como um booleano (como **bool**).
- **Number<N>()**: N se comporta como um número, com suporte para +, –, * e /.
- **Allocator<A>()**: A pode ser usado para adquirir e liberar memória (como o armazenamento livre).

Para os contêineres e os algoritmos da biblioteca-padrão, esses conceitos (e muitos mais) são especificados em grandes detalhes. Aqui, especialmente do Capítulo 19 ao Capítulo 21, nós os usamos para especificar nossos contêineres e algoritmos.

O tipo dos elementos de um tipo de contêiner ou iterador, T, é chamado de *tipo-valor* (*Value type*) e costuma ser definido como um tipo de membro T::value_type; veja **vector** e **list** (§19.3).

18.1.4 Contêineres e herança

Existe uma combinação de programação orientada a objetos e programação genérica que as pessoas sempre tentam, mas não funciona: tentar usar um contêiner de objetos de uma classe derivada como um contêiner de objetos de uma classe-base. Por exemplo:

```
vector<Shape> vs;
vector<Circle> vc;
vs = vc;                    // erro: vector<Shape> requerido
void f(vector<Shape>&);
f(vc);                      // erro: vector<Shape> requerido
```

Mas por que não? Afinal, você diz, posso converter um Circle em um Shape! Na verdade não, XX
você não pode (§12.4.1). É possível converter um Circle* em um Shape* e um Circle& em um
Shape&, mas desabilitamos deliberadamente a atribuição de Shapes para que você não tivesse
que se perguntar o que aconteceria se colocasse um Circle com um raio em uma variável Shape
que não tem um raio (§12.3.1). O que teria acontecido, se tivéssemos permitido, é o que chamamos de *fatiamento* (*slicing*), isto é, apenas a parte Shape de Circle seria copiada, e o resultado
seria um Shape incompleto, que causaria erros de execução se usado. É o equivalente, para
objetos de classe, ao truncamento para inteiros (§2.9).

Por isso, tentamos de novo usando ponteiros:

```
vector<Shape*> vps;
vector<Circle*> vpc;
vps = vpc;              // erro: vector<Shape*> requerido
void f(vector<Shape*>&);
f(vpc);                 // erro: vector<Shape*> requerido
```

Mais uma vez, o sistema de tipos resiste. Por quê? Considere o que f() pode fazer:

```
void f(vector<Shape*>& v)
{
    Shape s = new Rectangle{Point{0,0},Point{100,100}}
    v.push_back(s);     // colocar Rectangle* em um vector<Shape*>
}
```

Obviamente, podemos colocar um Rectangle* em um vector<Shape*>, mas não em um Circle*. XX
Afinal, Rectangle* não aponta para um Circle. Porém, se o sistema de tipos permitisse f(vpc),
isso seria exatamente o que ele faria. Herança é um mecanismo poderoso e sutil, e os *templates*
não estendem seu alcance implicitamente. Há formas de usar *templates* para expressar herança,
mas estão além do escopo deste livro. Apenas se lembre de que "D é um B" não implica "C<D>
é um C<B>" para um *template* arbitrário C, e devemos valorizar isso como uma proteção contra
violações de tipo acidentais. Veja também PPP2.§ 25.4.4.

18.1.5   Parâmetros de *template* de valor

Obviamente, é útil parametrizar classes com tipos. Que tal parametrizar classes com "outras CC
coisas", como valores inteiros e valores de *string*? Basicamente, qualquer tipo de argumento
pode ser útil, mas uma descrição detalhada dos *parâmetros de template de valor* está além do
escopo deste livro, então mostraremos apenas um exemplo. Considere um tipo que representa
um *buffer*:

```
template<typename T, int sz>
class Buffer {
pblic:
    using value_type = T;
    const int size() { return sz; }
    // ... operações úteis ...
private:
    T elem[sz];
};
```

Podemos usar isso para colocar *buffers* de tamanho fixo onde são necessários. Por exemplo:

```
Buffer <int,1024> global;

void use()
{
    Buffer<Message,12> local;
    // ...
}
```

Um tipo como Buffer é útil quando não queremos usar o armazenamento livre.

18.2 Generalizando Vector

Quando generalizamos Vector a partir de uma classe "Vector de double" para um *template* "Vector de T", não revisamos as definições de push_back(), resize() e reserve(). Faremos isso agora, porque, como definidas em §17.8.2, §17.8.3 e §17.8.4, elas fazem suposições que são verdadeiras para doubles, mas não são verdadeiras para todos os tipos que gostaríamos de usar como tipos do elemento Vector, como strings e Dates:

- Como tratamos um Vector<X>, onde X não tem um valor padrão?
- Como lidamos com tipos de elementos que têm operadores de cópia que podem gerar exceções?
- Como podemos garantir que os elementos sejam destruídos quando terminamos de trabalhar com eles?

AA   Devemos resolver esses problemas? Poderíamos dizer, "Não tente criar Vectors de tipos sem valores padrão" e "Não use Vectors para tipos com destrutores de maneiras que causem problemas". Para um recurso que visa o "uso geral", tais restrições são chatas para os usuários e dão a impressão de que o projetista não pensou no problema ou realmente não se importa com os usuários. Muitas vezes, tais suspeitas estão corretas, mas os projetistas da biblioteca-padrão não deixaram essas falhas. Para espelhar o vector da biblioteca-padrão, devemos resolver esses problemas.

Podemos tratar tipos sem um padrão, dando ao usuário a opção de especificar o valor a ser usado quando precisamos de um "valor padrão":

```
template<Element T>
void Vector<T>::resize(int newsize, T def = T{});
```

Isto é, use T() como o valor padrão, a menos que o usuário diga o contrário. Por exemplo:

```
Vector<double> v1;
v1.resize(100);         // adicionar 100 cópias de double{}, ou seja, 0.0
v1.resize(200, 0.0);    // adicionar 100 cópias de 0.0 – mencionar 0.0 é redundante
v1.resize(300, 1.0);    // adicionar 100 cópias de 1.0

class No_default {
    No_default(int);    // o único construtor
    // ...
};

Vector<No_default> v2(10);   // erro: tenta criar 10 No_default()s
Vector<No_default> v3;       // OK: não cria nenhum elemento
```

```
v3.resize(100, No_default{2});    // adicionar 100 cópias de No_default(2)
v3.resize(200);                   // erro: tenta adicionar 100 No_default()s
```

O problema do destrutor é mais difícil de resolver. Basicamente, precisamos lidar com algo realmente estranho: uma estrutura de dados que consiste em alguns dados inicializados e não inicializados na presença de destrutores e exceções. Até agora, saímos do nosso caminho para evitar dados não inicializados e erros de programação que normalmente o acompanham. Agora, como implementadores de Vector, temos de enfrentar esse problema para que nós, como usuários de Vector, não tenhamos que fazer isso em nossas aplicações.

18.2.1 Alocadores

Primeiro, precisamos encontrar uma forma de fazer corretamente a construção e as destruições ao manipular o armazenamento não inicializado. Por sorte, a biblioteca-padrão tem uma classe allocator, que fornece uma memória não inicializada. Uma versão um pouco simplificada fica assim:

```
template<typename T>
class allocator {
public:
    // ...
    T* allocate(int n);              // alocar espaço para n objetos do tipo T
    void deallocate(T* p, int n);    // desalocar n objetos do tipo T iniciando em p
};
```

Sem surpresa, allocator é exatamente o que precisamos para implementar Vector<T>::reserve(). Começamos dando a Vector um parâmetro do tipo allocator:

```
template<Element T, typename A = allocator<T>>
class Vector {
    A alloc;    // usar allocate para lidar com a memória para os elementos
    // ...
};
```

O modelo de alocador da biblioteca-padrão é baseado em um tipo pmr (*recurso de memória polimórfica*), que é uma generalização de allocator. Pesquise se você sentir necessidade de usar algo mais avançado do que o alocador padrão utilizado pelo operador new.

Exceto por fornecer allocator, e usar o padrão por definição em vez de usar new, tudo segue como antes. Como usuários de Vector, podemos ignorar os alocadores até precisarmos de um Vector que gerencie a memória para seus elementos de alguma forma incomum. Como implementadores de Vector e alunos tentando entender os problemas e as técnicas fundamentais, devemos ver como Vector pode lidar com a memória não inicializada e apresentar os objetos adequadamente construídos para seus usuários. O único código afetado são as funções-membro de Vector que lidam diretamente com a memória, como Vector<T>::reserve():

```
template<Element T, Allocator A>
void Vector<T,A>::reserve(int newalloc)
{
    if (newalloc<=space)         // nunca diminuir a alocação
        return;
```

```
            T* p = alloc.allocate(newalloc);          // alocar novo espaço
            uninitialized_move(elem,&elem[sz],p);     // mover os elementos para o espaço não inicializado
            destroy(elem,space);                      // destruir os antigos elementos
            alloc.deallocate(elem,capacity());        // desalocar antigo espaço
            elem = p;
            space = newalloc;
}
```

Movemos um elemento para o novo espaço construindo uma cópia no espaço não inicializado, então destruindo o original. Não podemos usar a atribuição, porque, para tipos como string, a atribuição presume que a área de destino tenha sido inicializada. Usamos a função da biblioteca-padrão uninitialized_move() para mover os elementos para o espaço recém-alocado; uninitialized_move(b,e,p) move a partir do intervalo [b:e) para o intervalo [p:p+(e–b)). Usamos a função da biblioteca-padrão destroy() para chamar os destrutores para as cópias antigas; destroy(b,e) chama os destrutores para os elementos no intervalo [b:e). No Capítulo 21, mostramos muitos mais algoritmos que operam sobre intervalos semiabertos, como [b:e).

Dada a função reserve(), Vector<T,A>::push_back() é simples:

```
template<Element T, Allocator A>
void Vector<T,A>::push_back(const T& val)
{
        reserve((space==0) ? 8 : 2*space);     // obter mais espaço
        construct_at(&elem[sz],val);           // adicionar val no final
        ++sz;                                  // aumentar o tamanho
}
```

Usamos a função da biblioteca-padrão construct_at() para construir o novo elemento em sua posição correta no espaço não inicializado.

Da mesma forma, Vector<T,A>::resize() não é muito difícil:

```
template<Element T, Allocator A>
void Vector<T,A>::resize(int newsize, T val = T())
{
        reserve(newsize);
        if (sz<newsize)
                uninitialized_fill(&elem[sz],&elem[newsize],val);   // inicializar os elementos
                                                                    // adicionados a val
        if (newsize<sz)
                destroy(&elem[newsize],&elem[sz]);                  // destruir os elementos
                                                                    // originais excedentes
        sz = newsize;
}
```

Observe que, como alguns tipos não têm um construtor padrão, novamente temos a opção de fornecer um valor a ser usado como um valor inicial para os novos elementos. A função uninitialized_fill() é prima da uninitialized_move(), que atribui repetidamente um único valor, em vez de mover a partir de uma sequência de elementos.

CC   Outra novidade aqui é a destruição dos "elementos excedentes", no caso em que redimensionamos para um Vector menor. Pense que o destrutor está transformando um objeto tipificado de volta em "memória bruta". Por outro lado, um construtor transforma a "memória bruta" em um objeto tipificado.

XX   "Mexer com alocadores" é bem avançado e complicado. Deixe isso de lado até que esteja pronto para se tornar um especialista.

18.3 Verificação de intervalo e exceções

Examinamos nosso Vector até agora e descobrimos (com horror?) que o acesso não verifica o intervalo. A implementação de operator[] é simplesmente

```
template<Element T,Allocator A>
T& Vector<T,A>::operator[](int n)
{
    return elem[n];
}
```

Então, considere:

```
Vector<int> v(100);
v[-200] = v[200];           // opa!
for (int i; cin>>i; )
    v[i] = 999;             // mutilar um local de memória arbitrário
```

Esse código compila e é executado, acessando a memória que não pertence ao nosso Vector. Isso pode significar um grande problema! Em um programa real, esse código é inaceitável. Tentaremos melhorar nosso Vector para lidar com isso. A abordagem mais simples seria adicionar uma operação de acesso verificada, denominada at():

```
struct out_of_range { /* ... */ };     // a classe usada para informar erros de acesso de intervalo
template<Element T, Allocator A = allocator<T>>
class Vector {
    // ...
    T& at(int n);                       // acesso verificado
    const T& at(int n) const;           // acesso verificado

    T& operator[](int n);               // acesso não verificado
    const T& operator[](int n) const;   // acesso não verificado
    // ...
};

template<Element T, Allocator A>
T& Vector<T,A>::at(int n)
{
    if (n<0 || sz<=n)
        throw out_of_range();
    return elem[n];
}

template<Element T, Allocator A>
T& Vector<T,A>::operator[](int n)       // como antes
{
    return elem[n];
}
```

Com isso, escreveríamos:

```
void print_some(Vector<int>& v)
{
    int i = -1;
    while(cin>>i && i!=-1)
        try {
            cout << "v[" << i << "]==" << v.at(i) << "\n";
        }
        catch(out_of_range) {
            cout << "bad index: " << i << "\n";
        }
}
```

Aqui, usamos at() para obter acesso verificado ao intervalo e capturamos out_of_range em caso de um acesso não permitido.

A ideia geral é usar indexação via [ ] quando sabemos que temos um índice válido e at() quando podemos ter um índice fora do intervalo.

Obviamente, essas verificações de intervalo só fazem sentido se a função size() de Vector for razoável. E Vector(–100)? Isso não faz sentido, e "esquecemos" de verificar o argumento de tamanho para o construtor. Contudo nosso construtor usou new T[s], e new testa seu argumento de tamanho, e –100 faria com que lançasse uma exceção bad_array_new_length. A classe vector da biblioteca-padrão tem sua própria opinião sobre o que é razoável e lançaria length_error. Podemos fazer o mesmo para Vector:

```
int reasonable_size = std::numeric_limit<int>::max;   // maior int (possivelmente 2'147'483'647).

template<Element T>
explicit Vector(int s) :sz{s}, elem{new T[s]}, space{s}
{
    if (!0<s && s<reasonable_size))
        throw std::length_error{"size too large for Vector"};
    for (int i=0; i<sz; ++i)
        elem[i]=T{};        // os elementos são inicializados
}
```

18.3.1 Um aparte: considerações de projeto

CC Até agora, tudo certo, mas por que não adicionamos a verificação de intervalo a operator[]()? Bem, std::vector fornece a função at() verificada e a função operator[]() possivelmente não verificada como mostrado aqui. Tentaremos explicar como isso faz algum sentido. Há basicamente quatro argumentos:

[1] *Compatibilidade*: pessoas têm usado indexação não verificada desde muito antes de C++ ter exceções.

[2] *Eficiência*: é possível construir um operador de acesso verificado sobre um operador de acesso não verificado rápido e otimizado, mas não é possível construir um operador de acesso rápido e otimizado sobre um operador de acesso verificado.

[3] *Restrições*: em alguns ambientes, exceções são inaceitáveis.

[4] *Verificação opcional*: o padrão não diz que não é possível verificar o intervalo de vector, então, se você quiser verificar, use uma implementação que verifique, como a de PPP_support, mas de preferência uma suportada por seu provedor da biblioteca-padrão.

18.3.1.1 Compatibilidade

As pessoas não gostam de ter seu código antigo quebrado. Por exemplo, se você tem um milhão de linhas de código, pode ser muito custoso refazer tudo para usar exceções corretamente. Podemos argumentar que o código seria melhor para o trabalho extra, mas aí não somos nós que temos que pagar (em tempo ou dinheiro). Além disso, os mantenedores do código existente geralmente argumentam que o código não verificado pode ser inseguro a princípio, mas seu código em particular foi testado e usado por anos, e todos os *bugs* já foram encontrados. Somos céticos em relação a esse argumento, mas, novamente, quem não precisou tomar tais decisões sobre código real não deve ser muito crítico. Claro, não havia código usando **vector** da biblioteca-padrão antes de ele ser introduzido no padrão C++, mas havia muitos milhões de linhas de código usando **vectors** muito semelhantes que (sendo pré-padrão) não usavam exceções. Muito desse código foi modificado mais tarde para usar o padrão.

18.3.1.2 Eficiência

Sim, a verificação de intervalo pode ser pesada em casos extremos, como *buffers* para interfaces de rede e matrizes em cálculos científicos de alto desempenho. No entanto o custo da verificação de intervalo raramente é uma preocupação no tipo de "computação comum" com a qual a maioria de nós passa a maior parte do tempo trabalhando. Assim, recomendamos e usamos uma implementação de **vector** com intervalo verificado sempre que possível. Em geral, é um erro tentar otimizar todo detalhe de um programa. Isso leva a um código frágil e distrai da otimização do programa inteiro.

18.3.1.3 Restrições

Os argumentos contra o uso de exceções são válidos para alguns programadores e aplicações. Na verdade, são válidos para muitos programadores e não devem ser ignorados. No entanto, se você estiver iniciando um novo programa em um ambiente que não envolve tempo real difícil (PPP2.Ch25.2.1), prefira o tratamento de erros baseado em exceções e **vectors** com intervalo verificado.

18.3.1.4 Verificação opcional

O padrão ISO de C++ afirma que não é garantido que o acesso de **vector** fora do intervalo tenha uma semântica específica, e tal acesso deve ser evitado. Lançar uma exceção quando um programa tenta um acesso fora do intervalo está em perfeita conformidade com os padrões. Então, se você gosta que **vector** lance exceções e se você não precisa se preocupar com as três primeiras razões para determinada aplicação, use uma implementação de **vector** com intervalo verificado. É o que fazemos neste livro. Resumindo, o projeto de *software* do mundo real pode ser mais confuso do que gostaríamos, mas há maneiras de lidar com isso.

18.3.2   Módulo PPP_support

Como nosso **Vector**, a maioria das implementações de **std::vector** não garante a verificação de intervalo do operador sde indexação ([ ]), mas fornece **at()**, que realiza a verificação. Então, de onde vêm as exceções **std::out_of_range** em nossos programas? Basicamente, escolhemos a "opção 4" de §18.3.1: uma implementação de **vector** não é obrigada a verificar o intervalo [ ], mas também não é proibida de fazê-lo, por isso providenciamos que a verificação seja feita. O que você pode estar usando é a nossa versão de **PPP_support**. Ela reduz os erros e o tempo de depuração com pouco impacto sobre o desempenho.

O módulo `PPP_support` tem o seguinte esquema:

```
export module PPP_support;

export import std;

export namespace PPP {
        using namespace std;                        // tornar todo std disponível

        // exceto pelo que nós mesmos queremos fornecer para PPP:

        template <Element T>
        class Checked_vector : std::vector<T> { /* ... */ };   // vector com intervalo verificado

        class Checked_string : std::string { /* ... */ };      // string com intervalo verificado

        template<Element T>
        class Checked_span : std::span { /* ... */ };          // span com intervalo verificado

        // recursos adicionados

        // ...

} // namespace PPP
```

Isso demonstra o poder dos módulos, dos *namespaces* e da herança.
`PPP_support::Checked_vector` é definido assim:

```
namespace PPP {
        template<Element T>                         // restringir tipos de elemento
        struct Checked_vector : public std::vector<T> {
                using size_type = typename std::vector<T>::size_type;
                using value_type = T;
                using vector<T>::vector;            // usar construtores de vector<T>

                T& operator[](size_type i)          // em vez de retornar at(i);
                {
                        return std::vector<T>::at(i);
                }

                const T& operator[](size_type i) const
                {
                        return std::vector<T>::at(i);
                }
        }; // Checked_vector
} // namespace PPP
```

Derivar de `std::vector` nos dá todas as funções-membro de `vector` para `PPP_support::Checked_vector`. O primeiro `using` introduz um sinônimo conveniente para `size_type` de `std::vector`. O segundo `using` dá um nome ao tipo do elemento. O terceiro `using` fornece todos os construtores de `std::vector` para `PPP_support::Checked_vector`.

Esse `PPP_support::Checked_vector` tem sido útil na depuração de programas importantes. **AA**
A alternativa é usar uma implementação sistematicamente verificada do `vector` completo da biblioteca-padrão. Infelizmente, não há uma forma padrão, portável, completa e clara de obter a verificação de intervalo a partir de uma implementação de [ ] de `std::vector`. Todas as principais implementações da biblioteca-padrão têm uma, mas, no momento da escrita deste livro, não havia uma maneira padrão de instalá-las. Consideramos o módulo `PPP_support` uma ajuda significativa, sobretudo quando usamos um verificador de regras das *Core Guidelines* de C++ para nos manter fora dos "cantos obscuros" e desagradáveis da linguagem. Em geral, evite as estruturas de dados sem informações suficientes para fazer verificações de intervalo.

18.4 Recursos e exceções

Então, `vector` pode lançar exceções, e recomendamos que, quando uma função não puder executar sua ação necessária, ela lance uma exceção para informar às funções chamadoras (Capítulo 4). Agora é hora de considerar o que fazer quando escrevemos o código que deve lidar com as exceções lançadas pelas operações de `vector` e outras funções que chamamos. A resposta ingênua – "Use um bloco `try` para capturar a exceção, escreva uma mensagem de erro, em seguida, termine o programa" – é por demais grosseira para muitos sistemas. Por exemplo, muitos sistemas embarcados não podem simplesmente parar e um sistema financeiro não pode abortar no meio de uma transação. Muitas vezes, precisamos fazer um pouco de limpeza antes de terminar ou reiniciar o sistema em um estado bom e conhecido. Para alguns tipos de erros, sabemos o suficiente sobre o estado do programa para conseguirmos nos recuperar. Por exemplo, ao não calcular uma resposta, podemos tentar novamente usando um algoritmo diferente ou um conjunto diferente de recursos. Para alguns tipos de erros, podemos até decidir não nos recuperar, mas produzir uma resposta que não é a desejada, mas que seja considerada inofensiva. Por exemplo, ao não conseguirmos exibir corretamente uma imagem, podemos decidir exibir uma imagem que significa "não foi possível produzir a imagem solicitada".

Um dos princípios fundamentais de programação é que, se adquirirmos um recurso, devemos de alguma forma, direta ou indiretamente, devolvê-lo para qualquer parte do sistema que gerencia esse recurso. **CC**

Exemplos de recursos são os seguintes:

- Memória
- Bloqueios (*locks*)
- Identificadores de arquivo (*file handles*)
- Identificadores de *thread* (*thread handles*)
- *Sockets*
- Janelas

Basicamente, definimos um recurso como algo que é adquirido e deve ser devolvido (liberado) **CC**
ou reivindicado por algum "gerenciador de recursos". O exemplo mais simples é a memória do armazenamento livre, que adquirimos usando `new` e retornamos ao armazenamento livre usando `delete`. Por exemplo:

```
void suspicious(int s, int x)
{
    int* p = new int[s];        // adquirir memória
    // ...
    delete[] p;                 // liberar memória
}
```

Como vimos em §15.4.5, nem sempre é fácil lembrar de liberar memória. Quando adicionamos exceções à situação, vazamentos de recursos podem se tornar comuns; basta um pouco de ignorância ou alguma falta de cuidado. Em particular, vemos o código, como suspicious(), que usa explicitamente new e atribui o ponteiro resultante a uma variável local com grande suspeita. Para escrever um *software* confiável, devemos tornar implícita a liberação dos recursos, como a memória. Isso também facilita a escrita do código.

CC   Chamamos de *proprietário* (*owner*) ou de *identificador* (*handle*) um objeto, como um vector, cuja responsabilidade é liberar um recurso pelo qual é responsável.

18.4.1 Possíveis problemas no gerenciamento de recursos

XX Uma razão para suspeitar de atribuições de ponteiro aparentemente inocentes, como

```
int* p = new int[s];     // adquirir memória
```

é que pode ser difícil verificar se new tem um delete correspondente. Pelo menos suspicious() tem uma instrução delete[] p; que pode liberar a memória, mas imaginemos algumas coisas que podem fazer com que a liberação não aconteça. O que podemos colocar na parte ... de suspicious() para causar um vazamento de memória? Os exemplos problemáticos que encontramos devem lhe dar motivos para pensar e suspeitar de tal código. Eles também devem fazer você apreciar a alternativa simples e poderosa para tal código.

Considere:

```
void suspicious(int s, int x)
{
    int* p = new int[s];      // adquirir memoria
    // ...
    if (x<0)
        p = q;                // fazer p apontar para outro objeto
    if (x==0)
        return;               // podemos retornar
    if (0<x)
        p[x] = v.at(x);       // a indexação pode lançar
    // ...
    delete[] p;               // liberar memória
}
```

Esse código nunca excluirá p; ele vaza a memória. A razão varia, dependendo do valor de x. É claro que não escreveríamos um código tão confuso intencionalmente, mas as três maneiras de estragar tudo mostradas aparecem em código do mundo real, em que as funções são mais longas e as estruturas de controle, mais complicadas. Muitas vezes, o problema não estava no código original, mas foi inserido por engano, anos mais tarde, por alguém que mantinha o código.

Quando as pessoas encontram, pela primeira vez, a versão desse problema que lança exceção, tendem a considerá-lo um problema relacionado às exceções, em vez de um problema geral de gerenciamento de recursos. Tendo classificado incorretamente a causa-raiz, elas propõem uma solução que envolve capturar a exceção:

```
void suspicious(int s, int x)      // código confuso
{
    int* p = new int[s];           // adquirir memória
    vector<int> v;
    // ...
```

```
try {
    if (x)
        p[x] = v.at(x);     // a indexação pode lançar
    // ...
}
catch (...) {               // capturar qualquer exceção
    delete[] p;             // liberar memória
    throw;                  // relançar a exceção
}
// ...
delete[] p;                 // liberar memória
```

Isso resolve o problema à custa de algum código adicionado. Em outras palavras, essa solução é feia; pior, não generaliza bem. Considere adquirir mais recursos:

```
void suspicious(int s)
{
    int* p = new T[s];
    // ...
    int* q = new T[s];
    // ...
    delete[] p;
    // ...
    delete[] q;
}
```

A técnica **try-catch** também funciona para este exemplo, mas precisaremos de vários blocos **try**, **XX** e o código fica repetitivo e feio. Não gostamos de código repetitivo e feio, porque "repetitivo" significa um código que é um risco para a manutenção e "feio" se traduz em um código que é difícil de acertar, difícil de ler e um risco para a manutenção. Em particular, se tentarmos tratar vazamentos de recursos usando **try-catch**, teremos que nos lembrar de usar **try-catch** com consistência. Isso não é uma boa ideia. A experiência mostra que, às vezes, esquecemos. É fácil esquecer de liberar um recurso; basta perguntar a qualquer bibliotecário! A liberação deve ser implícita e garantida.

Ter muitos blocos **try** é um sinal de projeto ruim e um indicador de problemas prováveis com o tratamento de erros. Devemos, e podemos, fazer melhor.

> **TENTE ISTO**
>
> Adicione blocos **try** a este último exemplo para garantir que todos os recursos sejam liberados corretamente em todos os casos em que uma exceção pode ser lançada.

Usamos o exemplo **new/delete** apenas porque ele é fácil de entender e experimentar. No entanto, a maioria dos exemplos de vazamento de recursos não é tão fácil de identificar. Considere um exemplo no estilo antigo que ainda pode ser encontrado em muitos programas:

```
void old_style()
{
    FILE* output = fopen("myfile","r");        // adquirir
    fprintf(output,"Hello, old world!\n");     // imprimir no arquivo
    // ...
    fclose(output);
}
```

Aqui, usamos as funções da biblioteca-padrão (C e C++) **fopen()** e **fclose()** para abrir e fechar um arquivo. De novo, é fácil para o código na parte ... sair da função sem fechar o arquivo. Se acontecer, o *buffer* de saída pode nunca ser liberado, deixando-nos sem ideia do motivo para nenhuma saída ser produzida.

18.4.2 Aquisição de recurso é inicialização

Por sorte, não precisamos engessar nosso código com instruções **try** ... **catch** complicadas para lidar com os possíveis vazamentos de recursos. Considere uma combinação de **suspicious()** e old_style():

```
void user(int s)
{
    vector<T> p(s);
    vector<T> q(s);
    ifstream in {"myfile"};
    // ...
}
```

CC É melhor. Mais importante, é *obviamente* melhor. Os recursos (aqui, memória do armazenamento livre e um identificador de arquivos) são adquiridos pelos construtores e liberados pelos destrutores correspondentes. Na verdade, resolvemos esse "problema de exceção" quando resolvemos os problemas de vazamento de memória para os vetores. A solução é geral, aplica-se a todos os tipos de recursos: adquirir um recurso no construtor para algum objeto que o gerencia e o liberar novamente no destrutor correspondente. Exemplos de recursos que costumam ser mais bem tratados dessa forma incluem *strings* de caracteres, transações do banco de dados, bloqueios (*locks*), *sockets* e *buffers* de E/S (**iostreams** fazem isso por você). Essa técnica é geralmente referida com a estranha expressão "aquisição de recurso é inicialização", abreviada como RAII (*resource acquisition is initialization*).

Considere o exemplo acima. Qualquer que seja a forma como deixamos **user()**, os destrutores para p, q e in são devidamente chamados. Essa regra geral é válida: quando a *thread* de execução deixa um escopo, os destrutores de cada objeto totalmente construído e subobjeto secundário são chamados. Um objeto é considerado construído quando seu construtor termina. Explorar as implicações detalhadas dessas duas instruções pode causar dor de cabeça, mas elas simplesmente significam que construtores e destrutores são chamados quando necessário.

AA Em particular, use **vector** em vez de **new** e **delete** explícitos quando precisar de uma quantidade de armazenamento não constante dentro de um escopo.

Por último, considere um exemplo artificial, elaborado para testar o tratamento de erros:

```
void test()
{
    string name;
    cin>>name;
```

```
        ifstream in {name};                      // §9.3
        if (!in)
            error("couldn't open ",name);

        vector<string> v {"hello"};
        for (string s; in>>s; )
            v.push_back(s);
        v[3] += "odd";

        Simple_window win;                       // Capítulo 10
        auto ps = make_unique<Shape>(read_shape(cin));   // §18.5.2, §12.2
        Smiley_face face {Point{0,0},20};
        win.attach(face);
        // ...
}
```

O código do mundo real pode ser ainda mais complexo:

- Imagine o que seria necessário para reescrever a função **test()** com tipos que não tinham um destrutor.
- Imagine o que seria necessário para reescrever **test()**, capturar e relatar corretamente todos os possíveis erros sem usar exceções.

Repare que não contamos com as exceções ao abrir o arquivo. Poderíamos, mas não há nada de excepcional em não conseguir abrir um arquivo, por isso lidamos com essa possibilidade localmente.

18.4.3 Garantias do gerenciamento de recursos

Quando deixamos uma função, ou apenas um escopo, quais garantias podemos oferecer para tornar o gerenciamento de recursos compreensível? Para pensar racionalmente sobre esses problemas, considere estes conceitos básicos:

- *Garantia básica*: ou uma função tem sucesso ou lança uma exceção sem vazar nenhum recurso. Todo o código que faz parte de um programa que esperamos se recuperar de uma exceção **throw** (ou qualquer outra forma de erro que afete os recursos) deve fornecer uma garantia básica. Todo o código da biblioteca-padrão fornece a garantia básica.
- *Garantia forte*: uma função fornece a garantia básica e também assegura que todos os valores observáveis (todos os valores não locais para a função) sejam os mesmos após a falha, como eram quando chamamos a função. A garantia forte é o ideal quando escrevemos uma função: ou a função conseguiu fazer tudo o que foi pedido ou nada aconteceu, exceto que uma exceção foi lançada para indicar a falha.
- *Garantia de não exceção*: a menos que possamos fazer operações simples sem nenhum risco de falha ou lançar uma exceção, não conseguiríamos escrever um código para atender a garantia básica ou a garantia forte. Por sorte, basicamente todos os recursos predefinidos na linguagem C++ fornecem a garantia de não exceção: eles simplesmente não podem lançar exceções. Para evitar lançar, basta evitar o uso de **throw**, **new** e **dynamic_cast** em tipos por referência. O principal perigo é um retorno simples, que deixa um recurso necessário não liberado.

A garantia básica e a garantia forte são mais úteis ao pensarmos na correção dos programas. RAII é essencial para a implementação de código escrito de acordo com esses ideais, de maneira simples e com alto desempenho.

18.4.4 RAII para Vector

Como um exemplo de gerenciamento de recursos, vejamos como fornecer garantias para a atribuição de Vector. Como vimos em §17.8, o segredo para o gerenciamento de memória e a inicialização de elementos para Vector é a operação reserve(), por isso temos de começar por lá. A função reserve() foi escrita sem que fosse pensado nas exceções. No entanto a chamada para alocar mais memória pode falhar (gerando uma exceção) e, assim, poderia mover os elementos para o espaço recém-alocado. Opa! Podemos tentar adicionar um bloco try, mas isso aumentaria a complexidade (§18.4.1). Uma solução melhor é dar um passo atrás e perceber que a "memória para Vector" é um recurso, isto é, podemos definir uma classe Vector_rep para representar o conceito fundamental que temos usado todo o tempo, a imagem com os três elementos que definem o uso da memória de Vector:

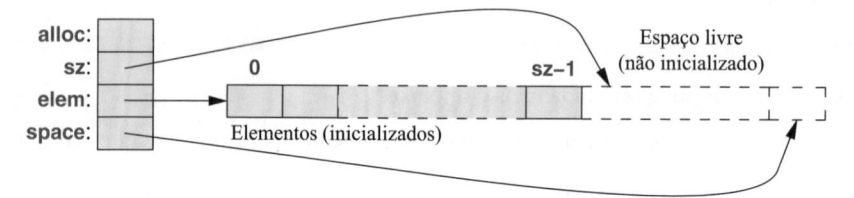

No código, fica assim (depois de adicionarmos o alocador para completar):

```
template<typename T, typename A = allocator<T>>
struct Vector_rep {
    A alloc;          // alocador
    int sz;           // número de elementos
    T* elem;          // início da alocação
    int space;        // quantidade de espaço alocado

    Vector_rep(const A& a, int n)
        : alloc{ a }, sz{ n }, elem{ alloc.allocate(n) }, space{ n } { }
    ~Vector_rep() { alloc.deallocate(elem, space); }
};
```

Vector_rep lida com a memória em vez de com os objetos (tipificados). Nossa implementação de Vector pode usar isso para manter os objetos do tipo de elemento desejado. Basicamente, Vector (que lida com elementos tipificados) é apenas uma interface conveniente para Vector_rep (que lida com a memória "bruta"):

```
template<typename T, typename A = allocator<T>>
class Vector {
    Vector_rep<T,A> r;
public:
    Vector() : r{A{},0} { }
```

```
        explicit Vector(int s) :r{A{},s}
        {
            for (int i = 0; i < r.sz; ++i)
                r.elem[i] = 0;          // os elementos são inicializados
        }
        // ...
}
```

Devemos rever todas as funções-membro para usar Vector_rep. Em particular, podemos reescrever reserve() em §18.2.1 para algo mais simples e correto:

```
template<typename T, typename A>
void Vector<T, A>::reserve(int newalloc)
{
    if (newalloc <= r.space)                        // nunca diminuir a alocação
        return;
    Vector_rep<T, A> b{ r.alloc,newalloc };         // alocar novo espaço
    uninitialized_move(r.elem, r.elem+r.sz, b.elem); // mover
    destroy(r.elem, r.elem + r.sz);                 // destruir os antigos elementos
    swap(r, b);                                     // intercambiar representações
}
```

Usamos as funções uninitialized_move() e destroy() da biblioteca-padrão para fazer a maior parte do trabalho.

Quando saímos de reserve(), a alocação antiga é automaticamente liberada pelo destrutor de Vector_rep se a operação de cópia for bem-sucedida. Se, em vez disso, a saída for causada por uma operação de movimento que lançou uma exceção, a nova alocação é liberada. A função swap() é um algoritmo da biblioteca-padrão que troca o valor dos dois objetos.

Espere! "Uma operação de movimento lançando uma exceção!". É possível? Isso é permitido? As operações de movimento são simples e não têm motivos para lançar. Elas não adquirem novos recursos. Certifique-se de que nenhum movimento escrito por você lance uma exceção. Não é difícil. No entanto acontece que há alguns tipos anteriores à introdução das operações de movimento cujo movimento é sintetizado por meio da cópia para o destino seguida pela destruição da origem.

Então, como uninitialized_move() lida com operações de movimento que lançam exceções? Para oferecer a garantia básica, ela não deve vazar nenhum recurso. Na minha experiência, as operações de movimento que lançam exceções são muito raras, mas uninitialized_move() ainda deve tratar casos como aquele em que três objetos são movidos com sucesso e, em seguida, o quarto movimento lança uma exceção. Isso é feito controlando-se quais objetos foram construídos, então destruindo eles (e apenas eles) antes de lançar de novo a exceção para sinalizar que uninitialized_move() falhou. Sim, escrever um *software* básico sério é desafiador, mas também é importante e, às vezes, emocionante!

Com reserve() tratando as exceções, push_back() e resize() funcionam como escrito em §18.2.1, portanto podemos rever as atribuições:

```
        template<typename T, typename A>
        Vector<T>& Vector::operator=(const Vector<T>& arg)
        {
            auto tmp = arg;       // copiar todos os elementos
            swap(*this,arg);      // então intercambiar (identificadores de Vector): garantia forte
            return *this;
        }
```

Primeiro copiamos e depois realizamos o *swap*. Isso significa que, para v1=v2, v1 obtém os elementos de v2, e os elementos antigos de v1 (agora em tmp) são destruídos ao saírem de operator=(). Não chegamos a executar swap se a cópia lança uma exceção. Portanto uma exceção lançada a partir da operação de cópia não terá qualquer efeito em v1 ou v2, ou seja, operator=() oferece a garantia forte.

A função swap() de Vector apenas move os ponteiros nos objetos Vector (§7.4.5), então fornece a garantia de não exceção. Se não fosse pelos ponteiros e pelos movimentos, não conseguiríamos fornecer nenhuma garantia útil.

Podemos ainda escrever operator=() de forma até mais simples:

```
template<typename T, typename A>
Vector<T>& Vector::operator=(const Vector<T> arg)
{
    swap(*this,arg);        // então intercambiar (identificadores de Vector): garantia forte
    return *this;
}
```

A passagem por valor (§7.4.3) faz a cópia para nós.

Mas e a versão otimizada de Vector::operator=(), que copia os elementos diretamente para seu destino se houver espaço suficiente (§17.8.5)?

```
template<typename T, typename A>
Vector<T>& Vector::operator=(const Vector<T>& arg)
{
    if (arg.size()<=size()) {              // espaço suficiente; copiar diretamente
        move(arg.r.elem,arg.r.elem+arg.size(),r.elem);
        destroy(r.elem+arg.size(),r.elem+size());   // destruir os elementos excedentes
    }

    auto tmp = arg;         // copiar todos os elementos
    swap(*this,arg);        // então intercambiar (identificadores de Vector): garantia forte
    return *this;
}
```

Movemos, então só podemos oferecer a garantia básica: os elementos podem ser sobrescritos antes de uma exceção ser lançada. Também esse operator=() otimizado tem o dobro do tamanho da versão "pura" e elegante de swap(). A otimização vale o esforço e a perda da garantia forte? No caso de vector, a resposta é sim: a diferença no desempenho pode ser bastante significativa e há muitas aplicações sensíveis ao desempenho importantes, a partir das quais vectors com tamanho igual ou menor são atribuídos. Por exemplo, pense nos cálculos de matrizes em que os elementos das matrizes são armazenados em vectors. Então, = de std::vector é otimizado. Se você precisar de uma garantia forte, pode escrever facilmente uma função:

```
template<typename T>
strong_assign(Vector<T>& target, const Vector<T> arg)
{
    swap(target,arg);       // então intercambiar (identificadores de Vector): garantia forte
}
```

Não otimize sem motivos, sem ter certeza de que uma otimização vale a pena em um código importante.

18.5 Ponteiros no gerenciamento de recursos

Existem muitos usos comuns dos ponteiros:

- Retornar objetos grandes a partir de funções.
- Passar interfaces para objetos polimórficos como argumentos (OOP).
- Passar a posição de elementos de um contêiner para um algoritmo (Capítulo 21).
- Implementar tipos de alto nível (fáceis de usar, eficientes, RAII etc.), como **vector**.

Para lidar com isso, precisamos distinguir os diferentes usos possíveis dos ponteiros.

- Onde os ponteiros são necessários? Muitas vezes temos alternativas superiores (§16.4, §18.5.1).
- Onde um ponteiro apenas identifica um objeto?
- Onde um ponteiro identifica uma sequência de objetos? Não use ponteiros predefinidos para identificar sequências de elementos; eles não sabem para quantos elementos apontam (§16.1). Use um contêiner (Capítulo 19) ou **span** (§16.4.1).
- Onde um ponteiro representa o conceito de propriedade (ou seja, precisa ser excluído)? (§18.5.2, §18.5.3)

Aqui, iremos considerar o primeiro e o último casos.

18.5.1 Retornar movendo

A técnica de retornar muitas informações, colocando-as no armazenamento livre e retornando um ponteiro é muito comum. É também muito complexa e uma das principais fontes de erros no gerenciamento de memória: quem exclui via **delete** um ponteiro para o armazenamento livre retornado de uma função? Temos certeza de que um ponteiro para um objeto no armazenamento livre é corretamente excluído via **delete** em caso de uma exceção? A menos que sejamos sistemáticos sobre o gerenciamento de ponteiros, a resposta será algo como "Bem, achamos que sim", e isso não é suficiente:

```
Vector<int>* make_vec()    // criar um vetor preenchido
{
     auto res = new Vector<int> res;
     // ... preencher Vector com dados; isso pode gerar uma exceção ...
     return res;    // retornar um ponteiro
}

auto p = make_vec();
// ...
delete p;
```

Alguém, algum dia, esquecerá de excluir via **delete** algum resultado retornado por **make_vec()**.

Felizmente, quando adicionamos operações de movimento a **Vector**, resolvemos esse problema para **Vectors**; basta usar um construtor de movimento para retirar da função a propriedade (*ownership*) dos elementos. Por exemplo:

```
Vector<int> make_vec()    // criar um Vector preenchido
{
    Vector<int> res;
    // ... preencher o vetor com dados; isso pode gerar uma exceção ...
    return res;     // o construtor de movimento transfere com eficiência a propriedade
}

auto v = make_vec();
```

Essa versão de make_vec() é muito mais simples e é a que recomendamos. A solução de movimento generaliza para todos os contêineres e ainda mais para todos os identificadores de recurso. Por exemplo, fstream usa essa técnica para controlar os identificadores de arquivo (podemos mover um fstream, mas não copiá-lo). A solução de movimento é simples e geral. Usar identificadores de recurso simplifica o código e elimina uma grande fonte de erros. Em comparação com o uso direto de ponteiros, o *overhead* na execução do uso de tais identificadores não é nada ou é muito menor e previsível.

18.5.2 unique_ptr

A técnica de retornar um objeto é ideal em muitos casos, mas e se realmente precisarmos de um ponteiro? Considere:

```
Shape* read_shape(istream& is)
{
    // ... ler várias formas ...
}
```

Isso é bom se "alguém" controla o ponteiro retornado e exclui o objeto apontado quando ele não é mais necessário. No entanto não é comum. Precisamos indicar que o ponteiro retornado representa propriedade, isto é, ele deve ser excluído via delete. Veja como:

```
unique_ptr<Shape> read_shape(istream& is)      // pseudocódigo
{
    // ... ler várias formas ...
    // ... se lemos um Circle ...
        return make_unique<Circle>(center,radius);
}
```

Um unique_ptr é um objeto que mantém um ponteiro e representa propriedade para o que esse ponteiro aponta. Criamos um usando std::make_unique(). Como unique_ptr é um tipo de ponteiro, a herança funciona corretamente: podemos retornar unique_ptr<Circle> como unique_ptr<Shape>, e nossas técnicas de programação orientada a objetos (OOP) ainda serão úteis.

Você pode usar –> e * em um unique_ptr exatamente como um ponteiro predefinido da linguagem. Porém unique_ptr tem posse do objeto apontado: quando unique_ptr é destruído, ele exclui via delete o objeto para o qual aponta.

Um unique_ptr é muito parecido com um ponteiro comum, mas tem uma restrição importante: você não pode atribuir um unique_ptr a outro para obter dois unique_ptrs para o mesmo objeto. Isso tem que ser assim ou poderia haver confusão sobre qual unique_ptr teria posse sobre o objeto apontado e precisou excluí-lo via delete. Por exemplo:

```
void no_good()
{
    unique_ptr<X> p = make_unique<X>();
    unique_ptr<X> q = p;         // erro: felizmente
    // ...
} // aqui ambos p e q excluem X
```

Se você quiser ter um ponteiro "inteligente", que garanta a exclusão e possa ser copiado, use shared_ptr (§18.5.3). No entanto essa é uma solução mais pesada, que envolve uma contagem de uso para garantir que a última cópia destruída destrua o objeto referenciado.

Por outro lado, **unique_ptr** não gera *overhead* em comparação com um ponteiro comum.

Além de ser usado como uma forma de transferir a propriedade, **unique_ptr** pode ser usado para garantir a exclusão em caso de uma exceção sendo lançada:

```
void trouble(int n)
{
    int* naked = new int[n];
    auto covered = make_unique<int[]>(n);
    // ... um return ou um throw aqui ...
    delete[] naked;
}
```

O uso de **make_unique** protege do possível vazamento, mas um "**new** desprotegido" não.

Por fim, um **unique_ptr** pode ser usado em vez de um ponteiro "desprotegido" para representar a posse. Considere §15.5. Lá, usamos um destrutor para lidar com a exclusão dos elementos e a memória que os armazena. Com **unique_ptr**, podemos tornar isso implícito e, assim, eliminar a possibilidade de errar no destrutor:

```
template<Elem T>
class Vector {
public:
    Vector(int s) :sz{s}, elem{std::make_unique<T[]>(s)} { }   // construir um Vector
    T& operator[](int i) { return elem[i]; }                    // acesso do elemento: indexação
    int size() { return sz; }
    // ...
private:
    int sz;                             // o número de elementos
    std::unique_ptr<T[]> elem;          // ponteiro para os elementos
    int alloc;
};
```

O destrutor gerado para **Vector** (§15.5.1) chamará o destrutor de **elem**.

Por que não usamos essa simplificação desde o início? Queríamos mostrar como as classes de gerenciamento de recursos foram construídas e (claro?) **unique_ptr** é construído exatamente com as mesmas técnicas e recursos básicos da linguagem que mostramos para **Vector**.

18.5.3 shared_ptr

E se você precisar de muitos ponteiros para um objeto e não estiver claro qual ponteiro deve ser excluído via **delete**? Podemos evitar isso tendo um objeto alocado de tal forma que ele "sobreviva" a todos os ponteiros para ele. Muitas vezes isso é o ideal e pode ser feito tendo o objeto em um escopo externo para todos os ponteiros para ele. No entanto há usos significativos em que isso é difícil de alcançar de forma simples e confiável. Nesse caso, podemos usar **shared_ptr** da biblioteca-padrão. Ele é usado de forma muito parecida com **unique_ptr**:

```
shared_ptr<Shape> read_shape(istream& is)        // pseudocódigo
{
    // ... ler várias formas ...
    // ... se lemos um Circle ...
        return make_shared<Circle>(center,radius);
}
```

No entanto shared_ptr difere de unique_ptr ao permitir muitas cópias. Ele mantém uma contagem do uso, ou seja, uma contagem de shared_ptrs para um objeto dado e, quando essa contagem fica em zero, o destrutor de shared_ptr exclui o objeto apontado. Isso às vezes é coloquialmente chamado de "a última pessoa a sair apaga as luzes".

Observe que shared_ptr ainda é um ponteiro: você precisa usar * ou –> para acessar seu objeto, e é possível criar referências circulares:

```
struct Slink {
    string name;
    shared_ptr<Slink> next;
};

auto p = make_shared<Slink>("Friday",nullptr);
auto q =make_shared<Slink>("viernes",p);
p->next = q;
```

Esses dois Slinks viverão "para sempre". Para quebrar esses *loops*, você precisa de um weak_ptr da biblioteca-padrão, mas, se puder, é melhor simplesmente não criar tais *loops*.

Prática

[1] Defina template<typename T> struct S { T val; };.
[2] Adicione um construtor para que possa inicializar com T.
[3] Defina variáveis dos tipos S<int>, S<char>, S<double>, S<string> e S<vector<int>>; inicialize-as com valores de sua escolha.
[4] Leia esses valores e imprima-os.
[5] Torne val privado.
[6] Adicione uma função-membro access() que retorne uma referência para val.
[7] Coloque a definição de access() fora da classe.
[8] Faça 4 de novo utilizando access().
[9] Adicione S<T>::operator=(const T&). Dica: muito mais simples que em §17.8.5.
[10] Forneça as versões const e não const de access().
[11] Defina uma função template<typename T> read_val(T& v) que leia de cin para v.
[12] Use read_val() para ler cada uma das variáveis do exercício 3, exceto a variável S<vector<int>>.
[13] Bônus: defina os operadores de entrada e saída (>> e <<) para vector<T>s. Para a entrada e a saída, use um formato { val, val, val }. Isso permitirá que read_val() também lide com a variável S<vector<int>>.

Lembre-se de testar após cada etapa.

Revisão

[1] Por que desejaríamos ter diferentes tipos de elementos para diferentes vectors?
[2] O que é um *template*?
[3] O que é programação genérica?
[4] Qual é a diferença entre a programação genérica e a programação orientada a objetos?
[5] O que é um conceito?
[6] Quais são as vantagens de usar conceitos?

[7] Cite quatro conceitos da biblioteca-padrão.
[8] Qual é a diferença entre resize() e reserve()?
[9] O que é recurso? Defina e dê exemplos.
[10] O que é vazamento de recursos?
[11] Liste as três garantias do gerenciamento de recursos.
[12] Como o uso de um ponteiro predefinido (*built-in*) pode levar a um vazamento de recursos? Dê exemplos.
[13] O que é RAII? Qual problema ele aborda?
[14] Para que serve unique_ptr?
[15] Para que serve shared_ptr?

Termos

restrição	proprietário	especialização	throw;
push_back()	(*owner*)	garantia básica	at()
template	garantia forte	resize()	RAII
garantias	exceção	identificador	parâmetro do *template*
throw;	recurso	(*handle*)	relançar
verificação de intervalo	instanciação	unique_ptr	concept (conceito)
sortable	shared_ptr	regular	equality_comparable
	requires		

Exercícios

Para cada exercício, crie e teste (com uma saída) alguns objetos das classes definidas para demonstrar se seu projeto e implementação realmente fazem o que você pensa que fazem. Quando exceções estiverem envolvidas, isso pode exigir um raciocínio cuidadoso sobre onde os erros podem ocorrer.

[1] Escreva uma função de *template* add() que adicione os elementos de um vector<T> aos elementos de outro; por exemplo, add(v1,v2) deve fazer v1[i]+=v2[i] para cada elemento de v1.
[2] Escreva uma função de *template* que tenha vector<T> vt e vector<U> vu como argumentos e retorne a soma de todos os vt[i]*vu[i]s.
[3] Escreva uma classe de *template* Pair que possa manter um par de valores de qualquer tipo. Use-a para implementar uma tabela de símbolos simples, como a que usamos na calculadora (§6.8).
[4] Modifique a classe Link de §15.7 para ser um *template*, com o tipo de valor como o argumento de *template*. Então refaça o Exercício 13 do Capítulo 16 com Link<God>.
[5] Defina uma classe Int com um único membro da classe int. Defina construtores, atribuição e os operadores +, -, *, /. Teste e melhore seu projeto conforme o necessário (p. ex., defina os operadores << e >> para uma E/S conveniente).
[6] Repita o exercício anterior, mas com uma classe Number<T>, em que T pode ser qualquer tipo numérico. Tente adicionar % a Number e veja o que acontece quando você tenta usar % para Number<double> e Number<int>.

[7] Experimente sua solução para o Exercício 2 com alguns Numbers.
[8] Implemente um alocador (§18.2) usando as funções de alocação mais básicas da biblioteca-padrão malloc() e free(). Faça Vector, como definido no final de §18.3, funcionar em alguns casos de teste simples.
[9] Reimplemente Vector::operator=() (§17.8.5) usando um alocador (§18.2) para o gerenciamento de memória.
[10] Implemente um unique_ptr simples que dê suporte a apenas um construtor, um destrutor, –>, * e release(). Exclua os construtores de atribuição e cópia.
[11] Planeje e implemente Counted_ptr<T> que seja um tipo que armazene um ponteiro para um objeto do tipo T e um ponteiro para uma "contagem de uso" (um int) compartilhada por todos os ponteiros contados que apontam para o mesmo objeto do tipo T. A contagem de uso deve manter o número de ponteiros contados que apontam para certo T. Deixe o construtor de Counted_ptr alocar um objeto T e uma contagem de uso no armazenamento livre. Deixe o construtor de Counted_ptr ter um argumento para ser usado como o valor inicial dos elementos T. Quando o último Counted_ptr para T for destruído, o destrutor de Counted_ptr deve excluir T via delete. Passe as operações Counted_ptr que nos permitem usá-lo como um ponteiro. Esse é um exemplo de "ponteiro inteligente", usado para garantir que um objeto não seja destruído até que seu último usuário tenha parado de usá-lo. Escreva um conjunto de casos de teste para Counted_ptr , usando-o como um argumento em chamadas, elementos de contêiner etc.
[12] Defina uma classe File_handle com um construtor, que pegue um argumento string (o nome do arquivo), abra o arquivo no construtor e feche-o no destrutor.
[13] Escreva uma classe Tracer em que seu construtor imprime uma *string* e seu destrutor imprime uma *string*. Forneça as *strings* como argumentos do construtor. Use-as para ver onde os objetos de gerenciamento RAII farão seu trabalho (ou seja, experimente com Tracers como objetos locais, objetos-membro, objetos globais, objetos alocados por new etc.). Então, adicione um construtor de cópia e uma atribuição de cópia para que possa usar os objetos Tracer para ver quando a cópia é feita.
[14] Forneça uma interface GUI e alguma saída gráfica para o jogo "Hunt the Wumpus", dos exercícios do Capítulo 16. Pegue a entrada em uma caixa de entrada e exiba em uma janela um mapa da parte da caverna conhecida neste momento pelo jogador.
[15] Modifique o programa do exercício anterior para permitir ao usuário marcar os ambientes com base em conhecimento e palpites, por exemplo, "talvez morcegos" e "poço sem fundo".
[16] Por vezes, é desejável que um vector vazio seja o menor possível. Por exemplo, é possível que alguém use muito vector<vector<vector<int>>, mas tenha a maioria dos vetores de elementos vazia. Defina Vector para que sizeof(Vector<int>)==sizeof(int*), isto é, para que Vector consista apenas em um ponteiro para uma representação que consista nos elementos, no número de elementos e no ponteiro space.
[17] Defina uma função finally() que receba um objeto de função como seus argumentos e retorne um objeto com um destrutor, que chama esse objeto de função. Sendo assim,

auto x = finally([](){ cout<< "Bye!\n"; });

"dirá" Bye! sempre que sairmos do escopo de x. Que utilidade teria finallly()?

Posfácio

Templates e exceções são recursos da linguagem imensamente poderosos. Eles dão suporte às técnicas de programação com grande flexibilidade – permitindo, principalmente, que as pessoas separem preocupações, isto é, lidem com um problema de cada vez. Por exemplo, usando *templates*, podemos definir um contêiner, como **vector**, separadamente da definição de um tipo de elemento. Da mesma forma, usando exceções, podemos escrever o código que detecta e sinaliza um erro separadamente do código que lida com esse erro. Com *templates* e exceções, completamos nosso **Vector**, considerando como melhorar as funções **push_back()**, **resize()** e **reserve()** para que tratem a construção e a destruição na presença de erros. Os conceitos nos permitem fornecer interfaces bem definidas para os *templates*.

19

Contêineres e iteradores

Em ciência da computação, qualquer problema pode ser resolvido com mais uma camada de indireção.
Exceto, claro, o problema do excesso de indireções.
– David J. Wheeler

Este capítulo e os próximos dois apresentam a biblioteca STL, a parte dos contêineres e dos algoritmos da biblioteca-padrão de C++. STL é um *framework* extensível para lidar com dados em um programa C++. Após um primeiro exemplo simples, apresentamos os ideais gerais e os conceitos fundamentais. Discutimos iteração, manipulação de listas encadeadas e contêineres STL. As principais noções de sequências e de iteradores são usadas para ligar contêineres (dados) a algoritmos (processamento). Este capítulo estabelece as bases para os algoritmos gerais, eficientes e úteis apresentados no Capítulo 21. Como exemplo, apresentamos um *framework* para edição de texto como uma amostra de aplicação.*

▶ 19.1 Armazenamento e processamento de dados
    Trabalhando com dados; Generalizando o código; Ideais do STL
▶ 19.2 Sequências e iteradores
    De volta ao exemplo de Jack e Jill
▶ 19.3 Listas encadeadas
    Operações de lista; Iteração
▶ 19.4 Generalizando **Vector** mais uma vez
    Percorrendo um contêiner; **insert()** e **erase()**; Adaptando nosso **Vector** à STL
▶ 19.5 Exemplo: um editor de texto simples
    Linhas; Iteração
▶ 19.6 **vector**, **list** e **string**

---

* N. de R.T. Você encontrará menções a STL como um substantivo masculino, quando o texto se referir ao *framework* STL, e como um substantivo feminino, quando se referir à biblioteca STL. Em inglês, não há essa distinção, e o autor faz essas referências independentemente do gênero do substantivo. Na tradução, contudo, foi necessário fazer tais adaptações, embora, na prática, possam ser usadas de forma intercambiada.

19.1 Armazenamento e processamento de dados

Antes de examinar como lidar com coleções maiores de itens de dados, iremos considerar um exemplo simples, que aponta formas de lidar com uma classe grande de problemas de processamento de dados. Jack e Jill estão ambos medindo velocidades de veículos, que eles registram como valores de ponto flutuante. Jack é programador C e, por isso, armazena seus valores em um *array* e usa ponteiros; já Jill armazena os dela em vector e depende da semântica do movimento (§17.4.4). Agora queremos usar os dados deles em nosso programa. Como podemos fazer isso?

Poderíamos fazer com que os programas de Jack e Jill gravassem os valores em um arquivo e depois lê-los de volta em nosso programa. Assim, ficaríamos completamente isolados de suas escolhas de estruturas de dados e interfaces. Muitas vezes, esse isolamento é uma boa ideia e, se decidíssemos fazer isso, poderíamos usar as técnicas do Capítulo 9 para a entrada e usar um vector<double> para nossos cálculos.

Mas e se usar arquivos não for uma boa escolha para a tarefa que queremos realizar? Digamos que o código que coleta dados seja planejado para ser chamado como uma chamada de função e fornecer um novo conjunto de dados a cada segundo. Uma vez por segundo, chamamos as funções de Jack e Jill para entregar os dados para processarmos:

```
double* get_from_jack(int* count);   // Jack preenche um array e coloca o número de elementos em *count

vector<double> get_from_jill();   // Jill preenche um vetor

void fct()
{
    int jack_count = 0;
    double* jack_data = get_from_jack(&jack_count);
    vector<double> jill_data = get_from_jill();
    // ... processar ...
    delete[] jack_data;
}
```

Iremos supor que não podemos reescrever o código de Jack e Jill, ou que não queremos.

19.1.1 Trabalhando com dados

Claramente, esse é um exemplo um tanto simplificado, mas não é diferente de inúmeros problemas reais. Se se conseguirmos tratar este exemplo de forma elegante, conseguiremos tratar inúmeros problemas de programação. O problema fundamental aqui é que não controlamos a forma como nossos "fornecedores de dados" armazenam os dados que eles nos dão. É nosso dever trabalhar com os dados na forma como os obtemos ou lê-los e armazená-los como mais gostamos.

O que queremos fazer com esses dados? Ordená-los? Encontrar o maior valor? Encontrar o valor médio? Encontrar os valores acima de 65? Comparar os dados de Jill com os de Jack? Ver quantas leituras houve? As possibilidades são infinitas e, ao escrever um programa real, apenas fazemos a computação necessária. Aqui, só queremos fazer algo para aprender a lidar com os dados e fazer cálculos envolvendo muitos dados. Primeiro faremos algo realmente simples: encontrar o elemento com o maior valor em cada conjunto de dados. Podemos fazer isso inserindo este código no lugar do comentário "... processar ..." em fct():

```
double h = -1;
double* jack_high;          // jack_high apontará para o elemento com o valor mais alto
double* jill_high;          // jill_high apontará para o elemento com o valor mais alto
for (int i=0; i<jack_count; ++i)
    if (h<jack_data[i]) {
        jack_high = &jack_data[i];      // salvar endereço do maior elemento
        h = jack_data[i];               // atualizar "o maior elemento"
    }

h = -1;
for (double& x : jill_data)
    if (h<x) {
        jill_high = &x;                 // salvar endereço do maior elemento
        h = x;                          // atualizar "o maior elemento"
    }

cout << "Jill's max: " << *jill_high
     << "; Jack's max: " << *jack_high;
```

19.1.2 Generalizando o código

O que gostaríamos é de ter uma maneira uniforme de acessar e manipular dados sem a necessidade de escrever nosso código de um jeito diferente sempre que recebermos dados apresentados de uma forma ligeiramente diferente. Vejamos o código de Jack e Jill como exemplos de como podemos tornar nosso código mais abstrato e uniforme.

Obviamente, o que fazemos com os dados de Jack lembra muito o que fazemos com os de Jill. No entanto há diferenças irritantes: o *loop* for tradicional e a indexação de Jack *versus* o for de intervalo de Jill. Podemos eliminar esta última diferença usando um *loop* for tradicional para os dados de Jill:

```
vector<double>& v = jill_data;

for (int i=0; i<v.size(); ++i)
    if (h<v[i]) {
        jill_high = &v[i];
        h = v[i];
    }
```

Isso é tentadoramente próximo do código para os dados de Jack. O que seria necessário para escrever uma função que possa fazer o cálculo para os dados de Jill e para os de Jack? Podemos pensar em várias maneiras (ver Exercício 3), mas, por questões de generalidade que ficarão claras ao longo dos próximos dois capítulos, escolhemos uma solução baseada em ponteiros:

```
double* high(double* first, double* last)
    // retornar um ponteiro para o elemento em [first:last) que tem o valor mais alto
{
    double h = -1;
    double* high;
```

```
        for (double* p = first; p!=last; ++p)
            if (h<*p) {
                high = p;
                h = *p;
            }
        return high;
}
```

Com isso, podemos escrever:

```
double* jack_high = high(jack_data,jack_data+jack_count);
double* jill_high = high(&jill_data[0],&jill_data[0]+jill_data.size());
```

Parece melhor. Não introduzimos muitas variáveis e escrevemos o *loop* e o corpo do *loop* apenas uma vez (em high()). Se quisermos saber os valores mais altos, podemos examinar *jack_high e *jill_high. Por exemplo:

```
cout << "Jill's max: " << *jill_high
     << "; Jack's max: " << *jack_high;
```

Note que high() depende de um vetor que armazena seus elementos em um *array*, de modo que podemos expressar nosso algoritmo "encontrar o elemento mais alto" em termos de ponteiros em um *array*.

TENTE ISTO

Deixamos dois erros potencialmente graves neste pequeno programa. Um pode quebrar o programa e o outro dará respostas erradas se high() for usado em muitos outros programas em que possa ser útil. As técnicas gerais que descrevemos a seguir os deixarão óbvios e mostrarão como evitá-los sistematicamente. Por enquanto, basta encontrá-los e sugerir soluções.

A função high() é limitada na medida em que é uma solução para um único problema específico:

- Ela funciona apenas para *arrays*. Contamos com o armazenamento dos elementos de vector em um *array*, mas há muitas outras formas de armazenar os dados, como lists (§19.3) e maps (§20.2).
- Ela pode ser usada para vectors e *arrays* de doubles, mas não para *arrays* ou vectors com outros tipos de elemento, como vector<double*> e char[10].
- Ela encontra o elemento com o valor mais alto, mas há muitos outros cálculos que queremos fazer com esses dados.

Exploremos como podemos dar suporte a esse tipo de cálculo sobre conjuntos de dados de uma maneira muito mais generalizada.

Note que, ao decidir expressar nosso algoritmo "encontrar o valor mais alto" em termos de ponteiros, "acidentalmente" generalizamos para fazer mais do que o necessário: podemos, conforme desejado, encontrar o elemento mais alto de um *array* ou vector, mas também podemos encontrar o elemento mais alto em parte de um *array* ou vector. Por exemplo:

```
// ...
vector<double>& v = *jill_data;
double* middle = &v[0]+v.size()/2;
double* high1 = high(&v[0], middle);      // máximo da primeira metade
double* high2 = high(middle, &v[0]+v.size());  // máximo da segunda metade
// ...
```

Aqui high1 apontará para o elemento com o maior valor na primeira metade de vector e high2 apontará para o elemento com o maior valor na segunda metade. Graficamente, ficará assim:

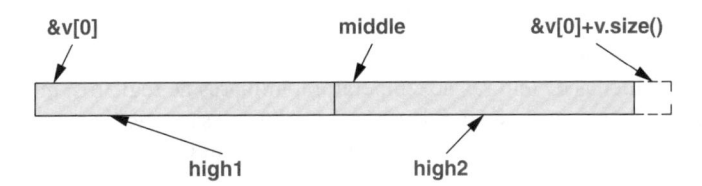

Usamos argumentos de ponteiro para high(). Isso é um pouco de baixo nível e pode ser propenso a erros. Suspeitamos que, para muitos programadores, a função óbvia para encontrar o elemento com o maior valor em vector seria:

```
double* find_highest(vector<double>& v)
{
    double h = -1;
    double* high = nullptr;
    for (int& x : v)
        if (h<x) {
            high = &x;
            h = x;
        }
    return high;
}
```

No entanto isso não nos daria a flexibilidade que "acidentalmente" obtivemos com high() – não podemos usar find_highest() para encontrar o elemento com o valor mais alto em parte de um vector. Na verdade, obtivemos um benefício prático ao escrever uma função que poderia ser usada para *arrays* e vectors "mexendo com os ponteiros". Lembramos que: a generalização pode levar a funções que são úteis para outros problemas.

19.1.3 Ideais da biblioteca STL

A biblioteca-padrão de C++ fornece um *framework* para lidar com os dados como sequências de elementos, chamado STL. Em geral, a biblioteca STL é considerada um acrônimo para "*standard template library*". Ela faz parte da biblioteca-padrão ISO de C++, que fornece contêineres (como vector, list e map) e algoritmos genéricos (como sort, find e accumulate). Assim, podemos, e devemos, nos referir aos recursos, como vector, como parte da "STL" ou da "biblioteca-padrão". Outros recursos da biblioteca-padrão, como ostream (Capítulo 9) e as funções de *string* no estilo C (PPP2.Ch23), não fazem parte da STL. Para melhor apreciar e entender a STL, primeiro iremos considerar os problemas que devemos resolver ao trabalhar com dados e os ideais que temos para uma solução.

Há dois aspectos principais em computação: computação e dados. Às vezes, focamos a computação e falamos sobre instruções if, *loops*, funções, tratamento de erros etc. Outras vezes, focamos os dados e falamos sobre *arrays*, vetores, *strings*, arquivos etc. No entanto, para realizarmos um trabalho útil, precisamos de ambos. Uma grande quantidade de dados é incompreensível sem análise, visualização e pesquisa por "partes interessantes". Por outro lado, podemos calcular o quanto queremos, mas será chato e inútil, a menos que tenhamos alguns dados para ligar nossa computação a algo real. Além disso, o ideal é que a "parte computacional" do nosso programa interaja de forma elegante com a "parte dos dados".

```
        ler  ┌─────────────┐  gravar
     ┌──────→│ Computação  │──────┐
┌────┴────┐  └─────────────┘      ↓
│ Entrada │                  ┌─────────┐
└─────────┘                  │  Saída  │
                             └─────────┘
```

AA Quando falamos sobre dados dessa forma, pensamos em uma grande quantidade de dados: dezenas de Shapes, centenas de leituras de temperatura, milhares de registros, milhões de pontos, bilhões de páginas da *web* etc., isto é, falamos sobre o processamento de contêineres de dados, fluxos de dados e outros. Em particular, esta não é uma discussão sobre como melhor escolher alguns valores para representar um objeto pequeno, como um número complexo, uma leitura de temperatura ou um círculo. Para esses tipos, veja o Capítulo 8, §9.3.2, e §11.7.4.

Considere alguns exemplos simples de algo que gostaríamos de fazer com "uma grande quantidade de dados":

- Colocar palavras em ordem alfabética.
- Encontrar um número na lista telefônica, dado um nome.
- Encontrar a temperatura mais alta.
- Encontrar todos os valores maiores que 8.800.
- Encontrar a primeira ocorrência do valor 17.
- Ordenar os registros de telemetria por número de unidade.
- Ordenar os registros de telemetria por carimbo de tempo (*time stamp*).
- Encontrar o primeiro valor alfabeticamente maior que "Pedro".
- Encontrar a maior quantidade.
- Encontrar a primeira diferença entre duas sequências.
- Calcular o produto em pares dos elementos de duas sequências.
- Encontrar a temperatura mais alta para cada dia em um mês.
- Encontrar os dez melhores vendedores nos registros de vendas.
- Contar o número de ocorrências de "Stroustrup" na *web*.
- Calcular a soma dos elementos.

Observe que podemos descrever cada uma dessas tarefas sem mencionar de fato como os dados são armazenados. Claro, devemos lidar com algo como listas, vetores, arquivos, fluxos de entrada etc. para essas tarefas fazerem sentido, mas não temos que saber os detalhes sobre como os dados são armazenados (ou coletados) para falar sobre o que fazer com eles. O importante é o tipo dos valores ou dos objetos (o tipo do elemento), o modo como acessamos esses valores ou objetos e o que queremos fazer com eles.

Essas tarefas são muito comuns. Naturalmente, queremos escrever um código que execute tais tarefas de forma simples e eficiente. Por outro lado, os problemas para nós, como programadores, são:

- Há uma variação infinita de tipos de dados ("espécie de dados").
- Há um número desconcertante de maneiras de armazenar as coleções de elementos de dados.
- Há uma enorme variedade de tarefas que gostaríamos de fazer com as coleções de dados.

Para minimizar o efeito desses problemas, gostaríamos que nosso código aproveitasse os pontos em comum entre os tipos, entre as formas de armazenamento de dados e entre nossas tarefas de processamento. Em outras palavras, queremos generalizar nosso código para lidar com essas variações. Não queremos mesmo fazer à mão cada solução do zero; isso seria uma tediosa perda de tempo.

Para você ter uma ideia de qual suporte gostaríamos para escrever nosso código, considere uma visão mais abstrata do que fazemos com os dados:

- Coletar dados em contêineres
  - Como **vector**, **list** e *array*
- Organizar os dados
  - Para impressão
  - Para acesso rápido
- Recuperar os itens de dados
  - Por índice (p. ex., o 42º elemento)
  - Por valor (p. ex., o primeiro registro com o "campo idade" 7)
  - Por propriedades (p. ex., todos os registros com o "campo temperatura" > 32 e <100)
- Modificar um contêiner
  - Adicionar dados
  - Remover dados
  - Ordenar (de acordo com algum critério)
- Realizar operações numéricas simples (p. ex., multiplicar todos os elementos por 1,7)

Gostaríamos de fazer essas coisas sem afundar nos detalhes sobre as diferenças entre contêineres, entre as formas de acessar os elementos e entre os tipos de elementos. Se pudermos fazer isso, teremos avançado muito em direção ao nosso objetivo de uso simples e eficiente de grandes quantidades de dados.

Revendo as ferramentas e técnicas de programação dos capítulos anteriores, notamos que (já) podemos escrever programas que são semelhantes independentemente do tipo de dados usado:

- Usar um **int** não é tão diferente de usar um **double**.
- Usar um **vector<int>** não é tão diferente de usar um **vector<string>**.
- Usar um *array* de **doubles** não é tão diferente de usar um **vector<double>**.

Queremos organizar nosso código de modo que precisemos escrever um novo código somente quando quisermos fazer algo realmente novo e diferente. Em particular, gostaríamos de fornecer um código para as tarefas de programação comuns, para que não tenhamos que reescrever nossa solução sempre que encontrarmos uma nova maneira de armazenar os dados ou uma maneira um pouco diferente de interpretá-los.

- Encontrar um valor em um **vector** não é tão diferente de encontrar um valor em um *array*.
- Procurar uma **string** ignorando as letras maiúsculas/minúsculas não é tão diferente de ver uma **string** considerando as letras maiúsculas diferentes das minúsculas.
- Representar graficamente os dados experimentais com valores exatos não é tão diferente de representar graficamente os dados com valores arredondados.
- Copiar um arquivo não é tão diferente de copiar um **vector**.

Queremos nos basear nessas observações para escrever um código que seja:

- Fácil de ler
- Fácil de modificar
- Comum
- Curto
- Rápido

CC Para minimizar nosso trabalho de programação, gostaríamos de:

- Ter um acesso uniforme aos dados
  - Independentemente de como são armazenados
  - Independentemente do seu tipo
- Ter um acesso seguro aos dados (*type-safe*)
- Percorrer com facilidade os dados
- Ter um armazenamento compacto dos dados
- Ter rapidez para
  - Recuperação de dados
  - Adição de dados
  - Exclusão de dados
- Ter versões padrão dos algoritmos mais comuns
  - Como copiar, encontrar, pesquisar, ordenar, somar, ...

A biblioteca STL fornece isso e muito mais. Examinaremos ela não apenas como um conjunto muito útil de recursos, mas também como um exemplo de biblioteca planejada para a máxima flexibilidade e desempenho. A STL foi projetada por Alex Stepanov para fornecer um *framework* para algoritmos gerais, corretos e eficientes, que operam sobre estruturas de dados. O ideal era a simplicidade, a generalidade e a elegância da matemática.

XX A alternativa para lidar com dados usando um *framework* com ideais e princípios claramente articulados é cada programador criar cada programa a partir dos recursos básicos da linguagem usando quaisquer ideias que pareçam boas no momento. É muito trabalho extra. Além disso, o resultado é muitas vezes uma bagunça sem princípios; raramente é o resultado de um programa facilmente compreendido por pessoas que não são os projetistas originais, e só por acaso é o código resultante que podemos usar em outros contextos.

Tendo considerado a motivação e os ideais, vejamos as definições básicas da STL até chegarmos nos exemplos, que mostrarão como podemos nos aproximar desses ideais – escrever um código melhor para lidar com os dados e fazê-lo com mais facilidade.

19.2 Sequências e iteradores

CC O conceito central da biblioteca STL é a *sequência*, também chamada de *intervalo* (*range*). Do ponto de vista da STL, uma coleção de dados é uma sequência. Uma sequência tem começo e fim. Podemos percorrer uma sequência do início ao fim, opcionalmente lendo ou gravando o valor de cada elemento. Identificamos o começo e o fim de uma sequência com um par de iteradores. *Iterador* é o objeto que identifica um elemento de uma sequência. Podemos pensar em uma sequência assim:

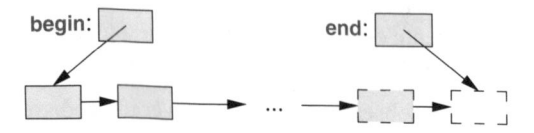

Aqui, **begin** e **end** são iteradores; eles identificam o começo e o fim da sequência. Uma sequência STL é o que geralmente chamamos de "semiaberta", isto é, o elemento identificado por **begin** é parte da sequência, mas o iterador **end** aponta para uma posição além do fim da sequência. A notação matemática usual para tais sequências (intervalos) é [**begin**:**end**). As setas de um elemento para o próximo indicam que, se temos um iterador para um elemento, podemos obter um iterador para o próximo.

O que é iterador? Iterador é uma noção um tanto abstrata. Por exemplo, se p e q são iteradores para os elementos da mesma sequência:

CC

Operações básicas do iterador padrão	
p==q	verdadeiro se, e somente se, p e q apontam para o mesmo elemento ou ambos apontam para uma posição além do último elemento
p!=q	!(p==q)
*p	se refere ao elemento apontado por p
*p=val	grava no elemento apontado por p
val=*p	lê o elemento apontado por p
++p	faz p referenciar o próximo elemento na sequência ou uma posição além do último elemento

Claro, a ideia de iterador está relacionada à ideia de ponteiro (§15.4). Na verdade, um ponteiro para um elemento de um *array* é um iterador. No entanto muitos iteradores não são apenas ponteiros; por exemplo, podemos definir um iterador de intervalo verificado que lança uma exceção (§20.7.2) se você tenta fazê-lo apontar para fora de sua sequência [begin:end) ou desreferenciar end. Acontece que obtemos uma enorme flexibilidade e generalidade tendo o iterador como uma noção abstrata, e não como um tipo específico. Este capítulo e o seguinte darão vários exemplos.

> **TENTE ISTO**
>
> Escreva uma função void copy(int* f1, int* e1, int* f2) que copie os elementos de um *array* de ints definidos por [f1:e1) para outro [f2:f2+(e1-f1)). Use apenas as operações de iterador mencionadas acima (sem indexação).

Os iteradores são usados para conectar nosso código (algoritmos) aos nossos dados. O criador do código conhece os iteradores (e não os detalhes de como os iteradores realmente chegam nos dados), e o provedor de dados fornece iteradores, em vez de expor os detalhes sobre como os dados são armazenados para todos os usuários. O resultado é agradavelmente simples e oferece um importante grau de independência entre algoritmos e contêineres. Citando Alex Stepanov, "A razão pela qual os algoritmos e os contêineres STL funcionam tão bem juntos é que eles não sabem nada um sobre o outro". Pelo contrário, ambos entendem sobre sequências definidas por pares de iteradores.

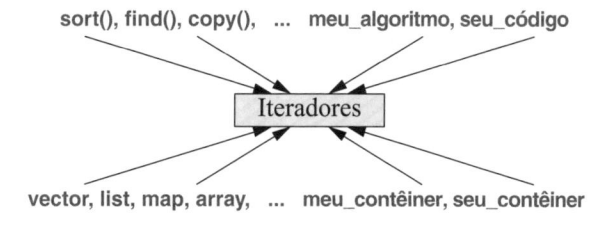

```
sort(), find(), copy(), ...   meu_algoritmo, seu_código
                    ↘  ↓  ↙
                  [ Iteradores ]
                    ↗  ↑  ↖
vector, list, map, array, ...   meu_contêiner, seu_contêiner
```

Em outras palavras, os algoritmos não precisam mais conhecer a desconcertante variedade de formas de armazenar e acessar os dados; só precisam conhecer os iteradores. Por outro lado, os provedores de dados não precisam mais escrever código para atender a uma variedade desconcertante de usuários; só têm que implementar um iterador para seu tipo de dados. No nível mais básico, um iterador é definido apenas pelos operadores *, ++, == e !=. Isso os torna simples e rápidos. Para aumentar ainda mais a flexibilidade e sua variedade de usos, todos os contêineres STL são parametrizados com seu tipo de elemento (§18.1.1) e um alocador (§18.2.1).

O *framework* STL consiste em cerca de uma dúzia de contêineres e 125 algoritmos conectados por iteradores (Capítulo 21). Isso é aproximadamente 1.500 combinações, representadas por cerca de 150 partes de código. Além disso, muitas empresas e pessoas fornecem contêineres e algoritmos no estilo STL. O *framework* STL é provavelmente o exemplo mais conhecido e amplamente utilizado de programação genérica (§18.1.2, §21.1.2). Se você conhece os conceitos básicos e alguns exemplos, pode usar o restante.

19.2.1 De volta ao exemplo de Jack e Jill

Vejamos como expressar o problema "encontrar o elemento com o maior valor" usando a noção de sequência do STL:

```
template<forward_iterator Iter>
Iter high(Iter first, Iter last)
    // retornar um iterador para o elemento em [first:last) que tem o valor mais alto
{
    Iter high = first;
    for (Iter p = first; p!=last; ++p)
        if (*high<*p)
            high = p;
    return high;
}
```

Note que eliminamos a variável local h que tínhamos usado para manter o valor mais alto visto até agora. Quando não sabemos o nome do tipo real dos elementos da sequência, a inicialização com –1 parece arbitrária e estranha. Porque é arbitrária e estranha! Também era um erro esperando para acontecer: em nosso exemplo –1 funcionou apenas porque aconteceu de não haver nenhuma velocidade negativa. Sabíamos que as "constantes mágicas", como –1, são ruins para a manutenção do código (§3.3.1, §6.6.1, §9.9.1 etc.). Aqui, vemos que também podem limitar a utilidade de uma função e podem ser um sinal de raciocínio incompleto sobre a solução, isto é, as "constantes mágicas" podem ser, e muitas vezes são, um sinal de raciocínio desleixado.

Note que a função high() "genérica" pode ser usada para qualquer tipo de elemento que possa ser comparado usando <. Por exemplo, podemos usar high() para encontrar a última *string* em ordem alfabética em vector<string> (ver Exercício 7).

A função *template* high() pode ser usada para qualquer sequência definida por um par de iteradores. Por exemplo, podemos replicar exatamente nossa amostra de programa:

```
double* get_from_jack(int* count);   // Jack preenche um array e coloca o número de elementos em *count
vector<double> get_from_jill();      // Jill preenche um vetor

void fct()
{
    int jack_count = 0;
    double* jack_data = get_from_jack(&jack_count);
    vector<double> jill_data = get_from_jill();
```

```
        double* jack_high = high(jack_data,jack_data+jack_count);
        double* jill_high = high(jill_data.begin(),jill_data.end());

        cout << "Jill's high " << *jill_high << "; Jack's high " << *jack_high;
        delete[] jack_data;
}
```

Para as duas chamadas mostradas aqui, o tipo de argumento do *template* Iterator para high() é double*. Além de (finalmente) obter o código para a função high() correta, aparentemente não há diferença da nossa solução anterior. Para ser preciso, não há diferença no código que é executado, mas há uma diferença mais importante na generalidade do nosso código. A versão de *template* de high() pode ser usada para qualquer tipo de sequência que possa ser descrita por um par de iteradores. Antes de ver as convenções detalhadas do STL e os algoritmos padrão úteis fornecidos para não termos de escrever um código complicado e comum, iremos considerar mais algumas formas de armazenar as coleções de elementos de dados.

> **TENTE ISTO**
>
> Novamente deixamos um erro grave no programa. Encontre, corrija e sugira uma solução geral para esse tipo de problema.

O processo de analisar partes do código quanto às semelhanças e generalizá-las em uma única parte dele é muitas vezes chamado de *elevação* (*lifting*). Podemos elevar o exemplo de Jack e Jill ainda mais usando as ideias do STL e o próprio STL; veja os exercícios.

19.3 Listas encadeadas

Considere novamente a representação gráfica da noção de sequência:

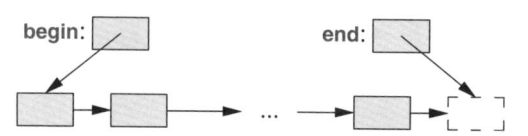

CC

Compare com a forma como visualizamos vector na memória:

Basicamente, o índice 0 identifica o mesmo elemento que o iterador v.begin() e o índice v.size() identifica um elemento além do último também identificado pelo iterador v.end().

Os elementos de vector são consecutivos na memória. Isso não é exigido pela noção do STL para uma sequência, e acontece que existem muitos algoritmos nos quais gostaríamos de inserir um elemento entre dois elementos existentes sem mover tais elementos. A representação gráfica da noção abstrata sugere a possibilidade de inserir (e excluir) elementos sem mover outros elementos. A noção de iteradores no *framework* STL tem suporte para isso.

A estrutura de dados sugerida mais diretamente pelo diagrama de sequência em STL é chamada de *lista encadeada*. As setas no modelo abstrato costumam ser implementadas como ponteiros. Um elemento de uma lista encadeada faz parte de um *"link"*, que consiste no elemento e um ou mais ponteiros. Uma lista encadeada em que um *link* tem apenas um ponteiro (para o próximo *link*) é chamada de *lista encadeada simples* e uma lista em que um *link* tem ponteiros para o *link* anterior e para o próximo é chamada de *lista duplamente encadeada*. Iremos esboçar a implementação de uma lista duplamente encadeada, que é o que a biblioteca-padrão de C++ fornece com o nome list. Graficamente, isso pode ser representado da seguinte forma:

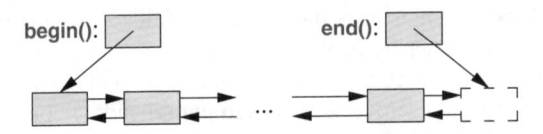

E pode ser representado no código como isto:

```
template<Element T>
struct Link {
    Link* prev;      // link anterior
    Link* succ;      // link sucessor (seguinte)
    T val;           // o valor
};

template<Element T> struct List {
    Link<T>* first;
    Link<T>* last;   // uma posição além do último link
};
```

Podemos representar o *layout* de um Link assim:

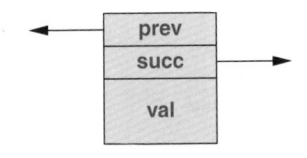

Há muitas formas de implementar listas encadeadas e apresentá-las aos usuários. Aqui, apenas descrevemos as principais propriedades de uma lista (você pode inserir e excluir elementos sem atrapalhar os elementos existentes), mostramos como podemos iterar sobre uma lista e damos um exemplo de uso dela.

Quando você estiver pensando em listas, é interessante que desenhe pequenos diagramas para visualizar as operações sendo consideradas. Manipulação de listas encadeadas realmente é um tópico no qual uma imagem vale mil palavras. Veja também o exemplo de lista em §15.7.

19.3.1 Operações de lista

De quais operações precisamos para uma lista?

CC

- As operações que temos para vector (construtores, tamanho etc.) (§18.1.1), exceto a de indexação.
- As operações insert() (adicionar um elemento) e erase() (remover um elemento); vector também tem essas (ver §19.4.2).
- Algo que pode ser usado para referenciar elementos e percorrer a lista: um iterador.

No *framework* STL, esse tipo de iterador é um membro de sua classe, por isso faremos o mesmo:

```
template<Element T>
class List {
    // ... detalhes da representação e da implementação ...
public:
    // ... construtores, destrutores etc. ...

    class iterator;         // tipo de membro: iterador

    iterator begin();       // iterador para o primeiro elemento
    iterator end( );        // iterador para um elemento além do último

    iterator insert(iterator p, const T& v);   // inserir v na lista após p
    iterator erase(iterator p);                // remover p da lista

    void push_back(const T& v);    // inserir v no fim
    void push_front(const T& v);   // inserir v na frente
    void pop_front();              // remover o primeiro elemento
    void pop_back();               // remover o último elemento

    T& front();    // o primeiro elemento
    T& back();     // o último elemento
};
```

Assim como nosso Vector não é o vector completo da biblioteca-padrão, essa versão de List não é a definição completa de list da biblioteca-padrão. Não há nada de errado com essa versão de List; apenas não está completa. O propósito da nossa List é transmitir uma compreensão do que são listas encadeadas, como list pode ser implementada e como usar os principais recursos. Para ter mais informações, consulte um livro de C++ especializado.

O iterador é fundamental para a definição de uma list do STL. Os iteradores são usados para identificar os locais de inserção e os elementos para remoção. Também são usados para "navegar" por uma lista, em vez de usar indexadores. Esse uso de iteradores é muito semelhante à forma como usamos ponteiros para percorrer *arrays* e vetores em §16.1.1 e §17.6. Esse estilo de iteradores é a chave para os algoritmos da biblioteca-padrão (§21.1).

Por que não fornecer indexação em List? Poderíamos indexar uma lista, mas seria uma operação bastante lenta: lst[1000] envolveria começar no primeiro elemento, depois visitar cada *link* até chegar ao elemento número 1000. Se quisermos, podemos fazê-lo nós mesmos (ou usar advance(); ver §19.5.2). Como consequência, std::list não fornece o aparentemente inocente operador de indexação, [ ].

XX

Tornamos o tipo do iterador de List um membro (uma classe aninhada) porque não havia razão para ele ser global. E mais, isso nos permite nomear o tipo do iterador de cada contêiner como iterator. Na biblioteca-padrão, temos list<T>::iterator, vector<T>::iterator, map<K,V>::iterator, e assim por diante.

19.3.2 Iteração

O iterador de List deve fornecer *, ++, == e !=. Como std::list é uma lista duplamente encadeada, também fornece -- para iterar "para trás", em direção ao início da lista:

```
template<Element T>
class List<Elem>::iterator {
    Link<T>* curr;              // link atual
public:
    iterator(Link<T>* p) :curr{p} { }

    iterator& operator++() {curr = curr->succ; return *this; }    // para frente
    iterator& operator--() { curr = curr->prev; return *this; }   // para trás
    T& operator*() { return curr->val; }                          // obter valor (desreferenciar)

    bool operator==(const iterator& b) const { return curr==b.curr; }
    bool operator!= (const iterator& b) const { return curr!=b.curr; }
};
```

Essas funções são curtas e simples, e obviamente eficientes: não há *loops*, nenhuma expressão complicada nem uma chamada de função "suspeita". Se a implementação não for clara para você, basta dar uma olhada rápida nos diagramas acima. Esse iterador de List é apenas um ponteiro para um *link* com as operações requeridas. Note que, mesmo que a implementação (o código) para list<T>::iterator seja muito diferente do ponteiro simples que usamos como um iterador para vectors e *arrays*, o significado (a semântica) das operações é idêntico. Basicamente, o iterador de List fornece ++, --, *, == e != para um ponteiro a um Link.

Agora veja high() novamente:

```
template<input_iterator Iter>
Iter high(Iter first, Iter last)
    // retornar um iterador para o elemento em [first,last) que tem o valor mais alto
{
    Iter high = first;
    for (Iter p = first; p!=last; ++p)
        if (*high<*p)
            high = p;
    return high;
}
```

Podemos usá-la para list ou List:

```
void f()
{
    list<int> lst;
    for (int x; cin >> x; )
        lst.push_front(x);

    list<int>::iterator p = high(lst.begin(), lst.end());
    cout << "the highest value was " << *p << '\n';
}
```

Aqui, o "valor" do argumento Iter de high() é list<int>::Iterator, e a implementação de ++, * e != mudou radicalmente em relação ao caso do *array*, mas o significado ainda é igual. A função *template* high() ainda percorre os dados (aqui list) e encontra o valor mais alto. Podemos inserir um elemento em qualquer lugar em list, então usamos push_front() para adicionar elementos na frente apenas para mostrar que é possível. Poderíamos ter usado igualmente bem push_back (), como fazemos para vectors.

TENTE ISTO

A classe vector da biblioteca-padrão não fornece push_front(). Por que não? Implemente push_front() para vector e compare com push_back().

Agora, finalmente, é hora de perguntar, "Mas e se a lista estiver vazia?". Em outras palavras, "E se lst.begin()==lst.end()?". Nesse caso, *p será uma tentativa de desreferenciar o elemento que está uma posição além do último, lst.end(): desastre! Ou, possivelmente pior, o resultado poderia ser um valor aleatório que pode ser confundido com uma resposta correta.

A última formulação da questão sugere fortemente a solução: podemos testar se uma lista está vazia comparando begin() e end() – na verdade, podemos testar se qualquer sequência STL está vazia comparando seu começo e fim:

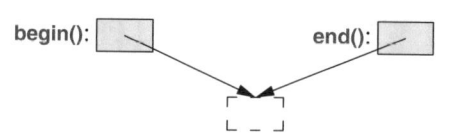

Essa é a maior razão para termos um ponto-final (end) uma posição depois do último elemento, em vez de end ser o último elemento: a sequência vazia não é um caso especial. Não gostamos de casos especiais porque, por definição, temos que nos lembrar de escrever um código especial para eles.

Em nosso exemplo, podemos usar isso assim:

```
list<int>::iterator p = high(lst.begin(), lst.end());
if (p==lst.end())                    // chegamos no fim?
    cout << "The list is empty";
else
    cout << "the highest value is " << *p << '\n';
```

Testamos a condição end() – indicando "não encontrado" – sistematicamente nos algoritmos STL.

Como a biblioteca-padrão fornece uma lista, não avançaremos mais na implementação aqui. Em vez disso, veremos rapidamente em que as listas são boas (ver Exercícios 12–14 se estiver interessado nos detalhes de implementação de listas).

19.4 Generalizando Vector mais uma vez

A classe vector da biblioteca-padrão tem um tipo de membro iterator e as funções-membro begin() e end() (assim como ocorre em std::list). No entanto aqueles que fornecemos para Vector em §18.1.1 apenas retornam ponteiros. O que realmente é preciso para que os diferentes contêineres sejam usados de forma mais ou menos alternada no estilo de programação genérico do STL? Primeiro, descrevemos a solução e depois explicamos:

```
template<Element T, Allocator A = allocator<T>>
class Vector {
public:
    using size_type = int;
    using value_type = T;
    using iterator = T*;
    using const_iterator = const T*;

    // ...

    iterator begin();
    const_iterator begin() const;
    iterator end();
    const_iterator end() const;

    size_type size();

    // ...
};
```

CC Uma declaração using cria um *alias* para um tipo, isto é, para nosso Vector, iterator é um sinônimo, outro nome, para o tipo que escolhemos usar como nosso iterador: T*. Agora, para um Vector chamado v, podemos escrever

```
vector<int>::iterator p = find(v.begin(), v.end(),32);
```

e

```
for (vector<int>::size_type i = 0; i<v.size(); ++i)
    cout << v[i] << '\n';
```

Para escrever isso, não precisamos saber quais tipos são nomeados por iterator e size_type. Em particular, como o código acima é expresso em termos de iterator e size_type, ele funcionará com inúmeros contêineres da biblioteca-padrão e em vários sistemas com diferentes representações de tipos de contêiner e iteradores. Por exemplo, podemos fornecer um tipo iterador com intervalo verificado (§20.7.2). size_type é geralmente um tipo inteiro não sinalizado (PPP2.§25.5.3), mas aqui usamos int para simplificar. Para converter com segurança entre tipos com sinal e não sem sinal, usamos narrow (§7.4.7).

O padrão define list e os outros contêineres padrão de forma parecida. Por exemplo:

```
template<Element T, Allocator A = allocator<T>>
class List {
public:
    using size_type = int;
    using value_type = T;
```

```
    class Link;
    class iterator;            // ver §19.3
    class const_iterator;      // como iterator, mas sem permitir gravar nos elementos
    // ...

    iterator begin();
    const_iterator begin() const;
    iterator end();
    const_iterator end() const;

    size_type size();
    // ...
};
```

19.4.1 Percorrendo o contêiner

Usando size(), podemos percorrer um dos nossos vectors desde seu primeiro elemento até o último. Por exemplo:

```
void print1(const vector<double>& v)
{
    for (int i = 0; i<v.size(); ++i)
        cout << v[i] << '\n';
}
```

No entanto isso não funciona para as listas, porque list não fornece indexação, mas podemos percorrer vector e list da biblioteca-padrão usando iteradores. Por exemplo:

```
void print2(const vector<double>& v, const list<double>& lst)
{
    for (vector<T>::iterator p = v.begin(); p!=v.end(); ++p)
        cout << *p << '\n';

    for (list<T>::iterator p = v.begin(); p!=v.end(); ++p)
        cout << *p << '\n';
}
```

Isso funciona para os contêineres da biblioteca-padrão e para Vector e List.

Em código genérico, os nomes dos tipos podem ficar desagradavelmente longos. Não gostamos muito de digitar nomes como vector<T>::iterator repetidas vezes e sabemos que o valor retornado por begin() é um iterador do tipo apropriado. Por isso normalmente usamos auto para simplificar o código:

```
void print2(const vector<double>& v, const list<double>& lst)
{
    for (auto p = v.begin(); p!=v.end(); ++p)
        cout << *p << '\n';

    for (auto p = v.begin(); p!=v.end(); ++p)
        cout << *p << '\n';
}
```

Quando não precisamos da posição de um elemento, podemos melhorar ainda mais. O *loop* for de intervalo (*range*-for) é simplesmente uma sintaxe simplificada para realizar um *loop* sobre uma sequência usando iteradores, então obtemos:

```
void print3(const vector<double>& v, const list<double>& lst)
{
    for (double x : v)
        cout << x << '\n';

    for (double x : lst)
        cout << x << '\n';
}
```

As técnicas usadas em print2() e print3() podem ser usadas para todos os contêineres da biblioteca-padrão (§20.6).

19.4.2 insert() e erase()

AA A classe vector da biblioteca-padrão é a nossa escolha padrão para um contêiner. Ela tem a maioria das funcionalidades desejadas, então usamos alternativas somente se for necessário. Seu principal problema é o hábito de mover elementos quando fazemos operações de lista (insert() e erase()); isso pode custar caro quando lidamos com vectors com muitos elementos ou vectors de elementos grandes. Mas não se preocupe. Estamos muito satisfeitos de ler meio milhão de valores de ponto flutuante em um vector usando push_back() – medições confirmaram que a pré-alocação não fez nenhuma diferença notável. Sempre meça antes de fazer mudanças significativas com o objetivo de desempenho. Mesmo para os especialistas, imaginar o desempenho resultante é muito difícil.

XX Mover elementos também implica uma restrição lógica: não armazene iteradores ou ponteiros para os elementos de um vector ao fazer operações de lista (como insert(), erase() e push_back()), pois, se um elemento for movido, seu iterador ou ponteiro apontará para o elemento errado ou para nenhum elemento. Esta é a principal vantagem de lists (e maps) (§19.4.2) em relação a vectors. Se você precisar de uma coleção de objetos grandes ou objetos para os quais você aponta a partir de diversos lugares em um programa, considere usar list.

Comparemos insert() e erase() para vector e list. Primeiro pegamos um exemplo projetado apenas para ilustrar os pontos principais:

```
vector<int>::iterator p = v.begin();    // pegar um vetor
++p; ++p; ++p;                          // apontar para seu 4° elemento
vector<int>::iterator q = p;
++q;                                    // apontar para seu 5° elemento
```

p = v.insert(p,99);   // p aponta para o elemento inserido

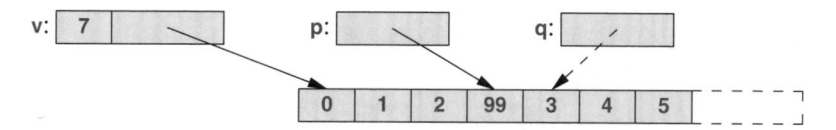

Repare que q agora é inválido. Os elementos podem ter sido realocados à medida que o tamanho do vetor cresceu. Se v tivesse uma capacidade extra disponível, de modo que crescesse em seu mesmo lugar, q provavelmente apontaria para o elemento com o valor 3, em vez do elemento com o valor 4, mas não tente tirar proveito disso.

p = v.erase(p);   // p aponta para o elemento após o apagado

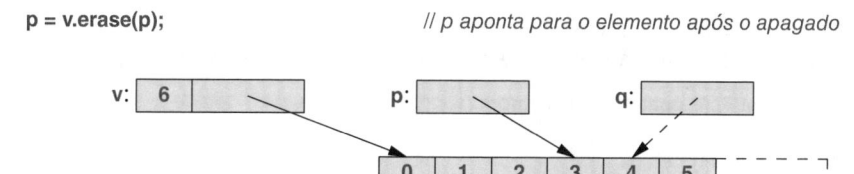

Isto é, uma função **insert()** seguida de uma remoção (**erase()**) do elemento inserido nos coloca de volta ao ponto onde começamos, mas com q invalidado. No entanto, nesse meio-tempo, movemos todos os elementos para após o ponto de inserção, e talvez todos os elementos tenham sido realocados à medida que v cresceu.

Para comparar, faremos o mesmo com uma instância de **list**:

```
list<int>::iterator p = lst.begin();    // pegar uma lista
++p; ++p; ++p;                          // apontar para seu 4º elemento
list<int>::iterator q = p;
++q;                                    // apontar para seu 5º elemento
```

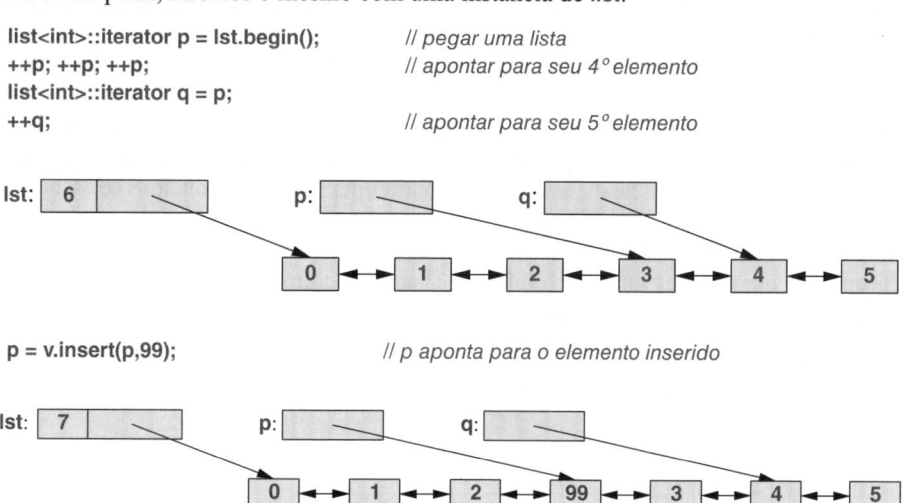

p = v.insert(p,99);   // p aponta para o elemento inserido

Note que q ainda aponta para o elemento com o valor 4.

p = v.erase(p);   // p aponta para o elemento após aquele apagado

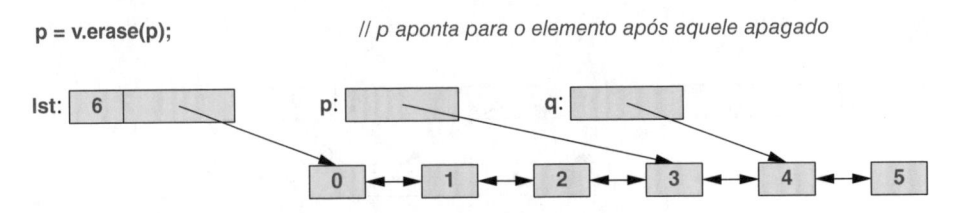

Mais uma vez, voltamos ao ponto onde começamos. No entanto, ao contrário de vector, no caso de list, não movemos nenhum elemento, e q estava válido em todos os momentos.

19.4.3 Adaptando nosso Vector à STL

Depois de adicionar begin(), end() e os *alias* de tipos em §19.4, só faltam insert() e erase() para nosso Vector ser uma aproximação de std::vector, como precisamos que seja:

```
template<Element T, Allocator A = allocator<T>>    // §18.4.4
class Vector {
    Vector_rep<A> r;
public:
    // ...
    iterator insert(iterator p, const T& val);
    iterator erase(iterator p);
};
```

Novamente usamos um ponteiro para o tipo de elemento, T*, como o tipo do iterador. É a solução mais simples possível. Deixamos um iterator de intervalo verificado como exercício (Exercício 18).

Normalmente, as pessoas não fornecem operações de lista, como insert() e erase(), para os tipos de dados que mantêm seus elementos em armazenamento contíguo, como vector. Contudo as operações de lista, como insert() e erase(), são muitíssimo úteis e surpreendentemente eficientes para vectors com elementos pequenos ou pequenos números de elementos. Temos visto repetidamente a utilidade de push_back(), que é outra operação tradicionalmente associada às listas.

Basicamente, implementamos Vector<T,A>::erase() copiando todos os elementos após o elemento que apagamos (removemos, excluímos). Usando a definição de Vector em §18.1.1 com as adições de §18.4.4 e §19.4, obtemos:

```
template<Element T, Allocator A>
Vector<T,A>::iterator Vector<T,A>::erase(iterator p)
{
    if (p==end())
        return p;
    move(p+1,r.sz,p);            // mover cada elemento uma posição para a esquerda
    destroy_at(r.elem()+r.sz−1));   // destruir o último elemento excedente
    −−r.sz;
    return p;
}
```

Usamos as funções move() e destroy_at da biblioteca-padrão para evitar os recursos confusos de nível mais baixo.

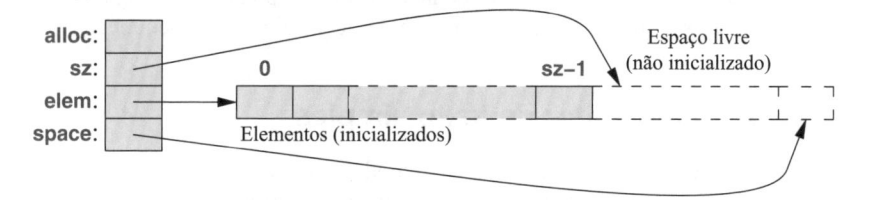

É mais fácil entender esse código vendo uma representação gráfica:

```
alloc:
   sz:                0              sz-1        Espaço livre
 elem:                                          (não inicializado)
space:         Elementos (inicializados)
```

O código para erase() é bem simples, mas pode ser uma boa ideia testar alguns exemplos desenhando no papel. O caso de um vector vazio é tratado corretamente? Por que precisamos do teste p==end()? E se apagássemos o último elemento de Vector? Esse código teria sido mais fácil de ler se tivéssemos usado a notação de indexação?

Implementar Vector<T,A>::insert() é um pouco mais complicado:

```
template<Element T, Allocator A>
Vector<T,A>::iterator Vector<T,A>::insert(iterator p, const T& val)
{
    int index = p-begin();              // salvar índice no caso de realocação
    if (size()==capacity())
        reserve(size()==0?8:2*size());  // assegurar que temos espaço
    p = begin()+i;                      // agora p aponta para a alocação atual
    move_backward(p,r.sz-1,p+1);        // mover cada elemento uma posição para a direita
    *(begin()+index) = val;             // "inserir" val
    ++r.sz;
    return pp;
}
```

Observe:

- Um iterador não pode apontar para fora de sua sequência, então usamos ponteiros, como elem+sz, para isso. É uma razão pela qual os alocadores são definidos em termos de ponteiros e não de iteradores.
- Quando usamos reserve(), os elementos podem ser movidos para uma nova área da memória. Portanto devemos lembrar o índice no qual o elemento deve ser inserido, em vez do iterador para ele. Quando Vector realoca seus elementos, os iteradores nesse Vector ficam inválidos – você pode pensar neles como apontando para a antiga memória.
- Usamos a função da biblioteca-padrão move_backward() em vez de std::move() para garantir que o último elemento seja o primeiro a ser movido. A função move() simples moveria o primeiro elemento primeiro, substituindo assim o segundo antes que fosse movido.
- São sutilezas como essas que nos fazem evitar lidar com problemas de memória de baixo nível sempre que podemos. Naturalmente, std::vector – e todos os outros contêineres da biblioteca-padrão – tem esse detalhe semântico importante correto. Essa é uma razão para preferir a biblioteca-padrão e não a "feita em casa".

Por questões de desempenho, você normalmente não usaria insert() e erase() no meio de um vector de 100 mil elementos; lists e maps são projetados para isso (§19.4.2). No entanto as operações insert() e erase() estão disponíveis para todos os vectors, e seu desempenho é imbatível quando você apenas move algumas palavras de dados, ou mesmo algumas dezenas de palavras, porque os computadores modernos são realmente bons nesse tipo de cópia; veja o Exercício 20. Evite listas encadeadas ao representar uma lista com poucos elementos pequenos.

19.5 Exemplo: um editor de texto simples

CC A característica essencial de uma lista é que você pode adicionar e remover elementos sem ter que mover os demais elementos dela. Vejamos um exemplo simples que ilustra isso. Considere como representar os caracteres de um documento de texto em um editor de texto simples. A representação deve tornar as operações no documento simples e eficientes.

Quais operações? Vamos supor que um documento caberá na memória principal do seu computador. Dessa forma, podemos escolher qualquer representação que nos convenha e simplesmente convertê-la em um fluxo de *bytes* quando quisermos armazená-la em um arquivo. Da mesma forma, podemos ler um fluxo de *bytes* a partir de um arquivo e converter para nossa representação na memória. Com isso decidido, podemos nos concentrar em escolher uma representação conveniente na memória. Basicamente, há cinco coisas que nossa representação deve suportar bem:

- Construir a representação a partir de um fluxo de *bytes* na entrada.
- Inserir um ou mais caracteres.
- Excluir um ou mais caracteres.
- Pesquisar uma *string*.
- Gerar um fluxo de *bytes* para saída em um arquivo ou uma tela.

A representação mais simples seria um `vector<char>`. Contudo, para adicionar ou excluir um caractere, teríamos que mover todos os caracteres seguintes no documento. Considere:

Ese é o começo de um longo documento.
Há muito...

Poderíamos adicionar o t necessário para obter

Este é o começo de um longo documento.
Há muito...

No entanto, se esses caracteres fossem armazenados em um único `vector<char>`, teríamos que mover uma posição para a direita todos os caracteres a partir de e em diante. Isso poderia significar muitas operações de cópia. Na verdade, para um documento de 70 mil caracteres (como este capítulo, contando os espaços), em média teríamos que mover 35 mil caracteres para inserir ou excluir um caractere. O *delay* em tempo real resultante seria provavelmente perceptível e irritante para os usuários. Assim, "dividimos" nossa representação em "partes" para que possamos mudar parte do documento sem mover muitos caracteres. Representamos um documento como uma lista de "linhas", `list<Line>`, onde cada `Line` é um `vector<char>`. Por exemplo:

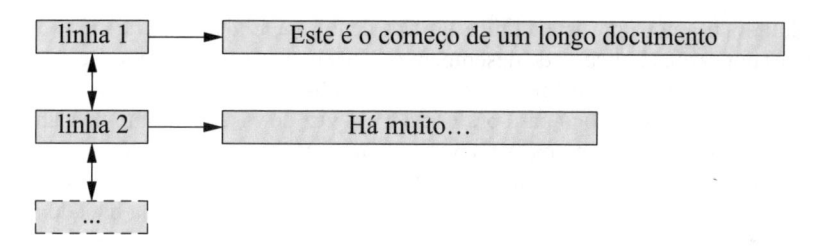

```
┌────────┐      ┌──────────────────────────────────────┐
│ linha 1│ ────▶│ Este é o começo de um longo documento│
└────────┘      └──────────────────────────────────────┘
     ▲
     ▼
┌────────┐      ┌──────────────────────────────────────┐
│ linha 2│ ────▶│ Há muito...                          │
└────────┘      └──────────────────────────────────────┘
     ▲
     ▼
  ┌─────┐
  │ ... │
  └─────┘
```

Agora, quando inserimos t, só tivemos que mover o restante dos caracteres nessa linha. Além disso, quando precisarmos, poderemos adicionar uma nova linha sem mover nenhum caractere. Por exemplo, poderíamos inserir **Esta é uma nova linha.** depois de **documento.** para obter

> **Este é o começo de um longo documento.**
> **Esta é uma nova linha.**
> **Há muito...**

tudo o que precisamos fazer foi inserir uma nova "linha" no meio:

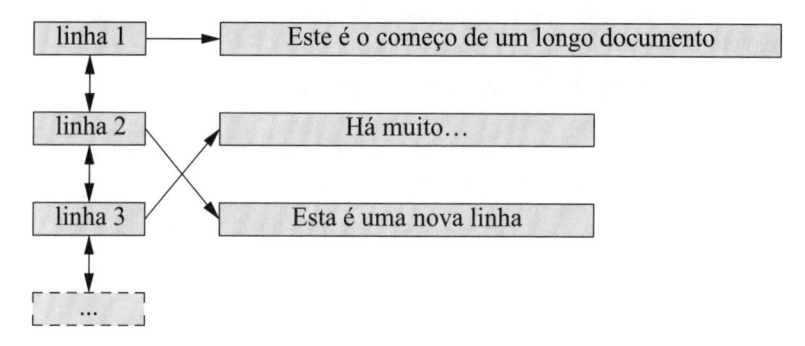

```
┌────────┐      ┌──────────────────────────────────────┐
│ linha 1│ ────▶│ Este é o começo de um longo documento│
└────────┘      └──────────────────────────────────────┘
     ▲
     ▼
┌────────┐      ┌──────────────────────────────────────┐
│ linha 2│ ───┐ │ Há muito...                          │
└────────┘    ╳▶└──────────────────────────────────────┘
     ▲       ╱
     ▼      ╱
┌────────┐ ╱    ┌──────────────────────────────────────┐
│ linha 3│ ────▶│ Esta é uma nova linha                │
└────────┘      └──────────────────────────────────────┘
     ▲
     ▼
  ┌─────┐
  │ ... │
  └─────┘
```

A razão lógica de ser importante inserir novos *links* em uma lista sem mover os *links* existentes é que podemos ter iteradores apontando para esses *links* ou ponteiros (e referências) apontando para os objetos nesses *links*. Esses iteradores e ponteiros não são afetados por inserções ou exclusões das linhas. Por exemplo, um processador de texto pode manter um **vector<list<Line>::iterator>** tendo iteradores no começo de cada título e subtítulo do **Document** atual:

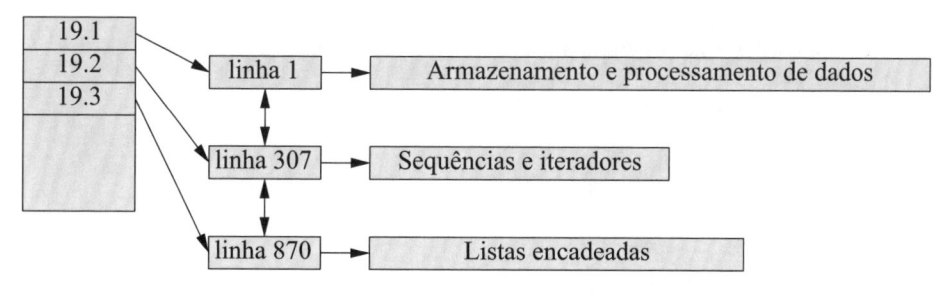

```
┌──────┐
│ 19.1 │──┐
│ 19.2 │──┼──▶┌──────────┐    ┌──────────────────────────────────────┐
│ 19.3 │──┤   │ linha 1  │───▶│ Armazenamento e processamento de dados│
└──────┘  │   └──────────┘    └──────────────────────────────────────┘
          │         ▲
          │         ▼
          │   ┌──────────┐    ┌──────────────────────────────────────┐
          └──▶│ linha 307│───▶│ Sequências e iteradores              │
              └──────────┘    └──────────────────────────────────────┘
                    ▲
                    ▼
              ┌──────────┐    ┌──────────────────────────────────────┐
              │ linha 870│───▶│ Listas encadeadas                    │
              └──────────┘    └──────────────────────────────────────┘
```

Podemos adicionar linhas ao "parágrafo 19.2" sem invalidar o iterador para o "parágrafo 19.3".

AA Concluindo, usamos uma **list** de linhas em vez de um **vector** de linhas ou um **vector** de todos os caracteres por razões lógicas e de desempenho. Note que as situações em que essas razões se aplicam são bem raras para que a regra geral "por padrão, use **vector**" ainda se mantenha. Você precisa de um motivo específico para preferir **list** em vez de **vector**, mesmo pensando em seus dados como uma lista de elementos! Veja §19.6. Uma lista é um conceito lógico que você pode representar em seu programa como uma **list** (encadeada) ou um **vector**. O análogo mais próximo do STL ao nosso conceito diário de lista (p. ex., uma lista de tarefas, uma lista de mercado ou um cronograma) é uma sequência, e a maioria das sequências é mais bem representada como **vectors**.

19.5.1 Linhas

Como decidimos o que é uma "linha" em nosso documento? Há três escolhas óbvias:

[1] Contar com os indicadores de nova linha (p. ex., '\n') na entrada do usuário.
[2] De alguma forma, analisar o documento e usar alguma pontuação "natural" (p. ex., um ponto, . (dot)).
[3] Dividir qualquer linha que ultrapasse determinado comprimento (p. ex., 50 caracteres) em duas.

Sem dúvidas, também há algumas escolhas menos óbvias. Para simplificar, usamos a alternativa 1 aqui.

Representaremos um documento em nosso editor como um objeto da classe **Document**. Retirados todos os refinamentos, nosso tipo **Document** fica assim:

```
using Line = vector<char>;      // uma linha é um vetor de caracteres

struct Document {
    list<Line> line;            // um documento é uma lista de linhas
    Document() { line.push_back(Line{}); }
};
```

Todo **Document** começa com uma única linha vazia: o construtor de **Document** cria uma linha vazia e a coloca na lista de linhas.

Ler e dividir em linhas pode ser feito assim:

```
istream& operator>>(istream& is, Document& d)
{
    for (char ch; is.get(ch); ) {
        d.line.back().push_back(ch);     // adicionar o caractere
        if (ch=='\n')
            d.line.push_back(Line{});    // adicionar outra linha
    }
    if (d.line.back().size())
        d.line.push_back(Line{});        // adicionar uma linha final vazia
    return is;
}
```

Tanto **vector** quanto **list** têm uma função-membro **back()** que retorna uma referência para o último elemento. Para usá-la, você tem que ter certeza de que realmente há um último elemento para **back()** referenciar – não use essa função em um contêiner vazio. É por isso que definimos que **Document** deve terminar com uma **Line** vazia. Note que armazenamos todos os caracteres da entrada, até os caracteres de nova linha ('\n'). Armazenar esses caracteres de nova linha simplifica muito a saída, mas você tem que ter cuidado com o modo como define uma contagem de caracteres (apenas contar os caracteres dará um número que inclui espaço e caracteres de nova linha).

19.5.2 Iteração

Se o documento fosse apenas um vector<char>, seria simples iterar sobre seus elementos. Como iteramos sobre uma lista de linhas? Obviamente, podemos iterar sobre a lista usando list<Line>::iterator. Entretanto, e se quiséssemos passar pelos caracteres um após o outro sem gerar confusão com as quebras de linha? Podemos fornecer um iterador especificamente projetado para Document:

```cpp
class Text_iterator {           // controlar a posição da linha e do caractere em uma linha
    list<Line>::iterator ln;
    Line::iterator pos;
public:
    Text_iterator(list<Line>::iterator ll, Line::iterator pp)
        // posição pp do caractere da linha ll
        :ln{ll}, pos{pp} { }

    char& operator*() { return *pos; }
    Text_iterator& operator++();
    bool operator==(const Text_iterator& other) const
        { return ln==other.ln && pos==other.pos; }
    bool operator!=(const Text_iterator& other) const
        { return !(*this==other); }
};

Text_iterator& Text_iterator::operator++()
{
    ++pos;                      // seguir para o próximo caractere
    if (pos==ln->end()) {
        ++ln;                   // seguir para a próxima linha
        pos = ln->begin();      // ruim se ln==line.end(); então assegurar que não é
    }
    return *this;
}
```

Para tornar Text_iterator útil, precisamos equipar a classe Document com as funções begin() e end() convencionais:

```cpp
struct Document {
    list<Line> line;

    Text_iterator begin()       // primeiro caractere da primeira linha
        { return Text_iterator{line.begin(), line.begin()->begin()}; }

    Text_iterator end()         // um além do último caractere da última linha
    {
        auto last = line.end();
        --last;                 // sabemos que o documento não é vazio
        return Text_iterator{last, (*last).end()};
    }
};
```

Agora podemos iterar sobre os caracteres de um documento assim:

```
void print(Document& d)
{
    for (auto p : d)
        cout << p;
}
```

Apresentar o documento como uma sequência de caracteres é útil para muitas coisas, mas geralmente percorreremos um documento procurando algo mais específico do que um caractere. Por exemplo, veja um fragmento de código para excluir a linha n:

```
void erase_line(Document& d, int n)
{
    if (!(0<=n && n<d.line.size()))
        return;
    auto p = d.line.begin();
    advance(p,n);
    d.line.erase(p);
}
```

Uma chamada advance(p,n) move um iterador p n elementos para frente; advance() é uma função da biblioteca-padrão, mas podemos implementá-la assim:

```
template<forward_iterator Iter>
void advance(Iter& p, int n)
{
    while (0<n) {
        ++p;
        --n;
    }
}
```

Repare que a função advance() pode ser usada para simular a indexação. Na verdade, para um vector chamado v, p=v.begin(); advance(p,n); *p=x equivale mais ou menos a v[n]=x. Note que "mais ou menos" significa que advance() se move laboriosamente pelos primeiros n–1 elementos, um por um, já o índice vai direto para o n-ésimo elemento. Para list, temos que usar o método laborioso. É o preço que pagamos por um *layout* mais flexível dos elementos de uma lista.

Para um iterador que pode ir para frente e para trás, como o iterador para list, um argumento negativo para advance() da biblioteca-padrão moverá o iterador para trás. Para um iterador que pode lidar com a subscrição, como o iterador para vector, std::advance() irá diretamente para o elemento certo, em vez de se mover lentamente usando ++. Claro, a função advance() da biblioteca padrão é um pouco mais inteligente que a nossa. Isso vale a pena notar: normalmente, os recursos da biblioteca-padrão tiveram mais cuidado e tempo dedicado do que poderíamos ter, então prefira os recursos padrão aos "feitos em casa".

> **TENTE ISTO**
>
> Reescreva advance() de modo que "vá para trás" quando você fornecer um argumento negativo.

Uma busca é, provavelmente, o tipo de iteração mais óbvia para um usuário. Buscamos

- palavras individuais (p. ex., **milkshake** e **Gavin**);
- sequências de letras que não podem ser facilmente consideradas palavras (p. ex., **secret\nhomestead** – isto é, uma linha que termina com **secret** seguida de uma linha que começa com **homestead**);
- expressões regulares (p. ex., **[bB]\w*ne** – ou seja, um **B** maiúsculo ou minúsculo seguido de zero ou mais letras seguidas de **ne**); ver PPP2.§ 23.5–9;
- e muito mais.

Vejamos como lidar com o segundo caso, encontrar uma *string*, usando nosso *layout* de **Document**. Usamos um algoritmo simples, não ideal:

- Encontre o primeiro caractere da nossa *string* de busca no documento.
- Veja se esse caractere e os seguintes correspondem à nossa *string* de busca.
- Se assim for, terminamos; se não, procuramos a próxima ocorrência desse primeiro caractere.

Por questões de generalidade, adotamos a convenção STL de definir o texto no qual pesquisar como uma sequência definida por um par de iteradores. Dessa forma, podemos usar nossa função de busca para qualquer parte de um documento, bem como um documento completo. Se encontramos uma ocorrência de nossa *string* no documento, retornamos um iterador para seu primeiro caractere; se não encontrarmos uma ocorrência, retornamos um iterador para o final da sequência:

```
Text_iterator find_txt(Text_iterator first, Text_iterator last, const string& s)
    // encontrar s em [first:last)
{
    if (s.size()==0)              // não é possível procurar uma string vazia
        return last;
    char first_char = s[0];

    auto p = last;
    for (p = find(first,last,first_char); !(p==last || match(p,last,s)), ++p)
        // não fazer nada
        ;
    return p;
}
```

Retornar o final da sequência para indicar "não encontrado" é uma convenção importante do STL. A função **match()** é simples; apenas compara duas sequências de caracteres. Tente escrevê-la você mesmo. A função **find()** usada para procurar um caractere na sequência de caracteres é, sem dúvidas, o algoritmo mais simples da biblioteca-padrão (§21.1.1). Podemos usar **find_txt()** assim:

```
auto p = find_txt(my_doc.begin(), my_doc.end(), "secret\nhomestead");
if (p==my_doc.end())
    cout << "not found";
else {
    // não fazer nada
}
```

Nosso "processador de texto" e suas operações são muito simples. Óbvio, estamos buscando simplicidade e uma eficiência razoável, em vez de fornecer um editor "rico em recursos". Mas não se engane pensando que fornecer uma inserção, uma exclusão e uma busca *eficientes* de sequências de caracteres arbitrárias é simples. Escolhemos este exemplo para ilustrar o poder e a generalidade dos conceitos do STL para sequências, iteradores e contêineres (como list e vector) junto com algumas convenções (técnicas) da programação STL, como retornar o final de uma sequência para indicar falha. Note que, se quiséssemos, poderíamos desenvolver Document em um contêiner STL – ao fornecer Text_iterator, fizemos a principal parte de representar Document como uma sequência de valores.

19.6 vector, list e string

Por que usamos list para as linhas e vector para os caracteres? Mais precisamente, por que usamos list para a sequência de linhas e vector para a sequência de caracteres? Além disso, por que não usamos string para armazenar uma linha?

Podemos ter uma variante um pouco mais geral dessa pergunta. Agora vimos cinco maneiras de armazenar uma sequência de caracteres:

- char[N] (*array* de N caracteres)
- array<char,N> (std::array de N caracteres; §20.6.2)
- vector<char>
- string
- list<char>

CC Como podemos escolher entre essas opções para determinado problema? Para tarefas realmente simples, qualquer uma serve, isto é, elas têm interfaces muito semelhantes. Por exemplo, dado um iterador, podemos percorrer cada uma usando ++ e usar * para acessar os caracteres. Se virmos os exemplos de código relacionados a Document, podemos substituir vector<char> por list<char> ou string sem problemas lógicos. Essa alternância é fundamentalmente boa porque nos permite escolher com base no desempenho. No entanto, antes de considerar o desempenho, devemos ver as propriedades lógicas desses tipos: o que cada um pode fazer que os outros não podem?

- T[N]: essa opção não tem informação sobre seu próprio tamanho. Não tem begin(), end() ou qualquer outra função-membro útil de contêineres. Em vez disso, podemos usar begin(a) e end(a) para um *array*, embora (obviamente) não para um ponteiro. Não é possível verificar o intervalo sistematicamente. Pode ser passada para as funções escritas em C e para as funções no estilo C. Os elementos são alocados contiguamente na memória. O tamanho do *array* é fixo durante a compilação. A comparação (== e !=) e a saída (<<) usam o ponteiro para o primeiro elemento do *array*, não os elementos.
- array<T,N>: como T[N], mas sem a conversão implícita para um ponteiro (§20.6.2). Tem o valor semântico usual para a cópia e a comparação.
- vector<T>: pode fazer praticamente tudo, inclusive insert() e erase(). Fornece indexação. As operações de lista, como insert() e erase(), normalmente envolvem mover os elementos (o que pode ser ineficiente para elementos grandes e um grande número de elementos). Pode ter o intervalo verificado. Os elementos são alocados contiguamente na memória. Um vector é expansível (p. ex., use push_back()). Os elementos de um vetor são armazenados (contiguamente) em um *array*. Os operadores de comparação (==, !=, <, <=, > e >=) comparam os elementos.
- string: os elementos são caracteres. Fornece todas as operações comuns e úteis, além das operações de manipulação de texto específicas, como concatenação (+ e +=). Garante que os elementos estejam contíguos na memória. Uma string é expansível. Os operadores de comparação (==, != , <, <=, > e >=) comparam os elementos.

- list<T>: fornece todas as operações comuns e usuais, exceto indexação. Podemos usar insert() e erase() sem mover os outros elementos. Precisa de duas palavras extras (para os ponteiros de *link*) para cada elemento. Pode ser caro iterar sobre os elementos. Uma list é expansível. Os operadores de comparação (==, !=, <, <=, > e >=) comparam os elementos.

Como vimos (§16.1), os *arrays* são úteis e necessários para lidar com a memória no nível mais baixo e para a interface com o código escrito em C (PPP2.§27.1.2, PPP2.§27.5). Além disso, vector é preferido, porque é mais fácil de usar, mais flexível e mais seguro.

Uma list<char> ocupa pelo menos três vezes mais memória do que as outras três alternativas – em um PC, list<char> usa 12 *bytes* por elemento; vector<char> usa 1 *byte* por elemento. Para grandes quantidades de caracteres, isso pode ser importante.

De que forma vector é superior a string? Vendo as listas de suas propriedades, parece que uma string pode fazer tudo o que um vector pode, e mais. Isso é parte do problema: como string tem que fazer mais coisas, é mais difícil de otimizar. Na verdade, vector tende a ser otimizado para as "operações de memória", como push_back(), enquanto string tende a ser otimizada para copiar, lidar com *strings* curtas e fazer a interação com *strings* no estilo C. No exemplo do editor de texto, escolhemos vector porque usamos insert() e erase(). Mas essa é uma questão de desempenho. A principal diferença lógica é que você pode ter um vector de praticamente qualquer tipo de elemento. Temos uma escolha somente quando pensamos em caracteres. Em conclusão, prefira vector a string, a menos que você precise de operações de *string*, como a concatenação ou a leitura de palavras separadas por espaços em branco.

> **TENTE ISTO**
>
> O que essa lista de diferenças significa no código real? Para cada char[], vector<char>, list<char> e string, defina um com o valor "Hello", passe para uma função como um argumento, escreva o número de caracteres na *string* passada, tente comparar com "Hello" nessa função (para ver se você realmente passou "Hello") e compare o argumento com "Howdy", para ver qual viria primeiro em um dicionário. Copie o argumento para outra variável do mesmo tipo.

> **TENTE ISTO**
>
> Faça o TENTE ISTO anterior para um *array* de int, vector<int> e list<int>, cada um com o valor { 1, 2, 3, 4, 5 }.

Prática

[1] Defina um *array* de ints com dez elementos { 0, 1, 2, 3, 4, 5, 6, 7, 8, 9 }.
[2] Defina um vector<int> com esses dez elementos.
[3] Defina uma list<int> com esses dez elementos.
[4] Defina um segundo *array*, vetor e lista, cada um inicializado como uma cópia do primeiro *array*, vetor e lista, respectivamente.
[5] Aumente em 2 o valor de cada elemento do *array*; aumente em 3 o valor de cada elemento do vetor; aumente em 5 o valor de cada elemento da lista.

[6] Escreva uma operação copy() simples,

> template<input_iterator Iter1, output_iterator Iter2>
> Iter2 copy(Iter1 f1, Iter1 e1, Iter2 f2);

que copia [f1,e1) para [f2,f2+(e1-f1)) e retorna f2+(e1-f1) tal como std::copy(). Note que, se f1==e1, a sequência está vazia, de modo que não há nada para copiar.

[7] Use a função copy() para copiar o *array* para o vetor e copiar a lista para o *array*.
[8] Use std::find() para ver se o vetor contém o valor 3 e imprima sua posição em caso afirmativo; use find() para ver se a lista contém o valor 27 e imprima sua posição, se sim. A "posição" do primeiro elemento é 0, a posição do segundo elemento é 1 etc. Note que, se find() retorna o final da sequência, o valor não foi encontrado.

Lembre-se de testar após cada etapa.

Revisão

[1] Por que o código escrito por pessoas diferentes fica diferente? Dê exemplos.
[2] Quais perguntas simples fazemos sobre os dados?
[3] Quais são algumas formas diferentes de armazenar os dados?
[4] Quais operações básicas podemos fazer em uma coleção de itens de dados?
[5] Quais são os ideais para o modo como armazenamos nossos dados?
[6] O que é uma sequência STL?
[7] O que é um iterador STL? Quais operações ele suporta?
[8] Como mover um iterador para o próximo elemento?
[9] Como mover um iterador para o elemento anterior?
[10] O que acontece se você tenta mover um iterador além do final de uma sequência?
[11] Quais tipos de iteradores você pode mover para o elemento anterior?
[12] Por que é útil separar os dados dos algoritmos?
[13] O que é STL?
[14] O que é uma lista encadeada? Como difere fundamentalmente de um vetor?
[15] O que é um *link* (em uma lista encadeada)?
[16] O que faz insert()? O que faz erase()?
[17] Como saber se uma sequência está vazia?
[18] Quais operações um iterador fornece para list?
[19] Como se itera sobre um contêiner usando o STL?
[20] Quando você usaria string em vez de vector?
[21] Quando usaria list em vez de vector?
[22] O que é contêiner?
[23] O que begin() e end() devem fazer em um contêiner?

Termos

algoritmo	sequência vazia	lista encadeada	list
contêiner array	end()	simples	auto
erase()	STL	size_type	insert()
percorrer	contêiner	begin()	using
contíguo	iterador	iteração	lista duplamente
intervalo (*range*)	lista encadeada	*alias* de tipo	encadeada
sequência	elevação (*lifting*)	value_type	elemento
		generalizar	

Exercícios

[1] Se você ainda não fez, faça todos os exercícios TENTE ISTO do capítulo.
[2] Faça o exemplo de Jack e Jill, em §19.2.1, funcionar. Use como entrada alguns arquivos pequenos para testá-lo.
[3] Veja os exemplos de palíndromo (§16.5); refaça o exemplo de Jack e Jill, em §19.2.1, usando essa variedade de técnicas.
[4] Encontre e corrija os erros no exemplo de Jack e Jill, em §19.2.1, usando as técnicas STL.
[5] Defina um operador de entrada e um de saída (>> e <<) para vector.
[6] Escreva uma operação para localizar e substituir em Documents com base em §19.5.
[7] Encontre a última *string* em ordem alfabética em um vector<string> não ordenado.
[8] Defina uma função que conte o número de caracteres em Document.
[9] Defina um programa que conte o número de palavras em Document. Forneça duas versões: uma que defina *palavra* como "uma sequência de caracteres separados por espaços em branco" e outra que defina *palavra* como "uma sequência de caracteres alfabéticos consecutivos". Por exemplo, na primeira definição, alpha.numeric e as12b são palavras únicas, já na segunda definição são duas palavras.
[10] Defina uma versão do programa de contagem de palavras em que o usuário possa especificar o conjunto de caracteres de espaços em branco.
[11] Tendo uma list<int> como um parâmetro (por referência), crie um vector<double> e copie os elementos da lista para ele. Verifique se a cópia estava completa e correta. Em seguida, imprima os elementos em ordem crescente de valor.
[12] Complete a definição de list em §19.3 e faça o exemplo high() executar. Aloque um Link para representar um elemento depois do fim.
[13] Não precisamos de verdade de um Link "real" que represente um elemento depois do fim para list. Modifique sua solução para o exercício anterior e use nullptr para representar um ponteiro para o Link (inexistente) além do fim (list<Elem>::end()); dessa forma, o tamanho de uma lista vazia pode ser igual ao tamanho de um ponteiro.
[14] Defina uma lista encadeada simples, Slist, no estilo std::list. Quais operações de list você pode eliminar razoavelmente de Slist porque não tem ponteiros para trás?
[15] Defina Pvector como um vector de ponteiros, exceto que ele contenha ponteiros para os objetos e que seu destrutor exclua cada objeto via delete.

[16] Defina um **Ovector** que seja como **Pvector**, exceto que os operadores [ ] e * retornem uma referência para o objeto apontado por um elemento em vez do ponteiro.

[17] Defina um **Ownership_vector** que armazene ponteiros para objetos como **Pvector**, mas forneça um mecanismo para o usuário decidir quais objetos são de propriedade do vetor (ou seja, quais objetos são excluídos via **delete** pelo destrutor). Dica: se você estudou com atenção o Capítulo 11, este exercício será simples.

[18] Defina um iterador com intervalo verificado para **vector** (um iterador de acesso aleatório).

[19] Defina um iterador com intervalo verificado para **list** (um iterador bidirecional).

[20] Faça uma pequena experiência de medida de tempo para comparar o custo de usar **vector** e **list**. É possível encontrar uma explicação para como determinar o tempo de um programa em §20.4. Gere N valores **int** aleatórios no intervalo [0: N). Conforme cada **int** for gerado, insira-o em um **vector<int>** (que cresce um elemento por vez). Mantenha o **vector** ordenado, isto é, um valor é inserido após cada valor anterior que é menor ou igual ao novo valor e antes de cada valor anterior que é maior que o novo valor. Agora faça a mesma experiência usando **list<int>** para manter os **ints**. Para qual N **list** é mais rápida que **vector**? Tente explicar seu resultado. Esse experimento foi sugerido pela primeira vez por John Bentley.

[21] Defina e teste um **Checked_iterator**, isto é, um iterador que "sabe" o tamanho do seu intervalo e lança uma exceção se tentamos acessar fora dele. Dica: §20.7.2.

Posfácio

CC Se temos N tipos de contêineres de dados e M coisas que gostaríamos de fazer com eles, podemos facilmente acabar escrevendo $N*M$ partes de código. Se os dados são de K tipos diferentes, podemos até acabar com $N*M*K$ partes de código. O STL aborda esse crescimento ao usar o tipo de elemento como um parâmetro (cuidando do fator K) e ao separar o acesso aos dados dos algoritmos. Usando iteradores para acessar dados em qualquer tipo de contêiner a partir de qualquer algoritmo, podemos nos virar com $N+M$ algoritmos. É uma simplificação enorme. Por exemplo, se temos cerca de 12 contêineres e 125 algoritmos (sem contar os algoritmos de intervalo), a abordagem forçada exigiria 1.500 funções; já a estratégia STL requer apenas 125 funções e 12 definições de iteradores: acabamos de poupar 90% do trabalho. Na verdade, isso subestima o esforço poupado, porque muitos algoritmos têm dois pares de iteradores, e os pares não precisam ser do mesmo tipo (p. ex., **copy()**). Além disso, o STL fornece convenções para definir algoritmos que simplificam a escrita de código correto e código combinável, assim a economia é ainda maior.

20

Mapas e conjuntos

*Escreva programas que façam
uma coisa e que a façam bem.
Escreva programas para trabalharem em conjunto.
– Doug McIlroy*

A biblioteca-padrão de C++ oferece mais contêineres do que **vector** e **list**. Neste capítulo, apresentamos os contêineres associativos **map** e **unordered_map**, em que podemos pesquisar um valor fornecendo uma "chave"; por exemplo, pesquisar um registro citando um nome. Tais tipos são onipresentes nas aplicações, porque simplificam e aceleram as tarefas comuns. Alguns tipos não são contêineres da biblioteca-padrão, mas podem ser vistos como uma sequência de elementos. Exemplos são *arrays* primitivos e fluxos de E/S. A noção de iteradores é tão flexível que esses tipos podem ser colocados no *framework*. Para aproveitar essa flexibilidade, generalizamos o conceito de intervalos.

- 20.1 Contêineres associativos
- 20.2 **map**
    Vinculação estruturada; Visão geral de **map**; Outro exemplo de **map**
- 20.3 **unordered_map**
- 20.4 Medição de tempo
    Datas
- 20.5 **set**
- 20.6 Visão geral de contêineres
    Quase contêineres; **array**; Adaptando os *arrays* primitivos ao STL; Adaptando os fluxos de E/S ao STL; Usando **set** para manter a ordem
- 20.7 Intervalos e iteradores
    Categorias de iteradores; Intervalos de saída

20.1 Contêineres associativos

CC Depois de **vector**, o contêiner da biblioteca-padrão mais útil é, provavelmente, **map**. Um **map** (§20.2) é uma sequência ordenada de pares (chave,valor) em que você pode pesquisar um valor com base em uma chave; por exemplo, **my_phone_book["Nicholas"]** poderia ser o número de telefone de Nicholas. O único concorrente em potencial para **map** em um concurso de popularidade é **unordered_map** (§20.3), e é um **map** otimizado para chaves que são *strings*. Estruturas de dados semelhantes a **map** e **unordered_map** são conhecidas por muitos nomes, como *arrays associativos*, *tabelas hash* e árvores *rubro-negras*. Na biblioteca-padrão, chamamos coletivamente tais estruturas de dados de *contêineres associativos*. Conceitos populares e úteis parecem ter sempre muitos nomes.

A biblioteca-padrão fornece oito contêineres associativos:

Contêineres associativos	
map	um contêiner ordenado de pares (chave,valor)
set	um contêiner ordenado de chaves
unordered_map	um contêiner não ordenado de pares (chave,valor)
unordered_set	um contêiner não ordenado de chaves
multimap	um **map** cuja chave pode ocorrer diversas vezes
multiset	um **set** cuja chave pode ocorrer diversas vezes
unordered_multimap	um **unordered_map** cuja chave pode ocorrer diversas vezes
unordered_multiset	um **unordered_set** cuja chave pode ocorrer diversas vezes

20.2 map

Considere uma tarefa conceitualmente simples: fazer uma lista do número de ocorrências de palavras em um texto. A maneira óbvia de fazer isso é manter uma lista de palavras vistas junto com o número de vezes que vimos cada uma. Quando lemos uma nova palavra, observamos se já a vimos; se a vimos, aumentamos sua contagem em um; se não, inserimos na nossa lista e damos o valor 1. Podemos fazer isso usando **list** ou **vector**, mas então teremos que fazer uma busca por cada palavra lida, o que pode ser lento. Um **map** armazena suas chaves de uma forma que facilita ver se uma chave existe, simplificando a parte relativa à pesquisa em nossa tarefa:

```
int main()
{
    map<string,int> words;              // manter os pares (palavra,frequência)
    for (string s; cin>>s; )
        ++words[s];                     // nota: words é indexado por uma string
    for (const pair<string,int>& p : words)
        cout << p.first << ": " << p.second << '\n';
}
```

A parte realmente interessante do programa é **++word[s]**. Como podemos ver na primeira linha de **main()**, **words** é um **map** de pares (**string**,**int**), isto é, **words** mapeia **strings** para **ints**. Em outras palavras, dada uma **string**, **words** pode nos dar acesso ao **int** correspondente. Então, quando indexamos **words** com uma **string** (que armazena uma palavra lida em nossa entrada), **words[s]** é uma referência ao **int** correspondente a **s**.

Vejamos um exemplo concreto: words["sultan"]. Se não vimos a *string* "sultan" antes, "sultan" será inserida em words com o valor padrão para um int, que é 0. Agora, words têm uma entrada ("sultan",0). Acontece que, se não vimos "sultan" antes, ++words["sultan"] associará o valor 1 à *string* "sultan".

Agora veja novamente o programa: ++words[s] pega cada "palavra" que recebemos da entrada e aumenta seu valor em um. Na primeira vez que uma nova palavra é vista, ela recebe o valor 1. Agora o significado do *loop* é claro:

```
for (string s; cin>>s; )
    ++words[s];          // nota: words é indexado por uma string
```

Isso lê todas as palavras (separadas por espaços em branco) na entrada e calcula o número de ocorrências de cada uma. Agora tudo o que temos de fazer é produzir o resultado. Podemos iterar sobre um map, tal como qualquer outro contêiner STL. Os elementos de map<string,int> são do tipo pair<string,int>. O primeiro membro de pair é chamado de first e o segundo membro, second (§20.2.2):

```
for (const pair<string,int>& p : words)
    cout << p.first << ": " << p.second << '\n';
```

Como teste, podemos fornecer como entrada as instruções de abertura da primeira edição (em inglês) deste livro, *The C++ Programming Language* [TC++PL] ao nosso programa:

> *"C++ is a general purpose programming language designed to make programming more enjoyable for the serious programmer. Except for minor details, C++ is a superset of the C programming language. In addition to the facilities provided by C, C++ provides flexible and efficient facilities for defining new types."*

Obtemos a seguinte saída:

```
C: 1
C++: 3
C,: 1
Except: 1
In: 1
a: 2
addition: 1
and: 1
by: 1
defining: 1
designed: 1
details,: 1
efficient: 1
enjoyable: 1
facilities: 2
flexible: 1
for: 3
general: 1
is: 2
language: 1
language.: 1
make: 1
```

minor: 1
more: 1
new: 1
of: 1
programmer.: 1
programming: 3
provided: 1
provides: 1
purpose: 1
serious: 1
superset: 1
the: 3
to: 2
types.: 1

Se não quisermos diferenciar letras maiúsculas e minúsculas ou se quisermos eliminar a pontuação, podemos fazer isso: veja o Exercício 1.

20.2.1 Vinculação estruturada

Ver os nós de map é um exemplo de uso de funções que retornam mais de um valor. Na verdade, desreferenciar um iterador de map resulta em um par (pair) com os membros first e second. Por que first e second? Bem, por que não? O implementador de pair tinha que dar algum nome. Por outro lado, como usuários desse pair<string,int> em particular, pensamos nesses valores como chave e valor: key e value. Um mecanismo chamado *vinculação estruturada* (*structured binding*) nos permite nomear os membros das estruturas retornadas das funções. Por exemplo:

```
for (const auto& [key,value] : words)
    cout << key << ": " << value << '\n';
```

A iteração em words retorna referências para objetos pair<key,value>. A vinculação estruturada simplesmente nos permite usar nossos nomes preferidos key e value para os originais first e second de pair. Nenhuma cópia adicional é feita.

Como todos os mecanismos poderosos, a vinculação estruturada pode ser usada em excesso e levar a um código obscuro, mas, neste caso, como em muitos outros, achamos que torna o código mais legível.

20.2.2 Visão geral de map

CC Então, o que é um map? Há várias maneiras de implementar mapas, mas as implementações de map no STL tendem a ser árvores de busca binárias balanceadas; mais especificamente, são árvores rubro-negras (*red-black trees*). Não entraremos em detalhes, mas agora você sabe os termos técnicos, então pode procurá-los na literatura ou na *web* se quiser saber mais. Uma árvore é feita de nós:

nó map:
| Key key |
| Value val |
| Node∗left |
| Node∗right |
| ... |

Cada nó ou nodo (Node) armazena uma chave, seu valor correspondente e ponteiros para dois Nodes descendentes.

Presumindo um tipo Fruit com um construtor adequado, podemos escrever:

map<Fruit,int> fruits = { {Kiwi,100}, {Quince,0}, {Plum,8}, {Apple,7}, {Grape,2345}, {Orange,99} };

Isso gera uma estrutura de dados assim:

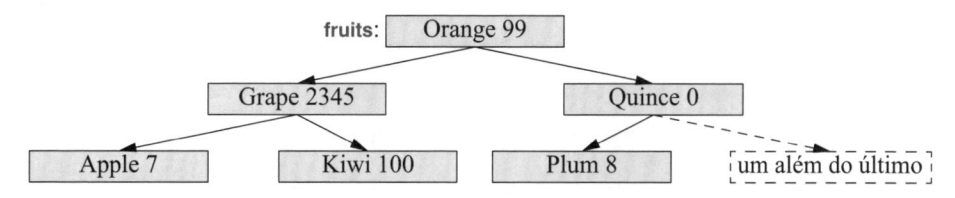

```
           fruits: [ Orange 99 ]
                  /            \
         [ Grape 2345 ]      [ Quince 0 ]
          /         \           /      \
    [ Apple 7 ]  [ Kiwi 100 ]  [ Plum 8 ]  ┆ um além do último ┆
```

Ao chamarmos de chave (key) o membro-chave de um nó de map<Fruit,int>, a regra básica de uma árvore de pesquisa binária fica assim:

left–>key<key && key<right–>key

Isto é, para cada nó,

- a chave do nó-filho esquerdo é menor que a chave do nó;
- a chave do nó é menor que a chave do seu nó-filho direito.

É possível verificar se isso é válido para cada nó na árvore. Isso permite pesquisar "para baixo na árvore desde sua raiz". Curiosamente, na literatura da ciência da computação, as árvores crescem para baixo, a partir das raízes. No exemplo, o nó-raiz é {Orange,99}. Apenas avançamos para baixo na árvore, realizando comparações, até encontrarmos o que pesquisamos ou o lugar onde deveria ter sido. Uma árvore é considerada *balanceada* quando (como no exemplo acima) cada subárvore tem mais ou menos tantos nós quanto qualquer outra subárvore que está igualmente distante da raiz. Ser balanceada minimiza a média de nós que temos de visitar para chegar a um nó.

Cada Node de uma árvore balanceada normalmente também mantém alguns dados que o mapa usará para manter sua árvore de nós balanceada. Se uma árvore com *N* nós é balanceada, no máximo temos que examinar *log2(N)* nós para encontrar um nó. Isso é muito melhor do que a média de *N/2* nós que teríamos que examinar se tivéssemos as chaves em uma lista e pesquisássemos desde o começo (o pior caso para uma pesquisa linear é *N*). (Ver também §20.3.) Por exemplo, observe uma árvore desbalanceada:

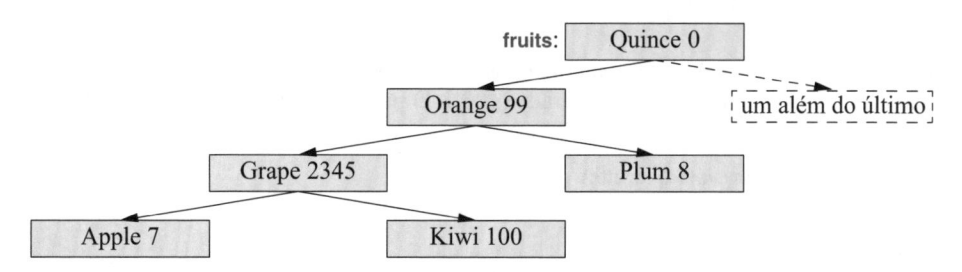

```
           fruits: [ Quince 0 ]
                    /        \
           [ Orange 99 ]    ┆ um além do último ┆
            /        \
     [ Grape 2345 ] [ Plum 8 ]
       /       \
  [ Apple 7 ] [ Kiwi 100 ]
```

Essa árvore ainda atende aos critérios de que a chave de cada nó é maior do que a de seu nó-filho esquerdo e menor do que de seu nó-filho direito:

left–>key<key && key<right–>key

No entanto essa versão da árvore está desbalanceada, então agora temos três "saltos" para chegar a Apple e Kiwi, em vez dos dois que tínhamos na árvore balanceada. Para árvores com muitos nós, a diferença pode ser bastante significativa, então as árvores usadas para implementar os maps são balanceadas.

Não temos que entender sobre árvores para usar map. É razoável supor que os profissionais entendem pelo menos os fundamentos de suas ferramentas. O que temos que entender é a interface para map fornecida pela biblioteca-padrão. Veja uma versão um pouco simplificada:

```
template<typename Key, typename Value, binary_operation<Value> Cmp = less<Key>>
class map {
    // ...
    using value_type = pair<Key,Value>;      // um mapa lida com pares (Key,Value)

    using iterator = sometype1;              // parecido com um ponteiro para um nó da árvore
    using const_iterator = sometype2;

    iterator begin();                         // aponta para o primeiro elemento
    iterator end();                           // aponta para um além do último elemento

    Value& operator[](const Key& k);          // indexar com k

    iterator find(const Key& k);              // existe uma entrada para k?

    iterator erase(iterator p);               // remover o elemento apontado por p
    pair<iterator, bool> insert(const value_type&);  // inserir um par (key,value)
    // ...
};
```

CC Você pode imaginar que o iterador seja semelhante a um `Node*`, mas não pode confiar em sua implementação usando esse tipo específico para implementar iterator.

A semelhança com as interfaces de vector e list (§19.4) é óbvia. A principal diferença é que, quando você itera sobre um map, os elementos apontados pelos iteradores são pares – do tipo pair<Key,Value>. Tal pair é outro tipo STL útil:

```
template<typename T1, typename T2>
struct pair {                          // versão simplificada de std::pair
    T1 first;
    T2 second;
    // ...
};
```

CC Note que, quando você iterar sobre um map, os elementos virão na ordem definida pela chave. Por exemplo, usar a vinculação estruturada (§20.2.1) para ter nomes mais bonitos que first e second:

```
for (const auto& [key,value] : fruits)
    cout << '(' << key << ',' << value << ") ";
```

fornece:

(Apple,7) (Grape,2345) (Kiwi,100) (Orange,99) (Plum,8) (Quince,0)

A ordem em que inserimos esses elementos não importa.

A operação insert() tem um valor de retorno estranho, que muitas vezes ignoramos nos programas simples. É um par de um iterador para o elemento (key,value) e um bool que é true se o par (key,value) foi inserido por essa chamada de insert(). Se a chave já estava no mapa, a inserção falha e o valor do bool é false.

Observe que você pode definir o significado da ordem usada por um mapa fornecendo um terceiro argumento (Cmp na declaração do mapa). Por exemplo:

    map<string, double, No_case> m;

No_case define uma comparação que não faz distinção entre letras maiúsculas e minúsculas; veja §21.5. Por padrão, a ordem é definida por less<Key>, que significa "menor que".

20.2.3 Outro exemplo de map

Para entender melhor a utilidade de map, considere um índice do mercado de ações. Funciona assim: pegamos um conjunto de empresas e atribuímos a cada uma delas um "peso". Por exemplo, na última vez que vimos o o índice Dow Jones (Dow Jones Industrial Index), Alcoa tinha o peso 2.4808. Para obter o valor atual do índice, multiplicamos o preço das ações de cada empresa por seu peso e somamos todos os preços ponderados resultantes. Por exemplo:

```
// calcular Dow Jones Industrial Index:
vector<double> dow_price = {      // preço da ação de cada empresa
    81.86, 34.69, 54.45,
    // ...
};

list<double> dow_weight = {       // peso no índice para cada empresa
    5.8549, 2.4808, 3.8940,
    // ...
};

double dji_index = 0;
for (size_t i = 0; i<dow_price.size(); ++i)
    dji_index += dow_price[i]*dow_weight[i];

cout << "DJI value " << dji_index << '\n';
```

O código anterior está correto se, e somente se, todos os pesos aparecem na mesma posição em seu vector como seu nome correspondente. Isso é implícito e poderia facilmente ser a fonte de um *bug* obscuro. Há muitas maneiras de resolver esse problema, mas uma atraente é manter cada peso junto com o símbolo de ação da sua empresa, por exemplo, ("AA",2.4808). Um "símbolo de ação" é uma abreviação do nome da empresa usada onde uma representação concisa é necessária. Da mesma forma, podemos manter o símbolo de ação junto com o preço da ação, por exemplo, ("AA",34.69). Por fim, para as pessoas que não lidam regularmente com o mercado de ações nos EUA, podemos manter o símbolo de ação da empresa junto com o nome dela, por exemplo, ("AA","Alcoa Inc."), isto é, podemos manter três mapas de valores correspondentes.

Primeiro, criamos o mapa (símbolo,preço):

```
map<string,double> dow_price = {   // Dow Jones Industrial Index (símbolo,preço);
                                   // para cotações atualizadas, ver www.djindexes.com
    {"MMM",104.48},
    {"AAPL",165.02},
    {"MSFT",285.76},
    // ...
};
```

O mapa (símbolo,peso):

```
map<string,double> dow_weight = {   // Dow (símbolo,peso)
    {"MMM", 2.41},
    {"AAPL",2.84},
    {"MSFT",4.88},
    // ...
};
```

O mapa (símbolo,nome):

```
map<string,string> dow_name = {   // Dow (símbolo,nome)
    {"MMM","3M"},
    {"AAPL","Apple"},
    {"MSFT","Microsoft"},
    // ...
};
```

Com esses mapas, podemos extrair, de forma conveniente, todo tipo de informação. Por exemplo:

```
double caterpillar = dow_price ["CAT"];        // ler valores de um mapa
double boeing_price = dow_price ["BA"];

if (dow_price.find("INTC") != dow_price.end())   // encontrar uma entrada em um mapa
    cout << "Intel is in the Dow\n";             // "Intel está listada na bolsa"
```

Iterar um mapa é fácil:

```
for (const auto& [symbol,price] : dow_price)
    cout << symbol << '\t' << price << '\t' << dow_name[symbol] << '\n';
```

AA Por que alguém manteria esses dados em **maps** em vez de em **vectors**? Usamos um **map** para tornar explícita a associação entre os diferentes valores. É uma razão comum. Outra é que um **map** guarda seus elementos na ordem definida por sua chave. Quando iteramos sobre **dow** no exemplo anterior, exibimos os símbolos em ordem alfabética; se tivéssemos usado **vector**, teríamos que ordenar. O motivo mais comum para usar um **map** é, simplesmente, que queremos pesquisar valores com base em chaves. Para as grandes sequências, encontrar algo usando **find()** é muito mais lento do que procurar em uma estrutura ordenada, como um **map**.

TENTE ISTO

Faça este pequeno exemplo funcionar. Em seguida, selecione algumas empresas para adicionar, com pesos de sua escolha.